〔图1〕原党委书记、校长申爱初向农村小学生介绍电教设备

〔图2〕党委书记、校长申翔与工商管理学士学位获得者亲切交谈

〔图3〕副校长令狐荣吉指导学生参加社会实践

〔图4〕副校长主鹤群到帮扶点看望农村贫困群众

电大被誉为没有围墙的大学，为许多因各种原因失去进入普通高校学习的人们提供了接受高等教育学习的机会。（图为母女俩共同进入网上电大课堂）

地址：遵义市老城纪念广场旁　电话：0852-8229321　网址：WWW.ZYRTVU.COM

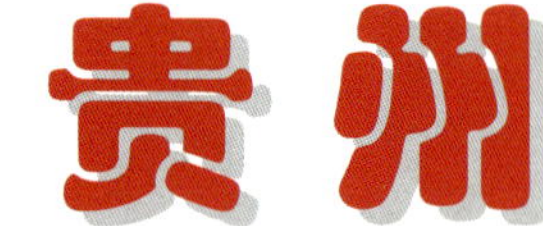

中国贵州茅台酒

公司领导参加生产工作会讨论

董事长季克良陪同客人参观

中国贵州茅台酒厂有限责任公司位于黔北赤水河畔的茅台镇，海拔423米，占地面积200多万平方米，建筑面积97万平方米。拥有总资产79亿元，员工8000余人，年销售收入近40亿元。公司是国家特大型企业、国家一级企业，全国白酒行业荣获国家企业管理最高奖——金马奖的企业，全国质量效益型先进企业之一。

公司以贵州茅台酒股份有限公司为核心，拥有习酒有限责任公司、香港茅台贸易公司、茅台啤酒公司、茅台上海公司等11个全资子公司；贵州茅台酒股份有限公司、昌黎葡萄酒业公司、贵州久远物业公司等9个控股公司；技术开发公司、保健酒业公司、贵州茅台装饰公司、交通银行、清华大学国际技术转移中心等10个参股公司。涉足的产业领域包括白酒、啤酒、红酒、证券、银行、保险、物业、科研等。

公司主导产品——贵州茅台酒，历史悠久、源远流长，与法国科涅克白兰地、英国苏格兰威士忌并称世界三大(蒸馏)名酒，是我国大曲酱香型白酒的鼻祖和典型代表。是集A级绿色食品、有机食品、原产地域保护产品等殊荣于一身的白酒产品，被尊为中国国酒。贵州茅台酒自1915年荣获巴拿马万国博览会金奖以来，先后15次荣获国际金奖，蝉联历次国家名酒评比之冠。2003年茅台酒实现年产万吨，并形成了一品为主、多品开发，一业为主、多种经营，全方位发展的格局。企业品牌延伸

茅台酒厂贵州大学化工学院大专班开学典礼

集团公司职工大会

厂有限责任公司

战略的成功实施，使茅台品牌价值不断保值增值，公司已成为中国白酒行业的一面旗帜。

迈入新世纪，国酒人豪情满怀，信心百倍，将按照“铸造一流企业”的企业愿景，坚持全面协调、科学的发展观，坚持“以人为本、以质求存、恪守诚信，团结拼搏，继承创新”的核心价值观，以“有机茅台、人文茅台、科技茅台、世界最好的蒸馏酒”为产品定位，“走新型工业化道路”、“做好酒的文章，走出酒的天地”，力争到2010年将国酒茅台打造成销售收入上百亿元、拥有自主知识产权和国际竞争力的大型集团公司，创造国酒茅台更加辉煌的明天。

国酒茅台，酿造高品位的生活。

厂区外景

茅台酒厂扶贫项目龙井至立英公路竣工典礼

年产万吨新区建设

庆祝第一个茅台酒节暨纪念茅台酒厂工会成立50周年大会

贵州茅台酒厂集团2004年度表彰大会

中国贵州茅台酒厂集团公司第二届四次职代会

港澳大酒店简介

总经理　李素国

遵义港澳大酒店是按三星级标准建设的旅游商务酒店。港澳大酒店座落于革命历史名城—遵义市，地处市中心最繁华的香港路、澳门路、北京路与中华路的交汇处，楼高26层，是目前遵义市的标志性大厦。

该大厦内装有中央空调、拥有装修典雅、环境舒适的各类客房和可容纳200余人的多功能会议厅和地下停车场；宽敞明亮、整洁卫生、温度适宜的休息环境使你倍感“宾至如归”，是商务宾客旅游入住的理想场所。

全体员工以优质、亲人般的服务欢迎您的光临，并将坚持奉行“宾客至上，服务第一”的经营宗旨，使港澳酒店成为您研究工作、商贸洽谈、休闲娱乐、旅游住宿的最佳去处。

地址：遵义市澳门路8号
服务热线：8716888　8716999
传真：8716788
EMIAL：GAHOTEL@126.COM

·2005·

遵义市年鉴

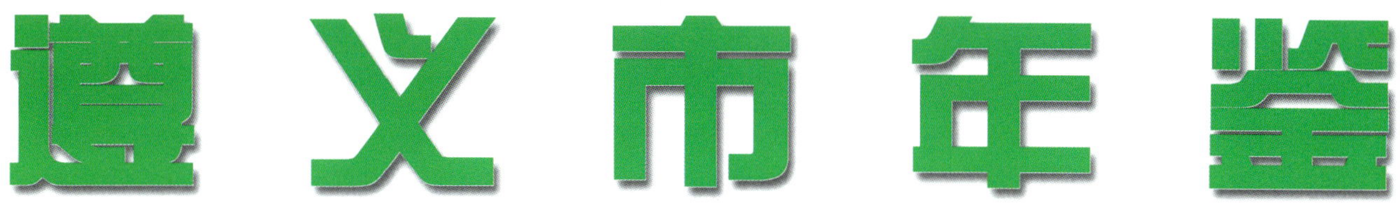

中共遵义市委办公室
遵义市人民政府办公室 主办
遵义市年鉴编辑部 编

（总第七卷）

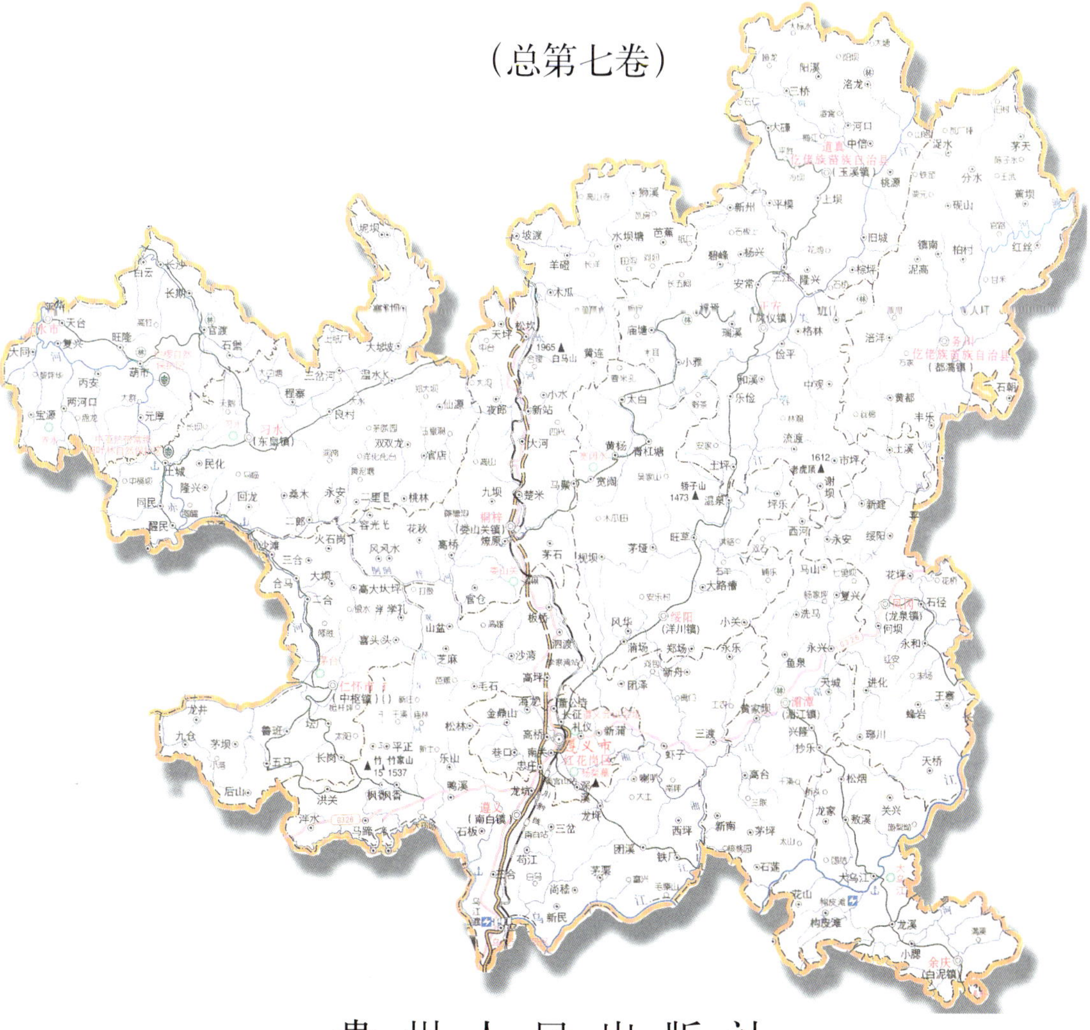

贵州人民出版社

责任编辑　程亦赤
技术设计　刘作会　涂亚林

图书在版编目（CIP）数据

遵义市年鉴.2005/《遵义市年鉴》编委会编.－贵阳：贵州人民出版社，2005.9
ISBN 7-221-07172-1/Z·196

Ⅰ.遵... Ⅱ.遵... Ⅲ.遵义市－2005－年鉴
Ⅳ.Z527.33

中国版本图书馆 CIP 数据核字（2005)第 118639 号

2005
遵义市年鉴
遵义市年鉴编辑部　编

贵州人民出版社出版
贵阳经纬印刷厂印刷
889×1194毫米　16开本　25.5印张　750千字
2005年10月第1版　2005年10月第一次印刷
印数1-3000册
ISBN 7-221-07172-1/Z·196

定价：110元

2004年1月10日，遵义市创建"全国绿化模范城市"汇报会

2004年8月18日，隆重纪念邓小平同志诞辰100周年

2004年5月28日，市委办机关为建立"红军长征在黔牺牲烈士英名录"纪念碑捐款

2004年6月26日，贵州省国际禁毒日销毁毒品暨遵义市打击毒品犯罪大会

2004年9月11日，第八届贵州省（遵义）海峡两岸润丰杯兰花博览会开幕

2004年4月30日，全市“四在农家”创建活动暨农村基层组织示范带建设现场会

2004年9月9日，奥运夺牌遵义籍运动员邹市明与市领导合影

2004年，义务植树暨十万亩风景林区营造工程开工仪式

2004年2月18日，市委中心学习组城镇化建设专题讲座

2004年12月29日，中共遵义市委二届七次全体（扩大）会议召开

2004年10月23日，全国人大常委会调研组在市人大领导陪同下参观遵义会议会址

全国人大常委会调研组石广生一行听取市人大、市政府工作汇报

2004年7月15日，全市人大工作座谈会在遵召开

王淑森、石邦定等11位在黔全国人大代表视察西电东送工程——构皮滩电站

2004年10月27日～29日，遵义市第二届人大常委会第十二次会议在遵召开

2004年8月4日～8日，市人大常委会在市委党校举办第六期人大干部培训班

市委、市政府领导在市政协二届二次会议上听取大会发言

市政协主席周大新在市政协二届二次会议上致闭幕词

市政协副主席罗文鼎作二届二次会议提案审查报告

市政协委员李梓代表九三学社作大会发言

市政协二届二次会议上，民革、民盟、民建、工商联委员分组讨论

中国共产党遵义市纪律检查委员会第四次全体会议

2004年5月，市纪委举办遵义市党内法规知识大赛

遵义市"行风热线"

2004年5月，市纪委开展《中国共产党党内监督条例》和《中国共产党纪律处分条例》街头宣传活动

遵义市市直机关效能建设动员大会

遵义市新任县级领导干部及配偶廉政座谈会

纪念遵义会议召开70周年

纪念遵义会议召开70周年座谈会

省、市领导出席纪念活动

省、市领导在新落成的遵义会议陈列馆参观

新落成的遵义会议陈列馆雕塑——四渡赤水

遵义市公安消防支队

市委书记傅传耀慰问消防官兵

市长卢守祥到支队现场办公

遵义市公安消防支队位于遵义市汇川区南京路。现设司令部、政治处、后勤处、防火处四个部门，下辖14个县、区（市）消防大队（科）、9个消防中队。

遵义市公安消防支队按照江泽民同志“政治合格、军事过硬、作风优良、纪律严明、保障有力”的总要求，大力开展消防宣传教育、防火检查、消防专项治理，使名城遵义抵御火灾的能力得到了进一步提高。2002年以来，全市共受理火警1603起，扑灭各类火灾1356次，出动消防车1647台次，出动官兵18530人次，抢救群众150余人。2000年～2004年，连续四年保持了火灾“四项指数”全面下降的良好局面。

2002年以来，全市消防官兵有1人被公安部、人事部评为“全国优秀人民警察”，1人获“全省拥政爱民先进个人”，10人荣立二等功，94人次荣立三等功；1个单位被公安部、共青团中央评为“全国青年文明号”，1个单位被公安部、人事部评为“全国优秀公安基层单位”，1个单位两次荣立集体三等功，6个单位被遵义市委、市政府、遵义军分区评为“全市拥政爱民先进单位”，2005年1月，支队被市政府荣记集体二等功。

灭火救援现场

中国建设银行遵义市分行

中国建设银行遵义市分行
党委书记、行长　刘后义

多年来，在遵义市委、市政府以及社会各界的大力支持和帮助下，中国建设银行遵义市分行的各项业务不断发展，服务功能不断完善。到2004年，存款余额近70亿元，人均存款超过1000万元；当年人均创造利润16万元，不良贷款率为2.68%，在打造一流银行、奉献一流服务、争创一流业绩的征程上取得了新的成功。

2004年，经中央批准，中国建设银行在国有商业银行中首批改制为股份制商业银行，这标志着建设银行进入了一个崭新的发展时期。建行不仅要提供传统的存贷款业务，还要按照国际先进银行的标准，在资本充足率、资本回报率、不良贷款率以及经济资本管理等方面改革创新，为现代银行制度的建立和发展作出新的贡献。

中国建设银行股份有限公司遵义市分行（简称中国建设银行遵义市分行）将以更优良的服务和业绩，与新老客户同发展，与遵义经济共繁荣。

建行员工为市民表演健身操

建行2005年迎新春银企座谈会

建行"四在农家"工程：龙坑村公路

建行贷款支持建设的海尔大道

建行大力开展员工技能培训

遵义市人民检察院

市检察院党组书记、检察长袁成武率机关全体干警重温入党誓词

市检察院检察长袁成武(右三)率检察干警到省外追捕犯罪嫌疑人归来

2004年，遵义市人民检察院牢固树立“立检为公，执法为民”的思想，紧扣“强化法律监督，维护公平正义”的检察工作主题，全面履行检察职责，各项检察业务工作向着“优质、高效、规范、协调”方向发展。

2004年，市人民检察院及所辖14个县、区(市)检察院提高执法水平和办案质量，各项工作取得新的进展。依法批准和决定逮捕各类刑事犯罪嫌疑人3655人，提起公诉3832人，增捕20人，追诉9人。依法初查国家工作人员涉嫌职务犯罪线索408件，立案侦查195件225人，侦查终结194件225人，移送起诉193件223人。依法对188件刑事案件进行立案监督，要求公安机关说明不立案理由151件，监督公安机关立案59件72人；依法对侦查活动中的违法现象提出书面纠正意见69件次，提出检察建议81件次。清理减刑、假释、保外就医3905件，对其中不符合法律规定的56件依法予以监督纠正。依法立案复查不服人民检察院不批准逮捕决定、不起诉决定、不立案决定和不服人民法院判决裁定等刑事申诉案件24件，改变原决定5件；依法立案审查刑事赔偿案件13件，决定赔偿2件。清理复查2003年不起诉案件138件190人，改变原决定3件；清理处置2003年以来的涉法信访55件，纠正或改变原决定8件。清理超期羁押75人，依法书面提出纠正51人，已纠正75人。充分发挥了刑事检察职能作用，市人民检察院在全省检察机关2004年度检察工作目标考核中获第二名。

正在修建中的市检察院技侦综合大楼

遵义市中级人民法院

一年来，市中级人民法院从规范司法行为入手，为建立完善公正与效率保障机制，促进司法公正做了大量工作。一是抓制度建设，建立保障公正与效率的长效工作机制。制定了《抓阄分案办法》、《案件质量责任终身追究办法》、《案件流程管理办法》、《案件质量评查办法》、《关于防止超期羁押犯罪嫌疑人被告人的若干规定》和《执行办案规范》等系列制度。二是抓责任追究，保障制度落到实处。制定了《党风廉政建设责任保证金制度》、《取消受处分法官法官资格的规定》和《党风廉政建设领导责任追究办法》，对违反审判纪律和管理制度的行为进行严格责任追究。三是抓队伍建设，规范司法主体行为。市中院大力培养、引进高素质人才，两年来从省外引进了4名法学硕士研究生，有4名在职法官取得了法律硕士学位，有9人正在攻读硕士学位。同时，出台了《十要十不准》、《严肃审判纪律规定》等准则及工作纪律，以规范司法主体行为。四是抓公开透明，接受社会监督。每出台一个重要制度，都要向社会公开，接受群众监督。编辑印制了《诉讼指南》，指导当事人依法进行诉讼活动。2004年，市中级人民法院受到最高法院表彰，被评为全国法院系统党风廉政建设先进集体、全国法院系统政工工作先进集体。

民主团结、求实创新的领导班子

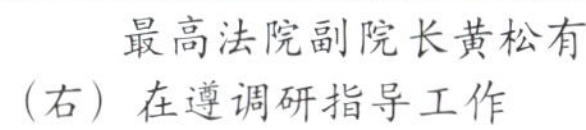

最高法院副院长黄松有（右）在遵调研指导工作

市法院院长李祖良与来遵访问的瑞士法律专家代表团座谈（左为团长托马斯·弗雷那）

院长李祖良深入特困企业遵义锰矿慰问困难职工

全省法院系统第二届“天平杯”篮球赛在遵义举行

遵义市公安局

省市领导王正福、姜廷虎、傅传耀、卢守祥等参观遵义公安宣传展

市委书记傅传耀在大练兵汇报演练中检阅公安队伍

2004年，全市公安机关以维护稳定为中心，以队伍建设为根本，以贯彻落实全国、全省和遵义公安会议精神为动力，以加强情报信息、破案追逃、治安管理、安全防范、科技强警和队伍正规化建设为重点，以打造学习型、服务型、实战型、廉洁型公安机关为目标，求真务实、锐意进取、开拓创新，全面推进各项业务工作和公安队伍正规化建设，确保了全市社会政治稳定和治安大局整体平稳，荣获了全省业务目标、队伍综合评价体系、追逃和综合得分4个第一，实现了全省目标管理和追逃工作评比“五连冠”。

市公安局领导班子成员

遵义市第一次公安会议

“6·26”禁毒日遵义禁毒场景

全市公安机关大练兵汇报演练

遵义市民政局

2004年8月29日，张有顺同志荣获全国“人民满意的公务员”称号

2004年，遵义市民政工作整体推进，取得显著成绩：全市共安排救灾款2074万元，救济灾民23万人；安排城市低保金3892万元，63606名城市居民享受最低生活保障；发放农村低保金515万元，40039名农村贫困群众享受最低生活保障；发放救助金551.2万元，54501名特困群众获得救助。投资1545万元，建农村敬老院103个，实现了全市每个乡镇有敬老院的目标；收到社会捐款101万元，修建了红军山英烈墙。第六届村(居)委换届工作，余庆县、赤水市全面推行“海选”并获得成功；农村专业经济协会发展到290个。编制了《遵义市行政区划调整规划》，完成了汇川区行政区划调整相关工作，汇川区与周边县(区)区域界线全线贯通。退役士兵安置自谋职业率达36%。殡仪馆、公墓、火化场建设、社区建设取得显著成效；农村医疗救助改革、民政福利设施建设等难点工作取得较大突破。

团结奋进的市民政局领导班子

荣誉证书

授予张有顺同志：

“贵州省勤政廉政先进工作者”

荣誉称号。

特发此证。

中共贵州省委　贵州省人民政府

2004年9月

2004年9月8日，张有顺荣获贵州省“勤政廉政先进工作者”称号

2004年8月29日，中共中央组织部、中共中央宣传部、中央文明办、人事部联合发出表彰决定：授予张有顺等同志全国“人民满意的公务员”荣誉称号。9月8日，中共贵州省委、贵州省人民政府作出表彰决定：授予张有顺等同志贵州省“勤政廉政先进工作者”荣誉称号。2004年9月14日，中共遵义市委、遵义市人民政府对张有顺同志进行了通报表彰。

遵义市为红军在黔牺牲烈士纪念墙捐款仪式

民政系统干部职工为贫困户捐款

遵义市人口与计划生育局

市计生局领导班子成员

2004年，全市人口与计划生育工作始终坚持以人的全面发展为中心，全面推进“村（居）民自治”，使全市人口和计划生育工作呈现“三降一升”的良好态势。全市人口出生率为13.67‰，自然增长为率7.6‰，符合政策生育率92.3%，二孩符合政策生育率87.28%，政策外多孩率1.45%。计划生育“村为主”“村（居）民自治”工作整体推进，30个乡（镇）850个村（居）计生服务室竣工，177个乡（镇）计生服务站达到省级优质服务站标准。农村部分计划生育家庭奖励扶助制度全面推行，全市投入帮扶奖金800多万元，帮扶计生户59769户，共有6197人领到奖励扶助金。

市计生局领导在余庆调研

局领导深入基层宣传计划生育

流动人口研讨会在遵召开

广泛开展计生宣传活动

13亿人口日计生宣传活动

遵义市人民防空(交通战备)办公室

领导班子成员

市政府副市长江才文在全市人防系统综合素质培训班上讲话

遵义市人民防空(交通战备)办公室成立于20世纪50年代，是遵义市人民政府主管本行政区域内的人民防空(交通战备)工作的行政职能部门。现有职能科室7个，事业编制单位3个，职工46人。50多年来，市人民防空办公室认真贯彻执行《中华人民共和国防空法》，坚持“长期准备、重点建设、平战结合”的方针，维修了一定数量的人防工程，建立了全市防空警报系统和全省最大的人防通信站；首创了防空音响警报器社会化管理模式，国家人防办向全国人防系统推广了这一社会化管理模式。1995年以来，遵义市人民防空办公室坚持“以人为本、外树形象、内强素质”的工作思路，以抓人防机关“准军事化”建设为契机，以“夯实基础、谋求发展、增强实力”为宗旨，加大了人防工程的建设力度，建成了遵义市及红花岗区战时人口疏散应急指挥中心，浩鑫防空地下室等人防骨干工程；制定并完善了遵义市城市防空袭预案；组建了抢险抢修、医疗救护、消防、防化、通信、运输、治安等7种人民防空专业队伍。遵义市人民防空工作曾多次获得国家国防动员委员会、国家交战办、成都军区国防动员委员会、贵州省人防办的表彰。

省人防办主任郭勇到遵义人防办检查工作

市人防办办公楼

市人防办职工参加“军事日”活动

遵义市杂剧团

胡锦涛总书记亲切接见遵义杂技团演员

国务委员陈至立颁奖

2004年2月《梅颂》在法国巴黎第23届明日未来杂技节获“法兰西共和国金奖”

遵义市图书馆馆长张贵淮(中)，副馆长陈庆苏(左二)、王晓兰(右二)，馆长助理杨铭(左一)、陈旭(右一)

2003年8月14日，国家文化部副部长周和平视察市图书馆及“全国文化信息资源共享工程”遵义市基层分中心

遵义市图书馆

市委、市政府领导就修建新馆事宜召开现场办公会

遵义市图书馆新馆(效果图)

遵义市图书馆青少年电子阅览室

发展中的遵义教育

2004年，全市幼儿教育、小学教育、中等教育、高等教育、普通教育、职业教育、成人教育、特殊教育全面发展。“两基”攻坚取得突破性进展，各类教育工程建设加快，教育教学质量明显提升。教育科研与教育改革成为全市教育发展的先导，基础教育课程改革实验取得初步成果，课堂教学结构与关系发生深刻变化。教育体制改革、中小学人事管理制度改革、招生考试制度改革等逐步展开，为全市教育事业的发展与提高提供了强大的动力。

国家教育部部长周济在省市县领导陪同下深入遵义县三合中学视察远程教育工程教学情况

遵义市市长卢守祥（前排右二）与西南师大校长、博士生导师宋乃庆（前排左二）签订市校合作协议

国家教育部副部长赵沁平在市领导陪同下参观遵义会议会址

教师节到来之际，遵义市委书记傅传耀深入汇川区团泽镇和平小学慰问教师

遵义市教育局举办全市第三届中学生田径运动会

市政府领导重视遵义师院建设和发展，专门赴师院召开现场办公会

遵义卫生学校

校领导与钟世镇院士合影

遵义卫校创建于1956年，座落在历史文化名城遵义市凤凰山下，占地近百亩，是一座花园式学校。现有在校生5000余人。经国家批准，具有独立开设三个高职(大专)专业资格。学校先后与贵阳中医学院、遵义医学院、贵阳医学院联合培养专科层次学生2000多人。建有10~100M校园宽带网，实现了信息技术教育现代化、办公现代化。护理专业属省级重点示范专业。建有省内一流的整体护理模拟室、药理实验楼、形体训练室、美容培训中心、人体生命科技馆、300多台微机、16间多媒体教室。12层教学大楼能容纳4000多学生。各专业门类齐全的学科实验室，为学生奠定了扎实的基本功。学校现有高级职称教师42人，讲师51人，外聘高级职称教师38人。

学校坚持以学生为中心全面推进学生素质教育，一切为了学生、帮助学生成才就业的教育理念。培养了一大批德、智、体全面发展品学兼优的学生。毕业生就业率一直保持在85%以上。

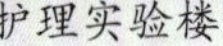
护理实验楼

护理教学

教学大楼

遵义中医特色专科医院

遵义中医特色专科医院(大医堂)是遵义市中药产业发展技术指导中心举办的，为全市中药产业化工作服务的，集中草医药临床科研、诊疗、康复保健、师承教育及教学为一体的，具有鲜明中草医药特色的专科、专病、专方、专药及民族民间特殊疗法的专科医院；拥有陈仁贵、黄秉枢、陈代祥、王希明、晋其美、张定文、王运聪、姜玲、周家芳、蒲祥贵、卓玉春、张芳馥、黄光清、耿富泽等为代表的市名老中医药专家(师承教育指导老师)长期和定期坐诊；并以这些名老中医药专家几十年的临床经验为基础精选开设了中医肝病、民族民间医药、专病专方及特殊疗法、中医康复保健、中医骨伤、中医皮肤、中医减肥、中医妇科等中医特色诊疗和康复科室；众多的中草医药专家、鲜明的中草医药特色、以人为本的服务理念将为全市人民提供疗效确切、廉价称心的中草医药服务。

服务台

该院是遵义市名老中医药专家学术经验继承工作领导小组明确的全市中医药师承教育基地，是贵州省国家第五职业技能鉴定站的技能培训及考核基地，是遵义中医学校的教学实习及进修培训医院。

名医咨询热线：3110505

地址：遵义市茅草铺客车站正对面

中医康复保健

标本区

遵义市职业技术学校

遵义市职业技术学校有教职工117人，其中专业技术人员108人，中、高级职称教师26人，隶属于教育、劳动行政部门双重管理。

遵义市职业技术学校其前身分别为遵义市技工学校、贵州省长征电器集团技工学校、遵义经济技术开发区职业高级中学。原三校建校20多年来，为社会培养输送了机械、电子、化工、计算机、幼教、烹饪、酒店服务与管理、物业管理等八大门类二十多个专业的中级技术人才12000多人。毕业生遍及全国各地，得到社会各界的普遍赞誉。

学校占地面积59087平方米，建筑面积26120平方米。拥有车工、钳工、电工、办公自动化、电子技术等实验、实训场地及舞蹈教室、琴房共14间；建有校园网、电子阅览室，开通了互联网，拥有多媒体教室3间，计算机、幼师、文秘、驾驶、酒店服务、烹饪等专业实习基地8个，拥有享誉名城遵义的由65名在校女生组成的“遵义女子军乐团”。

学校致力于“求实、创新、敬业、文明”的校风建设，推行“军事化管理”和“六个一”工程特色教育，学校实行多层次办学，注重学生的综合素质教育，突出实际操作技能的训练，制度规范，管理严格。学校构筑了“立足贵州、面向西南、辐射全国”的就业安置网络，合格学生100%上岗就业。

2004年3月，学校通过了贵州省重点中等职业技术学校评估验收。2005年1月，荣获“国家级重点中等职业学校”称号。

校领导班子成员

教育部职成教司副司长王继平（前右四）、省教育厅副厅长蔡志君（前右三）到校调研

学校大门

校长：黄维灿（电话：0852-8684798）
书记：谭寿平（电话：0852-8622190）
网址：HTTP://WWW.ZY114.com.cn
HTTP://ZYZYXX.51.NET
地址：遵义市上海路中段长青路12号

计算机运用专业学生上机实习

学校田径运动会

遵义市卫生监督所

所长　温志强

遵义市卫生监督所是经遵市编办〔2003〕17号文件批准，于2004年1月成立的县级卫生监督执法机构。现有在职职工27人，离退休人员13人。其中高级职称6人，中级职称10人；内设3科1室。主要职责是：依法监督管理食品、化妆品、消毒产品、生活饮用水及涉及饮用水卫生安全产品；依法监督管理公共场所、职业、放射、学校卫生等工作；依法监督传染病防治工作；依法监督医疗机构和采供血机构及其执业人员的执业活动，整顿和规范医疗服务市场，打击非法行医和非法采供血行为。

2004年，主要开展了以“食品放心工程”为重点的食品专项整顿活动，以整顿非法医疗机构和传染病执法监督为中心的传染病执法监督活动，以打击非法采供血为重点的专项活动。重点打击制售假冒伪劣食品和非法行医行为，依法保护生活饮用水和公共场所的卫生安全，及时处理多起突发公共卫生事件，为保护广大群众的健康作出了应有贡献。

市卫生监督所开展食品卫生量化分级管理培训

召开全市卫生监督所所长工作会

遵义市水文水资源局

团结协作的领导班子

遵义市水文水资源局是遵义市行使水文行业管理的正县级职能部门，隶属于贵州省水文水资源局领导。直辖5个科室、17个水文站、81个雨量站，分布于14个县、区（市）境内。开展有水位、流量、含沙量、降雨量、蒸发量、水温、水质化验等观测项目。担负着遵义市14个县、区（市）各大、中河流的水文资料收集、计算、分析、水资源调查评价和向省、市、县、区防办，相关单位，四川、重庆、湖北、武汉以及国家防总报汛的任务。市水文局先后获得了《建设项目水资源论证资质证书》（乙级）、《水文、水资源调查评价证书》（乙级）、《测绘资格证书》（丙级），所属水环境监测分中心在遵义率先成为国家级计量认证合格单位。

花园式水文站一角

高精度原子吸收仪

遵义市中心血站

——全国无偿献血先进城市

中心血站站长林前明

副市长何萍在市卫生局局长毛良知、副局长李进等陪同下到血站检查指导工作

遵义市中心血站成立于1996年，担负着全市的采供血任务。为加强血站的全面建设，利用国家中西部血站建设(国债)项目320万元的设备投入，实现了血站业务用房和设备的更新换代。其中投资160多万元购进瑞士奥斯邦斯达尔——费米全自动酶免检测系统，实现血液检测的自动化，保证血液质量安全。引进唐山现代公司的血站标准化信息管理系统，实现了采供血、质量管理、文件档案管理的科学化、规范化。2004年初，全面启动ISO9001：2000质量管理体系认证工作，11月通过国家上海质量认证中心审核，成为贵州省首家通过此项认证的血站。遵义市中心血站认真贯彻实施《献血法》、《贵州省献血条例》，全面推动无偿献血，达到了无偿献血100%满足医疗临床用血的需要。从1998年10月～2004年12月，遵义市无偿献血人数达10多万人次，献血总量达2000多万毫升。5名无偿献血者荣获“全国无偿献血奖杯”。

12月12日中央电视台《焦点访谈》栏目以“爱的传递”报道了遵义市民拯救生命的爱心之举，同时也检验了遵义市应急供血的组织、发动和保证机制。

2003年被省卫生厅、省红十字会评为全省“无偿献血先进单位”，被市直工委评为“2001～2002年度先进党组织”，被市委、市政府授予“文明单位”称号，并屡次荣获贵州省临床检验中心“室间质评优书”。2004年10月遵义市被卫生部、中国红十字会总会第三次授予“2001～2003年度全国无偿献血先进城市”称号。

6·14世界献血日市民涌跃献血

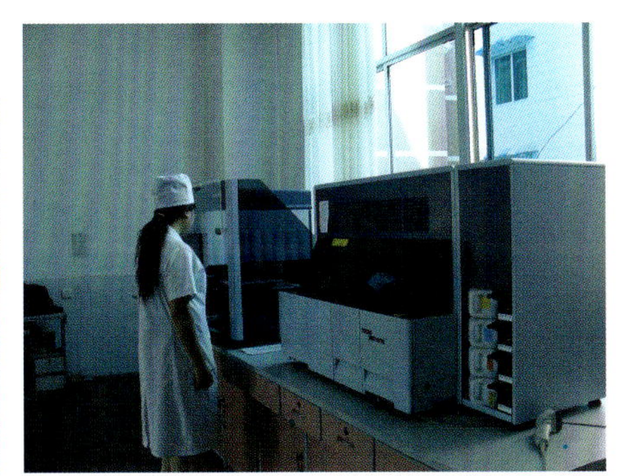

瑞士进口斯达尔全自动酶免检测系统

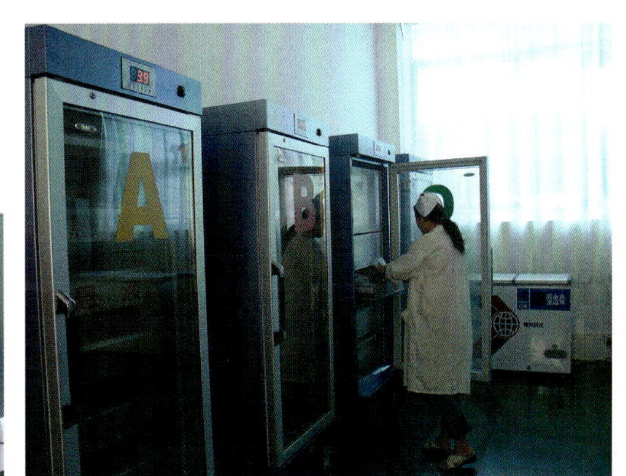

国债项目装备的海尔电脑温控储血冰箱

遵义市房产管理局

遵义市房产管理局是全市房改、房管工作的行政主管部门。全市房改、房管工作紧紧围绕市委、市政府提出的“三化一强”建设目标，牢固树立科学发展观，抢抓机遇、团结拼搏、与时俱进、开拓创新，使全市房改、房管工作步入了快速、健康发展轨道。

一是全市住房分配货币化改革稳步推进，房改单位档案系统已基本建立；二是切实推进经济适用住房和廉租住房建设，市政府重点工程添阳小区10万平方米经济适用住房(廉租住房)即将交付使用；三是城市房屋拆迁行政管理进一步加强，拆迁行为更加规范，房地产市场秩序进一步好转；四是房地产交易与权属登记管理工作更加规范，全市已有市房管局、湄潭等县8个单位权属登记管理工作达到省标。由于工作成绩显著，遵义市房改和拆迁工作荣获全国先进单位称号，受到建设部表彰。

市房管局党组书记、局长刘传宇

局领导与计生帮扶对象合影

正在修建中的遵义市房管局办公大楼

遵义市规划管理局

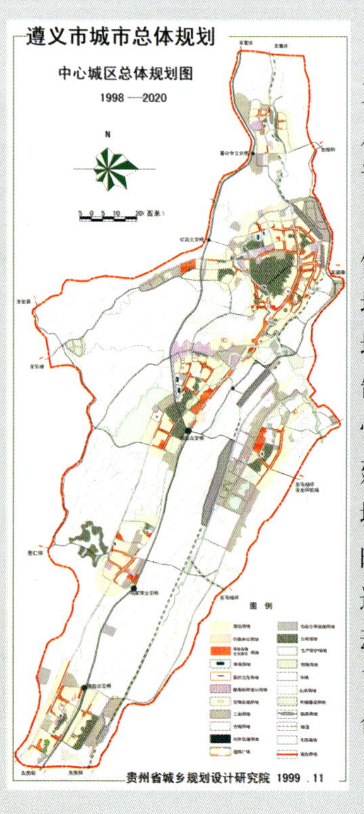

遵义市规划管理局是市人民政府综合管理全市规划工作的职能部门。在市委、市政府的正确领导下，遵义从改革开放以来，尤其是1997年撤地设市以来，城市建设、城市化水平都取得了显著的成就和发展。

2001年，经省人民政府正式批准的《遵义市城市总体规划》，确定2020年全市人口在850万人左右，中心城区人口在100万人左右。面积为216平方千米，人均城市建设用地控制在86.7平方米左右，城市建设用地控制在69.31平方千米左右。1999年按《老城保护区修建性详细规划》进行老城改造，既保留了遵义会议会址原建筑群的历史风貌、又建设了一个具有黔北特色的“老城”，受到广大市民及前来瞻仰革命圣地的中外旅游人士的好评。2003年，又对凤凰山红军烈士陵园进行全面改造，进一步提升了红军烈士陵园的整体形象。2004年，启动了老城历史街区扬柳街的整体改造工程，进一步改善了景区环境，使遵义名副其实成为一座极具黔北地方特色的山水园林城市。

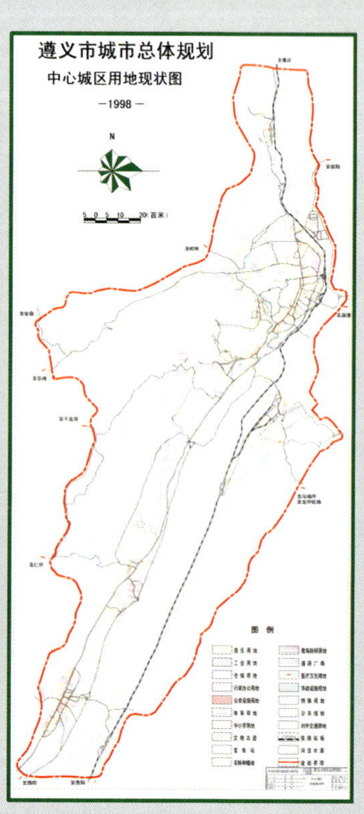

遵义市安全生产监督管理局

局长　余　跃

遵义市安全生产监督管理局于2003年12月31日成立，为市政府直属县级事业单位(挂市安全生产委员会办公室)，下设5个科室，人员编制20名。主要职能是：综合管理全市安全生产工作；依法行使国家安全生产监督管理职能；负责协调全市安全生产综合性法规和规章的制定和实施；对全市"三同时"工作、对企业重大危险源的监控、重大事故隐患治理整改等工作进行监督检查；组织对企业的安全生产条件进行认证和不具备安全生产基本条件的生产经营单位进行查处；对违反安全生产法律、法规、规章和标准的单位和个人进行行政处罚；组织协调重大、特大事故的调查处理；受市人民政府委托对重大事故调查报告进行批复，对事故单位及有关人员依法行使处罚权；承担市人民政府安全生产委员会办公室的日常工作。

各部门研究安全生产监督工作

开展"安全第一"全国百城百万人签名活动

遵义市质量技术监督检测所

遵义市质量技术监督检测所是遵义市质量技术监督局依法设置的法定计量检定机构和对外出具公证数据的产品质量监督检验机构。其职责是按照省局统一规划，建立本地区社会公用计量标准，负责全市量值传递工作；承担强制检定和一般测试校准工作；承担与全市产业结构、经济发展相适应的检验任务和适应我市质量技术监督管理和监督执法需要的检验工作，为各级政府行政部门处理计量、质量纠纷，承担质量、计量仲裁检验和检定。

所下设机构：行政办公室、业务室、质量技术室；3个计量综合检测室；4个质量综合检验室；3个专业站即遵义市眼镜产品质量监督检验站、出租汽车计价器检定维修站、定量包装商品计量检测站。还组建了遵义市双赢检测技术推广研究所，主要从事各项质量、计量方面的咨询服务和技术培训工作。

贵州省烟花爆竹产品质量监督检验站设在本所，贵州省纤维检验所、贵州省服装质量监督检验所在本所设立了工作站。

地址：遵义市宁波路

邮编：563003

业务联系：0852-8684457

传真：0852-8647055

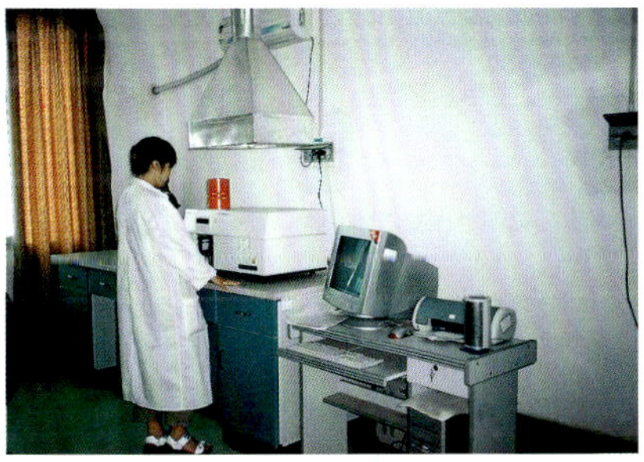

北京原子荧光分光光度计

无菌操作台

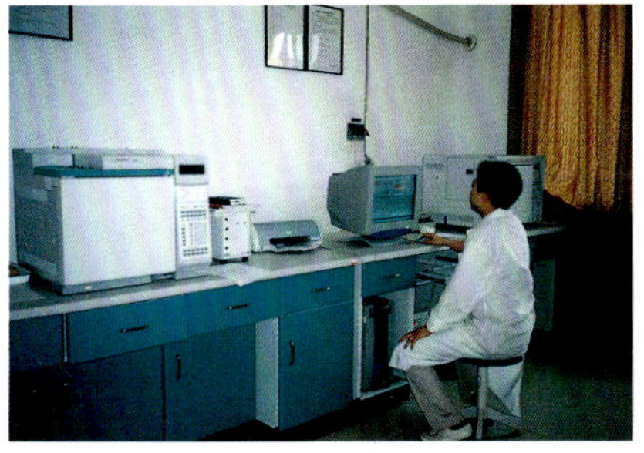
美国气相色谱仪

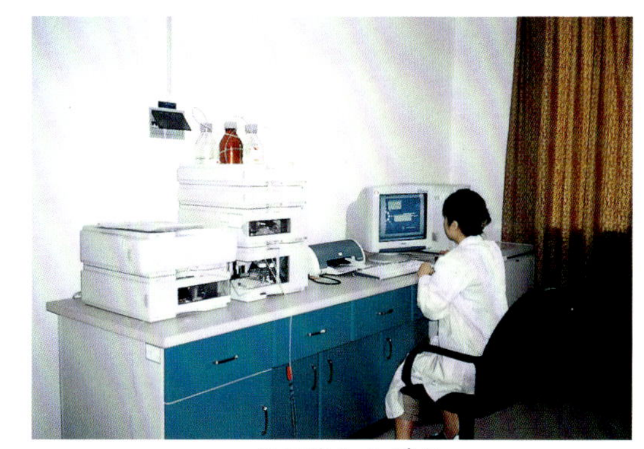
美国液相色谱仪

遵义市商业银行洛江支行

行长胡勇下网点检查工作

遵义市商业银行洛江支行位于市区南郊洛江河畔，由原光明信用社组建而成。自2001年商行挂牌成立4年来，该行持续发展，实现了效益最大化。

4年多来，该行始终把提高员工综合素质和发扬商行拼搏精神作为持续发展的源动力。一是以人为本，人才兴行。把提高员工综合素质作为兴行发展的主要措施，建立了员工学历教育的激励机制，每年定期对员工进行培训，进行爱岗敬业教育，造就了一支业务上、思想上比较过硬的员工队伍。二是建立科学的考核激励机制。做到了奖惩公平、公正、公开，有效调动了员工的工作积极性。三是建立灵活的营销机制，把防范风险列入首位。每月召开一次信贷分析会，对市场动态进行了解、分析，适时调整、制定适应新形势的营销策略。四是外树形象，内抓改革，为员工兢兢业业安心工作创造条件。共投资45万元，对4个二级支行、1个营业部进行了改造装修。配置了空调、抽风机、饮水机等，同时还办起食堂，使员工上班就象回到了自己的家一样温馨。五是每年都要组织一些多形式的有益活动，潜移默化中传递企业文化并发扬企业拼搏精神。

通过稳健经营，创造了良好的效益。2001年～2004年，实现利润分别为244万元、309万元、320万元、459万元；年末存款分别达到20500万元、26412万元、33566万元、33394万元。2004年4月被评为“贵州省金融安全保卫工作先进集体”。

拔河比赛

行领导班子研究工作

职工动员大会

营业厅一角

遵义市招商引资局

遵义招商引资局(市对外经济协作办公室)是市政府管理招商引资和对外经济协作的工作部门。2004年，在市委、市政府的高度重视和领导下，该局认真贯彻党的十六大和十六届四中全会精神，以“三个代表”重要思想为指导，坚持实施开放带动战略，积极开拓进取，不断整治和改善投资环境，全市招商引资工作成绩喜人。全年招商引资到位资金达39.6亿元，为年初任务数(30亿)的132.1%。比上年增加13亿元，同比增长48.6%。

局长　林茂前

全市招商引资工作会会场

遵义金城大酒店

★★★

金城大酒店是遵义市首家三星级旅游涉外饭店。1997年8月建成开业以来，累计接待国内外宾客70多万人次，并以其良好的设施、优质的服务，赢得了国内外宾客及社会各界的好评。酒店先后被评为全省旅游行业先进单位、遵义市优秀旅游企业、全国黄金周旅游质量先进单位等。

酒店设有餐厅、客房、会议中心、桑拿、夜总会。最近又将全国连锁品牌“毛家饭店”引入中餐厅经营。针对客人需求，在客房增设了语音信箱，投资建设了无线宽带并免费向客人开放。通过这些举措，实现了酒店高品质的多功能服务。

酒店每年有20多人次到省内外高星级酒店参观、学习，并多次请有关专家到酒店讲课，使员工整体服务意识和服务水平有了较大提高。

2003年底，酒店通过了中国饭店协会的考核评审，获得了贵州省唯一的AAA级中国绿色饭店称号。

地址：贵州省遵义市香港路
电话TEL：(0852)8621666
邮编POST：563003
http：www.jinchenghotel.com.cn
ADD：HONGKONG RD,ZUNYI,GUIZHOU
传真FAX：
(0852)8625277
E-mail：
ji666 @ public.gz.cn

酒店大堂

酒店标准间

遵义市住房公积金管理中心

市住房公积金管理中心主任　李兴俊

遵义市住房公积金管理中心是2003年5月28日正式成立的直属于市政府的正县级事业单位。2004年，遵义市住房公积金管理中心全体职工以“三个代表”重要思想为指导，以全心全意为人民服务为宗旨，精诚团结，遵纪守法，扎实工作，认真贯彻执行《住房公积金管理条例》、《住房公积金财务管理办法》、《住房公积金会计核算办法》等文件，各项工作取得显著成绩。住房公积金归集使用情况良好，缴存余额、贷款余额增长较大，逾期贷款明显降低，建立完善的《住房公积金管理信息系统》和职工个人住房公积金明细账，住房公积金管理工作已经步入正常轨道。在全省建设系统目标考核中，获省建设厅目标考核一等奖。

团结奋进的集体

党支部开展活动

遵义市城市建设投资经营有限公司

万里路改造兰家堡还房小区

兰家堡还房小区

遵义市城市建设投资经营有限公司成立于2003年，注册资金2亿元，是遵义市人民政府直属国有独资公司，是市政基础设施重点项目的建设主体和投融资载体，经营范围：投资、融资、担保、资产经营、独资或合资开发项目。公司现有遵义城投房地产开发公司、遵义城投商品混凝土有限公司两家下属企业。

改造后的杨柳街新景

公司成立以来，先后投资建设了万里路片区改造工程（90万平方米）、杨柳街历史街区改造工程、九节滩城市入口改造工程、湘江河环境整治工程、官井南隧道建设工程、市图书馆建设工程等市政建设重点项目，并将继续通过各种渠道融资，对遵义市的重点市政基础设施项目投资建设，为改善遵义市的城市环境、促进遵义市城市建设的发展、提升历史名城的城市形象作出积极的贡献。公司将运用多种形式对已形成的资产和经授权的资产进行经营，发挥资产的最大效益，实现国有资产的保值增值。

公司热忱欢迎广大有志于投资城市基础设施建设、开发的朋友前来合作、投资和开发。

杨柳街历史街区改造红军警备司令部

地　址：遵义市万里路蔺家坡小区

电　话：(0852) 8478599

传　真：(0852) 8478319

E-mail：wtc6778@public.gz.cn

九节滩城市入口改造

湘江河环境治理

PARK HOUSE PARK HOUSE

"绿色社区"代言城市形象 PARK HOUSE揭幕楼市风潮

—桃溪河畔 PARK

实 景 靓 场

桃溪河畔PARK HOUSE生态住宅小区，是世纪中天在贵阳之外的省内地级城市开发的第一个TOWN HOUSE（联排别墅）住宅项目，继2004年荣获贵州省环保局评定为"贵州省绿色社区"之后，桃溪河畔再接再厉，2005年又擢升国家环保总局评定的"全国绿色社区"，成为贵州省内仅有的两个国家级绿色社区之一，为贵州省绿色社区的创建和环境保护工作赢得了荣誉，也为遵义市山水园林城市的建设作出了表率。

小区位于遵义市城南桃溪寺北，规划用地590余亩，建筑面积34万平方米，总户数1865户，居住人口规模6000人，绿化率45.7%，依托于凤凰山国家级森林公园管理区内的自然资源、桃溪寺名胜区内百年古树和成片杜仲林场、遵义市民主要饮用水源南郊水厂丰盛的优质水源和洛江河自然水岸，成就了桃溪河畔"城市公园环绕，社区公园添花"的PARK HOUSE纯正品质。

"众里寻她千百度"。世纪中天非常珍惜这块来之不易的风水宝地，坚定执行"先造环境，后建住宅"的开发理念，依托优质自然资源条件投入巨资建造了三座社区公园，即沿洛江河1700米水岸保护性建造的60000平米滨河公园、将小区西北一座原生山林完整保存下来的40000平米森林公园和位于森林公园以北"运动·健康"为主题15000平米的体育公园，全面整合自然山水和健康运动主题生活，使桃溪河畔名副其实地成为"社区里的公园，公园里的家"，超大规模、多主题融合、高使用效率和高私有价值的桃溪河畔社区公园与纯美品质的低密度住宅交相辉映地绽放出PARK HOUSE无与伦比的生态魅力。

屋不在高，有水则灵！靓艇钟情的不止碧水，还有靠岸的家。而眷念的阳光，则常常洒进你我激动的心房。

目前，桃溪河畔三大社区公园已相继落成，岛内组团全部交付，舒适、优雅、浪漫、健康的生活气息，即将与懂生活的您风情面对而弥漫全城，远见者即可捷足先登。

在这里，我们随时恭候尊驾莅临，共同鉴证桃溪河畔"回家，我们就开始了度假"的尊贵生活。

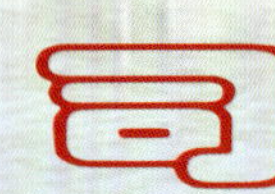

遵义金城房地产开发有限责任公司

金城公寓一角

金城小区一角

金城小区俯视

遵义金城房地产开发有限责任公司始建于1997年，资质等级三级，注册资金800万元，法人代表何超。经过历年的开拓进取，先后完成了“金城公寓”及“金城小区”的开发建设，累计开发面积近10万平方米，实际完成投资4000万元。

公司具有一支素质较高、相对稳定、熟悉施工、善于资本运营的管理队伍；建立了一整套科学规范的管理制度。公司拥有遵义侨利经贸有限责任公司、遵义县恒燊鞋业有限责任公司、铜仁分公司及物业管理公司等二级企业，是一个资产近亿元、管理层人员50人、生产线员工400余人的民营企业。

公司已建和在建的主要项目有：

①铜仁碧水蓝天项目

该项目位于铜仁市中心城区近桐梓巷，系该地区旧城改造项目，规划用地面积12.86万平方米，总建筑面积39.14万平方米，建筑密度44%，绿化率35.5%，拥有停车位700个的大型楼盘，计划投资3亿元。现已全面进入拆迁，计划年底开工建设。

②遵义县恒燊鞋业有限责任公司新厂项目

该厂位于遵义县马家湾，系金城房地产开发公司全资修建，占地面积55亩，计划投资2000万元。于

正在修建的恒燊鞋厂新厂房

公司法人代表　何　超

1994年创立遵义侨利经贸有限责任公司，任公司法人代表、经理；

1997年创立遵义金城房地产开发有限责任公司，并任公司法人代表、执行董事兼总经理；

2002年创立遵义恒燊鞋业有限责任公司；

2005年创立遵义佳裕物业管理有限责任公司。

铜仁市桐梓港片区旧城改造工程——金城·碧水蓝天

2005年6月底动工，计划明年初建成投产。现厂房建设初具规模，建成后将年产1000万双胶鞋，年产值近7000万元，新增500个就业岗位。

③桃溪山水项目

2004年5月28日，通过竞买以970万元的价格获得位于遵义市红花岗区桃溪大道15384平方米的地块，该建设项目建筑面积近5万平方米，计划投资1500万元，该项目地理环境优越，依山伴水，现即将进入全面施工阶段。

④遵义市百货大楼

2005年5月，以5800万元竞拍购买遵义市百货大楼整体资产，该建筑位于遵义市丁字口黄金商业区，占地面积3930平方米，建筑面积22000平方米。公司近期将通过资产重组等方式全面改造遵义市百货大楼，重新树立百货大楼崭新形象。

公司理念：以人为本、诚信务实

公司地址：遵义市香港路交警四中队旁

电话：8653768、8636688

传真：8652768

恒燊鞋厂生产车间

遵义百货大楼

一、企业概况：

遵义钛厂是国内最大的唯一的海绵钛全流程冶炼企业，国家大型一档企业，始建于1965年，是遵义钛业股份有限公司的控股股东，国家级钛材料特色产业基地。主要产品有海绵钛、钛锭、钛粉、精四氯化钛、氯化镁。海绵钛是国优产品、钛粉是省优产品，产量居国内首位。2001年通过ISO9001：2000质量体系认证，主要产品达到先进国家的质量标准，产品畅销国内各省市自治区，市场占有率位居国内第一。产品远销美国、日本、法国、德国等20多个国家，累计出口创汇近1亿美元。

二、企业荣誉：

①贵州省突出贡献荣誉奖——获贵州省委、省政府授予的“1998～2000年贵州省有突出贡献国有企业”殊誉；

②贵州省管理成果一等奖——《以事实价值环境和条件为主要依据的决策与管理》获贵州省第五届企业管理现代化创新成果一等奖。

③贵州省诚信企业殊誉奖——遵义钛厂获“贵州省百家诚信纳税企业”称号；

④贵州省银行贷款信誉奖——经贵州省银行协会审定，遵义钛厂荣获“信贷诚信企业”称号；

⑤贵州省名牌产品信誉奖——“航天牌”海绵钛荣获贵州省名牌产品称号。

⑥省、部级科技进步奖项——主持拟定海绵钛国家标准GB/2524-2002获中国有色金属工业2003年科技进步三等奖；“含钙镁高的钛物料无筛板沸腾氯化新技术研究及工业应用”获广东省科技进步一等奖；《8吨炉还原——蒸馏联合法制取海绵钛工艺设备研究》获得中国有色金属工业科技进步二等奖并获贵州省优秀技术创新项目二等奖；

⑦贵州省新产品殊誉奖——《海绵钛小粒度产品生产工艺及设备研究》获贵州省优秀新产品一等奖。

三、企业产品创新、技术创新、管理创新取得的主要成果：

①中国第一炉8吨炉——生产中国第一炉“倒U型还原蒸馏8吨联合炉”海绵钛产品，标志着代表中国海绵钛工业发展的遵义钛厂海绵钛生产工艺已跻身国际先进行列。

②新增千吨创“三最”——投资1700万元新增千吨海绵钛项目投产，创造我国海绵钛生产史上投资最少、周期最短、见效最快的奇迹。

③钛锭项目填补空白——自筹资金建成海绵钛钛锭项目，结束贵州不能生产钛锭的历史。

④国家西部专项投产——国家高新技术产业发展项目年产5000吨级海绵钛高技术产业化项目成功转化为生产力。

⑤创新项目受到关注——TC4钛合金锭填补贵州空白，列为贵州省经贸委2003年技术创新项目。“高品质海绵

省委书记钱运录来厂视察

厂长 胥力

企业指挥中心

钛开发”项目列为国家科技部“863”科技攻关项目。“高性能钛及钛合金开发”列为贵州省科技厅2003～2004年科研项目。“从氯化尾气回收盐酸工艺技术”被贵州省经委列为2002年技术创新项目；

⑥成果促钛资源利用——《Φ2400mm无筛板沸腾氯化炉冷模试验》技术成果转化为生产力，为我国钛资源综合利用开发，确保Φ2400mm无筛板沸腾氯化炉的运行奠定基础。

地　址：贵州省遵义市
邮　编：563004
电　话：0852－8415302
网　址：HttP://www.ZYTP.com
传　真：0852－8472374
Email：zytp@public.gz.cn

国钛　赤诚铸就钛业飞

——遵义钛厂

钛锭

海绵钛

“航天牌”海锦钛

贵州钢绳股份有

公司办公楼

贵州钢绳股份有限公司是经贵州省人民政府批准，由贵州钢绳（集团）有限责任公司（见上图）以优良资产，按照《中华人民共和国公司法》，联合水城钢铁（集团）有限责任公司、贵州长征电器股份有限公司、武汉人和置业有限公司、遵义南北铁合金经销有限责任公司等五家法人单位共同发起设立的股份制企业。

贵州钢绳股份有限公司拥有一流的设备、先进的生产工艺和完善的质量管理体系。主体生产设备由德国和日本引进。公司拥有同行业最大的4000kN整绳破断拉力试验设备。能生产 $\varnothing$ 0.6- $\varnothing$ 107毫米各种结构规格的钢丝绳和 $\varnothing$ 0.15- $\varnothing$ 9.0毫米各种用途的商品钢丝。具有生产高强度、高韧性、特粗、特长、特殊结构和特殊用途钢丝绳的突出优势，在全国率先研制和采用高性能的聚丙烯绳芯材料。生产的巨龙牌圆股、异型股、多层股、线接触、面接触等光面、镀锌和涂塑钢丝绳及胎圈用钢丝等产品在国内外市场享有较高声誉，广泛使用于石油、煤炭、桥梁、化工、冶金、船舶、电力、水利、轻工、军工等国民经济建设部门，形成了

2004年公司生产的巨龙牌钢丝绳评为中国名牌产品

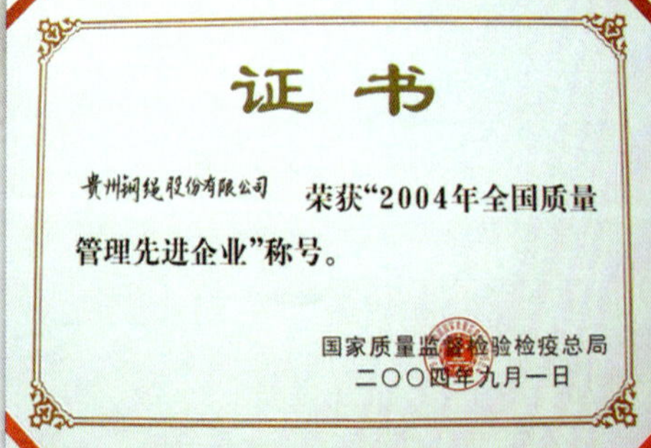
证书

贵州钢绳股份有限公司 荣获“2004年全国质量管理先进企业”称号。

国家质量监督检验检疫总局
二〇〇四年九月一日

公司荣获“2004年全国质量管理先进企业”称号

2003年巨龙牌钢丝绳评为贵州省名牌产品

限公司

桥用钢丝绳（广东虎门大桥）

矿用钢丝绳、桥用钢丝绳、石油用钢丝绳、索道用钢丝绳、特大直径钢丝绳、特殊用途钢丝绳、回火胎圈钢丝、预应力（ＰＣ）钢丝、钢绞线九大系列产品。生产的 ∅ 107毫米海洋打捞用镀锌钢丝绳、∅ 48.5毫米、长3500米、重33吨的海洋工程用钢丝绳、∅ 30毫米海军气象平台用多层股涂塑钢丝绳、四股不旋转提升用钢丝绳 、∅ 74毫米挖泥船用三捻钢丝绳、∅ 42毫米八股线接触金属芯军事工程用钢丝绳等产品填补了国内空白；近年来，一大批高难度钢丝绳产品先后用于汕头海湾大桥、广东虎门大桥、厦门海沧大桥、葛洲坝水利工程、武钢、宝钢以及海上石油钻探、著名旅游区载人索道和特大型矿山等一系列国家重要工程建设，大量替代了进口，为国家节省了大量外汇。公司拥有自营进出口经营权，产品按ＩＳＯ、ＢＳ、ＤＩＮ、ＪＩＳ、ＲＲ－Ｗ－410Ｄ、ＡＳ、ＬＲ、ＤＮＶ等国际和国外先进水平标准出口到美国、英国、加拿大、澳大利亚、欧洲、非洲、南美洲及东南亚等国家和地区。2004年公司生产的巨龙牌钢丝绳被评为中国名牌产品，公司荣获“2004年全国质量管理先进企业”称号。

钢丝绳生产场景

跨入新世纪，贵州钢绳股份有限公司将实施以技术创新为核心的发展战略，通过创建国家级技术中心，全面推进技术进步，通过引进国外先进工艺技术和设备，改进金属制品工艺，进一步提升品牌形象和质量档次，加快品种结构调整和产品升级换代步伐，增加产品科技含量。到2005年，将形成203吨／年的规模，产品升级换代率达85%以上，公司的生产技术和生产能力接近和达到国外先进企业的水平。

提升用钢丝绳

卷接包生产车间

贵州省遵义卷烟厂是隶属于贵州中烟工业公司的一家大型国有企业，企业建于1978年，现有固定资产5.1亿元，占地面积21万平方米，年产量40万大箱，销售收入18亿元，税利9.5亿元。是全国烟草系统36家重点企业之一，贵州省三大税利大户之一，是贵州省的骨干企业。

2004年，企业完成了技术改造，投资4亿元建成了3.5万平方米主厂房、5000KG/H制丝线、570KG/H膨胀线，生产线配有从英、德、意大利等国引进的先进设备，其中GDX2、帕西姆、福克等设备具有世界先进水平。企业通过了ISO9001：2000质量管理体系认证，全厂建立了扎实、有序和规范的质量管理秩序。

“长征”、“桫椤”是企业的主导品牌，是全国烟草行业百牌号中的名优卷烟。产品依托可靠的原料保证和生产技术优势，并以其上乘的质量、精美的装璜赢得广大消费者的喜爱。产品远销四川、辽宁、大连、河北、内蒙、新疆、江苏、广东等18个省、市、自治区100多个分公司。

素质良好的职工队伍，雄厚的专业技术力量，是企业得以兴旺发达的重要保证。企业现有员工1700余人，有各种专业技术人员500余人。现任厂长、党委书记白云峰先生，毕业于北京航空航天大学、硕士学位，正满怀信心地带领全体员工实施精细化管理，全面提升企业形象和品牌形象。

遵义卷烟厂通过深化干部人事制度改革，实行干部公开竞聘上岗。不仅有助于尊重知识、尊重人才的观念在企业得到全面落实，而且有助于优秀青年员工展示自我、实现自我，激发了爱岗敬业和刻苦钻研科学技术的积极性。遵义卷烟厂坚持不懈地打造学习型组织和优秀团队，营造健康向上的企业文化，在生产经营中以丰富的文体娱乐活动为载体，陶冶职工情操，培养员工奋发有为、昂扬向上的精神风貌，使之能够在生产经营活动中，为社会尽最大的责任，为国家作出更大的贡献。

贵州中

厂大门

中控室

长征

贵州中烟工业公司

托马斯制丝线

制丝生产线

厂区绿化

烟工业公司

遵义卷烟厂

地址：贵州省遵义市汇川区大连路
电话：0852 - 8621946
传真：0852 - 8622693
电子邮箱：zyccbi@public.gz.cn

厂区

乌 江 渡 发

——与时俱

厂长 柴方福

书记 亓德利

乌江渡发电厂是我国在岩溶地区兴建的第一座大型水电站，坝高165米，坝顶全长395.6米，库区水面面积47.5平方千米，水库总容量21.4亿立方米，为季调节水库。电站于1970年4月正式动工建设，1983年1月三台机组全部并网发电，原装机容量630（3×210）兆瓦。2003年乌江渡扩机工程两台250兆瓦机组顺利投产，2005年6月，三台老机组增容改造任务圆满完成（从210兆瓦增容到250兆瓦），全厂总装机容量达到1250兆瓦。在贵州电网肩负着调峰调频、黔电送粤潮流调控重任。

乌江渡发电厂有一支思想作风过硬、勇于开拓创新的职工队伍，“爱厂敬业、追求卓越”的乌电精神使该厂在安全生产、科技进步、企业管理、精神文明建设等方面与时俱进，不断发展。

截止2004年12月31日，该厂已累计发电643.13亿千瓦时，创产值71.47亿元，上缴国家税费5.82亿元，有力地推动了贵州及邻近省区的经济发展，取得了显著的经济和社会效益。

近年来，该厂在贵州乌江水电开发有限责任公司的正确领导下，坚持以邓小平理论、“三个代表”重要思想为指导，认真学习贯彻党的十六大、十六届三中、四中全会精神，正确处理改革、发展与稳定的关系，紧紧抓住电力体制改革和“西电东送”机遇，秉承把清洁能源奉献给社会的价值理念，内聚合力，外树形象，求真务实，开拓进取，企业两个文明建设取得了显著成绩。各项经济技术指标达到同行业先进水平；通过修编《乌电典章》，强化标准管理和流程管理，企业管理水平不断提高；大力推进科技创新，先后建成了覆盖遵义、乌江两地的企业管理信息系统、计算机监控系统、多媒体工业电视系统、ON-CALL系统等自动化信息系统，全厂信息资源得到了快速传递和充分共享，通过了“无泄漏工厂”和“管理信息系统”实用化验收，实现了无纸化办公、“无人值班（少人值守）”。连续四年荣获全国大型水电厂（站）劳动竞赛先进单位，先后获

中央控制室

大坝

库区风光

厂区中心花园一角

电　厂

细管理，努力实现“五个一流”的发展目标

寻“全国五一劳动奖状”、贵州省红旗文明单立、贵州省国地两税务局“诚信纳税企业”、中国华电“优秀发电企业”和“文明单位”、贵州省总工会“职工经济技术创新成果奖”、中华全国总工会及贵州省总工会“2003年度全国‘安康杯’竞赛优胜企业”等诸多荣誉称号，并被国家四部委命名为全国青少年科技教育基地。2005年获全国文明单位。

为推进企业持续、快速、健康发展，乌工渡发电厂正在大力推行“三标一体化”贯示工作，加强企业文化建设，积极创建学习型组织，进一步强化管理创新、机制创新、科支创新，实施安全文明生产、技术设备、人力资源开发、企业营运改善精细化管理，为社会提供优质优价电能，努力创建科技、环保、人文、生态工业园，向实现“五个一流”一流的企业管理，一流的经济效益，一流的员工队伍，一流的发电设备，一流的企业文化）的发展目标全面迈进。

遵义远控大楼

乌江办公大楼

发电机组

中国华电集团公司优秀发电企业

全国五一劳动奖状

中国华电集团公司文明单位

全国大型水电厂(站)劳动竞赛连续三年先进单位

全国青少年科技教育基地

贵州省遵义碱厂

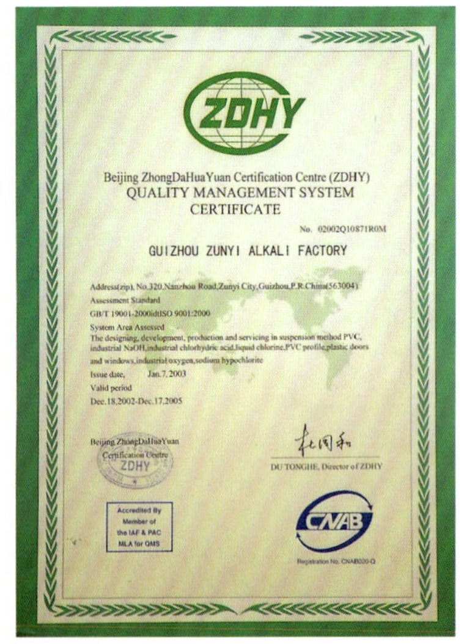
ZDHY
Beijing ZhongDaHuaYuan Certification Centre (ZDHY)
QUALITY MANAGEMENT SYSTEM
CERTIFICATE
No. 02002Q10871R0M
GUIZHOU ZUNYI ALKALI FACTORY
Address(zip), No.320,Nanzhou Road,Zunyi City,Guizhou,P.R.China(563004)
Assessment Standard
GB/T 19001-2000idtISO 9001:2000
System Area Assessed
The designing, development, production and servicing in suspension method PVC, industrial NaOH,industrial chlorhydric acid,liquid chlorine,PVC profile,plastic doors and windows,industrial oxygen,sodium hypochlorite
Issue date, Jan.7,2003
Valid period
Dec.18,2002-Dec.17,2005
Beijing ZhongDaHuaYuan Certification Centre ZDHY
DU TONGHE, Director of ZDHY
Accredited By Member of the IAF & PAC MLA for QMS
CNAB
Registration No. CNAB020-Q

ZDHY
北京中大华远认证中心
质量管理体系认证证书
证书号：02002Q10871R0M
贵州省遵义碱厂
地址（邮编）：中国贵州省遵义市南舟路320号(563004)
质量管理体系符合：GB/T 19001-2000idtISO 9001:2000
体系适用范围：悬浮法聚氯乙烯树脂、工业用氢氧化钠、工业盐酸、液氯、PVC型材塑钢、门窗、工业用氧气、次氯酸钠的设计、开发、生产和服务
换证日期：2003年1月7日
有效期：2002年12月18日至2005年12月17日
北京中大华远认证中心
主任签发：
CNAB
注册号：CNAB020-Q

ISO 质量管理体系认证证书

生产主产品PVC的树脂分厂一角

贵州省遵义碱厂是贵州省唯一的氯碱企业，建厂于1959年，位于遵义市南郊舟水桥，占地面积36万平方米，具备良好的供电、供水、供气条件和方便的交通、通讯等配套设施。

近年来，企业取得了持续快速发展，被誉为西南地区的“化工小巨人”。现工厂拥有资产5亿元，员工2400余人，各类专业技术人员400余人，10余个二级单位和经济实体。具有年产10万吨PVC树脂、10万吨烧碱、22万吨电石、2万吨硫酸钾的生产能力，还生产盐酸、液氯、次钠、氧气、碳素材料、电缆粒料、塑料门窗异型材、塑料装饰板、塑料管材、管件等产品。是集科研、生产、贸易、投资、服务为一体的多元化经营集团企业。

“遵鹰”牌系列产品分别获得“全国质量稳定合格产品证书”、“贵州省名牌产品”、“贵州省著名商标”、“贵州省地方最畅销产品”等诸多荣誉。产品畅销全国20多个省、市、自治区及东南亚地区。2004年，碱厂实现工业总产值10.6487亿元、税金 6676万元、利润6068万元。企业的各项经济指标逐年上升，先后被授予“重合同、守信用单位”、“产品畅销国有工业企业”、“经济技术创新工程先进单位”等称号。

证书
贵州省遵义碱厂
全国质量稳定合格产品
产品名称：遵鹰牌PVC树脂、烧碱、塑窗、型材
中国质量检验协会
二○○二年七月
编号：中检企证字（2002）24－535号

全国质量稳定合格产品证书

达到国际先进水平的离子膜烧碱生产线

厂区一角

遵义石油分公司

2004年，遵义石油分公司以集团公司“外部市场化，内部紧密化”的经营理念为推动力，以市场为导向，以促销为中心，以增效为目的，以开展“加油站规范管理百日竞赛”活动为契机，全面提升加油站规范化服务水平，竭力打造“中国石化”终端品牌，着力提高企业核心竞争力，经过全体干部职工的辛勤耕耘和努力，实现了成品油销售突破24.45万吨，实现利润3267万元的历史性跨越，创下了遵义分公司创建以来的最佳经营业绩，奠定了其在贵州石化销售板块中的重要位置。

2004年，完成成品油购进总量24.80万吨，其中汽油7.47万吨，柴油16.91万吨，润滑油0.34万吨，同比增加6.70万吨，增幅为38.81%。

完成成品油销售24.45万吨，完成全年计划的104.76%，其中汽油7.28万吨，柴油16.79万吨，煤油0.08万吨，润滑油0.3万吨。同比增加6.05万吨，增幅为32.88%。

贵州省贵遵高等级公路中国石化龙山加油站

贵州省遵崇高速公路中国石化高坪加油站

遵义市恒兴实业有限公司

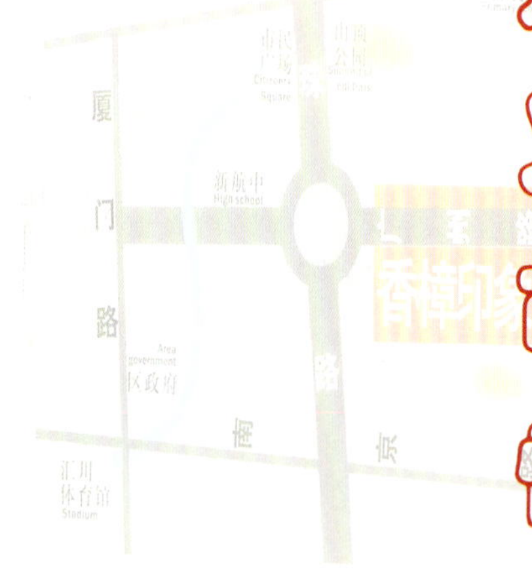

优秀的建筑能与周围环境相融合，仿佛从土地中长出来一样自然；而建筑与音乐的对话则是通过舒缓的节奏来表达……

《香樟印象》位据广州路，占地108亩，是汇川区目前最大规模的花园社区，总建筑面积21万平方米，容积率3.02，覆盖率33%，绿化率37%。设计师大胆地将阳光、绿地、自然、休闲等自然景观作为规划设计理念的源泉，倡导“日子缓缓、生活散散”的澳洲亲水休闲生活。由来自中海外设计公司首席设计师Gordon Lee领衔的规划设计小组，按国际标准对社区进行规划整合，运用大量国际流行之现代美学法则、在外部立面、空间尺度、色彩搭配、虚实对比、层次穿插等创意过程中融入了源自澳洲的海、天、沙滩、绿洲、草原等自然元素，使建筑造型更加丰富、色彩更加明快跳跃，优雅自然中彰现高档住宅社区的贵族品质，在空间塑造上更有20～60米超宽楼间距满足尊客宽阔恢宏之心理气势与生理尺度要求。造园艺术中充分利用地块平坦略带缓坡的贵族景观、数十棵五十年香樟树以及源于地表下深层天然水源等三大珍稀自然元素，营造出一幅沿水岸展开的澳式风情园林画卷。

小区由南北二大区八个组团、十余种户型结构、共上千个住宅单位组成。

遵义市金鹏房地产开发有限公司“恒兴·香樟印象”荣获：
贵州省首届房地产“十佳人居环境”楼盘
最高综合大奖
二○○五年三月

遵义市恒兴实业有限责任公司
荣获2004年度
遵义市诚信企业50佳
遵义市工商局　遵义日报社
二○○五年三月

穿梭在若水蓝天与高楼林立间金色地摇曳而过，阳光下的色调子悠闲地在市政广场灰色铺装与绿色草坡间交错滑行……这便是明天梦想城市的气质

《遵义市年鉴》编委会

《遵义市年鉴》编辑部

编辑说明

一、《遵义市年鉴》是中共遵义市委、市人民政府决定编辑出版的地方综合性大型资料工具书。由遵义市地方志编纂委员会《遵义市年鉴》编辑部主编。其编纂宗旨是：以马列主义、毛泽东思想、邓小平理论和"三个代表"重要思想为指导，如实记述上一年度全市经济社会发展的主要情况，为党政领导决策提供参考依据，为科研、企事业单位（部门）研究本部门事业发展提供翔实资料，为振兴遵义经济服务，为续修地方志、史志储存资料。

二、本年鉴着力记述全市国民经济各部门和社会各领域深化改革、扩大开放的新举措、新进展、新经验、新问题，并以彩色画面多层面、多视角、系统而立体地反映遵义市在振兴地方经济、扩大外引内联战略决策的实施历程。

三、本着框架结构相对稳定、个别调整的原则，本年鉴按类目、分目、条目三个层次编排。内容有24个部类，全书设：特载，专文，规范性文件选编，市概况，政治，人民团体、民主党派·工商联，法制，军事，经济管理与监督，工业，农业，财税，金融，交通·邮电，建设·环保，商贸，教育·科技，文化，新闻·广播电视·史志，卫生·体育，社会生活，单位介绍，县、区（市）概况，索引。

四、所载稿件，均由遵义市各县、区（市）、市直部门及有关单位指定专人撰写提供，并经单位领导审阅签字盖章，资料和数据准确可靠，具有权威性。

五、书中的主要统计数据，即国民经济和社会发展统计公报由市统计局提供。但由于统计口径和名称的关系，有的部门统计数字可能不一致，因此，有关类目中的单项数据，按部门的统计资料记述。社会经济发展统计资料因故暂缺。

六、本卷年鉴协办的单位有：遵义县泮水宏达煤矿、遵义县国土资源局、绥阳县粮食局、习水电力局、习水马临天生桥煤矿等。提供图片的个人有：唐昌义、林勇、李惠军、罗晓琴、张德军、郑启彦等。在此一并表示感谢。

《遵义市年鉴》编辑部

2005年10月

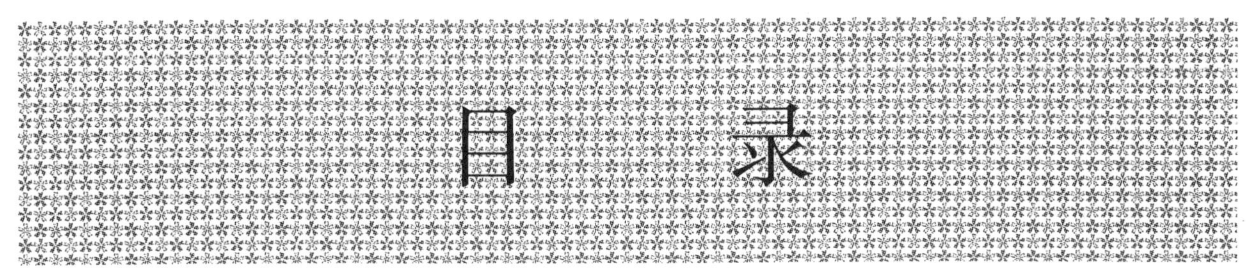

特　载

专　文

规范性文件选编

市概况

政　治

人民团体

民主党派·工商联

法　　制

军　事

经济管理与监督

工　业

农　业

财　　税

金　　融

交通　邮电

建设　环保

商　贸

教育　科技

文　化

报业　广播电视　史志

卫生　体育

社 会 生 活

部分单位介绍

县、区(市)概况

索　引

特　载

加强党的执政能力建设　推动遵义实现新飞跃

——在市委二届七次全会上的讲话

（2004 年 12 月 29 日）

中共遵义市委书记　傅传耀

同志们：

这次全会的主要任务是，以党的十六届四中全会和省委九届六次全会精神为指导，高举邓小平理论和“三个代表”重要思想伟大旗帜，牢固树立和落实科学发展观，全面加强党的执政能力建设，求实务快促进遵义发展。下面，我受市委常委会的委托，讲三点意见：

一、深刻领会四中全会精神，切实提高加强党的执政能力建设重要性和紧迫性的认识

党的十六届四中全会，是中国共产党在国际国内形势发生深刻变化、改革发展稳定任务更加繁重的重要时刻召开的一次具有重大历史意义的会议。全会审议通过的《中共中央关于加强党的执政能力建设的决定》，抓住了治国理政的根本，是我们党在新世纪加强执政能力建设的纲领性文件，是一部与时俱进的政治宣言，标志着我们党的建设又进入一个新的重要里程碑。认真学习贯彻四中全会精神，是当前和今后一个时期的重大政治任务，我们要从以下几个方面提高认识：

四中全会的召开，标志着我们党是一个挑战自我、超越自我的成熟的政党。作为一个拥有 80 多年历史的大党，在长期革命和建设实践中，我们应该看到：我们党的地位变了，从新民主主义革命时期的革命党，变成了建设社会主义的执政党，而且一执政就是 50 多年；我们党的任务变了，从夺取政权成立新中国变成了带领全国人民建设现代化、完成祖国统一大业、维护世界和平三大历史任务；我们党的执政环境变了，从过去关起门搞建设变成要融入世界经济一体化并参与到激烈的竞争当中；我们党的执政方式也在改变，过去一度时期靠领袖、靠经验、靠不甚完善的法制执政，逐步变成民主执政、科学执政、依法执政。

四中全会的召开，标志着我们党是一个认识规律、遵循规律的充满生机与活力的政党。综观国际国内，政党兴衰，政权更替，苏联解体，东欧巨变，前车之覆，后车之鉴。中国共产党居安思危，善于寻找并从中找到了其失败的原因，那就是：理论的僵化，即指导思想的僵化；政策的失误，没有考虑到人民群众的根本利益，人心背离；经济的滞后，没有给人民群众带来实惠；还有就是政党组织内部的腐败。我们党认真研究探索执政中应遵循的规律，包括：政党与社会的关系，执政党执政地位要稳固，必须要得到社会大多数成员的拥护；政党与政府的关系，党就是党，政就是政，明确了政党应遵循的 24 字方针：“把握方向，谋划全局，提出战略，制定政策，推动立法，营造环境”；执政党和参政党的关系，合作共事，民主协商，肝胆相照，荣辱与共。认清了其他政党失败的原因，探索了我们党应遵循的规律,我们党始终保持指导思想上的与时俱进,始终保持同人民群众的血肉联系,始终围绕经济建设这个中心把发展作为第一要务,所以我们党才立于不败之地,才永葆生机与活力。

四中全会的召开,标志着我们党是一个能够长期执政并能执好政的有远大抱负的政党。首先,我们党敢于面对现实。虽然我们执政取得了辉煌成就,但在执政中正视存在的问题:体制机制不完善;执政党能力、素质与繁重的任务和复杂的环境不适应;少数党的干部思想作风、工作作风不扎实;有一些组织和党员的作用发挥不够好;在某些领域,腐败现象严重。中国共产党为切实担当起振兴民族之大任,如此深刻地看到自己的不足并加以改正。这是承认现实、有信心的表现。其次,我们党善于学习。党的第三代领导核心江泽民同志多次提出要研究中国社会发展的规律,研究人类发展的规律,研究政党发展及执政的规律。再次,我们党一贯注重并不断加强执政能力建设。毛泽东同志在党即将取得政权、新中国即将诞生之初号召全党要做到"两个务必",并把政权建立比作"进京赶考";邓小平同志指出,执政党的地位,使我们党面临着新的考验;江泽民同志说,我们的事业最终能否成功,很大程度上取决于我们党的领导水平和执政能力;胡锦涛同志强调,我们党的执政能力如何,越来越成为巩固党的执政地位,开创中国特色社会主义事业新局面的关键因素。这些重要论述充分表明,我们党历来就高度重视并自觉接受执政的各种考验,特别是执政能力的考验。得出的结论是:执政的时间越长,越要重视和加强党的执政能力建设,越要提高执政水平。

就遵义而言,加强党的执政能力建设,是实现富民兴遵宏伟目标的坚强保障。对于一级地方党委,执政能力强弱,主要表现在领导发展的能力上。我们要用一分为二的观点来评价遵义这些年来的工作。遵义的发展,已是历史上比较协调快速的时期,全市上下在"农业五突破"、"三大历史任务"和"三化一强"等指导思想的引领下,奋发进取,卓有成效:工业经济在巩固壮大烟、酒等传统产业的同时,以铝、钛为主的新型材料,以海尔冰箱为主的制造业,水火互济的能源工业以及农副产品加工业和医药业不断发展;农业在继承老"五突破"的基础上,产业化的新"五突破"正在广大农村全面展开;城镇通过旧城改造、新区开发,市、县、镇联动,旧貌换新颜;生态环境在锲而不舍的努力下先后荣获全国"绿化模范城市"、"造林绿化十佳城市"、"卫生先进城市"、"人居环境范例城市"等称号,森林覆盖率超过40%,大气环境、饮水质量有一定的改善;各项社会事业协调发展,精神文明建设、民主法制建设和党的建设全面进步,提前实现基本"普九",卫生、体育、文化成就显著,探索实践了"四在农家"、基层组织"示范带"建设、农村计生奖励扶助制度、远程教育等在全国都有一定影响的成功经验。省委书记钱运录同志最近来遵考察调研时指出,遵义正处于一个新的飞跃的前夕。这是对我市广大干部群众励精图治谋发展的高度肯定。但是,我们必须清醒地认识到,在前进的路上,我们还面临着要求高与能力尚不适应的双重压力。虽然纵比是最好的时期之一,大项目多,农民增收不少,财政收入四年翻番。但横比并非最好,即使地区生产总值总量一直都是全省第二,增长速度却不很快,人均水平也不算高。总体上,城市与农村、经济与社会是和谐的,但很多方面还较薄弱:一是交通有很大改善,但仍是制约我市发展的瓶颈;二是高科技,虽有全国一流的顶尖技术,但整个高科技产业凤毛麟角;三是区域经济都在发展,但极不平衡,尤其东部各县发展缓慢;四是生态环境大有改善,但质量仍然不高;五是城乡都有变化,但农村变化小于城市;六是西部开发有成效,但在落实一些大项目的同时,招商引资还很差;七是整个社会政治稳定,但不安定因素还很多,一些地方发展不快矛盾多,少数领导干部能力不适应,一些干部作风不实,腐败现象时有发生。这些问题,有历史的原因,也有现实的因素,有客观条件的制约,也有主观思想的掣肘,归结起来:一是思想解放不够,还存在"慢"、"等"、"靠",甚至"左";二是作风不扎实,用一般性号召指导工作,导致方法简单、盲目蛮干等问题出现;三是改革力度不大,求稳怕乱;四是激励机制不完善,没有更好地体现奖快促慢、优胜劣汰。

在认真分析问题的同时,我们更要看到遵义加快发展的优势:遵义有国家多年投资打下的基础,西部开发成效显著,财政收入快速增长,各项事业蓄势待发;遵义有多年积累下来的文化,受巴蜀文化、沙滩文化、长征文化等影响,遵义人民艰苦奋斗,精耕细作,苦读经商,可谓人文素盛,劳动者素质相对较高;遵义有较好的区位优势,北枕川渝,南靠贵阳,六省通衢;遵义有丰富的资源,能源水火互济，冶金矿冶结合，轻工烟酒俱优，旅游红绿相间，以及有一批凝聚力强、战斗力强的基层党组织和党性强、作风硬、有能力的干部。这些资源蕴含丰富，有的优势明显，有的得天独厚，需要我们开发好、利用好、保护好。

认识问题、分析问题、解决问题是我们做好各项工作的一般方法。认识了问题的关键，找准了问题的症结，就需要认真加以解决。各级党的组织要切实增强责任感、紧迫感，站在立党为公、执政为民的高度，真正把党的执政能力建设这项千秋大业抓紧抓好，提高能力抓发展，在发展中提高能力，用发展来检验能力。

二、以提高领导发展能力为重点，全面推进党的执政能力建设

落实四中全会精神，必须用发展着的马克思主义指导并全面推进党的执政能力建设，努力把我市各级党组织建成政治坚定、思想先进、领导有力、清正廉洁、民主团结、求真务实的党组织。实现这一目标，需要紧紧围绕五个方面的重点，切实加强能力尤其是提高领导发展的能力建设。

一是以经济建设为重点，紧紧围绕做大总量和提高人均水平，用经济发展是否符合按科学发展观的要求来检验驾驭市场经济的能力。经济发展快慢、是否协调和持续，是检验驾驭市场经济能力强弱的重要标准。只有不断提高领导发展经济的能力，实现经济更快更好地发展，发展中的一切困难和问题才能迎刃而解。当前，随着西部大开发的深入推进，遵义已进入经济社会发展的快车道，一个新的飞跃即将到来。我们必须紧紧抓住这一历史契机，做大总量，提升质量，加快速度，协调推进，集中精力发展生产力。做大总量，就是保持持续、快速、协调的经济发展，总量有质的飞跃，人均水平不断提高，发展的优势和后劲得到增强。这是一个核心的问题，是当前经济发展中的主要矛盾，必须合力攻坚，重点突破。提升质量，关键是要坚持科学发展观，切实转变经济增长方式，走出一条经济增长快、资源消耗低、环境污染少的路子。绝不能用了祖宗留下的资源，又断子孙路。加快速度，要摆脱贫穷，就要找出一条比较快的发展道路。小平同志说："贫穷不是社会主义，发展太慢也不是社会主义"。不进则退，小进亦退。速度上不去，就会越落越后。今后相当长一段时间，几项主要指标必须保持两位数增长，增速保持在全省前列。协调推进，就是要注重全市整体联动，经济与社会要协调发展，物质文明与生态文明要相互促进，逐步缩小城乡之间、中心地区和边远地区之间以及东、中、西部的差距。

二是以发展民主政治推进法制建设为重点，紧紧围绕人民当家作主，坚持完善人民代表大会制度和党领导下的多党合作和政治协商制度，用人民是否拥有充分的知情权、参与权、监督权来检验民主政治建设的能力。民主政治建设是党的执政能力建设的重要内容，要适应形势发展的需要，认真研究加强地方民主政治建设的政策措施，切实处理好执政与行政、勤政与廉政、理政与修政的关系。首先，既要称职执好政，又要支持政府行好政。要严肃党的纪律，严格执行党的路线方针政策，自觉维护中央和上级党组织的权威，加大依法治市力度，确保政令畅通。要支持行政机关依法行政，切实做到领导不霸道，统揽不包揽，执政不代政。其次，既要勤于政事，又要廉洁从政。我们各级党的干部务必兢兢业业，永不懈怠，全心全意服务老区人民；要常修为政之德，常思贪欲之害，常怀律己之心，遵从大义，遵循道义，遵守正义，廉洁奉公，清白从政。再其次，既要统揽全局，又要支持各方创造性地工作。党委要遵循执政规律，把主要精力放在把方向、谋全局、抓大事上，理清发展思路，完善政策措施，正确领导并改善同人大、政府、政协、各民主党派及群众团体的关系，积极发挥其监督、行政、桥梁纽带等作用，全面推进民主政治进程；要切实加强基层组织建设，进一步抓好"示范带"，巩固并扩大远程教育的优秀成果，充分发挥基层组织的战斗堡垒作用和党员的先锋模范作用，不断夯实党的组织基础，巩固党的执政地位；要畅通民主渠道，广开言路，敢于修正工作中的错误，创造性地探索切合自身实际的发展之路。要进一步加大党务、政务、厂务、校务、村务公开力度，落实群众的知情权、参与权和监督权。人民群众是党的力量源泉和胜利之本，我们的各项事业与人民群众切身利益休戚相关。只要畅通民主渠道，广纳百家之言，密切党同人民群众的血肉联系，我们的各项决策就会更加科学合理，民主政治建设就会跃上一个新台阶。

三是以繁荣文化事业为重点，紧紧围绕丰富人民群众的文化生活，用是否满足了人民群众精神需求来检验发展先进文化的能力。先进文化是一个政党的精神旗帜，是凝聚民心的思想基础。当前，影响人们思想的因素明显增多,人们思想的独立性、多变性、差异性明显增强,这就要求我们必须大力发展先进文化,真正形成团结奋斗的共同理想和精神支柱。要始终坚持马克思主义在意识形态领域的指导地位,大力发展先进文化,在提高人的素质上下功夫;始终坚持党管媒体的原则,按照团结鼓劲和“三贴近”的原则,唱响主旋律,增强吸引力、感染力,不断提高引导舆论的本领;要进一步深化文化体制改革,加强管理与注重繁荣相结合,发展文化产业,繁荣文化市场。推动以遵义少儿杂技为主的专业文化上档次、出精品,自娱自乐的群众文化上规模、广参与,实现社会效益和经济效益的有机统一;要发掘历史文化,特别要注重遵义会议精神和长征文化的挖掘、升华,并将这种精神融入到全市各族人民的思想和行动中;要坚持不懈地抓好“四在农家”,深入持久地开展各种群众性精神文明创建活动,形成良好的上下联动、城乡互动氛围;要大力实施科教兴遵、人才强市战略,增强科技创新能力,提升整体教育水平,优化人才成长环境,全面提高人的素质。

四是以推进社会文明和谐为重点,紧紧围绕正确处理人民内部矛盾,用人民是否安居乐业、社会是否稳定来检验构建和谐社会的能力。追求和谐,是中华民族传统文化的精髓。和谐是经济社会顺利发展的前提,形成各族人民各尽其能、各得其所而又和谐相处的社会,是巩固党执政的群众基础的必然要求。社会要进步,发展是核心,改革是动力,稳定是前提。随着改革的深入推进,各种矛盾不断叠加,社会稳定问题日益突出,处理难度加大。各级领导干部一定要高度重视,认真对待,居安思危,未雨绸缪,真正把稳定工作抓实、抓细、抓好。自觉维护稳定,构建和谐社会,基本原则有两条:一是群众利益至上,二是必须依法、按章。要把最广大人民的根本利益作为制定政策、开展工作的出发点和落脚点,特别要注意在城市拆迁、工程占地、企业改制等问题上,坚持大多数人不同意的事不做,大多数人不受益的事不做,经不住历史检验的事不做,从源头上减少矛盾。要正确处理人民内部矛盾,带着对群众的深厚感情做工作,设身处地为群众着想,竭尽全力为群众排忧解难。要依法律、按政策办事,把解决矛盾纠纷纳入法制化轨道。要畅通信访渠道,最大限度地把矛盾纠纷解决在基层、解决在内部、解决在萌芽状态。要进一步健全社会服务和社会保障体系,扩大城乡居民低保面,逐步提高低保标准,加强安全生产,抓好“集团帮扶”等有效的扶贫方式,兼顾不同社会群体的利益,缩小地区性差异和贫富差距。

五是以打造良好环境为重点,紧紧围绕扩大对外开放,用是否遵循入世规则和外来客商是否满意来检验对外交往的能力。海不辞水,故能成其大;山不辞土石,故能成其高。我们的发展,一方面要弘扬自力更生精神,一方面必须扩大对外开放,借鉴外地的先进经验,共享人类文明成果。要坚持“走出去、请进来”的方针,大力招商引资,加快对外贸易。要围绕我市明确的主导产业和优势项目,把引资与引智、引技、引人才等有机结合起来,使各种优势资源能够为我所用。要采取切实有效措施,发展外贸产品,拓宽出口渠道,推动外向型经济良性发展。与此同时,要积极参与民间外交,加强对外经济文化交流,提高遵义知名度。扩大对外开放,必须加强环境建设。环境也是生产力,是扩大开放、加快发展的重要因素。在想方设法建设硬环境的同时,要千方百计打造良好的软环境,尤其要加强诚信遵义的建设。商鞅变法,“立木为信”。对外开放,诚信至上。要以政府部门诚信为突破口,涉商部门作出表率,建设诚信遵义。事关国计民生的所有决策,都要慎重,一旦决策,就要认真抓落实,向群众承诺的事项一定要兑现。只有这样,才能真正取信于民,赢得群众的理解、信任和支持。要以企业诚信为重点,整顿和规范市场经济秩序,集中开展打击假冒伪劣、偷税漏税、商标侵权、合同欺诈等专项执法整治,严厉查处经营信用失范行为。要以中介信用为关键点,保证会计师、审计师、律师、公证等中介机构独立、公正地发挥作用。要以个人诚信为着力点,加强宣传教育,形成以诚信求发展的良好氛围。

三、确保党的执政能力建设各项任务落到实处,求实务快促进遵义全面发展

党的执政能力建设是一项长期任务,完成这一光荣艰巨的历史使命,求实务快促进发展,需要在工作中加强学习,转变观念,改进作风,建好队伍,激活机制。

加强学习时不我待。学习增长知识,知识创造未来。学习很重要,孔子说:“学而时习之,不亦乐乎”;毛泽东指出:“学习的敌人是自己的满足”。在认识问题、分析问题、处理问题的实践中,世界观、人生观、价值观的检验，无不反映出一个干部学习的深度、广度、高度。学习、思考、理解、落实这四个环节是循序渐进的。没有学习，谈不上思考；不进行思考，"学而不思则罔"，也就谈不上理解；没有理解，去抓落实，那更是一句空话。所以，有什么样的理论和素质，就有什么样的行动和效果。深入学习《决定》、深刻领会精神，是贯彻落实好党的十六届四中全会精神的前提和基础。各级党组织要认真组织学习原文，吃透精神，把握实质，切忌蜻蜓点水，浅尝辄止。要学以致用，自觉将《决定》精神运用到各自的工作实践中去，在加强调查研究的基础上，结合本地本部门实际，认真梳理存在的问题，并提出改进的措施和办法，切实加大工作力度，确保执政能力有明显的提高。

转变观念至关重要。观念决定思路，思路决定出路，提高执政能力要从转变观念入手。转变观念是一项长期任务，从来就没有一劳永逸之事。我们必须明确，现在的问题和矛盾主要是发展不快造成的，只有加快发展，矛盾才能解决。各级党委要彻底转变不适合经济社会发展的方法和理念，打破僵化保守、慢慢悠悠、碌碌无为的工作思路与格局，一门心思谋全局，跳出包揽一切的事务圈，着力研究改革、发展、稳定的大事和人民群众关心、关注的热点难点问题，运用法律、经济、行政、思想政治等各种执政方式管理经济和社会事务，切实做到依法执政、民主执政、科学执政。

改进作风攸关全局。带兵不严，兵不能战。执政作风不过硬，能力会每况愈下。关于作风问题，我强调四点：一要锲而不舍。认准的事，就不要争论，不准动摇，要盯住不放，否则就会耽误时间。"三化一强"的基本思路、工业化六大基地、农业产业化新"五突破"、"四在农家"、三百里竹廊以及城市建设管理中"四创" 等载体，都要锲而不舍抓落实，不见成效绝不罢休。二要脚踏实地。为政不在多言，必须真抓实干。农村工作仍然要提倡干部扑下身子，"抓点带线推面"；工程建设要实行倒计时，不能哪里黑哪里歇；抓安全，必须到矿井、下码头、上公路。只有亲临一线，才能发现问题，更好地解决问题。只有脚踏实地，才能把所有的工作做好。三要雷厉风行。言必行，行必果。要风风火火，利利索索，敢为人先，创造性地工作。各县、区（市）要选准自己的"竞争对手"，强县建设要保位争先，只能前进，不能后退；部门工作要争第一，至少半数部门必须去争第一。现在各地发展迅猛，竞争激烈，必须参与其中，急流勇进。四要革故鼎新。要通过改革，革除一些不良风气和体制。诸如走读风、浮夸风、瞒报风、文山会海风、形式主义等，还有少数地方、个别部门出于狭隘的局部利益，对上级政策采取推诿、扯皮、拖延、敷衍，令不通、禁不止等问题，要坚决刹住。要抑浮说，简文案，消除文山会海。要大兴各种良好风气，自觉地、坚定地贯彻执行中央和省委、市委的各项方针政策，闻风而动，接令而行。作风是执行路线的保证，要通过改进作风，建设清廉党风、扎实政风、清淳民风。

队伍建设刻不容缓。干部是事业兴旺发达的组织保障。能力建设必须以人为本，没有能力，无以言政；能力不强，将懈于政。刘伯温批判那种"盗起而不知御，民困而不知救，吏奸而不知禁"的做官不做事者如久藏之柑，金玉其外，败絮其中。封建士大夫尚且知道使用了德行不端的不称职的干部，就是自挖墙脚，我们共产党的各级组织更要明白建好干部队伍的关键。要把提高执政能力建设贯穿于领导班子和干部队伍建设的各个层面。要认真开展共产党员先进性教育，创新培训方法，改进和完善干部选拔、任用工作制度，坚持"用好的作风选人，选作风好的人"，努力做到"用好一名干部，树起一面旗帜"。要深化干部人事制度改革，不拘一格用人才，将德才兼备、实绩突出、清正廉洁、群众公认的干部选拔到重要岗位，要加强领导班子和领导干部的管理，提升领导班子成员素质，把领导班子成员的心思集中在谋发展、促改革、保稳定上。要努力造就一支善于思考、勇于创造、敢于拼搏的干部队伍，带领全市人民在全面建设小康社会的新征程上阔步前进。

激活机制势在必行。推动工作的重要方法，在于赏罚分明。司马光说："致治之道有三：曰任官，曰信赏，曰必罚"。就是说，要有选贤任能、赏罚分明的机制。加强执政能力建设，一定要在机制上下功夫。第一，要建立健全工作制度，包括领导干部个人重大事项报告制度、述职述廉制度、民主评议制度、谈话诫勉制度、经济责任审计制度、巡视制度、党内情况通报制度、重大问题征求意见制度、社会评机关制度等等。要针对当前基层干部走读及在工作中盲目蛮干等现象，编制《基层工作守则》，促进基层干部依法行政，规范基层工作行为。第二，要在分"三类"考核的基础上制定更加科学合理的考核标准。第三,要拉开奖惩档次,重奖先进,彻底打破"不患寡而患不均"的大锅饭思想,以奖快促慢、优胜劣汰。第四,干部的使用与实绩挂钩,干得好的进入后备干部,干得不好的,从后备干部中退出,干好了再补进去。第五,公开奖惩结果,工作成效的好坏,接受群众评议、监督。

同志们,能力建设,关系重大。艰难困苦,玉汝于成。面对新的形势,新的任务,新的要求,我们要有新的姿态,新的举措,新的进步。希望全市各级党组织团结带领广大干部群众再接再厉,解放思想,求实务快,乘势而上,为早日实现名城遵义新的飞跃而努力奋斗!

总结工作　交流经验 进一步做好新时期地方人大工作

——在全市人大工作座谈会上的讲话

(2004 年 7 月 15 日)

遵义市人大常委会主任　刘文献

同志们:

为纪念县级以上地方人民代表大会设立常委会 25 周年,推动全市人大工作向前发展,经市人大常委会主任会议研究,召开这次全市人大工作座谈会。这次会议,是各县、区(市)人大换届一年多来,市人大常委会组织召开的第一次人大工作座谈会。其目的是通过总结工作、交流经验,共同探讨如何进一步做好新时期的地方人大工作。

会上,各县、区(市)人大常委会围绕地方人大"三权"的行使、代表工作、自身建设等方面内容,交流了各自履行职责的作法与经验,并就进一步做好新形势下的地方人大工作,提出了许多好的意见和建议。从交流的情况看,充分表明了各县、区(市)人大常委会自换届以来,以经济建设为中心,围绕各地改革发展稳定的大局,围绕人民群众切身利益的大事,认真履行宪法和法律赋予的职责,较好地发挥了地方国家权力机关的职能作用。各县、区(市)人大常委会卓有成效的工作,坚持和完善了人民代表大会制度,加强了民主法制建设,推进了社会主义政治文明,为各地经济社会健康、持续发展,都作出了积极的贡献。大家的交流发言,坚持解放思想、实事求是、理论联系实际,既有对地方人大工作实践的经验总结,也有理论上的深入探讨。我相信,通过这次会议,对于加强和改进全市人大工作具有十分重要的意义,必将推动我市人大工作再上新台阶。

换届以来,各县、区(市)人大常委会按照宪法和法律的规定,积极履行职责,认真抓好"三权"的行使。在行使重大事项决定权上,各县、区(市)在工作中注重调查研究,总结经验,并进行了积极探索。首先,大部分县、区(市)人大常委会都先后制定了重大事项决定权的有关规定,从制度上加以规范。其次是坚持把涉及全局性、社会影响大、人民群众十分关心的议题纳入审议和讨论决定的范畴。三是通过建立督办制度、组织视察、检查等方式,保证决定权的有效实施。红花岗区人大常委会通过健全机制、界定范围、加强跟踪等方式,认真总结和探索正确行使重大事项决定权的成功经验和有效形式,促进了决策的规范化、制度化。

各县、区(市)人大常委会把监督工作作为工作的重中之重,以增强监督实效为核心,探索和完善监督方式和监督机制,有重点地开展对"一府两院"的法律监督和工作监督,监督工作不断深化。在法律监督上,一方面有选择、有重点地开展执法检查,督促法律法规在本行政区域内的贯彻实施。遵义县人大常委会围绕人民群众关心的热点难点问题,采取上下联动,普遍自查和重点抽查相结合,边查边改相结合的方式开展执法检查,促使了一些群众反映强烈问题的解决。另一方面,积极探索开展以个案监督为基本形式的执法监督,促进司法机关秉公办案、公正司法。近年来务川自治县人大常委会探索开展的个案监督工作,反响大、效果好,拓宽了执法监督的渠道。另外习水、桐梓等县的个案监督工作力度也较大。在工作监督上,各县、区(市)人大常委会采取听取和审议"一府两院"工作报告的基本形式,突出监督重点,提高审议质量,并对监督中发现的问题及时向"一府两院"提出,督促解决。道真自治县人大常委会开展监督工作实行的"跟踪问效"制度,即在追踪落实中加强法律监督和工作监督,在追踪落实中办理人大代表建议和意见,及时处理来信来访等,突出了监督实效性,提高了人大的地位和作用。在拓宽监督领域方面,仁怀市、遵义县、绥阳县等人大常委会探索开展的对驻地上划部门的监督,取得了较好效果。

在人事选举、任免中,各县、区(市)人大常委会正确处理好党管干部原则与人大依法任免的关系,使人事任免工作既体现党委意图,又反映人民意愿。并积极探索在干部任命前实行法律考试、民主测评、任职承诺,任职期间开展述职评议等,扩大了人事任免工作的民主化程度。正安县人大常委会在人事任免上实行的任前公示,强化了任前监督。习水县人大常委会对部分单位负责人开展了离任审计。仁怀市人大常委会开展了对市人民政府常务副市长的述职评议工作,体现了述职评议工作的范围不断拓展,形式更加多样,效果越来越好。

代表工作是地方人大常委会的基础性工作。各县、区(市)人大常委会高度重视此项工作,严格按照《中华人民共和国全国人民代表大会和地方各级人民代表大会代表法》的规定,切实加强与人大代表的联系,积极探索工作新路子,不断增强人大代表履行职责的力度。在具体工作实践中,加强代表培训工作,提高代表的自身素质和履职能力;围绕抢抓机遇,加快发展这个主题,认真组织代表开展视察和执法检查活动,视察重点工程建设、人民群众十分关心的问题等,检查宪法和法律法规的实施情况;坚持人大代表列席人大常委会议,坚持人大常委会领导下基层走访人大代表;认真办理代表提出的议案、建议、批评和意见,使代表满意率和基本满意率不断提高。这些代表活动和代表工作方式,丰富了代表工作内容,为代表履行职责、发挥作用创造了一定条件。赤水市人大常委会在换届后,对全市185名市人大代表进行了集中培训,为畅通市人大代表参政议政的渠道,开通了"竹乡快车",在闭会期间反映人民群众的建议意见。余庆县在各乡镇开展的代表述职评议活动,力度大、效果好,激发了代表履职的积极性,促进了人民群众反映的热点、难点问题的解决。在代表中开展的"五加五"和"一带一"活动,充分发挥了人大代表在农村建设小康社会中的示范带头作用。红花岗区人大常委会在各街道办事处设立了派出工作机构,加强了街道人大代表工作。

各县、区(市)人大常委会高度重视人民群众来信来访工作,在信访机构不健全、信访人员较少的情况下加强了法制宣传教育,化解了大量人民内部矛盾,维护了社会政治稳定。湄潭县人大常委会切实加强和改进信访工作,针对群众反映的问题,深入实际,深入群众,认真组织调查,并督促协调有关部门进行处理,树立了人大在人民群众中的威信。

加强常委会与常委会机关的自身建设,提高组成人员的素质和人大机关人员的工作水平,是做好人大工作的关键。各县、区(市)人大常委会都十分注重自身建设,把自身建设摆在突出位置,切实抓紧抓好。一是加强思想建设。把加强学习作为一项重要任务来抓,绝大部分县、区(市)坚持了举行常委会前进行法制讲座制度。二是加强作风建设。围绕审议议题和监督的重大事项,坚持深入基层调查研究工作制度,切实转变工作作风。三是加强组织建设。注重加强机关干部队伍的培养、选拔、交流、使用,常委会组成人员结构进一步优化。务川自治县人大常委会换届以来,人大机关共提拔了5名副科级干部。同时把政治素质好,有专业知识,热爱人大工作的同志充实到人大机关工作。红花岗区人大常委会换届来,先后选拔了17人充实到常委会及其工作机构。四是加强制度建设。进一步建立和完善了常委会各项工作制度及机关内部管理制度,促进了工作的制度化、规范化、科学化运行。五是加强对乡镇人大工作的指导,不断推进基层民主政治建设。坚持了乡镇人大主席或副主席列席人大常委会会议制度,并对乡镇人大主席团组织开展的各项工作与活动加强业务指导与工作联系。凤冈、绥阳、习水、仁怀、赤水等县(市)人大常委会对乡镇人大主席团工作进行量化考核表彰奖励制度,促进了乡镇人大工作。

一年多来,我市人大工作虽然取得了一定成绩,但工作中还存在诸多不足:一是对新时期党的执政观念、执政方式认识不够,导致一些地方和部门的同志对人民当家作主、人民代表大会作为我国的根本政治制度认识模糊,工作中自觉主动接受人大的监督意识不强,对宪法、法律、法规的学习有待加强;二是对人民当家作主和依法行权的把握不准,导致依法监督的力度不大,在探索有效的监督方式,健全监督机制,提高监督实效上还有待加强;三是对依法行权和创造性地工作结合不好,形成讨论决定事项的工作显得薄弱,结果的追踪显得单调,在重大事项的界定、讨论决定的程序等问题上还需要进一步探索完善;四是对主体的认识不够和体制的滞后性,致使代表作用发挥不够,综合素质有待进一步提高,探索代表工作的路子需进一步拓宽;五是人大自身建设与新形势、新任务,与党和人民群众的需求还有差距,需要在思想、作风、制度、组织建设上进一步提高。

当前及今后一段时间,面对全面建设小康社会、加快现代化建设进程的新形势和发展社会主义民主政治、建设社会主义政治文明的新要求,我市各级人大及其常委会要深入学习贯彻党的十六大和十六届三中全会精神,围绕抢抓机遇、加快发展这个主题,坚持把发展作为富民兴遵的第一要务,认真履行宪法和法律赋予的职责,大力加强宪法宣传教育,推进依法治市进程,努力开创我市人大工作的新局面。下面,我讲几点意见。

一、努力深化认识,增强做好新时期人大工作的责任感和使命感

人民代表大会制度是我国的根本政治制度,是党领导人民实现当家作主的最好组织形式。50年的实践证明,人民代表大会制度有利于实现人民行使管理国家、当家作主的权力;有利于执行民主集中制原则,能够使各个国家机关协调一致,有效运转;有利于改善党的领导方式和执政方式。党的十六大把发展社会主义民主政治、建设社会主义政治文明作为全面建设小康社会的重要组成部分,明确提出要积极稳妥地推进政治体制改革、建设社会主义法治国家的目标。建设社会主义政治文明,最根本、最重要的是坚持和完善人民代表大会制度。在全面建设小康社会中,人民群众对发挥国家权力机关的作用寄予了厚望,对人大工作提出了更高的要求。因此,全市各级人大及其常委会在工作实践中一定要从改革和完善党的领导方式和执政方式的高度,从维护宪法和法律的尊严、维护国家根本政治制度和保证人民当家作主的高度,从建设社会主义法治国家、推进三个文明建设的高度,不断深化对人民代表大会制度的性质、地位和作用的认识,充分认识到坚持和完善人民代表大会制度,加强和改进人大工作是我们党在领导人民治国理政的长期实践中形成的宝贵经验,是发展社会主义民主政治、建设社会主义政治文明的必然要求;是依法治国、建设社会主义法治国家的必然要求;也是我市抢抓机遇、加快发展、全面建设小康社会的必然要求。大家一定要增强对人民高度负责的政治责任感和使命感,用“三个代表”重要思想统领人大各项工作。按照立党为公、执政为民的要求,增强宗旨观念,坚持以民为本,坚持党的群众路线,立足一切为了群众、一切依靠群众,做到权为民所用、情为民所系、利为民所谋、充分发挥人大在推进政治文明建设中的职能作用。

二、坚持党的领导,服务工作大局

坚持党的领导是坚持和完善人民代表大会制度的根本原则,是做好人大工作的根本保证。在任何时候、任何情况下,人大及其常委会都要自觉地把人大工作置于党的领导之下,按照党的意图和人民的意志开展工作,保证人大工作坚持正确的政治方向。首先,要把搞好人大工作的基本点和落脚点放在自觉接受和服从党的领导上,放在推动党的中心任务完成上,在党委“总揽全局,协调各方”的领导格局中,充分发挥地方国家权力机关的职能作用。其次,要坚持向同级党委请示报告工作的制度。对人大及其常委会的重要工作、重大活动以及行使职权过程中遇到的重大问题,要主动及时向党委报告,积极争取同级党委的领导和支持。第三,认真贯彻党委意图,及时把党的主张经过法定程序变为地方国家权力机关的决议、决定,并在本行政区域内督促贯彻实施。第四,正确认识和处理好人大及其常委会与“一府两院”的关系,把人大工作定位在有利于经济社会发展,有利于社会政治稳定和有利于人民群众最根本利益上,监督和支持“一府两院”做好工作。

三、突出工作重点,依法行使各项职权

发展是党执政兴国的第一要务,也是人大工作的中心和大局。在具体工作实践中,必须突出重点,增强实效,真正发挥地方国家权力机关应有的作用。第一,要积极探索讨论、决定重大事项的工作机制。要坚持抓大事、议大事的原则,对涉及本地方改革开放、经济发展、社会稳定的重大问题和广大人民群众普遍关心的热点、难点问题,正确行使重大事项决定权。要重视调查研究,注意总结正确行使重大事项讨论、决定权的成功经验和有效形式,科学界定依法行使重大事项决定权的范围,正确处理人大决定权、党委决策权和政府行政权的关系,着力提高人大常委会行使决定权的规范性,使作出的决定、决议符合民意,切合实际,能够贯彻实施。要完善制约手段,抓好决定、决议的督促检查。第二,要积极探索新的监督方式方法。人大及其常委会行使监督权是宪法和法律赋予的神圣职责。各级人大常委会要从依法治国、建设社会主义法治国家的高度,真正把监督工作放在重要的位置上。特别是县级人大常委会对“一府两院”的监督形式较多,必须灵活运用,并不断创新。一方面要突出监督工作重点,在监督深度、广度上求突破。要围绕经济中心抓重点,顺应民心抓热点,锲而不舍抓难点,切实发挥监督主体作用。在监督实效上,关键要狠抓落实,每年集中精力抓几件有影响、有份量的大事,并一抓到底,使问题真正得到解决。在对政府财权的监督上,要完善审查预算制度,提前把好预算编制关,并对人大常委会监督预算的执行作出刚性规定。另一方面要强化监督,加大监督力度。努力做到六个方面的结合:听取审议与视察检查相结合,审议与督办相结合,监督事与监督人相结合,常委会监督与代表监督相结合,行使监督权与行使决定权相结合,软性监督与刚性监督相结合。在工作中,要坚持和完善一些被实践证明行之有效的监督形式,同时,积极探索质询、特定问题调查、罢免、撤职等刚性手段在实际工作中的运用。第三,要正确处理党管干部原则和人大依法任命的关系,力求在增加选举任命干部透明度,扩大民主化程度上有所突破。要严格依法办事,继续坚持和推行任前法律知识考试、任前承诺和任后述职评议等制度,加强对选举任命干部的监督,督促国家机关工作人员廉洁高效,勤政为民,依法办事,秉公办事,切实为人民掌好权,用好权。

四、畅通民主渠道,充分发挥代表作用

人大代表是地方国家权力机关的组成人员。全市各级人大及其常委会要按照代表法的要求,加强和改进代表工作,充分发挥人大代表在管理国家事务中的作用。在具体工作中,要进一步健全和完善邀请代表列席人大常委会议、重要工作情况向代表通报和常委会组成人员联系代表等制度,主动加强与代表的联系沟通,为代表执行职务,参政督政创造条件。要进一步拓宽代表工作的内容和形式,扩大代表政治参与,加强代表的培训,促进代表自身素质和履职能力的提高。要把代表议案、建议的办理工作当作民心工程来抓,重视办理质量,对办理工作实施全程跟踪监督,把代表的意见和建议落到实处,确因条件不具备而无法办理的,也要给代表作出明确答复。要进一步落实好代表的物质保障和司法保障,调动代表的工作积极性,增强代表履行职责的效果。对人民群众来信来访工作,要从维护人民群众根本利益的高度,切实抓紧抓好,为人民群众排忧解难。通过加强代表工作,充分发挥他们当家作主、依法履职的主体作用,联系人民群众、密切党群干群关系的桥梁作用,推动经济发展和社会进步的模范带头作用,代表人民群众对国家机关及其工作人员进行监督的职能作用。

五、努力开拓创新,拓宽人大工作渠道

创新是一个民族的灵魂,同样也是人大工作发展的动力源泉。我国的人民代表大会制度是在不断探索、不断创新中逐步完善和发展的。当前,面对新形势和新任务,人大工作要积极主动地探索行使职权的方式方法,不断研究新情况,解决新问题,总结新经验,求得新发展。一是要注重学习,加强思想政治建设,努力提高常委会组成人员和代表的整体素质。重点要加强对十届全国人大二次会议宪法修正案的学习宣传教育,牢固树立宪法意识,推动宪法有效实施。要坚持用“三个代表”重要思想凝聚共识,推动创新;二是要不断完善具体工作制度,以制度创新推动人大工作的规范化、法制化,促进常委会议事效率和工作质量的提高。同时要从政治上、组织上、待遇上关心人大干部,为其履行职责创造必要的工作和生活条件。三是坚持把依法办事与开拓创新统一起来,以宪法和法律为依据,不断开拓人大工作的领域,寻找人大工作的新途径。只要有利于经济发展和社会进步,有利于社会主义民主法制建设,有利于坚持和完善人民代表大会制度,有利于实现和维护人民群众的根本利益的新举措、新事物,就积极探索,大胆实践;只要基层人大从实际出发,依据客观规律,能够推动人大工作发展的新经验、新方式,就及时总结,大力推广。通过创新,提高人大工作的制度化、规范化、程序化水平,使人大工作更好地体现时代性,把握规律性,富有创造性。

同志们,做好新形势下的地方人大工作,任务繁重,责任重大,意义深远。我们要在中共遵义市委领导下,坚持以邓小平理论和"三个代表"重要思想为指导,进一步解放思想,实事求是,与时俱进,开拓创新,通过我们的不懈努力,把全市人大工作提高到一个新的水平,再上一个新的台阶。

在全市经济工作会议上的讲话

(2003 年 12 月 30 日)

遵义市人民政府市长　卢守祥

同志们:

这次全市经济工作会议的主要任务是:认真贯彻中央和全省经济工作会议精神,总结 2004 年经济工作,部署 2005 年经济工作。等一会,传耀书记还要作重要讲话,请大家认真贯彻落实。下面,根据市委、市政府研究的意见,我先讲四个问题。

一、2004 年经济工作的基本估价

今年以来,我们在省委、省政府的正确领导下,坚持以邓小平理论和"三个代表"重要思想为指导,认真贯彻党的十六届三中、四中全会精神,坚决执行国家宏观调控政策,全面落实科学发展观,解放思想,实事求是,抢抓机遇,加快发展,经过全市上下共同努力,全面完成了经济社会发展的各项任务。预计全市国内生产总值完成 365 亿元,比上年增长 12.8%,三次产业分别增长 6.9%、17% 和 13.2%,创近十年发展最好水平。

一年来,我们主要抓了以下八个方面的工作:

(一)高度重视"三农"工作,农村经济进一步呈现农业增产、农民增收的好形势。预计农林牧渔业总产值增长 7%,农产品产量全面增长,粮食产量为历史上第三个高产年,总产量达 321 万吨,烤烟收购 162 万担,农民人均纯收入增加 154 元,达到 2073 元。扶贫开发取得新成效,完成异地扶贫搬迁 5000 人,有 8.34 万贫困人口越过温饱线。

(二)工业经济全面提速增效,"六大基地"框架初步形成。鸭溪电厂首台机组投入运行。构皮滩、鱼塘、沙坝电站成功截流,赤水竹浆纸一体化项目完成"三通一平",遵义 80 万吨氧化铝、习水二郎火电厂项目已完成法人组建,桐梓火电厂前期工作基本就绪。预计规模以上工业完成增加值 86.5 亿元,增长 20%;工业企业累计完成销售收入 190 亿元,增长 20%;实现利润总额 20 亿元,增长 33%。

(三)加强城镇基础设施建设,稳步推进城镇化。中心城区市政重点工程顺利实施,完成投资 10 亿元。湘江河污水截流、10 万亩风景林区建设、杨柳街历史街区整治、湘江河景观改造、中华路街心停车场建设工程完成年度目标;万里路片区改造工程,九节滩、高桥、遵湄路出入口改造工程,桃溪片区道路和汇川大道建设等工程有序推进。城市管理水平不断提高,环境保护和园林绿化工作进一步加强。小城镇建设力度加大,完成投资 18.5 亿元,城镇化率达 30.4%,增长 1.6 个百分点。交通基础设施建设取得明显成效,完成投资 28 亿元,建设、改造公路 3600 公里。

(四)扩大投资消费需求,增强经济增长动力。抢抓西部大开发机遇,努力拓宽投资渠道,加大投入力度,继续发挥了投资对经济增长的拉动作用。预计完成全社会固定资产投资 160 亿元,增长 23%。同时,采取有力措施刺激消费需求,住房、通信、旅游等新兴消费持续升温,第三产业稳定增长,对经济发展作出了积极贡献。预计社会消费品零售总额达 88.4 亿元,增长 16%。

(五)加强财源建设,支持金融发展。预计财政总收入完成48亿元，增长23.5%，其中地方财政收入完成17.96亿元，增长14.6%，剔除农业税税率降低1个百分点的减收因素，同口径增长16.8%。11月底，全部金融机构存款余额342.5亿元，贷款余额217.2亿元，分别比年初增长16.5%和13.5%。

（六）加大改革开放力度，发展环境明显改善。以国企改革为重点的“八大改革”全面推进。贵州钢绳股份有限公司和贵州航天工业集团部分企业成功上市，广西银河集团与长征股份公司基本完成资产重组；遵义董酒公司改制进一步完善；市、县属国有企业改制完成41户。国有资产管理、投资管理体制、事业单位人事制度和社会事业等各项改革积极稳妥推进。农村税费改革进一步深化，市级政府非税收入收缴制度改革全面启动。行政审批制度改革取得明显进展，市政府政务服务中心在全省率先成立并良好运行。投资环境有较大改善，招商引资到位资金35亿元，增长31.6%。预计完成进出口总额7100万美元，增长33.7%。

（七）统筹经济社会发展，社会事业全面进步。正安、习水“两基”通过省政府验收，全市“普九”覆盖率达93%，教育事业不断进步。全面推行农村计划生育家庭奖励扶助制度，群众婚育观念明显转变，低生育水平得到巩固，计划生育率达91.7%，人口自然增长率7.61‰。科技、文化、卫生、广播电视和体育等各项社会事业全面进步。人民生活明显改善。预计全市城镇居民人均可支配收入和农民人均纯收入分别增长11.4%和8%。

（八）维护群众合法权益，保持社会政治稳定。严格实行安全生产责任制，安全生产实现事故起数和死亡人数“双降”目标。继续强化维护稳定领导责任制，建立处理群众上访问题和群体性事件联席会议制度，有效化解了因征地拆迁、企业改制和水库移民等引起的突出矛盾，加大对解决拖欠农民工工资、整治城市公交秩序等热点问题的工作力度，保持稳定的社会政治环境。

2004年经济社会发展出现的困难比预料的大，取得的成绩比预期的好。但是，我们对经济运行中存在的问题也不可掉以轻心。一是受国家实行宏观调控政策影响，投资对经济的拉动效应减弱，加之部分项目开工晚，配套资金到位差，进度不理想；二是电、煤、油、运供求矛盾突出，严重制约经济特别是工业经济的发展，也进一步暴露出我市经济历史形成的深层次结构性矛盾；三是市场物价涨幅较大，给城镇低收入群体和农村贫困群众生产、生活带来较大影响；四是安全生产形势仍较严峻，影响社会稳定的因素较多；五是农村水利、交通等设施建设滞后，农业基础仍然脆弱。对此，我们必须引起高度重视，并在今后的工作中努力加以解决。

二、2005年经济工作的总体要求和预期目标

2005年是全面实现“十五”计划目标、衔接“十一五”计划的关键之年。因此，我们要审时度势，因势利导，精心谋划，合理安排，做好明年各项工作。

中央经济工作会议指出，明年中央的宏观经济政策取向是：实行稳健的财政政策和货币政策，加强各项宏观经济政策的协调配合，合理调控总量，着力调整结构。实施宏观调控并不都是经济的紧缩，更不是全面紧缩，而是继续坚持区别对待、有保有压的原则，根据经济形势的变化，把握好调控的方向、力度和重点。因此，明年我市经济工作机遇与挑战并存，总体上机遇大于挑战。一是面对复杂的国际形势，我国将紧紧抓住并切实用好重要战略机遇期，更加注重落实科学发展观，致力于经济平稳较快发展。发展是主题，较快是目标，平稳是保证。这无疑为我们加快发展提供了一个良好的宏观经济环境。二是国债资金虽然进一步淡出，但仍将继续支持农村基础设施、粮食生产、基础教育、公共卫生、公检法司设施、生态建设和环境保护，支持老、少、边、穷地区加快发展。三是国家合理调控货币信贷总量，主要是控制中长期贷款的增长幅度，将继续支持有市场、有效益、有利于增加就业的企业，尽力满足它们的流动资金贷款需求。四是国家继续加大西部大开发实施力度，加强基础设施建设和生态环境建设，突出抓好重点项目和农村基础设施建设，着力发展特色经济和优势产业。中央财政将增加对西部地区的一般性转移支付和专项补助资金。五是中央将重点加强“三农”等薄弱环节，继续实行对种粮农民的直接补贴，增加良种补贴和农机具购置补贴。同时，中央财政还将安排150亿元加大对产粮大县的支持和对财政困难县的转移支付力度。这些都为我们争取投入、调整结构、加快发展提供了重要机遇。六是我市近年不断加快建设和发展，一批重点产业项目相继建成投产，形成新的生产能力，为实现经济较快增长奠定了较好

基础。

同时,明年我市经济社会发展也存在较大压力。一是国家继续严把土地和信贷闸门,紧缩“地根”和“银根”,新建和在建项目进度将受到影响,增加了投资增长的难度。二是电、油、煤、运等生产要素供需矛盾难以根本缓解,尤其是电力紧张问题仍较突出,据了解明年供电计划可以适当增加,但缺口不会低于500万度/日,对经济发展特别是工业经济的发展仍将产生较大影响。三是今年农业增产、农民增收,得益于政策好、粮价高、人努力、天帮忙,但明年气候条件和市场条件尚不确定,基础还不牢固。四是财政减收增支因素增多,财政收支平衡压力加大。据初步测算,明年仅完全取消农业税,全市将减收1.2亿元。同时,增支因素增加,仅市级财政发放干部补贴和增加对困难县补助即增加刚性支出6500万元。五是部分上游产品价格涨幅依然较高,随着价格传导机制的作用,市场物价上涨的压力较大。综合分析明年的经济形势,我们既要看到各种有利条件,增强信心;又要充分估计面临的困难和不利因素,保持清醒头脑;更要看到发展仍然滞后的严峻现实,进一步增强做好明年经济工作的紧迫感和责任感。

考虑到明年的宏观经济形势,结合我市实际,为了保持经济平稳、较快发展,市委、市政府明确了明年经济工作的总体要求和预期目标。总体要求是:以邓小平理论和“三个代表”重要思想为指导,深入贯彻党的十六届三中、四中全会精神,按照中央和省经济工作会议部署,全面落实科学发展观,坚持发展这个党执政兴国的第一要务,进一步提高驾驭社会主义市场经济的能力,抢抓西部大开发机遇,坚持改革开放,适应宏观调控,着力调整经济结构、转变经济增长方式,坚持做大经济总量,提高人均水平,加快推进“三化”进程,努力改善人民生活,正确处理改革发展稳定的关系,实现经济社会全面协调可持续发展。主要预期目标是:地方生产总值增长11%;全社会固定资产投资增长20%;社会消费品零售总额增长15%;地方财政收入增长12%;城市居民可支配收入和农民人均纯收入分别增长7% 和5.5%以上;城镇登记失业率和人口自然增长率分别控制在4.5%和7.3‰以内。明年的预期目标低于今年的实绩,是积极稳妥的,也是留有余地的。当然,这些目标是指导性的,在实际工作中GDP增长目标要按12.5~13%进行调度,其它各方面的工作也要争取做得更好。各县、区(市)在确定经济增长预期目标时,一定要在考虑需要和可能、速度和效益相统一的前提下,加大力度,能快则快。

三、全面落实科学发展观,努力争取经济更快更好的发展

明年经济社会发展任务十分繁重,要按照科学发展观的要求,统筹安排,突出重点,着力抓好以下几个方面的工作。

(一)坚持城乡统筹,着力解决“三农”问题

解决“三农”问题,是事关全局的重大任务。绝不能因为农业农村形势较好,就盲目乐观、工作松劲。必须继续贯彻“多予少取放活”的方针政策,坚持以城带乡、以工促农,动员全社会力量关心和支持农业,全力推进农业新“五突破”,实现粮食稳定增产、农业持续增效、农民继续增收。

第一,优化农业结构,推进农业产业化经营。要树立抗灾夺丰收思想,加强基本农田保护和建设,进一步强化农业的基础地位,确保农业增加值增长6%,粮食产量稳定在300万吨以上,收购级内烟叶161万担,力争农民人均纯收入增加150元。突出抓好畜、竹、药三大主导产业,全力打造“七大产业航母”,积极推进优质农产品基地、畜牧养殖小区和产业化示范带建设,实行区域化布局、规模化生产、集约化经营。打破县域界限,优化资源配置,做大做强龙头企业,力争农产品加工转化率达到35%以上,龙头企业销售收入同比增长20%以上。积极发展农村合作经济组织、各类专业协会和专业大户,努力提高农民组织化程度。继续实施“四种”工程和农业科技增收工程,加强农产品质量安全检测体系和社会化服务体系建设,提高农产品的标准化率和优质率。

第二,扩大劳务输出,增加农民收入。要切实加强农村劳动力职业技能培训,做好外出务工人员的组织、引导和服务工作;取消对农民工的各种歧视性政策和不合理收费,为农民工创造良好的就业环境;大力发展乡镇企业和非农产业,促进农村劳动力就地转移,力争新增转移农村劳动力10万人以上。省委、省政府决定,从明年起,全省完全取消农业税。这是一项大政策,要认真落实好。同时,要继续全面落实党的农村政策,增加农业投入,减轻农民负担,真正使农民得到实惠。

第三,加强基础设施建设,推进小康进程。要

继续抓好遵义灌区一期工程和湄凤余灌区建设，实施农村人口安全饮用水工程，开工建设绥阳后水河灌区和18座小型水库除险加固工程，力争大杉河水库、石峰水库灌区工程立项建设。加大农业综合开发、坡改梯和中低产田土改造力度，改善农村生产生活条件。实施沼气生态工程，建设生态家园。以“四在农家”为载体，加快农村小康建设，建成小康村30个，新增“四在农家”示范点450个。大力推进扶贫开发，力争18个一类重点扶持乡镇全面实现脱贫目标，8万贫困人口越过温饱线。

（二）坚持工业主导，着力提升工业整体水平

“三化”建设，工业是主导。我们必须以更新的思路、更大的力度、更实的作风，加快新型工业化进程，进一步强化工业经济的主导地位，确保全市规模工业增加值增长16%以上。

第一，加快“六大基地”建设步伐。围绕建设“能源大市”目标，继续抓好构皮滩电站、鸭溪火电厂建设，开工建设习水二郎火电厂、桐梓火电厂，争取遵义碱厂热电联产项目立项；加快芙蓉江、洪渡河、桐梓河流域梯级水电开发；大力推进电煤基地建设，确保火电厂用煤需要。积极推进80万吨/年氧化铝项目建设和务正道片区铝土矿开发，实施好遵义钛业有限公司新增4000吨/年海绵钛和贵州钢绳股份公司优质合金钢丝生产线技术改造工程，加快金属锰、金属镁开发。着力抓好赤水竹浆纸一体化建设和赤天化合成塔改造项目，加快推进桐梓煤化工和遵义碱厂离子膜烧碱联产PVC技改等项目的前期工作。重点推进061基地大容量绿色锌空贮备电池、海尔电器公司无氟冰箱生产线技改、011基地继电器技改和长征公司智能型断路器及成套电器设备制造等项目。切实抓好药业示范区和中药材基地建设，扶持壮大制药企业，努力培育1～2户年销售收入上亿元、3～5户年销售收入上5000万元的企业。大力推进茅台酒厂新增万吨工程建设，新增生产能力2000吨，加快“酒都”建设步伐；支持遵义卷烟厂发展年产50万大箱生产规模；大力开发绿色、休闲、保健食品，不断上规模、上档次、上水平。

第二，着力提升工业经济整体水平。我市工业技改一直徘徊不前，影响和制约了工业经济整体水平的提升。明年，工业结构调整的首要任务是加快传统产业改造升级，积极发展高新技术产业。要集中力量抓好一批技术含量高、投资规模大、市场容量广、经济效益好的重点技改项目，确保全年工业技改投入20亿元以上，力争完成25亿元。继续搭建工业发展平台，重点抓好航天高科技园和海尔、银河、高桥、平桥、忠庄、董公寺工业示范区及遵义国家星火技术密集区建设，进一步完善功能，推动企业集聚、项目集中和土地集约利用，提高投资密度和产出水平。做好遵崇工业走廊规划，拓展工业发展空间。鼓励和支持企业做大做强，为培育能源、铝、材料、机电、化工、茅台酒等六个年销售收入上百亿元的行业或企业集团创造条件。

第三，努力缓解经济发展的瓶颈制约。加大对电、煤、油、运等生产要素的协调和调度力度，特别要争取增加供电计划，加强供用电管理，促进科学、安全用电，确保城镇居民、重点企业和单位用电。增强全民节约意识，大力节约能源和重要资源，加快发展循环经济。加大对矿产资源开发的规划和管理力度，提高开发效益。加强银企合作，用足、用活国家金融政策，引导银行增加信贷投入，优化信贷结构，发展壮大各类金融机构。抓紧修编《遵义市土地利用总体规划》，盘活存量土地，提高土地利用率，努力保证重点工程和重大项目的用地需求。

（三）坚持建管并重，着力提升城镇集聚辐射能力

我市正在进入城镇化加速发展的关键时期，为了持续、快速、健康地推进城镇化，城市发展的战略重点逐步从构筑框架转向完善功能、改善环境，实现城市发展由“量”的扩张到“质”的提升。

第一，严格城市规划管理。充分发挥规划的先导和规范作用，深入开展城市总体规划修编前期工作，完成中心城区交通、历史文化名城保护、山体绿化、水面保护及社会事业布局等专业规划，积极参与贵阳——遵义城镇密集区战略发展规划。引进一流规划设计力量，提高规划设计水平。建立健全规划公示制、公告制和责任追究制，强化规划“红线”和“绿线”控制，提高规划管理和执法水平。

第二，加强城市基础设施建设。发挥国家开发银行信贷资金的拉动作用，拓宽筹资渠道，加大投入，确保年内完成中心城区市政建设投资10亿元以上。加快万里路片区改造等续建项目的工作进度，完成年度目标；完善中心城区道路网络，力争完成昆明路等6条市政干道改造及停车场等交通基础设施建设改造工程；争取完成100万人口规模饮

用水源主干道主体工程、市医疗垃圾集中处置场和龙坑污水处理厂工程；动工新建遵义市图书馆；完善教育、文化、卫生、体育、商贸等配套设施。加快以县城和重要结点城镇为重点的小城镇建设，着力完善城镇功能和发展城镇经济，提高城镇集聚、辐射能力，完成小城镇建设投资20亿元，城镇化率提高2个百分点以上。

第三，提高城市管理水平。探索长效管理机制，加大城市管理综合执法和社区管理力度，对占道经营、违法建筑、小街小巷和城郊结合部环境卫生等进行重点整治；大力整顿、规范城市特别是中心城区交通秩序，加强外来人口管理和服务，营造“整洁、有序、文明、安定、便民”的城市环境，创建“国家卫生城市”。

（四）坚持投资和消费拉动，增强经济发展动力

投资和消费是我市经济增长的两大动力。在国家继续加强宏观调控的形势下，我们尤其要更加重视投资的拉动作用，更加注重刺激消费需求，促进经济增长。

第一，努力扩大投资规模。要进一步明确目标责任，强化工作措施，确保完成全社会固定资产投资192亿元，力争跃上200亿元台阶。坚持争取金融信贷资金、争取国家和省专项资金、扩大招商引资、吸引民间投资和盘活存量资产同时并举，拓宽筹资渠道，加大投入力度。从明年起，市级财政每年调剂2000万元，并集中地方财政收入增量的3～5%，用于项目前期工作、奖励招商引资和通过贴息方式帮助财政困难县解决项目配套资金。各县、区（市）也要千方百计兑现配套资金，加强协调、调度和服务，确保重点项目顺利实施。要紧紧抓住国家继续实施西部大开发的历史机遇，注意对接国家产业政策，编制完成《遵义市国民经济和社会发展第十一个五年规划纲要》及其专项规划，努力提高规划的预见性、科学性和指导性。尤其要精心编制重点项目规划，做好项目前期工作，力争更多的项目进入国家、省的计划和投资者的视野。

第二，加速构建交通网络。明年要确保完成投资33亿元，改造建设公路2700公里。积极做好遵崇高速公路和贵遵高等级公路复线工程建设的协调服务工作；开工建设习水至桐梓新站、二郎火电厂、桐梓火电厂运煤公路；力争开工青坑至茅台、茅台至土城二级路和遵义至马场坪（遵义段）高速公路中心城区一环线东段工程；继续实施革命老区农村公路建设计划，建成通乡油路665公里、通村公路1500公里。同时，推进茅台机场前期工作。

第三，培育壮大旅游产业。要抢抓机遇，大力发展红色旅游，使其成为我市旅游业的鲜明特色和响亮品牌；认真做好迎接“创优”验收的各项准备工作，确保创建“中国优秀旅游城市”成功；依据《遵义市旅游发展总体规划》，抓紧做好重点景区（点）修建性详规编制；加大投入力度，加快重点景区、景点的开发建设，打造旅游精品，完善配套设施，开发配套商品；大力拓展城郊型乡村旅游，增加农民收入；加强内联外引，推进市内旅游企业联盟和横向区域合作；规范行业管理，提高旅游从业人员素质和行业服务水平；改进营销宣传，不断拓展市场，确保旅游业综合收入突破10亿元。

第四，加快发展第三产业。我市第三产业发展滞后的问题必须引起高度重视。要规范发展消费信贷业务，增加对消费需求的信贷支持，加快培育和发展住房、汽车、信息、教育、体育健身和文化娱乐等新的消费热点；落实好农村电价政策，减轻农民负担，拓宽消费品进入农村市场的渠道；完成《遵义市商业网点建设规划》编制工作，加强城乡市场建设，改造提升传统服务业，积极推行连锁经营、物流配送和电子商务等现代流通方式，逐步形成适应发展要求的现代服务业体系，力争第三产业增加值增长18%以上。

（五）坚持改革开放，为经济发展注入强大动力

改革开放是解决中央提出“四个刻不容缓”问题的唯一途径，是实现社会资本充分涌流，增强经济自主增长能力的紧迫要求，必须攻坚克难，强力推进，务求突破。

第一，各项改革要有新进展。继续深化国有企业改革，加快建立现代企业制度；完成33户市、县属国有企业改制，实现“两个100%”的目标；积极配合中央、省属企业推进改制工作，做好遵义铁合金（集团）公司破产重组的协调服务工作；完善国有资产管理体制，防止国有资产流失；推进事业单位的综合配套改革，逐步建立与市场经济体制相适应的管理体制和人事、分配制度；加快城市供水、供气、公交等公用事业的市场化进程；健全政府投资决策和项目法人约束机制，真正确立企业的投资主体地位，实现谁投资、谁决策、谁受益、谁担风险；深化农村税费制度、粮食流通体制、土地使用权流转制度、基层农技推广体制、水利管理体制改革，进一

步解放和发展农村生产力;加强市场监管,整顿和规范市场经济秩序,保持市场繁荣和物价基本稳定。

第二,财税工作要上新台阶。要按照构建公共财政的要求,继续推进部门预算、国库集中收付、政府采购、政府非税收入收缴管理制度等改革,进一步提高财政资金使用的规范性、安全性和有效性。认真贯彻落实中央稳健的财政政策,继续贯彻量入为出、积极平衡、留有余地的预算方针,大力开展增收节支,依法加强税收和非税收入的征管,切实做到应收尽收,确保财政收入稳定增长、均衡入库,实现全市财政总收入增加10亿元目标。同时,要强化预算约束,按照保工资、保运转、保稳定、保重点的顺序安排支出,严格控制一般性支出,把有限的财力用在刀刃上。要高度重视政府负债问题,健全偿债机制,加大偿债力度,防范和化解财政风险。

第三,开放型经济要有新局面。着力提升遵义通江达海通道的战略地位,扩大对内对外开放,力争实现引资到位资金50亿元,进出口总额突破1亿美元。要把改善和优化投资软环境作为头等大事来抓,努力打造规范、透明的法制环境,廉洁、高效的政务环境,公平、诚信的市场环境,安全、稳定的社会环境。以成渝经济圈、泛珠江三角洲、对口帮扶城市和香港等地区为重点,策划、论证、包装一批大项目、好项目,集中开展大型项目推介和招商活动。积极推进招商引资由政府为主向企业为主转变,由坐等招商向主动出击转变,由传统招商方式向利用网络手段和中介组织等现代招商方式转变,由分散落户向园区集中转变,由注重实行责任制向注重责任制与激励机制并重转变,努力提高项目履约率和资金到位率,增强招商引资实效。认真做好遵义出入境检验检疫局建设工作,力争年内挂牌办公,加大设置遵义海关申报工作的力度,完善外经贸服务体系,大力发展对外贸易。

第四,民营经济要有新突破。要按照政治平等、政策公平、法律保障、放手发展的方针,消除一切妨碍民营经济发展的思想观念、政策规定和不合时宜的做法,加大引导、扶持、服务力度,努力营造民营企业人员在政治上有荣誉、经济上有实惠、社会上有地位的良好氛围;完善市场准入制度,支持民营资本进入法律法规未禁入的一切行业、领域;发展信用担保,努力缓解民营企业融资难的矛盾;以科技创新、制度创新和管理创新为动力,全面提高民营经济的整体素质,支持有条件的企业做强做大,力争民营经济增加值年均增长20%以上。市委、市政府将研究出台加快发展民营经济的政策意见,各地各部门要认真贯彻落实。

(六)坚持经济社会协调发展,努力构建和谐稳定的社会环境

我们必须树立以人为本和全面、协调、可持续的发展观,推动各项社会事业全面发展。

第一,加快发展各项社会事业。坚持“两基”攻坚和巩固提高并举,确保务川县通过达标验收,全市实现“两基”目标;加快发展高中阶段教育,大力发展民办教育、职业教育和成人教育;继续加强遵义师范学院和遵义职业技术学院建设,抓好遵义大学筹建以及遵义中西医药高等专科学校申报工作,促进教育事业全面发展。营造有利于各类人才脱颖而出、充分发挥聪明才智的良好环境,加快人力资源向人才资本的转变,为经济社会发展提供人才保证和智力支持。抓紧制定中长期科学和技术发展规划纲要,深化科技管理体制改革,推进技术创新体系、科研成果推广应用体系建设,加速科技成果转化,提高科技对经济增长的贡献水平。深化卫生体制改革,积极推进卫生服务体系建设,抓好新型农村合作医疗制度试点工作;健全公共卫生长效投入机制、突发公共卫生事件预警、应急机制和重大疾病预防控制责任制,加强疾病预防控制体系和医疗救治体系建设,建成市级紧急救援中心、市传染病医院和12个县级传染病区并投入使用,推进县级艾滋病初筛实验室建设;加强卫生监管,保证食品、药品和医疗安全,坚决纠正医药购销和医疗服务中的不正之风。全面推行计划生育“村(居)民自治”,继续完善计划生育奖励扶助和利益导向机制,深入开展优质服务先进县创建活动,加强流动人口计划生育综合治理,高度重视治理出生人口性别比偏高问题。积极推进文化体制改革,整合文化资源,大力发展文化事业和文化产业;整合广播电视传输网络,启动数字电视工程,加快“数字遵义”基础工程建设步伐。加强体育基础设施建设,促进体育事业发展。

第二,大力加强生态环境建设。要理顺中心城区园林绿化体制,全面推进街道、小区、单位绿化,实施好10万亩风景林和植物园建设二期工程,确保中心城区人均公共绿地面积达到12平方米,绿地覆盖率达到40%;完成退耕还林及配套荒山造

林70万亩,加快300里竹廊建设,启动第二个100万亩造竹工程,完成造竹20万亩,实现全市森林覆盖率增加1个百分点以上,确保创建"国家园林城市"成功。切实加强环境保护工作,加大环保执法力度,抓好中心城区饮用水源保护、低架源污染整治、清洁能源建设,推进南部工业区污染治理,确保中心城区集中式饮用水水质达标率95%以上,生活垃圾无害化率达98%,空气环境质量优良率达75%。加强国酒基地核心区、乌江库区等重点区域环境保护,推进可持续发展。

第三,全力营造良好的社会发展环境。要以"四创"为目标,以"四在农家"和"四进社区"为重点,深入开展群众性精神文明创建活动,提高市民素质和城乡文明程度。以创建"平安遵义"活动为载体,加强社会治安综合治理。坚持"严打"方针,严厉打击各类严重刑事犯罪和经济犯罪活动,大力查处黄、赌、毒等社会丑恶现象。深入开展与"法轮功"等邪教组织的斗争。强化维护稳定工作领导责任制,坚持处理信访突出问题及群体性事件联席会议制度,及时妥善处理人民来信来访,努力把不稳定因素化解在基层,解决在萌芽状态,促进社会安定团结。高度重视安全生产,进一步落实安全生产责任制,强化专项整治,加大监管力度,严格责任追究,努力遏制重特大事故发生,切实维护人民群众的生命财产安全。

(七)坚持以人为本,切实改善群众生活

经济发展的最终目标是实现人民根本利益,提高群众生活水平。我们必须时刻不忘宗旨,恪尽职守,切实解决好人民群众关心的实际问题。

第一,突出抓好就业和再就业。要继续把就业和再就业放在突出位置,实施积极的就业政策,重点抓好失业人员、被征地农民和大中专毕业生的就业和再就业。积极开展就业培训,健全就业服务体系,加强人力资源市场建设,鼓励自谋职业、自主创业和市场择业。大力发展劳动技术密集型产业,开发社区服务等公益性就业岗位,不断扩大就业空间。

第二,着力提高社会保障水平。要继续做好"两个确保"和"三条保障线"相关工作,完善养老、失业、医疗、工伤保险制度,启动生育保险,努力扩大社会保险覆盖面,力争更多的非公有制企业、个体工商户和灵活就业人员能够参加社会保险。进一步完善城乡最低生活保障制度,为适度提高保障水平创造条件。建立和完善失地农民的生活保障机制,加大对解决拖欠农民工工资问题的工作力度,切实改善外来人口就业、学习和生活环境。认真解决好项目建设征地、拆迁安置和水库移民问题,维护群众合法权益。加强救灾救济工作,大力发展社会互助事业,保障民生,纾解民困。

第三,认真办好十件实事。(1)完成53所农村寄宿制学校建设工程和60所中小学危房改造工程;(2)解决14万农村人口饮水困难,建成5个县城和12个乡镇供水工程;(3)完成600座广播电视"模改数"工程和1439座自然村广播电视地面接收站建设;(4)完成三座县级污水处理厂、垃圾处理厂建设;(5)建设农村公路2100公里;(6)完成224个计生服务站(室)和23个乡镇卫生院建设;(7)完成中心城区和11个县(市)殡葬一体化服务项目工程;(8)完成中心城区150条小街小巷环境整治工程;(9)完成15万平方米经济适用住房建设工程;(10)完成4000贫困人口异地扶贫搬迁,新增城镇就业岗位3.5万个,其中解决下岗失业人员再就业1.5万人。

四、适应新形势新要求,加强政府行政能力建设

新的形势和任务,对各级政府提出了新的要求。各级政府要按照党的十六届四中全会和省委九届六次全会要求,以提高驾驭社会主义市场经济能力为重点,切实加强政府行政能力建设,努力开创经济社会发展新局面。

第一,转变政府职能。各级政府要在继续履行好经济调节和市场监管职能的同时,更加注重强化社会管理和公共服务职能;在加强和改进政府管理的同时,更加注重建设服务型政府。继续完善市政府政务服务中心运行机制,深化行政审批制度改革,减少审批事项,规范审批行为;全面推行效能建设,认真落实岗位责任制、服务承诺制、限时办结制、首问责任制等制度,健全行政督查、效能监察、考核奖惩机制,提高机关服务质量和效率;扩大政务公开,加快电子政务建设,健全政府新闻发布制度,增强政府工作透明度,提高政府公信力。要把转变政府职能同创新管理方式结合起来,增强全面落实科学发展观的意识和能力,增强按市场经济规律管理经济的意识和能力,增强按国际规则办事的意识和能力,增强主要运用经济、法律手段调节经济运行的意识和能力,提高领导经济工作的水平。

第二，推进依法行政。认真落实国务院《全面推进依法行政实施纲要》，开展相对集中行政许可试点，完善相对集中行政处罚制度，加强配套制度建设，实行行政执法责任制和考评制，加大行政执法监督力度，促进依法决策、依法管理和依法办事，做到严格执法、公正执法、文明执法。各级人民政府要自觉接受同级人民代表大会及其常委会的工作监督，接受人民政协的民主监督，认真听取民主党派、工商联、无党派人士和各人民团体的意见；接受新闻舆论和社会公众监督；支持监察、审计部门依法独立履行监督职责。建立健全专家咨询论证制度、社会公众参与制度、行政决策监督和责任追究制度，推进科学、民主决策。

第三，强化社会管理。随着社会经济结构的深刻变化，政府的社会管理职能越来越重要，任务也越来越繁重。各级政府必须把强化社会管理、构建社会主义和谐社会放在重要位置。尤其要加快建立健全各种突发事件应急机制，提高政府处置突发事件和保障公共安全的能力。最近，市政府讨论通过了《遵义市突发公共事件总体应急预案》，即将出台实施，各地各部门要认真贯彻落实。市有关部门和单位要抓紧制定专项预案和子预案，各县、区（市）也要抓紧编制相应预案，形成横向协调、纵向联动、灵活高效的公共事件处置体系。

第四，加强政风建设。政府的一切工作，都要以维护好、实现好、发展好广大人民群众的根本利益为出发点和落脚点。各级领导干部要要牢固树立科学的发展观和正确的政绩观，大兴求真务实之风，大兴调查研究之风，用更多的精力和时间，深入实际、深入基层、深入群众，及时发现新情况，认真解决新问题。既要强调解放思想、振作精神、敢为人先，又要注重实事求是、脚踏实地、戒骄戒躁。认真落实党风廉政建设责任制，坚持不懈地惩治和预防腐败，坚决反对和制止奢侈浪费，切实纠正行业不正之风，以良好的政风带动社会风气的进一步好转。

关于当前工作，下午在市政府全会上我还要专门强调。希望各地各部门认真做好当前的各项工作，力争实现“开门红”。尤其要高度重视安全生产，妥善安排好受灾群众和困难群众的生产生活，确保全市人民过上祥和、安定的节日。同时，也预祝同志们新年快乐、阖家幸福！

同志们，明年改革发展稳定的任务相当繁重。让我们紧密团结在以胡锦涛同志为总书记的党中央周围，高举邓小平理论伟大旗帜，全面贯彻“三个代表”重要思想，在市委、市政府的正确领导下，进一步振奋精神，抢抓机遇，乘势而上，求实务快，全面完成2005年经济社会发展各项任务，实现“十五”计划目标。

在遵义市政协二届二次会议闭幕会上的讲话

（2004年2月11日）

政协遵义市委员会主席　周大新

各位委员、同志们：

政协第二届遵义市委员会第二次会议，在中共遵义市委的领导下，经过全体委员和与会同志的共同努力，已圆满完成了各项议程。会议期间，委员们审议通过了常委会工作报告、二届一次会议以来提案工作情况的报告、本次大会决议以及提案审查情况的报告；列席了市二届人大二次会议，听取并讨论了市政府工作报告和其他报告。委员们认真履行职责，以高度的政治责任感，围绕我市经济、政治、社会生活中的一些重大问题和做好新形势下的政协工作提出了许多好的意见和建议。这是一次民主、求实、团结、鼓劲的大会。

2003年是二届市政协的开局之年。在中共遵义市委的领导和省政协的指导下,在市政府及有关部门的大力支持和配合下,通过广大政协委员和政协机关干部的共同努力,较好地完成了二届一次会议提出的各项任务。2004年是本届政协工作深入推进的重要一年。在新的一年里,我们要坚定不移地坚持以邓小平理论和"三个代表"重要思想为指导,全面贯彻落实中共十六大、十六届三中全会和省委、市委有关重要会议精神,高举爱国主义、社会主义旗帜,把握团结和民主两大主题,围绕中心,服务大局,求真务实,发挥优势,履行职能,努力把政协工作提高到新的水平,为促进我市社会主义物质文明、政治文明和精神文明协调发展作出应有贡献。下面,我就今年的政协工作讲三点意见。

一、进一步加强学习,提高自身素质

中共十六大提出,要"形成全民学习、终身学习的学习型社会,促进人的全面发展",这一要求具有深远的战略意义。我们要从关系党和国家事业兴旺发达、关系人民政协事业长远发展的高度,充分认识加强学习的重要性,把加强学习作为一项重要而紧迫的战略任务,切实抓紧抓好,努力把人民政协建设成为适应时代的学习型组织。

重视学习是人民政协的光荣传统。早在1954年,毛泽东同志就把学习列为政协的五大任务之一。政协章程明确规定了政协组织推动政协委员在自愿的基础上学习的任务。几十年来,政协的学习工作在提高政协委员的自身素质,调动委员参与革命、建设和改革的积极性方面发挥了重要作用。中共十六大的召开,标志着我国进入了全面建设小康社会和加快推进社会主义现代化建设的新阶段,新形势新任务对各级政协委员和政协机关干部的理论素养、知识水平和业务能力提出了新的更高的要求。因此,我们要发扬人民政协的光荣传统,通过多种形式,进一步加强和推进政协的学习工作。

一是全面系统地学习贯彻"三个代表"重要思想。当前,全党正在兴起学习贯彻"三个代表"重要思想的新高潮,中共贵州省委、遵义市委已对此提出了具体要求。我市各级政协一定要按照中央的部署和省委、市委的要求,全面系统地学习贯彻,把兴起学习贯彻"三个代表"重要思想新高潮不断引向深入。一是增强学习贯彻"三个代表"重要思想的自觉性和坚定性,在真学上下功夫。"真学"就是要认真研读马列主义、毛泽东思想、邓小平理论和江泽民同志原著,学习领会胡锦涛总书记"七一"重要讲话和在省部级主要领导干部学习贯彻"三个代表"重要思想专题研讨班上的重要讲话精神,学好《"三个代表"重要思想学习纲要》,从整体以及各个领域、各个方面加深理解。二是全面掌握"三个代表"重要思想的系统理论,在真懂上下功夫。"真懂"就是要通过深入学习、深刻认识"三个代表"重要思想的时代背景、实践基础、科学内涵、精神实质和历史地位。三是着力运用"三个代表"重要思想指导实践,推动工作,在真用上下功夫。"真用"就是要坚持理论联系实际,自觉用"三个代表"重要思想统领政协工作并用以指导自己的思想和行动,以"三个代表"为指针谋划政协工作,以"三个代表"为动力推进政协工作,以"三个代表"为标准检验政协工作,真正把推进先进生产力、先进文化的发展,维护和实现最广大人民的根本利益作为一切工作的出发点和归宿。

二是积极主动地学习统战、政协理论。人民政协是中国人民爱国统一战线组织,是一个特殊的工作领域,有自身内在的特点和规律,有特定的工作内容和工作对象,有一整套与之相适应的原则、政策和工作方法需要把握。因此,我们必须积极主动地学习统战、政协理论,特别是要认真学习领会中共中央三代领导集体和以胡锦涛同志为总书记的新一届中共中央领导集体关于统一战线和人民政协的一系列重要论述;认真学习统一战线和人民政协的方针政策及基础知识,坚持以马克思主义科学理论为指导,做好政协工作,使之更好地体现统一战线的性质和特点。

三是广泛深入地学习各方面的知识。改革开放的不断深入,经济全球化进程的加快,科学技术的日新月异,迫切要求我们学习和掌握很多新知识。我市各级政协都要结合政协工作实际,组织和推动政协委员、政协机关干部开展学习。学习党和国家的路线、方针、政策,学习时事政治,引导委员和机关干部坚持用辩证唯物主义观点分析形势、认识问题,在当前复杂多变的国际环境和改革建设的繁重实践中保持清醒的头脑。同时,还要加强对经济、科技、文化、法律法规等反映当今世界文明进步的新知识的学习,不断提高委员和机关干部的自身素质和履行职能的水平。

二、努力促进全市经济发展和社会进步

发展是中国共产党执政兴国的第一要务,也是人民政协履行职能的第一要务。我们的政协工作必须把促进发展摆在首要位置，围绕中心，服务大局，调动一切积极因素，凝聚各方面的智慧和力量，为促进我市经济持续快速健康协调发展和社会全面进步多作贡献。

一是围绕发展这个第一要务，积极建言献策。人民政协面对全面建设小康社会的繁重任务，只有紧紧围绕发展这个第一要务，把发展是解决中国一切问题的关键的思想变成人民政协广大成员的共识和自觉行动，发扬求真务实的作风，坚持服务大局的原则，积极主动地围绕党政中心工作，切实履行政协职能，才能体现自身价值，发挥应有的重要作用。我市各级政协组织和广大政协委员要把富民兴遵、全面建设小康社会作为工作的出发点和落脚点，认真贯彻落实好中共十六届三中全会作出的《关于完善社会主义市场经济体制若干问题的决定》，围绕党委、政府的中心工作，注意从我市改革发展稳定的重要问题中，选择党政高度重视、人民群众普遍关注、政协有条件做好的题目，发挥智力密集、联系广泛的优势，深入调查研究，周密思考，科学论证，积极建言献策，努力在求真、求实、求精、管用上下功夫。今年主要围绕市委作出的关于加快“三化”建设的有关《决定》和部署的贯彻落实和经济体制的完善以及全市经济工作会议提出的各项任务等精选课题进行调研。在组织调研队伍时，要注重政协组织的资源整合，把发挥委员的主体作用与发挥专委会的基础作用、界别的纽带作用和各级政协组织的联动作用结合起来，使政协的整体优势和整体功能得到充分的发挥，使所提的意见、建议更加符合客观实际和更具有可操作性。在履行职能过程中，我们还要将“市长与委员座谈”、“市政协领导与委员约谈”等参政议政形式进一步完善，如增加与市长座谈次数和分专题与相关市政府领导座谈；体现界别特点，分专题约请相关委员与市政协领导座谈等。同时还要借鉴外地政协成功的经验，积极探索履行职能特别是民主监督的新途径、新方法，促进政协工作上新的台阶。

本次会议上，委员们就市政协履行职能方面提出了许多好的意见和建议，这些意见，概括起来主要是：“三在前、三在先”的协商制度落实不好，民主监督薄弱，参政议政形式多样化不够；提案督办力度不够，特别是落实差，有个别的提案人还受到了有关部门的责难。同时，委员们就政协工作也提出了许多很好的建议，比如：加强专委会与对口部门和单位的联系与沟通；加强对换届后新委员的培训；加大宣传力度，在媒体上开设政协工作专栏，对好的提案及办理落实情况进行宣传并进行表彰；例会中的讨论小组划分打破界别限制；政协要为非公有经济发展出谋献策，积极帮助非公有企业排忧解难；加强政协机关的硬件设施建设。等等。会后，我们将对委员们的这些意见、建议认真进行研究，逐步采纳落实。

二是突出团结、民主两大主题，为促进我市的发展营造良好的社会环境。突出团结、民主两大主题，协调好各方面的关系，促进经济社会的全面发展，既是人民政协的重要历史责任，也是人民政协的优势所在。全面落实中共十六大提出的各项任务，实现市第二次党代会提出的“三化一强”的奋斗目标，需要全市人民齐心协力，奋发图强，共同努力奋斗。随着改革的深入，不同社会阶层利益关系的调整，新旧观念的碰撞，人民内部矛盾日渐增多且愈益复杂，难免会出现一些影响社会稳定的因素。如何团结包括各新生阶层在内的整体社会力量，共同投身于全面建设小康社会的伟大实践，是摆在人民政协面前的一个新课题。对此，我们要从大局出发，从维护和实现人民群众的根本利益出发，增强政治意识、大局意识和忧患意识，把团结稳定摆在突出位置，利用政协团结面大、联系面广的优势，按照市委的部署和要求，努力做好协调关系、化解矛盾、维护稳定的工作；要深入基层、深入群众、倾听群众呼声和要求，及时准确地向党委政府反映社情民意；要发挥上达领导机关、下通各界人士的优势，为非公有制经济界人士排忧解难；要多做加强沟通、增进了解、理顺情绪、排忧解难的工作，维护和发展民主团结、生动活泼、安定和谐的政治局面，为促进我市经济社会的发展营造良好的社会环境。

三是充分发挥政协委员的重要作用。政协委员是联系各族各界群众的桥梁和纽带，是促进发展的一支重要力量，对全市的改革发展稳定发挥着重要作用。政协委员既是一种荣誉，也更是一种责任。政协委员处在经济建设和社会各项事业发展的第一线，要责无旁贷地自觉承担起振兴地方经济、促进现代化建设的大业。对此，广大政协委员要认清使命，把握机遇，立足本职，努力在自己的岗位上多作贡献。委员中的中共党员要带头学习，带头实践，做好表率；委员中的专家学者，更要充分发挥自己的专长优势，紧密结合我市在完善社会主义市场经济体制过程中出现的新情况、新问题，精心选择我市经济社会发展中的热点难点问题，在充分调查和深入研究基础上，提出有分量的意见和建议供党政领导机关决策参考。广大政协委员要密切与群众的联系，时时处处注意帮助、维护、促进实现人民群众的切身利益；要处理好履行委员职责和做好本职工作的关系，在积极参政议政，为完善社会主义市场经济体制建言献策的同时，努力在自己的工作岗位上建功立业，发挥作用，为促进我市的发展贡献智慧和力量。

三、开拓创新、与时俱进，努力提高政协工作水平

“创新是一个民族的灵魂，是一个国家兴旺发达的不竭动力，也是一个政党永葆生机的源泉”。任何一种工作的活力与生机，都来自创新。坚持创新，是增强政协工作活力的基础，也是不断开创政协工作新局面的前提。主要在以下三方面：

一是在履行职能上要有所创新。第一，积极探索政治协商的新思路。要在运用好现有政治协商形式的基础上，针对不同的政治协商层次和内容，探索创造新的形式，逐步形成全委会议就地方经济和社会发展的全局性问题集中协商讨论、常委会议就社会关注和群众关心的一些重大问题进行专题协商讨论、专委会议就某个领域或某方面的重要问题对口协商讨论的议政格局。通过协商体现民主，反映民意、集中民智、增进共识。第二，拓展民主监督的新渠道。民主监督是人民监督的一个重要方面，在我国政治生活中有不可替代的作用。履行好民主监督的职能，一要靠政协委员树立群众观点，有强烈的主人翁责任感，较高的综合素质和良好的工作作风；二要靠领导机关尊重和不断扩大委员的知情、参与、监督等应有的民主权利，为履行民主监督职能创造一个宽松的政治环境；三要靠政协自身进一步解放思想，从实际出发，勇于探索有效监督的新形式，把政协民主监督与其他形式的监督结合起来，全面落实政协章程和有关文件规定，制定配套措施，建立必要的制度并认真实施，使政协民主监督有章可循。第三，创造参政议政的新方法。参政议政是衡量政协工作成绩的重要标准。我市各级政协要围绕经济、政治、文化建设与发展发挥好参政议政作用，活跃参政议政的形式，提高参政议政的质量和效果。

二是在制度建设上要有所创新。加强制度建设是推动政协工作制度化、规范化和程序化的重要保障。为适应新形势对政协工作的要求，我们在一届市政协的基础上，建立了《市政协党组工作制度》和《市政协领导与委员约谈办法》等制度，同时也对原有的一些制度进行了修订，在减少政协工作的随意性，保证政协工作规范有序方面发挥了重要作用。随着政协工作范围的不断扩大、工作领域的不断拓展，政协履行职能的内容和形式不断丰富，对政协工作的制度建设提出了新的要求。因此，我们在实践中要不断进行制度创新，以促进政协工作的制度化、规范化和程序化。2002 年 5 月，中共遵义市委为贯彻省委《关于加强政协工作的决定》，结合我市实际作出了《关于加强政协工作的意见》，我市各级党委、政府、政协对《意见》进行了贯彻落实，自觉坚持和完善中国共产党领导的多党合作和政治协商制度，使政协在我市经济、政治和社会生活中的作用得到了更有效的发挥。省委对政协工作高度重视，定于今年 3 月对《决定》的贯彻落实情况进行督促检查。我们将报请市委认真检查对照落实省委《决定》和市委《意见》的情况，找出存在的问题和差距，提出进一步落实的措施，特别是要促进“三在前、三在先”制度的落实以及提案办理工作的规范化、制度化、程序化建设。此外，全国政协也将对政协章程作部分修改，我们要按照修改后的政协章程，对有关制度进行相应的修改和完善，进一步推进政协工作的制度化、规范化和程序化。

三是在政协理论和实践上要有所创新。中共十六大的召开，不但为我国全面建设小康社会提出了新的行动纲领，也给人民政协履行职能提出了新的要求，人民政协无论从理论到实践，还是从制度到程序都有不少问题需要探索。如十六大提出了“贯彻‘三个代表’重要思想，必须最广泛最充分地调动一切积极因素，不断为中华民族的伟大复兴增添新力量”。这就要求我们在社会经济成分、组织形式、就业方式、利益关系和分配方式日益多样化和社会阶级阶层状况不断变化的过程中，要突出委员界别组成的显著特点，充分发挥广泛代表性和包容性的优势，为促进大团结、实现大目标服务。再如十六大提出“要建设社会主义政治文明”，“坚持和完善共产党领导的多党合作和政治协商制度”。人民政协作为实行这一基本政治制度的重要机构和发扬社会主义民主的重要组织形式，必须明确自身在建设政治文明中的责任和作用。等等。摆在我们面前的这一系列问题，都是关系人民政协全局和根本的重大问题。对此，我们必须坚持解放思想、实事求是的思想路线，与时俱进，从政协工作的实际和需要出发，着眼于政协工作的发展，从一些亟需解决的问题入手，进行深入的研究和探索，不断把在实践中成功的经验总结上升为理论，以推动人民政协事业不断向前发展。

各位委员、同志们：新世纪新阶段赋予了人民政协新的使命，我们深感任重而道远。让我们紧密团结在以胡锦涛同志为总书记的中共中央周围，高举邓小平理论伟大旗帜，以“三个代表”重要思想为指导，在中共遵义市委领导和省政协指导下，认真贯彻落实十六大和十六届三中全会精神，艰苦奋斗，扎实工作，为完善我市社会主义市场经济体制，全面建设小康社会，实现我市“三化一强”战略目标作出新的更大的贡献。

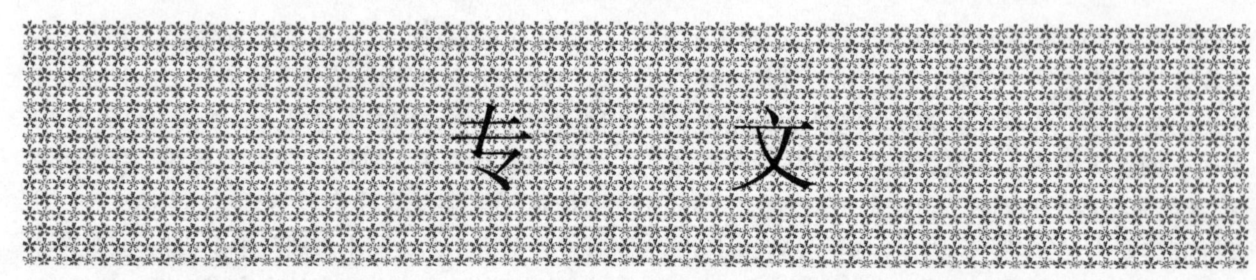

大力推进市场监管改革与创新

——遵义市工商行政管理局

2004年度，遵义市工商行政管理局在省工商局和遵义市委、市政府的领导下，结合本局实际，以创建优质高效的服务型工商为主线，大力推进市场监管的全面改革和创新，圆满地完成了上级交给的各项工作任务，特别是以下10个方面有较大“突破”。

一、加强领导班子建设

建立建全领导干部重大事项报告制度、述职述廉制度、民主评议制度和经济责任审计制度，层层建立领导责任制，签订党风廉政建设责任书，不断提高班子的领导水准和驾驭各种风险的能力。

1. 注重团结。市局党组4个成员相处和睦，配合默契，工作分工不分家，真正做到生活上互相关心，工作上互相支持，互相维护威信，心往一处想，劲往一处使，齐心协力抓工作。

2. 工作扎实。市局班子成员作风朴实，工作认真；坚持实事求是，一切从实际出发；经常加班加点工作，深入基层调查研究。市局4名领导共下基层62次200余天，平均每人15次，到了83个工商所。

3. 战斗力强。局长任昌武注意发挥集体作用，充分调动班子成员的积极性。副局长彭登高、房国剑和纪检组长张义华在县里工作时，都是先进工商局的局长，工作经验丰富。班子成员素质好，凝聚力、战斗力强。

二、队伍教育整顿成效显著

该局一直把队伍建设作为重点工作来抓，在国家工商总局提出的“继续整顿规范市场秩序，深入开展队伍教育整顿”活动之前，就采取了多种措施加强队伍纪律作风建设。如：2月份，开展了“万家企业、个体工商户问卷调查”活动，在全市范围发出问卷40396张，收回33506张，把存在的问题梳成辫子，查原因，论危害，订措施，使问题得到较好整改。又如，4月份，开展了严肃工作作风、树立服务作风、加强学风、转变会风和树立艰苦朴素、勤俭节约生活作风的“五风”建设，整顿机关作风。

7月份，按照国家总局、省局“两整顿”中的队伍教育整顿工作要求，该局在全市工商系统开展队伍教育整顿活动。为了了解学习效果，加强工作的针对性、有效性，9月6日~10日，市局组织4个检查组，由局领导带队，对14个县级局、58个工商所队伍教育整顿第一阶段工作进行了全面检查。通过检查，多数单位第一阶段工作扎实，效果明显。同时通报表扬了5个县级工商局和21个工商所，批评了2个县级局和3个工商所，限期10天改正。事后，市局又派检查组进行复查，成效显著。由于教育整顿第一阶段工作扎实，干部职工认识提高，思想统一，态度端正，为第二阶段的“五清理”“八查纠”工作打下了良好基础。在第二阶段队伍教育整顿中，不搞形式主义，注重工作的扎实性和有效性。主要清理了2003年1月1日~2004年6月30日期间的执法案件、行政性收费、消费者投诉处理、工商执法人员举报和清理不具备执法资格人员等五个方面情况，取得成效。11月18日，市局迅速安排部署继续抓好队伍教育整顿工作，11月24日召开全市第三阶段教育整顿工作会，对全面检查验收作了安排，确保了整顿效果。

三、强化党风廉政建设

采取内部制约与外部监督、党风廉政工作与岗位目标考核相结合，狠抓党风廉政建设。一是召开全市工商系统党风廉政建设会，层层签定了责任书；二是调整充实了县（市）局（分局）的领导班子，于8月份健全了纪检监察机构，配齐了纪检组长、监察室主任；三是先后邀请市纪委和市检察院的领导就预防职务犯罪作专题讲课；四是抓好正反典型教育，开展“远学英雄郑培民，近学优秀青年卫士张绍书”的活动，并到遵义监狱通过服刑人员的现身说法和集中观看刘方仁、卢万里等警示教育片，增强干部职工的拒腐防变能力；五是主动纠正了挂靠工商的谊达公司某些收费行为；六是对一些容易滋生腐败的制度，如“点名蹲点制”等，该废止的废止，该补充完善的及时修订；七是果断地对1个公司、2个“中心”、6个协会的账目进行了全面清理；八是制定局属事业单位及挂靠社团单位内部财务管理制度，规范局属事业单位的内部财务制度，及时有效地纠正了中心协会长期存在的一些财务问题；九是加强基建管理，实行事前监督、跟踪管理、集中审计，改变了在基建上原来的松散型管理，工程决算普遍下降了20%以上。

四、扎实开展食品安全专项整治工作

结合商品质量关口“前移”工作，在食品安全专项整治工作上着力建立长效监管机制。市局、各县级局、各工商所都制定了《食品安全专项整治方案》，并层层召开了流通领域食品安全专项整治工作会议。据统计，全市召开食品安全专项整治工作会议123次，计16000多人参加。有的工商所还与经营户签定责任书，一份留在工商所，一份悬挂在经营场所，以接受消费者监督。据统计，全市各级工商机关共检查经营主体56723家（次），查处无照经营户444家，捣毁制假窝点58个，查处制售假冒食品案件200件，上缴罚没款52.5万元。

五、切实做好保护知识产权专项整治

“贵州茅台”是遵义市唯一的驰名商标，市工商局紧紧围绕保护贵州茅台酒知识产权，积极引导企业创名牌、保名牌，实施品牌战略，大力整顿规范白酒行业生产经营秩序，严厉打击各种侵权违法行为。一是市局、各县级局、各工商所都制定了《保护知识产权方案》。二是仁怀市工商局加大保护贵州茅台酒知识产权工作力度，专门抽调精干力量，组建了“打假保知”工作小组，进驻茅台酒厂，为企业保驾护航。工作小组成立至今共查处侵犯“茅台酒”知识产权案件46件，罚款36.4万元，案值863万元；拆除27户违法设置的61块“茅台”散酒标志牌；收缴销毁侵权酒1275件、包装物1667件（套）。三是湄潭县工商局开展“商标注册下基层活动”，帮助企业申请商标注册19个，引导企业创响名茶品牌。目前，全市已有注册商标2800多个，为帮助企业完善商标管理制度，特别是加强对茅台酒注册商标的保护，市局已对茅台酒（集团）公司的130多个注册商标建立了数据库，并实行一个注册商标一个档案的管理模式。截止目前，全市共立案查处侵犯知识产权案件56件，罚没款60余万元，案值近千万元。

六、加快推进诚信建设

1. 该局紧紧围绕“诚信维权”年主题，通过召开“诚信.维权”“3.15”新闻发布会和开展“诚信遵义”万人签名活动，着力提高全社会的诚实信用意识和维权意识，取得了良好的社会效果。5月26日，市局和遵义日报社主办了“诚信遵义”论坛，四大班子领导和有关职能部门参加，此次论坛有力地推动了社会信用体系建设。遵义市人民政府认为工商局诚信体系建设搞得好，指示由工商局牵头，技监、药监、经贸等部门参加，共同建立遵义市诚信体系网络。

2. 投入大量资金进行网络改造，现市局与14个县、区（市）局全部采用2M数字电路（光纤）进行连接，工商所全部使用宽带与市局连接。目前，市局每3人就能使用2台计算机。

3. 建立了遵义市信用信息平台，与电信部门联系，申请了IP地址和域名，建成了外网，并在信用信息平台上设置企业基本信息，公开企业违法行为和良好行为记录，推动了企业诚信建设的进程。

七、“12315”消费投诉延伸到村寨

过去，消费者投诉的重点在城镇。2004年，该局努力改变监管方式，把消费者投诉向村寨延伸，建立村级消费者投诉网络，为有效维护农民消费者的合法权益作出了积极有益的探索。全市工商系统普遍设立了村级消费者投诉站，如凤冈县建立起26个村级投诉站，聘请培训了40余名维权联络员，开展“维权乡村行”活动，有力维护了农民的合法权益。

八、执法办案工作取得可喜成绩

树立“严格执法就是最好的服务”的指导思想，在整顿和规范市场经济秩序方面强调：该我们执的法，再难也要执，该查处的案件再难也要办，该涉及的领域再生疏也要闯，该主抓的尽职尽责，该配合的热情支持，加大对各种违法行为的查处力度。全年查处各类违法违章案件20807件，（其中一般程序7712件，简易程序13095件），案值4600余万元，罚没金额824万元，实际入库数750余万元，比上年增长8.24%。销毁各类假冒伪劣商品价值500余万元，端掉各类制假及非法场所、窝点76个。

九、坚持地方党委政府领导促工作进步

积极认真地圆满完成当地党委政府交办的各项工作任务。2004年上半年，遵义市委、市政府成立政务服务中心，工商局服从大局，积极支持，在情况不清、无从着手的情况下，派出副局长房国剑带领两城区工商分局分管局长到成都、德阳等地考察，很快地给市政府提出方案。6月1日，市长卢守祥在全市领导干部会议上对工商系统顾全大局、动作迅速、效果明显的工作作风进行了表扬。7月1日，市工商局代表进驻政务服务中心67家行政部门在成立会上发言。又如：7月份，遵义市人民政府创建国家级卫生城市，把本来不属于工商职责的市场创卫工作交给了工商部门，这项任务事务多、标准高、难度大，局长任昌武和副局长彭登高先后9次陪同市领导检查市场卫生，副局长彭登高还带领两城区工作人员加班加点一个多月，终于完成了市政府交给的工作任务，得到分管副市长申楚同志的多次表扬。再如：10月中旬，市政府要求工商局派出局领导1人，带队带车搞经济普查。当时局里只有纪检组长张义华在家，车辆也很紧张，纪检组长张义华毫不犹豫地安排好局里的工作，带队到县里检查经济普查工作，并在晚上深入工商部门调查了解队伍教育整顿工作情况，其工作作风得到政府领导和“经普办”的肯定。同时14个县级局坚持当地党委政府的领导，关系相处融洽，部分县级局的基建工作，在土地征用和基建资金等方面都得到了当地政府的大力支持。

同时，该局认真落实有关优惠政策，积极为下岗失业人员再就业和高校毕业生就业创造条件，开辟了“绿色通道”。据不完全统计，一年来，全市各级工商行政管理部门安置下岗职工从事个体私营经济的共有5222人，引导各类经济组织安置下岗职工和应届大学毕业生2906人，共为6956户个体工商户（符合优惠政策规定的）减免行政性规费150余万元，为维护社会稳定做出了贡献。

十、圆满完成省局临时安排的各项任务

2004年，该局不惜动用大量人力、物力，成功承办了两次全省工商系统工作会议，圆满完成了多起省局安排的接待任务，受到各级领导和客人的好评。如：5月23日～29日，全省工商系统首期财务培训会在赤水市召开，共70余名财务人员参加培训。又如：10月11日～12日，贵州省工商系统案件“五评”暨法制工作经验交流会在遵义市湄潭县工商局成功召开，参会人员100余人，是近几年来贵州省工商局召开的较大规模的法制工作会议。再如：仅7月～9月，该局就成功地接待了国家工商总局局长刘凡副、纪检组长石见元、国务院研究室宏观经济研究司副司长侯万军等有关领导；接待了国家工商总局在贵阳举办的广告监管培训班客人7批、华北和西南片区教育整顿座谈会代表30余人；接待由省局介绍来遵参观的客人38次200余人。每次接待，省局和客人都比较满意。

一套行之有效的运作机制

——仁怀市加快畜牧产业调查

仁怀市把各种农业项目捆绑起来，并出台一系列优惠政策，促进了全市畜牧业的快速发展。

一、三百人会议，千万元资金，全市上下引燃了快速发展的熊熊烈火。4月中旬，仁怀市召开畜牧业工作会，仁怀宾馆大会议室里座无虚席。参加会议的有市四大班子领导，市有关部门的负责人，畜牧局股级以上干部，各乡镇书记、分管领导、畜牧站长、财政所长、信用社主任、养殖示范小区村支书和受表彰的养殖场、养殖小区、养殖大户、营销组织、品改点负责人，共300多人。许多与会人员认为，今年的畜牧工作会创下了市里部门会议的几项之最，一是会议人数最多和规模最大。二是涉及经费最多，包括“四在农家”与养殖小区捆绑、农口部门配套投入、扶贫资金投入、市乡对小区的投入、奖励经费、品种改良、动物防疫、项目实施、技术培训、贷款贴息、表彰奖励等，全部算下来，今年该市投入到畜牧业的各种配套经费达1000万元左右。三是专项奖励最多，此次会议奖励给先进单位、养殖场、养殖小区、营销组织、品改点、养殖大户等共16.25万元。四是会议的文件、材料最多，共有13个。会议决定加快养殖场、养殖示范小区、养殖小区、养殖大户的建设步伐，每村发展1个养殖小区，共149个；每乡镇发展3个养殖示范小区，共57个；新建坛厂、二合等5～10个良种猪繁殖场。市畜牧工作会议后，各乡镇发展畜牧业的势头强劲，往年畜牧基础差的乡镇正采取措施迎头赶上，基础好的乡镇感到了压力，正努力加快发展。中枢街道办事处今年制定了年度发展计划，新发展13个养殖小区和1000户养殖大户。喜头镇提出要建成畜牧养殖产业带。长岗镇实行镇村干部包小区和大户，每人每月扣100元工资作畜牧发展保证金，实行重奖重惩。高大坪乡实行干部结对帮扶，新发展400户养殖示范大户。合马镇安排专项资金，对养殖示范小区的养殖大户，每户补助100元。全市各乡镇正呈现出你追我赶、竞争发展的良好态势。

二、四千万元畜牧贴息贷款，数千养殖大户开足马力大力发展养殖业不再愁。发展畜牧养殖业，摆在群众面前最头疼的是资金不足问题。市政府在安排专项资金360万元的基础上，再安排了贴息贷款4000万元，养殖示范小区内和面上的养殖大户，每户解决贴息贷款在1万元以上；面上养殖小区内的养殖大户，每户解决贴息贷款5000元以上。畜禽营销组织和加工企业可根据需要，同样享受贴息政策。全市突出发展生猪，加快发展牛羊禽，在养殖规模上狠下功夫，通过村村建小区，促进纵深发展。养殖小区建设做到统一规划、统一培训、统一购种、统一防疫、统一供料、统一销售。因地制宜对圈舍进行改造，使饲养管理达到良种卫生清洁的要求。设置小区标志碑牌，载明小区名称、规模、饲养品种、市和乡镇挂帮的行政领导和技术干部。合马镇罗村村大滩养殖小区，在村支书赵明和的带领下，去年仅用了一个月的时间就发展了50多户养殖大户；今年农户养殖资金问题解决后，小区进一步扩大，猪的存出栏总量翻了一番。

三、一系列配套措施和奖励办法，创建生态畜牧大市、培育主导支柱产业不是梦。2005年，仁怀市制定的目标任务是，畜牧渔业总产值5.5亿元，比上年增长13.4%，占农业总产值的比重提高到43%；肉类总产值达5.25万吨，比上年增长12.8%。为实现既定目标，仁怀市委、市政府出台了一系列配套政策和奖励措施。乡镇书记、乡（镇）长、分管领导各包一个养殖示范小区（每乡镇3个），班子其他成员对应包面上养殖小区。凡全面完成小区建设的乡镇书记、乡镇长、分管领导每人奖励500元；完成示范养殖小区目标任务低于90%的，给予乡镇书记、乡镇长、分管领导各罚300元；养殖小区建设任务完成80%以下的乡镇，取消本年度畜牧工作评先资格；完成60%以下的乡镇，取消本年度农业农村工作评先资格；57个示范小区内养商品猪20头以上的农户，每户补助一头仔猪。采取“用途不变，渠道不乱，捆绑使用，各记其功”的方式，将沼气池、水利、农机、示范带建设、“四在农家”等项目，与养殖示范小区建设相结合。市畜牧局设立“技术咨询服务总台”，向全市公布咨询电话，安排专业技术人员坐班开展电话咨询服务。并抽调精兵强将组建“畜牧技术培训服务队”，分别到各乡镇巡回开展技术培训服务。继续推行专业技术人员包示范小区培训责任制。积极鼓励仔猪经营单位和个人引进健康仔猪，有效解决畜牧业大发展的猪源不足问题。在市镇两级建立养殖协会章程和有关制度，充分发挥协会的优势和作用。通过引进饲料厂家到小区农户销售饲料，减少中间环节，降低养殖成本。开辟绿色通道，市内的畜禽营销车辆取消过桥过路费。通过几年的努力，力争到2010年实现畜牧渔业总产值9.8亿元，把畜牧业建成农村经济的主导产业和市域经济的重要支柱。

（仁怀市畜牧局　何修利）

扎实推进生态畜牧产业化建设

——道真自治县畜牧水产事业局

2004年,县委、县政府出台了《关于建设生态畜牧养殖业强县的意见》,把畜牧水产业明确为主导产业来抓,进一步理请工作思路、明确指导思想、发展目标、制定政策措施、营造宽松环境,加大投入力度,促进了该县传统畜牧业向现代畜牧业的转变,形成了畜牧产业化建设雏形。

一、主要工作成绩

1. 畜禽产品产量持续增长。2004年末,全县生猪存出栏33.5万头和31.08万头,比上年同期增长5.5%和14%,商品猪出栏率达112%;牛存出栏9.57万头和2.47万头,比上年同期增长8.1%和28.6%;羊存出栏11.74万只和6.21万只,比上年同期增长22.6%和41.4%;禽存出栏110万羽和165万羽,比上年同期增长6%和62.7%;肉类总产量2.97万吨,禽蛋产量1750吨,水产品产量960吨,实现畜牧渔业产值3.13亿元,比上年同期增长24.4%;畜牧渔业产值占农业总产值的比重从上年的39.46%上升到43.65%,畜牧业农民人均纯收入比上年增加了76元。

2. 养殖小区建设初建成效。2004年,全县发展养殖小区14个共1306户,1166户新修和改造圈舍面积34640平方米,上圈商品仔猪25680头,当年出栏商品猪25630头,种草4016亩,实行五包5120头,收取五包服务费用10.24万元。小区内90%以上农户较好地推行了熟改生的科学养殖技术和配套种植优质牧草饲养技术,饲养周期普遍缩短到三个半月至四个月出栏,提高了养殖户的经济效益。据调查,一头商品猪出栏效益均在120~150元之间。

3. 养殖大户发展实现新突破。一方面科学饲养水平有较大提高,基本达到草畜配套,圈舍合理化、规范化标准,饲养周期明显缩短,养殖效益显著提高。另一方面养殖大户数量及饲养总量均明显增加,共发展养殖大户5644户,其中养猪4636户;新增各类养殖大户2789户,其中养猪2318户;养猪大户出栏生猪总量从去年的8.1万头增至今年的16.5万头。

4. 良种繁育体系日趋完善。在认真抓好牛、羊、家禽等品种改良的基础上,着力抓好生猪杂交改良。近几年引进良种公猪、建立猪改点296个(其中人工授精点236个)、引进外二元母猪3128头,纯种大约克母猪150头,使全县母猪存栏总数达29841头,配种4.91万窝,生产杂交仔猪38.5万只(其中三元杂交16.3万只、二元杂交22.2万只),商品杂交猪推广率100%。形成了以省畜禽良种场道真分场为一级扩繁(生产纯种公母猪),道真自治县兴牧种猪场和惠乐公司种猪场为二级扩繁(生产外二元母猪),几十户外二元母猪养殖大户和4个外二元母猪养殖基地为主的三级扩繁(生产外三元杂交商品仔猪)的生猪良种繁育体系。

5. 畜牧产业化格局已具雏形。全县拥有畜牧渔业专业村39个,畜牧渔业科技示范村19个,养殖大户5644户,以县种猪扩繁场惠乐公司等为代表的种猪生产基地,年产外二元母猪4000头以上。贵州省畜禽良种场道真县分场年生产纯种公猪1600头以上,纯种母猪1600头以上。以黔峰绿色产业有限责任公司、隆盛生态农场、华山绿色产业有限责任公司、三力公司为代表的养殖基地发展迅速,以境鹏肉食品有限公司、县城地区屠宰场为代表的屠宰加工企业年屠宰加工能力达50万头以上,以鲜秩牛肉干加工厂为代表的深精加工企业,年产值达500万元以上,其产品远销全国各地及港澳台地区。以养殖小区、养殖大户为主的生猪养殖初具规模、品质优良,其产品供不应求,深受市场青睐,旧城黑母猪已成为黔北黑猪基因库,享誉省内外。

二、主要工作经验

一是党政把畜牧业作为农民增收的核心工作来抓。历届县委、县政府都把发展畜牧业作为培植后续财源、增加农民收入的主要途径，充分认识到发展畜牧业是统筹城乡经济发展的需要；是全面建设小康社会的需要；是加快农业农村经济结构战略性调整，改革传统农业、建设特色农业、增加农民收入的需要；是促进我县生态资源优势转化为经济优势，实现可持续发展的需要。为加强对畜牧工作的领导，制定了一系列配套政策措施，推动了畜牧业的有序发展。

二是依靠科技支撑，夯实发展基础。道真发展畜牧业的优势在生态，潜力还是在生态。大力发展种草养畜，全面实施动物保护工程，强化品种改良；同时通过政府扶持、招商引资、干部领办或能人兴办等途径和方式发展畜牧业。目前已建成规模300头以上的省良种纯繁分场1个，200～300头良种扩繁场两个，努力实现畜牧品种良种化，为促进全县畜牧业的发展奠定了坚实基础。

三是注重技术培训。为了推进生态畜牧养殖业的发展，县畜牧局在串编并印发《畜牧水产技术与法规基础知识宣传手册》1万册和印发其他各种宣传资料1万余份的基础上，联合县职高举办养殖小区、种草养畜、品种改良等各种骨干培训班30期2000余人次。各乡镇在走村串寨分户指导培训基础上，共举办各种畜牧养殖技术培训班60余期次，受训人数达3万余人次。同时县局联系组织多家兽药饲料经销商对养殖小区、养殖大户举办兽药饲料技术知识培训20期次，参训人员近千人。

四是切实保护群众利益。一方面加大品牌饲料的引进推广，同时做好饲料的科学合理使用技术培训工作，特别是对养殖小区和养殖大户实行统一供料，减少中间环节，直接服务于养殖户。另一方面加大执法力度，深入开展农资打假，切实保护养殖户利益。

五是努力提高畜牧生产、营销的组织化程度。利用紧靠重庆的地理优势，充分发挥中介组织的作用，加强营销队伍建设。忠信、上坝、旧城等乡镇率先规范农民经纪人队伍，成立专业协会，制定协会章程，出台管理意见。目前全县已组建各种养殖协会33个，会员人数达3000多人。农民经济人队伍的建设，为加速地方经济交流，促进畜牧养殖业的发展发挥了积极作用。

规范性文件选编

遵义市城市绿化管理办法

（2004年3月29日市人民政府第25次常务会议通过）

第一章 总 则

第一条 为了加强城市生态环境建设，创建良好的人居环境，促进可持续发展，强化城市绿化监督管理，根据国务院《城市绿化条例》、《贵州省城市绿化管理办法》等法规、规章的规定，结合本市实际，特制定本办法。

第二条 本办法适用本市范围内城镇规划区内城市绿化的规划、建设、养护和管理。

第三条 本办法所称城市绿化是指运用园林工程、园林建筑技术和艺术，种植和养护树木花草，改造地形、修筑园林建筑、绿化园林道路等建设和保护城市生态环境的行为。

第四条 本办法所称城市绿地包括：

（一）公园绿地：指城市向公众开放的、以游憩为主要功能，有一定的游憩设施和服务设施，同时有健全生态、美化景观、防灾减灾等综合作用的绿化用地。包括市级公园、区域性公园、居住区公园、小区游园、儿童公园、动物园、植物园、历史公园、风景名胜公园、游乐公园、带状公园、街旁绿地及其他专类公园。

（二）生产绿地：指为城市绿化提供苗木、地被植物、花卉、种子的苗圃、花圃、草圃等圃地。

（三）防护绿地：城市中具有卫生、隔离和安全防护功能的绿地。包括卫生隔离带、道路防护绿地、城市高压走廊绿带、防风林、城市组团隔离带等。

（四）附属绿地：城市建设用地中绿地之外各类用地中的附属绿化用地。包括居住用地、公共设施用地、工业用地、仓储用地、对外交通用地、道路广场用地、市政设施用地和特殊用地中的绿地。

（五）其他绿地：对城市生态环境质量、居民休闲生活、城市景观和生物多样性保护有直接影响的绿地。包括风景名胜区、水源保护区、郊野公园、森林公园、自然保护区、风景林地、城市绿化隔离带、野生动植物园、城市湿地、垃圾填埋场恢复绿地等。

第五条 各级城市绿化行政主管部门负责本行政区域内城市规划区的绿化管理工作。

法律、法规、规章规定由规划、建设、城管、环保、林业、水利、交通等部门负责管理的城市绿化工作，从其规定。

红花岗区、汇川区和遵义县南白镇、龙坑镇的城市绿化相对集中行政处罚权工作由城市管理行政执法部门负责。

第六条 城市绿化应坚持政府主导、部门组织、统一规划、群众参与、因地制宜、讲求实效的原则。

第七条 县级以上人民政府应将城市绿化纳入国民经济和社会发展计划，确定绿化目标、责任，并将目标层层分解落实。

第八条 县级以上人民政府应加强对城市绿化人才的培养和城市绿化科学技术的研究及

应用,提高城市绿化植物的繁殖、种植、病虫害防治、养护管理和绿化工作设计、施工的技(艺)术水平。

第九条　县级以上人民政府应结合实际积极开展创建省级园林城市和国家级园林城市活动,积极组织创建园林式单位、园林式小区等活动。鼓励单位和个人种花、种草、绿化环境。

第十条　在城市绿化建设、保护管理、科学研究中成绩显著的单位和个人,由县级以上人民政府给予表彰和奖励。

第十一条　任何单位和个人都应爱护树木、花草和绿化设施,并积极参加义务植树,履行预防和扑救森林火灾义务。

各级人民政府应开展认建、认养、认管绿地活动,引导和组织群众建纪念林、种纪念树。

第十二条　鼓励外商、企业和城乡居民投资建设城市绿化项目,积极推进城市绿化市场化。

第二章　规划和建设

第十三条　在城市总体规划指导下,城市规划行政主管部门和城市绿化行政主管部门应在城市总体规划批准后,两年内共同编制城市绿地系统规划,并纳入城市总体规划。城市总体规划修编,城市绿地系统规划应同时修编。

城市绿化的详细规划由城市绿化行政主管部门商城市规划行政主管部门根据城市绿地系统规划进行编制,经同级人民政府批准,报上一级城市绿化行政主管部门备案后负责监督实施。城市必须编制绿地系统专项规划,各县、区(市)的绿地系统专项规划,经同级人民政府审核同意后,报市绿化行政主管部门和规划行政主管部门审批。

在编制的城市总体规划、城市绿地系统规划和城市绿化详细规划中,应将城市绿化用地的区域和面积在规划中按规定的指标明确划定绿地范围控制线。

第十四条　编制城市绿地系统规划,应结合本地特点,充分利用自然山头、江河、地形、地貌、植被和历史文化遗址等人文条件进行全面规划、科学配置、合理布局。

设计城市绿化工程,应借鉴国内外先进经验,并体现民族风格和地方特色。城市绿地的建设,应以植物造景为主、选用适合当地自然条件的树木花草,并适当配置泉、石、雕塑等景物,积极引导人工水环境的发展。

第十五条　城市公园绿地的规划设计方案,由城市绿化行政主管部门和城市规划行政主管部门审核后,报同级人民政府批准,并报上一级城市绿化行政主管部门备案。

用地面积(包括水面面积)在3公顷以上的公园绿地规划设计方案,由市城市绿化行政主管部门审核,经市人民政府审查同意后,报省城市绿化行政主管部门审批。

在审批绿化建设项目的立项、可行性研究报告之前,必须有城市绿化行政主管部门的审批意见。

第十六条　新建、改建、扩建的工程建设项目必须按下列绿化用地面积与建设用地面积的比例和标准安排城市绿化用地:

(一)新建区不低于30%,旧城改造区不低于20%,其中住宅小区人均公园绿地不低于1平方米。

(二)新建区的主干道不低于20%,次干道不低于15%,旧城改造区扩建的主干道不低于15%,次干道不低于10%。

(三)新建医院、疗养院、学校、机关、部队、星级宾馆、度假村、公共文化设施等不低于35%,其中心区外不低于40%。

(四)排放污染物的建设项目不低于30%,并营建宽度不低于50米的防护林带;没有污染的建设项目,其绿化用地面积由城市绿化行政主管部门和城市规划行政主管部门审批。

(五)公园内绿化面积不低于其陆地面积的70%。

(六)生产绿地面积占城市建成区总面积的比率不低于2%。

个别行业国家另有规定的,从其规定。

创建国家园林城市(镇)的,执行国家园林城市(镇)标准。

第十七条　单位附属绿地和居住区绿地低于本办法第十五条规定比例并有空地可绿化的,应当限期绿化,不得闲置或改作他用。

第十八条　城市绿化行政主管部门应加强生产绿地的建设,鼓励指导专业户和有条件的单位自建苗圃、花圃、草圃。

第十九条　动植物园的规划设计,应按动植

物的生态特性分区，满足生物多样性保护和珍稀濒危动植物种类保存、繁殖、应用等多种功能的需要，给游人提供优美、安全、观赏、教育和科普等条件。

第二十条　建设项目的规划设计应将绿化工程与建设项目主体工程同时规划、同时设计。建设项目绿化工程施工应按照设计的绿地率指标与主体工程同步进行。对确有困难的，建设单位可委托城市绿化行政主管部门在规划指定地点集中绿化，并承担相应的绿化费用。配套绿化工程的验收时间为主体工程竣工后一年内。绿化工程验收合格后，相关部门方能办理有关手续交付使用。

鼓励单位和个人利用墙体、屋顶、河道和桥体等绿化条件进行立体绿化。

第二十一条　城市绿化工程规划、设计、施工，应由具有相关资质证的单位承担，并实行绿化企业资质年检和工程招投标制度。

承担园林绿化工程规划、设计、施工的单位，应按照设计规范、施工规程进行设计和施工，并实行工程质量监督和工程监理制度，确保工程质量。

第二十二条　公园绿地、国有生产绿地和防护绿地的建设，应纳入城市人民政府计划、绿化行政主管部门的年度计划。

第二十三条　新建、改建工程的绿化建设费用，必须列入建设项目的概算中，实行专款专用。

企业单位的附属绿地的绿化建设和绿化维护费，由企业单位自行负责。

第二十四条　城市人民政府每年应从当年的城市维护费和城市配套费中安排一定数额的资金，用于城市绿化工程和城市公园绿地、生产绿地、防护绿地建设。

附属绿地建设费用由所在单位、房屋产权人或个人筹集。

第三章　养护和管理

第二十五条　城市绿地的养护和管理，遵循专人养护、专业管理与群众管理相结合的原则，并按下列规定分工负责：

（一）公园绿地、国有生产绿地、防护绿地由城市绿化行政主管部门负责；

（二）附属绿地由其所在单位、物业公司、居委会、居民等负责；

（三）其他绿地由其主管部门负责。

第二十六条　任何单位和个人不得擅自改变城市绿地（含规划预留绿地）的性质，擅自改变的必须限期恢复。

因建设或其他特殊原因确需临时占用城市园林绿化用地的，必须经城市绿化行政主管部门同意后，报国土资源行政主管部门按有关规定办理临时用地手续。临时占用城市绿化用地期限不得超过两年。

经批准临时占用或使用城市绿化用地的，按恢复绿地实际费用向城市绿化行政主管部门缴纳绿化恢复费，对造成城市绿地及设施损坏的，应负赔偿责任；城市绿化行政主管部门应在被临时占用的绿地归还之日起40个工作日内恢复绿地。

第二十七条　企业搬迁、旧房拆迁后，应留足相应空间进行绿化建设。违章建筑拆除后腾出的土地，应优先实施绿化建设。住宅、办公、商业等各类建设项目必须按照城市绿地系统规划进行配套绿化建设。

第二十八条　严禁任何单位和个人在公园绿地、风景林区内摆摊设点。确需设置的，必须符合公园绿地、风景林区的规划要求，并报城市绿化行政主管部门和城市规划行政主管部门审批。经批准的经营单位及门点在经营中禁止使用原煤、柴、草等有污染的能源，禁止乱排污水、乱丢垃圾，并负责维护好经营活动区域内的绿化植物和设施，保持环境卫生整洁。

未经城市管理行政主管部门和城市绿化行政主管部门批准，任何单位和个人不得在公园绿地、风景林区内设置户外广告。

第二十九条　任何单位和个人不得擅自修剪、断根移植树木。确需修剪、断根移植树木的，必须经城市绿化行政主管部门审批后方可进行。修剪单位附属绿地内的树木花草除外。

第三十条　砍伐、移植树木胸径在5厘米以下的，由县级城市绿化行政主管部门批准；胸径在5厘米以上20厘米以下或同地点一次性20株以下的，由县级城市绿化行政主管部门审核后报同级人民政府批准，并报上一级城市绿化行政主管部门备案；超过以上标准的由市城市绿化行政主管部门审核并报市人民政府审查后报省城市绿化行政主管部门核发许可证。

城市树木大规模的更新，必须经专家论证签署意见，由市城市绿化行政主管部门审核后，报省城市绿化行政主管部门批准。

第三十一条　城市规划区内的古树、珍贵稀有树木、有历史价值和纪念意义的名木（以下简称古树名木），由城市绿化行政主管部门挂牌建档、重点保护。禁止任何单位和个人损伤和砍伐。

城市公共地段的古树名木，由城市绿化行政主管部门负责养护；风景名胜区内的古树名木，由风景名胜区管理机构负责养护；附属绿地内的古树名木，由所在地的单位、居委会或个人负责养护。城市绿化行政主管部门负责监督、管理和技术指导。

第三十二条　禁止下列损害城市绿地、树木花草和绿化设施的行为：

（一）剥、削树皮和挖树根；

（二）利用树木搭棚、架设线路和拉直钢筋；

（三）采摘花果、攀折树枝；

（四）在树木上刻字、钉钉和拴系牲畜；

（五）损坏草坪、花坛、绿篱和园林设施；

（六）在城市绿地内摆摊设点、倾倒废物、排放有毒有害污水、放牧、遛狗、割草、狩猎、打鸟、开山采石、取土、砌灶野炊、占地葬坟、烧香焚纸；

（七）其他损害行为。

第四章　罚　则

第三十三条　违反本办法第二十八条规定，擅自在城市公园绿地内开设商业服务摊点的，由城市绿化行政主管部门责令限期迁出或撤出，可以并处罚款。

对不服从公园绿地管理的商业服务摊点，城市绿化行政主管部门可处以罚款；情节严重的，由城市绿化行政主管部门取消同意设点经营的批准文件。

第三十四条　违反本办法第二十六条第二款规定，擅自占用城市绿化用地的，由城市绿化行政主管部门限期退还，恢复原状，可并处每日每平方米30元以上100元以下罚款，但罚款总额最高不得超过30000元；造成损失的，应当承担赔偿责任。

第三十五条　违反本办法规定，未经批准砍伐、移植或非正常修剪树木的，由城市绿化行政主管部门责令其停止侵害，可并处（古树名木除外）500元以上30000元以下罚款；造成损失的，应当承担赔偿责任。

第三十六条　违反本办法第三十二条规定之一的，由城市绿化行政主管部门责令其立即停止侵害，采取补救措施，可并处10元以上1000元以下罚款；造成损失的，应当承担赔偿责任。

第三十七条　城市绿化行政主管部门及相关部门的主管人员和工作人员擅自改变绿化规划或拒不执行绿化规划的，不按规定审批绿化建设项目的，不按规划审批公共绿地、风景林区经营摊点的，超越职权批准占用城市绿地和城市绿化设施的，超越职权批准移伐树木的，不按规定审查或者验收绿化工程的，不按规定使用绿化经费的，不尽管护责任造成损失的，依法给予行政处分；构成犯罪的，移送司法机关依法追究刑事责任。

第三十八条　以暴力、威胁方法阻碍、抗拒城市绿化行政主管部门工作人员依法执行公务，应当给予治安管理处罚的，由公安机关依法处理；构成犯罪的，移送司法机关依法追究刑事责任。

第五章　附　则

第三十九条　本办法由遵义市人民政府法制办公室负责解释。

第四十条　本办法自发布之日起施行。1998年11月16日遵义市人民政府发布的《遵义市城市园林绿化管理办法》（遵府令第6号）同时废止。

遵义市古树名木保护管理办法

（2004年4月5日市人民政府第26次常务会议通过）

第一条 为切实加强古树名木的保护管理工作，根据《中华人民共和国森林法》、《城市绿化条例》、《城市古树名木保护管理办法》、《贵州省城市绿化管理办法》和《遵义市城市绿化管理办法》等有关法律、法规、规章和规范性文件的规定，结合本市实际，制定本办法。

第二条 本办法适用于本市行政区域内古树名木的保护管理。

第三条 本办法所称古树，是指树龄在一百年以上或胸径在100厘米以上的树木。

本办法所称名木，是指由省级以上林业行政主管部门或其他部门确定的具有历史纪念意义、科学研究价值的树木，国家禁止、限制出口的珍贵树木以及列入国家重点保护野生植物名录的树木。

第四条 古树名木由城市人民政府确认并公布，城市规划区内的古树名木报省建设行政主管部门备案，城市规划区外的古树名木报省林业行政主管部门备案。

第五条 各级人民政府林业、园林行政主管部门负责本行政区域内古树名木的保护管理工作。

风景名胜区和森林公园在地域上有交叉的，其古树名木的保护管理工作，由市人民政府确定一个部门负责。

第六条 各级人民政府林业、园林行政主管部门应对本行政区域内的古树名木进行调查、鉴定、定级、登记、编号，并建立档案，设立标志。

第七条 古树名木的保护管理工作实行专业养护部门保护管理和单位、个人保护管理相结合的原则。

（一）机关、学校、部队、团体及其他企事业单位和公园、风景名胜区、寺庙等用地范围内的古树名木，由所在单位负责；

（二）城市广场、绿地、小游园和道路用地范围内的古树名木，由园林绿化单位负责；

（三）住宅小区、居民院落内的古树名木，由物业管理单位或街道办事处、镇（乡）人民政府负责；

（四）铁路、公路、河堤用地范围内的古树名木，分别由铁路、公路、河道管理部门负责；

（五）城市规划区外的古树名木，由县级人民政府林业行政主管部门指定单位或个人负责。

第八条 任何单位和个人都有保护古树名木及其附属设施的义务，对损害、破坏古树名木及其附属设施的行为，有权制止、检举和控告。

鼓励单位和个人资助古树名木的管护。

第九条 在保护管理古树名木工作中成绩显著的单位和个人，由县级以上人民政府给予表彰奖励。

第十条 各级人民政府林业、园林行政主管部门应当加强对古树名木保护的科学研究，推广应用科学研究成果，提高保护管理水平；应当与古树名木管护责任单位签订管护责任书。

第十一条 古树名木的养护费用由古树名木的责任单位或责任人承担。

抢救、复壮古树名木的费用，由林业、园林行政主管部门适当给予补助。

各级人民政府应当从城市维护费、林业绿化资金中安排一定的资金用于古树名木的保护管理。

古树名木管护责任单位或个人发生变更，应当向县级以上人民政府林业、园林行政主管部门办理管护责任转移手续。

第十二条 古树名木管护责任单位应当按照技术规范管护古树名木。

古树名木长势衰弱或濒危，管护责任单位应及时报告林业、园林行政主管部门，并按照其要求进行治理和复壮。

古树名木死亡，应当报县级林业、园林行政主管部门确认并查明原因，明确责任，方可处理。

古树名木死亡后，原古树名木保护范围内的用地严禁擅自改作它用。

第十三条 集体和个人所有的古树名木，未经县级林业、园林行政主管部门审查、县级人民政府批准，不得买卖、转让；捐献给国家的，应给予适当奖励。

第十四条　禁止下列损害、破坏古树名木及其附属设施的行为：

（一）攀树、折枝、剥损树皮；

（二）借用树干做支撑物或倚树搭棚；

（三）刻划、钉钉、挂绳挂物；

（四）损坏古树名木附属设施；

（五）在树冠垂直投影范围内挖土，使用明火，排放废气、倾倒污水污物、堆物、封砌地面；

（六）在树冠外侧5米内新建临时性建筑物、构筑物及埋设地下管线。

第十五条　县级林业、园林行政主管部门应当根据古树名木生长需要，拟定古树名木保护范围，并将保护档案送国土资源、环保、规划行政主管部门备案。

第十六条　建设项目的选址定点涉及古树名木的，建设单位必须提出避让和保护方案。规划行政管理部门在办理有关规划手续时，要征求林业、园林行政主管部门的意见，并报县级以上人民政府批准。

第十七条　严禁砍伐、擅自移植古树名木。因特殊需要确须移植古树名木的，经市林业、园林行政主管部门审查后，报市人民政府和省建设、林业行政主管部门批准。

移植三百年以上和特别珍稀或具有重要历史价值和纪念意义的古树名木，经市人民政府和省建设、林业行政主管部门审查同意后按有关程序报批。

经批准移植的古树名木，由林业、园林行政主管部门指定的单位按照批准的移植方案和移植地点实施移植。移植施工费用、树木赔偿费及移植后三年内的专用管护费用由建设单位承担。

第十八条　违反本办法规定，由林业、园林行政主管部门责令其立即停止违法行为，并依法追究相应的法律责任；造成损失的，应当负赔偿责任。其中，对违反本办法第十四条有关规定的，可以并处10元以上1000元以下罚款；未经批准移植或非正常修剪古树名木的，可以并处500元以上30000元以下的罚款；损伤、砍伐古树名木的，可以并处3000元以上30000元以下的罚款。

第十九条　本办法由遵义市人民政府法制办公室负责解释。

第二十条　本办法自公布之日起施行。

遵义市城市管理行政执法办法（试行）

（2004年7月12日市人民政府第30次常务会议通过）

第一章　总　则

第一条　为加强城市管理，维护城市管理秩序，提高行政执法效能，根据《中华人民共和国行政处罚法》、国务院法制办公室《关于在贵州省遵义市开展相对集中行政处罚权试点工作的批复》和贵州省人民政府《关于在遵义市开展相对集中行政处罚权试点工作的批复》及有关法律、法规规定，结合本市实际，制定本办法。

第二条　遵义市中心城区城市规划区内的城市管理相对集中行政处罚工作适用本办法。

第三条　本办法所称城市管理相对集中行政处罚权包括：

（一）行使市容环境卫生管理方面法律、法规、规章规定的行政处罚权，强制拆除不符合城市容貌标准、环境卫生标准的建筑物或者设施；

（二）行使城市规划管理方面的法律、法规、规章规定的行政处罚权；

（三）行使城市绿化管理方面法律、法规、规章规定的行政处罚权；

（四）行使市政公用管理方面有关公共客运交通、供水、排水、节水、燃气管理方面的法律、法规、规章规定的行政处罚权；

（五）行使环境保护管理方面法律、法规、规章规定的对社会生活噪声污染的行政处罚权，对在人口集中地区焚烧产生有毒有害烟尘和恶臭气体的物质的行政处罚权；

（六）行使工商行政管理方面法律、法规、规章规定的对侵占道路经营的无照商贩的行政处罚权；

（七）行使公安交通管理方面法律、法规、规章规定的对侵占道路行为的行政处罚权；

（八）履行省、市人民政府规定的其他职责。

第四条　市城市管理行政执法机关主管本市城市管理相对集中行政处罚权的实施工作，具体处理适用一般程序的行政处罚案件；区（县）城市管理行政执法机关具体处理其辖区内适用简易程序的行政处罚案件。

第五条　相对集中的行政处罚权由城市管理行政执法机关行使后，原有关行政管理部门不再行使；仍然行使的，作出的行政处罚决定无效。

第六条　相关行政管理部门应当积极协助、配合城市管理行政执法机关做好相对集中行政处罚权工作，在依法行使有关城市管理的行政许可事项时，应将许可决定同时抄告城市管理行政执法机关。

第二章　执法职责范围

第一节　市容环境卫生

第七条　有下列行为之一者，除责令其纠正违法行为、采取补救措施外，可以并处警告、罚款：

（一）随地吐痰、便溺，乱扔果皮、纸屑和烟头等废弃物的；

（二）在城市建筑物、设施以及树木上涂写、刻画或未经批准悬挂、张贴宣传品等的；

（三）在城市街道的临街建筑物的阳台和窗外，堆放、吊挂有碍市容的物品的；

（四）不按规定的时间、地点、方式，倾倒垃圾、粪便的；

（五）不履行卫生清扫保洁义务或不按规定清运、处理垃圾和粪便的；

（六）运输液体、散装货物不作密封、包扎、覆盖，造成泄漏、遗撒的；

（七）临街工地不设置护栏或不作遮挡、停工场地不及时整理、覆盖或竣工后不及时清理、平整场地，影响市容和环境卫生的。

第八条　在中心城区建成区内，禁止饲养牛、马、猪、羊等家畜和鸡、鸭、鹅等家禽。因教学、科研以及其它特殊需要饲养的，须经其所在地市容环境卫生管理部门批准，未经批准擅自饲养家畜家禽影响市容和环境卫生的，责令其限期处理或予以没收，并可处以罚款。

第九条　有下列行为之一者，责令其停止违法行为，限期清理、拆除或采取其它补救措施，并可处以罚款：

（一）未经规划、城管、工商部门同意，擅自设置大型户外广告影响市容的；

（二）未经城管部门批准，擅自在街道两侧和公共场地堆放物料，搭建建筑物、构筑物或其它设施，影响市容的；

（三）未经城管部门批准擅自拆除环境卫生设施或未按批准的拆迁方案进行拆迁的。

第十条　凡不符合城市容貌、环境卫生标准的建筑物或设施，责令有关单位和个人限期改造或拆除；逾期未改造或未拆除的，经市、区（县）人民政府批准，由城市管理行政执法机关组织强制拆除，并可处以罚款。

第十一条　损坏各类环境及其附属设施的，除责令其恢复原状外，可以并处罚款；盗窃、损坏各类环境卫生设施及其附属设施，应当给予治安处罚的，由公安机关依照《中华人民共和国治安管理处罚条例》的规定处罚；构成犯罪的，依法追究刑事责任。

第十二条　经批准设置的户外广告以及非广告的霓虹灯、标语、招牌、标牌、电子显示屏、灯箱、画廊、橱窗、宣传画、实物造型等残破或内容过时未及时更换、维修、拆除的，责令有关单位和个人限期改造或拆除。

第十三条　有下列行为之一的，责令其限期改正，并对个人处以100元以下、对法人或其他组织处以2000元以下罚款：

（一）不按市容环境卫生管理部门规定时间、地点和其它要求任意倾倒垃圾的；

（二）影响存放垃圾的垃圾箱、垃圾池、转运站等环卫设施周围环境整洁的；

（三）垃圾运输车在城镇范围内不加封闭，致使沿途抛撒、遗漏垃圾的。

第十四条　有下列行为之一的，责令其限期改正，采取补救措施，并可以对个人处以200元以上500元以下、对法人或其他组织处以2000元以上30000元以下罚款：

（一）将有害废弃物和建筑垃圾混入生活垃圾中的；

（二）随意倾倒有害废弃物和建筑垃圾的；

(三)损坏或擅自拆除垃圾收集、处理设施的。

第十五条　未按规定缴纳生活垃圾处理费影响环境卫生的,责令其限期补交;逾期不交的,可以对个人处以100元以下、对法人或其他组织处以500元以上2000元以下罚款。

第十六条　未按规定对垃圾进行清扫、收集、运输、处理的,责令其限期改正,采取补救措施,并可处以2000元以下罚款。

第十七条　医疗卫生机构违反规定,将未达到国家规定标准的污水、传染病病人或疑似传染病人的排泄物排入城市排水管网的,责令其限期改正,给予警告,并处5000元以上10000元以下罚款;逾期不改正的,处10000元以上30000元以下罚款;造成传染病传播或环境污染事故的,由原发证部门暂扣或吊销执业许可证件;构成犯罪的,依法追究刑事责任。

第二节　城市规划

第十八条　对违反《中华人民共和国城市规划法》、《贵州省〈中华人民共和国城市规划法〉实施办法》规定的建设行为,经市规划部门认定,分别以下情况处理:

(一)未取得《建设工程规划许可证》或违反《建设工程规划许可证》规定擅自加层、扩大面积等违法行为,经市规划部门批准尚可采取改正措施的,责令限期改正并处罚款;严重影响城市规划的,责令停止建设、限期拆除或没收违法建筑物、构筑物或其它设施;

(二)占用城市规划中的道路、广场、绿地、水域、文物古迹、风景旅游保护区以及不符合城市规划功能分区要求,严重影响规划的违法建设,责令停止建设,限期拆除,视情节处以责任单位或个人违法建设已建成部分造价10-30%的罚款;

(三)局部侵入道路红线或者不符合功能分区要求,尚可改正的违法建设,责令限期改正,视情节轻重可并处责任单位或个人违法建设总造价5-10%的罚款;

(四)未办理有关建设手续,但不影响近期建设以及相邻通风采光、交通、消防、城市景观,不占用道路红线,不压占地下管线、人防通道的违法建设,除责令其及时补办有关手续外,视情节轻重,处以责任单位或个人违法建设总造价1-5%的罚款;

(五)违法建设行为性质严重、影响恶劣,但尚可在不影响城市规划的情况下加以利用的,没收其建筑物、构筑物或其它设施,由市、区(县)人民政府另行安排使用。

第三节　城市绿化

第十九条　违反《城市绿化条例》第二十七条规定,有下列行为之一的,责令其停止侵害,可并处罚款;造成损失的,应承担赔偿责任:

(一)损坏城市树木花草的;

(二)擅自修剪或砍伐城市树木的;

(三)砍伐、擅自迁移古树名木或者因养护不善致使古树名木受到损伤或死亡的;

(四)损坏城市绿化设施的。

第二十条　未经城市绿化部门同意擅自在城市公共绿地内开设商业、服务摊点的,责令限期迁出或者拆除,可以并处罚款;造成损失的,应承担赔偿责任。

虽经城市绿化部门同意开设,但不服从管理的商业、服务摊点的,给予警告,可以并处罚款;情节严重的,由城市绿化部门取消其设点申请批文,并可以提请工商部门吊销其营业执照。

第二十一条　未经城市绿化部门同意,擅自占用城市绿化用地的,责令限期恢复原状,并可按每日每平方米30元以上100元以下标准处以罚款,但罚款总额最高不得超过30000元;造成损失的,应承担赔偿责任。

第二十二条　未经城市绿化部门批准,擅自砍伐、移植或非正常修剪城市规划区内绿化树木的,责令其停止侵害,可并处500元以上30000元以下罚款。造成损失的,应承担赔偿责任。

第二十三条　有下列行为之一的,责令其立即停止侵害,采取补救措施,可并处10元以上1000元以下罚款;造成损失的,应承担赔偿责任:

(一)剥、削树皮和挖树根;

(二)利用树木搭棚、架设线路和拉直钢筋;

(三)采摘花果、攀折树枝;

(四)在树木上刻字、钉钉和拴系牲畜;

(五)损坏草坪、花坛、绿篱和园林设施;

(六)在城市绿地内摆摊设点、倾倒废物、排放污水、放牧、割草、狩猎、打鸟、采石取土、砌灶野炊、占地葬坟、烧香烧纸等;

(七)其它损害行为。

第二十四条　损伤古树名木的，责令其立即停止侵害，可并处3000元以上5000元以下罚款，造成损失的，应承担赔偿责任；损伤古树名木致其死亡或砍伐古树名木的，处5000元以上30000元以下罚款，并责令按该古树名木的价值赔偿损失；构成犯罪的，依法追究刑事责任。

第二十五条　在城市绿地范围内进行拦河截溪、设置垃圾堆场、排放有毒有害污水以及其他对城市生态环境造成破坏的，责令立即改正，并处10000元以上30000元以下罚款。

第四节　市政设施

第二十六条　在城市道路建设中有下列行为之一的，责令停止设计、施工，限期改正，可并处30000元以下罚款；已经取得设计、施工资格证书，情节严重的，提请原发证部门吊销设计、施工资格证书：

（一）未取得设计、施工资格或未按照资质登记承担城市道路设计、施工任务的；

（二）未按照城市道路设计、施工技术规范设计、施工的；

（三）未按照设计图纸施工或擅自修改图纸的。

第二十七条　城市道路工程竣工后，未经验收或验收不合格交付使用的，责令限期改正，给予警告，可以并处工程造价2%以下的罚款。

第二十八条　违反《城市道路管理条例》第二十七条的规定，或有下列行为之一的，责令限期改正，可处以20000元以下罚款；造成损失的，应承担赔偿责任：

（一）擅自占用或挖掘城市道路的；

（二）履带车、铁轮车或超重、超高、超长车辆擅自在城市道路上行驶的；

（三）机动车在桥梁或非指定的城市道路上试刹车的；

（四）擅自在城市道路上修建建筑物、构筑物的；

（五）在桥梁上架设压力在4公斤/平方厘米（0.4兆帕）以上的煤气管道、10千伏以上的高压电力线和其它易燃易爆管线的；

（六）擅自在桥梁或路灯设施上设置广告牌或其它挂浮物的；

（七）未对设在城市道路上各种管线的检查井、箱盖和城市道路附属设施的缺损及时补缺或修复的；

（八）未在城市道路施工现场设置明显标志和安全防围设施的；

（九）占用城市道路期满或挖掘城市道路后，不及时清理现场的；

（十）依附于城市道路建设各种管线、杆线等设施，不按照规定办理批准手续的；

（十一）紧急抢修埋设在城市道路下的管线，在24小时内未按照规定补办批准手续的；

（十二）未按照批准的位置、面积、期限占用或挖掘城市道路，或需要移动位置、扩大面积、延长时间，未提前办理变更审批手续的；

（十三）其它损害、侵占城市道路的行为。

第二十九条　未经批准，擅自占用街道两侧及人行通道和公共场地堆放物料、五金加工（喷漆、焊接等）、修缮加工、回收废品及经营燃煤的，予以强制取缔，可以并处20000元以下罚款。

第三十条　未经批准，擅自挖掘道路、占用道路施工或从事其他影响道路交通安全活动的，责令停止违法行为，并恢复原状，可以依法给予罚款；致使通行的人员、车辆及其他财产遭受损失的，依法承担赔偿责任。

第三十一条　承担城市道路养护、维修的单位违反《城市道路管理条例》规定，未定期对城市道路进行养护、维修或未按照规定的期限修复竣工，并拒绝接受监督、检查的，责令限期改正，给予警告。

第三十二条　对损坏城市道路照明设施的行为，分别以下情况处理：

（一）擅自拆除、迁移、改动、占用城市道路照明设施的，责令限期恢复原状；造成损失的，责令赔偿损失，可并处300元以上1000元以下罚款；

（二）擅自在城市道路照明设施安全防护范围内，堆放杂物、挖坑取土、兴建建筑物、构筑物及从事其它有碍城市道路照明设施正常维护和安全运行活动的，责令停止侵害，限期恢复原状；造成损失的，责令赔偿损失，可并处30元以上1000元以下罚款；

（三）故意损坏城市道路照明设施，未造成损失的，处以10元以上100元以下罚款；造成损失的，除责令赔偿损失外，并处50元以上1000元以下罚款；

（四）擅自在城市道路照明灯杆上架设通讯线（缆）或安置其他物品的，责令限期拆除，可并处50元以上500元以下罚款；

（五）擅自接用路灯电源的，没收其非法用电器具，并处1000元以上5000元以下罚款，造成城市道路照明设施损毁的，责令赔偿损失。

第五节　工商行政

第三十三条　擅自占用城市道路从事经营活动的无照经营行为，没收其专门用于从事经营的工具、设备、原材料、产品（商品）等财物和违法所得，并处个人5000元以下、单位20000元以下罚款。同时在实施查处取缔时，可以查封、扣押专门用于从事无照经营活动的工具、设备、原材料、产品（商品）等财物；被查封、扣押的易腐烂、变质的财物，经城市管理行政执法机关负责人批准，可以在留存证据后先行拍卖或变卖。

第六节　环境保护

第三十四条　有下列行为之一的，给予警告，责令改正，可并处罚款：

（一）在市区噪声敏感建筑物集中区域内使用高音广播喇叭的；

（二）未经批准，在街道、广场、公园等公共场所组织娱乐、集会等活动，超过国家规定的环境噪声排放标准，干扰周围生活环境的；

（三）使用电器、乐器或者进行其他家庭室内娱乐活动，噪声超过国家规定排放标准，于扰周围生活环境的；

（四）商业活动中使用发出高噪声的方法招揽顾客造成环境噪声污染的；

（五）经营中的文化娱乐场所和其他使用固定设备的商业企业，未采取有效措施，边界噪声超过国家规定排放标准，造成环境噪声污染的。

第三十五条　在市中心城区人口集中区域和其他依法需要特殊保护的区域内，焚烧沥青、油毡、橡胶、塑料、皮革、垃圾以及其他产生有毒有害烟尘和恶臭气体的物质的，责令停止违法行为，可以并处20000元以下罚款。

第三十六条　在市中心城区人口集中区域和当地人民政府禁止的区域内露天焚烧秸杆、落叶等产生烟尘污染物质的，责令停止违法行为，可并处200元以下罚款。

第七节　公安交通

第三十七条　非机动车未按规定停放或停放时妨碍其他车辆和行人通行的，给予告诫，并责令其驶离。

第三十八条　机动车未在规定地点停放或在人行道、广场等非停放地点停放的，给予警告，责令其驶离；机动车驾驶人员不在现场或虽在现场但拒绝立即驶离，妨碍其他车辆、行人通行的，处20元以上200元以下罚款，并可以将机动车拖移至不妨碍交通的地点停放。

第八节　供水、节水、排水和燃气

第三十九条　城市公共供水企业或利用自建设施对外供水的企业有下列行为之一的，责令改正，可以并处500元以上5000元以下罚款；情节恶劣，造成严重后果的，报经市、县人民政府批准，可以责令停业整顿；对负有直接责任的主管人员和其他直接责任人员，其所在单位或上级机关可以给予行政处分：

（一）在正常供水状态下，供水水质、水压不符合国家规定标准的；

（二）擅自停止供水或未履行停水义务的；

（三）未按规定对供水设施检查维修或供水设施发生故障后未按规定及时抢修的。

第四十条　有下列行为之一的，责令停止违法行为，可并处10000元以上50000元以下罚款；对负有直接责任的主管人员和其他直接责任人员，其所在单位或上级机关可以给予行政处分：

（一）无证或超越资质证书规定的经营范围进行城市供水工程的设计或施工的；

（二）未按国家规定的技术标准和规范进行城市供水工程的设计或施工的；

（三）违反城市供水发展规划及其年度建设计划兴建供水工程的。

第四十一条　有下列行为之一的，责令限期改正，并按下列规定处理：

（一）盗用或转供城市公共供水的，按其非法用水量的5－10倍计费罚款；

（二）擅自将自建供水管网或二次供水系统直接与城市公共供水管网连接的，处500元以上5000元以下罚款；

（三）产生或使用有毒有害物质的生产单位将

其生产用水管网与城市公共供水管网直接连接的，处20000元以上50000元以下罚款；

（四）在城市公共供水管道上直接装泵抽水的，按取水管径流量乘以使用天数计算水量，以当地水价计费处以罚款；

（五）擅自损坏、拆除、改装或迁移城市公共供水设施的，除赔偿直接经济损失外，可处以赔偿金额3倍以下罚款。

以上行为之一，情节严重的，经市、县人民政府批准，还可以在一定时间内停止供水或限量供水。

第四十二条　有下列行为之一的，责令限期补办手续或责令停止，可并处10000元以上50000元以下罚款；情节严重的，责令停止建设，限期整改或拆除：

（一）未经城市燃气管理部门审查同意，擅自建设燃气工程的；

（二）燃气工程未经城市燃气管理部门会同有关部门进行验收，擅自投入使用的；

（三）新型民用燃气未经省级以上城市燃气管理部门会同有关部门鉴定，擅自投入使用的；

（四）未取得燃气企业资质证，擅自从事燃气经营活动的。

第四十三条　有下列行为之一的，责令限期改正或责令停止销售，没收违法所得和非法财物，可并处5000元以上30000元以下罚款；情节严重的，由原颁证单位吊销资质证书；造成损失的，依法承担赔偿责任：

（一）未取得燃气经营许可证或燃气器具安装维修企业资质证，擅自从事燃气经营或燃气器具安装维修活动的；

（二）未经年审或年审不合格，从事燃气经营或燃气器具安装维修活动的；

（三）销售未列入《贵州省燃气器具销售目录》且未贴置气源适配性检测合格标志的燃气器具的；

（四）伪造、倒卖和违法粘贴气源适配性检测合格标志的；

（五）向无燃气资质证或燃气经营许可证的单位和个人提供用于经营的燃气或代储、代充燃气的；

（六）无故停止管道供气或拒绝向管道供气区域内符合供气和用气条件的用户提供燃气的；

（七）向扩大用气量的管道燃气用户收取增容费或向瓶装燃气用户收取开户费的。

第四十四条　有下列行为之一的，责令停止违法行为，可并处500元以上5000元以下罚款，造成损失的，依法承担赔偿责任：

（一）盗用或转供燃气的；

（二）将不合格燃气钢瓶提供给用户的；

（三）对燃气钢瓶加热的；

（四）倒灌瓶装气和倾倒燃气残液的；

（五）自行拆卸、安装、改装燃气计量器具和设施的；

（六）个人从事燃气器具安装、维修业务的；

（七）为用户安装未列入《贵州省燃气器具销售目录》的燃气器具的。

第四十五条　擅自在国家规定的燃气设施安全保护范围内实施影响或危害燃气设施安全的，责令停止违法行为，消除影响或危害，处500元以上5000元以下罚款；情节严重的，处10000元以上50000元以下罚款。

第九节　城市社会公共客运

第四十六条　出租汽车营业站及相应的停车场地，未经批准擅自关闭或改变用途的，视其情节轻重，给予警告，并处3000元以下罚款。

第四十七条　未取得城市社会公共客运经营权擅自从事营运活动的，责令停止非法营运活动，并处个人5000元以下罚款、单位5000元以上30000元以下罚款。

第四十八条　有下列行为之一的，视其情节轻重，给予警告，并处3000元以下罚款：

（一）不执行规定的收费标准或不出具车费发票的；

（二）不按照规定装置顶灯和空车待租的明显标志的；

（三）未按照规定缴纳有关税费的；

（四）将出租汽车交给无客运资格证件的人员驾驶的；

（五）未经批准将出租汽车转让或移作他用的；

（六）不装置经批准并经技术监督部门鉴定合格的计价器的；

（七）在车身明显部位未标设经营者全称及投诉电话、张贴标价牌的；

（八）未携带客运资格证件的；

（九）未按照合理路线或乘客要求的路线行

驶,绕道或拒载的;

(十)营运途中无正当理由中断服务的;

(十一)违反其他城市社会公共客运管理规定的。

第十节　其他规定

第四十九条　对违反城市市容环境卫生管理、规划管理、绿化管理、环境保护管理、市政公用管理等相对集中行政处罚权范围内法律、法规、规章的其它行为,按照相关规定进行处罚。

第三章　执法程序

第五十条　城市管理行政执法人员查处违法行为时不得少于2人,必须佩戴统一执法标志,出示行政执法证件。

第五十一条　城市管理行政执法机关调查收集证据必须全面、客观、公正。

城市管理行政执法机关在收集证据时,可以采取抽样取证的方法;在证据可能灭失或以后难以取得的情况下,经城市管理行政执法机关负责人批准,可以先行登记保存,并应当在7日内及时作出处理决定,在此期间,当事人和有关人员不得销毁或转移证据。

第五十二条　对公民处以3000元以上,对法人或者其他组织处以20000元以上罚款,或吊销证照、责令停产停业的行政处罚决定前,应当告知当事人有要求听证的权利;当事人要求听证的,城市管理行政执法机关应当举行听证。

第五十三条　城市管理执法人员当场作出行政处罚决定的,应填写预定格式、统一编码的行政处罚决定书当场交付当事人。其中,依法给予20元以下罚款或不当场收缴罚款事后难以执行的,城市管理执法人员可以当场收缴罚款。

执法人员当场收缴的罚款,应当自收缴罚款之日起2日内交至城市管理行政执法机关;城市管理行政执法机关应当在2日内将罚款缴付指定的银行。

第五十四条　同一违法行为同时违反本办法若干罚款规定的,应当按其中最重一项规定进行罚款,不得重复罚款。

第五十五条　城市管理行政执法机关查处的违法案件,需作认定或技术鉴定的,应当征求有关行政管理部门的意见。

第五十六条　城市管理行政执法机关接到有关行政管理部门移送查处的案件后,应当及时查处。

第五十七条　城市管理行政执法机关开展相对集中行政处罚权工作需有关行政管理部门协作的,各相关行政管理部门应当在接到城市管理行政执法机关函后5个工作日内回复。

第四章　监督管理

第五十八条　城市管理行政执法机关应当主动接受人大、政协以及社会舆论的监督。城市管理行政执法机关的行政执法工作应接受本级人民政府法制机构和监察部门的监督。

第五十九条　城市管理行政执法机关应当建立执法人员定期交流轮岗制度,实行行政执法责任制度、评议考核制度和错案责任追究制度。

第六十条　上级城市管理行政执法机关对下级城市管理行政执法机关的执法活动有权进行监督。对违法行为应查处而未查处的,应责令查处或直接查处;对下级城市管理行政执法机关错误的行政行为,应责令其进行改正或直接纠正,并追究有关责任人的责任。上级城市管理行政执法机关对下级城市管理行政执法机关查处的案件,在认为必要时可直接查处;上级城市管理行政执法机关也可以将自行查处的案件交由下级城市管理行政执法机关查处。

第六十一条　城市管理行政执法机关作出的行政处罚决定书,应当在作出后5个工作日内,按照案件的类型将处罚决定书抄送相关行政管理部门。相关的行政管理部门发现城市管理行政执法机关处罚不当的,应当在5个工作日内将意见反馈给城市管理行政执法机关,城市管理行政执法机关未纠正的,相关行政管理部门可以提请同级人民政府予以监督纠正。

第六十二条　公民、法人和其他组织对市城市管理行政执法机关采取的强制措施或作出的行政处罚决定不服的,可以向市人民政府申请行政复议或向人民法院提起诉讼;对红花岗区、汇川区、遵义县城市管理行政执法机关采取的强制措施或作出的行政处罚决定不服的,可以向区(县)人民政府、市城市管理行政执法机关申请复议或向人民法院提起诉讼。

第六十三条　妨碍城市管理行政执法人员依法执行公务的，由公安部门依法处理。

第六十四条　城市管理行政执法人员在执法过程中滥用职权、玩忽职守、徇私舞弊或行政不作为的，由其所在单位或上级主管部门给予行政处分；涉嫌犯罪的，依法追究刑事责任。

第五章　附　则

第六十五条　市、区（县）城市管理行政执法机关可根据行政处罚的法定程序、本办法规定及工作实际，制定工作程序。

第六十六条　本办法由遵义市人民政府法制办公室负责解释。

第六十七条　本办法自公布之日起施行。

遵义市水上交通安全管理办法

（2004年11月30日市人民政府第36次常务会议通过）

第一章　总　则

第一条　为加强水上交通安全管理，维护水上交通秩序，预防水上交通事故，保障人民群众生命财产安全，根据《中华人民共和国安全生产法》、《中华人民共和国内河交通安全管理条例》和有关法律、法规的规定，结合本市实际，制定本办法。

第二条　本办法适用于在本行政区域内通航水域航行、停泊、作业的船舶、浮动设施以及与水上交通安全有关活动的管理。

第三条　水上交通安全管理要遵循安全第一、预防为主、方便群众、依法管理的原则，保障水上交通安全、有序、畅通。

第四条　各级人民政府应当加强水上交通安全工作的领导。

财政部门应当落实必要的安全管理经费，加大对安全生产基础设施建设的投入。

安全生产监督管理机构应当加强水上交通安全的管理、监督、指导、协调和服务。

交通部门主管水上交通安全管理工作，海事管理机构依据职责实施水上交通安全监督管理。

公安部门应当加强水上交通的治安管理，协助相关部门维护水上交通安全。

第五条　各级人民政府和有关部门要积极推进营业性运输船舶向公司化、组织化管理的模式发展，支持组建各种体制的水路运输企业（公司）、船民协会、船队等企业和组织，大力推广应用先进水运安全生产技术。

第六条　各级人民政府和有关部门对水上交通安全管理工作成绩显著的单位和个人应给予表彰和奖励。

第二章　管理职责

第七条　县级人民政府水上交通安全管理职责：

（一）负责本行政区域水上交通安全管理工作，建立、健全水上交通安全管理制度和办法，督促有关部门及乡、镇（街道办事处）履行水上交通安全管理职责，协调、解决水上交通安全管理的重大问题，组织水上交通安全检查，适时开展专项治理，消除重大安全隐患，及时将新增通航水域纳入安全管理。

（二）制定县、区（市）、乡、镇（街道办事处）人民政府水上交通安全管理目标和责任制，落实县、区（市）、乡、镇（街道办事处）、行政村（居）、村民组、船主和有关部门的安全责任。

（三）制定水上交通发展规划，落实水上交通安全管理机构、人员、经费，建立工作考核和责任追究制度。

（四）审批渡口的设置、撤销，指定有关部门负责渡口管理和对渡运安全实施监督检查。

（五）组织指挥水上交通遇险救助工作，认真做好水上交通事故的善后处理工作。

第八条　乡级人民政府水上交通安全管理职责：

（一）结合实际制定汛期、节假日、集会、集市、农忙、学生上（放）学及学生旅游活动等水上交通安全管理制度和办法，建立、健全乡、镇（街道办事处）、村（居）、村民组和船主（船员）的水上交通安全管理责任制。落实水上交通安全管理的专门人员。

（二）宣传水上交通安全法律、法规，努力提高广大群众的安全意识，督促船舶所有者、经营者和从业人员遵守有关水上交通安全的法律、法规和制度。

（三）实施水上交通安全日常管理，组织开展安全检查，制止和纠正违章行为，督促消除安全隐患。

（四）负责渡口、渡船、码头等水上交通设施和岸线的维护与管理。落实“五定”（定渡口、定渡船、定载额、定渡工、定制度）工作，加强渡口管理，维护渡运秩序。

（五）负责农副业自用船的检丈、登录、发证和管理。

（六）协助有关部门处理船舶、船员的违法行为。组织水上交通遇险救助，认真做好水上交通事故的善后处理工作。

第九条　村（居）、村民组水上交通安全管理职责：

（一）建立水上交通安全管理领导小组，明确职责，落实村（居）、村民组安全管理人员，开展日常安全管理。

（二）落实汛期、节假日、集会、集市、农忙、学生上（放）学及学生旅游等活动值班监控制度。“三无”船舶举报制度，船舶、船员违章举报制度，村民红白喜事用船管理制度，村民遵守水上交通安全承诺制度，农副业自用船管理制度等。

（三）分解落实安全生产责任制，与船主（船员）、农户逐一签定水上交通安全责任状。

第十条　交通部门水上交通安全管理职责：

（一）主管水上交通安全管理工作，宣传贯彻执行水上交通安全管理的法律、法规。

（二）主持水上安全生产办公室工作，协调相关部门和周边地区水上交通安全管理工作；承担除渔船外的水上交通事故控制指标的考核管理责任。

（三）交通海事管理机构负责实施水上交通安全监督管理；负责船舶法定检验、船舶登记和发证；组织开展船员技术培训，负责船员考试、审验、发证；负责水上水下施工许可，实施通航管理；负责水上交通事故的调查处理。

（四）交通航务管理机构负责水路运输行业安全管理；负责水路运输、港口企业资质条件审核、许可，维护水路运输、港口（码头）安全生产秩序；督促、指导水路运输、港口（码头）装卸企业建立、健全安全生产管理体系，督促消除安全隐患。

（五）交通渡口管理机构负责对渡口和渡运安全实施监督检查，督促落实渡运安全管理制度，督促、指导乡镇开展渡口安全管理和渡口设施及渡船的维护管理。

第十一条　畜牧水产部门水上交通安全管理职责。

（一）负责渔业船舶、船员的安全管理。

（二）贯彻执行国家渔业船舶安全管理法律法规；负责渔业船舶的检验、登记管理以及船员培训考试发证；负责对渔业船舶航行、停泊和作业的安全实施监督管理。

（三）制止渔业船舶擅自改变用途；制止在通航水域设置捕养设施，维护通航环境；负责组织清除碍航捕养设施，确保航道畅通。

（四）负责渔业船舶水上安全事故的调查处理和统计上报，承担渔业船舶安全事故的考核管理责任，参与渔业船舶与其它船舶水上安全事故的调查处理，在当地政府的领导下做好事故的善后处理工作。

第十二条　农业部门水上交通安全管理职责：

（一）负责农副业自用船水上交通安全行业管理。

（二）指导、督促乡镇开展农用船、自用船的检丈、登录、发证和人员的安全管理，制止农副业自用船参与社会运输。

第十三条　旅游部门水上交通安全管理职责：

（一）负责水上旅游、游乐、漂流等船舶及浮动设施的水上交通安全行业管理。

（二）保障水上旅游、游乐、漂流项目符合安全资质开业条件,督促本行业船舶、浮动设施及从业人员按有关规定进行检验、登记及培训考试。

第十四条　水利部门水上交通安全管理职责:

(一)负责通航水库大坝禁航区和管辖的封闭水域内船舶的安全管理。

(二)按规定设置和维护水库大坝禁航设施、标志,水库泄洪应按规定发布通告、鸣放警报。

第十五条　林业部门水上交通安全管理职责:

(一)负责林业用船、排筏、专用渡口的水上安全行业管理。

(二)督促在通航水域流(拖)放的竹、木排筏按有关规定申报核准。

第十六条　各级各部门应建立水上交通事故应急救援预案。

各部门应建立本行业船舶、船员的安全管理责任制,制定管理制度,落实安全措施,组织开展安全检查,督促消除水上交通安全隐患。

第十七条　船舶、浮动设施的所有者、经营者,以及涉及水上交通安全作业(活动)的责任单位(人员)是水上交通安全管理的责任主体,负责船舶、浮动设施、作业(活动)的安全管理,建立、健全相应的安全管理制度,遵守水上交通安全管理法律、法规和规章,保证船舶、浮动设施安全适航;负责船员及从业人员的技术培训和安全教育,接受有关部门的监督检查,及时消除安全隐患。

第十八条　船员应经水上交通安全专业培训以及相应的执业资格培训,经海事管理机构考试合格,取得相应的适任证书。船员应当遵守职业道德,提高业务素质,严格依法履行职责,服从管理,接受监督检查。

第十九条　共管水域的各方应加强协调,明确共管水域的水上交通安全管理责任。

第三章　安全管理

第二十条　船舶具备下列条件,方可航行:

(一)经海事管理机构依法检验,并持有船舶检验合格证书。

(二)经海事管理机构依法登记,并持有船舶登记证书。

(三)按规定配备适任的船员或渡工、驾长及其他人员。

(四)按规定配备必要的航行资料。

第二十一条　浮动设施具备下列条件,方可从事有关活动:

(一)经海事管理机构依法检验,并持有检验合格证书。

(二)经海事管理机构依法登记,并持有登记证书。

(三)按规定配备掌握水上交通安全技能的人员。

第二十二条　营业性运输船舶应持有航务管理机构核发的水路运输许可证、船舶营业运输证。具备条件的还应当投保船舶险。

第二十三条　高速客船(快艇)、漂流船、游乐船(艇、筏)应按乘客定额和船员总人数配备救生设备,船上人员穿戴救生设备后,方可开航。

餐饮船、水上游乐设施应在海事管理机构指定的水域和岸线停泊,按规定配备消防、救生设备,加强消防安全管理。

第二十四条　渔业船舶具备下列条件,方可从事有关活动:

(一)经渔业船舶检验机构检验合格,持有渔业船舶检验证书。

(二)经渔业监督管理机构登记,持有渔业船舶登记证书。

(三)按规定配备合格的船员和其他人员。

(四)按规定配备救生、消防设备和安全防护工具。

第二十五条　渔业船舶不得从事客货运输或者搭乘无关人员。

渔业船舶在通航水域内进行捕捞作业,不得影响其他船舶的航行、停泊、作业。

在通航水域从事水产养殖的单位和个人应向县级渔业主管部门申请,征得海事管理机构同意,经县级人民政府审定后,办理水面养殖许可证。

第二十六条　农副业自用船应当经乡(镇、街道办事处)人民政府检丈、登录、发证。机动农副业自用船和船长10米以上的非机动农副业自用船,应当申请海事机构检验、登记,取得相应证书。

农副业自用船必须遵守水上交通安全管理规定,不得超越限定水域航行,不得载客和从事社会性运输。

第二十七条　船舶航行应当遵守《中华人民共和国内河交通安全管理条例》等规定,确保航行安全。

第二十八条　船舶载运易燃、易爆、有毒、有害危险物品,应按有关规定办理手续。严禁装运国家禁止在内河运输的危险货物。客(渡)船不得载运危险货物。

船舶从事危险货物运输应经海事管理机构许可,并接受监管。

禁止船舶向水域排放油污、生活污水和固体废弃物。

第四章 渡口管理

第二十九条 渡口的设置、撤销,应由设置单位提出申请,征求海事管理机构意见,报县级人民政府批准。

跨行政区域渡口的设置、撤销,由相关县级人民政府协商后审批。协商不成的,报上级人民政府决定。渡口的安全管理由渡口设置县的相关方面负责,共管水域设置的渡口可按双方协议办理。

第三十条 渡口设置选址应当在水流平缓、水深足够、坡岸稳定、视线开阔、无碍其他船舶正常航行、适宜船舶停靠、群众方便的地方。不得在危险品生产、装卸、堆放场所以及禁止停泊的区域设置渡口。不得在航道上设置缆渡。

第三十一条 渡口设置应包括码头设施、渡船系泊设施、货物装卸堆场、乘客行走的便道及候船房(棚)等设施。缆渡还包括缆渡专用设施。

第三十二条 渡口两岸应核定并勘划封渡水位线,在醒目的位置设置渡口碑(牌),标明《渡口守则》或渡运安全须知,以及渡口审批、监督、管理责任单位等。

第三十三条 渡船应持有船舶检验合格证书、船舶登记证书,配齐救生设备,方可投入渡运。渡船所有者、经营者、渡工应当加强渡船的维护保养。乡(镇、街道办事处)人民政府和渡口管理机构应当加强渡船的使用管理,保持渡船安全适航。

渡工需经海事管理机构审定、培训、考试合格,持有合格证书,方可从事渡运工作。

第三十四条 渡口经营者、渡工应当遵守国务院《渡口守则》和有关安全规定。严禁客货混装,严禁人与大牲畜混装,严禁夜间渡运,严禁在封渡时渡运,严禁酒后渡运。

渡船在渡运时,应当注意避让过往船舶,不得抢航或者强行横越。遇有洪水或者大风、大雾、大雪等恶劣天气,应当停止渡运。

渡船渡运牛、马等大牲畜时,除看管人员外,不得搭载乘客。

任何单位和个人不得将渡船调离渡口从事其它运输,不得擅自改变渡船用途。

第三十五条 有学生过渡的渡口,应当建立乡(镇、街道办事处)人民政府、教辅站、学校、班主任对学生过渡的安全管理制度。学校要落实学生过渡的安全措施。

第五章 事故救助及处理

第三十六条 船舶、浮动设施发生水上交通事故或遇险,应当采取一切有效措施进行自救。

船舶所有者或经营者、船员必须立即向就近的乡(镇、街道办事处)人民政府和海事管理机构报告,并做好现场保护工作。涉及渔业船舶的,应同时向畜牧水产部门报告。

事故现场和附近的船舶、人员,在不危及自身安全的情况下,应当积极救助。

第三十七条 地方人民政府和相关部门在获悉发生水上交通事故或遇险后,应启动水上交通事故应急救援预案,立即组织救助。同时按照有关规定逐级上报,开展事故调查,做好事故善后工作,严格依法追究有关责任。

对客船超载、非客船载客等严重违法行为的船舶所有者或经营者,船员以及危害水上交通安全的人员,由公安机关依法实施治安处罚。

第三十八条 海事管理机构在调查处理水上交通事故过程中,应当采取有效措施,保证航路畅通,防止发生其他事故。

特大水上交通事故的报告、调查和处理,按照有关规定执行。

第六章 附 则

第三十九条 本办法由遵义市人民政府法制办公室负责解释。

第四十条 本办法自二〇〇五年一月一日起执行。

市 概 况

地 理 概 况

【位置面积人口】 遵义市位于贵州省北部，南面与省会贵阳市接壤，北面与重庆直辖市接壤，东面与铜仁地区和黔东南自治州接壤，西面与四川省交界，西南和东南面分别与毕节地区和黔南自治州接壤。地理位置在北纬27度8分～29度13分、东经105度36分～108度13分之间。中心城区北距省会贵阳市153公里、南距重庆直辖市308公里，是中国西部的重镇之一。

全市国土面积30762平方千米，为贵州省总面积的17.46%。市域东西绵延247.5平方千米，南北相距232.5平方千米。平坝及河谷盆地面积占6.57%，丘陵占28.35%，山地占65.08%。

2004年年末总人口739.68万人，比上年末增加5.82万人。人口密度240人/平方千米，比上年平方千米增加9人。人口密度最大的是红花岗区，808人/平方千米，密度最小的是务川自治县，156人/平方千米。全年出生人口96259人，死亡人口42384人，自然增长率7.6‰。少数民族人口占全市总人口的12.02%。

【政区与沿革】 远古时期，遵义一带即有人类栖息繁衍。在桐梓县岩灰洞旧石器时代人类文化遗址发现的人类牙齿化石，经科学测定，为距今20.6～24万年。桐梓县马鞍山新石器时代人类遗址中，也发掘出大量石器骨器，还有丰富的用火遗迹，年代距今为1.8万年。在赤水河流域的赤水市和习水县境内，也先后发现许多石斧、石锛、石网坠等古人类工具。

公元前八至五世纪前后的春秋时期，现在的遵义市所辖地域，先后或分别属于牂柯、巴、蜀、鳖、鳛等邦国。战国时期，夜郎国兴起，取代牂柯及其“旁小邑”，今遵义一带属于“大夜郎”的范围。西汉元光五年（公元前130年），置犍为郡，郡治鳖县，即在今遵义市中心城区附近。元鼎六年（公元前111年），于夜郎地置牂柯郡，作为邦国存在了250多年的“夜郎国”之名从此消失。此后，作为郡县行政建制的的“夜郎郡”、“夜郎县”之名曾多次出现，与今遵义有关的，一是唐贞观十六年（公元642年）所置的夜郎县，在今桐梓县境，为珍州的治所。二是唐天宝元年（公元742年）改珍州置的夜郎郡，治所即在这个夜郎县。至德二载（公元757年），大诗人李白被“长流夜郎”就是这里。这个夜郎县之名到五代时期废除，北宋时期复置，宣和二年（公元1120年）又废，计先后存废达480年。此后中国历史上再没有出现“夜郎”郡县之名。

此后，作为二级政区的州郡名称，历有变更。到唐代贞观十三年（公元639年），将隋代的郎州改名播州，领辖今黔北的大片地域。播州之名，历经五代、宋、元到明朝末叶，存在了962年。所以现代人们常用播州来代称古代的遵义。

“遵义”名称最早的出现，在唐贞观十六年（公元642年），将播州所领的罗蒙县改名遵义县。除县名外，历史上曾有过遵义砦、遵义军、遵义军民府、遵义府、遵义专区、遵义行政公署、遵义市等建制名称。遵义之名沿用至今已有1363年。

从唐末到明末的725年间，播州为杨氏土司所世袭统治。明万历二十八年（公元1600年）“平播之役”后，取消土司制度，实行“改土归流”，于次年分播州为遵义、平越两个“军民府”，分别隶属四川、贵州两省。清康熙年间取消“军民”二字，直称遵义府。今遵义市大部分地域属于这两府，还有部分地域属于石阡府、思南府。清雍正五年（公元1727年），遵义府改属贵州省。直到民国初年，废除府的建制。民国24年（公元1935年），贵州省设11个行政督察区，黔北十余县为第五行政督察区。

1949年11月，遵义解放，以原遵义县城区为基础新建遵义市；“第五行政督察区”改为遵义专区,后称遵义地区,为省政府派出机构,数十年间领辖县市曾有少许变动。1997 年 11 月,经国务院批准,撤销遵义地区改建为遵义市(地级市),原遵义市改建为红花岗区,原遵义地区领辖的县、自治县即归新建的遵义市领辖;赤水市、仁怀市为省辖市,由遵义市代管;2004 年,经国务院批准,由红花岗区和遵义县北部划出部分地区,在原经济技术开发区的基础上,新成立汇川区。至此,2004 年全市共辖 2 区、2 市、8 县和 2 民族自治县,即:红花岗区、汇川区、赤水市、仁怀市、遵义县、桐梓县、绥阳县、正安县、凤冈县、湄潭县、余庆县、习水县、道真仡佬族苗族自治县和务川仡佬族苗族自治县。共辖 164 个镇、54 个乡、8 个民族乡、14 个街道办事处、379 个居民委员会、2299 个村民委员会。

【地形地貌】 遵义市处于云贵高原向湖南丘陵和四川盆地过渡的斜坡地带,在云贵高原的东北部,地形起伏大,地貌类型复杂。海拔高度一般在 1000 ~ 1500 米,在全国地势第二级阶梯上。大娄山山脉自西南向东北横亘其间,成为天然屏障,是市内南北水系的分水岭,在地貌上明显地把遵义市划分为两大片:山南是贵州高原的主体之一,以低中山丘陵和宽谷盆地为主,地表相对起伏不大,一般耕地比较集中连片,土地利用率较高,是粮食、油料作物的主要产地。从乌江谷缘到大娄山脉,明显可见三级台地:最低一级海拔高度 1000 ~ 1200 米,中间一级 1300 ~ 1350 米,最高一级 1500 ~ 1600 米。山北以中山峡谷为主,山高谷深,山地垂直差异明显,耕地比较分散。南片占全市总面积的 37.6%,北片占 62.4%。全市海拔最低处在赤水市境内与四川省合江县交界的赤水河口,海拔 221 米;最高处在桐梓县境内的箐坝大山,海拔 2227 米。全市地貌类型,根据成因,可分成三大类:溶蚀地貌区、溶蚀构造地貌区和侵蚀地貌区。其中以溶蚀和溶蚀构造地貌(岩溶地貌)分布最广,约占全市土地面积的 75%。

【山脉】 全市地形的主要骨架构成是大娄山山脉。此山脉西起毕节地区,东北延伸至四川省境。大娄山山脉既是乌江水系与赤水河的分水岭,又是贵州高原与四川盆地的界山。其横亘本市中部的一段,呈现向南东突出的弧状,海拔在 1500 ~ 2000 米之间,相对高差多在 500 米以上。著名的娄山关,处于大娄山主脉的脊梁上,东西两侧为小尖山锁峙,气势磅礴,古人称此关为“万峰插天,中通一线”,十分险要,历来为兵家必争之地。隘口海拔 1226 米,南北高差为 400 米的峡谷,川黔国道蜿蜒穿过关口,川黔铁路和正在修建的崇遵高速公路则从娄山腹内穿隧道而过,成为川黔交通要隘。

【河流与水资源】 全市河流以大娄山山脉为分水岭,分为乌江、赤水河和綦江三大水系,均属长江流域。全市有水流的河长共 9148.5 公里,河网密度 0.3 公里/ 平方公里,河长大于 10 公里或集雨面积大于 20 平方公里的河流有 416 条。其中干流 2 条(乌江、赤水河),一级支流 60 条,二级支流 168 条,三级支流 149 条,四级支流 33 条,五级支流 4 条。地表(河川)径流量 178.80 亿立方米,约为贵州全省的 17%,每平方公里产水 58 万立方米,为全国平均值的 2 倍左右。但是,市内河流多属雨源性河流,最大洪峰流量是最小流量的 671 ~ 1898 倍,如连续多日不下雨,相当部分河流就会出现干枯断流,造成人畜饮水和生产用水困难。地下水资源:全市地下径流量为 43.89 亿立方米,占地表(河川)径流量的 24.4%,人均占有水量 791 立方米,是现有利用水量的 3.09 倍。据水文地质计算资料,全市天然水资源共有 1054 万吨/ 日,约合 38 亿吨/ 年。

水能资源:全市每平方公里蓄水能 103 千瓦,比全国平均 70 千瓦高出 49%。各河水能资源理论蕴藏量为 325.06 万千瓦。在乌江干流的水电开发中,第四级乌江渡和第五级构皮滩均在本市境内,可利用落差 329 米,装机 300 余万千瓦。为“西电东送”的重要资源。

水质:据历年市内 77 个水质点 654 次采样化验分析表明,全市水质基本良好,多数未受污染或只有轻度污染。有毒有害成分只在少数河段出现。绝大多数属于矿化度不大的中硬水,水离子总量一般为 200 ~ 350 毫克/ 升,总硬度多在 80 ~ 140 毫克(氧化钙)/升之间,水质呈中性偏碱。各河年平均输沙量呈增加趋势,水土流失面积 5000 多平方公里,约占土地面积的 15%。随着流域植被的改善,水土流失情况在逐步缓解。

【气候】 遵义市在中亚热带高原湿润季风区内,气候特点是:四季分明,雨热同季,无霜期长,多云寡照。绝大部分地区冬无严寒、夏无酷暑。但是,由于地形复杂,海拔悬殊,境内气候类型多样,有“十里不同天”之说。全市大体可分为4个垂直气候带:丘陵河谷地区中亚热带气候,低山地区相似北亚热带气候,中山地区相似南温带气候,海拔1500米以上的山地,相似中温带气候。

光照:遵义市是全国太阳辐射低值区之一,全年总辐射介于3253~3718兆焦/平方米之间。全市年日照时数在1000~1300之间,日照率为23~29%。

热量:全市年平均气温12.6~13.1℃。7月最高,月均温23~28度;1月最低,月均温2~8度。极端最高气温在赤水市,达41.3度;极端最低气温在习水县山原地带,为-8~-9度,一般地区在-4.3~-8.0度。无霜期最长为赤水河谷,在340天以上;最短在习水县山原地带,仅245天,其余地区为270~300天。

降水量:全市雨水较丰沛,仅次于华南地区。年降水量1000~1300毫米,变化范围在800~1600毫米之间,各县市降水日数均在166天以上。降水强度一般不大,日降水量大于或等于100毫米的大暴雨日数,年平均在0.5天以下。市内比较明显的多雨区,多年平均降水量在1300~1600毫米之间;少雨区,多年平均降水量在1000毫米左右,最小值习水县土城镇,仅762毫米。

市内降水量虽较丰富,但一年之内分布不均,连续最大4个月降水量与年降水量之比值在53~65%之间,分布总趋势是由东至西递增。风:全市风向随地形而多变,一般在大娄山以南地区多东北风,大娄山以北地区多东风和东南风。风速以春季和盛夏最大,总的趋势是从西部、南部往东北方向递减。全市年平均风速0.9~2.2米/秒,全年大于16米/秒的大风日数,以遵义、桐梓、赤水最多,可达3~4天;正安、凤冈一带2天左右,其余各县约1天。

自然灾害:全气象灾害主要有春旱、夏旱、秋风、倒春寒、霜冻、雨凇(凌冻)、绵雨、暴雨、冰雹、大风等。地质灾害主要有滑坡、泥石流、岩体崩塌、地面塌陷和地震等类型。遵义最早的地震记载,是明代弘治八年(公元1495年),至今500多年间,全市范围内共发生地震37次,烈度和震度最高的一次是公元1876年仁怀河西里的地震,烈度也仅5度,震级为4.5级。其余各次地震,没有破坏性的记载。

【土地　土壤】　全市土壤面积占土地总面积的96%左右(包括自然土和水田、旱地)。土壤类型多样。低山丘陵盆地区,主要分布着黄壤、石灰土、水稻土、潮土,土地利用率较高;低中山地区,主要分布着石灰土、紫色土、粗骨土,水土流失严重;海拔1400米以上的山区,主要分布着黄棕壤,多为林牧用地。根据土地评级,属于1~4级适于农林牧发展的“多宜性”地约占土壤面积的39%,属于5~7级适宜林牧发展的“双宜性”地约占58%,属于8级的农林牧的“不宜性”地约占3%。

【矿藏】　全市已知矿产有40多种,已发现和利用的矿产地527处,其中大型矿床73个,小型矿床251个,矿点176个。其中,锰探明储量4986万吨,居全省第一位;煤探明储量63.31亿吨,居贵州省第3位;铝土矿探明储量7662万吨,硫铁矿34066万吨,均在全省占有重要地位。此外,有一定储量和开发价值的还有硅石、磷矿、重晶石、石灰岩、高岭土、矿泉水等。

【农林牧副业及其他自然资源】　遵义市是全省粮、油、烟、茶、蚕茧、楠竹、五倍子、油桐籽、乌桕籽、杜仲、生漆、药材、生猪、山羊的主要产区。其中油桐籽、乌桕籽、生漆、五倍子、杜仲为全国中心产区。楠竹为全国七大产区之一。楠竹、杜仲、棕片多年来产量居全省之首,乌桕籽占全省五分之三,五倍子占全省二分之一,油桐籽占全省三分之一。竹笋、蘑菇、木耳、杜仲、天麻、吴茱萸、黄连等享誉国内外市场。

市内有森林面积807906公顷,森林覆盖率26.26%,平均每人占有森林面积1.81亩。有畜牧用地面积1100万亩,约占土地面积的24%。其中,成片草山草坡占41.1%,万亩及万亩以上草地有96片,主要分布于道真、务川两自治县和正安、习水等县。市内有野生和常见的高等植物2009种,以亚热带常绿阔叶林为典型,具有植物区系南北过渡性和起源古老性的特点。属于国家重点保护的野生动植物有83种,占全省稀有动植物资源总数的93.3%。其中,银杉、桫椤、珙桐、金花茶、秃杉等46种属于国家一、二级保护的植物;黑叶猴、华南虎、云豹、金钱豹、苏门羚、白冠长尾雉、大灵猫等37种属于国家一、二级保护的野生动物。

（谢尊修）

历史文化

【遵义会议陈列馆与“红色一条街”】 新建的遵义会议陈列馆，于2005年1月14日正式开展。陈列的内容，以红军长征为主线，以遵义会议和四渡赤水为重点，全面真实地展示了上世纪中国革命史上从红军创建到陕北胜利会师这段波澜壮阔、光辉灿烂的历史。

遵义会议陈列馆位于中心城区红花岗区的杨柳街，占地面积4679平方米，建筑面积6612平方米，共有2500平方米的展示空间和680米长的展线，包括一至二层2个中央大厅和9个展厅。共分为“星火燎原”、“战略转移”、“遵义会议”、“四渡赤水”、“突破乌江”、“陕北会师”、“永放光芒”等部分。运用大量的历史文物、文献、图片资料和雕塑、绘画、场景，以及声光影像多媒体等现代技术手段，精心布置，系统全面地再现了70年前中国工农红军在遵义的活动情况，重点介绍的是当年中央红军在经过贵州、攻克黔北重镇遵义之后，中共中央于1月15日～17日召开的政治局扩大会议（简称遵义会议）。

陈列馆的序厅是一组名为“伟大转折”的大型雕塑，再现了遵义会议主要人物毛泽东、张闻天、周恩来、陈云、朱德、秦邦宪的形象，两边墙壁上是参加遵义会议其他人员的浮雕像。在二楼的模拟遵义会议会议室，用声光演示了毛泽东当年在会上长达8分钟铿锵有力的发言，这是由著名演员根据作家魏巍所著《地球上的红飘带》一书中记述的有关细节模拟的，使参观者有身临其境的感觉。

遵义会议陈列馆的建设，与遵义会议会址及其相关的多处纪念地址一起，进一步丰富了爱国主义教育基地和“红色寻根”的展示内容。在陈列馆附近的杨柳街上，还有同时修复完工的红军遵义警备司令部旧址。占地面积863平方米，为两层民族风格建筑。布展后也将对外开放。

近年来，遵义城区修复开放的纪念旧址已有6处。除遵义会议会址、红军总政治部旧址、毛泽东、张闻天、王稼祥住处外，还认定和开放了秦邦宪（博古）住处和中华苏维埃国家银行旧址，加上遵义警备司令部旧址，纪念馆的占地面积已由2万多平方米扩展到4万多平方米。其中，在杨柳街原天主教堂的红军总政治部旧址，占地面积1300余平方米。1935年中央红军两进遵义，总政治部曾两次驻扎于此。遵义会议开过之后，毛泽东、周恩来等领导人曾在这里向红军干部传达会议精神。1985年对外开放。附近的秦邦宪（博古）住处和中华苏维埃国家银行旧址，于2000年对外开放。

另外，市区的“红色景点”还有遵义县革命委员会旧址、红军山革命烈士陵园；城区周围的还有中央政治局“苟坝会议”会址（成立毛泽东、周恩来、王稼祥三人军事指挥小组的会议），强渡乌江的茶山关渡口、回龙场渡口，娄山关战斗、土城青冈坡战斗、鲁班场战斗遗址，红军四渡赤水河的土城、元厚、二郎滩、茅台等渡口等。

由于市区除毛泽东住处、遵义县革命委员会旧址在新城外，多处旧址均集中在杨柳街一带，所以人们将这条街称为“红色一条街”。

（谢尊修）

遵义市2004年国民经济和社会发展统计公报

2004年，全市各族人民在市委、市政府的正确领导下，认真贯彻落实党的十六届三中、四中全会精神和三个代表重要思想，按照中央和全省经济工作会议要求，以科学发展观统领经济工作全局，紧密结合遵义实际，抓住有利时机，克服各种困难，加快遵义发展，继续推进全市工业化、城市化和农业产业化进程。在国家实施宏观调控之年，经济发展成效显著。主要表现在：经济发展速度加快，经济运行质量提高；农业喜获丰收，工业快速增长，城乡市场活跃；金融形势稳定；财政和城乡居民收入增加，人民生活水平不断提高。

一、综合

国民经济核算：全市经济总量增长较快。初步核算全市完成生产总值362.37亿元，比上年增长12.8%，增幅比上年提高1.3个百分点。其中第一产业增加值95.98亿元,增长7.1%;第二产业增加值151.55亿元,增长17.5%;第三产业增加值114.84亿元,增长11.9%。人均生产总值4919元,比上年增长11.7%。经济结构调整取得新进展。三次产业增加值比例由上年的27.9:39.2:32.9变化为26.5:41.8:31.7,第二产业首次上升到40以上。全市上下积极推进工业化、城市化和农业产业化战略,中心城区集聚功能和辐射作用进一步增强,工业化和农业产业化工作得到普遍重视。

市场物价:全市居民消费价格水平比上年上升4.4个百分点。分项目看,食品价格上升11.2%,其中粮食上升20.6%,油脂上升8.9%,鲜菜下降1.5%,肉禽及其制品上升26.1%,蛋类下降17.7%,水产品上升20.2%;烟酒及其用品类下降0.4%;衣着类下降2.4%;家庭设备用品及服务类下降3.8%;医疗保健及个人用品上升0.1%;交通和通讯下降2.2%;体育娱乐用品下降0.9%。

劳动和就业:劳动就业工作取得成效。2004年末,全市从业人员401.52万人,比上年末增加3.83万人,比上年增长1.0%。农林牧渔业从业人员239.66万人,比上年减少8.17万人,比上年下降3.3%;全市城镇国有、集体、股份制、"三资"企业等单位年末在岗职工29.25万人,比上年增加1.04万人,增长3.7%;其他从业人员132.61万人,比上年增加8.05万人;增长6.5%;职工平均工资13408元,增长22.1%,扣除物价因素,实际增长16.9%。全市上下多渠道拓宽就业门路,促进下岗失业人员再就业。通过多种途径帮助下岗职工和待业人员实现就业。年末城镇登记失业率为4.1%。年末有各种职业介绍机构67家,职业培训机构34家,其中民办19家。经济社会发展中存在的主要矛盾和问题是:电、煤、油、运供求矛盾突出,城镇就业、再就业压力大;"三农"问题依然突出;生活必需品价格上涨较大,影响了城乡居民生活水平的提高;经济运行质量有待进一步提高。

二、农林牧渔业

2004年,全市粮食种植面积为76.34万公顷,比上年增加0.72万公顷,粮食总产量320.71万吨,比上年增产16.46万吨,增长5.4%;烤烟种植面积为5.76万公顷,减少0.15万公顷,产量8.38万吨,减产3.5%;油菜籽种植面积为13.92万公顷,增加0.47万 公顷,产量26.10万吨,增长1.5%;蔬菜种植面积达10.96万公顷,比上年增长10.0%,产量206.46万吨,比上年增长7.3%,其中辣椒产量8.21万吨,比上年增长21.2%。特色农业和高效经济作物发展较快,优质小麦、"双低"油菜、优质水稻种植面积扩大。其他农产品:蚕茧总产量1095吨,下降7.21%;茶叶8014吨,增长8.6%;水果93536吨,增长7.6%。种植业向科学化调整,结构调整取得一定成效。"长保"工程建设及造林效果显著,2004年,全市造林面积54839公顷。主要畜产品中肉类总产量53.4万吨,其中猪牛羊肉50.21万吨,分别比上年增长14.54%和14.74%;禽蛋总产量32465吨,增长11.8%;牛奶总产量6471吨,增长5.94%。全年水产品产量15567吨,增长9.7%。全市农田有效灌溉面积达14.6万公顷,比上年增加0.04万公顷。年末全市农业机械总动力165.35万千瓦,比上年增长3.5%。农村经济在改革中稳步发展。实施农村税费改革,使农民负担有所减轻,农民得到了实惠。农村土地流转逐步走向规范。农村私营个体经济和第三产业进一步发展。

三、工业和建筑业

工业生产在面临诸多困难的情况下,仍然保持了较快的增长态势。初步统计,2004年,全市完成工业增加值121.27亿元,按可比价格计算比上年增长18.0%。其中国有及年销售收入500万元以上非国有工业企业增加值83.35亿元,增长20.2%。其中国有控股工业增加值58.33亿元,增长20.4%。集体工业增加值1.52亿元,下降3.4%。股份合作企业增加值1.33亿元,增长42.3%。股份制工业增加值22.82亿元,增长5.9%。外商及港澳台投资工业增加值1.4亿元,下降28.1%。其他经济类型企业增加值3.37亿元,增长28.3%。在规模以上工业中,轻工业增加值48.51亿元,增长26.1%;重工业增加值34.84亿元,增长12.1%。主要工业产品多数保持增长。在列入统计的64种工业产品产量中,保持增长的有38种,下降的有26种。工业经济效益保持平稳增长态势。全市国有及年销售收入500万元以上的非国有工业企业实现产品销售收入189.96亿元,比上年增长31.9%;产销率90.7%,下降2.6个百分点。年末工业产成品库存13.63亿元,增长24.6%。实现利税50.75亿元,增长42.4%;实现利润22.57亿元,增长48.5%。亏损企业亏损面

42.4%，比去年上升2.8个百分点。亏损额26405万元，增亏3300万元，上升12.5%。

2004年，全市完成建筑业增加值32.28亿元，比上年增长15.8%。其中资质等级以上建筑企业完成总产值27.89亿元，比上年增长27.1%。实现利税总额1.18亿元，增长23.8%。全员劳动生产率7.89万元/人，增长45.9%。建筑企业施工面积551万平方米，增长3.9%。房屋竣工面积253万平方米，增长20.1%。

四、固定资产投资

2004年，全市完成全社会固定资产投资161亿元，比上年增长23.0%。增幅与上年基本持平。其中，国有经济投资55.40亿元，增长2.3%；集体经济投资6.36亿元，增长28.5%；其他各种经济类型投资99.24亿元，增长40.0%。基本建设完成投资53.42亿元，增长15.9%；更新改造完成投资23.08亿元，增长18.4%；房地产开发完成投资19.1亿元，增长29.0%；其他完成投资0.99亿元，增长428.8%；城镇工矿区私人投资5.58亿元，下降11.0%。投资结构继续改善。进一步加快投融资体制改革，放宽民间资本的准入限制，拓宽投资领域，用好国家投资资金，加大投资力度。三次产业中，二、三产业投资增长。基本建设、更新改造和其他投资按产业分，第一产业投资0.43亿元，比上年下降1.3%；第二产业投资46.73亿元，增长25.4%；第三产业投资30.32亿元，增长7.9%。继续实施一批基础设施项目、公路建设、水利工程、能源建设和城市基础等重要投资领域得到进一步加强。投资效果进一步显现。固定资产投资成果显著，全年50万元以上投资建成投产项目313个，新增固定资产33.1亿元。重点工程进展顺利，构皮滩电站完成投资120296万元、鸭溪火电厂完成投资150000万元、鱼塘电站完成投资14790万元、沙坝电站完成投资7647万元，遵崇公路完成投资191680万元，赤水20万吨竹浆林纸一体化项目完成投资12387万元，茅台酒股份有限公司新增万吨茅台酒一期工程完成投资23650万元，遵义钛厂5000吨海绵钛项目完成投资7973万元。

五、交通运输邮电业和旅游业

交通运输业保持较快发展。全市公路完成货物运输量2286万吨，公路完成货物运输周转量153119万吨公里，公路旅客运输量10990万人。公路旅客运输周转量249813万人公里。

邮电通信业继续保持较快发展势头。年末，电话用户达69.57万户，全市电话普及率为9.4部电话/百人，其中城市电话普及率为40部电话/百人。年末，全市通电话村达1438个，占全部村数的80.7%，农村电话普村率为3.5部电话/百人。年末，全市有移动电话用户92万户，比上年末增长51.1%；国际互联网用户102044户，比上年增加49902户。

旅游业继续发展。全年国内游客210万人次，比上年增长40.0%，实现旅游综合收入8.24亿元，增长36.9%。入境海外游客1270人次，外汇收入19.05万美元。

六、国内贸易和对外经济

2004年，全市实现社会消费品零售总额88.43亿元，比上年增长16%。分城乡看，城市零售额60.61亿元，增长22.1%；农村零售额27.82亿元，增长4.8 %。分行业看，批发零售贸易业零售额73.99亿元，增长15.8%；餐饮业14.07亿元，增长17.5%；其他行业0.36亿元，增长1.1%。住房、旅游、信息产品正在成为消费热点。限额以上批发零售贸易企业全年实现商品销售65.47亿元，比上年增长16.9%。

对外贸易增长较快。全年外贸进出口总额完成7145万美元，比上年增长34.5%。其中进口1674万美元，增长48%，出口5471万美元，增长30.9%。招商引资工作取得进展。全年签订利用外资协议(合同)6个，实际利用外资1036万美元。引进市外项目400个，引进市外资金39.64亿元。

七、财政、金融和保险业

财政收支增加。2004年，全市完成财政总收入480039万元，比上年增长23.5%。其中地方财政收入完成180328万元，增长15.1%；财政支出完成455064万元，增长17.7%。

金融机构存贷余额增加。年末全部金融机构存款余额3545682万元，比上年末增长20.6%，其中城乡居民储蓄存款余额1965101万元，增长19.4%；年末金融机构贷款余额2206015万元，增长15.2%。

保险业继续保持较快发展。2004年，全市保险业务总收入65762万元，比上年增长4.5%。其中财险保费收入22628万元，增长15.2%。人寿险保费收入43134万元，增长1.3%。支付各类赔款及给付14972万元，其中财产保险赔付11964万元,人寿险赔付3008万元。

八、教育

教育事业进一步发展。年末,全市各类学校3039所,其中:高等学校3所,中等专业学校9所,普通中学558所,职业中学19所,小学2450所。在校生人数137.23万人,比上年末增加1.15万人。其中高等学校在校生16157人;中等专业学校11302人;普通中学493713人,其中:高中在校学生83429人;职业中学7350人;小学843791人。全市学龄儿童入学率99.3%。

九、文化、卫生和体育

文化事业继续发展。年末,全市共有文化事业机构258个。其中公共图书馆13个,藏书95万册。博物馆3个。年末,全市有电视台1座,全年播出公共时间5124小时,比上年增加152小时,电视人口覆盖率达到87.8%,比上年上升3.3个百分点。无线电台1座,全年播出时间6448小时,比上年增加579小时,广播人口覆盖率为79.2%,比上年上升3.9个百分点。全市通广播电视的乡镇为231个,通有线电视的乡镇212个,通广播电视的村1913个,通有线电视的村739个。

卫生事业健康发展。年末,全市拥有卫生机构335个,医疗床位9919张,卫生技术人员12848人,执业医师3741人,助理医师1190人,注册护士2888人。全市有乡村医生和卫生员5016人。

体育事业继续发展。学校体育、社会体育全面发展,全年成功举办县以上运动会256次,参加运动员7.5万人。全市共有优秀运动员92人,专职教练员31人,运动场地2063个。

十、环境保护

环境保护与治理工作得到进一步重视和加强。“三废”综合利用产品产值14083万元,比上年增长6.5%,中心城区的环境空气质量明显改善,可吸入颗粒物年平均值0.113毫克/标立方米,基本达到国家二级标准;SO20.115毫克/标立方米,较上年有所改善;NO20.02毫克/标立方米,优于国家二级标准;API平均指数83,空气质量优良256天,轻微污染99天,轻度污染9天,中度污染2天,优良率70.14%。区域环境噪声昼间平均值59.1分贝(A),交通噪声71.7分贝(A)。地表水达标率83.3%。饮用水源水质达标率96.2%。工业废水排放达标率53.27%,比上年下降2.59个百分点;工业固体废物处置率77.39%。全年完成污染源限期治理项目14个,完成限期治理投资额1009万元。

十一、人口与人民生活

根据市计生局统计,全市人口出生率为13.7‰,死亡率为6.1‰,人口自然增长率为7.6‰。根据全省人口变动抽样调查,年末,全市总人口为739.68万人,比上年末净增5.82万人。

人民生活方面:2004年,全市城镇居民人均可支配收入7256元,实际增长6.2%。农民人均纯收入2120元,实际增长6.0%。城镇居民人均消费性支出5393元,增长11.4%。农民人均生活费支出1343元,增长7.6%,城镇每百户居民家庭拥有彩色电视机119台,电冰箱98台,洗衣机100台,家用电脑18台,钢琴2台。每百户农民家庭拥有电视机79台,电风扇58台,洗衣机35台。社会福利事业继续发展。年末,全市有城镇社区服务设施2516个,城乡各类福利院床位214张。敬老院、养老院204所,床位3224张。参加基本养老保险人数11.57万人,基本医疗保险人数26.48万人,失业保险人数14.30万人。

注释:1. 国内生产总值和有关产业产值指标绝对数为现价,增长速度按可比价格计算。

2. 公报中所用数据为年快报数据,最终数据以年报为准。

(遵义市统计局)

领导干部名录

姓名后面有“＊”号的,是在2004年内因提职、调职、免职、换届、机构调整和离退休及其他原因而去职的;没有注号的,为年底仍在职(不含挂职)。

中国共产党遵义市委员会

书　记　傅传耀

副书记　卢守祥　陈平安　张志年　刘文献*　陈凌华(女)

常　委　叶　韬(仡佬族)　丁福秋　陈凌华(女)*　洪历伟　袁利民

刘朝蓉(女)* 余遵义
杨 舟(土家族)
徐 萍(女) 周素平
秘书长 余遵义
副秘书长 董仕荣 魏在平* 杨 斌
胡凤海 穆荣坤

中国共产党遵义市委员会工作部门

组织部
部 长 陈凌华(女)* 周素平
副部长 刘志义 张继业(兼)
程开志(兼) 宋晓路
部务委员 赵开宇 王鲁平
宣传部
部 长 丁福秋
副部长 韦圣福 王启宏
统战部
部 长 刘朝蓉(女)* 徐 萍(女)
副部长 王绍洪 夏照新
政法委
书 记 杨 舟(土家族)
副书记 张正坤 王昭普 徐 进
政治部主任 詹 梅(女)
社会治安综合治理办公室
主 任 屈欧亚
副主任 曹广乐
直属机关工作委员会(目标办)
书 记 周康友
副书记 岳光耀 张 敏(女)
纪工委书记 陈林茂
副主任 陈卫东
政策研究室
主 任 董仕荣(兼)
副主任 王宗勤
信访办公室
主 任 张宗任
副主任 周旭初(女)
离退休干部工作局
局 长 程开志
副局长 范辞贵 李永贵 钱世容(女)*
编委办公室
主 任 郑太方
副主任 王长林
保密局
局 长 杨明义
机要局
局 长 单小军
台湾工作办公室
主 任 董贵华
讲师团
团 长 李学东
党校(行政学院)
校 长 陈平安(兼)
院 长 叶 韬(兼,仡佬族)
常务副校长(副院长) 范富华(女)
副校长 谢以佐 马安林 曹立军(满族)
副院长 张继业(兼) 谢以佐 马安林
党史研究室
副主任 张黔生
市老年大学
校 长 范辞贵(兼)
副校长 廖乐岷
遵义日报社
总 编 戴 林
副总编 贺黎明 龚新生 吕晓宏
纪委书记 何 晓(女)

中国共产党遵义市纪律检查委员会

书 记 张志年* 陈凌华(女)
副书记 刘建锋 翁永厚 郭卫平

遵义市人大常委会

主 任 刘文献
副主任 李冠炜 吴承志 石邦定(苗族)
吴 霞(女) 任启贤(女) 李显国
雷甘霖(仡佬族)*
秘书长 王兴周(苗族)
副秘书长 焦 军 肖 勉
王现章 李德福
财政经济工作委员会
主 任 李晓林(女)
副主任 曾庆共

农村经济工作委员会

主　任　周吉生

副主任　周相吉

内务司法工作委员会

主　任　王奇辉

副主任　杨正成

科教文卫民工作委员会

主　任　官忠仁

副主任　吕静华

选举任免联络工作委员会

主　任　任蔼苓(女)

副主任　罗小琴(女)

城建环保资源委员会

主　任　刘宗贤(女)

副主任　张世明

信访办

主　任　邹国臣

副主任　叶金国

遵义市人民政府

市　长　卢守祥

副市长　叶　韬(仡佬族)

何　萍(女)　吴承斌(苗族)

江才文　刘　明　张　黔

申　楚(仡佬族)

秘书长　谭剑锋

副秘书长　李晓梦　田习龙　颜　勇

洪　涛*　肖发军　覃如芳(苗族)

王祖彬　王　珏

徐光华(仡佬族)　罗仕军

纪检组长　李宗启(仡佬族)

遵义市人民政府工作部门

发展和改革委员会

主　任　刘兴国

副主任　宋义松*　陈蜀黔　汪先明

纪检组长　雷敬黔

招商局

局　长　林茂前

副局长　洪　英(女)

经济贸易委员会

主　任　郭世刚

副主任　周庆祥　罗时雨　唐　岚(女)*

党组副书记　吴小义

纪检组长　罗中伟

安全生产监督局

局　长　余　跃

副局长　曾利明

教育局

局　长　骆明军

副局长　任超英　杨升平　陈晓灵

科技局

局　长　段开强

副局长　姜清连　周　年

纪检组长　陈连成

民族宗教事务局

局　长　田维鹏(土家族)

副局长　冯祖尧(土家族)

王玉琴(女,回族)

公安局

局　长　张　黔(兼)*　刘小星

副局长　陈小刚　李湘林　张大强

陈良忠

纪委书记　杨明义

监察局

局　长　刘建锋

副局长　曹光明　曹晓科　何　新

民政局

局　长　张有顺

副局长　黄明刚　何子勤　吴金全

纪检组长　汪朝禄

双拥办

副主任　黄明刚

司法局

局　长　李学芬(女)

副局长　余　明*　汪　立(土家族)*

陈孝辉　吴世禄

纪检组长　王云生

财政局

党组书记　张家富*

局　长　张万成

副局长　李学普　胡小远　靳立国　张树立

总经济师　母卫平　靳立国*

人事局

局 长 张继业

副局长 吴正科 谭在华* 喻启东

纪检组长 赵正权(白族)

劳动和社会保障局

局 长 郭建一

副局长 马家华(女,回族) 邹福喜

朱克华(仡佬族)

纪检组长 汪朝勇

国土局

局 长 赵明刚

副局长 王达礼 赵正忠 谢明齐

纪检组长 朝克庆

建设局

局 长 王平江

副局长 何义君 杨其政

纪检组长 周 军

总工程师 蒋明强

交通局

局 长 欧阳志华

副局长 胡学华 宋帮桂

冯正友(土家族)

纪检组长 陈英之(女)

总工程师 黄小平

水利局

局 长 张 立

副局长 徐潮生 李书江

纪检组长 王洪利

总工程师 曾宪福

农业局

党组书记 杨树槐

局 长 王元忠

副局长 罗绍怀 朱新宇 朱敏亚

纪检组长 冯仕强

林业园林绿化局 林业绿化局*

局 长 范明德

副局长 毛济华* 刘恩永 袁 兴

向守都 钱世容(女)

纪检组长 李德发

商务局 贸易合作局*

局 长

副局长 杨晓强 刘文明 余必祥

陈 泉(仡佬族)

纪检组长 马峥凌(女)

文化局(新闻出版局)

局 长 杨文铁

副局长 杨进修(仡佬族)* 兰永莉(女)

周必素(女)

纪检组长 陈 克

卫生局

党组书记 王朝擎(女)

局 长 毛良知

副局长 李 进

纪检组长 庞 飞

人口和计划生育局

局 长 田 萍(女)

副局长 胡 洪 杨 蓓(女)

纪检组长 孙建林

审计局

局 长 刘跃明

副局长 何其毓(仡佬族) 雷以怀

纪检组长 王卫平

统计局

局 长 黄顺洋* 宋义松

副局长 万 林 王启祥

纪检组长 任永平

总统计师 宋锡林

环境保护局

局 长 黎代琼(女)

副局长 侯湘江 王廷龙

纪检组长 陆定荣

广播电视局

局 长 李成杰

副局长 罗林陆 刘 勇 程振宇

纪检组长 伍晓莉(女)

粮食局

局 长 毛廷相

副局长 杨文虎 陈 铁 罗洪彬

纪检组长 周正辉

乡镇企业局(煤炭管理局)

局 长 陈志平

副局长 夏德坤 喻战江

纪检组长 付宇怀(女)

总经济师 郑小刚

规划局

局 长 朱仁敏

副局长　曹凤泉　张黔民
总工程师　先照洪

城管局

局　长　李子均
副局长　冯　新　谭孝鹏　吴学章
纪检组长　杨建玲(女)

物价局

局　长　程兴念
副局长　刘建明　贺孝亚
纪检组长　周贵平

农业办公室

主　任　赵命容(苗族)
副主任　官厚裕　徐祥林　张中扬
　　　　郭维高(女)　黄顺洋
纪检组长　孟　枰(女)

人民防空战备办公室

主　任　龙吾江
副主任　叶秉锐　肖学君
纪检组长　黄远红(女)
总工程师　杜忠俊

体育事业局

局　长　周　刚
副局长　肖宜河　王　华

档案事业局

局　长　姚茂宽
副局长　杨万增(白族)　罗光阳

畜牧事业局

局　长　何仁生
副局长　杨忠诚*　张元鑫
纪检组长　胡芝华

旅游事业局

局　长　黄先荣*　黄天舜
副局长　罗祝芬(女)

房产管理事业局

局　长　刘传宇
副局长　邹荣禄　徐　江

供销合作社

主　任　田应昌(土家族)
副主任　陈守彬　简　明
纪检组长　朱扬德

城镇集体工业联社

主　任　许志远
副主任　陈文礼

农机事业管理局

局　长　雍　胜
副局长　杨兆书

市移民开发办

主　任　郭黔生
副主任　田景渠(土家族)

地方志办公室

主　任　刘作会(苗族)
副主任　余　明

农业科学研究所

所　长　胡洪德
副所长　毕世敏
副书记　吴本宏

疾病控制中心

主　任　陈　泽
副主任　王建民　雷鹏远

卫生监督所

所　长　温志强

遵义医院

院　长　田维舟
副院长　蒲亨萍(女)　骆旭东　曹建林

市杂技团

团　长　潘国贤
副团长　辛玉珍(女)　蔡雨霞(女)

市政府驻北京办事处

主　任　洪　涛*　叶　波

市政府驻上海办事处

主　任　毕　宏

市政府驻广州办事处

主　任　赵继锋

市政府驻重庆办事处

主　任　刘德全

遵义会议纪念馆

馆　长　雷光仁
党支部书记　赵福超

市电视台

台　长　罗林陆

市公路运输管理处

主　任　耿贵刚

遵义农业广播学校

校　长　张启宇*　何仁才

市信息中心

主　任　杨群生

市图书馆

馆　长　张贵淮

市人民广播电台

台　长　巴俊峰

市政府接待处(外事处)

处　长　梁小平

副处长　胡光华　陈仕应　余　波(女)　杨晓林

遵义师范学院

党委书记　李国士

院　长　杨晓苏

副院长　周　帆　娄胜霞　岑　玲

省电大遵义分校

校　长　申　翔

副校长　令狐荣吉　主鹤群(女)

遵义职业技术学院

党委书记　韩忠玉(仡佬族)

副书记　院长　钱光祥

党委副书记　周泽军

副书记　纪委书记　卢华伟

副院长　杨培勇　陈恩谦

遵义市体育运动学校

书记(校长)　林振强

副校长　赵川东　古粤东　董　俭

遵义市卫生学校

党委书记　石燕来

校　长　翟厚明

副校长　王　俊　申惠鹏(仡佬族)

遵义中医学校

校　长　赵伟光

支部书记　袁以乔

副校长　王世平　张寿群　张武晓

遵义师范学校

校　长　刘若东

副校长　唐贵伦　赵　明　李远忠

遵义南白师范学校

党支部书记　刘光华

校　长　张世平

副校长　湛正坤

遵义仁怀师范学校

校　长　胡文敏

副校长　陈昆宪　吴蔓蔓(女)

遵义凤冈师范学校*

校　长

副校长　李远忠*

遵义第四中学

党总支书记　任炳胜

校　长　杜方荣

副校长　肖　凌　樊厚义　蒋明灿

国家安全局

局　长　王明利

副局长　陈谋礼*　吴廉强　黄显贵　陈贵亭　李　虹(女)

纪委书记　周书仁

工商行政管理局

局　长　赵善明*　任昌武

副局长　任昌武*　彭登高　房国剑　童　琨

纪检组长　张义华

国税局

局　长　唐显坤

副局长　邓永康　龙泽书　李金峰

纪检组长　蒋乃燕

总经济师　杨　俊

地税局

局　长　王公强

副局长　陈恭言　王平璋　段新忠　罗永生

纪检组长　李建军

总经济师　吴德基

药监局

局　长　焦　松(女)

副局长　衣　林　何　华

纪检组长　黄　河

供电局

书　记　熊国强

局　长　邓恩宏*　毕　强

副局长　王治先　练　波

纪委书记　姜新民

总工程师　曾　伟

总经济师　焦建设

气象局

局　长　刘建国

副局长　余明瑜　陈明林*　李登文　左经纯

质量技术监督局

局　长　王邦文
副局长　徐洪灿* 　雷登华　唐建勇
纪检组长　宋万贵
总工程师　冯永渝

遵义汽车运输总公司

总经理　袁必康
副总经理　郑运达　简书刚　唐玉才

遵义市物资(集团)有限责任公司

董事长　刘文明
总经理　付党生

中国人民政治协商会议 遵义市第二届委员会

主　席　周大新
副主席　杨昌浦* 　罗文鼎* 　王燕丽(女)
　　　　邹习书(仡佬族)　杨渝浩
　　　　钱民章(女)　曹建林　李莲娜(女)
秘书长　张益芳
副秘书长　凌小成　杨小晟

经济科技委员会

主　任　姚天培(苗族)
副主任　丁肇梓(女,兼)　蒋泽华

提案法制委员会

主　任　徐念怀(仡佬族)
副主任　袁德兴(兼)　李　君(女)

宣教文卫委员会

主　任　王正义
副主任　黄泗亭(兼)

社会联谊委员会

主　任　吴光辉
副主任　高钦岳(兼)　李省宁

市智力支边办

主　任　万大泽
副主任　吴登水

中国人民解放军贵州省遵义军分区

司令员　熊万根(大校)
政　委　洪历伟(大校)* 　张文益
副司令员　龙兴国(大校)*
副政委　杨永兴(大校)*
司令部参谋长　陈锦民(大校)*
政治部主任　沈绍翔(大校)
政治部副主任　孙国文(上校)
后勤部部长　张西京(上校)

武警遵义市支队

支队长　姚正琼
政　委　王育贵* 　陈东升

遵义市预备役团

团　长　吴忠强
政　委　彭晓明* 　童春林

遵义市中级人民法院

院　长　李祖良
副院长　刘红霞(女)　周新宪　肖　军
纪检组长　闵崇艺(女)
政治部主任　赵正新*

遵义市人民检察院

检察长　袁成武
副检察长　段建设　代天金
纪检组长　牛建民* 　曾　理
政治部主任　胡天良

民主党派与工商联

中国国民党革命委员会遵义市委员会

主　委　石邦定(苗族,兼)
副主委　刘永光　杨小晟(兼)
　　　　刘建英(女)　刘起展*

中国民主同盟遵义市委员会

主　委　钱民章(女,兼)
副主委　王凤玲(女)　高钦岳(兼)
　　　　陈恩谦(兼)　张学军(兼)

中国民主建国会遵义市委员会

主　委　申　楚(仡佬族,兼)
副主委　袁德兴(兼)　刘厚杰
　　　　徐小康　胡小远(兼)

中国农工民主党遵义市委员会

主　委　杨渝浩（兼）
副主委　黄泗亭　雷　毅（兼）
　　　　何云绮（女，兼）

九三学社遵义市委员会

主　委　曹建林（兼）
副主委　丁肇梓（女，兼）　李　梓（女）
　　　　湛建中（兼）　苏　毅（女，兼）

群众团体

市总工会

主　席　蒋　永
副主席　梁明惠（女）　唐远明　杜兴明

共青团市委

书　记　陈　实（仡佬族）
副书记　谭　诤（女）　况顺航
　　　　穆荣坤*

市妇女联合会

主　席　王朝云（女）
副主席　赵建亮（女）　谢　虹（女）
　　　　陈　丽（女）

市科学技术协会

主　席　张兴勇
副主席　杨永钊　岳晓军

市文学艺术界联合会

党组书记　马家华（女）*　杨进修（仡佬族）
主　席　李发模
副主席　赵剑平（仡佬族）　刘中国

市归侨侨眷联合会（市侨办）

主　席（主任）　幸克坚
副主席　刘素珍（女）　翁诗田（兼）
　　　　彭泽君（女，兼）

市工商联

会　长　李莲娜（女）
党组书记　王绍洪
副会长　王绍洪　周成幼（女）

市残疾人联合会

理事长　黄运华（女）
副理事长　景应禄　杨飞勇

金融系统

中国人民银行遵义市中心支行

行　长　兰青平*
副行长　朱青松　陈正华*
纪委书记　杨长林

中国工商银行遵义分行

行　长　林元军
副行长　程　维　吴登强　司　霖
　　　　张　民　段小平（女）

中国农业银行遵义分行

行　长　何国儒
副行长　黄远刚　程　琼（仡佬族）
　　　　戴忠杰　经龙鸣*

中国银行遵义分行

行　长　谌　忠
副行长　曹银群　刘　伟　谢　戎
纪委书记　金　明

中国建设银行遵义分行

行　长　颜　海
副行长　杨林修　谢　麒　李　虹
纪委书记　张世庭

中国交通银行遵义分行

行　长　罗蜀章
副行长　苏　华*　童新中　吴晓艳（女）

市农业发展银行

行　长　李正强
副行长　包容波*　刘燕远　邓　勇

市商业银行

董事长　张洪生
行　长　宋　锐*
副行长　廖少聪　李　涛

红花岗区

中共红花岗区委员会

书　记　张明辉
副书记　王进江　舒存水　吴士刚*
　　　　周远霞（女）
常　委　宋新柱　吴小义*　吴高波
　　　　杨胜杰　李大清　陈出新
　　　　余江平　汪海波

中共红花岗区纪律检查委员会

书　记　周远霞（女）

红花岗区人大常委会

主　任　赵汝荣

副主任　王润才　陈文选　陆昌友
　　　　毛　奎　陈恭谦　李　晶(女)
　　　　陈文宽　胡炳煊(布依族)*

红花岗区人民政府

区　长　王进江
副区长　宋新柱　周冬生　李　琦
　　　　周　浩　周玉新　李宜春

红花岗区政协

主　席　何　曼(女)
副主席　刘朝礼　关云丽(女)　张玉安
　　　　金　风　张文礼

红花岗区人民法院

院　长　曾　理*　杨余屏

红花岗区人民检察院

检察长　杨誉敏*　牛建民

汇川区

(**说明**:依据国务院2003年12月26日《关于同意贵州省设立遵义市汇川区的批复》(国函[2003]135号)文件,遵义市汇川区于2004年6月18日正式挂牌。遵义经济技术开发区继续保留。)

中共汇川区委

书　记　罗建强
副书记　洪　涛　吴士钢　王晓东
　　　　黄晓霞(女)
常　委　游　学　汪　立(土家族)
　　　　姜何卫(女)　李　刚　杨细飞

中共汇川区纪律检查委员会

书　记　黄晓霞(女)

汇川区人大常委会

主　任　吴士钢
副主任　余　浩　朱近东　朱义祖

汇川区人民政府

区　长　洪　涛
副区长　游　学　张继勇　何小松
　　　　杨　岚(女)

汇川区政协

主　席　王晓东
副主席　许　平　雷　毅　张学军
　　　　喻克仪

汇川区人民法院

院　长　赵正新

汇川区人民检察院

检察长　吴　唸

遵义县

中共遵义县委员会

书　记　袁利民
副书记　金明扬　段志林　万　强
　　　　杨宪忠(仡佬族)
常　委　陈泽刚　席玉黔　杨晓珊(女)
　　　　冉贤俊(土家族)　朱松山　李福鹏

中共遵义县纪律检查委员会

书　记　杨宪忠(仡佬族)

遵义县人大常委会

主　任　蒋文礼
副主任　解德政　张国瑞　文昌华
　　　　赵仕林　刘绪林　缪洪英(女)

遵义县人民政府

县　长　金明扬
副县长　陈泽刚　赵福强　何　华
　　　　肖发君*　骆　伟　张道超
　　　　张显敏(女)　罗仕国　邓兆桃(女,侗族)

遵义县政协

主　席　张大六
副主席　杨昌友(仡佬族)　李黔雷　王福贵
　　　　漆德顺　冯焕华

遵义县人民法院

院　长　杨余屏*

遵义县人民检察院

检察长　胡明德

桐梓县

中共桐梓县委员会

书　记　陈志刚
副书记　罗其方　王　忠(苗族)　兰远驰
　　　　肖大华
常　委　陈德平*　何　琼(女)　吴喜文
　　　　刘发祥　傅忠模　金正全*
　　　　熊祖模(仡佬族)*

中共桐梓县纪律检查委员会

书　记　肖大华

桐梓县人大常委会

主　任　任启文

副主任　翁庆元　胡先应　董锦秀(女)
杨修文　周钟国　黄光荣

桐梓县人民政府

县　长　罗其方

副县长　王　忠　陈德平　肖　健*
李兴义　蒋裕霞(女)　赵再权
田　聪　毕荣东

桐梓县政协

主　席　娄恒炬

副主席　黄正强　刘茂杰　周传俊　曹廷华

桐梓县人民法院

院　长　黄兴林

桐梓县人民检察院

检察长　王世万(苗族)

绥阳县

中共绥阳县委员会

书　记　戴贵兵

副书记　袁　竞　柳盛明　王建新
钟方伟

常　委　姜灵春　唐自力　王志力
运　动　牛显华*　徐跃贵
文红英(女)

中共绥阳县纪律检查委员会

书　记　钟方伟

绥阳县人大常委会

主　任　吴万寅

副主任　杨泉生　黄忠明　刘　强
张志强　董清学　钟长英(女)

绥阳县人民政府

县　长　袁　竞

副县长　姜灵春　何晓明　李衍文
陈其明　娄　冰(女)

绥阳县政协

主　席　刘之礼

副主席　黄万邦　蔡廷贵　贾莲霞(女)
张绍春　王　琳　曹正刚

绥阳县人民法院

院　长　任　敏

绥阳县人民检察院

检察长　念庆生

正安县

中共正安县委员会

书　记　刘兴万

副书记　郑明蛟(仡佬族)　张国庆
袁益民　蔡万权

常　委　徐光华*　缪光宇　王道书
卢　超　贺　凯*　傅丽明(女)
张黔明

中共正安县纪律检查委员会

书　记　蔡万权

正安县人大常委会

主　任　袁家学

副主任　王焕章(苗族)　陈　洪
冉华强(仡佬族)　周佐强
赵仁强

正安县人民政府

县　长　郑明蛟(仡佬族)

副县长　徐光华*　吕宗明　汪洪林
李广勤　邹国松　张卫平(女)

正安县政协

主　席　曾润素(女)

副主席　李长远(仡佬族)　杜光颂
郑继奎(仡佬族)　程治南
吕东初

正安县人民法院

院　长　史云波

正安县人民检察院

检察长　令狐建宏

道真自治县

中共道真自治县委员会

书　记　徐　飞(苗族)

副书记　刘江年(仡佬族)　任云忠
胡大力　周权茂(仡佬族)

常　委　周权茂(仡佬族)*　郭正勇
樊建明(苗族)　李贵平
骆方永　刘露钗(仡佬族)

中共道真自治县纪律检查委员会

书　记　胡大力

道真自治县人大常委会

主　任　黄传生(苗族)

副主任　冯育静(仡佬族)

韩友生(女,仡佬族)

余家信(仡佬族)　罗建华(仡佬族)

潘　强(仡佬族)　唐洪武(仡佬族)

道真自治县人民政府

县　长　刘江年(仡佬族)

副县长　周权茂(仡佬族)　周再兴(苗族)

李开相　祝华静(女)　程建华(苗族)

道真自治县政协

主　席　周世晓(仡佬族)

副主席　陶立远(苗族)　韩继旭(仡佬族)

蒋文学(仡佬族)　蔡和平(苗族)

姚　琼(女,仡佬族)

王国学(苗族)

道真自治县人民法院

院　长　丁贵军

道真自治县人民检察院

检察长　赵家铸

湄潭县

中共湄潭县委员会

书　记　田　刚

副书记　鞠　虹　张朗艺　郑　方

张志勇

常　委　余吉平　张集智　张　弘(苗族)

吉　斌　刘子友*　刘照文

侯小琴(女)

中共湄潭县纪律检查委员会

书　记　张志勇

湄潭县人大常委会

主　任　罗章伦

副主任　刘远桂　李连万　姜　蓉(女)

李家齐(土家族)　陈佐前　龚自强

湄潭县人民政府

县　长　鞠　虹

副县长　余吉平　张国佑　黄正义

白天人　杨游明　贺　玲(女)

湄潭县政协

主　席　杨昌华

副主席　王正良　罗德学　宋　刚

周开迅　何　琦(女)

湄潭县人民法院

院　长　刘绪伦

湄潭县人民检察院

检察长　朱先坤

凤冈县

中共凤冈县委员会

书　记　李本强

副书记　王　贵　李明江　李锦初(仡佬族)

廖其刚

常　委　廖海泉(仡佬族)

刘昌益(土家族)　胡洪亮

王华峰　刘　华　王全会(女)

中共凤冈县纪律检查委员会

书　记　廖其刚

凤冈县人大常委会

主　任　李本强

副主任　欧显华　李　林　代祥菊(女)

覃智富　安守信(土家族)　华明全

凤冈县人民政府

县　长　王　贵

副县长　廖海泉(仡佬族)　田景高

余明江*　向承强(苗族)

徐仁琼(女,布依族)　朱俊昌

凤冈县政协

主　席　李廷学

副主席　唐开科　江明俊　曹大远

王建忠(苗族)

徐明霞(女,土家族)

凤冈县人民法院

院　长　王义方

凤冈县人民检察院

检察长　罗议军

务川自治县

中共务川自治县委员会

书　记　王立亚

副书记　郑健勇(仡佬族)　李应新

陈　鹏*　成克才　曾润云

常　委　田景余　曾润云* 　毕荣东*
李朝政　赵　钱　陈　瑕(女,苗族)

中共务川自治县纪律检查委员会
书　记　成克才* 　曾润云

务川自治县人大常委会
主　任　王立亚
副主任　申学尧(仡佬族)　覃德江(苗族)
江永松(苗族)　贾朝刚(仡佬族)
刘天容(女)　田唯杰(土家族)

务川自治县人民政府
县　长　郑健勇(仡佬族)
副县长　田景余　李明奇(苗族)
陈世平(女,仡佬族)
刘永孚　潘建红

务川自治县政协
主　席　邹令波(女)* 　卢汝明(仡佬族)
副主席　赵发贵　廖承忠(仡佬族)　王明晰
田茂富(土家族)

务川自治县人民法院
院　长　张春生

务川自治县人民检察院
检察长　徐　洁

余庆县

中共余庆县委员会
书　记　陈梓泽
副书记　杨兴友(仡佬族)　江朝伦
甘金萍(女)　张鹏健
常　委　陈仕明　吴　起　韩克义(仡佬族)
彭绍强　向安顺(苗族)　王仲勇

中共余庆县纪律检查委员会
书　记　张鹏健

余庆县人大常委会
主　任　杨永才
副主任　张克培　汪朝令　王征强
罗贤忠(土家族)　张兴伦
李国舒(女,土家族)

余庆县人民政府
县　长　杨兴友(仡佬族)
副县长　陈仕明　王道文　杨成星
颜建禾　魏江萍(女)　石茂彪(苗族)

余庆县政协
主　席　杨胜洪
副主席　郭明仲　孙启明　李治强
陈先厚　王登平　李华丽(女)

余庆县人民法院
院　长　谢全辉(女)

余庆县人民检察院
检察长　汪明桂

仁怀市

中共仁怀市委员会
书　记　曾永涛
副书记　房国兴　陈连刚　杨永华
张六一
常　委　龙庆松　杨治润　陈玉忠
黎　毅　李德贵* 　周永富
黄国宏

中共仁怀市纪律检查委员会
书　记　张六一

仁怀市人大常委会
主　任　曾永涛
副主任　钟　刚　陈正宗　邓玉芬(女)
陶正清　陈茂高　戴婷玉(女)
刘和鸣

仁怀市人民政府
市　长　房国兴
副市长　龙庆松　杨宗琪　何　勇
杨　英(女)　张家齐

仁怀市政协
主　席　王德碧
副主席　陶秀莲(女,苗族)　吴国辉
杨应道(苗族)　王　强　陈兴文

仁怀市人民法院
院　长　陈国辉(仡佬族)

仁怀市人民检察院
检察长　黄　锌

习水县

中共习水县委员会
书　记　余　泠

副书记　陈光强　王继松　黄建国
　　　　赵　洪
常　委　李　凌　谢　涛　王茂才*
　　　　何　伟　李晓东　郭建蓉(女)

中共习水县纪律检查委员会

书　记　黄建国

习水县人大常委会

主　任　石宜超
副主任　杨天平　冯世祥　温世权
　　　　李生权　张晓旗　侯亚军(女)

习水县人民政府

县　长　陈光强
副县长　李　凌　陈国桥　杨安萍(女)
　　　　王永毛　丁维刚　袁健宏
　　　　王茂才

习水县政协

主　席　秦中涛
副主席　刘永书　何香中　林隆家
　　　　汤　红(女)　杨昌明　蔡　挺

习水县人民法院

院　长　王　俊

习水县人民检察院

检察长　田永阳(土家族)

赤水市

中共赤水市委员会

书　记　陈晓红
副书记　雷文蓉(女)　罗仕军*　李　康
常　委　谢晓东　黄泽润(女)　谢恩涛
　　　　唐　阳　陈佐明　周　斌
　　　　韦泽福(苗)

中共赤水市纪律检查委员会

书　记　李　康

赤水市人大常委会

主　任　祁德昆
副主任　邓世成　廖中木　李赤红
　　　　赵昌银　杨占春　王益华(女)

赤水市人民政府

市　长　雷文蓉(女)
副市长　谢晓东　方再桐　熊怀容(女)
　　　　刘传中　易道辉

赤水市政协

主　席　王昌乾
副主席　周丽芬(女)　洪开弟　李明富
　　　　程永义　李文勋　刘晓庆

赤水市人民法院

院　长　石子友

赤水市人民检察院

检察长　何四海

（中共遵义市委组织部）

政　治

中国共产党遵义市委员会

【概况】 2004 年,中共遵义市委以邓小平理论和“三个代表”重要思想为指导,全面贯彻党的十六大和十六届三中、四中全会精神,牢固树立科学发展观,全面落实中央宏观调控政策,按照“发展是核心、协调是关键、持续是根本、惠民是目的”的发展思路,积极推进国民经济持续、快速、健康发展,民主政治建设、精神文明建设和党的建设取得较大成效。

一、国民经济快速增长,城乡建设整体推进,社会事业全面进步,改革开放继续深化,人民生活明显改善。全市地区生产总值完成 362.37 亿元,增长 12.8%,财政总收入完成 48 亿元,增长 23.5%,社会固定资产投资完成 161 亿元,增长 23%。农产品产量全面增长,农业结构调整和产业化经营迈出新步伐,农业产业化经营新“五突破”取得新进展。工业“六大基地”框架初步形成,主导地位日益凸显。第三产业稳步增长,居民消费水平不断提高。中心城区市政重点工程建设顺利推进,市政公用事业改革稳步推进,城市管理水平不断提高,“双创”取得新的成效,历史文化名城风貌和山水园林城市特色进一步显现。农田水利、生态建设不断加强,新阶段扶贫开发扎实推进,贫困地区群众的生产生活条件进一步改善。全面推行农村计划生育家庭奖励扶助制度,群众婚育观念明显转变,低生育水平得到巩固。以疾病预防控制体系、医疗救治体系和卫生监督体系为重点的公共卫生框架初步建立,重大传染病预防控制取得明显成绩。农村远程教育试点工作通过国家验收,广播电视三级网络提前贯通。科技对经济增长的促进作用进一步增强。国企改革取得重要进展,国有资产监督管理和营运体系进一步理顺。农村税费制度和粮食流通体制改革进一步深化,市级政府非税收入收缴制度改革全面启动。行政审批制度改革取得明显进展,投资管理体制、事业单位人事制度和社会事业等各项改革积极稳妥推进。投资环境有较大改善,民营经济发展步伐加快。社会保障体系不断完善,社会保险覆盖面进一步扩大,工伤保险启动。城乡最低生活保障制度基本实现应保尽保。各项社会事业蓬勃发展,经济、文化、生态、环境协调发展,人民生活水平明显改善。

二、民主政治建设和精神文明建设同步推进,政治稳定,社会安定。保证人大依法行使职权,支持民主党派和政协组织履行职能,支持政府依法行政,以贯彻《行政许可法》为重点,加强普法教育,依法治市深入推进。大力支持地方驻军和武警部队建设,民兵预备役建设扎实推进。基层人民民主不断扩大,政务、村务、厂务等办事公开制度逐步完善。在农村广泛深入开展“四在农家”创建活动,在城镇深入开展创建“文明社区”活动。以加强未成年人思想道德建设为重点,进一步深化公民道德建设。加大宣传思想工作力度,切实加强外宣工作,扩大遵义对外影响。遵义会议 70 周年纪念活动筹备工作按计划推进。认真落实维稳工作和信访工作责任制。加强政法工作,全面推进社会治安综合治理,加大对“两抢一盗”为重点的各类违法犯罪的打击力度。大力抓好安全生产各项措施的落实,全力维护人民群众生命财产安全,实现事故起数和死亡人数“双降”目标。加强市场监管,维护正常的生产生活秩序。

三、以学习实践“三个代表”重要思想和党的十六大和十六届三中、四中全会精神为重点,坚持从严治党的方针,全面加强党的建设。认真组织学习“三个代表”重要思想和十六届三中、四中全会精神,市委中心组集中学习 10 次,每季度举行形势报告会。坚持理论联系实际,紧紧围绕关系改革发展稳定的重大问题开展调研,作出决策。召开市委二届六次、七次全会,通过了《遵义市全面建设小康社会总体规划纲要》和《中共遵义市委关于加强党的执政能力建设的实施意见》。严格执行《党政领导干部选拔任用工作条例》,调整充实部分县和部门领导班子,完成年度后备干部的推荐和考察工作。深化干部人事制度改革,加大干部公选力度,坚持干部任免票决制。召开全市人才工作会,就“三支人才队伍”建设进行全面部署。认真抓好在职干部的理论和业务知识培训。推动“三级联创”深入开展。启动了8个非公有制经济组织党建示范点创建工作。撤区并村工作进一步完善,基本完成新建村的办公阵地建设。农村远程教育试点工作实现村村通,被中央和省检查组评为优质工程。认真执行党风廉政建设责任制,贯彻落实全国和全省落实党风廉政建设责任制工作电视电话会议精神,按照吴官正同志关于干部“五个不许”的要求,加强领导干部廉洁自律和纠风工作。两次召开全市领导干部会,开展向廉政勤政先进人物学习和警示教育活动。贯彻《纪律处分条例》和《党内监督条例》,全市共查处违纪案件881件,党纪政纪处分973人,对6个市直部门领导班子进行了巡视。

(赵春义　张洪元)

【中共中央政治局常委、国务院副总理黄菊到遵视察】 1月2日,中共中央政治局常委、国务院副总理黄菊视察遵义,考察了中国航天科工集团某基地,参观了遵义会议会址、红军总政治部旧址、毛泽东同志故居,瞻仰了红军烈士陵园并向红军烈士纪念碑敬献了花篮。

(赵春义　张洪元)

【中共中央政治局常委、中纪委书记吴官正到遵视察】 5月2日~3日,中共中央政治局常委、中央纪律检查委员会书记吴官正来遵视察。吴官正考察了中国航天科工集团某基地、贵州海尔公司和乌江渡电站,参观了遵义会议会址和红军总政治部旧址,瞻仰了红军烈士陵园并向红军烈士纪念碑敬献了花篮。

(赵春义　张洪元)

【重庆市党政代表团到遵考察】 6月8日,以重庆市市委书记、市人大常委会主任黄镇东为团长,市委副书记、市长王鸿举为副团长的重庆市党政代表团来遵参观考察,并在遵义宾馆进行了座谈。座谈会上,两市就共同搞好跨区域发展规划的编制;搞好交通基础设施建设,加快两市接壤地区接线公路建设;推进资源的开发利用;加强旅游领域的合作开发,构建川黔渝旅游“金三角”;为销售对方产品创造条件;建立突发事件应急联动合作机制;加强区域扶贫开发等方面的合作进行了座谈。

(赵春义　张洪元)

【高唱《长征组歌》,再现长征精神】 为纪念长征胜利70周年,缅怀红军光荣业绩,继续发扬长征精神,促进青少年理想信念和思想道德教育,中共贵阳市市委宣传部和中共遵义市市委宣传部联合举办“长征点燃希望”大型文艺演唱会于7月23日在遵义市红花岗剧院举行。演唱会以领唱、合唱的形式,重新演绎了《长征组歌》这一经典红色艺术,再现了红军长征这一伟大的历史壮举。省及两市部分领导与遵义市唯一健在并走完二万五千里长征的老红军王道金一起观看了演出。

(赵春义　张洪元)

【开展向全国“人民满意的公务员”张有顺学习的活动】 8月29日,中共中央组织部、中共中央宣传部、中央文明办、人事部作出表彰决定,授予张有顺全国“人民满意的公务员”荣誉称号。9月8日,中共贵州省委、贵州省人民政府作出表彰决定,授予张有顺贵州省“勤政廉政先进工作者”荣誉称号。这是张有顺继2002年荣获全国民政系统最高奖——“孺子牛奖”后又获得的两大殊荣。张有顺以显著的工作业绩和高尚的政治品格为遵义市争得了荣誉。为表彰先进,弘扬正气,推动全市公务员队伍和党风廉政建设,市委、市政府于9月14日作出决定,对张有顺进行通报表彰,并号召全市广大干部群众向张有顺学习,以张有顺为榜样,牢记党的宗旨,忠于职守,廉洁奉公,艰苦奋斗,以求真务实的工作作风和争先创优的进取精神,切实做好各项工作,为强力推进“三化一强”进程,全面建设小康社会作出新的更大的贡献。

(赵春义　张洪元)

【中共遵义市委大事记】

1月

1日

全国农村党员干部现代远程教育从北京连向

山东、安徽、湖南、贵州四地，遵义市作为试点之一举行了开通仪式。

2 日

中共中央政治局常委、国务院副总理黄菊视察遵义。

5 日

全市人口与计划生育工作会议召开。

9 日

中华全国总工会副主席王瑞祥来遵慰问困难企业。

16 日～17 日

中央督查组组长、国土资源部副部长鹿心社，省委常委、省委宣传部部长张健一行深入仁怀市和两城区，看望和慰问了贫困党员和困难群众。

18 日

全市宣传思想工作会议召开。

2 月

13 日

全市领导干部大会召开。会议传达贯彻了中纪委、省纪委三次全会精神，围绕加强党风廉政建设和反腐败斗争，研究部署了 2004 年工作。

17 日

市委书记傅传耀深入鸭溪电厂建设工地调研，要求做好各方面工作，确保首台机组年内投产发电。

27 日

全市统战工作会议召开。

3 月

1 日～3 日

市委书记傅传耀先后到湄潭、余庆、凤冈 3 县部分镇乡调研当前农业农村及农民生产生活情况。

7 日

中国残疾人联合会理事长郭建模一行考察遵义。

9 日～10 日

泰国公主诗琳通一行来遵进行友好访问。

11 日

市委书记傅传耀到遵义县调研农村党员干部现代远程教育、农村中小学现代远程教育和“四在农家”创建活动。

16 日

省委副书记孙淦，省委常委、省企业工委书记段敦厚深入构皮滩水电站建设工地和乌江渡发电厂调研。

17 日

市委农村工作会议召开。会议结合中央、省委 1 号文件精神和《中共遵义市委、遵义市人民政府关于贯彻“多予、少取、放活”方针促进农民增收的决定》，安排部署全市农业农村工作。

21 日～22 日

市委书记傅传耀率队到茅台镇，就做好茅台酒集团的发展战略规划进行调研。

23 日

湖北省委副书记、武汉市委书记陈训秋率武汉市党政代表团一行来遵考察。

4 月

10 日

北京市委副书记、纪委书记阳安江一行来遵考察。

21 日

市委书记傅传耀到湄潭县西河乡了解中央 1 号文件宣传贯彻落实情况。

22 日

以广东省委副书记、深圳市委书记、市人大常委会主任黄丽满为团长，广东省委常委、深圳市委副书记、市长李鸿忠为副团长的深圳市考察团一行来遵参观考察。

26 日

以布隆迪乌普罗纳党副主席夏尔·恩地提耶为团长的布隆迪争取民族进步统一党代表团来遵访问。

28 日～29 日

全省纪检监察信访举报工作会议在遵召开。

5 月

2 日～3 日

中共中央政治局常委、中央纪律检查委员会书记吴官正视察遵义。

10 日

山东省委副书记、青岛市委书记杜世成一行参观考察遵义。

12 日

市委书记傅传耀到遵义经济技术开发区调研汇川区筹建工作。

25 日

乌干达全国抵抗运动组织书记处经济局局长埃兹拉·萨比蒂·苏努马率考察团到遵考察农业

发展及农村扶贫工作。

26日~27日

市委书记傅传耀深入湄潭、正安、绥阳3县调研当前烤烟生产、农民生产生活和“四在农家”创建活动。

6月

8日

重庆市委书记、市人大常委会主任黄镇东率重庆市党政代表团到遵参观考察,并就渝遵友好合作进行了座谈。

18日

汇川区成立大会在汇川艺术中心举行。市委书记傅传耀宣布汇川区正式成立。

23日~25日

中央农广校副校长、全国远程教育办攻关组组长刘天金一行来遵就农村党员干部现代远程教育试点工作教学组织和管理进行调研。

26日

省、市禁毒委“6·26国际禁毒日”销毁毒品暨遵义市打击毒品犯罪、开展禁毒宣传大会召开。

7月

2日

中央文明办秘书局局长孔令一在遵义会议纪念馆与市委书记傅传耀,市委副书记陈凌华等座谈,共话遵义市爱国主义基地建设和管理,共谋精神文明建设大计。

9日

市委书记傅传耀,市委副书记、市长卢守祥等市领导在遵义宾馆会见全国工商联副主席、香港瑞安集团董事局主席罗康瑞一行。

24日

黄瑶、吴嘉甫、傅传耀等省、市领导出席全市农村部分计划生育家庭奖励扶助金发放启动仪式。

29日

市委二届六次全体(扩大)会议召开。会议审议通过《遵义市全面建设小康社会总体规划纲要》。

8月

8日

中国残疾人艺术团“我的梦——祝福遵义”大型公益巡演在红花岗剧院隆重举行。

17日

应中联部邀请,以全国大会党部长级法律顾问穆罕默德·奥斯曼·赛义德为团长的苏丹全国大会党干部考察团来遵参观访问。

18日

为纪念邓小平同志诞辰100周年,由市委、市政府主办的大型文艺演出“遵义思念”活动在遵义会议会址举行。

28日

中国人民外交学会党组副书记、常务副会长王云翔大使率领外交学会机关党委、组织人事部、学会办、欧洲办等相关部门负责人来遵考察。

31日

省委巡视组同市四大班子领导见面并开展巡视工作。

9月

6日

以英国武官科尔准将为团长的外国驻华武官访问团来遵访问。

同日

市委书记傅传耀,市委副书记张志年分赴遭受特大暴雨袭击的绥阳县宽阔镇、湄潭县中北部地区察看灾情组织救灾,并妥善安置受灾群众生产生活。

9日

市委、市政府召开表彰大会,表彰在雅典奥运会上荣获男子拳击48公斤级铜牌的遵义籍运动员邹市明及其启蒙教练梁锋、曹坤。

10日

市委、市政府庆祝第20个教师节暨表彰大会举行,232名分别获得国家、省级、市级的模范教师、教育系统先进工作者、师德先进个人、优秀教师、优秀教育工作者受表彰。

20日

市委副书记、市远程教育领导小组副组长陈平安向中共中央组织部组织局副局长、全国远程教育办公室综合组组长岳德顺率领的调研组汇报农村党员干部现代远程教育工作试点情况。

25日

由市委、市政府主办的“2004‘小康杯’爱我母亲河、爱我遵义城首届龙舟大赛”在湘江河上举行。

30日

遵义市庆祝建国55周年成就图片展开展。

10 月

12 日

由议长约根・科斯莫率领的挪威议会代表团一行访问遵义市。

22 日～24 日

原中宣部部长王忍之考察赤水红色旅游。

11 月

2 日

市委书记傅传耀与重庆市武隆县党政代表团在务川自治县举行座谈会，就早日建成务川——武隆的省际公路、开发芙蓉江边界河段的水电资源、修建边界一条街发展边贸等进行座谈。

3 日

市委书记傅传耀主持贵州省勤政廉政先进事迹巡回报告会并讲话。

7 日

“中国侨联港澳地区顾问、委员赴遵考察报告会”在遵举行。

9 日～13 日

省委书记钱运录和省委常委、省委秘书长庹文升，副省长顾庆金一行到桐梓、道真、务川、正安、绥阳等县调研。

19 日

全市领导干部学习十六届四中全会精神读书班在市委党校开班。各县、区（市）党政主要负责人，市直有关部门负责人参加。

30 日

市委书记傅传耀对“三百里竹廊”及 20 万吨竹浆纸一体化建设项目进行调研。

12 月

3 日

中国人民解放军总参谋长吴胜利中将，总参动员部部长赵建中一行到遵义军分区视察工作。

6 日

市委书记傅传耀，市委常委、遵义县委书记袁利民到遵义县龙泉村调研“四在农家”创建活动。

13 日

市委书记傅传耀、市长卢守祥等四大班子领导在遵义会议 70 周年献礼工程现场办公。

23 日

市委召开会议，听取省委巡视组巡视工作通报。

24 日～25 日

浙江省委常委、浙江大学党委书记张曦到遵考察。

29 日

市委二届七次全体（扩大）会议召开。会议审议并通过了《中共遵义市委关于加强党的执政能力建设的实施意见》和《中共遵义市委 2005 年工作要点》。

30 日

全市经济工作会议召开。

（赵春义　张洪元）

组织工作

【概况】 2004 年，全市各级组织部门认真贯彻落实全国、全省和全市组织工作会议精神，围绕全年组织工作的“一条主线、六项重点工作”，扎实有效地开展工作，为全市小康建设提供了有力的组织保障。

一、围绕加强党的执政能力建设这一主线，大规模培训干部任务进一步落实。各级组织部门把“三个代表”重要思想列入各级领导班子中心学习组理论学习的重要内容，全年学习在 4 次以上，中心组学习的有关制度更加完善；在落实大规模培训任务上，下发了《2004 年干部培训工作思路》和《关于深入学习“三个代表”重要思想做好大规模培训干部工作的意见》，党政一把手、新进领导班子成员和中青年干部作为各类培训重点，按照分级管理、分工负责的原则，充分发挥用人单位在培训工作中的作用，各类培训工作进展顺利，共完成各级各类培训 113 期 2076 人次（完成上级调训 62 期 162 人次，自主培训 51 期 1914 人次）；建立和完善了领导干部学习培训档案。

二、领导班子和干部队伍建设明显增强。2004 年，市委组织部在保持领导班子相对稳定的前提下，妥善做好县、区（市）和市直部门领导干部个别调整工作。全年共调整任免干部 214 人次，其中，新提拔到领导岗位 69 人。为保证干部队伍的纯洁性，严把干部入口关，有效防止干部带病上岗，对新提拔的干部都实行任前公示和一年的试用期。进一步加强后备干部队伍建设，组织开展对后备干部的推荐、考察工作，建立完善后备干部队伍名单。完成汇川区四大班子及“法检两长”人事安排方案及考察工作，保证了按时挂牌。同时，干部监督工作力度进一步加大，惩治和纠正用人上的不正之风成效明显。开展了对《党政领导干部选拔任用工作条例》学习宣传、贯彻执行情况的专项监督检查，对违反《党政领导干部选拔任用工作条例》规定的行为进行了严肃查处。各地严格按整改要求，积极消化调整超职数配备领导干部；抓好有反映的领导干部谈话和回复组织函询制度的落实，共发出函询6次，均按要求作了回复；对2名县级干部开展了经济责任审计工作；下发了《县级单位主要领导干部个人年度总结报告制度》，各单位均按要求及时总结和上报；与市纪委联合下发了《关于严肃查处党员和干部参与赌博的通知》，对2004年1月以来因赌博受党纪政纪和治安处罚的52名党员干部进行了清查登记。

三、人才工作取得新进展。为了抓好市委、市政府《关于进一步用好和引进人才的意见（试行）》的学习贯彻，落实对人才的各种优惠政策。加强对人才工作的领导，按照全国、全省人才工作会议要求，将原来的知工办改为人才工作科，保证了机构、编制、人员三到位。并以县以上党政领导干部、企业优秀管理人才、各领域专家为重点，切实加强三支队伍建设。在各级各类培训中都有针对性地对重点人才进行培训，如农村科技、教育、卫生等实用技术人才和乡土人才队伍建设均得到加强，人才管理和培训逐步走上规范化轨道。继续为各类专家、人才做好服务工作，组织部分专家到东北、云南等地考察休假，组织部分专家体检，起草市级领导干部联系专家的有关制度，切实帮助各类专家解决工作、生活中遇到的困难，元旦、春节期间开展慰问知识分子工作，努力在全市营造“尊重劳动、尊重知识、尊重人才、尊重创造”，有利于优秀人才脱颖而出的舆论氛围和社会环境。

四、深化干部人事制度改革工作稳步推进。全市在干部任免上全面推行票决制，部分县、区（市）开始试行对下级正职拟任人选和推荐人选实行全委会票决制，民主推荐、民主测评和民主评议以及考察预告、任前公示、试用期等制度继续深入贯彻。市委组织部对各地各部门推行干部人事制度改革的情况进行了检查和总结。同时，抓好中央关于《中共中央办公厅关于印发〈公开选拔党政领导干部工作暂行规定〉等5个法规文件的通知》和《关于对党政领导干部在企业兼职进行清理的通知》（“5+1”文件）的学习贯彻，下发了《属市委管理的干部拟任免职务征求意见（暂行）办法》，进一步完善了票决制的有关程序，实行讨论决定干部预告制。

五、基层组织建设向纵深发展。结合全市撤区并村工作，调整创建目标布局，制定了2004年～2006年“三级联创”创建规划和考评细则。4月，市委召开赤水河流域“四在农家”暨农村基层组织“示范带”建设现场会，对农村基层组织建设作出了具体安排部署。年底先后分务川、遵义县、桐梓3个片区召开“示范带”建设工作调度会，对各地农村基层组织建设工作进行督促。同时，继续开展市直机关单位定点扶贫工作，抽派65名干部组成19支工作队进驻19个一类贫困镇乡开展工作。为了做好党员慰问工作，在节庆期间下拨党费91.2万元，慰问生产生活困难党员1832名。为适应深化经济体制改革和城市社会化管理要求，理顺企业党建工作和社区党建工作制度。启动了非公有制经济组织党建“示范点”工作，在全市范围内选取瑞安水泥有限公司党委、遵义华峰水泥有限公司党委等8个非公有制经济组织作为党建“示范点”，选派了党建工作联络员。以服务群众为重点，抓好社区党建示范点，强化社区功能，构建社区党建工作新格局，加大了对社区工作者的培训，分两次培训了各县、区（市）24个街道（镇）党（工）委政工书记、119个社区居委会党组织负责人、居委会主任共200多人。为了做好保持共产党员先进性教育前期调查摸底工作，认真排查了532个软弱涣散的党组织并进行了整改。切实做好发展党员工作，探索加强党员管理工作新方法，有针对性地制定了《2004年～2006年发展党员工作宏观指导意见》，继续实施好农村“万名党员培训工程”和“乡土人才培训计划”，确保完成培训任务。充分利用远程教育资源，下发了《关于开展农村党员中专学历教育的通知》，提出从2004年～2010年培训5000名农村党员干部达到中专学历的目标。同时，乡村接收站点、系统网络、教育资源库、专兼职技术人员队伍和有关工作制度的建设进一步完善。为了加强对基层组织党建工作的指导，引导村（居）基层组织做好新一轮换届选举工作，积极推进居民自治、村民自治工作，引导基层组织全面推行政务公开、村务公开、厂务公开。

六、组织部门自身建设得到加强。市、县组织部门把深化和拓展“树组工干部形象”集中学习教育活动作为2004年组织工作的一项重要内容进行安排部署。全市有1172名组工干部参加了深化和拓展集中学习教育活动。通过开展优良传统作风教育、廉洁自律警示教育等形式多样的教育、学习活动，全市组工干部整体素质有新的提高，实际工作能力有新的长进，涌现出大批优秀组工干部。同时，通过深入查找问题，落实整改，全市组织部门服务大局的能力进一步增强，坚持以服务大局来推进组织工作，继续坚持领导干部联系点制度和调查研究制度等成为组织部门的共识。

（王先郁）

【农村党员干部现代远程教育试点圆满通过验收】　10月，全市农村党员干部现代远程教育试点工作以99.9分通过验收，位列全国6个试点地区第一。截至2004年底，整个远程教育前期建设共投入资金10432.5万元，建设各类站点达4443个，所有县、区（市）、乡镇、村和学校都有1个以上的远程教育接收站点，组织教学培训120万人次以上，农村基层干部参训率达100%，55岁以下在家农村党员参训率达90%以上，基本达到了试点工作以提高农村党员干部群众素质和服务“三农”为目标，以政府投入与市场化运作、“天网、地网”相结合的预期目的。

（王先郁）

【公开选拔和竞争上岗向深度和广度拓展】公开选拔和中层干部竞争上岗继续向广度和深度发展。2004年，市级拿出4个县级职位进行公开选拔，有11个县、区（市）拿出60多个科级职位进行公开选拔；市直15家单位拿出近40个职位开展竞争上岗，各县、区（市）共有500多个岗位开展了竞争上岗。

（王先郁）

【“示范带”和“四在农家”创建活动写入省委文件进行推广】　“示范带”和“四在农家”创建活动是遵义市在农村基层组织建设中探索出来的创新农村党的建设的独具特色的新路子。经过4年多的实践，取得了明显的成效。全市已创建示范县1个，各种类型的示范乡镇22个，示范村645个；全市近200个乡镇创建“四在农家”活动示范点近800个。初步形成以“示范带”建设为线、以“四在农家”为点，点、面结合，加快农村各项事业发展、推进党的建设的良好格局，得到了省委的肯定，2004年，该项工作被写入《中共贵州省委关于加强党的执政能力建设的意见》，并在全省推广。

（王先郁）

【开展12380专用举报电话受理工作】　全国组织系统统一专用举报电话“12380”于2004年3月29日向社会全面开通。“12380”专用举报电话是组织部门建立和完善“便利、安全、高效”的举报机制，发挥群众对干部选拔任用工作监督作用的一项重要举措，主要受理反映领导班子和领导干部违反《党政领导干部选拔任用工作条例》等规定的选人用人方面问题的举报。“12380”举报电话的开通为干部群众更好地发挥监督作用提供了方便，举报案件较往年有所上升，截至2004年底，共受理举报申诉件218件。

（王先郁）

【清理18名县级干部在企业兼职行为】　按照中纪委、中组部，省纪委、省组部关于对党政领导干部在企业兼职情况进行清理的有关要求，2004年，市委组织部对全市县处级以上党政领导干部（含非领导职务）在企业兼职情况进行了认真清理，按照“谁批准、谁纠正”的原则，对清理出的18名干部全部按规定免去兼任职务。

（王先郁）

宣传工作

【概况】　2004年，全市宣传思想工作高举邓小平理论和“三个代表”重要思想伟大旗帜，围绕中心，服务大局，主题鲜明，主线突出，导向有力，呈现出整体推进，亮点突出，高潮迭起，积极向上的良好态势，为遵义改革、发展、稳定大局提供了有力的思想保证、舆论支持、精神动力。

一、理论武装工作。一是在宣传思想工作中充分体现用“三个代表”重要思想武装党员、教育干部，把理论学习培训作为提高党员、干部素质的重要手段。二是深入到乡镇、街道、企业、大专院校开展理论宣传。大专院校和重点中学坚持“三进”工作与“两课”教学改革有机结合。三是加强哲学社会科学工作。其中对“遵义会议精神”的研究形成了初步成果，还召开了“四在农家”与小康建设研讨会、党建研讨会、纪念邓小平同志诞辰100周年座谈会。

二、宣传舆论工作。一是加大对全市“三化”建设、西部大开发工作的宣传力度。认真做好贵州省首轮经济强县和遵义市第二轮经济强县、强镇的宣传报道工作。全面宣传中央、省、市的重大决策，宣传遵义市发展最新态势，宣传遵义市取得的新成就，宣传遵义招商引资、发展非公有制经济的重大举措和成绩，充分展示了全市干部群众全面建设小康社会、强力推进“三化”进程的良好精神风貌。全面加强党的组织建设、党风廉政建设、精神文明建设、民主法制建设和其他重要工作的宣传。调度和协调市属新闻媒体的宣传报道工作，提高正确引导舆论的水平。二是积极探索对外宣传工作新途径，构建大外宣格局，扩大对外宣传工作面。市委宣传部出版了《遵义2004》外宣手册，拍摄了大型外宣电视纪录片《中国侏罗纪公园》。同时充分利用《求是》杂志、《人民日报》、中央电视台、新华社、《光明日报》、中央人民广播电台等媒体，宣传报道遵义市三个文明建设情况，特别是对遵义市创建“四在农家”活动和对“人民满意的公务员”张有顺的宣传报道。同时外宣办积极做好各地党政代表团、新闻媒体及外宾来访等重大友好往来报道，积极配合、协助市外媒体来遵采访报道。

三、精神文明建设工作。一是市文明办在牵头调研未成年人思想道德建设情况的基础上，提请市文明委第九次全会讨论通过了《进一步加强和改进未成年人思想道德建设的实施意见》。二是以诚信建设为重点，大力打造“诚信遵义”。各地各部门自觉参加道德实践，按照《纲要》总的精神和要求制定和完善各种行业规范、村规民约、市民公约。三是充分利用重要纪念活动，加强民族精神、遵义会议精神的教育。四是“卫生与秩序”和“文明大道”创建工作稳步推进，不仅在城区得以体现，而且广泛延伸到农村“四在农家”创建点和文明大道沿线，已经形成“创建为人人，人人为创建”、“齐心创建、志在必得”、“创建文明城市，建设美好家园”的宣传舆论氛围。市文明办还组织开展了为期3个月的“高唱长征组歌，弘扬长征精神”主题教育活动，引导全市100万大中小学生学习了解长征知识、传唱长征歌曲、弘扬长征精神。“四在农家”创建活动广泛深入，已经成为遵义农村精神文明建设的品牌，成为遵义农民走向小康的一条新路。“西部开发助学工程”在遵义继续实施。

四、文化事业工作。2004年，市文明办启动市直宣传文化系统事业单位人事制度改革。指导和支持市杂技团杂技剧目《依依山水情》入选国家舞台艺术精品工程，并广泛开拓国际国内市场，取得良好的社会和经济效益；支持遵义川剧团复排《乌江守望者》，作为建国55周年的展演剧目；支持报业发展，开辟新路子。全市各地举办各种形式的群众性文化活动。进一步强化文化市场的管理和扫黄打非工作，印发《遵义市打击淫秽色情网站专项行动方案》，组织并参与对文化市场的整治工作。

五、宣传队伍建设。市文明办按照政治强、业务精、纪律严、作风正的要求，抓好宣传队伍建设；认真开展政工职称评审工作，共评审通过初、中级政工职称44人；组织新闻战线开展“三项学习教育”活动。

（杜　宇）

【开展“四在农家”创建活动】 2004年，遵义市委对“四在农家”创建活动的重视程度和工作力度不断加大，召开了全市“四在农家”创建活动暨农村基层组织建设工作现场会，下发了《关于在全市农村广泛深入开展“四在农家”创建活动的意见》，市财政投入创建经费300万元用于市委常委分别挂帮一个“四在农家”创建点。同时举办全市“四在农家”创建工作培训班，对各县、区（市）分管书记、宣传部部长及乡镇党委书记进行了集中培训。以此为契机，市委宣传部、市文明办加大了对“四在农家”活动的宣传、指导力度，除在中央、省、市媒体开展宣传并取得良好效果以外，还印制出版《奔向小康之路》文集和光碟，摄制《奔向小康》专题片，制作了“道德进农户”公益广告宣传牌，排练了宣传“四在农家”活动的文艺节目到部分创建点演出，制作10000条宣传“四在农家”的围裙、10000套“四在农家”宣传画发送到农村家庭，制作“四在农家”图片展览版。还召开了东部片区的工作调度会。同时，牢牢把握创建工作方向，经常深入创建点现场，就创建工作的原则、注意的问题等及时提出指导意见。截至2004年底，全市有“四在农家”创建活动示范点850个，覆盖96394户，惠及385122人。全市共投入资金20381万元，其中各级财政投入1994万元，各级挂帮部门投入1127万元、项目投资2624.5万元，农民投资（投工投劳）14636万元。已建设水泥硬化连户路2109千米，改造厕所30050间，改造厨房炉灶29124户，建沼气池12833口；有78402户用上了清洁卫生饮用水，76875户通了优质电，29091户安装了电话，69060户通了电视；38943户改变了居住环境。同时，建图书室471间，文体活动场所641个，宣传栏759个。从8月开始，《求是》杂志、《人民日报》、中央人民广播电台、中央电视台、《精神文明建设》等中央新闻媒体对“四在农家”创建活动进行了宣传报道，进一步扩大了影响，“四在农家”已经成为遵义农村精神文明建设的品牌，成为遵义农民走向小康的新路。

（周国栋）

【加强对各级中心组的指导】 遵义市委中心组从3月开始，每个月学习1次，全年共学习了10次，参加学习820人次。市委中心组集中学习了科学发展观、中央一号文件、党风廉政建设、城镇化建设与管理、宪法、十六届四中全会精神、未成年人思想道德建设等7个专题。在学习中，中心组成员紧密联系遵义实际和个人思想实际，形成学习成果，用以指导工作。同时，加强对县处级党委（党组）中心学习组的指导和督促，把县级党委（党组）中心组理论学习情况纳入年终党建目标考核。各县、区（市）党委中心组和市直机关各党委（党组）中心组至少学习5次以上。市委中心组、道真自治县委中心组、湄潭县湄江镇党委中心组在省委召开的全省中心组学习经验交流会上受到省委表彰。各县、区（市）党委中心组和市直机关各党委（党组）中心组始终贯穿着掌握思想方法和领导方法这条主线，着力培养中心组成员马克思主义的宽广视野和运用马克思主义立场、观点、方法解决实际问题的能力，着眼于对全面小康建设的理论思考和“三化一强”建设的推进，切实解决关系遵义发展和人民群众根本利益的重大问题，在指导实践、推动工作上取得了新成效。

（杜　宇）

【《中国侏罗纪公园》开机拍摄】 《中国侏罗纪公园》是由中央电视台军事部、中国视协电视纪录片学术委员会与贵州省委宣传部、外宣办、遵义市委宣传部、遵义电视台联合拍摄，央视军事部导演郭西昌执导的大型外宣记录片。该片于8月21日在赤水桫椤自然保护区正式开机，央视军事部原主任、中国视协电视纪录片学术委员会主席刘效礼少将，遵义市及赤水、习水两县（市）有关负责人出席开机仪式。

《侏》片由遵义红色经典切入，以包装中国西部——赤水河流域（赤水市和习水县部分区域）——“中国侏罗纪自然公园”生态旅游主题为目的，通过宏大的丹霞地貌、神秘的桫椤王国、千姿百态的瀑布、纯净的自然生态集中展现侏罗纪公园的原生性、唯一性和神秘性，同时也重点反映了遵义的人文资源。《侏》片拍摄后将制作成画面、音乐精美，冲击力强，可视性高的纪录片精品，并使之成为赤水、习水申报世界自然遗产的宣传片。

《侏》片在拍摄过程中，历经1.5万公里行程，拍摄内容除仁怀、习水、赤水3县（市）及两城区和遵义县外，还包括四川省自贡、广东省佛山，同时还对贵阳、北京的有关专家进行了专访。整个拍摄时间100多天，拍摄素材达200盘6000多分钟。这是遵义市第一次经政府立项、与省委外宣办联合拍摄的大型纪录片，第一次对遵义进行较大范围的航空拍摄，第一次在外宣片拍摄制作中利用机械电视摇臂进行拍摄。年底，该片已开始后期制作。

（王启宏）

统战工作

【概况】 2004年，遵义市委统战部为推进全市“三化一强”进程，全面建设小康社会，进一步争取人心、凝聚力量做出了积极贡献。在全省各市、州（地）统战工作评比中获先进集体称号，在市直单位年终目标考评中被评为一等奖。

一、不断巩固中国共产党同民主党派、工商联、无党派人士的联盟，加强与他们合作共事。 2004年，5次召开征求民主党派、工商联、无党派代表人士意见会，就中共遵义市委重要决策和“两会”的重要报告讨论通过之前，广泛征求各民主党派、工商联、无党派代表人士的意见和建议；两次组织召开了市委向党外人士情况通报会，向党外人士通报市委、市政府的主要工作，不断扩大他们的知情范围，创造参政议政的良好条件；坚持和完善"党委出题、党派调研、政府采纳、部门落实"制度，支持民主党派、工商联开展调查研究；坚持各民主党派驻会副主委的季度联系会议制度，传达学习中共中央、省委、市委重要文件和会议精神，听取各民主党派工作情况和下一步工作打算，通报中共遵义市委、市委统战部的工作情况；积极支持各民主党派市委会的智力支边、科技扶贫活动；对民主党派担任驻会副主委职务连续5年的4名人员，分别明确为享受正县级待遇和调研员；为每个民主党派机关更换了工作用车，同时争取5套经济适用住房安排给民主党派机关干部职工；增补省政协委员2名、市政协委员10名。

二、进一步加大党外干部培养、选拔、安排力度。对培养、选拔、使用党外干部，建立主要领导亲自抓、分管领导切实抓、各级部门具体抓、统战部经常抓，层层抓落实的分工负责制；按照有关文件精神，结合本地实际，制定了党外后备干部近期、中期和远期规划；严格按照《党政领导干部选拔任用工作条例》及相关规定确定后备干部；进一步规范党外后备干部工作程序，对党外后备干部的选拔采取民主推荐、民主测评、笔试测试、组织考察、酝酿、党委研究决定、上报备案等程序和年度考核、留优去劣、吸优补新的办法确定后备干部；打好基础，强化教育，全面提高党外干部素质。组织6名统战部长和48名党外干部到省社会主义学院，省、市委党校和经济发达地区进行培训；将3名优秀党外干部放在不同岗位进行重点培养锻炼。建立党员副县级干部与党外干部联系交友制度、党外干部谈话制度和党外干部所在单位"一把手"联系制度；推荐选拔7名党外干部分别担任教育局副局长，县、区（市）政协副主席，民主党派兼职副主委和招商局助理调研员等领导或非领导职务。

三、围绕中心，服务大局，抓好经济统战工作，促进非公有制经济发展。深入开展调查研究，了解、掌握、反映全市非公有制经济的发展情况、生产经营情况，帮助排忧解难，并召开民营经济人士座谈会收集意见和建议，为市委、市政府促进非公有制经济发展决策提供依据。组织、协调市总工会、市工商联和部分民营企业负责人，就民营企业吸纳下岗失业人员和组建工会等问题进行座谈，并积极参加非公有制企业用工招聘会，解决了2000余名下岗职工再就业问题。各县、区（市）建立健全了党政主要领导联系非公有制人士等一系列促进非公有制经济快速健康发展的工作机制和制度。在广大非公有制人士中广泛积极开展"双思"活动，引导和支持广大非公有制人士诚信守法、照章纳税，把自身企业做大做强，不断为遵义经济作贡献。对"光彩事业"促进会工作进行了总结，为换届做了大量准备工作。

四、抓好民族宗教工作，为全市社会稳定作出积极努力。充实调整宗教工作协调小组，加强对全市宗教工作的领导和协调。已初步建立起市、县、乡、村四级宗教工作联系网络，加强应对宗教突发事件的快速反应队伍建设，加强对宗教活动场所和宗教活动的管理，强化对少数民族代表人士、少数民族干部宗教界代表人士的教育和培养。妥善处理赤水、习水等地的宗教教产问题，积极参与黔北名刹湘山寺的周边环境治理工作。引导和支持宗教界代表人士积极投身扶贫济困工作，近年来已累计捐赠款物达120余万元，修建学校4间。成立伊斯兰教协会，为佛教协会的成立做了前期准备工作。

（肖　智）

【各界人士学习贯彻政协章程座谈会召开】5月，市政协、市委统战部联合召开各界人士学习贯彻政协章程座谈会。会议传达了中央办公厅《关于学习贯彻〈中国人民政治协商会议章程〉的通知》。各民主党派、工商联和无党派人士就学习情况作了交流发言。

（肖　智）

【全省民主党派工作经验交流会在遵召开】11月，省委统战部在遵义市召开全省民主党派工作经验交流会。会上，遵义市委常委、统战部长徐萍作了《与时俱进，开拓创新，努力开创民主党派工作的新局面》的交流发言，就近年来全市党派工作取得的成绩、积累的经验进行了交流，对如何做好新时期党派工作提出了建议。

（肖　智）

【争取海外捐资建校资金】　市委统战部发挥

优势，加强与港澳同胞的联系，积极开展引资建校助学工作。全年获得香港无偿捐资建校资金547万元人民币，捐资修建农村中小学校66所。捐资额和建校数是前两年的总和，为全市山区基础教育，特别是为习水、正安两县2004年两基达标验收做出了积极贡献。从2001年底到现在，境外团体和个人仅通过市委统战部无偿捐资助学的金额已高达1414.58万元，援建学校143所，使3100多名农村中小学生搬进了宽敞明亮的教室，为约30万名贫困儿童改善了学习环境。除捐资建校外，另有约1600名贫困学生得到境外团体或个人的捐助，每人每年获60元～1000元书学费。

（肖　智）

【集团帮扶工作成效显著】　2004年，务川自治县石朝乡集团帮扶牵头单位市委统战部协调有关部门和单位，积极开展集团帮扶工作，通过共同努力，取得明显成效。全年为石朝乡全面完成建设项目6个，足额投资58万元。已完成2003～2004年度项目投资的单位3家，项目5个，投资41.5万元。正在实施的项目单位10家，涉及项目12个，计划投资309.9万元，已批复资金297.7万元；即将实施项目8个，计划投资183.57万元，已批复资金121万元。石朝乡负责实施帮扶项目14个，到位资金和物资折款共22.5万元。

（肖　智）

离退休干部工作

【概况】　2004年，全市老干部工作继续落实离退休干部政治待遇和生活待遇，进一步完善离休干部离休费、医药费保障机制和财政支持机制，组织离退休干部在“三个文明”建设中继续发挥作用。

一、落实离退休干部政治待遇。坚持组织离退休干部学习制度，传达重要文件及情况通报制度，老同志参加重要会议制度，领导干部联系老同志制度，重大节日走访看望离退休干部制度，春节、老年节开展活动制度，组织离退休干部就地就近参观工农业生产制度。春节、国庆节，市直各单位慰问离退休干部1129人，发放慰问金115600元。走访、慰问困难老党员、困难老干部和老干部遗孀29人，送去慰问金14500元。6月，市委组织部、市离退休干部工作局召开全市老干部先进个人、先进离退休干部党支部和老干部工作先进个人、老干部工作先进集体表彰大会。以离退休干部为主体的关心下一代工作，是老同志发挥作用的主要形式，2004年，全市关心下一代工作取得较大成绩。

二、落实离休干部生活待遇。重点抓好离休干部离休费、医药费保障机制和财政支持机制的完善工作，不断解决机制运行中出现的新情况和新问题，确保离休干部离休费按时足额发放和医药费据实报销，不发生新的拖欠。2004年，市离退休干部工作局对市直企业单位离休干部住房存量、增量补贴未解决情况进行调查摸底，向市政府写出情况报告，市政府研究后出台《市人民政府关于解决市直企业离休干部在住房制度改革中存量和增量补贴的专题会议纪要》，从而解决市直企业107名离休干部每年55万多元增量和存量补贴。2004年，解决水电物资站、中药材公司、工业发展总公司、糖酒公司企业离休干部增发2003年度半个月工资和目标考核奖所享受的一半费用近万元。解决市直企业93名离休干部的生活补贴。市及各县、区（市）普遍进行离休干部离休费、医药费落实情况的督促检查。10月～12月，市离退休干部工作局组织82名离休干部分3批分别到海南、福建、港澳地区进行健康疗养。

（熊显荣）

【举行市直离退休干部迎春团拜会】　1月14日，市委、市政府举行2004年市直单位离退休干部迎春团拜会。市委、市人大、市政府、市政协领导陈平安、周大新、吴霞、张黔出席。市委组织部副部长、市离退休干部工作局局长程开志主持大会，市委副书记陈平安致新年祝辞。600多位老同志参加迎春团拜会。

（熊显荣）

【全市老干部工作“双先”表彰会召开】　6月22日，市委组织部、市离退休干部工作局召开全市老干部先进个人、先进离退休干部党支部暨老干部工作先进个人、老干部工作先进集体表彰大会。87名老干部先进个人、29个先进离退休干部党支部、45名老干部工作先进个人、26个老干部先进集体受表彰。

（熊显荣）

【开展"祖国·家乡明天更美好"读书征文活动】 3月～8月，市关心下一代工作委员会联合市委宣传部、市教育局、团市委、遵义日报社、市广电局在全市广大青少年中开展"祖国·家乡明天更美好"读书征文活动。全市参加读书征文活动的青少年268000人。各县、区（市）通过评选，上报市组委会优秀作品166篇。经市组委会审定，评出一等奖8名、二等奖17名、三等奖21名、优秀奖84名。

（熊显荣）

【召开全市青少年法制宣传教育工作研讨会】 6月14日～15日，市关心下一代工作委员会联合市政法委、市法院、市公安局、市教育局、市精神文明办、团市委等11个部门在仁怀市召开全市青少年法制宣传教育工作研讨会。出席会议代表92人，会议收到研讨文章40篇。各有关单位在研讨会上发言，向大会汇报研讨成果。

（熊显荣）

政策研究

【概况】 2004年，遵义市委政研室围绕市委中心工作，集中力量抓好决策调研、决策服务和党刊的编辑发行工作。

一、决策调研与决策服务情况。2004年，市委政研室开展了小康规划的调研，完成了《遵义市全面建设小康社会总体规划纲要》和市委主要领导在市委二届六次全会上的讲话两个重要文稿的起草。9月，开展了加强地方党委执政能力建设的调研，形成《关于加强党的执政能力建设的实施意见（建议稿）》，并在市委二届七次全会上审议通过；通过调研起草了《关于贯彻"多予、少取、放活"方针，促进农民增收的决定》文稿，经市委常委会审定后，以文件下发。市委政研室开展了启动第二轮经济强县建设调研，起草了《关于推进经济强县强镇建设的意见》，该文稿直接进入市委决策。开展了推进新一轮西部大开发工作调研，起草了加大西部大开发文件初稿和调研报告，提供市委决策。此外，市委政研室还完成了市委16个重要文稿的起草修改任务。

二、重点调研课题情况。2004年，政研室完成了市委、市政府年初确定的6个重点调研课题，形成了《四解诚信》调研报告；完成《我市扩大对外开放的现状及其对策》调研报告，两个报告分别在《领导参考》上刊载。通过对市内外的调研，完成了关于提高农业科技水平，加快推进农业产业化进程的调研报告。完成了湄潭县"两减两增三在村"的调研、南部工业区环境污染及疾病防控的调查和"十一五"规划编制前期调研课题《加快民主与法制建设，稳步推进政治文明研究》的调研，其中对湄潭县"两减两增三在村"的调研报告在《贵州日报》摘刊；此外，市委政研室还参与了对湄潭县委、县政府反映的当前农业农村工作面临的突出矛盾和困难的专题调研，并完成了调研报告的起草。完成省委政研室交办的《关于解决城市群众生产生活中的突出问题与加强党的执政能力建设》、《关于建立贵州农村科学的人口与计生利益导向机制研究》和《创新利益导向机制，开创计生工作新局面》的调研报告。2004年，市委政研室被省委政研室评为"2004年度全省市（州、地）委政研室调研工作先进集体"。

三、《遵义》党刊办刊情况。2004年，《遵义》党刊在探索实践的基础上，对刊物的版式结构框架进行新设计，重点加强主题策划板块栏目建设，全年主题策划栏目分别围绕"弘扬遵义会议精神"、"人才强市"、"三农问题"、"能源兴市"、"创建'四在农家'"、"小康建设"、"纪念邓小平"、"强县强镇"、"西部大开发"、"科学发展观"、"深化改革"、"加强党的执政能力建设"等主题进行策划宣传，着力构建地方党刊的"地方特色"。10月，参加中央政策研究室在长沙举办的全国大中城市党委机关办刊工作研讨会，《遵义》被评为"全国城市优秀党刊"。

四、建强工作情况。2004年，召开了全市建强工作电视电话会议，全面启动了第二轮经济强县建设和首轮经济强镇建设；督促20个市直建强成员单位出台支持建强工作的具体实施意见，帮助9个建强县、区（市）和30个建强镇制定经济强县强镇四年发展规划；编印了《遵义市经济强县强镇建设资料汇编》。11月，召开全市建强工作调度会和遵义市经济强镇建设第一次研讨会。遵义市建强工作新举措，特别是启动9个经济强县建设的同时，启动30个经济强镇建设的做法，得到省建强办的肯定，强镇经验交流材料《县镇互动 促优促强》在省建强办主办的《情况通报》上刊登。

五、农村改革试验情况。农村改革试验工作方面，在协调好作为省农村改革试点湄潭县试验工作的同时，起草并制定了《关于开展农村改革试验试点工作的建议》和《关于开展农业产业化经营利益联结机制试验试点的方案》。

（银　萍）

【制定遵义市全面建设小康社会总体规划纲要】 上半年，为筹备市委二届六次全会，在市委、市政府分管领导的安排下，市委办、政研室和发改委组成3个小康规划调研组，先后赴14个县、区（市）、25个乡镇（街道）、33个村（居）和部分农户进行深入调研，对3个不同类型的村进行重点解剖，并赴外省市区进行学习考察。筹备工作历时3个多月，形成《遵义市全面建设小康社会总体规划纲要（建议稿）》，市委主要领导的讲话及其系列调研报告。7月30日，市委二届六次全会审议通过《遵义市全面建设小康社会总体规划纲要的决定》，并以文件下发执行。

（银　萍）

【形成《关于贯彻“多予、少取、放活”方针，促进农民增收的决定》】 1月，由政研室牵头组成调研组，开展促进农民增收课题的调研。调研组深入各县、区（市）广大农村和农民座谈了解情况，分析数据，形成《关于贯彻”多予、少取、放活“的方针，促进农民增收的决定》文稿，经市委常委会审定后，以文件下发。

（银　萍）

【遵义市经济强镇建设第一次研讨会召开】 11月26日，遵义市经济强镇建设第一次研讨会在汇川区董公寺镇召开，30个首轮建强镇的书记或镇长参加会议，省、市建强办负责人出席了会议。董公寺镇简要介绍召开本次研讨会的背景和会议筹备的有关情况，与会代表围绕“镇域经济发展与产业培育”这一主题进行重点交流发言。市委助理巡视员黄天俊就进一步做好经济强镇建设工作提出了具体要求。研讨会一致讨论通过《遵义市经济强镇建设研讨会章程》，并推举茅台镇为“遵义市经济强镇建设第二次研讨会”的承办单位。

（银　萍）

信访工作

【概况】 2004年，全市信访总量为36482件（人）次，同比增加4.2%。其中，来信6285件次，来访30197人次（含市领导接待日接待群众749批次，其中集体访17批328人次，交办112件，已完成97%）。来访中集体访1002批21070人次，与去年同比批次上升4.16%，人次增加4.4%，群众信访反映问题6652个，一次性处结率达60%以上。其中：建议4195件次，占信访量11.5%；揭发控告5472件次，占15.0%；申诉12768件次，占35%；求决12112件（人）次，占33.2%；其它类1933件次，占5.3%；群众上访反映突出问题主要集中在企业改革产权关系与社会保障、公共工程建设中的征地拆迁、安置补偿、债务清偿、城市管理的供水供电、环境保护、交通管理、就业、司法和行政执法、干部工作作风等方面的问题。

2004年，全市完成交办、转办、自办信访案2009件（包括办理市领导签批群众来信），办结1968件，结案率为98%。其中省级以上交办案85件，已结案85件，结案率100%。全市共报送信访信息243期（含增刊3期），信访调研41篇，信访快报101期，市信访办向省信访局报送信息快报58期，省采用4期，市采用2期。其中《信息增刊》第三期绥阳县蒲场旧街改造经验受到省、市领导的肯定，全省多家报刊、电视台、广播电台采访报道了当地的做法。

（黄明云　施怀军）

【市委、市政府切实加强信访工作的领导】 一是进一步强化对信访工作的领导责任，明确目标任务，要求全市各级党委政府必需加强对信访工作的领导，落实信访工作责任制，把信访工作纳入经济社会目标考核内容。明确提出党政一把手对信访工作负总责，并要求亲自阅批群众来信，定期听取信访工作情况汇报，接待、处理重大集体来访，主动参加领导接待日活动。同时必须坚持好“分级负责，归口办理”和“谁主管，谁负责”的原则，形成主要领导负总责，分管领导具体抓，班子成员齐心抓，一级对一级负责，层层抓落实的工作机制，坚决防止和杜绝责任制“悬空”现象。二是加强制度建设，建立健全信访工作长效机制。中共遵义市委办公室《关于印发 <遵义市市级领导干部接待群众日制度> 的通知》，对遵义市市级领导干部接待群众作出了明确规定和要求，规定从2004年7月起，除法定假日外，每月第一个周、第三个周的星期三为遵义市市级领导干部接待群众日。要求市级领导干部接待群众来访实行包案督导落实责任制，对接待中难度较大的问题，书面立案责成该项工作的主管单位认真办理。对市级领导干部交办的信访事项，要求主管单位在30日内办理完毕并将结果告知上访群众，对群众重复上访反映的问题，主管单位必须给予加盖公章的书面回复。这项制度的实施受到群众好评。成立了遵义市处理信访问题联席会议制度，由市委、市政府秘书长召集，市纪委等相关部门、单位参加，专门处理重大信访问题。健全督查督办制度，把信访督查督办与各级党委、政府督查工作结合起来，与机关效能结合起来，与各职能部门联合起来，形成大信访格局；健全矛盾纠纷排查调处机制，及时发现问题，及时解决问题，使大量可能转化为信访案件的矛盾消除在萌芽状态，形成层层排查，月月排查，重大活动及时排查的制度；健全责任追究制度，认真执行《遵义市集中处理涉法上访制度》、《遵义市处置群体性治安事件规定(暂行)》等。三是进一步加强信访队伍建设。7月22日，全市信访工作会议上明确，市、县统一成立信访局。同时要求选好配强领导班子，注重提高信访干部队伍的整体素质。市委决定从2004年7月起选派副县级后备干部到市信访办锻炼，每期4人，时间3个月。同时，各县、区(市)也要实行后备干部到信访办锻炼制度。市委组织部已于7月14日将4名后备干部派到市信访办锻炼，各地正在抓紧实施。

(黄明云　施怀军)

【处理万里路改造拆迁群众信访问题】 2004年4月以来，红花岗区部分群众为万里路改造拆迁安置问题先后进京赴省到市上访。市委、市政府高度重视，采取有力措施做好群众工作，为万里路改造工程顺利实施创造条件。6月8日，市长卢守祥主持召开会议，研究当前遵义市建设工程征地拆迁问题，要求各级各部门高度重视人民群众反映的问题，对建设项目的征地拆迁安置补偿工作进行彻底清理调查，切实维护好群众利益。7月14日，市领导傅传耀、江才文同建设、规划、国土、房管、林业、司法、红花岗区和市城投公司等部门负责人与100多名上访群众的代表座谈，认真听取群众反映问题和困难。7月19日，市领导傅传耀、江才文同市、区11个部门负责人到信访办答复250多名上访群众反映的11个问题。市委书记傅传耀指出，一是万里路改造是市委、政府为解决群众居住困难，改善遵义市中心城区人居环境的民心工程。二是群众反映改造建设程序合法与否，经多次调阅档案，对照政策，并请法律部门参加研究，认定整个工程建设是严格依法按程序进行的。三是坚持依法行政和依法办事，坚决查处违法乱纪的问题，整个工程目前没有发现任何干部存在问题。为方便群众了解情况，全部答复材料在《遵义晚报》上刊发，欢迎广大群众进行监督。四是依法建设、依法推进工程。搞好样板房建设，宣传和影响群众，让大家亲身感受实惠。五是依法解决问题。如对答复仍有意见可向人民法院提起诉讼。希望广大群众提高警惕，防止被少数别有用心的人蒙蔽和利用，相信各级党委政府是会依法建设好万里路惠及群众的。

(黄明云　施怀军)

【遵义县出台通告维护信访秩序】 中共遵义县委、遵义县人民政府高度重视信访工作，为确保全县经济发展、改革推进和社会稳定，妥善处理人民群众反映的实际困难和问题，积极探索依法信访的新举措，进一步规范信访工作秩序。10月，制定出台了《遵义县人民政府关于维护信访秩序的通告》。《通告》内容由四部分组成：一是信访人应当遵守的规定；二是信访人在信访活动中哪些行为由公安机关依法追究其法律责任；三是明确信访、公安、卫生、民政等部门的职责；四是国家机关及其工作人员要按照《信访条例》认真办理人民群众信访反映事项。

(黄明云　施怀军)

机要工作

【概况】 2004年,遵义市委机要局认真做好密码通信服务工作,密码通信服务质量和水平进一步提高;切实加强密码业务管理工作,确保密码通信绝对安全畅通;全面推进信息化建设,较好地完成了全市党委办公室局域网建设任务,信息化密码保障工作得到加强;狠抓干部队伍建设,进一步提高全体密码干部整体素质。市委机要局连续6年被评为全省党政系统密码工作先进单位。

一、密码通信和业务管理工作。一是认真做好密码通信工作,加强电报的译、传、办理,确保了密码安全和密码通信畅通,为市、县两级党委、政府和各部门提供优质高效的密码通信服务。二是制订和完善密码工作的各项规章制度,使各项工作有章可循、有矩可守,共修订完善制度38个。三是加强机房规范化建设,制订了《遵义市县级党政机要部门机房建设标准》、《遵义市县级党政机要部门机房验收标准》。要求各级机要部门对密码通信机房进行重新建设和整改,确保密码通信环境安全。四是做好应急通信和跟随服务工作,为市委主要领导提供应急通信和跟随服务2次。五是7月~9月,在全市党政系统组织开展了一次密码保密大检查,制定了《遵义市关于开展密码保密大检查的安排意见》和《关于开展密码电报保密大检查的通知》,派检查组对各县、区(市)机要部门、市直有关涉密单位及密码电报使用单位进行检查,并接受上级部门的检查,对查找出来的问题进行了认真整改,上报了整改情况。

二、加大工作力度,全面推进党委办公室信息化建设。一是开通了全市党委办公室《督查传输处理系统》,实现党委办公室督查传输信息的网络化、无纸化。二是派技术骨干为"市委中心组城镇化专题讲座"和"重庆市党政代表团来遵考察"制作演示教材的幻灯片和播放投影,较好地完成了市委领导交办的工作任务。三是承担市委办公室系统办公自动化设备的维护和管理工作,全年维护各种办公自动化设备和提供技术咨询达200余次。四是为红花岗、遵义、桐梓、务川、绥阳、赤水、余庆等县、区(市)举办了县级党办局域网络培训班,建设开通了遵义、桐梓、务川、绥阳、赤水、余庆等县、区(市)的党办局域网,规范了县级党委办局域网站建设,推进了全市电子党务内网建设进程。五是为市、县两级机要部门密码通信网络和市委办公室党办局域网安装了瑞星企业级网络版防病毒软件,确保网络安全运行。六是进一步理顺密码管理体制,建立健全密码管理机构,成立了遵义市国家密码管理委员会及其办公室,增设信息安全科。七是加强与市政府信息中心的工作联系和合作,为市政府计算机局域网接入党政网做好准备工作。

三、加强干部队伍建设。一是加强政治理论学习,提高全体密码干部的政治理论水平和政策水平,增强政治敏锐性和政治鉴别力。二是加强业务学习,积极组织全体密码干部学习新知识、新技能,尤其是组织学习了计算机网络管理、网络安全、信息化建设等知识,提高密码干部胜任适应现代化密码工作的能力。三是抓好密码干部的业务技术培训和岗位练兵活动,提高密码干部的业务素质和工作水平,全年共举办各类业务和技术培训班9期175人次,组织举办了1次全市党政机要系统计算机汉字录入二、三级操作员水平考试,并积极参加省委办公厅机要局组织的各类培训班和外出学习考察活动。四是做好新机要员的选调和招考录用工作,配合做好北京电子科技学院的招生和毕业分配工作,全年共选调机要干部7人,充实了密码干部队伍。五是解决落实了全市密码岗位津贴。

(赵 宁)

【中央办公厅机要局密码保密检查组来遵检查】 8月19日,中央办公厅机要局局长林波率中央密码保密检查组到遵义检查指导密码工作。检查工作采取听汇报、实地检查和总结交流的方式进行,重点检查了制定和执行各项规章制度等有关情况,抽查了部分市直有关涉密单位使用普通密码的情况。检查结束后,林波局长及中央密码保密检查组的工作人员与市委有关领导及机要局负责人进行了座谈,交换了意见,对遵义市密码工作取得的成绩予以充分肯定,指出工作中存在的问题和不足,提出整改意见和指导性建议。

(赵 宁)

【遵义市及部分县区市成立国家密码管理委员会及其办公室】 11月,遵义市成立了国家密码管理委员会及其办公室。中共遵义市委密码工作领导小组同时称遵义市国家密码管理委员会，市委机要局（市委密码工作领导小组办公室）同时称遵义市国家密码管理委员会办公室。其主要职责是行使政府管理职能，依法管理密码工作。市委机要局（市国家密码管理委员会办公室）增设信息安全科，其主要职责是负责全市网络与信息安全密码保障工作，依法管理电子政务、电子商务密码。与此同时，凤冈、务川、红花岗、遵义、余庆、绥阳、务川、湄潭等8个县（区）先后成立国家密码管理委员会及其办公室，部分县设立了信息安全（科）股。

（赵　宁）

保密工作

【概况】 2004年，遵义市国家保密局认真贯彻落实全国、全省保密工作会议精神，充分认识保密工作"保安全，保发展"的极端重要性，牢记使命，恪尽职守，围绕中心，服务大局，夯实基础，规范管理，突出重点，狠抓落实，圆满完成了全年工作任务，荣获2004年度贵州省保密工作目标考核一等奖。

一、强化保密管理，推进依法行政。一是对全市241家重点涉密单位，8个涉密计算机网络，1210台计算机，46门电话进行了保密检查；二是做好普通高考、成人高考、中考、自学考试及全国司法统一考试中的保密工作的监督管理，防止各类考试失泄密事件的发生，确保考试的正常进行；三是加强秘密载体的保密管理，在有关部门的配合下，检查了35家印刷厂、286家打字复印店和198家废旧纸品收购点；四是购买手机干扰机、硬盘隔离卡等保密技术设备，积极开展技术防范。市保密局对原有18家国家秘密定点复制单位进行了年审，取消14个不合格定点单位，保留航天印刷厂等4家单位。主动配合省军工保密资格认证委开展军工保密资格审查认证，协助军工企业做好前期准备工作。严格标准，认真审批，确定中共遵义市委办公室等34家单位为要害部门。积极参与电子政务工程，会同市信息中心等部门对汇川区电子政务局域网进行初次验收。3月1日，市委保密委员会第二次全体会议召开，会上讨论并原则通过了《中共遵义市委保密委员会2004年工作要点》。5月11日，召开了全市保密工作会，会上对荣获2003年度遵义市保密工作先进单位的余庆县、遵义县、红花岗区、桐梓县、道真县、绥阳县、赤水市保密局等7家单位进行了表彰。

二、大力开展保密法制宣传教育，进一步增强保密意识。2004年，市保密局先后对中共遵义市纪委和军工企业3653厂等单位的涉密人员进行保密知识培训，全市共培训2500余人次。在5月的"保密法制宣传教育月"期间，市保密局在《遵义》刊物上发表了《确保安全，促进发展》的文章，各县、区（市）保密局采取多种形式进行保密宣传，共发放资料15万余份。8月9日～15日，市保密局先后在中共遵义市委、贵州茅台酒厂有限责任公司、航天科工集团0六一基地等单位播放保密教育片《筑牢保密防线》4场，观看人员达500余人，在职副地级以上领导干部、市委保密委委员、市直各单位主要领导和涉密企业职工参加观看。

三、创建"学习型"机关，努力提高保密干部素质。3月，全市派出11名保密干部参加了省政府法制办、省保密局举办的行政执法培训，经考试合格均取得了《贵州省行政执法证》。市保密局有两名工作人员前后分别参加了市委党校中青班和县干班的培训。

（陆传义）

【国家保密局副局长蔡红赴遵调研】 3月23日，国家保密局副局长蔡红一行来遵调研。在听取了0六一基地领导的汇报后，蔡红认为：○六一基地作为国家重要军工企业，保密工作机构健全，管理规范，措施得力，成绩值得肯定。蔡红指出：军工企业的保密工作直接关系到国家安全，要有高度的责任感，树立"保密工作无小事"的强烈意识，要在总结经验、发扬成绩的基础上，加强对新技术、新方法的研究和运用，切实加强对保密工作的针对性和时效性，认真抓好各个环节的保密工作，确保万无一失，把"保安全，保发展"的要求落到实处。

（陆传义）

【举办保密技术知识竞赛】 5月"保密法制宣传教育月"期间，全市以举办"全省保密技术知识竞赛"为契机，开展保密技术知识宣传，市保密局精心组织竞赛，各部门认真答题，全市分发《领导干部、涉密人员安全保密技术必备知识》一书3250

册,收到答题卡32000余份。此次竞赛活动呈现出以下特点:一是领导重视并率先垂范,共有28位地厅级干部,240余位县处级干部亲自答题;二是覆盖面广,参加人数多,全市有340余家单位,32000余人参加了竞赛,做到了纵向到底,横向到边。遵义市公安局、贵州茅台酒厂有限责任公司、航天科工集团〇六一基地、贵航集团五七〇七厂、贵航集团天义电工厂、红花岗区国家保密局、遵义县国家保密局、余庆县国家保密局等8家单位获组织奖,35人获个人奖。

(陆传义)

【红花岗区聘请保密监督员】 为做好新形势下的保密工作,拓宽和加强保密行政管理体制的社会基础,建立健全保密工作专门机构与其他业务部门相结合、专职干部与广大兼职人员相结合的保密工作网络。6月22日,中共红花岗区委保密委员会从驻区有关党政机关、新闻宣传、邮政通讯和金融部门等单位,首次聘请7名工作人员作为全区保密工作监督员,并赋予他们协助宣传、提出意见、反映情况和监督工作等职责。

(陆传义)

市委讲师团

【概况】 2004年,遵义市委讲师团以深入学习"三个代表"重要思想为主线,认真贯彻落实党的十六大、十六届三中全会精神,用"三个代表"重要思想统领理论工作,坚持围绕中心服务大局,努力营造、聚精会神搞建设,一心一意谋发展的良好氛围,为加快全市"三化"建设进程提供有力的精神动力、思想保证和舆论支持,努力开创全市理论工作新局面。

一、理论教育围绕主题,把握灵魂,狠抓落实。 一是结合新形势、新任务,深入各县、区(市),镇(乡),街道,企业宣讲"三个代表"重要思想和十六大、中共十六届三中、四中全会精神,宣讲三个《条例》、中央一号文件和《宪法》修正案,认真宣传以人为本的执政新理念和全面、协调、可持续的科学发展观,开展理论学习辅导,抓好全市在职干部和党员特别是县(处)级以上领导干部的学习教育。二是积极为市委中心学习组服务,协助拟定中心组学习计划,设置学习专题,提供学习资料,并为市委中心组作专题辅导三次。市委讲师团还配合市委宣传部对14个县、区(市)中心组学习情况进行了督促检查,并提供了2004年度各县、区(市)中心组学习情况报告,反映了中心组学习的基本情况、主要特点和不足方面,为市委宣传部考核各县、区(市)中心组学习提供了依据。三是完成《学习与辅导》资料专辑的编辑发行工作。辅导资料以中共十六届三中全会和《"三个代表"重要思想学习纲要》为主要内容,汇集了党员干部应知应会的党的重大方针政策和时事政治,为广大在职干部和党员及时提供学习辅导资料,深受广大党员干部的欢迎。四是为检验全市在职干部和党员学习党的十六大精神、中共十六届三中全会精神和学习贯彻"三个代表"重要思想,特别是系统学好《"三个代表"重要思想学习纲要》的学习成效,市委宣传部和市委讲师团联合组织全市近10万名在职干部及党员2004年度的政治理论学习考试,并设置了副县级以上领导干部的必答题。这次考试已列入年底的机关岗位目标责任制考核,此项工作目前已经规范化、制度化,并作为在职干部和党员政治理论学习的成功经验在全省推广。

二、理论宣传思路清晰,重点突出,导向正确。 一是继续搞好"送理论下基层"活动。全年作形势报告和宣讲百场。市委讲师团根据市直各单位、乡镇、学校、工矿企业、机关、部队的要求进行宣讲,在宣讲中努力从理论和实践的结合上讲清党的执政经验、指导思想、总体目标和主要任务与执政理论体系的一系列新论断、新概念,整个宣讲没有空洞的说教,使广大党员干部坐得住、听得进、能领会。市委讲师团还及时组织本团教职人员多次认真学习了中共十六届四中全会公报和《决定》,并派员赴省学习,努力吃透精神并联系实际为进一步的宣讲作充分准备。二是为宣传中央1号文件,两个《条例》和宪法修正案,市委讲师团撰写了《九亿农民的福音》、《从严治党的重大举措》、《纪检领导体制改革意义重大》、《树立宪法观念与宪政意识》等文章。一些县市将《九亿农民的福音》翻印下发供干部下基层宣讲中央1号文件参考,充分发挥了理论先导和解疑释惑的作用。三是全年编写了《社科通讯》12期,《理论工作简报》2期,近8万字,及时反映了全市在职干部理论学习、理论研究的动态与当前国内外形势和最新学术动态，为各级领导干部、党员和在职干部以及广大社科工作者提供了有价值、有深度、有新意的理论信息，深受市委、市政府领导的好评。市委讲师团还为省团《理论与当代》2004年第1期编撰学习中共十六届三中全会辅导资料一组共6万字；为《遵义》撰写《富民兴遵，人才为本》、《多予少取放活，增加农民收入》和《四在农家创新路，富学乐美奔小康》等卷前评论3篇，发表理论文章10篇，并在该刊开辟了“社科在线”专栏，为领导干部提供决策参考资料。四是为了学习贯彻好《中共中央关于进一步繁荣哲学社会科学的意见》精神，市委讲师团与市委宣传部联合组织召开了由社科界专家学者、社科各学会协会代表和有关部门负责人参加的学习贯彻中央3号文件座谈会，大家联系实际，共同商讨遵义哲学社会科学发展大计，会后将有关专家学者的发言在《遵义日报》上专版发表。

三、理论研究围绕中心，服务大局，富有成效。市委讲师团围绕“三个代表”重要思想、十六大报告和十六届三中全会提出的重大理论观点，围绕遵义经济建设、党的建设、社会发展和人的全面进步方面的突出问题进行理论研讨，积极探索全市社会经济发展中的重大理论和实践问题，努力使理论研究体现时代性、把握规律性、富于创造性，力争推出高质量、高水平的研究成果，努力使理论研究贴近实际，贴近群众，贴近生活。

（李　兰）

【召开“四在农家”与小康建设研讨会】 为了从理性高度论证“四在农家”这一西部农民的创造是符合遵义市实际的小康之路，4月，市委讲师团组织社科界的专家学者参加了“四在农家”创建工作会，并进行了实地考察；5月，组织召开了“四在农家”与小康建设研讨会，并撰写了《遵义农民的小康之路——对“四在农家”活动的理性思考》在《遵义日报》上刊发。

（李　兰）

【举办纪念邓小平诞辰100周年座谈会】 8月，为了深切缅怀一代伟人邓小平为中华民族的解放事业、中国的改革开放和现代化建设事业作出的不朽功勋，市委讲师团与市委办、市委宣传部联合召开纪念邓小平诞辰100周年座谈会。与会代表有老干部、理论界的专家学者、市直有关部门负责人及各民主党派近60人。

（李　兰）

【承担在职干部和党员理论教育工作的调研课题】 2004年，市委讲师团承担了在职干部和党员理论教育工作的调研课题，撰写出《遵义市在职干部理论学习和理论教育的现状调查及对策建议》，为全省在职干部和党员的理论学习教育提供了有价值的经验，受到省市有关领导的充分肯定。

（李　兰）

【充分利用媒体开辟理论专栏】 2004年，为了贴进实际，市委讲师团加大了对遵义会议精神，邓小平理论和“三个代表”重要思想，“四在农家”与小康建设、立党为公、执政为民和提高党的执政能力建设等五个方面的研究力度，形成了一批既有一定理论深度又有一定应用价值的科研成果。还组织专家学者撰写了“理论前沿”系列文章8篇。团长李学东撰写了《大力弘扬遵义会议的五种精神》、《论“以人为本”的执政新理念》、《试论“三个代表”的精神实质》、《试论邓小平的“三农”问题思想》等文章分别在《理论与当代》、《遵义》、《遵义日报》上发表。在中共十六届四中全会以后，市委讲师团撰写发表了《党的执政能力建设四题》、《增强构建和谐社会的能力》、《四中全会决定的五大亮点》、《对遵义会议的政治学分析》等4篇文章。

（李　兰）

【纪念遵义会议70周年大型学术研讨会召开】 12月，为隆重纪念遵义会议召开70周年，市委讲师团组织召开了由专家、学者和老领导参加的纪念遵义会议70周年大型学术研讨会。这次学术研讨会对“遵义会议精神”内涵进行了研讨，并对“遵义会议精神”进行了进一步的科学表述，为“遵义会议精神”有一个规范、统一的表述最后定论奠定了基础。

（李　兰）

对台事务

【概况】 2004年，全市对台工作认真贯彻执行党的“和平统一、一国两制”基本方针，正确履行好对台工作“组织、管理、指导、协调”的工作方针，围绕贯彻落实《中共贵州省委关于加强新形势下对台工作的意见》精神，以做好台湾同胞工作为立足点和落脚点，积极开展对台经贸、人员往来、涉台宣传教育等工作，做好与台胞台属面对面的宣传，在干部群众中广泛开展涉台形势教育，认真做好台湾媒体来遵义采访拍摄工作。本着有利、有节的原则，促进遵台两地经贸、文化交流和人员往来，取得了良好的效果。在涉台事务中，始终坚持党的基本方针和政策，按照“涉台无小事”的方针，积极稳妥地做好每一项涉台事务工作，坚持和捍卫了“一个中国”的原则。2004年，共接待台胞台属及群众来信来访504次，涉及政策咨询、经贸、文化、法律、遗产、婚姻、子女就业(参军)、探亲、旅游等各个方面，组织开展对台形势教育报告会(讲座)40场次，2800余人参加报告会，组团赴台交流3次45人，较好地完成了2004年各项对台工作任务。

(陈晓飞)

【组织学习中台办、国台办“5·17”声明】 5月17日，中台办、国台办授权就当前两岸关系发表声明。声明发表后，全市各级台办迅速掀起了学习的热潮。市台办及时组织干部职工和在遵台胞台属进行了专题学习，大力宣传和贯彻落实“5·17”声明。各县、区(市)台办以高度的政治责任感，立即组织统战系统的广大干部和台胞台属开展学习座谈。各民主党派、工商联、侨联纷纷发表声明，支持和拥护“5·17”声明，使全市上下统一了思想，和中央反“台独”、反分裂的立场保持了高度一致。

(陈晓飞)

【全市涉台宣传教育成效显著】 2004年，全市涉台宣传教育辐射面不断扩大，形式丰富多样，在全市广大干部群众中产生了积极的影响，涉台宣传教育取得了明显的效果。一是继续坚持传统的春节、中秋节召开座谈会、茶话会，开展走访慰问，加强对台胞台属的宣传教育，加强与他们的联系交往。二是结合遵义对台工作实际，把对台方针政策和台湾形势教育列入各级党校和大中小学的政治教学内容，列入专业窗口的培训内容。三是市委党校，各县、区(市)委党校把涉台宣传教育纳入党校中青班、党外班、妇女班、乡镇班的培训计划。市老年大学把台湾问题讲座列入政治教学必修课，坚持了近10年时间。四是在普法宣传活动中，大力宣传《中华人民共和国台湾同胞投资保护法》以及实施细则等涉台法律法规，依法受理和处置台商投诉机制初步形成。五是借助台湾宣传媒体，开展入岛宣传，宣传遵义富有特色的活力四射的市场经济，美不胜收的自然风光和独具一格的饮食文化，增进台湾民众对祖国大陆的了解和认同。

(陈晓飞)

【深入全市台资企业开展调查研究】 6月，市台办专门组织人员深入到绥阳县、遵义县、红花岗区等县、区(市)的台资企业开展调查，对在遵台资企业的企业名称、注册时间、投资规模、企业类别(独资、合资、合作)、台资比例、经营范围、实际投资、经营状况、企业法人、用工情况及企业面临的主要问题和困难等进行深入细致的了解，着力帮助台资企业协调解决困难和问题，逐一建立了台资企业服务档案，受到了台胞台属的欢迎，为今后全市台资企业发展奠定了良好的基础。截止2004年6月，全市共有台资企业10个，投资金额6000万元人民币。

(陈晓飞)

【遵义市人民政府举办第八届贵州省(遵义)海峡两岸“润丰杯”兰花博览会】 9月11日～16日，遵义市人民政府举办了第八届贵州省(遵义)海峡两岸“润丰杯”兰花博览会，有4家台湾协会的42名会员应邀出席这次博览会。在名城遵义，遵台两地兰花爱好者共聚一堂，就兰花的种植、栽培，城市绿化和兰花交易等进行交流和探讨，增进了遵台两地人民的友谊，为今后遵台两地人员的交流交往构筑了更为广泛的空间。

(陈晓飞)

【组团赴台开展交流】 本着互惠、互利、双向的原则，采取走出去、请进来的方法，广泛联系台湾各界，积极促成遵义各界人士赴台考察交流。一是在省委台办的帮助指导下，市总工会组团一行14人赴台进行了为期10天的考察交流，涉及农业、畜牧业、环保等各个领域。二是促成了遵义市杂技团与贵州省演出公司联袂赴台进行商业专场演出，把遵义杂技推向岛内。三是帮助“061”企业集团赴台购买机器设备。通过遵义各界赴台交流,进一步扩大了遵台两地在文化、经贸、工业、农业等方面的交流,切实把做好台湾同胞工作贯穿到交流活动中,加深了遵台两地相互了解、增进共识,使台湾同胞认识到陈水扁推动“台独”的危险性,增强了对祖国大陆的认同感。

(陈晓飞)

市直工委

【概况】 2004 年,市直属机关工委继续以创建先进基层党组织为目标,以贯彻落实市委《关于加强和改进机关党的建设的意见》为着力点,夯实基础,突出重点,丰富内容,以务实上水平,从创新求发展,全面加强和推进市直机关党的思想、组织和作风建设。

一、深入开展理论学习和教育活动,机关党的思想建设进一步加强。一是继续抓好学习宣传贯彻落实党的十六大,十六届三中、四中全会精神和“三个代表”重要思想,积极开展创建学习型机关活动,不断提高市直机关广大党员干部的整体素质。二是牢牢抓住领导干部这个重点和中心学习组的带头示范作用,推进理论学习向深度、广度拓展。三是为保证在全市开展保持共产党员先进性教育活动的顺利进行,加强党务工作的学习,为各基层党组织购买了《党的基层组织党员教育工作》等书籍,用于指导工作。四是充分发挥电教资料库作用。用党费购买党风廉政电教片《立党为公执政为民先进事迹报告会》等共计 20 盘,组织各基层党组织免费借阅。五是在抓学习型机关创建活动的同时,积极开展党内教育活动。六是组织党务干部外出学习考察,组织市直机关党务干部 45 人到深圳市委党校进行学习培训。七是做好征订党报党刊工作。用党费为市直机关各基层党组织征订了 2005 年《当代贵州》、《党建文汇》各 592 份,《中直党建》47 份。同时加大了对党报党刊征订工作的督促力度。

二、全面贯彻落实《中国共产党党员权利保障条例》。一是加大贯彻落实《党员权利保障条例》力度,加强班子建设,进一步健全基层党组织。2004 年,市直工委审批新建党组织 8 个,审批党组织换届选举 62 个,完成 5 个党委、党总支及党支部委员的增补,理顺党支部组织关系 4 个,调整、合并党总支下属党支部 1 个;对 20 个企、事业单位软弱涣散基层党组织进行调研、整建、理顺;完成 2004 年度市直机关 149 个直属基层党组织党员年报的汇总统计工作。市直机关各级党组织 576 个,党员 8955 人,共接转组织关系 579 个,其中内转 57 个,转进 285 个,转出 237 个。二是进一步加强基层组织建设,认真开展保持共产党员先进性教育活动前期准备工作。向市直机关发放 6000 份问卷调查,对 18 个方面、50 项问答进行摸底调查;根据对机关党组织现状摸底排查情况,多次到基层进一步调查了解;赴四川省考察学习开展保持共产党员先进性教育活动的经验和做法。三是认真做好党员发展和预备党员转正工作。2004 年共审批发展新党员 275 人,审批预备党员转正 260 人。四是进一步抓好入党积极分子的培训工作。全年共举办两期入党积极分子培训班,309 名入党积极分子接受了培训。

三、坚持从严治党方针,充分发挥纪检监察的职能作用。一是开展形式多样的党风廉政宣传教育活动,牢记“两个务必”,提高党员干部廉政自律的自觉性,增强党员干部拒腐防变的能力。编印《党内监督条例》等资料,为基层党组织开展教育活动提供了方便;以电教网络为载体,购置党风廉政电教片,供各基层党组织免费借放。2004 年市直机关 41 个党组织到工委借放,观看党员达 5000 余人;组织市直各党组织观看《绝路》、《硕鼠行迹》电教片,有 140 多个党组织, 8000 名党员观看;做好观看电影《张思德》、《郑培民》的组织协调工作;组织市直机关副科级以上领导干部 1000 余人参加了在红花岗剧院举办的《贵州省勤政廉政先进人物事迹报告会》。二是加强党风廉政建设和反腐败工作。在市直机关党员领导干部中开展廉洁从政“三项清理”工作,对领导干部落实党风廉政建设责任制的情况进行认真清理登记并总结上报;做好群众来信来访工作,认真查处党员违纪案件。全年共接待群众来信来访 6 件次,立案 2 件,结案 2 件,开除党籍 2 人。

四、以开展各种活动为载体,机关精神文明建设向前推进。一是以各种节日庆典为契机,积极开展各项活动。为庆祝中国共产党建党 83 周年暨“全民健身宣传周”十周年,举行了市直机关“拔河比赛”活动，来自市直机关44个代表队1000余人参加了比赛；6月26日，组织市直机关55个单位1000多人参加“国际禁毒日”宣传活动；9月27日，承办“迎国庆、唱成就”歌咏比赛；组织市直机关1000多人观看“中国残疾人艺术团”赴遵大型公益演出。二是积极开展帮扶救济送温暖活动，会同市总工会开展“百万职工五月送温暖”行动，市直109个单位，7926人共捐现金205802.60元。

五、运用目标管理及效能建设推进机关全面建设。一是在2003年政府部门开展效能建设的基础上，对2004年市直机关全面开展效能建设进行了及时研究落实，分别与市纪委、市效能办等单位多次协商，并征求相关单位意见后形成初步方案上报市委，市委、市政府及时转发各单位；二是制定市直机关2004年度岗位目标效能建设考核内容，并对相关工作进行布置和培训；三是对市直目标加大了平时检查的工作力度，督促市直机关各单位按照目标管理的要求，较好地完成各项工作任务。

（周康友　冯光武）

【市直机关2003年目标管理效能建设考核工作圆满结束】　市直机关2003年度目标管理效能建设考核工作于2004年1月17日圆满完成，并在春节前兑现了100个单位（其中有7个单位归并在相关部门一并考核）年终目标管理效能建设考核奖金。考核中，各考核小组按照考核实施办法的要求，坚持公开、公正、公平的原则，以各单位的工作现实材料为依据，用统一的标准、统一的尺度和采取查看资料、询问以及与被考核单位交换意见等方式开展考核工作。经市效能建设领导小组、市考评委员会认真讨论并报经市委、市政府领导审定，在93个被考核单位中，被评为优秀等次的17个，一等奖21个，二等奖52个，三等奖3个，连续3年被评为一等奖（含优秀）的单位有21个。

（周康友　冯光武）

【元旦、春节期间组织市直机关开展帮扶送温暖活动】　2004年，市直机关工委于元旦、春节期间，组织市直各单位联合开展对两城区范围内的困难职工帮扶送温暖活动，共有73个市直机关部门、企事业单位参加，对491户进行了帮扶慰问，慰问金达10万余元。市直机关78个单位纷纷下到各自帮扶点（农村）开展送温暖慰问活动。共慰问贫困农户388户，发放慰问金78060元；捐新衣服112套，半旧衣物836套。

（周康友　冯光武）

【举办市直机关庆祝建党83周年“拔河比赛”活动】　6月10日，为庆祝中国共产党建党83周年暨“全民健身宣传活动周”十周年，进一步推行全民健身活动的开展，市直工委与市体育局在纪念广场联合举办了市直机关“拔河比赛”，来自市直机关44个代表队（含遵义卷烟厂、红花岗区老城办事处）1000余人参加了比赛。经过3个多小时的比赛，市公安局、遵义卷烟厂代表队获一等奖；市卫生局、市体校、市国安局、市石油公司代表队获二等奖；市公交公司、市社会福利院、市电信公司、市供销社、市城管局、市药监局代表队获三等奖；市中级法院、市建设局、市纪委、市水利局获组织奖。

（周康友　冯光武）

【举办市直机关“迎国庆、唱成就”歌咏比赛】　9月27日，为庆祝中华人民共和国成立55周年，展示市直机关党员干部的风采。由中共遵义市委、遵义市人民政府主办，中共遵义市直属机关工委承办的市直机关“迎国庆、唱成就”歌咏比赛在纪念广场隆重举行。来自市直机关、企事业单位及遵义武警支队、市老年大学合唱艺术团、遵义卷烟厂等11支合唱队1000名党员干部、职工、军人和离退休人员积极参加了歌咏比赛。通过评比，市政府机关合唱队获一等奖；市老年大学合唱艺术团、遵义卷烟厂合唱团获二等奖；市公安局、市商业银行、市电信公司合唱团获三等奖；遵义卫校、遵义职业技术学院、遵义武警支队、市委党群机关、市供排水公司合唱队获组织奖

（周康友　冯光武）

【加强党内信息管理，确保统计年报质量】　11月24日，为适应新形势下党内信息管理的需要，促进“中国共产党基本信息管理系统”的有效运用，切实做好市直机关2004年度党内统计年报工作。市直机关工委开展了党内统计年报培训。市直各直属党委、党总支共计83个党组织的有关负责人及微机操作人员参加了培训。

（周康友　冯光武）

机构编制

【概况】 2004年,遵义市编委办严格执行中央、省、市有关机构编制管理工作的方针、政策,进一步加强机构编制管理工作,为党委、政府提供决策依据,做好参谋和助手,各项工作取得了一定的成效。

一、完成市、县两级政府机构改革任务。6月15日,为加快县级政府机构改革工作进度,召开了县、区(市)编委办主任会议,研究县级政府机构改革需要解决的问题,提出了处理意见,并明确了完成任务的时限。根据这次会议精神,市、县两级政府加快了机构改革步伐。8月底前完成了市、县政府机构改革工作任务。

二、加强机构编制管理工作的规范化、制度化建设,做到"两个继续"和"四个严禁"。继续坚持和完善编委会制度,全年召开编委会5次;继续坚持机构编制"一支笔"审批制度和年度空编补员计划制度,对2004年市直机关、事业单位空编补员计划进行了认真审批,其中,军转干部及随军家属安置25名,副县级以上领导干部家属调动10名,引进特需人才10名,机关补员60名,机关聘用工勤人员10名,财政拨款事业单位补员计划60名,预留计划25名,共有200名;全年研究办理市直机关、事业单位和各县、区(市)各类批复230余件,回复政协提案2件;认真做好机构编制管理证审验和统发工资实有人数的审核工作,防止超编进人;加强机构编制统计台帐管理,做好机构编制数据的统计分析工作;重视机构编制档案的立卷归档等工作。加强机构编制督查工作。

三、提高机构编制系统干部的整体素质。2004年,市编委办开展了形式多样的党风廉政学习活动,8月31日~9月2日召开领导干部民主生活会,进一步加强了党风廉政建设工作,党风廉政建设责任制执行情况良好,没有发生一例违法乱纪情况;认真组织法律法规宣传教育活动,2004年重点学习了《行政许可法》;4月和6月,市编委办采取"走出去、请进来"的方法先后与湖南张家界市编委办、怀化市编委办就机构编制等方面的工作进行了相互交流学习;11月8日~11日,市编委办组织各县、区(市)编委办负责人分5个组对14个县、区(市)2004年度机构编制管理和事业单位登记管理工作进行交叉检查,并于11月12日~14日在习水县召开了遵义市机构编制工作第一次年会。

(毛万霞)

【确定汇川区党政群机关机构设置方案】 2004年,市编委办按照"小机关、大服务"和"精简、统一、效能"的原则,拟定了汇川区党政群机关机构设置方案。经市编委会审核,市委审定报省编委办批准,汇川区党的机构设置8个,其中,区委(党工委)工作部门7个;区政府(管委会)工作部门设置14个(不含监察局),受政府委托行使部分行政管理职能的直属事业单位2个。核定汇川区区直属党政群机关行政编制250名,政法专项编制111名。

(毛万霞)

【推进事业单位法人登记管理工作,保障事业单位依法开展活动】 全市符合登记条件的事业单位4588个,已登记事业单位4188个,应年检的事业单位3741个,已年检的事业单位3741个。2004年,市、县、区(市)分别举办了事业单位法定代表人培训班,共举办培训班16期,培训事业单位法定代表人3612人次。其中市直于3月2日举办了事业单位法定代表人培训班,培训181人次。为加强事业单位登记管理机关工作人员的业务知识,组织人员分别参加了由国家事业单位登记管理局举办的"行政许可法与事业单位登记管理培训班"和省事业单位登记管理局举办的"事业单位登记管理执法人员培训班",提高了事业单位登记管理机关执法人员整体素质。

(毛万霞)

【开展调查研究,积极完成调研任务】 2004年,市编委办就各县、区(市)反映的机构编制管理情况及存在的问题、农业系统的管理体制、国土资源管理部门实行垂直管理后的管理意见等问题综合后写出调研报告报省编委办;由市、县、区(市)编委办牵头,组织、人事、财政、民政等部门参加,全市共发出调查问卷1300份,并根据收回的问卷内容撰写了《乡镇行政体制和机构改革调研报告》,为党委、政府切实加强乡镇机构编制管理,巩固机改成果，有效解决“三农”问题提供了决策依据；市编委办先后派员与市城管局、市安监局、市建设局、市国土资源管理局等单位到省内外对相关管理体制进行了调研，并结合遵义实际调整有关管理职能，进一步理顺了部门之间的职责关系。

（毛万霞）

【采取切实有力措施，认真做好帮乡扶贫工作】 2004年，市编委办与市人事局、市离退休干部局、市规划局、市集体工业联社共同组成遵义县平正乡扶贫工作队。市编委办在人员少、经费紧的情况下，通过多方协调引进资金18万元，并通过遵义县教育局的资金匹配，为平正乡捐资建校2所，慰问帮乡扶贫资金3000元并捐赠了相当数量的扶贫物资，同时组织1名小学校长免费参加“香港学校校长中国西部农村教育考察团”到陕西培训考察。

（毛万霞）

市委党校 市行政学院

【概况】 2004年，遵义市委党校、遵义市行政学院继续深化教学科研、行政后勤改革，认真履行培训轮训领导干部和公务员的职能，全面落实“实事求是、与时俱进、艰苦奋斗、执政为民”的办学新要求，进一步解放思想、深化改革、抢抓机遇，在自身建设和发展上，在领导干部和公务员培训上，都取得了明显成绩。

一、与时俱进，求真务实，明确工作方向。市委党校、市行政学院明确了“一二三四五”的办学宗旨和办学方向，即一个校训：团结、奉献、求实、创新；两创目标：创建文明单位、创建地市级一流党校；三高要求：教学高质量，管理高水平，服务高标准；四化工程：教学科研信息化、行政管理科学化、后勤服务社会化、校园建设园林化；五个理念：政治坚定、无私奉献的思想理念，为人师表、质量第一的教学理念，勤政廉洁、科学高效的管理理念，以人为本、优质规范的服务理念，实事求是、与时俱进的发展理念。学校坚持以教学质量为主线，以教学科研、行政后勤改革为动力，调动一切积极因素，不断营造功能完善的教学环境、舒适优美的生活环境、和谐舒畅的人文环境、廉洁高效的服务环境，使各项工作上了一个新台阶。

二、探索党校教学规律，拓展党校教育。一是狠抓教学质量，建立健全教学质量考核机制，严格教学管理，改革教学内容，完善教学布局。大兴调查研究之风，增强了教学的思想性、针对性、鲜活性，规范了课程设置、专题选定，完善了教学相长、学学相长的教学方法，扎实推进“三个代表”重要思想进教材、进课堂、进学员头脑。二是加强对重大理论和现实问题的研究，坚持围绕市委、市政府重点工作进行调研，建立了党校课题库，实现教学科研的一体化。2004年，教研人员共撰写了30余篇文章，12人次参加省、市组织的各类研讨会议，其中3名教师获奖。三是继续抓好全市农村党员干部现代远程教育工作，加强数据库建设，建立以党校网站为平台的资源中心，强化对全市各网站的管理和维护，积极把各类资源整合好、开发好、利用好。2004年，共编辑上传VOD视频资源840个，制作资料短片35个，为全市培训了400多名远程教学技术骨干。四是加强硬件建设，提高网络利用率，完成了校园网扩容工程，新建微机室1间，多媒体教室6间，全校教学办公微机达到205台，信息化程度大幅度提高。

三、加强队伍建设、作风建设和精神文明建设，加快各项工作的规范化、制度化和科学化进程。一是为加强党风廉政建设，校委总结提出了“八要八不要”的行为准则，即：要坚定信念，不要动摇；要刻苦学习，不要懒惰；要开拓创新，不要守旧；要忠于职守，不要失职；要搞好团结，不要涣散；要发扬民主，不要独断；要公道正派，不要偏斜；要遵纪守法，不要违纪，充分发挥了每个领导成员的表率作用。二是建立一支政治强、业务精、懂管理的复合型干部队伍，配备了学校教育长，优化了校级班子的年龄结构和知识结构，5名中层干部进入校级后备干部名单。三是健全师资培养机制，积极探索人才培养、吸引、使用和激励的新思路、新举措，公开选聘法律、计算机教师和专业技术人员3名，在中央党校和深圳培训基地培训教师14人次，教职工外出考察30人次，挂职锻炼1人。四是开展了先进科室、先进个人评选活动，为残疾人、下岗职工、农村扶贫点捐资18000余元，衣物2000余件；举办了第二届校运动会和歌咏比赛，组织了建党节、教师节等庆祝活动，营造了文明、健康、积极向上的人文环境。五是加强效能建设，建立严格的考核机制，进一步完善全校教职工量化考核方案，把平时工作检查与年终考核结合起来，规范了岗位责任和人员定位工作，最大限度地发挥教职工的工作主动性、积极性、创造性。

四、以优质服务为重点，切实加强后勤服务保障工作。一是加强了校产的清查和规范管理，严格成本核算，严肃财经纪律，充分挖掘潜力，激活现有资源，保障国有资产保值增值。二是因地制宜，立足当前，着眼发展，科学规划校园布局，制定并实施校园整治综合方案，维修了大礼堂和办公楼，增加了校园6个亮化景点，培植花木3000余株(棵)，新绿化草坪1100平方米，逐步提高校园文化品味和绿化、美化、亮化档次。三是以人为本，进一步落实“为学员服务，为基层党校服务，为教职工服务”的要求，改进了食宿接待条件，添置了30套餐具，4台餐厅用空调，提高了服务质量和保障能力。四是进一步加强校园治安综合治理工作，调整了普法综合治理组织机构特别是禁赌禁毒组织，建立和完善了重点防范措施，制定了突发事件应急预案，维护了正常的教学秩序和安全。

2004年，共完成各类培训5438人，其中县(处)级、科(局)级领导干部常规培训546人；十六届四中全会读书班560人；公务员初任培训、任职培训162人；《行政许可法》和行政执法班660人；农村远程教育技术人员400人；“四在农家”290人；入党积极分子120人；研究生班、本科班、大专班培训1500人。为部门培训业务骨干1200余人。

(范富华　冯德秋)

【全省党校系统职工运动会在遵召开】 7月21日~28日，遵义市委党校承办了全省党校系统第六届职工运动会。省委党校和全省9个地、州、市委党校10支运动队共380名运动员参加了篮球、围棋两个项目的角逐。运动会期间，还举行了歌咏团体赛和丰富多彩的联欢晚会。整个运动会准备充分，组织得力，取得了圆满成功，受到了全省党校系统同仁的一致好评，遵义市委党校获得了两个团体第一名，一项个人第一名的优异成绩。

(冯德秋)

【举办首届县级干部研究生班】 2004年，遵义市委党校举办首届县级干部研究生班。全市共有130名县级干部由组织部门推荐报名，经省委党校组织的严格统一入学考试和复试，共录取75名县级干部。该班是遵义市迄今为止层次最高的班级，也是贵州省委党校首次在地级城市举办的县级干部研究生班。学员将在职学习3年，通过考试、考核和论文答辩，获得研究生学历。

(冯德秋)

【市委党校深圳培训基地挂牌】 为探索和建立干部教育培训新途径、新机制，经与深圳市委党校协商，遵义市委组织部同意，遵义市委党校在深圳市委党校建立了干部教育培训基地。市委党校、市委组织部的有关负责人于11月23日在深圳市委党校参加了挂牌仪式。首批全市党校系统和组织系统干部培训班45人于10月~11月在基地参加了培训。

(冯德秋)

纪律检查与行政监察

【概况】 2004年，遵义市纪委、监察局认真贯彻党的十六大和十六届四中全会以及中纪委、省纪委三次全会精神，紧紧围绕党委、政府的中心工作，建立健全与社会主义市场经济体制相适应的教育、制度、监督并重的惩治和预防腐败体系，坚持惩防结合、综合治理，不断加大从源头上预防和治理腐败的力度，各项工作取得了一定成效。

一、扎实推进领导干部廉洁自律各项规定的落实。一是对领导干部廉洁自律各项规定的落实提出了具体的要求和措施，结合实际开展了专项清理工作。共清理出兼任企业领导职务的党政干部12人；清理并纠正违规购买商业保险47.5万元；清理并收回党政干部借欠公款127.1万元。二是加强督促检查，抓好领导干部廉洁自律各项规定的落实。要求在民主生活会召开前15天，领导干部将个人执行廉洁自律有关规定的情况写出书面说明，在一定范围内公示，接受群众监督。同时，充分调动特邀新闻监督员的工作积极性，针对群众反映强烈的公车私用、大操大办借机敛财等问题展开明察暗访,共查处公车私用行为142起。由于措施有力,工作到位,领导干部廉洁自律自觉性有所增强,仅县级干部就主动上交礼金近18万元。

二、进一步加强案件查办工作,依纪依法惩治腐败。2004年,全市各级纪检监察机关共收到群众来信来访和电话举报6140件次,初查核实违纪线索983件,立案850件,党政纪处分973人,其中县处级干部21人,乡科级干部101人,立查万元案件169件,为国家挽回经济损失1045万元。重点查处了一批县处级领导干部严重违纪违法案件,有效查处了一批经济大案,严肃查处了损害国家和群众利益的案件。比较典型的有遵义市质量技术监督局3名干部索贿受贿案,其中涉案县级干部2人,正科级干部1人,3人均被追究法律责任;遵义公路管理局3名县级干部利用职权在公路项目建设中收受他人贿赂共计65.7万元,3人均被追究刑事责任;正安县特大交通事故责任追究案,查处干部16人,其中县级干部3人,科局级以下干部13人;遵义县科技局原局长等人盲目推销黄姜种子,从中谋利10万余元,并给300户农民造成经济损失共计130万元。

三、找准着力点,切实解决人民群众反映的突出问题,纠正部门不正之风。一是深入治理教育乱收费。全市在义务教育阶段学校全面推行了"一费制",减轻中小学生负担1591.3万元。学校收费实行"收支两条线"管理,部分区县设立了教育系统会计结算中心,对符合着装条件的中小学校校服实行招标采购,严肃查处了教育乱收费案件。二是纠正医药购销和医疗服务中的不正之风取得初步成效。全市33个县以上非营利性医疗机构参加了药品招标采购,采购金额6895.61万元,让利于患者815.94万元。三是认真开展减轻农民负担工作。四是民主评议行风工作深入开展,评议方法进一步创新。全市在环保、电信、移动、联通、铁通等系统开展了民主评议行风活动,行风评议代表全部由市政协推荐产生,确保了代表的广泛性。同时,继续巩固治理公路"三乱"工作成果,使违规着装、擅自扩大着装范围的现象得到了有效治理。

四、执法监察力度进一步加大。一是认真开展专项资金管理使用的执法检查。全市开展了对国债资金、扶贫资金、社保资金、退耕还林资金管理使用的监督检查,先后对红花岗区桃溪中学综合教学楼、习水县法院审判庭综合楼及正安县、遵义县、赤水市农村电网建设与改造一二期工程等资金管理使用情况进行了检查,对发现的问题及时进行了督促整改。二是继续开展对经营性土地使用权招标拍卖挂牌出让情况的执法监察。三是进一步推进机关效能建设。将效能办、效能投诉中心纳入政务服务中心集中管理,建立了绩效考评机制,效能建设工作纳入了党委政府的目标考核体系。四是加大对有形建筑市场和建设工程招投标的监督力度。五是切实加强对安全责任事故的查处。

五、进一步加大从源头上预防和治理腐败工作力度。一是认真学习贯彻《行政许可法》,深化行政审批制度改革。二是深化财政制度改革,部门预算实行了预算内外资金统管的财政综合预算,各地进一步扩大了部门预算试点范围,已开展此项工作的单位237个,试点单位59个;国库集中收付改革试点进一步扩大,市县两级共建立了4个国库集中支付中心,直接支付和授权支付金额共9550万元。三是深化干部人事制度改革。四是"三公开"工作不断巩固和深化。县级以上行政机关政务公开工作,着力在制度、规范上下功夫,以现代网络技术为载体,深化政务公开。五是深化投资体制改革。拟定了全市深化投资体制改革的建议,提出了落实企业投资自主权、完善政府投资体制、简化固定资产投资许可证发放办法、严格规范招投标活动的要求。

六、切实加强党风廉政宣传教育,筑牢领导干部拒腐防变的思想防线。一是组织召开了"遵义市建立健全惩防体系理论研讨会",对全市党风廉政建设中存在的问题、如何构建惩防体系等进行了研讨。二是认真开展两个《条例》和党风廉政法规知识的宣传教育,增强广大党员干部遵纪守法的自觉性。全市制发学习宣传资料27.48万份,组建学习宣讲团26个,宣讲291场次,依托各级党校举办学习班137个,700余名县级干部、2800余名科级干部参加了学习培训,2.8万余名党员干部撰写了学习心得。全市有1.3万人次党员干部参加了《条例》宣传一条街活动,组织文艺专场演出11场次,推出反腐倡廉文艺节目40余个。全市还开展了230余场知识抢答赛和一次知识竞赛活动,参加党员干部达6.4万余人。三是开展了学先进、树典型的"示范教育"活动。全市各地共表彰勤政廉政模范人物200余名,其中,市委、市政府表彰72名,举行了12场勤政廉政事迹巡回报告会,在市区丁字口百米宣传长廊集中举办了全市勤政廉政模范人物图文展。四是组织观看了《绝路》、《硕鼠行迹》和《立党为公，执政为民》等反腐倡廉电教片1100余场，直接受教育的党员干部近20万人次。

（王　东）

【认真落实谈话制度】 2004年，遵义市纪委严格执行纪委领导与下级党政班子成员谈话制度。根据群众反映，以及巡视组了解、党风廉政建设责任制检查等渠道掌握的情况，由纪委领导对有轻微违纪但不够纪律处分的县、区（市）党政班子成员和市直机关部门负责人进行谈话，指出问题，提出要求，进行告诫。全年纪委领导先后与13名县级干部和206名乡科级干部谈话，起到了防微杜渐的作用。

（王　东）

【开展单位一把手述职述廉制度】 2004年初，市纪委为进一步强化党内监督，要求各县、区（市）党委一把手在年终将个人廉洁自律情况、履行党风廉政建设责任制情况、贯彻执行党的路线、方针、政策情况以及勤政廉政情况向全委会述职，以接受监督。按照这一要求，全市14个县、区（市）党委一把手先后在全委会上进行了述职，一些县、区还以扩大会的形式，邀请纪委委员、人大、政协领导参会，听取大家意见，主动接受监督。述职述廉制度的落实，加大了对“一把手”的监督力度，取得了一定效果。

（王　东）

【开展巡访活动】 2004年，市纪委、监察局从解决好群众反映问题的目的出发，对县、区（市）开展信访举报巡访工作及时进行指导和帮助，把不断开创信访举报工作新机制作为纪检监察工作与实现好、维护好、发展好人民群众根本利益的结合点，加大对各种容易滋生腐败行为、环节的监督和预防力度。通过开展巡访，既能增强信访举报工作的主动性、预见性、针对性、实效性，更好地变上访为下访，变等访为约访，变事后访为事前访，又能多渠道征询群众意见，及时发现信访苗头和倾向，有效化解了社会矛盾，为解决信访工作“三难”问题起到前瞻性、预警性的作用。

（王　东）

【开展案件公开审理】 2004年，遵义市纪委改革与创新案例审理方式，对个别有影响的案件实行公开审理。整个公开审理程序结合党政纪案件审理方式的特点，并借鉴司法机关案件审理的部分程序，当场公布审理结果。通过公开审理，被审理对象对审理结果心服口服，从最初的不理解，感到委屈，到最后认识到因自己的失职给国家、人民造成重大的损失感到愧疚，受到相应的纪律处分也是理所当然，思想认识发生了很大的变化，一定程度上对参加旁听的人也起到了深刻的警示教育作用，产生了积极的社会效果。

（王　东）

【建立城市管理行政执法局，深化行政管理体制改革】 2004年，为积极探索行政管理体制改革，将工商、环保、林业、交警等部门涉及城市管理的职能进行整合，成立市城市管理行政执法局，解决目前城市管理中多头执法、职责交叉、重复处罚、执法扰民问题，能更好地从源头上预防和治理执法过程中的腐败。

（陶　刚）

【加大有形建筑市场和建设工程招投标监督力度】 2004年，全市监察机关共参与招投标监督163次，严肃查处3起插手建设工程招投标问题。针对省发改委稽查桐梓—正安S303道路改造工程中存在招标投标不规范的问题，以及配合市发改委对重大项目招投标进行检查中发现的问题，市监察局督促相关部门进行整改，市交通局对7家施工企业在S303道路改造工程中违法转包、分包行为进行了处罚，将一家弄虚作假骗取中标的施工单位清退出场。同时认真受理并查处招投标举报和投诉。

（陶　刚）

【治理教育乱收费】 2004年，全市义务教育阶段学校全面推行“一费制”，为全市中小学生家庭减轻费用负担1591.3万元。公办普通高中招收择校生全面实行限人数、限钱数、限分数的政策，择校高收费现象得到了遏制。全市对符合着装条件的中小学校学生校服实行招标定点厂家进行采购，共采购校服15.2万套，采购金额723.8万元。加强对教育收费资金使用的监督管理，学校收费实行“收支两条线”。全市查处义务教育阶段学校乱收费问题的案件37件，涉及金额116.75万元，向学生退还各种费用136.75万元；查处违反公办高中择校生“三限”政策问题的学校2个，涉及金额13.3万元；查处摊派、搭车收费问题的单位1个，涉及金额6.7万元；制止强行征订教辅材料和降低教材价格减轻学生经济负担53.8万元。全市受理群众投诉252件次，受党政纪处分11人，免职等组织处理17人。

（陶　刚）

【纠正医药购销和医疗服务中的不正之风】 2004年，全市33个县以上人民政府、国有企业举办的非营利性医疗机构参加了全省网上招标采购。集中招标采购药品总金额为6895.61万元，占医院购药总金额的66.8%，集中招标采购药品让利患者815.94万元。医院开展了医疗服务价格和费用查询制度，以及创建诚信医院和放心药房活动，医务人员上交“红包”、回扣、开单提成35人次，上交金额0.463万元。药品监督管理部门认真开展整顿规范药品流通市场，严厉打击制售假冒伪劣药品、非法产品、经营药品等违法行为。工商、卫生部门加强对虚假药品广告及非法诊所的治理，规范医疗行为。查处收受药品回扣、开单提成等问题的案件1件，涉及金额0.3万元，受政纪处分1人，移交司法机关2人。医疗服务中的不正之风有所遏制。

（陶　刚）

【开展减轻农民负担工作】 2004年，通过农村税费改革和开展对农业生产性费用、农民建房收费、农网改造等专项治理，共减轻农民负担1529.94万元，治理农村灌溉用水用电乱收费减轻农民负担430.3万元，向农民工退还各种乱收费17.59万元。涉及税收征管行为进一步规范，非税收人员收税现象初步得到解决。为了巩固治理党政部门报刊散乱和滥用职权发行的成果，各县、区（市）已停办自办报刊，同时农村公费订阅报刊必须实行“限额制”规定。农民工子女进城入学难问题基本得到解决，与市民享受同等待遇，同时面向农民工的不合理收费初步得到有效制止。2004年全市查处涉及农民负担的案（事）件9件，受政纪处分10人，其中县级干部1人、科级干部9人。

（陶　刚）

【开展整顿统一着装工作】 2004年，全市清理未经国务院批准着装的行业15个，着装人数7114人，着装经费575.5万元。经国务院批准的着装行业7个，着装人数6307人，着装经费1498.69万元。仿制穿制式服装的行业7个，着装人数780人，着装经费60.66万元。整顿后减少统一着装人员9142人，收缴制式服装10093套，折价285.05万元。收缴标志牌3546块。违规着装、擅自扩大着装范围的现象得到初步治理。

（陶　刚）

【民主评议行风工作深入开展】 2004年，环保、电信（电信、移动、联通、铁通）系统开展了民主评议行风活动。聘请民主评议行风代表112人，行风义务监督员237名，发放问卷调查表4500份，回收4176份，回收率达92.80%。遵义人民广播电台和遵义电视台开办了“行风热线”、“行风面对面”专题栏目，领导与群众直接对话、倾听意见、受理投诉，拓展了政府与百姓交流的渠道，实现了评议工作的良性互动。全市民政系统、一些县的乡镇、企业局、旅游局、中央驻遵银监局等部门在系统和行业内也开展了民主评议行风工作，收到了较好的效果。

（陶　刚）

【严肃查处顶风违纪的案件】 2004年，全市纪检监察机关严肃查处了市公交公司“3·29”堵塞交通案件；市运管处“3·24”春天堡撬锁堵塞交通案件；遵义县永乐镇公款旅游案件；红花岗区疾病预防控制中心和区工商局办理下岗职工再就业乱收费案件；绥阳县风华镇农民建房乱收费案件；道真自治县旧城镇、隆兴镇以及绥阳青杠塘镇计划生育致人死亡案件；正安县强迫种植烤烟伤害农民案件；红花岗区殡葬职工堵路案件；民政福利院管理混乱致残疾儿童死亡案件；五中、八中不合理收费案件；仁怀市医院乱收费等一批有影响的损害群众利益的案件。对有关涉案的36名责任者给予党政纪处分，其中党纪处分13人，政纪处分19人，免职等组织处理19人。红花岗区疾病预防控制中心和区工商局办理再就业工作中的乱收费案件，已通过报纸向市民道歉。

（陶　刚）

【开展经营性土地使用权招标拍卖挂牌出让执法监察】 2004年,全市各级纪检监察机关共参与处理经营性土地使用权出让151宗,面积92.83公顷,价款34366.87万元。其中招标拍卖挂牌出让129宗,面积67.35公顷,价款27410.50万元;处理历史遗留问题22宗,面积25.48公顷,价款6955.99万元。经过近两年的规范,全市经营性土地出让基本实行了招拍挂。

(陶　刚)

【切实加强对安全责任事故的查处】 2004年,全市各类安全生产事故中被追究责任受到党政纪处分的54人,其中县级干部3人,科级干部16人,一般干部35人。在正安"4·5"特大道路交通死亡28人责任事故调查处理中,发现有国家机关工作人员参与营运经营和制作假准驾证,进而发现运管部门在体制、机制上存在问题,市监察局督促县政府及相关部门进行整改。针对桐梓煤矿事故频发问题,市监察局牵头组织调查组进行调查,督促桐梓县进行整改。市纪委监察局和汇川区检察院联合对一起瞒报安全生产事故引出的腐败问题进行了严肃处理。

(陶　刚)

【开展"四个坚决纠正",切实维护群众利益】 一是坚决纠正征用农民集体所有土地中侵害农民利益的问题。清理检查1999年1月1日以来全市经国务院和省政府批准的各类用地共277宗,涉及面积2.9817万亩,征地补偿费48399.76万元。除已支付村组和农户46489.26万元外,尚拖欠1818.97万元,其中拖欠集体1798.89万元,拖欠农民20.28万元;挪用91.52万元。通过清理检查,查处违纪违法案件1件,给予党纪处分7人,拖欠、挪用的征地补偿费至2004年底前已全部兑现到位。二是坚决纠正城镇拆迁中侵害居民利益的问题。全市拆迁工作自2001年1月以来,共核准拆迁项目257个,拆迁面积约264万平方米,涉及被拆迁户25000户,完成拆迁投资21.4亿元。通过调查,查处制止违法拆迁案件4宗,纠正侵害群众利益的行为35件次。三是坚决纠正企业改制中侵害职工利益的问题。全市企业改制列入计划29户,2004年已完成改制2户,12户正在实施,5户正在进行方案洽谈,5户实行了租赁经营。四是坚决纠正拖欠农民工工资问题。全市清理拖欠民工工资共18768.33万元,主要发生在建筑业(含义教工程和公路建设工程),占拖欠总额的80%以上,已兑现14243.55万元,占拖欠总额的76%。针对一些用人单位,尤其是建筑、乡镇矿山、餐饮、娱乐、服务等行业近年来拖欠、克扣农民工工资的突出现象,督促相关部门建立用人单位工资支付信用制度,工资保证金制度。

(陶　刚)

遵义市人大常委会

【概况】 2004年,遵义市人大常委会坚持以邓小平理论和"三个代表"重要思想为指导,认真履行宪法和法律赋予的职责,不断提高民主政治建设的能力,不断提高维护法制统一性的能力,不断提高保护人民群众利益的能力,切实做好新形势下的地方人大工作,充分发挥地方国家权力机关的职能作用,为促进全市社会主义物质文明、政治文明、精神文明协调发展,实施西部大开发战略,富民兴遵做出了新的贡献。

一、突出工作重点、增强监督实效。2004年,先后召开常委会会议7次,主任会议21次,听取和审议"一府两院"有关工作报告20个,作出决议、决定和审议意见13个。一是围绕经济建设中心,贯彻落实科学发展观,加强对国民经济运行情况和财政预算的监督。市人大常委会先后召开了3次常委会会议、5次主任会议,听取和审议了春耕备耕,国家开发银行贷款建设项目和贷款使用,交通基础设施建设,非公有制经济发展,国民经济运行和财政决算情况以及《中华人民共和国水法》、《中华人民共和国乡镇企业法》、《贵州省旅游业管理条例》贯彻实施情况等11个议题。二是坚持以人为本,加强对社会关注的热点难点问题的监督。市人大常委会会议和主任会议先后审议了殡葬改革,2004年"遵义环保世纪行"、广播电视网络工程建设、治理教育乱收费以及《中华人民共和国母婴保健法》等5个议题的贯彻实施情况。三是加强对"两院"的执法监督,促进司法公正。市人大常委会继续开展以个案监督为基本形式的执法监督工作,督促市"两院"认真落实执法责任制和错案责任追究制。2004年，向司法机关督办和交办涉法案件18件，已纠正11件，促进了司法公正，维护了法律尊严与当事人的合法权益。共受理群众来信1430件、来访290批5700人次。在来信来访中，加大对重信重访案件的督查督办力度，督促有关部门纠正一些社会反映强烈和明显违法的案件，帮助人民群众解决一些实际困难和问题，化解了人民内部矛盾，维护了社会政治稳定。并配合省人大常委会对《中华人民共和国传染病防治法》、《中华人民共和国水污染防治法》、《中华人民共和国科普法》、《中华人民共和国气象法》等开展了执法检查。

二、做好代表工作和人事任免工作。一是加强和改进代表工作，发挥代表的主体作用。2004年，市人大常委会采取属地视察、集中视察、专题视察等方式，组织省、市人大代表450余人次，围绕加快发展这个主题、“三农”问题这个重点以及群众反映和关注的热点问题等内容进行视察。市人大常委会还配合省人大常委会开展了在黔部分全国人大代表视察遵义市的资源开发利用和环境保护工作。对市二届人大二次会议以来，代表提出的议案1件，建议、批评和意见134件，已督促有关部门办理完毕，并逐件答复了代表。遵义市人大常委会还督促有关部门及时办理市人大代表提出的《关于在遵义县松林镇高海拔地区建气象观测点》的建议案。二是做好人事任免工作，认真开展述职评议。2004年，遵义市人大常委会依照宪法和法律的规定，共任免国家机关工作人员39人次，接受辞职2人，补选省十届人大代表2人。在人事任免上，坚持和推行任前法律知识考试、任前承诺和任后述职等制度。2004年，遵义市人大常委会对市人民政府一副市长、市广播电视局局长和市建设局局长进行了述职评议。遵义市人大常委会还首次开展对由市人大及其常委会选举和任命干部年终书面述职报告工作，拓宽了人大常委会的监督渠道。三是加强对县乡人大工作的联系和指导，不断推进基层民主政治建设。遵义市人大常委会坚持县、区（市）人大常委会负责人列席市人大常委会会议制度。2004年，遵义市人大常委会各工委、室分别召开了与各县、区（市）人大常委会工委、室对口联席会议。举办了第六期人大干部培训班，对各县、区（市）人大工委负责人和部分乡镇人大主席或副主席100余人进行了法律知识和业务培训。

三、加强自身建设，提高履职能力。一是加强思想建设，改进工作作风。遵义市人大常委会紧密联系思想和工作实际，坚持常委会会议前举办法制讲座制度，邀请有关领导和专家，举办了宪法、组织法、行政许可法、人民代表大会制度、贵州省各级人民代表大会常务委员会监督条例，贵州省人民代表大会常务委员会述职评议工作条例等5次法制讲座。常委会领导班子成员和各工委负责人围绕审议的议题和工作中的重大问题，深入实际，深入基层，开展了大量的调研活动，撰写了22个质量较高的调查报告，努力使常委会的工作更加贴近实际，更好地代表最广大人民群众的根本利益。二是开展宪法法律宣传教育，提高全民法制观念。以宪法修正案和行政许可法的颁布实施为契机，组织常委会组成人员和机关干部深入学习宪法与行政许可法，广泛宣传宪法与行政许可法，对由遵义市人大及其常委会选举和任命的“一府两院”领导和政府组成部门负责人进行了法制培训。为纪念全国人民代表大会成立50周年和县级以上地方人民代表大会设立常委会25周年，遵义市人大常委会组织召开了全市人大工作座谈会，共同探讨如何进一步做好新时期的地方人大工作；举办人民代表大会制度50周年法制讲座；邀请在遵新闻单位负责人召开座谈会，研究部署了加强人大制度的宣传工作；在《遵义日报》上开辟人民代表大会制度纪念专栏；开展了第四届“宣传人民代表大会制度好新闻”评选活动等。通过这些活动和工作，进一步强化全民的宪法意识和法制观念，有效地推动宪法和法律的贯彻实施，同时也进一步提高全社会对人民代表大会制度性质、地位和作用的认识。三是坚持和依靠党对人大工作的领导，认真贯彻市委关于加强人大工作的意见。按照中共遵义市委要求，遵义市人大常委会组织4个调查组，深入到各县、区（市），对党委和人大常委会落实《中共遵义市委关于加强人大工作的意见》的情况进行督查。通过召开座谈会、听取汇报、走访等多种方式了解情况，针对督查中反映出的问题写出专题调查报告，向中共遵义市委进行汇报，使市委加强人大工作的要求得到进一步贯彻落实，推进了民主政治建设。四是加强对外联系，认真学习外地人大工作经验。2004年，遵义市人大接待了挪威议会代表团以及省内外人大来遵考察团队154批1224人次（其中省部级24批），协助省人大常委会在赤水市举办了全省人大教科文卫工作座谈会。同时围绕财经、城建环保、代表、信访等工作，组织常委会组成人员到四川、新疆、甘肃、山东等地考察学习外地人大工作经验，达到了相互交流、相互启迪、开阔视野的目的。

（王兴周　张念秋）

【贵州省十届人大代表视察湄潭、凤冈】　11月8日～11日，部分在遵的贵州省十届人大代表分别到湄潭县、凤冈县视察。视察组分两个组，重点视察"普九"、基层卫生院建设、交通基础设施建设、农网改造情况以及2004年前三季度国民经济和社会发展执行情况等。通过视察，代表们对湄潭、凤冈两县在教育、卫生、交通以及农网改造中取得的成绩给予充分肯定。两县广大干部群众识大体顾大局，在财力十分紧张的情况下，克服困难，通过不懈的努力，使各方面的工作取得显著成效，为地方经济发展打下了良好的基础。

（王兴周　张念秋）

【全国人大财经委来遵调研】　11月23日，全国人大常委会委员、财经委副主任石广生带领国家质检局、食品药品监督管理局、国家整规办、国家工商总局机关负责人，到遵义市专题调研整顿和规范市场经济秩序问题。调研组进行了实地考察，并听取了市人大常委会、市人民政府关于整顿和规范市场经济秩序工作情况的汇报后，石广生充分肯定遵义市人民政府在坚持"以人为本"和"标本兼治，着力治本"的方针和原则上，针对存在的突出问题，以建立健全长效机制为突破口，集中力量开展各项整治，做了大量工作，取得了明显成效。石广生一行还对遵义市下一步整顿和规范市场经济工作提出了指导意见。

（王兴周　张念秋）

【贵州省人大教科文卫工作座谈会在赤水市召开】　10月13日～14日，贵州省人大教科文卫工作座谈会在赤水市召开。贵州省人大常委会副主任司徒桂美出席会议并讲话。省人大教科文卫委员会委员李正辉、市人大常委会副主任石邦定、市人民政府副市长何萍，9个地、州、市和28个县、区（市）人大的有关负责人近100人参加了会议。会上，省人大教科文卫委员会总结了2004年全省各级地方人大开展教科文卫方面的法律法规监督和工作监督的经验，对存在的问题进行分析、研讨和交流，以不断提高监督工作的科学性和实效性。各地、州、市部分参会代表就人大教科文卫工作作了交流发言。司徒桂美在会上强调今后要重点抓好以下工作：一是以提高立法质量为重点，进一步加强和改进地方立法工作；二是加强监督工作，把改革发展稳定的各项措施和要求落到实处；三是加强联系与交流，共同推进人大教科文卫工作；四是加强自身建设，提高整体合力。

（王兴周　张念秋）

【全国人大代表来遵视察】　11月1日～5日，全国人大代表王淑森、石邦定、王恋、王安新、龙志毅、白萍、杨成实、张健、陈世平、胡贤生、高德铭到遵义市进行为期5天的视察活动。视察组以遵义市资源开发利用和环境保护为重点，视察了构皮滩水电站建设项目工程、遵义南部城区环境污染及保护、湘江河截污治理工程、污水处理厂、垃圾无害化处理工程等。代表们通过实地察看、听取汇报、座谈等形式，对遵义市2004年国民经济计划与财政执行情况、遵义市资源开发和利用以及环境保护等工作给予充分的肯定。一是全市国民经济计划与财政执行情况较好；二是遵义市抓住了国家"西电东送"的大好机遇，发挥水煤电结合的优势，加快了能源开发利用的进程；三是环保和治污工作有了新的起色。

（王兴周　张念秋）

【贵州省人大在遵开展执法检查】　7月12日～16日，贵州省人大常委会副主任司徒桂美率执法检查组成员省人大常委会委员李正辉、遵义市人大常委会副主任雷甘霖一行，对遵义市贯彻实施《中华人民共和国水污染防治法》、《贵州省水污染防治实施细则》的情况开展执法检查。检查组听取了副市长江才文关于贯彻实施《中华人民共和国水污染防治法》、《贵州省水污染防治实施细则》的情况汇报，并深入到遵义医院、遵义磷肥厂、金鼎镇、海龙镇、巷口镇污水处理厂（站）、高桥及颜村污水处理厂、湘江河截污工程、南郊和北郊水库、贵州钢绳公司、遵义钛厂、茅台酒厂取水口及污水处理设施的运行情况进行实地检查。执法检查组充分肯定了遵义市的工作，并针对存在的问题，提出5个方面的意见：一是加强环保法律法规的宣传，进一步增强干部群众做好水资源环境保护的危机意识，充分认识水污染防治的重要性和紧迫性，增强危机感、使命感和责任感，处理好招商引资和环境保护的关系；二是进一步加大城市饮用水源环境保护和水污染防治工作的力度；三是强化执法监督，抓好水污染防治这个德政、民心工程；四是人大要加强法律监督和工作监督；五是多渠道筹集资金，进一步加大水污染防治的投入。

（王兴周　张念秋）

【贵州省人大副主任龚贤永到遵调研】 6月8日～11日，贵州省人大常委会副主任龚贤永、省人大常委会秘书长窦德银、省人大常委会研究室主任朱增严，到绥阳县、余庆县、红花岗区就县乡人大工作及农村产业结构调整进行调研。龚贤永一行深入到乡镇，听取了3个县、区人大工作和农业产业结构调整情况的汇报，调查了解乡镇人大工作及产业结构调整情况，并走访人大代表，同代表座谈，对绥阳县人大常委会围绕“三农”开展的监督工作、余庆县开展的人大代表帮扶活动、红花岗区开展的街道人大工作给予高度的评价。

（王兴周　张念秋）

【遵义市人大常委会大事记】

1月

1日～2日

市人大常委会主任刘文献到省委听取传达中共中央农村经济工作会议精神。

15日

市二届人大常委会召开第8次会议。会议审议并通过了《遵义市第二届人大常委会工作报告（草案）》、遵义市二届人大第二次会议议程（草案）、遵义市二届人大第二次会议主席团和秘书长以及计划、财政预算审查委员会、议案审查委员会名单、遵义市二届人大第二次会议列席人员名单、关于出席市二届人大第二次会议代表资格的审查报告、遵义市人大常委会2004年工作要点。

2月

2日

市人大常委会副主任任启贤、李显国，听取了遵义市人民政府关于2003年国家发展银行资金使用情况及2004年资金安排计划的汇报和重点建设项目前期工作情况的汇报。

8日～12日

遵义市第二届人民代表大会第二次会议在遵召开。500多名人大代表出席大会。会议听取和审议了市政府工作报告、市人大常委会工作报告、遵义市2003年国民经济和社会发展计划执行情况及2004年计划（草案）报告、遵义市2003年财政预算执行情况和2004年财政预算（草案）报告、市中级人民法院工作报告、市人民检察院工作报告，并通过相应的决议。

10日～12日

市人大常委会主任刘文献参加全省农村经济工作会。

22日～24日

市人大常委会副主任吴霞到遵义县、红花岗区对《中华人民共和国传染病防治法》进行执法检查。

3月

2日～30日

市人大常委会主任刘文献到道真自治县、正安县、务川自治县、凤冈县、仁怀市、习水县、赤水市调研、检查和指导工作。

5日～18日

市人大常委会副主任石邦定出席十届全国人大二次会议。

17日～25日

市人大常委会副主任吴承志到红花岗区、汇川区、遵义县、余庆县、凤冈县、湄潭县进行殡葬改革工作情况的调研。

24日

贵州省、遵义市人大代表和红花岗区人大代表共26人，到中级人民法院旁听审理刘长贵案。

25日

市二届人大常委会召开第28次主任会议。会议听取了遵义市农办关于春耕备耕工作情况的汇报，听取了遵义市广播电视局关于广播电视三级联网工程建设情况的汇报。

4月

5日

全国人大法工委到市劳动和社会保障局、工商局、民政局等相关部门进行立法调研。

6日～28日

遵义市人大常委会主任刘文献到仁怀市、遵义县、绥阳县、余庆县、湄潭县、桐梓县调研。

13 日

遵义市人大常委会常务副主任李冠炜到汇川区听取区人民代表大会筹备情况的汇报。

19 日 ~20 日

市二届人大常委会召开第 9 次会议。会议传达了十届全国人大二次会议精神，听取和审议了遵义市非公有制经济发展情况的报告，听取和审议了遵义市殡葬管理与改革工作情况的报告，审议通过有关人事任免事项。

21 日 ~23 日

市人大常委会副主任任启贤、李显国，对遵义市人民政府使用国家开发银行贷款以及中心城区相关建设项目情况进行调查。

5 月

10 日 ~11 日

贵州省人大常委会副主任徐敬原、省人大选任联委副主任韦有平到汇川区、红花岗区、遵义县调研。

12 日 ~13 日

贵州省人大农委副主任许西对湄潭县、遵义县“稳定和提高粮食综合生产能力”情况进行专题调研。

20 日

市二届人大常委会召开第 30 次主任会议。会议听取遵义市人民政府关于实施 2003 年 ~2004 年国家开发银行贷款建设项目及贷款资金使用情况的汇报，听取遵义市旅游局关于遵义市旅游业发展情况的汇报。

28 日

贵州省人大常委会副主任司徒桂美一行到海龙囤考察，并商定全省人大教科文卫工作座谈会在遵召开的具体事宜。

31 日 ~6 月 2 日

贵州省人大教科文卫副主任蒋云泉一行到红花岗区、绥阳县进行《科普法》、《贵州省科普条例》、《贵州省科技资金投入管理条例》贯彻情况的执法检查。

6 月

3 日 ~6 日

市人大常委会主任刘文献到上海出席中共遵义市委、遵义市政府和茅台酒厂联合举办的“遵义美·长征路上风光美”摄影艺术作品展。

3 日 ~16 日

市人大常委会副主任雷甘霖到务川自治县、道真自治县、正安县、绥阳县、红花岗区、遵义县、桐梓县、余庆县、凤冈县、湄潭县对执行《中华人民共和国水法》、《中华人民共和国水土保持法》、《中华人民共和国防洪法》和《中华人民共和国河道管理条例》的情况开展执法检查。

8 日

市人大常委会副主任任启贤到四川省宜宾市参加 10 省(区)18 市(地)人大工作联席会议。

7 日 ~8 日

贵州省人大常委会副主任龚贤永、秘书长窦德银一行到余庆县、绥阳县调研。

14 日

市二届人大常委会召开第 31 次主任会议。会议听取了遵义市人大财经工委、农经工委关于第 10 次常委会议审议议题准备情况的汇报，听取了选任联委关于人事任免和代表视察情况的汇报，听取了确定和变动有关述职评议人员情况的汇报，听取了关于开展人民代表大会成立 50 周年纪念活动安排情况的汇报。

28 日 ~30 日

市二届人大常委会召开第 10 次会议。会议通报了省人大常委会第八次会议情况，听取和审议遵义市 2003 年市级财政决算(草案)的报告、遵义市 2003 年度市级财政预算执行和其他财政收支的审计工作报告，听取和审议贯彻实施《中华人民共和国水法》、《中华人民共和国水土保持法》、《中华人民共和国防洪法》情况的报告，听取和审议关于开展 2004 年“遵义环保世纪行”活动的报告，通过关于批准遵义市 2003 年市级财政决算的决议，审议通过有关人事任免事项。

7 月

15 日

市人大常委会在遵召开全市人大工作座谈会，纪念人民代表大会制度成立 50 周年和县级以上地方人民代表大会设立常委会 25 周年。

17 日 ~24 日

市人大常委会主任刘文献赴浙江慰问“遵义号”舰官兵。

20 日

贵州省人大常委会农经委副主任李言率省执法检查组一行，对遵义市贯彻实施《中华人民共和国气象法》、《贵州省气象条例》情况进行执法检查。

22日

市二届人大常委会举行第32次主任会议。会议审议了遵义市政府关于交通基础设施建设情况的报告,关于贯彻实施《中华人民共和国乡镇企业法》和《贵州省乡镇企业条例》的情况报告。

25日

西藏自治区人大常委会副主任王加林一行来遵考察。

8月

4日~8日

市人大常委会在市委党校举办第6期人大干部培训班。各县、区(市)部分乡镇人大主席或副主席,市、县人大常委会机关工作部门的负责人共90余人参加了培训。

18日~23日

市人大常委会副主任石邦定率市人大科教文卫民工委、市卫生局负责人赴两城区对“创卫”工作进行检查。

30日~31日

市二届人大常委会第11次会议召开。会议听取了遵义市政府关于代表建议、批评和意见办理情况的报告,听取和审议了遵义市人民检察院关于查办职务犯罪情况的报告,遵义市政府关于贯彻实施《中华人民共和国母婴保健法》情况的报告。表决通过了有关人事任免事项。

9月

2日~26日

市人大常委会副主任吴霞、任启贤出席在新疆乌鲁木齐市召开的全国10省区21州市人大财经工作联席会第16次会议。

5日~8日

市人大常委会主任刘文献到余庆、凤冈、湄潭3县调研中共中央1号文件贯彻落实情况,重点调查烤烟收购及农业结构调整情况。

13日

市人大常委会副主任李冠炜、吴承志,市人大内司工委主任王奇辉参加市人大代表视察全市“四五”普法及依法治理工作。

17日

市人大常委会主任刘文献到桐梓县调研夏秋反季节蔬菜基地建设情况。

30日

市二届人大常委会召开第36次主任会议。会议听取和审议了关于遵义市治理教育乱收费情况的报告。

10月

9日~19日

市人大常委会主任刘文献参加由全国人大常委会组织的西部地区基层人大领导赴东部考察人大工作。

12日

市人大常委会副主任李显国、秘书长王兴周接待挪威议长约根·科斯莫及夫人一行。

18日

宁夏回族自治区人大常委会副主任喻通一行来遵考察。

21日

江西省人大常委会副主任全文甫一行来遵考察。

27日~29日

市二届人大常委会召开第12次会议。会议听取和审议了遵义市政府副市长刘明、遵义市广播电视局局长李成杰、遵义市建设局局长王平江的述职报告,听取和审议了遵义市2004年1月~9月国民经济运行情况的报告、遵义市2004年1月~9月财政预算执行情况和市级预算调整(草案)的报告。批准了2004年遵义市本级预算调整的报告。通过了有关人事任免事项。

11月

1日~5日

在黔部分全国人大代表视察遵义市能源建设和城市环境保护工作。

8日~12日

省、市直机关的省十届人大代表分为两组,分别到湄潭、凤冈县视察。

12日

全国人大环资委委员刘政一行来遵考察。

13日

全国人大法工委副主任安健一行来遵考察。

17日

市二届人大常委会召开第39次主任会议,听取遵义市人大常委会信访办公室关于人大信访工作情况的汇报。

12月

3日

市人大常委会2004年“遵义环保世纪行”新

闻评选活动结束,评出先进组织奖7名,新闻作品一等奖1名,二等奖3名,三等奖6名。

16日

市二届人大常委会召开第13次会议。会议通报了贵州省十届人大常委会第11次会议的情况,听取和审议了遵义市政府关于执行和办理市人大常委会有关决议、决定和审议意见的情况报告,审议并通过了遵义市人大常委会关于听取和审议"一府两院"工作报告的规定,表决通过了有关人事任免事项。

(王兴周　张念秋)

遵义市人民政府

【概况】　2004年,全市认真贯彻落实中共十六届三中、四中全会精神和"三个代表"重要思想,紧密结合遵义实际,抓住有利时机,克服各种困难,加快遵义发展,继续推进工业化、城市化和农业产业化进程,中心城区集聚功能和辐射作用进一步增强。在国家实施宏观调控之年,经济发展成效显著,社会事业全面进步。全年实现生产总值362.95亿元,按可比价格计算比上年增长12.8%,是自1994年以来GDP增速最高的一年。其中第一产业增加值95.98亿元,增长7.1%;第二产业增加值151.55亿元,增长17.5%;第三产业增加值115.43亿元,增长12.5%。二三产业占GDP的比重为68.2%,比上年提高1.5个百分点。人均生产总值4919元,比上年增长11.7%。经济结构调整取得新进展。三大产业增加值比例由上年的27.9∶39.2∶32.9变化为26.5∶41.8∶31.7。第二产业首次上升到40以上。年末全市总人口739.68万人,比上年末净增5.82万人。人口出生率13.7‰,死亡率6.1‰,人口自然增长率7.6‰。

农业结构调整取得新进展。全年粮食种植面积76.34万公顷,比上年增加0.72万公顷,粮食总产量320.71万吨,比上年增产16.46万吨,增长5.4%;烤烟种植面积5.76万公顷,减少0.15万公顷,产量8.38万吨,减产3.5%;油菜籽种植面积13.92万公顷,增加0.47万公顷,产量26.10万吨,增产1.5%;蔬菜种植面积达10.96万公顷,比上年增长10.0%,产量206.46万吨,比上年增长7.3%,其中辣椒产量8.21万吨,比上年增长21.2%。蚕茧总产量1095吨,下降7.21%;茶叶8014吨,增长8.6%;水果93536吨,增长7.6%。特色农业和高效经济作物发展较快,优质小麦、"双低"油菜、优质水稻种植面积扩大。

畜牧业、林业、渔业获得较快发展。全年肉类总产量可达53.4万吨,比上年增长14.5%;禽蛋3.25万吨,增长11.8%;牛奶6471吨,增长5.9%;水产品产量15567吨,增长9.7%。年末全市大牲畜存栏147.42万头,比上年末增长5.6%,生猪存栏556.01万头,增长9%,山羊存栏125.02万头,增长6.9%。全市农田有效灌溉面积达14.6万公顷,比上年增加0.04万公顷。年末全市农业机械总动力165.35万千瓦,比上年增长3.5%。农村经济在改革中稳步发展。农村税费改革使农民负担有所减轻,农民得到了实惠。农村土地流转逐步走向规范,农村私营个体经济和第三产业进一步发展。

工业生产继续保持较快增长态势。全市完成工业增加值121.27亿元,按可比价格计算比上年增长18.0%。其中国有及年销售收入500万元以上非国有工业企业增加值83.35亿元,增长20.2%。其中国有控股工业增加值58.33亿元,增长20.4%。集体工业增加值1.52亿元,下降3.4%。股份合作企业增加值1.33亿元,增长42.3%;股份制工业增加值22.82亿元,增长5.9%。外商及港澳台投资工业增加值1.4亿元,下降28.1%。其他经济类型企业增加值3.37亿元,增长28.3%,在规模以上工业中,轻工业增加值48.51亿元,增长26.1%,重工业增加值34.84亿元,增长12.1%。主要工业产品多数保持增长,在列入统计的64种工业产品产量中,保持增长的有38种,下降的有26种,其中原煤、水泥、铝、卷烟、饮料酒、发电量等工业产品增幅较大,食用植物油、铁合金、焦炭、钢材等下降幅度较大。工业经济效益保持平稳增长态势。全市国有及年销售收入500万元以上的非国有工业企业实现产品销售收入189.96亿元,比上年增长31.9%;产销率90.7%,下降2.6个百分点。年末工业产成品库存13.63亿元,增长24.6%。实现利税50.75亿元,增长42.4%;实现利润22.57亿元,增长48.5%。亏损企业亏损面42.4%,比上年上升2.8个百分点;亏损额26405万元,增亏3300万元,上升

12.5%。

建筑业发展迅猛。全年建筑业完成增加值32.28亿元,比上年增长15.8%。其中资质等级以上建筑企业完成总产值27.89亿元,比上年增长27.1%。实现利税总额1.18亿元,增长23.8%。全员劳动生产率7.89万元/人,增长45.9%。建筑企业施工面积551万平方米,增长3.9%;房屋竣工面积253万平方米,增长20.1%。

固定资产投资继续增长。2004年完成全社会固定资产投资161亿元,比上年增长23.0%,增幅与上年基本持平。其中,国有经济投资55.40亿元,增长2.3%;集体经济投资6.36亿元,增长28.5%;其他各种经济类型投资99.24亿元,增长40.0%。基本建设完成投资53.42亿元,增长15.9%;更新改造完成投资23.08亿元,增长18.4%;房地产开发完成投资19.1亿元,增长29.0%;其他完成投资0.99亿元,增长428.8%;城镇工矿区私人投资5.58亿元,下降11.0%。投资结构继续改善。进一步加快投融资体制改革,放宽民间资本的准入限制,拓宽投资领域,用好国家投资资金,加大投资力度。三大产业中,二三产业投资增长,第一产业投资0.43亿元,比上年下降1.3%;第二产业投资46.73亿元,增长25.4%;第三产业投资30.32亿元,增长7.9%。继续实施一批基础设施项目。公路建设、水利工程、能源建设和城市基础等重要投资领域得到进一步加强。固定资产投资成果显著,全年50万元以上投资建成投产项目313个,新增固定资产33.1亿元。省、市各项重点工程进展顺利。

交通运输邮电业和旅游业进一步发展。全市公路完成货物运输量2286万吨,公路完成货物运输周转量153119万吨/公里,公路旅客运输量10990万人。公路旅客运输周转量249813万人/公里。年末电话用户达69.57万户,全市电话普及率为9.4部电话/百人,其中城市电话普及率为40部电话/百人。年末全市通电话村达1438个,占全部村数的80.7%,农村电话普及率为3.5部电话/百人。年末全市有移动电话用户92万户,比上年末增长51.1%。国际互联网用户102044户,比上年增加49902户。全年国内游客210万人次,比上年增长40.0%,实现旅游综合收入8.24亿元,增长36.9%。入境海外游客1270人次,外汇收入19.05万美元。

市场销售走旺,物价上涨较快。全年全市实现社会消费品零售总额88.43亿元,比上年增长16%。分城乡看,城市零售额60.61亿元,增长22.1%;农村零售额27.82亿元,增长4.8%。分行业看,批发零售贸易业零售额73.99亿元,增长15.8%;餐饮业14.07亿元,增长17.5%;其他行业0.36亿元,增长1.1%。住房、旅游、信息产品正在成为消费热点。限额以上批发零售贸易企业全年实现商品销售65.47亿元,比上年增长16.9%。全年全市居民消费品价格比上年同期上升4.4%,其中食品价格上升11.2%,粮食价格上涨20.6%,肉禽及其制品价格上涨26.1%,鲜菜价格上涨1.5%,衣着类价格下降2.4%,服务项目价格上涨2.8%。

对外贸易增长较快。全年外贸进出口总额完成7145万美元,比上年增长34.5%。其中进口1674万美元,增长48%,出口5471万美元,增长30.9%。

招商引资工作取得进展。全年签订利用外资协议(合同)6个,实际利用外资1036万美元。引进市外项目400个,引进市外资金39.64亿元。

财政收支完成情况较好,金融形势保持稳定。全年全市财政总收入完成480039万元,比上年同期增长23.5%,其中地方财政收入完成180328万元,比上年同期增长15.1%,其中工商税收增长21.2%,地方财政支出完成455064万元,增长17.7%。金融机构存贷款余额增加。年末全部金融机构存款余额3545682万元,比上年末增长20.6%,其中城乡居民储蓄存款余额1965101万元,增长19.4%;年末金融机构贷款余额2206015万元,增长15.2%。累计货币投放16130万元,较年初增长11.6%。保险业继续保持较快发展。全年全市保险业务总收入65762万元,比上年增长4.5%。其中财险保费收入22628万元,增长15.2%。人寿险保费收入43134万元,增长1.3%。支付各类赔款及给付14972万元,其中财产保险赔付11964万元,人寿险赔付3008万元。

教育事业进一步发展。年末,全市各类学校3039所,其中高等学校3所,中等专业学校9所,普通中学558所,职业中学24所,小学2450所。在校生人数137.23万人,比上年末增加1.15万人。其中高等学校在校生16157人;中等专业学校11302人;普通中学493713人,其中高中在校学生

83429人;职业中学7350人;小学843791人。全市学龄儿童入学率99.7%。

文化广播和体育事业继续发展。年末全市共有文化事业机构258个。其中公共图书馆13个,藏书95万册;博物馆3个。年末全市有电视台1座,全年播出公共时间5124小时,比上年增加152小时,电视人口覆盖率达到87.8%,比上年上升3.3个百分点。无线电台1座,全年播出时间6448小时,比上年增加579小时,广播人口覆盖率为79.2%,比上年上升3.9个百分点。全市通广播电视的乡镇为231个,通有线电视的乡镇212个,通广播电视的村1913个,通有线电视的村739个。学校体育、社会体育全面发展,全年成功举办县以上运动会256次,参加运动员7.5万人。全市共有优秀运动员92人,专职教练员31人,运动场地2063个。

卫生事业健康发展。年末全市拥有卫生机构335个,医疗床位9919张,卫生技术人员12848人,执业医师3741人,助理医师1190人,注册护士2888人。全市有乡村医生和卫生员5016人。

就业和再就业工作取得成效。年末全市从业人员401.52万人,比上年末增加3.83万人,比上年增长1.0%。农林牧渔业从业人员239.66万人,比上年减少8.17万人,比上年下降3.3%。城镇国有、集体、股份制、"三资"企业等单位年末在岗职工29.25万人,比上年增加1.04万人,增长3.7%,职工平均工资13408元,增长22.1%,扣除物价因素,实际增长16.9%。年末城镇登记失业率为4.1%。年末有各种职业介绍机构67家,职业培训机构34家,其中民办19家。

环境保护与治理工作得到加强。"三废"综合利用产品产值14083万元,比上年增长6.5%。中心城区环境空气质量明显改善,空气质量优良256天,轻微污染99天,轻度污染9天,中度污染2天,优良率70.14%。地表水达标率83.3%,饮用水源水质达标率96.2%。工业废水排放达标率53.27%,比上年下降2.59个百分点;工业固体废物处置率77.39%。

城乡人民生活进一步改善。全市城镇居民家庭人均可支配收入7256元,比上年增长10.9%,扣除价格上涨因素实际增长6.2%。农民人均纯收入2115元,比上年增长10.2%,扣除价格上涨因素实际增长5.8%。城乡居民生活水平改善显著,特别是农民收入走出了多年低速徘徊局面。城镇居民人均消费性支出5393元,增长11.4%。农民人均生活费支出1343元,增长7.6%,城镇每百户居民家庭拥有彩色电视机119台,电冰箱98台,洗衣机100台,家用电脑18台,钢琴2台。每百户农民家庭拥有电视机79台,电风扇58台,洗衣机35台。

社会福利事业继续发展。年末全市有城镇社区服务设施2516个,城乡各类福利院床位214张。敬老院、养老院204所,床位3224张。参加基本养老保险人数11.57万人,基本医疗保险人数26.48万人,失业保险人数14.30万人。

2004年,全市经济社会发展中存在的主要矛盾和问题是:电、煤、油、运供求矛盾突出;城镇就业、再就业压力较大,部分群众生活仍很困难;"三农"问题依然突出;国家实施宏观调控后,投资后劲初显不足;生活必需品价格上涨幅度较大,影响城乡居民生活水平提高;经济总量仍然偏小,运行质量有待进一步提高。

(王　藩)

【遵义市政府政务服务中心在全省率先成立】 为了使政府从管理主导型向服务型转变,增强政府工作的科学性、协调性和民主性,加快建设透明、高效、勤政、廉洁的政府,7月1日,市政府政务服务中心正式挂牌成立。截止12月31日,在短短129个工作日内,市政府政务服务中心共受理各类事项20466件,办结18421件,办结率90%。其中受理即办件4171件,办结4155件,办结率99.61%;受理承诺件15065件,办结13488件,办结率89.53%;受理报批件1230件,办结778件,办结率63.25%。市政府政务服务中心的办事效率受到广大群众的好评,共收到办事群众表扬信、感谢信、锦旗等43次,引起了省内外有关单位的关注,得到了省政府的高度肯定。接待省内外参观者32批1300多人次。中心已成为展示遵义形象、深化政务公开、加强效能建设、提高行政效率、促进经济发展、推动社会进步的文明示范窗口。

(王　藩)

【遵义市政府至各县、区(市)政府的电子政务网率先在全省开通】 2004年初,市政府制定了全市电子政务网建设方案,各县、区(市)政府在此基础上结合本地实际制定了各自的网络建设方案。经过上下各方的努力和配合，4 月 25 日，市政府至汇川区、正安县政府的视频会议试点开通。5 月 31 日，市政府至各县、区（市）政府共 15 个结点的视频会议系统在省内率先全面开通。8 月，在中科院和中国科协主办的第三届中国电子政务技术与应用大会上，遵义市电子政务网建设方案荣获“政府网络解决方案特别奖”。

（王　藩）

【遵义市汇川区正式挂牌成立】 根据国务院和贵州省政府关于设立遵义市汇川区的有关文件精神，6 月 18 日，在原省级遵义市经济技术开发区的基础上，遵义市汇川区正式挂牌成立。该区辖 6 个镇、2 个街道办事处，国土面积 695 平方公里，总人口 31 万人。

（王　藩）

【遵义市人民政府大事记】

1 月

2 日

市人民政府下发关于 2003 年度人口与计划生育工作目标管理先进县表彰奖励的通报，对上年人口与计划生育各项任务目标完成较好的余庆县、红花岗区等进行表彰。

15 日

市人民政府召开第 21 次常务会议暨市长办公会议，通过有关人事任免事项，并就拖欠民工工资、完善基本医疗保险工作等有关事宜进行研究。

2 月

2 日

市人民政府召开市长办公会，讨论并原则通过《关于进一步加快畜牧业发展的意见》和《2004 年市本级财政预算草案》，研究 2004 年劳动保障工作和贯彻实施《行政许可法》工作意见。

16 日

市人民政府召开第 22 次常务会议暨市长办公会议，就人事任免问题、市中心城区土地收益清理情况、市中心城区供水保障问题和《遵义市农村计划生育家庭奖励扶助金筹措管理办法》等有关事宜进行研究。

23 日

市人民政府召开第 23 次常务会议暨市长办公会议，听取市国土资源局关于全省重点项目建设用地工作会议精神汇报，传达国务院第二次廉政工作电视电话会议精神，讨论并原则通过《遵义市水能资源开发管理暂行办法》和《遵义市中小型水电工程淹没补偿及移民安置实施管理办法》，还通过了有关人事任免事项。

3 月

3 日

市人民政府召开市长办公会，专题讨论《市委、市政府关于贯彻“多予、少取、放活”方针增加农民收入的决定》。

15 日

市人民政府召开第 24 次常务会议暨市长办公会议，研究全市粮食、化肥等主要农产品和农资市场稳定问题，还通过了有关人事任免事项。

16 日

市人民政府下发《关于对遵义市 2000～2002 年度科学技术项目进行奖励的通知》，对《水稻 100 万亩高产技术应用与超高产栽培技术体系研究》等 20 个项目进行奖励。

29 日

市人民政府召开第 25 次常务会议暨市长办公会议，听取了遵义市民宗局关于全省民族团结进步领导交流暨表彰会议精神汇报，讨论并原则通过《遵义市城市绿化管理办法》和《遵义市人民政府关于进一步推进事业单位人事制度改革的实施意见》，还通过了有关人事任免事项。

4 月

5 日

市人民政府召开第 26 次常务会议暨市长办公会议，听取 2003 年度优秀企业管理者评选工作和关于提高市直与两城区大病医疗保险基金缴费标准的汇报，讨论通过《遵义市古树名木保护管理办法》和《遵义市 2003～2020 年骨架公路网规划》。

8 日

市人民政府制定《关于进一步加快畜牧业发展的意见》，强力推进全市畜牧业产业化经营，努力把遵义市建成生态畜牧强市。

12 日

市长卢守祥签发市人民政府第 36 号令，公布了《遵义市城市绿化管理办法》。

21 日

市长卢守祥签发市人民政府第 37 号令，公布了《遵义市古树名木保护管理办法》。

5月

8日

市人民政府召开第28次常务会议暨市长办公会议，通过了有关人事任免事项，并对市广播电视局进行表彰奖励、全市农村部分计划生育家庭奖励扶助制度试点工作实施意见等有关事宜进行研究。

12日

市人民政府召开遵义市中心城区供水有关问题专题会议，就中心城区城市供水水源保护、建设，关闭自备水源，加强二次供水管理，确保城区供水安全等一系列工作进行研究部署。

17日

市人民政府召开市长办公会，就《遵义市行政区划调整规划方案》、《关于深化和规范国有企业改制的意见》和《交通部对遵义市农村公路专项补助资金项目实施方案》等有关事宜进行研究。

6月

1日

市人民政府召开第29次常务会议暨市长办公会议，讨论通过《遵义市实施名牌发展和产品创新战略的意见》，研究市人民政府政务服务中心筹建方案和全市水能资源有偿出让事宜暨桐梓河流域水能资源开发招商方案。

7日

市人民政府召开会议，专题研究全市在农业产业结构调整和城市建设发展中出现的新的农民卖菜难问题。

8日

市人民政府召开会议，专题研究当前全市建设工程征地拆迁问题。

21日

市人民政府召开市长办公会，就全市国民经济和社会发展“十一五”规划编制工作方案、关于接收贵阳铁路分局所属遵义片区教育医疗机构和调整凤冈师范学校管理体制等有关问题进行了研究。

22日

市长卢守祥、常务副市长叶韬、副市长何萍、江才文率市发改委、财政局、教育局等有关部门负责人到遵义师范学院召开现场办公会，听取了关于师院迎接2007年教育部本科教学水平合格评估和省教育厅2005年学士学位授予权评估及学校发展情况汇报，并对师院建设发展中有关问题进行了专题研究。

28日

市人民政府召开市长办公会，就市级财政为市直机关和事业单位职工医疗保险个人帐户注入铺垫资金问题、2004年度城镇退役士兵安置及贯彻实施《行政许可法》准备工作等进行了研究。

7月

8日

市长卢守祥会同市委副书记张志年等市领导召集市直相关部门负责人在市公安局现场办公，专题研究全市公安经费保障的有关工作。

12日

市人民政府召开第30次常务会议暨市长办公会议，通过了有关人事任免事项，并就《遵义市城市管理行政执法办法(试行)》和《第八届贵州省(遵义)海峡两岸兰花博览会活动方案》进行了研究。

23日

省交通厅常务副厅长程孟仁与市政府副市长刘明在桐梓县召开会议，就G210国道(遵义段)文明样板路建设中涉及的有关问题进行了专题研究。

8月

5日

市委书记傅传耀召集贵州茅台酒股份有限公司、市政府有关部门及仁怀市、桐梓县、习水县、正安县等有关单位负责人会议，就茅台酒原料基地建设进行专题研究，讨论并原则同意市农办关于茅台酒原料基地建设的建议方案。

6日

市政府与中国铝业公司在北京会谈，就建设遵义80万吨/年氧化铝、10万吨/年铁合金、1万吨/年海绵钛等建设项目达成初步合作意向。

9日

市人民政府召开第31次常务会议暨市长办公会议，传达学习了《国务院工作规则》，研究了长征电器集团改制与重组有关事项和贯彻《省政府关于进一步推进我省住房分配货币化改革的补充意见》，还通过了有关人员行政处分问题。

12日

市长卢守祥签发市人民政府第38号令，公布了《遵义市城市管理行政执法办法》。

23日

市人民政府召开第32次常务会议暨市长办公

会议，通过有关人事任免事项，传达贯彻省政府第五次全体会议精神和《贵州省预防和处置群体性事件责任及查究办法》。

9 月

1 日

仁怀市中枢镇振兴路“碰碰”网吧发生重大火灾事故，2 人死亡，4 人严重烧伤。14 日，市政府下发《关于进一步加强网吧等互联网服务营业场所管理的紧急通知》，进一步加强网吧等互联网服务营业场所管理工作，规范网吧经营秩序。

同日

市长卢守祥在贵州振业董酒股份有限公司现场办公，专题研究该公司改制有关问题。副市长刘明、市长助理朱靖华和红花岗区、汇川区政府及市、区相关部门负责人参加了会议。

6 日

市人民政府召开第 33 次常务会议暨市长办公会议，讨论并原则通过《遵义市重大突发性自然灾害救助应急预案》、《关于进一步加强中心城区风景林保护管理的意见》、《贯彻贵州省煤炭价格调节基金征集使用管理办法实施意见》和《遵义市第六届村（居）委员会换届选举工作方案》。

13 日

市人民政府召开市长办公会，讨论并原则通过《遵义市政府非税收入收缴管理制度改革方案》和《遵义市事业单位人员聘用制管理实施意见》，研究了退耕还林粮食补贴问题。

14 日

市人民政府印发《遵义市政府非税收入收缴管理制度改革试点方案》。

同日

市人民政府对贵州钢绳股份有限公司给予 20 万元奖励，表彰其生产的“巨龙”牌钢丝绳被评为“中国名牌产品”。

20 日

市人民政府召开市长办公会，就《市委、市政府关于把实施西部大开发推向新阶段的意见》和添阳小区经济适用住房分配方案等事宜进行了研究。

24 日

市委书记傅传耀、遵义市政府常务副市长叶韬率相关单位负责人与贵州乌江水电开发有限责任公司、中国华电集团公司贵州公司负责人，就桐梓和绥阳火电厂项目建设有关事宜进行座谈。

27 日

市人民政府印发《遵义市重大突发性自然灾害救助应急预案》。

10 月

15 日

副市长刘明召集绥阳县、汇川区政府、市发改委等单位负责人，与四川宝光集团有限责任公司、四川郎酒集团有限责任公司董事长汪俊林一行，就进一步加快开发绥阳煤炭资源涉及的有关问题进行研究座谈。

18 日

市人民政府召开第 34 次常务会议暨市长办公会议，讨论并原则通过《遵义市重点建设项目规划（2005～2020）》和《遵义市政务公开工作考核办法》，以及贯彻《贵州省人民防空条例》有关问题。

同日

市人民政府印发《遵义市基本农田保护制度》。

19 日

市人民政府确定 2005 年全市烤烟生产目标任务：收购 161 万担级内烟叶，上等烟比例确保 35%、上中等烟比例 92% 以上，收购等级合格率 80% 以上。

24 日

市人民政府印发《遵义市保护知识产权专项行动方案》。

26 日

市人民政府召开第 35 次常务会议暨市长办公会议，讨论并原则通过了《关于进一步加快我市非公有制经济发展的若干意见》和《遵义市 2004 年 1～9 月财政预算执行情况和 2004 年市本级财政预算调整（草案）报告》。

11 月

5 日

市委、市政府领导率市直相关部门和汇川区政府负责人到娄山关景区现场办公，就修缮、保护和开发娄山关景区，打造红色旅游精品进行专题研究。

12 日

市人民政府、遵义军分区联合下发 2004 年冬季征兵命令，全市 2004 年冬季征兵 2449 人，其中补充中国人民解放军 1831 人，补充中国人民武装警察部队618人。

15日

市人民政府召开市长办公会，传达贯彻省委书记钱运录视察遵义讲话精神，研究了《遵义市人民政府关于贯彻工伤保险条例的意见》、《遵义市处置突发公共事件应急预案》。

同日

市人民政府印发《遵义深化危险化学品安全专项整治工作方案》，确定在全市范围内对危险化学品的生产、储存、经营、运输、使用和废弃处置进行专项整治。

25日

市长卢守祥率两城区政府及市、区有关部门负责人，到中心城区现场调研小街小巷改造整治工作，并主持召开会议，专题研究实施中心城区小街小巷整治一期工程有关事宜。

30日

市人民政府召开第36次常务会议暨市长办公会议，传达贯彻了中央和省党风廉政建设工作电视电话会议精神，讨论并原则通过了《遵义市水上交通安全管理办法》、《遵义市创建"中国优秀旅游城市"活动实施方案》和《遵义市人民政府关于市县国土资源管理体制改革的实施意见》。

12月

2日

市委书记傅传耀、副市长刘明同贵州省交通厅常务副厅长程孟仁、贵州省高速公路开发公司总经理许德友等，对白腊坎至茅台、茅台至土城公路进行踏勘。

同日

市人民政府召开全市招商引资工作会，会议分析总结了2004年全市招商引资工作情况，并就做好2005年招商引资工作、筹备2005年全国知名民营企业西部论坛暨投资贸易洽谈会等进行研究部署。

6日

市人民政府召开市长办公会，研究引资建设遵义马场坪公路（遵义段）和遵义市中心城区绕城公路有关事宜，研究当前财政工作。

9日

市长卢守祥签发市人民政府第39号令，公布了《遵义市水上交通安全管理办法》。

14日

市人民政府召开市长办公会，研究了粮油大厦资产处置和表彰遵义市第二届哲学社会科学优秀成果有关事宜，讨论《市委、市政府关于创建"平安遵义"的意见》，原则通过了《政府工作报告》。

15日

市人民政府印发《关于遵义市中心城区公共客运交通秩序整治工作意见的通知》，确定分四个阶段对中心城区公交客运秩序混乱、矛盾较多的状况进行集中整治。

同日

市人民政府对遵义市第二届哲学社会科学101项优秀成果进行表彰。

17日

市人民政府转发市乡镇企业局、市发展改革委员会等7个部门《关于进一步加强制砖行业管理工作的意见》，以加快淘汰实心粘土砖步伐，节约土地和能源，保护生态环境。

20日

市人民政府召开第37次常务会议暨市长办公会议，研究长征电器集团公司改制后有关人员社会保障以及有关人事任免和行政处分问题。

21日

市人民政府印发《遵义市校园安全集中整治方案》，坚决遏制涉校恶性案件、事件发生。1月~11月，全市校园安全形势十分严峻，共发生涉校重特大刑事案件13起，安全事件12起，致使15名学生死亡，6名学生受伤。

27日

市人民政府对完成年度烤烟生产收购任务较好的务川县、余庆县等先进单位进行表彰奖励。2004年，全市收购烟叶160.7万担，上中等烟达92.32%，担均价501.23万元。

30日

市人民政府召开市长办公会，专题研究《2005年遵义市市本级财政预算草案》。

（王　藩）

行政执法与监督检查工作

【概况】 2004年，遵义市政府法制办公室加强了对规范性文件的制定、行政复议案件的审理、对全市行政执法机关行政执法人员的培训和行政执法监督等工作;立足中心工作,兼顾各个方面,积极参加行政审批制度改革;参与国家和省的立法工作,较好地完成了全年任务。一是规范性文件制定。全年共起草修订审核规范性文件20个,其中以政府令发布的有4个,市政府转发的有3个,其他的规范性文件待市政府安排审定或发布;完成市政府领导交办的41份政府文件的法律审核工作。二是行政复议案件审理、行政纠纷的处理工作。全年共收到行政复议申请110件,收案处理率为100%,内容主要涉及土地山林权属、水资源权属、行政处罚、工伤认定、行政许可等方面,范围涉及13个县、区(市)和市政府近半数工作部门。三是积极开展行政执法监督人员和行政执法人员持证上岗培训工作。市政府法制办与市委党校、市行政学院联合办班,对全市510名行政执法监督人员进行持证上岗培训。还培训了行政执法人员近1000余人。完成了市政府20多个部门和4个县3000余人行政执法证件更换工作。全年受理行政执法监督个案2件。四是立足中心工作,兼顾各个方面,为经济发展服务。完成城乡建设土地征用和国有土地出让材料759宗的审核工作,发文50件,保证了土地资源的合理有效利用。全年共收到行政纠纷来信200余件,接待群众来访1200余人次。五是参与省的立法活动。完成省人大常委会、省政府交办立法征求意见稿26件。六是认真做好行政许可法贯彻实施工作,严格规范行政许可行为。组织并参与全市行政许可项目的清理工作,指导、督促和建立了一系列实施行政许可配套制度,促进了全市行政审批制度改革工作。

(杨继红)

【市政府出台4个规范性文件】 2004年,共起草修订审核规范性文件20个。已发布的有《遵义市城市管理行政执法办法(试行)》、《遵义市水上交通安全管理规定》、《遵义市园林绿化管理办法》、《遵义市古树名木保护管理办法》等。其他的规范性文件待市政府安排会议审定或发布。这些规范性文件的颁布施行,对维护城市管理秩序和提高行政执法效能、加强水上交通安全管理、加强城市生态环境建设和创建良好的人居环境等方面起到了积极作用。另外,还完成了市政府领导交办的41份政府文件的法律审核工作。

(杨继红)

【执行行政复议法律法规,确保行政复议案件质量】 全年共收到行政复议申请110件,收案处理率为100%。其中:受理行政复议案件88件,不予受理29件,转送1件。在受理的88件行政复议案件中,已结案81件,结案率为92%,比去年提高3个百分点。审结的81件行政复议案件中:维持48件,维持率为59%,撤销或撤销重作18件,撤销或撤销重作率为22%,中止1件,终止14件。变更2件,变更率为5%,终止复议9件。审理的复议案件主要涉及土地山林权属、水资源权属、行政处罚、工伤认定、行政许可等方面,范围涉及13个县、区(市)和市政府近半数工作部门。办理行政应诉案件7件,比上年增加5件,市政府全部胜诉。全年共收到行政纠纷来信200余件,接待群众来访1200余人次,均按规定程序进行了处理。

(杨继红)

【开展行政审批制度改革,规范行政许可行为】 2004年,市政府法制办公室与市委、市政府相关部门集中开展了行政许可法的宣传动员、学习培训、行政许可清理和有关配套制度建设等工作。3月21日和7月1日分别组织上街宣传活动,全市共出动宣传车150多台,散发宣传资料15万份,张贴宣传图片3.5万张。开展了行政许可设定、行政许可事项及行政许可主体的清理工作。共清理行政许可事项643项,建议保留381项,取消148项,不属于行政许可事项的有114项。为保证行政许可法的贯彻实施,市政府法制办公室指导、督促市政府各部门和14个县、区(市)建立了行政许可法配套实施制度,如统一受理行政许可申请、统一送达行政许可决定、实施行政许可责任追究、重大行政许可决定备案等制度。探索建立行政许可监管机制,规定管理行为。这一系列工作的开展,规范了行政许可行为,推动了行政审批制度的改革,为遵义市打造阳光政府、法治政府和服务型政府奠定了良好的基础。

(杨继红)

【参与省的立法活动】 市政府法制办2004年共完成省人大常委会、省政府交办的立法征求意见稿26件，如《贵州省木材流通管理办法（修正草案）》、《贵州省教育督导规定（草案）》、《贵州省征占用林地补偿费用管理办法（修正草案）》、《贵州省互联网经营管理办法（草案）》、《贵州省市政公用事业特许经营管理办法（草案）》、《贵州省外来投资者权益保障条例（征求意见稿）》、《贵州省征兵工作条例（草案）》、《贵州省林木种苗条例（草案）》、《贵州省农村消防安全管理规定（草案）》、《贵州省人才市场管理条例（草案）》等，按照要求已组织相关部门进行讨论并上报了修改建议意见。

（杨继红）

人　事

【概况】 2004年，全市人事人才工作立足实际，创新机制，强化服务，不断加强以国家公务员和机关工作者为主体的干部队伍建设，不断加强专业技术人才队伍的建设和管理，稳步推进以事业单位人事制度改革为重点的干部人事制度改革，不断加大各类人才资源开发利用力度，各方面工作都取得了明显成效，为市经济社会协调发展提供了有力的智力支持和人才保障。

一、公务员和机关工作者队伍的建设和管理。一是认真制定和严格执行人事计划，严格按计划选人用人，在编制员额和计划内，全年市直单位按规定和程序办理调动52人。二是严把公务员和机关工作者“进口”关，坚持“凡进必考”的原则，认真组织招考录用工作，全市共招考录用504人。同时办理了1995年以来154名省委组织部选调生和2001年人事部门选调到基层锻炼的40名优秀大学毕业生的公务员录用手续。三是认真组织开展了遵义市近几年考试录用工作和计划执行情况的专项调查，摸清了基本情况，为下一步开展相关工作奠定了基础。四是认真落实安置政策，圆满完成了军队转业干部安置任务。全市计划安置的45名军队转业干部全部得到了妥善安置，同时为26名自主择业军转干部办理了工资核发手续。

二、干部培训教育工作。一是对2003年全市560名新录用国家公务员和机关工作者进行了初任培训。二是在深圳市委党校举办了一期组织人事干部培训班，选派49人参加培训。三是与市法制办、市司法局等单位配合，开展了《行政许可法》学习培训和考试工作，全市有23574名公务员（含“参公”管理人员）参加了学习和考试。四是积极选派干部外出参加有关培训活动。2004年，通过人事系统渠道选派4名干部分别赴德国、美国、新加坡、新西兰参加国家和省组织的培训活动，选派4名干部参加2004年山东——贵州公务员农业开发对口培训，选派1名干部参加中组部在成都举办的面试考官骨干培训。五是为专业技术人员举办了一期职称外语提高班，43人参加学习，全部取得合格成绩。六是申报并获批准建立了17个计算机中级应用能力培训机构，为加强和规范全市计算机中级应用能力培训工作奠定了基础。

三、考核任免和奖惩工作。2004年，全市完成了2003年度的考核工作和市直单位的离岗培训工作，完成考核122728人，其中机关工作人员22517人，事业单位17269人，专业技术人员82942人。全市办理46批共125人的非领导职务任命手续。对遵义市政府系统129人次领导及非领导干部职务进行任免，完善政府干部任免的有关手续。为进一步规范各县、区（市）政府任免工作，完成遵义市《政府任免管理办法》的起草工作。办理了对市广电、国土、计生、教育、统计、水利、园林绿化、工商、卫生、药品监督、统战、维稳、文化等系统的表彰工作。办理了市政府对市消防支队记集体二等功及其7名官兵给予记功的表彰工作。组织推荐市民政局局长张有顺荣获全国“人民满意的公务员”称号，推荐省级“人民满意的公务员集体”候选单位1个，省级“人民满意的公务员”候选人2人。制定了在全市开展“人民满意的公务员”评选表彰工作活动方案。

四、专业技术人员管理和人事考试工作。2004年，办理各类资格证书2840本，年审1000人，完成初岗审查100人。组织评审委员会完成2004年度的职称评审工作，共评定初级职称95人，中级职称2972人，高级职称363人。组建了遵义市人事考试中心，先后组织了有3335人参加的职称外语考试，有3776人参加共8461科次的计算机应用能力考试，有1443人参加的经济师考试和市、县、乡三级招考公务员的考试工作，协助完成了会计职称考试工作。人事考试施考程序进一步规范，考风考纪更加严肃，考试管理水平明显提高，在省人事厅组织的人事考试考核中，遵义市人事考试工作获二等奖。

五、人才资源开发和人才交流服务工作。一是就认真贯彻落实全国和省、市人才工作会议精神及市委、市政府《关于进一步用好和引进人才的意见》的重点工作进行了分解，明确了有关单位的任务和责任。二是切实加强对贯彻落实市委、市政府《关于进一步用好和引进人才的意见》的督促检查工作，兑现了人才津贴，起草了《遵义市高层次人才住房管理实施意见》和《遵义市高级人才津贴考核暂行办法》等文件。三是为引进高级人才来遵发展建立"绿色通道"，制定了《遵义市引进人才工作证实施办法》，认真开展人才引进工作，为潘年松、张红兵、罗洁、李渝、吉守明、顾占雷等6名硕士以上学历人才办理了引进手续。

六、工资福利管理和技术工人等级考评工作。一是严格执行国家的工资福利政策，完成两年考核晋档审批94175人，审批离退休人员增加离退休费35611人，审批年终一次性奖金96068人，审批离退休人员年终一次性生活费补助12895人，审批岗位变动450人，定级98人，职务晋升工资305人，退休158人，各类津补贴2547人，丧葬死亡抚恤36人，岗位补贴11125人，移动通讯费补贴8920人。二是通过认真调研，提出了全市党政机关和事业单位工作人员公务通信补贴和岗位补贴发放办法，审核兑现了两项补贴，调动了广大干部职工的工作积极性。三是认真开展机关事业单位技术工人培训考评工作，全年共举办技术工人等级考评培训班12期，1391人通过培训考核晋升了技工等级。

（范科勇）

【稳妥推进事业单位人事制度改革】　一是抓宣传发动。通过召开事业单位人事制度改革工作会，传达学习中央、省、市有关文件精神，全面部署遵义市事业单位人事制度改革工作。在推进改革的过程中，通过印发宣传资料，开展政策咨询，编发工作简报等形式广泛宣传改革的重要意义，广大干部职工对改革的认识有了明显提高，为稳步推进改革打下了坚实的思想基础。二是抓政策配套。在认真调查研究、广泛征求意见、反复讨论修改的基础上，制发了《遵义市事业单位试行人员聘用制实施意见》、《遵义市事业单位竞争上岗暂行办法》、《遵义市事业单位新增工作人员招聘办法（试行）》、《遵义市专业技术职务聘任管理办法》，转发了人事部、省人事厅有关事业单位人事制度改革的规范性文件，为各地各单位顺利开展改革工作提供了政策依据。三是抓督查指导。全市改革工作全面启动后，先后组织召开了两次全市事业单位人事制度改革工作座谈会，交流经验，探讨改革工作措施，同时也通过会议形式进行督查，协调工作进度，指导各地各单位的改革，较好地完成了全市事业单位人事制度改革年度工作目标。

（范科勇）

【切实做好部分企业军转干部解困维稳工作】一是对全市企业军转干部的基本情况进行调查摸底，经过3次认真细致的调查统计，掌握了全市企业军转干部的基本情况和生活状况，提出了切实有效的解困维稳措施。二是会同有关部门狠抓解困政策的落实，切实解决企业军转干部生活困难问题。各级各部门多方筹集资金，解决了全市部分企业军转干部工资、养老金、医疗费拖欠问题，为企业军转干部办理了养老保险和医疗保险，帮助下岗失业军转干部实现再就业。三是加强对企业军转干部的思想教育工作。通过接待来访、走访慰问、召开座谈会等形式，做耐心细致的思想教育和政策解释工作，使企业军转干部体会到了党和国家对他们的关心和重视，正确认识身份和待遇问题，体谅国家困难，自觉维护社会稳定。

（范科勇）

【拓展人事人才工作服务领域】　加大农村乡土人才资源开发工作力度，积极为非公有制经济组织提供良好的人事人才服务。2004年，市人事局制定了《关于进一步做好我市农村乡土人才资源开发工作的意见》和《关于加强为非公有制经济组织做好人事人才服务的意见》。建立了乡土人才开发重点联系乡镇、重点联系村制度和乡土人才库，将9154名乡土人才纳入人才库管理，推荐14名拔尖乡土人才荣获省人事厅表彰。在绥阳县召开了全市乡土人才资源开发暨科技扶贫座谈会，总结部署工作，全面推进农村乡土人才资源开发。遵义市级人才市场建设已进入设计论证阶段，人才资源管理软件开发取得了阶段性成果，人才中介服务管理进一步规范，人才管理体制和运行机制进一步得到完善。

（范科勇）

劳动和社会保障

【概况】 2004年,遵义市劳动保障系统坚持以人为本、全面协调可持续的科学发展观,大力促进就业、再就业和完善社会保障体系工作,加强职业培训和高技能人才队伍建设,加大调整劳动关系力度,推进收入分配制度改革,加强劳动保障法制建设,切实维护劳动者合法权益,实现了劳动保障事业全面平衡发展。

一、就业再就业目标全面完成。全市全年累计实现就业40216人,扣除自然减员4795人,实现城镇新增就业35421人,完成年度计划的105.7%。其中:促进下岗失业人员再就业15953人,完成年度计划的110%,促进城镇其他失业人员就业24263人,完成年度计划的127.7%。城镇登记失业率为4.11%,有效控制在4.5%的目标之内。实现新增农村富余劳动力转移11.2万人,完成年度计划的112%,其中组织劳务输出17310人,完成年度计划的115.4%。全市统筹培训40229人,完成年度计划的171.6%,其中:培训下岗失业人员17055人,完成年度计划的142%,培训社会其他人员23174人,完成年度计划的196.4%。全市各商业银行核发下岗失业人员小额担保贷款506笔976.6万元,完成年度计划的64.5%。全市共使用再就业资金2165.3万元,其中:社保补贴258.7万元,岗位补贴272.1万元,培训补贴506.2万元,职介补贴124.4万元,劳动力市场建设费771.7万元,其他232.2万元。

二、社会保障体系建设进一步完善。养老保险全市全年参保人员为115696人,实际缴费人数为105408人,离退休人员为41361人,比上年增加2651人,增长速度为7%。在退休人员不断增加的情况下,全市的参保人员仍呈上升趋势,全年新扩面参保人数为9822人,超额完成计划任务数的21%,应收养老保险费20808万元,实际收到20398万元,收缴率为98%。全年实支养老金24389万元(含丧葬抚恤费、离休人员护理费、供养直系亲属生活费),清理欠费2450万元,完成全年任务的119%。医疗保险全市全年参保人数达28.2万人,比上年同期增加6.1%。共征收医疗保险基金21634万元,共支出医疗保险基金14880万元,与上年同期相比,收入增加36.7%,支出增加37%,支出的增长幅度明显高于收入的增长幅度。全年共统筹老干医药费1560万元,支付老干医药费1645万元。组织市直企业离休干部健康体检116人,组织市直机关退休人员和患特殊慢性病人员健康体检2080人。全市医疗保险基金累计结余18164万元。失业保险全市全年参保人数14.3万人,新扩面参保人数1012人。全年共收缴失业保险基金2760万元,完成市政府下达任务的110%。享受失业保险金人数1691人,新办理享受失业保险金人员766人。共支付失业保险金229.8万元,医疗补助费7.3万元,丧葬补助金0.8万元,职业介绍和职业培训补贴费支出68.44万元,调剂用于再就业243.2万元。全市失业保险基金累计结余达12002.5万元。启动工伤保险工作,制定了《遵义市工伤保险业务管理规定》、《遵义市劳动能力鉴定管理办法》。

三、进一步规范和协调劳动关系,切实维护劳动者合法权益。2004年,共受理行政复议案85件,维持行政决定的79件,撤销6件,不服行政复议决定上诉人民法院的21件,占受理行政复议案件的25%。人民法院通过审理维持复议决定的19件,占上诉率的91%。深入到586户各类经济成分企业进行劳动规章制度的检查,共检查862份企业规章制度。通过检查纠正违法条款268条,帮助企业建立规章制度165份。建立企业劳动争议调解委员会132个。进行劳动合同鉴证48570人。全市共处理劳动争议案件958件,其中立案处理569件,涉及职工4625人,结案559件,结案率97.25%。其它方式处理的劳动争议案389件。从处理的案件上看,与上年比较案件数上升40.2%。帮助企业和职工追回各类经济补偿及工资报酬568.65万元。全市劳动保障监察部门全年接受群众举报(投诉)案件816起,专查立案782件,结案684件,涉及劳动者59636人,为劳动者追回被克扣和无故拖欠工资6616.27万元。参与处理群体性突发事件36件,涉及劳动者44522人。其中非建筑领域群众举报(投诉)案件537件,调查属实并予以处理共452件,涉及劳动者1910人,为劳动者追回被克扣和无故拖欠工资182.987万元,清退押金(保证金)9.7万元。组织开展农民工工资支付专项监察和劳动合同执行情况专项检查活动,共检查用人单位4650余户次,审查用人单位规章

1540件，纠正用人单位违法规章427件，补签劳动合同23767份，两次专项检查共涉及职工21.42万人次。组织开展清理整顿劳动力市场专项检查，坚决打击各种坑、蒙、拐、骗的职业介绍等违法活动，取缔非法职业中介机构13户，进一步规范劳动力市场秩序，维护劳动者的合法权益。开展贯彻实施《禁止使用童工规定》的专项检查活动，全市共检查用人单位1589户，涉及职工39240人，其中发现7例非法使用童工的行为，对此均进行了处罚。组织开展劳动保障监察年度检查工作，并把农民工工资支付情况纳入检查范围。对用人单位进行了2003年劳动用工年度检查，已检查2200户用人单位，涉及劳动者97331人。严格执行最低工资保障制度，保障低收入职工及其家庭成员的基本生活。继续执行省厅发布的工资指导线，发挥了较好的宏观调控功能（为企业集体协商确定工资水平提供依据），对企业合理增加工资起到积极的引导作用。有计划、有步骤地推行劳动力市场工资指导价位工作，对165户企业34795人近46万个数据进行分析比较，发布了70个工种（职位）工资指导价位，同时指导部分县（市）建立此项制度。进一步加大企业工资内外收入监督检查力度，重点检查了全市206户国有企业中的165户，占80%，对严重违反国家法律法规和超工资总额的个别企业作了相应的处理。做好企业工资总额同经济效益挂钩和企业工资总额包干工作，深化企业内部分配制度改革，进一步贯彻按劳分配原则。

（汪　玲）

【规范执法行为，注重检查方法，力求检查实效】　全市劳动保障部门组织开展农民工工资支付专项监察和劳动合同执行情况专项检查活动，共检查用人单位4650余户次，审查用人单位规章1540件，纠正用人单位违法规章427件，补签劳动合同23767份，两次专项检查共涉及职工21.4万人次。组织开展清理整顿劳动力市场专项检查，坚决打击各种坑、蒙、拐、骗的职业介绍等违法活动，取缔非法职业中介机构13户。开展贯彻实施《禁止使用童工规定》的专项检查活动，全市共检查用人单位1589户，涉及职工39240人。发现并处罚了7例非法使用童工的行为，正安县还责令违法单位一次性支付给童工不低于最低工资3倍的报酬。组织开展劳动保障监察年度检查工作，并把农民工工资支付情况纳入检查范围，对2200户用人单位进行了2003年度劳动用工年度检查，涉及劳动者9.7万人。

（苟玉生）

【劳动争议处理工作进一步加大】　2004年，全市共处理劳动争议案件958件，其中立案处理569件，涉及职工4625人，结案559件，结案率97.25％。在立案处理的案件中社会保险259件，占立案数的45.5％；工伤赔偿125件，占立案数的21.96%；终止、解除劳动关系112件，占立案数的19.68%；工资福利21件，占立案数的0.3%；其他52件，占立案数的0.9％。其它方式处理的劳动争议案389件。帮助企业和职工追回各类经济补偿及工资报酬568.65万元。从处理的案件上看，案件数较上年上升40.2%。在弱势群体的援助行动中，帮助指导956名下岗职工和农民工书写仲裁申请，为他们免去仲裁费13.05万元，追回工资报酬、工伤赔偿金、押金等254.1万元；追缴社会保险费103.7万元，同时帮助563名员工进入和重新进入社会保险行列。为了加强新时期的劳动关系协调工作，2004年3月，成立了由市劳动和社会保障局、市总工会、市企业家协会组成的遵义市协调劳动关系三方会议工作制度委员会，并制定了相关的工作程序和制度。与此同时还深入到全市395户不同经济成分的企业进行劳动关系调查，对395户企业的201份劳动规章制度进行了检查，在检查中发现违背现行法律、法规的规章制度23份、条款52条，通过检查对这些条款及规章制度予以纠正。

（王　健）

【养老保险费做到应收尽收】　5月，结合年初讨论出台的全市预决算制度，召开了全市预决算报表培训会，并与各县签定责任状，实行任务完成情况与财政兜底相结合的机制，增强了各级政府的重视程度，使各县养老保险金做到了应收尽收，当期收入增长760万元，使2004年度的社会保险基金积累达3.9亿元，比上年同期增长9426万元，增长率为31%。社会保险基金积累的增大，增强了基金的抗风险能力，也为遵义市出台相关政策打下坚实的基础。

（杨　燕）

【为退休人员和遗属调整待遇】 为保障企业退休人员和遗属的基本生活，市劳动和社会保障局从2004年7月起对全市38708名退休人员和2130名遗属进行了待遇调整。采取的方式是：将所有退休人员的基础资料打印给所在单位，由单位重新核查档案，确保参加工作时间和退休时间无误后，再由社保局审核。根据审核的工龄进行调整待遇，使人均月增长养老金67.4元，并及时补发到位，确保了参保退休人员的利益，得到了社会的好评。

（杨　燕）

【落实军队转业干部待遇】 一是对至今未参加基本养老保险社会统筹的军队转业干部，按国家和省的有关规定将其纳入社会统筹并从中央补助金中为其补缴养老保险金，对认定为困难企业中的军队转业干部，距法定退休年龄5年内的，由本人提出申请，在市劳动和社会保障局办理提前退休。二是从2004年1月起，对已参加基本养老保险的退休转业干部，对其待遇达不到同年企业退休人员基本养老金平均水平的，从当年1月起补助到平均水平，所需资金从基本养老保险统筹基金中列支。

（杨　燕）

【医疗保险制度稳步推进】 一是医疗保险覆盖面不断扩大。出台并实施了全市城镇灵活就业人员参加医疗保险的意见，为自谋职业人员、从事个体经营和以非全日制、临时性和弹性工作等灵活就业的人员以及进城务工农民参加基本医疗保险创造了条件，同时也解决了国有企业分流安置人员接续基本医疗保险的问题，有力地推动了国有企业的改革。并将遵义市辖区内的企业军转干部纳入了医疗保险统筹。二是加大对缴费人数和缴费基数的稽核力度。年初对参保单位申报的医疗保险缴费基数进行审核，对低于上年度缴费基数的，要求单位提供上年度职工月工资发放清册，防止漏报、少报缴费基数。严格按照缴费基数不低于上年度全市职工平均工资的规定进行征缴，加强征收和追缴力度，对无故不按时足额缴费的单位，停止其医疗保险待遇。医疗保险基金征缴率达96%以上。全年医疗保险基金收支平稳略有结余，确保了医疗保险工作的正常运行。三是增加定点医疗机构和定点药店，引入竞争机制。全市新增25家定点医疗机构和21家定点零售药店，定点医疗机构累计182家，定点零售药店累计110家。全市参保人员可自主选择定点医疗机构和定点零售药店就医和购药，不仅扩大了参保人员的选择范围，而且促进了医疗机构和零售药店之间的有序竞争。四是每半年一次派工作组到上海、苏州、昆山等地对061基地回原籍居住的近万名退休人员的医疗费进行实地报销。组织参加医疗费统筹管理的省和市属企业离休干部健康体检235人次。组织市直机关事业单位退休人员和患特殊慢性病的在职人员健康体检2350人次，并建立健康档案。

（熊　猛）

【工伤保险制度初步建立】 为认真贯彻执行国务院《工伤保险条例》和《贵州省实施〈工伤保险条例〉办法》，经调查测算，在反复征求企业和各有关部门以及各县、区（市）意见的基础上，制定了《遵义市工伤保险条例实施意见》，并由市人民政府办公室印发施行。与此同时，市劳动和社会保障行政部门制定了《遵义市工伤认定管理办法》、《遵义市劳动能力鉴定管理办法》、《遵义市工伤保险业务管理规定》等配套文件，2004年，全市工伤保险制度已初步建立。

（熊　猛）

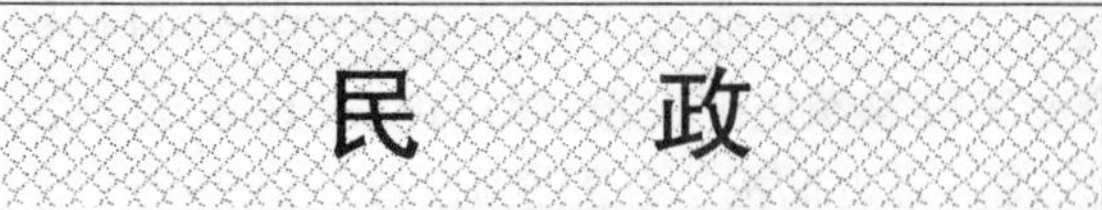

民　政

【概况】 2004年，全市各级民政部门紧紧围绕抓好六项重点工作、推进四项改革、完善四项制度的工作目标，抓重点，突难点，统筹兼顾，全面推进，各项民政工作取得新进展，整体工作上了新水平。

一、社会救助工作扎实开展。2004年，全市先后发生旱灾、风雹、洪涝、滑坡、泥石流、病虫等灾害，12个县、区（市）171个乡镇受灾，受灾人口302.7万人，农作物受灾面积106512公顷，其中绝收面积13654公顷，因灾毁损房屋13896间，造成直接经济损失27222万元，其中农业直接经济损失22890.6万元。全市共安排救灾款2074万元，救济灾民23万人，紧急转移安置灾民8173人，修建和恢复灾民住房2130间，治病3200人，衣被救济18520人，帮助2530户灾民修复因灾毁损房屋

7439间，确保了灾区人心安定、社会稳定。城市低保基本实现了应保尽保，逐步推行分类施保。全年共安排城市低保金3892万元，31576户63606名城市居民享受到最低生活保障。对三无人员和70岁以上老年人、重病残疾人、长期患重病和子女就学困难的低保家庭，增发了10～30%的低保金。农村低保及农村特困群众救助稳步推进，全市发放农村低保金515万元，22193户40039名农村贫困群众享受到最低生活保障。18个一类乡镇和4个重点扶贫开发县的二类乡镇的13342户54501名特困群众获得了救助，发放救助金551.2万元。农村医疗救助于5月全面启动，全年共发放农村医疗救助金131.5万元，有4503名农村特困群众获得了医疗救助。全市共有五保对象24032人，落实年供养经费1541.4万元，人均供养标准673.20元，其中集中供养2510人，人均供养标准达到1444.6元。全市投入645万元，修建43个敬老院。投入20万元，改造市救助站设施，1234名城市生活无着、流浪乞讨人员得到有效救助。

二、基层政权建设进一步加强。全市全面完成了撤区并村工作，行政村由2001年的4977个合并为1772个。各地认真贯彻落实《中共中央办公厅、国务院办公厅关于进一步健全和完善村务公开和民主管理制度的通知》，进一步推动了村民自治深入发展，各村、居全部实行村（居）务公开，建立固定公开栏2135个。各乡镇及街道办事处严格按照市政府制定的《遵义市2004年政务公开工作的目标责任书》要求，扎实开展政务公开工作。全市第六届村（居）委换届选举工作于10月1日正式启动，共投入选举经费280.2万元，赤水市、余庆县全面推行“海选”并获得成功，其他县、区（市）“海选”比例均达到20%以上，为全市推进基层民主政治建设进行了有益探索，积累了较好的经验和做法。

三、社会行政事务管理法制水平明显提高。全市殡葬改革力度加大，殡仪馆、火化场、公墓建设全面展开。桐梓、正安、仁怀等县（市）火化场正在建设，其他各县、区（市）已完成了选址工作。汇川区、遵义县、桐梓县和仁怀市启动了乡镇和农村公益性公墓建设。红花岗区殡仪一体化服务设施建设工作已全面启动。赤水市遗体火化已在全市16个乡镇机关干部和居民中推行。遵义市两城区遗体火化率、入墓率均达100%。全市遗体火化率从2003年的9.65%上升到12.34%。民间组织管理进一步加强。全市已登记民间组织798个，农村专业经济协会发展到290个。市民政局与市农业产业化经营办公室联合下发了《关于加强培育和发展农村专业经济协会实施意见》，有11个县、区（市）相继由政府出台了有关培育发展农村专业经济协会的文件，有力地推动了农村专业经济协会的发展；绥阳县积极探索“社区居民之家”的培育发展，取得了良好成效。区划地名工作有条不紊。14个县、区（市）相继完成了标准化地名标志设置任务，仁怀市城关镇拆置为中枢街道办事处和茅台镇；编制了遵义市行政区划调整规划；完成了红花岗区原长征、礼仪两镇合并为新的长征镇的工作和汇川区行政区划调整相关工作，汇川区与红花岗区、遵义县、绥阳县、桐梓县的行政区域界线全线贯通。婚姻和收养登记服务进一步规范，共办理婚姻登记52777对，其中离婚登记5768对，涉港、澳结婚登记41对，湄潭县民政局婚姻登记机关被评为“全国先进婚姻登记机关”，遵义县三合镇婚姻登记员刘琼被民政部评为“全国优秀婚姻登记员”。办理收养登记184人，其中涉外收养32人、港澳台收养2人。

四、民政自身建设得到加强。2004年，市民政局机关切实加强班子建设、队伍建设和机关效能建设，同时深入开展向周国知、王维余等民政系统先进性人物学习活动，进一步转变了广大干部职工的工作作风，涌现出一大批优秀党员和先进个人。市民政局局长张有顺荣获了“全国人民满意的公务员”荣誉称号，获得了贵州省委、省政府“勤政廉政先进工作者”表彰，并参加了全省勤政廉政先进事迹报告团。

（张国桥）

【双拥和优抚安置工作取得新进展】　2004年，各县、区（市）大力开展拥军优属活动，进一步巩固和发展了军政军民团结的大好局面。市四大班子领导于“八一”建军节前夕慰问了海军“遵义舰”官兵。红花岗区还慰问了昆明陆军学院和第三军医大学大坪医院。遵照市委、市政府修建在黔牺牲红军烈士纪念墙的决定，征集到红军长征在贵州境内牺牲红军烈士1306名，其中在遵义牺牲的红军烈士717名。通过向社会倡议，收到社会捐款101万元，并于9月底修建完成。各县、区（市）认真贯彻落实新的《军人抚恤优待条例》，切实抓好各项优抚政策的落实。市民政局与市财政局联合下发文件,明确了各县、区(市)农村义务兵家属的优待金发放标准和重点优抚对象抚恤标准自然增长额,全市有10个县、区(市)建立了优抚对象抚恤补助标准自然增长机制。圆满完成了年度退役士兵安置任务,全市共接收退役士兵和转业士官3294人,应安置901人,实际安置901人,其中自谋职业325人,占应安置总数的36%。军休干部“两个待遇”得到较好落实,遵义市军队离退休干部休养所获省民政厅“全省民政系统行风建设先进单位”表彰,遵义荣誉军人康复医院荣获民政部表彰的“全国民政基层单位行风建设先进集体”。

(张国桥)

【社区建设深入发展】 2004年,全市以深化社区党组织建设、完善城市居民自治机制、加强社区示范建设、拓展社区服务领域、开发社区就业岗位、促进社区就业和再就业为主线,推进社区建设工作全面发展。全年整合社区居委会84个,建立社区服务设施722个,便民利民网点数937个,社区服务从业人员7285个,安置失业人员2933人。社区建设逐步向乡镇和农村延伸。赤水市坚持以党建促社区建设,确保乡镇社区组织机构健全、人员到位、办公设施齐全、制度完善,初步探索出一条乡镇社区发展的新路子。红花岗区争取国债资金500万元,区政府匹配170万元,投入到13个社区服务点、8个社区服务中心的基础设施建设,改进了社区服务手段,提升了社区服务水平。

(张国桥)

【社会福利服务能力逐步增强】 全市第三批“星光计划”建设项目12个,已建成11个并投入使用。“微笑列车”工作顺利开展,890名患者手术后得以康复。共营建电脑福利彩票销售网点116个,销售电脑福利彩票3260万元。市民政局在“五一”期间组织销售即开型福利彩票116万元。

(张国桥)

安全生产监督

【概况】 2004年,遵义市安全生产工作坚持“安全第一、预防为主”的方针,扎实抓好各项安全大检查和专项整治,强化各级政府对安全工作的领导,积极推进安全生产各项工作,加强安全生产监管体制、安全生产法制、安全生产执法队伍“三项建设”,建立安全生产长效机制,实施“科技兴安”战略。2004年,全市安全生产形势总体平稳,事故起数和死亡人数实现了省政府提出的“双降”目标。

一、安全生产控制指标执行情况。2004年,全市共发生各类生产安全事故658起,死亡332人,同比分别下降25.23%和13.77%。事故起数占省下达控制数的84.36%,死亡人数占省下达控制数的97.65%。亿元GDP值死亡率0.92;10万人死亡率4.56,工矿企业10万职工死亡率60.25,均未突破省下达控制指标。

二、加大安全生产检查和督查力度。2004年,全市先后组织开展了4次安全生产大检查和4次督查,各部门也多次组织专项检查,共排查安全隐患19350余处,现场整改2100多处,下发整改通知书836份。加强了对安全生产重点行业的专项检查和集中整治,最大限度地消除了安全生产隐患。公安交警部门先后组织5次道路交通安全专项检查和集中整治,出动警力15669人次,对12155名驾驶员开展了安全谈心活动。全市开展消防安全专项治理9次,派出检查组28个,出动检查人员270余人次,检查单位629家,发现火灾隐患1360余处,督促整改970余处,对存在严重火灾隐患的部分公共聚集场所责令停业进行了整改。各级煤炭管理部门开展煤炭专项检查和督查6次,责令停产整顿矿井156处。各级安监部门认真开展了重大危险源的清理普查建档、整改和监控工作,全市共普查重大危险源476家,清理取缔16家危化品非法经营站点。国土部门加大对无证非法采矿行为的打击力度,对1161起非法采矿行为进行了查处,其中立案80件,行政拘留14人。同时,各行业管理部门结合节假日的特点,在“元旦”、“春节”、“两会”、“五一”、“国庆”等节假日及事故高发期对重点单位、重点部位进行专项检查,督促被检查的单位采取措施消除安全隐患,确保了节假日期间全市旅游景点和人员密集场所的安全。

三、深化安全生产专项整治。一是认真宣传《道路交通安全法》。以创建“平安大道”、“平安乡镇”为载体,以提高群众交通安全意识为目的,以抓好交通安全为落脚点，在全市广泛开展了宣传《道路交通安全法》的活动。在此次活动中，全市共发放宣传资料437000余份，宣传手册6530余份，声像资料837份，事故案例36本，在广播、电视、报纸等新闻媒体开辟专栏节目34个，制作公益广告142条，举行大型宣传活动59场，制作图片、橱窗461块，张贴宣传画、宣传标语931条，举办专题文艺晚会3台，开展各类知识竞赛9场。二是建立健全规章制度。为了做好道路交通事故预防工作，先后建立了《交通安全情况信息评判制度》、《交通安全联络员制度》、《交通安全社会监督制度》和《交通安全工作专报制度》等12项制度，使交通安全工作逐步走上规范化和制度化。三是积极开展"五进"活动。全市交通安全宣传进社区40个、村寨29个、企业59家、学校116所、家庭363户、乡镇129个，散发各种宣传资料26000多份，赠送中小学交通安全宣传挂图8560份。通过一系列活动的开展，"关爱生命，平安出行"深入千家万户，家喻户晓。在全省评比中，余庆县龙溪镇红军村等4个行政村获"全省交通安全村"称号，占全省评出的20个"交通安全村"的25%。四是加大事故隐患整治力度。围绕事故预防这个核心，以打击超载、超速、酒后驾车、"黑车非驾"等13项交通违法为重点，全市开展专项整治活动26次，出动警力12517人次，查处交通违法行为148080起，行政拘留247人次，排查交通事故"黑点"、危险路段525处，其中全国督办公路危险路段10处，省级督办公路危险路段20处，危桥16座。全市各级政府投入资金1860多万元对境内72道拐、娄山关、凉风垭等32处国道，正安县境内9道拐、仁怀市洪关至五马等156处省道以及275处县乡公路危险路段和12座危桥进行了整治，设置各类交通标志和设施1134块（处），安排水毁资金110.9万元。全市231个乡镇中134个乡镇聘请了交通协管员346人。五是开展汽车行驶记录仪安装工作。对476台在高速、高等级公路上行驶和超长途（800公里以上）的客车、危货运输车、旅游车安装了行驶记录仪，占应装车辆的75.2%。其它客运、货运车辆行驶记录仪已安装347辆，受到省直有关部门的好评。六是扎实抓好煤矿专项整治。全年共开展了煤矿安全现场监察680多次，查处隐患5120条，下达处理决定书673份、责令关闭矿井16处，收缴罚款296万元。各级安监部门按照国家对非煤矿山安全整治的统一部署，加大对非煤矿山安全整治力度。在相关部门的配合下对770多处非煤矿山企业进行了安全评估，关闭不具备安全生产条件的小矿山70个，参与"三同时"项目审定11家。开展了危化品安全专项整治，严格实行"两关闭、五整顿"，检查企业685户，发出督查或整改通知书650份，查出隐患812处，整改657处，关闭了16家非法和不具备安全条件的从业单位，停产整顿21家。水上交通运输、民用爆破器材和烟花爆竹、建筑施工、旅游等方面的整治，也取得显著成效。建设行政主管部门对建筑施工（安装）、拆除工程加强了培训检查和督促，全年的死亡控制数未突破控制指标。

（余　跃）

【开展安全标准化活动】　2004年，全市工业系统积极推行重点岗位和危险部位7项安全管理标准；建设系统开展了安全文明施工标准化活动；道路交通运输系统实行安全质量35项考核标准；各重点产煤县（市）初步建成了1～2个"样板矿井"。茅台酒集团公司把信息化与标准化结合起来，努力实现安全监测监控自动化，走安全高效的现代化酒业开发建设新路子。061基地、钛厂、八七厂、电力、建筑等行业的一些大企业安全质量标准化工作也开始起步。

（余　跃）

【安全生产监管体系日趋完善】　按照《安全生产法》和《国务院关于进一步加强安全生产工作的决定》的规定，市委、市政府对安全生产监管机构建设高度重视。6月，在市安监局成立的基础上，批准了14个县、区（市）组建安监机构。9月，又批准在市、县两级建立执法监察支队和大队。各县、区（市）结合乡镇安监工作的实际，部分县在乡镇原经济发展办公室的基础上，组建了乡镇安全生产监督管理办公室，镇、村两级配备了专兼职交通安全管理员和安全监督员，进一步充实和壮大了安全监管队伍，三级管理，四级网络正在形成，安全生产监管体制逐步建立和完善。

（余　跃）

【安全生产行政执法力度进一步加大】　2004年，各级安监机构依法对生产经营单位安全生产情况进行监督检查，对重点行业实施了重点监管，对检查中发现的安全隐患，除了全市进行通报，督促隐患单位在规定时限内对存在的问题进行整改外，还将每次检查和督查中查出的问题进行分解，明确隐患整改时限、责任单位、责任人，报送市政府分管领导和各位包保市长，督促整改。对发生的各类事故严格按照"四不放过"的原则进行处理，全年共处理各类事故83起，结案率100%；对51名事故责任人进行了党纪政纪处理，16人移送司法机关追究刑事责任，起到了应有的警示教育作用。

（余　跃）

【加强安全法规宣传】 2004年，各地各部门以开展"安全生产月"、"安全质量万里行"、百城百万人"关爱生命、关注安全"签名等活动为契机，充分发挥新闻媒体的作用，广泛开展安全生产宣传教育活动。市公安交警支队在遵义电视台定期制作播放"关爱生命，平安出行"专题片。市安监局牵头，遵义平安保险公司、公安交警支队、总工会等7部门和单位举办了全市"平安保险杯"安全法规知识竞赛和颁奖文艺晚会，参赛职工群众近15万人，收到有效答卷105818份。市消防支队分别在6月安全生产宣传月、"11·9"消防宣传日活动中，广泛开展了一系列消防宣传活动。桐梓、习水、湄潭、余庆等县分别开展了声势浩大的以道路交通、煤矿、消防为重点的安全生产宣传活动。

（余　跃）

【强化安全法规培训】 各地各行业管理部门加强对生产经营单位主要负责人、注册安全员、特种作业人员、基层政府及管理人员的安全教育培训，促进了行业安全生产管理整体水平的提升。2004年，市安监局、公安局、供销社开展烟花爆竹经营及非煤矿山法人及安全管理人员培训，共8期1925人次，培训乡、镇3期435人次，特种作业人员5291人，复审1198人。

（余　跃）

外事侨务

【概况】 2004年，遵义市人民政府外事侨务办公室（接待处）共接待来自中央、省、市（自治区）、直辖市的来宾1512批24732人。其中三级以上的警卫任务28批（一级2批、二级8批、三级18批）1890人（含随行人员）。省部级领导168批3856人，地厅级领导1148批17160人。外国来宾16批56人，随行340人。审核126个公务出国（境）团组，办理因公出国人员431人。利用贵州省外事侨务办公室下拨的12000元救济款和市政府下拨的6000元慰问款，对全市14个县、区（市）150户贫困归侨、侨眷进行救济和对老归侨进行登门访问。组织了"侨法宣传月"活动。通过贵州省外事侨务办公室积极与日本"富的士学生基金会"联系，资助遵义县一名贫困优秀学生每年6000元的助学金。在侨务信访工作方面，接待来访人员23人（次），群众来信17件，做到了事事有交待，件件有落实。

（马育萍）

【泰国驻昆明总领事一行访问遵义】 1月14日～16日，泰国驻昆明领事馆新任总领事克西·查派文先生一行4人到遵义参观访问。查派文先生首次访问贵州的目的是希望探访双方的交流与合作，访问遵义市和参观茅台酒厂。

（马育萍）

【老挝工业和手工业部副部长一行到遵义参观访问】 3月20日，以老挝工业和手工业部副部长那姆·维亚克为团长的干部考察团一行10人到遵义访问。考察团一行参观了遵义会议会址、红军总政治部旧址、红军烈士陵园。

（马育萍）

【全国政协副主席、全国工商联合会主席黄孟复到遵考察】 3月23日，全国政协副主席、全国工商联合会主席黄孟复一行39人来遵考察。随同黄孟复一行来遵的还有国务院扶贫办及香江集团等一批全国著名企业家。黄孟复一行参观了遵义会议会址、红军总政治部旧址、博古陈列馆，瞻仰了红军烈士陵园，向革命烈士敬献了花篮。

（马育萍）

【香港各界知名人士贵州访问团到遵访问】 4月10日～11日，以全国政协秘书长郑万通为总顾问,省政府顾问、港区全国政协委员计佑铭为团长的“香港各界知名人士贵州访问团”一行51人,到遵义参观遵义会议会址、红军总政治部旧址、贵州茅台酒厂。访问团一行向遵义市人民政府赠送了“增强合作,共同发展”的纪念铜盘。

(马育萍)

【深圳市考察团到遵考察】 4月22日,以广东省委副书记、深圳市委书记、市人大主任黄丽满为团长的深圳市考察团一行31人到遵参观了遵义会议会址、红军总政治部旧址,向革命烈士纪念碑敬献了花篮。

(马育萍)

【布隆迪争取民族进步统一党代表团访问遵义】 4月26日,以副主席思蒂提耶为团长的布隆迪争取民族进步统一党代表团一行3人到遵访问,代表团参观了遵义市文化小学、红花岗区清江村。市委副书记陈平安、市委秘书长余遵义会见了代表团。

(马育萍)

【中共中央纪律检查委员会书记吴官正一行到遵考察】 5月2日~3日,中共中央政治局常委、中央纪律检查委员会书记吴官正一行17人到遵义考察工作,考察团参观了遵义会议会址、红军总政治部旧址,回顾了长征时期红军转战贵州的光辉历程,瞻仰了红军烈士陵园,向革命烈士敬献了花篮,与少先队员一道在缅怀林种植纪念树。考察了061基地航天汽车厂、贵州海尔公司、乌江渡电站及扩机工程。

(马育萍)

【全国政协副主席郝建秀到遵参观】 5月14日,全国政协副主席郝建秀到遵义参观。遵义市委副书记、市长卢守祥,市政协主席周大新陪同参观了遵义会议会址、红军总政治部旧址、瞻仰红军烈士陵园,向革命烈士敬献了花篮。

(马育萍)

【乌干达全国抵抗运动组织书记处到遵访问】 5月25日~26日,以乌干达全国抵抗运动组织书记处经济局长埃兹拉·苏努马为团长的乌运动经济考察团一行3人到遵义访问。市委副书记张志年代表市委、市政府会见了考察团一行。考察团到红花岗区巷口乡扶贫点参观了农户养牛、果园和沼气建设情况,还参观了遵义会议会址、博古陈列馆、苏维埃银行。

(马育萍)

【重庆市党政代表团到遵考察】 6月8日,以重庆市委书记、市人大常委会主任黄镇东为团长的重庆市党政代表团一行76人到遵义参观考察。代表团参观了遵义会议会址、红军总政治部旧址、红军烈士陵园,向革命烈士敬献了花篮。在遵义宾馆多功能厅召开了座谈会,市委书记傅传耀、市长卢守祥、市人大主任刘文献、市政协主席周大新等领导出席了座谈会,会上遵义市委书记傅传耀介绍了遵义市经济社会发展情况,重庆市委书记黄镇东作了讲话。

(马育萍)

【北京大学博士生考察团到遵考察】 6月30日~7月3日,北京大学博士生考察团一行17人到遵义参观考察。6月30日下午,遵义市领导傅传耀、陈凌华、余遵义、何萍等在遵义宾馆就交流人才工作及有关合作事宜与考察团进行了座谈。参观了遵义会议会址、红军总政治部旧址、娄山关,瞻仰红军烈士陵园,向革命烈士敬献了花篮。与遵义市领导、武警战士和学生参加了纪念广场升旗仪式。考察了汇川区“四在农家示范点”。与遵义医学院的同学一起在红花岗义诊。赴茅台酒厂参观与茅台酒厂领导座谈,博士团的专家和博士生代表作了企业与经济贸易的专题发言。

(马育萍)

【东盟国家记者采访团来遵采访】 7月5日~6日,为加大对东盟成员国的外宣力度,向东盟国家的人民介绍贵州基本情况以及互补性强的产业,促进与东盟成员国的交流与合作,根据省委外宣办和省外事办的安排,东盟国家记者采访团一行6人到遵义采访,赴贵州海尔集团公司采访现代化企业模式,赴遵义县虾子镇采访辣椒产业,并到贵州钢绳股份公司、遵义碱厂、乌江水电站采访。

(马育萍)

【苏丹全国大会党干部考察团到遵考察】 8月17日，以苏丹全国大会党部长级法律顾问穆罕默德·奥斯曼·赛义德为团长的苏丹全国大会党干部考察团一行5人到遵义访问。客人参观了遵义会议会址、贵州海尔公司，瞻仰了红军烈士陵园。

（马育萍）

【外国驻华武官访问遵义】 9月6日，由国防部组织的外国驻华武官访问团来遵义访问。驻华武官团以英国武官科尔准将为团长，由英美日俄等26国驻华武官和夫人、总参谋部、成都军区、贵州省政府陪同人员共75人组成。驻华武官及其夫人们参观了遵义会议会址、博古陈列馆、红军总政治部旧址和苏维埃银行旧址，向红军烈士陵园纪念碑敬献了花篮。

（马育萍）

【挪威议长到遵参观考察】 10月12日，挪威议长H. E. Mr. Jorgen Kosmo（约根·科斯莫）及夫人一行21人到遵义参观考察，考察了遵义南部工业区环境管理能力建设项目点，参观遵义会议会址、红军总政治部旧址。

（马育萍）

【新英国共产党代表团到遵参观访问】 10月25日，以新英国共产党总书记布鲁克斯为团长的新英国共产党代表团一行3人到遵义访问。代表团参观了遵义会议会址、红军烈士陵园、湘山寺。

（马育萍）

【中国侨联港澳地区顾问、委员考察团赴遵考察】 11月7日～8日，以中国侨联主席林兆枢为团长的"中国侨联港澳地区顾问、委员考察团"一行37人到遵义参观考察，听取了遵义市经济社会发展及招商引资情况介绍，参观了遵义会议会址、红军总政治部旧址。（马育萍）

【全国政协副主席张思卿到遵视察】 11月15日～17日，全国政协副主席张思卿到遵义视察，张思卿参观了遵义会议会址、红军总政治部旧址，向革命烈士敬献了花篮，并到娄山关红军战斗遗址和茅台红军四渡赤水纪念塔参观。

（马育萍）

【教育部部长周济一行到遵考察】 12月23日～24日，教育部部长周济一行7人到遵义参观考察，考察了遵义市农村中小学现代远程教育、党员教育及"两基"工作情况，参观了遵义会议会址、瞻仰了红军烈士陵园，向革命烈士敬献了花篮。

（马育萍）

民族宗教事务

【概况】 2004年，遵义市民宗局围绕市委、市政府对民族宗教工作的总体部署和年初工作计划，立足于"民族工作求发展，宗教工作保稳定"，做了以下工作。

一、努力做好新形势下民族宗教工作。全省民族团结进步表彰大会、全省宗教局长会和全省宗教工作座谈会召开之后，为贯彻落实会议精神，遵义市县两级民宗部门及时向党委、政府作了专题汇报，并召开了民族宗教工作会，全面传达了会议精神。各级党委、政府对民族经费、人员编制等问题给予了进一步明确，就当前宗教工作面临的新情况、新问题，对切实加强依法管理宗教事务、抵御境外利用宗教进行渗透的工作进行了布置。同时，积极营造有关部门想着民族工作，想着民族政策，想着民族地区，想着少数民族，努力为各族群众办实事、解难事、做好事的良好氛围。

二、帮助少数民族和民族地区各族群众改善生存、发展环境。2004年，市民宗局共向上级业务主管部门和同级财政争取到各项投入资金378.5万元，安排项目79个，其中：少数民族发展资金220万元；少数民族建房补助资金35万元；少数民族教育专项补助29万元；民族地区专项经济扶贫资金9万元；省级民族经费切块补助30万元；市级民族经费40万元；少数民族文化专款15.5万元。在《项目经费安排》的推荐申报和各类专项经费的管理上，市民宗局严格按照上级文件及有关规定办理，没有截留、擅自变更项目及改变资金投向。

三、开展"百村千户万人"活动，带动民族地区经济社会全面协调发展。2004年，市民宗局在全市开展了"百村千户万人"活动。全市共建立"百村千户万人"活动联系点18个村，协调和争取经费80多万元，对帮扶点进行水、电、路等基础设施综合建设，惠及3000多户、11000多人。在帮助帮扶村改善基础设施面貌的同时，还帮助村民树立现代化文明意识，开办农村知识讲座12次、发放资料400多册，使民族地区各族群众感受到了党的民族政策给他们带来的实惠，密切了党和政府与少数民族同胞的联系，促进全市民族乡、民族聚居村的社会经济发展。

四、认真抓好民族文化、体育工作。2004年，全市发掘整理民族古籍工作取得新成绩。道真自治县傩戏文化的研究名扬海内外，得到了专家学者的认同。1月，贵州民族学院和韩国庆尚大学的专家和学者到道真考察傩戏，同时举行了西南傩文化研究中心贵州民族学院道真傩文化研究基地的授牌仪式，道真成为西南傩文化研究中心的第5个研究基地，进一步推动了遵义市傩文化研究工作。务川自治县大平乡龙潭民族文化村仡佬文化研究中心的前期选址工作已经完成。遵义县民宗局退休职工马德光收集整理的3万多字仡佬族文化资料，得到民族研究专家的高度赞扬。6月3日，全市民族古籍工作培训及现场会在道真召开，遵义市民族文化工作得到了上级领导和社会各界的充分肯定。民族传统体育工作也有新进展。经过多方努力，已获省批准在道真自治县和余庆县挂牌成立少数民族传统体育项目综合训练基地和龙舟单项基地。

五、依法加强对宗教事务的管理。一是对全市各场所数、房产、信教人数以及存在的问题等情况进行调查，分析信教的主要原因。二是对全市基督教进行了调查，提出了目前基督教存在的问题以及解决问题的建议意见。三是认真开展了对全市宗教方面不稳定因素的排查，提出了解决问题的方法和政策措施。四是开展道教正一派普查工作。通过调查，进一步了解全市宗教的基本情况，为今后全市的宗教工作提供了依据。2004年，市民宗局把加强宗教团体建设作为一项重要工作来抓，做了大量成立市佛协、伊协两个爱国宗教团体的筹备工作。8月12日，遵义市伊协正式成立。

（哈　旭）

【做好计划生育“三结合”帮扶工作】　市民宗局把计划生育“三结合”帮扶作为一项重要工作来抓，2004年又加大了帮扶力度，增加了帮扶投入，在遵义县平正仡佬族乡选定50户帮扶户建立帮扶示范点，投入帮扶资金5万元。根据帮扶户的实际情况，签定了帮扶协议书，确定了帮扶项目、目标，明确了双方的责任和义务，兑现了建房费、耕牛及农具、失学儿童学杂费等生产资料和生活资料，充分调动了帮扶对象的生产积极性，进一步拓展了他们的生产经营门路，使帮扶户的经济收入快速增长，生活水平极大提高。同时，无一例违反计划生育政策。由于措施得力，遵义市民宗局荣获了2004年度市计生三结合帮扶工作一等奖。

（哈　旭）

【开展多种形式的“送温暖”活动】　2004年，全市民宗系统干部职工深入基层、深入群众，开展以“访贫问苦、访老问暖、访贤问计”为主题的“送温暖”活动，慰问少数民族贫困户近300户，发放慰问金近4万元。通过慰问，切实帮助基层，帮助困难少数民族群众解决了生产生活中的突出问题。

（哈　旭）

【召开仡佬与夜郎文化研讨会暨贵州省仡佬学会二届二次会议】　2004年9月，市民宗局举办了仡佬与夜郎文化研讨会暨贵州省仡佬学会二届二次会议。来自广西、贵阳、安顺、铜仁、六盘水、毕节等省、市（地区）的仡佬族专家及代表200多人参加了会议，对仡佬族的历史文化与古夜郎关系进行了认真研讨。会议收到各地各界人士撰写的论文30余篇，为研究遵义市的民族文化发挥了积极作用。会议期间，与会人员还参观了颇具民族历史文化价值的《神秘道真仡佬族风情展览》。

（哈　旭）

【习水县免除少数民族贫困户子女义务教育阶段读书的一切费用】　为加快习水县从贫困大县向经济强县跨越的步伐，中共习水县委在十届五次全体会议上通过了关于加快推进阶段扶贫开发进程的决定：“将贫困生求助基金和社会各类教育资助资金，以及组织对口帮扶单位和个人捐助资金，用于解决双龙、桃林、二里及少数民族地区贫困户儿童义务教育阶段的一切费用。”习水县政府投入经费近20万元，使全县少数民族儿童1200余人直接享受到此项优惠政策。这项决定彻底解决了习水县少数民族贫困儿童的入学问题，为习水县今后的少数民族地区的兴教脱贫奠定了坚实的基础。

（哈　旭）

移民开发工作

【概况】 2004年,遵义市水电工程移民开发工作成绩显著,共完成移民搬迁安置2046人,其中:构皮滩电站库区移民1811人,鱼塘电站移民235人,移民搬迁顺利,安置妥善。

一、移民政策执行到位。一是采取多种方式,广泛、深入宣传移民政策,做到移民政策家喻户晓,人人皆知。二是严格执行政策,把国家有关移民政策原原本本交给移民,做到公开、公平、公正,依法行政、依法移民。三是注重移民安置。充分尊重了移民的自主选择权,引导移民在土地肥沃、水源、交通、就医、子女上学等条件较好的集镇周围进行安置,生产生活资料落实。四是优惠政策和服务到位。相关职能部门在移民办理宅基地证、房产证、无土安置公证、户籍手续和有线电视、自来水、用电安装等方面简化手续、给予优惠,最大限度让利于移民。移民部门加强协调服务,同时积极组织移民开展农业实用技术培训,帮助移民调整产业结构,尽快恢复生产,重建家园,促进移民生产发展和生活改善。

二、移民搬迁安全管理措施有力。各县都制定和落实了安全责任制,确保移民搬迁安置中的生命、财产安全,没有发生一起安全事故。特别是余庆县的作法得到了省移民办的充分肯定。一是实行分级负责管理,镇(乡)与县签定安全责任书。二是驾驶员、移民户、镇(乡)相互签订安全责任书明确各自职责。三是由县移民局分别为移民搬迁户办理搬迁安置期间的人生意外伤亡保险,确保移民安全搬迁安置。

三、全力维护移民区社会稳定。一是强化移民维稳工作责任制,各级党委、政府高度重视移民维稳工作,按照"属地管理"和"谁主管,谁负责"的移民维稳工作管理体制,切实加大领导力度,做到警钟长鸣,常抓不懈。二是采取有效的工作措施,认真落实市政府提出的领导和部门挂帮移民的"五包一挂"责任制,即包移民思想政治工作、包实物指标分解、包按计划搬迁安置、包逐步致富、包不串联、不上访和与工资报酬和用人挂钩。余庆县推行了"1+2+3"的挂帮经验,即一个副科级干部至少挂帮1户移民,一个正科级干部至少挂帮2户移民,1个副县以上干部至少挂帮3户移民,取得了较好的效果,得到了各级的充分肯定。三是加大政策宣传和思想政治工作力度,加强基层组织建设,充分发挥基层干部和群众的积极性。四是加强信息情报的收集、沟通和反馈,为政府决策提供依据。五是以教育和引导为主,妥善处置移民维稳事件。

(胡朝波)

【构皮滩电站移民工作情况】 2004年,完成移民搬迁安置476户1811人,占年度计划1650人的110%。其中:余庆县363户1337人,湄潭县27户104人,遵义县86户370人。移民安置地的生产、生活资料落实。专业项目复建按计划正常推进。完成480米以下移民搬迁和库底清理工作,该工程获得市级初验和省级终验优良工程,确保了电站按期截流。

(胡朝波)

【乌江渡电站移民工作情况】 2004年,完成移民遗留问题处理年度计划项目12个和120人的移民脱贫任务。在中央直属水库乌江渡移民遗留问题处理"六年"规划项目资金管理和使用的专项审计中,获得水利部移民局和省移民开发办的表扬。

(胡朝波)

【思林电站移民工作情况】 2004年,配合电站业主和设计单位,完成水库淹没实物指标调查分解、淹没线永久性界桩的埋设,开展安置环境容量调查、移民集中安置点和专业项目的选址及规划设计工作。

(胡朝波)

【鱼塘电站移民工作情况】 2004年,完成了施工区153人的搬迁安置及专业项目复建补偿工作,完成库区直迁移民82人(道真57人,正安25人)的搬迁安置和库区部分实物指标补偿兑现工作。截流水位线下库底清理获得市级验收优良工程,确保了电站按时截流。

(胡朝波)

档案工作

【概况】 2004年，全市档案工作围绕服务全市建设小康社会和西部大开发战略的实施，加快档案信息化进程，提高档案管理水平，加强档案基础业务建设，狠抓档案服务机制创新，推进全市档案事业稳步发展，全面完成2004年目标任务。在2004年度全市县级档案工作目标管理考核中，余庆县、红花岗区、遵义县、赤水市档案局获综合考评先进单位，道真、正安、务川县档案局、仁怀市档案局获单项考评先进单位。

2004年，市、县两级档案部门以工作考核、目标管理为手段，推进机关、企事业单位档案工作业务建设，全市有73个机关达到档案工作目标管理等级标准。市档案局对档案管理已到复检期限的绥阳县、湄潭县、桐梓县等6个基层法院的档案工作进行复检，认定这6个基层法院保持档案管理一级标准。加强企业档案工作管理，加大国有破产企业档案管理力度。6月中旬，市档案局对遵义县、桐梓县及部分市属破产企业档案工作进行重点检查，加强破产企业档案的监督、指导，共处置33个破产企业档案，指导88个企业的档案工作，接收进馆17家企业档案11542卷。继续开展档案业务培训。全市共举办档案业务培训班15期，培训850余人。坚持做好农业农村档案工作，按照分类管理原则，重点部署乡镇档案规范化建设。截至2004年底，全市完成档案规范化管理的乡镇166个，占乡镇总数的72%。红花岗、汇川、余庆、湄潭、遵义、仁怀、赤水、绥阳、道真等9个县、区（市）全面完成乡镇档案目标管理。余庆、道真、赤水、仁怀等县（市）全面完成村级建档。市档案局与市、县两级政府法制办、人大教科文卫民委等部门配合，开展档案行政执法检查36次，对19个不依法做好档案工作的部门发出整改通知，并进行监督、指导，促使整改事项落实。市、县两级综合档案馆积极开展档案资源利用和信息化建设，加强档案的鉴定、整理，共鉴定档案15298卷，整理档案9434卷，新接收进馆档案19238卷、17660件，提供利用档案24182卷（件），接待利用者5350人次。

（黄　澄）

【国家档案局副局长杨冬权到遵检查工作】 2004年7月6日～7日，国家档案局档案行政执法检查组一行4人在国家档案局副局长杨冬权的带领下，对遵义市档案法制建设和行政执法工作进行检查，重点检查了红花岗区档案局（馆）贯彻实施《档案法》和《贵州省档案条例》、档案安全管理和开发利用、档案工作服务机制创新等方面的工作及乌江渡发电厂重点项目档案工作，并对两个被检单位的档案工作给予肯定。

（黄　澄）

【实施档案信息化建设，提高档案管理水平】 2004年，市档案局明确了市档案馆、红花岗区、遵义县、仁怀市、正安县、道真县、湄潭县、余庆县等8个档案馆为首批实施档案信息化建设的单位。在此基础上，市档案局采取切实有效措施确保工作开展。一是抓好人才培训。全市共选派24人参加贵州省档案局举办的专题培训班学习，使每个档案馆均有1～3名熟悉计算机操作和档案管理的人员，提供了人才保证。二是积极向市、县两级政府请示、汇报和协调，争取政府支持，解决开展工作所需的经费和设备。市、县两级政府已投入资金22.5万元，全市档案馆新增计算机19台、复印机5台、扫描仪9台、光盘刻录机3台，配置档案管理软件11套，为开展工作提供了基本的物质保证。三是从馆藏档案的鉴定、整理等基础业务入手，开展档案目录录入工作。全年共录入文件级目录204405条，案卷级目录41894条。四是开展部门计算机管理档案试点。市档案局在市国税局、地税局、国家安全局、药监局、技术监督局等具备条件的市直机关进行试点，实施计算机录入和管理档案，各县、区（市）也相应抓了1～2个试点单位。

（黄　澄）

【立足农村中心工作，扎实有效开展农业农村档案工作】 一是围绕农业产业化建设、“四在农家”活动、农民家庭经营开展档案服务，建立“三农”档案工作联系点18个。余庆县以“四在农家”示范点为基础，抓好“四在农家”档案的建立；红花岗区以奶牛基地为依托，建立农户奶牛生产和奶牛科技档案；赤水市以农村小额信用贷款为契机，与基层信用社配合，建立5.1万户农户信用档案，并实行计算机管理，使该市小额农贷工作顺利开展。

二是为规范村级档案工作，促进农村各项事业健康发展，市档案局在广泛调研的基础上，制定出台了《遵义市村级档案管理暂行办法》，各县、区（市）档案局按照办法规定，结合撤区并村、农村基层组织示范带建设，采取加大培训、示范引导、分片包干、双项考核、定额奖励等措施推进村级建档。截至2004年底，全市已有1280个村完成村级建档，占行政村数的65%。

（黄　澄）

【明确重点，推进重点建设项目档案规范化管理】 2004年，全市培训项目档案人员250余人次，对“十五”以来实施的43个重点建设项目进行了登记。同时将新增项目进行清理公布，并落实项目责任人。市档案局对遵义铝业集团三期技改、乌江渡发电厂扩机工程、中心城区垃圾无害化工程、遵义电信公司等10个项目档案工作进行重点指导，整理档案8000余盒。其中乌江渡发电厂扩机工程、遵义铝业集团三期技改项目档案已分别通过国家及贵州省档案局验收。各县、区（市）档案局也与当地项目主管部门协调，对34个重点项目档案工作进行督促、指导，整理档案2900卷。

（黄　澄）

【谋求档案服务机制创新，拓宽服务领域】 继市档案馆2003年率先建立现行文件阅览中心、开展现行文件查阅服务以来，2004年，又有红花岗区、遵义县、余庆县、桐梓县、正安县、道真县、仁怀市档案馆建立现行文件阅览中心，投入专项经费13万元，收集文件5582件，接待群众在征地拆迁补偿、企业改制安置、劳动就业、医疗、养老等与群众切身利益密切相关的查阅利用322人次。社区档案工作在2003年红花岗区试点的基础上，2004年，结合社区居委会的整合，进一步推进社区建档工作，完成街道办事处档案规范化建设点12个，占红花岗区办事处总数的86%；社区居委会建档117个，占红花岗区社区居委会的79.2%，较大地拓展了全市社区档案工作。

（黄　澄）

【档案编研工作初见成效】 2004年，市档案局在夯实档案基础业务中，加大编研工作力度，在开展档案鉴定、编目等基础工作的同时，完成了《遵义地区志·档案志》的编辑出版工作，该志主要记述了1995年～1997年遵义地区档案工作机构、档案行政管理及档案基础业务建设、档案信息管理与利用工作，成为反映遵义地区档案事业发展历史和现状的资料性文献。与此同时，为配合档案业务管理和档案法制化建设，服务和指导全市机关、企事业档案工作，市档案局组织力量，对国家和贵州省制定的现阶段正在执行的档案工作法律法规，机关、企事业档案管理，专门档案管理，农业农村档案工作及档案教育、职称评聘等方面具有指导意义的55个方针政策性文件选编成册，编辑出版了《档案工作政策法规选编》一书。

（黄　澄）

无线电管理

【概况】 2004年，遵义无线电管理分局坚持依法行政，加强业务培训，强化内部管理，认真开展民用航空专用频率专项整顿活动及日常无线电监测、电磁环境测试、无线电测向训练等一系列工作，促进了遵义市无线电行业的可持续发展。

一、无线电设备稳定增长。 截至2004年底，遵义市共有22种3187个无线电台（站），同比增长197%。其中广播电台70台（声音14台、电视3台、差转53台）、短波电台29台、甚高频电台224台（固定电台70台，移动电台154个）、船舶电台13个、寻呼基站1个、蜂窝基站2476个，卫星地球站13个，微波站339个，雷达站2个，无线数据电台20个。

二、加强内部管理，逐步形成以制度管人的长效机制。 为进一步规范内部管理，强化责任意识，保证各项工作正常有序地运行，本着定岗定位、责任到人的原则，结合遵义分局的实际情况，对各岗位工作任务进行细化量化，制定《贵州省信息产业厅无线电管理局遵义分局及监测分站人员2004年岗位责任制》，并将省局下发的《2004年目标责任书》按岗位分解落实到个人。杜绝了因责任不清而相互推诿、拖延办事的现象，使每个人对自己的工作有了明确的目标和计划，从而自觉把握进度，及时完成工作任务。2004年，共修订3个制度，制定22个制度，使各项工作有章可循，各个岗位职责分明,各办事程序简明规范。

三、频率台站管理得到加强。一是在指配无线电频率时,严格执行《中华人民共和国无线电频率划分规定》,对新申请使用450MHz频段的对讲机,一律调整到150MHz频段指配。二是积极开展年审验照工作。严格执行有关收费标准,强调《中华人民共和国无线电台执照》是使用无线电发射设备的唯一合法凭证,每3年更换1次,所设台(站)必须与无线电管理机构核定的技术参数一致。2004年,遵义分局共收取无线电管理费39万余元,年审39家设台单位,年审率92.5%。所收费用已全部及时上交省信息产业厅无线电管理局。三是认真做好无线电台(站)数据库资料更新工作,做到新设台(站)技术资料入库率、执照发放率100%。四是加强日常无线电台站监督管理。3月~4月,遵义分局安排人员对遵义市两城区娱乐场所和物业公司及大型商业场所设置使用对讲机情况,以及校园广播电台情况进行再次清查,并在现场宣传《中华人民共和国无线电管理条例》。

四、强化服务意识。针对现有人员的政治思想和业务水平,为强化"管理就是服务,以服务促进管理,以管理促进发展,以发展强化管理"的意识,遵义分局制定了《遵义分局2004年政治学习实施方案》和《2004年度无线电管理培训计划及实施方法》。2004年严格按方案执行,通过集中学习、知识竞赛、操作仪器仪表、课后作业、阶段测试、测向训练、电磁环境测试实地操作、防汛短波电台操作演练等方式不断巩固无线电管理基本知识和无线电监测基本方法,全体人员操作仪器仪表的熟练程度和分析判断干扰源的能力有所提高,为进一步做好无线电管理工作提供了坚实的理论基础和技术保障。

(杨　芳)

【深入开展民用航空无线电专用频率专项整顿工作】　1月~5月,遵义市航空频率专项整顿工作小组一行根据群众举报,再次对绥阳、正安、湄潭、道真、习水等县大功率无绳电话进行重点清查取缔,共查收大功率无绳电话38台,天线均已拆除。通过这次民用航空无线电专用频率专项整顿工作,遵义市民用航空无线电专用频率受到大功率无绳电话干扰的现象得到有效扼制,同时对《中华人民共和国无线电管理条例》及有关法规也作了进一步的宣传。

(杨　芳)

【建成自然灾害抢险应急短波电台】　为保障应急频率的使用,确保抢险救灾通信工作顺利开展,遵义无线电管理分局在日常工作中加强对有关频点的监听工作,并对移动短波电台进行检修维护。同时对应急分队的成员专门安排时间进行培训并到野外实地演练,做到分工明确,操作熟练。经强化训练,应急分队成员均能做到独立操作使用移动短波电台,一旦发生灾情就能马上赶赴现场开展工作。9月15日,遵义无线电管理分局移动短波电台检修完毕,在与毕节等地区的无线电管理分局进行联络时,达到了较好的效果。10月,遵义无线电管理分局制定《查处无线电干扰应急预案》,就应急频率的使用、灾区无线电监听监测工作、查处对抢险救灾通信造成干扰的干扰源、视灾情实行局部空中电波管制作了详细规定,为遵义市灾区应急频率的使用提供了保障。

(杨　芳)

【加强日常无线电监测】　遵义无线电管理分局明确专人轮流值班,对遵义市城区的无线电波进行日常监测和重点时期的特殊监测。工作人员坚持每天开机至少4小时,并按规定的格式填写监测值班记录,打印当天的监测记录和频谱图,每月底将监测日志装订成册后交由专人保管,将此作为遵义市无线电事业发展的第一手原始资料存档备查,为无线电频率指配提供科学依据。

(杨　芳)

【开展电磁环境测试】　8月~11月,遵义无线电管理分局根据遵义市各设台单位申报台站资料,对遵义市移动公司、联通公司、电信公司的基站及网通公司的3.5GHz无线接入工作进行电磁环境测试,核实相关数据,达到为指配频率、审批台站提供科学依据,保障合法电台正常运行的目的。

(杨　芳)

老龄工作

【概况】　遵义市老龄工作认真履行"调查研

究、组织协调、督促检查”的工作职能，顺畅、有序地开展“老有所养、老有所医、老有所教、老有所学、老有所为、老有所乐”六个老有工作，进一步理顺老龄工作机构，做到关系理顺、岗位落实、经费保证。同时把老龄工作的重点放到基层和社区，通过各级老龄工作委员会办公室和基层老年协会的努力工作，在全市范围达到“切实维护和保障老年人的合法权益，丰富老年人的精神文化生活，提高老年人的生活质量”的主体目标。

一、重视老龄事业，加强老龄工作。2004 年，全市 60 岁以上的老年人口已达 70.3 万，占总人口的 10.8%，超前于社会经济的发展跨入老年化社会，属未富先老型。老年人对经济供养、医疗保健、生活照料、精神慰藉、文化体育方面需求日益增加，老龄问题多角度凸显，日渐严峻。为迎接人口老龄化的挑战，加快老龄事业发展，重点解决老龄事业发展中的突出问题，落实“六个老有”，逐步建立和健全城乡有别的养老保障体系。落实城乡困难老年人的最低生活保障是维护社会稳定，发展和谐社会的必要保证。坚持老龄事业与经济社会发展适应的原则，把解决老龄问题和迎接人口老龄化社会有机地结合起来，统筹兼顾，协调发展。对老龄工作各级政府要发挥主导作用，运用市场机制，动员社会力量，推动老年服务业走社会化、产业化道路。2004 年，各级老龄工作委员会及其办事机构在日益健全和加强。

二、注重调查研究工作。一是摸清当地基层老年协会建立健全情况；二是了解基层老年协会领导班子和常年开展活动情况；三是司法援助和维护老年人合法权益现状；四是调查社区老年服务体系建设和农村供养情况，对特困高龄老年人适时提出救助建议；五是充分利用老年教育，传授科学文化知识及种养殖技术，多种手段引导特困老年家庭生产自救，逐步改善因灾致贫和因病致贫的老年人的生活窘境。通过对全市典型情况的调查，完成了“改善老年人生活境况”和“企业退休人员管理思考”2 篇调研文章，提出相应的对策和建议，对老年人的供养及城市退休人员的管理作出了积极的探索。

三、维护老年人的合法权益。2004 年，全市接待老年人上访 973 人次，来信 231 件，法律援助 473 件次，解决民间纠纷 6000 多件次。通过对遗弃、虐待老年人等不法行为的处理，有力地打击了社会上的一些不法分子，安抚了群众，稳定了社会，为可持续发展和谐社会创造了条件。全市基本建立和完善了土地保障及家庭赡养的农村养老体系。多年来在全市推广的“家庭赡养协议书”使遗弃、虐待老年人的案发率明显降低，继续实施和完善“保吃保穿、保医、保住、保葬”为主要内容的五保供养制度。积极推进城镇职工医疗保险制度，落实离休干部“二个待遇”，保障离退休人员基本医疗需求。完善社区医疗服务设施，逐步把老年医疗保健纳入社区服务范畴，达到就近就医及时就医，避免抢救不及时给老年人带来的伤害。坚持对 70 岁以上老年人办理“老年优待证”，持证老年人和残疾老人就医，给予挂号、就诊、取药、住院等方面的优先服务。免费开放体育场馆、图书馆、文化馆、纪念馆、博物馆、公园等文化活动设施和场所，为老年人学习、锻炼、休闲提供了必要的硬件设施。以社区服务为依托，大力倡导居家供养为基础的老年服务网络，完善农村敬老院的配套设施，增加老年人的入住率。截止 2004 年末，全市每一个乡（镇）都有一所敬老院。

四、提高生活质量，倡导健康的老年文化体育活动。老年文艺爱好者在市老龄委的帮助下，自愿组合自发组织的“红叶艺术团”以及市老年大学所属的“老年合唱艺术团”活跃在城乡、国有大中型企业、军营、水库大坝、苗族仡佬族村寨的场坝。全年全市组织大小演出和慰问活动 1082 场次。这些节目使广大群众开阔了眼界，增长了知识，也活跃了老人们的生活。全市老年专业协会参加省及地、州、市举办的 7 次活动，258 幅老年朋友的书画作品在活动中得到展示，全年参加老年摄影、楹联、诗词等文艺活动的老年人有 55000 人。市老体协是全国老体协连续 4 次授予的“先进集体”，是全国门球“先进单位”，还是国家体育总局授予的“全民健身先进单位”。由各级老年体协组织的健身活动常年吸引着 10 万以上的中老年人参加。全市创建了 112 所老年大学和基层老年学校。老龄事业的全面健康发展，是老年人群的需要，也是时代的需要。

（詹黔芳）

【新世纪助老健康服务工程在遵启动】 由省老龄工作委员会办公室和省卫生厅共同发起的新世纪助老健康服务工程，于 6 月 25 日在桐梓县首先开展，该项工作由省老龄工作委员会助老服务中心具体负责实施。截止12月31日,全市已有1.9万老年人接受了健康检查。

（詹黔芳）

【遵义市掀起老年旅游热】 随着人们生活水平的不断提高,"外面的世界真精彩"吸引着越来越多的老年人群。2004年,全市先后分批组织了802名老年人走出大山,到外面开阔视野,参观考察学习旅游,领略祖国的名山大川,到革命圣地接受革命传统教育和爱国主义教育。

（詹黔芳）

【遵义市老年人社会服务优惠项目渐成体系】 随着社会老龄人口的不断增加,党和政府提供的社会公共产品和优惠项目已在全市各地建立健全,持有"贵州省老年优待证"的老年人可以享受到全省境内免购门票进公园、各风景名胜区(点)、博物馆、图书馆、展览馆、纪念馆。可免费进收费的公共厕所,遵义市两城区乘坐公交车半价优惠。购买火车票、汽车票、飞机票和到医院就医挂号、就诊、取药、住院等,给予优先照顾,不排队。可优先上下火车、飞机和城镇公交车,优惠办法要求司乘人员必须提供方便和给予照顾。

（詹黔芳）

中国人民政治协商会议遵义市委员会

【概况】 2004年,遵义市政协以邓小平理论和"三个代表"重要思想为指导,以促进发展为第一要务,围绕党政中心工作,切实履行政治协商、民主监督、参政议政职能,为促进全市物质文明、政治文明和精神文明的发展作出了积极贡献。

一、以建立学习型组织为目标,加强理论学习。 以建立学习型组织为目标,认真学习"三个代表"重要思想、中共十六大和十六届三中、四中全会精神,学习修订后的《宪法》和《政协章程》及政协履行职能、开展工作所需要的理论政策和业务知识。3月25日,邀请贵州省社会主义学院副院长王守君作题为"科学发展观与政协工作"的专题讲座。7月底至8月初,委托全国政协培训中心举办遵义市"政协理论"培训班,组织部分市政协常委和各县、区(市)政协领导参加学习。

二、深入开展调查研究,积极建言献策。 围绕市委、市政府的中心工作,选择了"政协履行职能规范化、制度化和程序化建设"、"农村劳动力转移"、"乡镇及其以下农村教师队伍建设"、"消防工作及《劳动法》和《工会法》的贯彻执行情况"等课题,依托办公室和专门委员会,组织部分市政协委员和相关部门的工作人员,深入基层、深入实际进行调查研究,撰写5个调查报告,经常委会议讨论形成5个相关《建议案》,提出30多条建议送市委、市政府参考。

三、做好提案、视察工作,为促进发展献计出力。 市政协二届二次会议以来,共收到提案235件,审查立案229件。其中农经方面25件,工交财贸金融方面46件,城建城管环保方面37件,教科文卫体方面66件,政法12件,统战12件,其它方面31件。截至11月底,交办提案均已办理完毕,许多意见、建议得到市委、市政府及有关部门的采纳。从收到的210件提案办理反馈《意见表》看,其中表示满意的83件,占39.52%;基本满意的117件,占55.72%;不满意的10件,占4.76%。对不满意的提案经约请提案人与承办单位进行座谈沟通或再次办理,使提案人表示理解和基本满意。各专委会牵头组织100多名委员围绕遵义市"创建国家园林城市"、"部分县级政协民主监督工作开展"、"仁、习、赤旅游业发展"和"重点、难点提案办理"等工作情况,在各县、区(市)政协的配合下,开展视察活动,经二届九次常委会议讨论形成了4个相应的视察报告,提出36条意见、建议送市委、市政府参考。委托各县、市政协组织住辖区的市政协委员就社会治安、退耕还林等情况进行视察。受省政协委托,组织在遵省政协委员对贵州省"西电东送"重点建设项目——乌江构皮滩电站建设情况及余庆县"四在农家"活动开展情况进行视察。

四、广辟信息来源,积极反映社情民意。 市政协办公室将每次全会、常委会等例会和各种专题协商会以及市政协领导与委员约谈会上,委员们反映的一些当前群众关心的热点、难点问题进行整理,共编印4期《遵义政协》和17期《情况反映》,反映各类信息270多条,供中共遵义市委、市政府有关领导参考。遵义市政协宣教委还以教育发展为题,组织相关界别的委员、对口联系部门的负责人与市政协领导进行了专题约谈。

五、加强各方联系，促进团结合作。积极配合全国政协专题调研组就“粮食安全”、“科技兴农”、“收入分配体制改革”和省政协专题调研组和视察组就“维护职工合法权益”、“国有工业企业股份制改革”、“艾滋病预防与控制”、“我省民族地区以县城为中心的城镇化建设”、“我省高等学校后勤社会化进展”、“国有企业中小学教育资源现状及整合”、“农业产业化重点龙头企业发展”、“退耕还林”等情况在全市开展调研、视察活动。8月，邀请贵阳、黔南、毕节、铜仁4市州地政协（工委）负责人在遵义市进行工作协商，联名提出请求省政协呼吁同期建设乌江构皮滩电站过船设施的紧急报告。10月，成功举办贵州省城市政协主席联席会第14次会议。参加了全省9市州地政协（工委）工作联系会和全省政协提案工作经验交流会并作交流发言。邀请各县、区（市）政协领导列席每次常委会议及其他重要会议；接待来遵视察、考察、交流参观的全国政协及省内外政协团组120多批1200多人次；组团赴四川、安徽、江苏、浙江、云南和省内黔东南等地就提案、文史、智力支边、民主监督等工作和民营经济发展情况进行考察学习。同时加强与宣传部门及新闻单位的联系，作好对市政协全体会议、常委会议、委员视察及其他一些重要活动的宣传报道工作，扩大了政协在全市人民政治生活中的影响。

（张德军）

【举行市长与政协委员座谈会】 7月14日，2004年度市长与市政协委员座谈会举行。中共遵义市委副书记、遵义市市长卢守祥，市委常委、常务副市长叶韬，副市长何萍、吴承斌、江才文，市政府秘书长谭剑锋及各位副秘书长、市直相关部门负责人出席座谈会，听取委员们对遵义市经济社会发展有关问题的意见和建议。胥忠义、关云丽、袁德兴、金世康、丁肇梓、彭一五、廖西华、黄泗亭等8位委员分别就遵义市城区和城郊交通建设、万里路拆迁改造、举债建设重点工程、城区大气污染治理、网吧整治、南北郊水厂经营权出让等问题在会上作了专题发言。另有不少委员对问题作了补充发言。卢守祥听取意见后建议：市政府全会邀请市政协分管领导列席要形成惯例；事关全市发展大局的重要决策和人民群众普遍关心的热点、难点问题，市政府要主动与市政协联系，组织委员调研视察，为政府工作建言献策，使决策更加透明、更具科学性；继续办好市长与委员座谈会，更好地开展对口协商、专题协商和个别协商，进一步探索民主协商、参政议政的多种形式。

（张德军）

【发挥政协优势，为群众办实事】 各级政协充分发挥人才众多、联系广泛的优势，积极组织、协调推动政协委员和民主党派、工商联中的专家学者及社会有识之士共1888人次参与智力支边扶贫工作。全年培训农民7500人次；协引资金200多万元实施16个支边项目，使农民增加收入1000多万元；筹资近100万元（含物资折款）帮助贫困地区农民改善生产生活条件；多形式、多渠道转移农村剩余劳动力3400人，创劳务收入2000多万元；还引进资金132万元帮助贫困地方修建7所村级小学；筹资26.2万元资助1657名贫困生入学（其中大学生9名）；培训中小学教师和基层医卫人员2505人次，为农民进行义诊和提供医疗保健咨询1.3万多人次，还向患病的农民群众赠送了价值9万多元的药品。各级政协倡导委员和通过对外联谊活动为群众办实事。如民革党员、市政协委员所办的遵义中山医院、同济医院为农民和下岗职工减免就诊住院费10多万元。遵义市政协与道真自治县政协一起通过省政协和贵阳市政协，联系美国“诚信希望爱心”基金会捐资20万元（政府匹配8万元，当地群众投工投劳3万元）在道真自治县忠信镇石笋村新建一所村级完小，该学校将于2005年3月建成投入使用。遵义市政协还联系香港吴仲敏先生捐赠30万元在赤水新建一所小学。

（张德军）

【全省城市政协主席联席会第十四次会议召开】 10月26日～27日，贵州省城市政协主席联席会议第十四次会议在遵义市召开。贵阳、六盘水、安顺、凯里、都匀、铜仁、兴义、赤水、清镇、毕节、仁怀、福泉和遵义等13个城市政协的79名代表汇聚一堂，交流经验、互相学习。这次会议以“三个代表”重要思想和中共十六届三中、四中全会为指导，总结交流了全省城市政协以“在新形势下如何充分发挥政协优势，服务城市化进程，积极为当地经济社会发展献计出力”为主题；围绕党政中心工作认真开展调查研究;积极为党委、政府建言献策的重要成果和经验。

（张德军）

【政协遵义市委员会大事记】

1 月

8 日～13 日

市政协副主席王燕丽任遵义代表团副团长出席省十届人大二次会议。

12 日～16 日

市政协主席周大新,副主席杨昌浦、罗文鼎、王燕丽、邹习书、杨渝浩、钱民章、曹建林、李莲娜到基层慰问困难群众。

2 月

7 日～11 日

市政协二届二次会议召开。

17 日～21 日

市政协副主席邹习书率工作组对凤冈县、务川自治县农业农村工作进行督促检查。

27 日

全市行政许可法培训班开班,市政协副主席罗文鼎作题为“改善投资环境,促进非公有制经济发展”的专题讲座。

3 月

2 日

市政协主席周大新到桐梓县羊蹬镇考察扶贫工作。

10 日

省政协副主席李嘉琥一行来遵调研,遵义市政协副主席杨昌浦、王燕丽、钱民章向副主席李嘉琥介绍遵义市预防、控制艾滋病方面的工作情况。

17 日～19 日

省政协社会与法制委员会主任李家鑫,副主任蒋明礼、焦玉润,团省委副部长刘杰等到余庆调研未成年人法律保护问题。

23 日

全国政协副主席、全国工商联主席黄孟复率领的全国工商联考察团一行 39 人在遵考察。

24 日～25 日

市政协二届七次常委会议召开。

29 日～30 日

市政协主席周大新出席省政协九届七次常委会议。

30 日

省工商联九届三次执委(扩大)会议在遵义召开。

4 月

10 日

以全国政协秘书长郑万通为总顾问的香港各界知名人士贵州访问团抵遵。

21 日

市政协主席周大新、副主席李莲娜与遵义市副市长何萍一起,率市、县有关部门负责人前往中山中学现场办公,帮助解决师资招聘、生源和贷款建设的有关问题。

29 日

省委召开全省学习贯彻两个《条例》电视电话会议,遵义市政协主席周大新在遵义分会场参加了会议。

5 月

14 日

全国政协副主席郝建秀到遵考察工作。

21 日

全国政协调研组抵遵就收入分配体制改革工作进行调研。

6 月

7 日

省委检查组来遵检查统战工作。

12 日～13 日

全国政协“粮食安全”专题调研组在遵义市调研。

15 日～16 日

市政协主席周大新在余庆县就“四在农家”建设情况进行调研。

7 月

13 日～14 日

市政协二届八次常委会议召开。

24 日～30 日

市政协副主席王燕丽、邹习书、杨渝浩、钱民章在北戴河参加全国政协培训中心举办的遵义市“政协理论”培训班学习,部分遵义市政协常委和县、区(市)政协领导、秘书长共计 35 人参加了学习。

8 月

18 日～28 日

市政协副主席邹习书到湄凤余务仁等县市检

查烤烟生产。

9月

1日

市政协召开全市“第六届全省政协好新闻获奖座谈会”。

11日

市政协主席周大新，副主席杨昌浦出席第八届贵州省（遵义）海峡两岸兰花博览会开幕式。

13日~25日

市政协组织市政协委员对市提案办理、旅游发展、国家园林城市建设及民主监督工作进行视察。

23日

市政协开展下半年政协委员活动日活动。在遵义市中心两城区的市政协委员集中视察了桃溪寺老年公寓发展情况和中天花园工程建设情况。

10月

11日~12日

市政协二届九次常委会议召开。

26日~27日

贵州省城市政协主席联席会议第十四次会议在遵召开。

11月

15日~17日

全国政协副主席张思卿到遵考察。

12月

2日

省政协领导在遵与驻遵省政协委员就“人口与可持续发展”进行约谈，周大新主席参加并主持约谈。

（张德军）

人民团体

遵义市总工会

【概况】 2004年,遵义市工会工作按照“组织起来,切实维权”的要求,全面履行各项社会职能,较好地完成了各项工作任务。

一、广泛开展工会法律法规宣传,依法治会取得新进展。一是对全市贯彻执行《劳动法》和《工会法》情况进行调研。二是对《工会法》实施情况进行检查。三是举行《贵州省工会条例》宣传月活动,进行广泛的宣传贯彻。通过这些举措,进一步推动了党的全心全意依靠工人阶级指导方针的贯彻落实,促进了涉及职工切身利益和工会工作的一些突出问题的解决,为更好地开展工会工作创造了良好的社会环境。

二、努力维护职工队伍和社会政治稳定,劳动关系协调力度进一步加大。一是建立与同级政府的联席会议制度及推动协调劳动关系三方协商机制的健全和完善。二是组织开展全市厂务公开民主管理工作调研检查,促进了厂务公开深入发展。三是进一步推进平等协商、集体合同工作,积极推行工资集体协商试点。四是加大参与国有企业改制工作的力度。五是加大乡镇煤矿、非煤矿山等高危行业的劳动保护监督工作,通过在习水县召开乡镇煤矿安全生产工作会,促进了乡镇煤矿的安全生产。六是开展“双爱双评”活动,于“五一”前夕表彰一批优秀员工和优秀老总,促进了非公有制企业劳动关系的和谐稳定。七是全面启动农民工维权工作,制定《进城务工人员维权方案》,建立了农民工维权机制,开展优秀农民工评选表彰活动,协助有关部门清欠农民工工资200多万元。八是加强工会信息、信访工作,积极协助有关方面处理职工群体性事件,开通“12351”职工维权热线,畅通了职工群众反映愿望、意见和要求的渠道。

三、切实为职工群众解难事、办实事、做好事,扶贫帮困“送温暖”工作机制有创新。一是促进下岗失业人员再就业工作力度进一步加大,努力推动三年“1597”目标的实现。全年各级工会共培训下岗失业人员7100人,提供再就业中介服务4500人,帮助3200人实现再就业,“1597”目标累计完成90%。二是扶贫帮困送温暖工作有创新,建立“协议式”帮扶和“集团式”帮扶模式。即在困难职工子女就学帮扶上,创建了“协议式”帮扶机制,在“两节”送温暖上,创建了“集团式”帮扶机制。元旦、春节期间,全市各级工会共走访慰问困难企业131家,困难职工10000户,共筹集发放“送温暖”资金210万元。三是广泛开展各种援助,其中生活援助1321人,医疗援助225人,特困职工子女上学援助685人,法律援助168人,共筹集发放援助资金46万元。四是积极参加“贵州百万职工五月温暖行动”,募集资金300万元,完成了省总工会下达的任务。全市工会系统扶贫帮困送温暖工作,已基本实现了经常化、社会化、制度化。

四、深入开展经济技术创新活动和“创建学习型组织、争做知识型职工”活动,职工队伍整体素质不断提高。一是在城区服务行业开展树标兵活动,评选表彰服务业“十大标兵”。二是举办全市钳工技能比赛,通过层层选拔,最后来自12户企业的22名高级钳工参加了市级决赛。三是评选优秀技术创新成果,向省总工会推荐8项。四是开展“创建学习型组织,争做知识型职工”活动,涌现了遵义供电局等一批学习型组织。五是加强劳模管理、服务和宣传,对全市省级以上劳模进行详细调查,健全劳模档案,抓好劳模补助资金的发放。六是开展向新时期产业工人杰出代表许振超、李斌学习活动,并在“五一”前夕召开大型劳模座谈会,举办劳模事迹展,大力宣传工人阶级和劳动模范,弘扬劳模精神。七是全面启动“实施女职工素质提升工程”,广泛开展了“争做新时期学习型创新型女职工”活动和“女职工爱心帮扶”活动,全市有9万余名女职工参加“女职工素质提升”活动。“六一”期间对356户单亲困难职工子女进行了慰问。举办“送健康理念，送健康知识，送健康服务”女职工保健及艾滋病防治知识讲座33场。开展了女职工权益维护法制宣传，增强了女职工自我保护意识。八是加强财务人员的业务培训，大部分县、区（市）工会实现财会电算化管理，加大经费收缴力度，经费实现稳步增长。九是制定下发《遵义市总工会经审会对下级工会经费审查监督办法》等4个制度，加强财务审计，市总工会经审委对3个县工会进行审计，加大对经审人员的培训力度，提高了经审干部的工作能力。

五、大力推进工会自身建设，工会组织的创造力、凝聚力和战斗力进一步增强。一是加大基层工会的组建力度。着重抓非公有制经济组织工会组建和进城务工人员入会工作，将工会组建延伸到社区和村，召开街道社区、新建企业工会工作经验交流会，全市所有城镇社区和226个行政村组建了工会。对进城务工人员进行调查摸底，建立了档案，已吸收农民工会员4万名，培训3万名。二是广泛开展以“职工之家”、“职工小家”为主要内容的基层工会规范化建设活动，增强基层工会的活力，基层工会的职能作用正常发挥。三是广泛开展班组建设活动，大中型企业的班组建设已达到规范化、制度化。四是工会干部队伍建设得到加强，及时协助各级党委对届满的县、区（市）工会和基层工会进行换届，调整充实了工会干部。五是工会对外学习交流和宣传工作力度进一步加大。组织工会干部到发达地区学习工会工作先进经验，推动全市工会工作；利用《遵义工运》大力宣传工会工作，进一步扩大了全市工会的影响。

（牟明学）

【市总工会二届三次全委（扩大）会议召开】 2月20日，市总工会二届三次全委（扩大）会议召开，遵义市总工会二届委员会委员、经审委员，市直机关、有关企事业单位工会负责人共100余人参加会议。会议传达了贵州省总工会十一届二次全委（扩大）会议精神，印发了全国人大常委会副委员长、中华全国总工会主席王兆国在全总十四届三次主席团（扩大）会议上的讲话。市总工会主席蒋永在会上作了题为《着眼全局，迎接挑战，以创新精神为遵义“三化”进程再立新功》的工作报告。

（牟明学）

【举办工会干部劳动安全生产培训班】 3月23日～25日，遵义市总工会举办了工会干部劳动安全生产培训班。培训班上，省总工会、市劳动和社会保障局、市安监局、市煤监局的领导和工程技术人员就有关法律法规和业务知识及工作方法进行了讲解。共有58名来自全市各级工会的负责劳动安全生产工作的人员参加了会议。

（牟明学）

【举办庆祝“五一”大型活动】 4月26日，市总工会召开劳模座谈会，举办颁奖文艺晚会，隆重庆祝“五一”国际劳动节。全国、省、市劳动模范（先进工作者）、全国和省“五一”奖章获得者代表，企业家、一线职工、工会工作者代表和市直有关部门负责人共150余人参加了座谈会。在红花岗剧院举行的主题为“展职工风貌，为名城添彩”的颁奖文艺晚会上，表彰了城区服务业“十大标兵”、20名非公有制企业优秀老总、20名非公有制企业优秀员工、39名优秀工会工作者、31名优秀工会积极分子。

（牟明学）

【举办钳工技能比赛】 10月，市总工会、市劳动和社会保障局联合举办了钳工工种职工技能比赛，经过层层选拔，20名优秀选手于10月20日在贵州钢绳厂进行最后角逐，决出一等奖2名、二等奖4名、三等奖6名。全市共有1000余名职工参加了这次技能比赛。

（牟明学）

中国共产主义青年团遵义市委员会

【概况】 2004年，遵义市共青团着力构建“强学习促全团素质、强活动促全团活力、强基础促全团建设”的工作机制，以青年组织的发展服务青年人才的发展，以青年工作的发展服务于经济社会的发展，为全市“三个文明”建设作出了积极贡献。

一、用科学发展观指导共青团工作，服务青少年健康成长。一是举办了以乡镇团委书记为主要对象的百名基层团干培训班。积极选派团干部到经济相对发达地区和团市委机关挂职锻炼，让年轻干部在不同岗位学习成长。二是创新活动模式，成功举办了“为青春喝彩”纪念“五四”运动演唱会，首届遵义市青少年才艺大赛，“中华足球小甲A”夏令营等活动，为青少年搭建了展示自我风采的平台。开展了“继承先烈遗志，传承民族精神”团队活动，使广大青少年在缅怀先烈的同时，接受爱国主义教育。联合市委宣传部、市教育局等部门在全市开展了“弘扬长征精神、高唱长征组歌”系列活动。三是组织开展了青少年思想道德教育现状调研，形成了调研报告，提出在新形势下加强和改进青少年思想道德教育的对策和建议，为市委、政府贯彻《意见》和加强全市青年工作提供了参考。召开了遵义市加强和改进大中专学生思想政治建设座谈。进一步落实基层组织示范点建设工作，团市委领导带队的各帮建小组深入到挂帮点进行调研、摸底，制定帮扶措施，推进基层团组织建设。在有条件的社区指导成立团工委，以社区团组织的创建、运行延伸团的工作手臂，服务于社区各项建设。四是大力开展《全国青少年网络文明公约》宣传，引导青少年健康上网。为指导大中专毕业生树立科学择业观，开设了“就业形势与择业指导”讲座。成立了遵义市预防青少年违法犯罪工作领导小组，确立预防青少年违法犯罪工作长效机制的工作方针。

二、整合资源，协调各方，团的发展能力得到提升。一是用改革和创新的思路发展青少年事业。为推进遵义市青少年宫的市场化运作和社会化发展，2004年，青少年宫下属的凤凰综合素质学校和金色彼岸艺术中心共开设了近50个专业，有固定生源2000余人，为全市5万余名中小学生提供培训、展览参观、素质提升等项目服务，为60余名社会人员解决了就业。结合遵义市10万亩风景林建设，发起了“青年林”认养活动，全市20多个青年文明号集体积极参与，现已完成“青年林”一期工程。二是积极争取支持，整合资源。在城市（农村）青年中心建设中，依托辖区书店、健身中心、科技小组、各类协会团体及远程教育网络等资源，有效服务青年。围绕扶贫攻坚工作，利用团组织的资源优势，开展以组织动员社会各界反哺故土，关注家乡建设为目的的“春晖行动”，并配合团省委在正安举行了现场推进会。邀请共青团中央《知心姐姐》杂志社心理健康教育报告团来遵巡讲14场，3万余名家长和师生听取了报告。加大希望工程立足本地和向外筹资力度，2004年，希望工程新增结对资金及物品共140余万元，其中争取了40余万元的现代技术设备投入扶贫乡镇，争取助学金3万余元；援建希望小学5所，援建金额100万元；积极做好中国青基会及中国青年志愿者协会开展的“希望工程——助学长征”和“医疗扶贫万里长征”活动，确保活动在遵期间的顺利开展。三是加强与各职能部门的合作。成立了监察委员会和创建领导小组，聘请了特邀监察员，健全了青年文明号创建、复核、监管机制。积极参与经济普查工作，协助市纪委举办了遵义市党内法规知识电视竞赛，配合体育局全国性赛事服务工作，配合遵义会议70周年开展相关活动等，充分展现了遵义青年的良好风貌。

（赵　薇）

【共青团遵义市二届二次全委会召开】 2月26日，共青团遵义市二届二次全委（扩大）会议在余庆县召开。共青团遵义市二届委员会委员、候补委员，各县区（市）、大中企业、大中专院校团委书记及市直机关团组织负责人共70余人参加会议。团市委书记陈实作了题为《积极整合资源，全面激发活力，在推动全市三化一强进程中再做新贡献》的工作报告。大会通过了《关于团市委二届委员会委员、候补委员卸职递补确认案》，对2003年度表现突出的先进集体和青年文明号、青年岗位能手进行了表彰。

（赵　薇）

【举行纪念五四运动85周年暨第四届“遵义市十大杰出青年”颁奖演唱会】 4月29日，共青团遵义市委在遵义市红花岗区纪念广场举办了“为青春喝彩——纪念五四运动85周年暨第四届‘遵义市十大杰出（优秀）青年’颁奖演唱会”。来自市直各单位、各大中企业、大中学校、武警部队的青年代表1000余人参加了晚会。市委、市政府、市政协有关领导出席晚会并为获得第四届“遵义市十大杰出青年”称号的王凯等10人和获得“遵义市优秀青年”称号的韦景飞等8人颁奖。

（赵　薇）

【举办遵义市首届青少年才艺大赛】 8月2日～4日，共青团遵义市委举办了“恒兴·香樟印象杯”遵义市首届青少年才艺大赛。比赛分儿童、少年、青年3个组别的钢琴、声乐、舞蹈3个项目进行,来自全市的351名选手参加了比赛。经过2天的激烈角逐,杨馥铭、郑棣、钟佼佑、陈奥林、石卓林、刘婧、刘仁妍莉、袁旭、兰飞等9名选手分别夺得各组别的金奖。

(赵　薇)

【**青年文明号创建活动不断深化**】　2004年,是青年文明号创建活动10周年,团市委以不断完善青年文明号的考核、命名、表彰机制,强化社会监督,拓展行业领域,促进青年文明号创建活动扎实推进为核心开展了系列活动。对市级青年文明号进行调研和复核,对25个市级青年文明号进行了重新认定,并新命名了8个市级青年文明号。春节期间,组织青年文明号开展扶贫帮困活动。10月,组织召开了遵义市青年文明号创建活动推进会。会议总结了遵义市青年文明号10年创建工作取得的成绩,印发了《遵义市青年文明号创建手册》,成立了监察委员会和创建领导小组,聘请了特邀监察员,健全了青年文明号创建、复核、监管机制,并对下一步青年文明号创建工作进行了部署。

(赵　薇)

【**举办“希望工程——助学长征”遵义段活动**】12月21日,中国青基会和香港苗圃集团共同组织的“希望工程——国际筹款”活动“助学长征”步行团来到遵义。在遵义境内经过40多天的艰苦跋涉,行程1000多公里,途经遵义县、红花岗区、汇川区、桐梓县、仁怀市、习水县和赤水市,在所经历县(市)援建了6所希望小学。“助学长征”步行团受到了遵义人民的热烈欢迎。中国青基会副秘书长杨晓禹、香港苗圃行动“助学长征”筹委会主席孙维均赶到遵义,与步行志愿者们一起参加了由共青团遵义市委组织的“重走长征路,共建青年林,同育希望苗”植树活动。

(赵　薇)

遵义市妇女联合会

【**概况**】　2004年,全市各级妇联带领广大妇女围绕大局,突出重点,抢抓机遇,注重创新,卓有成效地开展各项工作,较好地履行了妇联职能,为全市三个文明建设和经济社会发展作出了积极贡献。

一是抓干部素质教育培训。市、县采取多种形式举办培训班,全方位对妇女干部进行教育培训,不断提高综合素质。市妇联举办副科级以上妇女干部培训班2期,参加培训100余人。二是抓精神文明建设。在城镇利用“三八”节组织广大妇女开展丰富多彩的庆祝活动,丰富精神文化生活。在农村深入开展“美德在农家”活动和“妇女生殖健康”宣传义诊活动,弘扬传统美德,教育引导农村妇女树文明、讲卫生、学科学的生活方式。全市创建“美德在农家”示范点87个,妇女生殖健康义诊2万多人次,免费发放药品价值5万多元,发放宣传资料7万多份。三是抓女农民种养和就业技能培训。全市创办农村妇女技术学校170所,利用现代远程教育网络和农村妇女技术学校举办各类技能培训32期,4000余名妇女受训。四是抓基层组织建设。积极参与全市第六届村(居)换届选举工作,健全和加强基层妇代会组织,确保妇女干部进入村(居)两委。组织成立女领导干部联谊会,建立健全机关妇委会组织,扩大妇联工作网络。五是抓信访维权工作。通过加强维权法制宣传,建立维权联席会议制度,开设家庭暴力投诉站,认真办理信访案件,切实维护妇女儿童的合法权益。全市法制宣传咨询3000人次,发放资料7000多份,上法制课23次,1638名妇女参加学习,开设家暴投诉站68个,接待信访案件1200件,结案率90%以上。六是抓儿童思想道德教育。市、县建立了儿童工作网络,创办家长学校28所,举办家教培训班36期。通过开展“小公民道德实践”活动、举办“争做合格小公民”征文比赛、开展“争做合格家长、培养合格人才”签名活动和小学生书法美术比赛等,加强未成年人思想道德教育。七是认真贯彻实施《妇女发展规划》和《儿童发展规划》,大力宣传马克思主义妇女观和男女平等基本国策。全市举办培训班18期,846名妇女受训,开展了《两规》监测培训和中期监测评估工作,完成了各项任务。

2004年市妇联在抓好上述工作的同时,积极配合相关部门抓好人口与计划生育工作、禁毒工作、再就业工作等,分别荣获人口与计生工作综合治理一等奖、禁毒工作先进单位、再就业工作三等奖。

（陈丽华）

【强化“三级联创”推动党建带妇建】 7月16日，为了在农村“三级联创”中探索党建带妇建的新路子，从而推动全市党建带妇建工作健康发展，市妇联牵头与市委组织部组织汇川区高桥镇党委领导、新舟村支两委负责人、村妇代会主任、妇女组长及妇女代表等30人到遵义县新平村、八里村与该村党支部、妇代会开展“党建带妇建‘三级联创’城乡携手共谋发展”主题活动。在活动中，参观了新平、联合村民组和八里、团田村民组妇女群众开展“四在农家”和“美德在农家”活动所取得的实际成效。

（陈丽华）

【全国妇联、省妇联领导到遵检查“母亲水窖”工程】 8月28日，全国妇联中国妇女基金会副秘书长秦国英、水利专家何淑平、省妇联副主席喻培萱、农村工作部部长陈月蓉一行，到遵义县铁厂镇检查、验收第四期“母亲水窖”项目工程。实地检查工程质量，查看“母亲水窖”申请验收、帐目管理等所有资料，并深入农户了解村民饮水情况和参观改善用水条件后发展起来的养猪场、养鹅场。通过实地检查，遵义县铁厂镇第四期“母亲水窖”工程选点、设计合理，施工质量优良，工程资料完善，资金使用合理，工程管理制度健全，管理部门配套。该项目经验收为合格。

（陈丽华）

【举办农村妇女富余劳动力转移培训班】 12月6日~7日，市妇联举办一期农村妇女富余劳动力转移培训班，全市14个县、区（市）妇联、35个乡（镇）妇联负责人参加了培训。培训期间，市妇联主席王朝芸传达了全国妇联在江苏召开的“全国农村妇女转移就业培训会”主要精神，传达学习了全国妇联副主席黄晴宜讲话和省妇联《关于促进农村妇女劳动力转移就业工作的意见》，并结合实际对做好农村妇女富余劳动力转移工作提出了具体要求；市劳动局副局长朱克华针对全市就业培训情况、富余劳动力就业趋向和组织农村富余劳动力转移的有关政策、转移的有关组织程序，以及怎样与当地劳动社保部门配合，共同完善富余劳动力就业工作，充分发挥各自潜力，资源共享等方面问题进行了认真的讲解和辅导。

（陈丽华）

【举办“争做合格家长、培养合格人才”万名家长签名暨“公民道德宣传日”活动】 9月21日，市妇联牵头联合市委宣传部、市文明办、市教育局在纪念广场举办了遵义市“争做合格家长、培养合格人才”万名家长签名暨“公民道德宣传日”活动。市直机关、企事业单位、两城区未成年人家长3000余人参加了活动。活动仪式上，市委副书记陈平安强调了家庭教育在未成年人思想道德建设中的重要作用，要求家长们把家庭教育、学校教育和社会教育有机结合起来，为未成年人健康成长营造良好的社会氛围。市妇联主席王朝芸宣读了遵义市妇联“关于成立家庭教育咨询服务站的决定”，市委副书记陈平安为家庭教育咨询服务站授牌。主席台上的领导带头在“争做合格家长、培养合格人才”的长幅上签了名，其他参加活动的家长们也纷纷涌向主席台签上了自己的名字。这次活动，市妇联印发“怎样成为合格父母”、“家长行为规范”、“环保知识”、“小公民道德建设宣传提纲”等宣传资料2万余份，制作宣传展板18张，咨询人数2000余人。

（陈丽华）

【举办优秀中青年妇女干部培训班】 8月，市妇联在市委党校举办优秀中青年妇女干部培训班，旨在加大妇女干部培训力度，提高妇女干部素质，培养优秀妇女干部人才。参训人员共50人，分别是各县、区（市）乡镇、县局以及市直机关副科级以上领导干部。本期培训班学习时间为一个月，学习内容除常规开设的必修理论课外，新增设了女性领导艺术、妇女发展趋势、马克思主义妇女观、21世纪婚姻理念等理论课程。培训班学员于9月2日分别赴青岛、大连等地参观考察城市市容市貌、城市规划建设及环境保护等。

（陈丽华）

【遵义市女领导干部联谊会成立大会召开】 3月5日，遵义市女领导干部联谊会成立大会召开。全市98名副县级以上女领导干部及各县、区（市）妇联主席参加了会议。会议讨论通过了《遵义市女领导干部联谊会章程》和《联谊会选举办法》，选举产生了田萍等25名理事，第一次理事会选举产生9名常务理事，由会长、副会长和秘书长组成。市妇联主席王朝芸当选为联谊会会长。

（陈丽华）

遵义市科学技术协会

【概况】 2004年，遵义市科协组织开展了各类科普和学术交流活动，为提高广大群众的科技素质，推动科技进步，促进遵义市两个文明建设协调发展做了大量工作。

一、认真抓好科普创先工作。遵义市科协为了抓好红花岗区、赤水市创建全国科普示范城区和全国科普示范县的工作，多次到这两个区、市进行指导和督促。2004年，经省专家组现场检查验收和中国科协的评审，红花岗区和赤水市分别荣获全国科普示范城区和科普示范县（市）的光荣称号。

二、开展科学普及活动。2004年，遵义市科协利用“科普行动日”、“科技活动周”、“送科技下乡”等各种方式，多次组织科技工作者深入农村、学校、厂矿、社区积极开展各类形式的科普宣传科技服务工作，并利用科普大篷车开展科普活动。由省科协匹配资金5万余元，在红花岗区、赤水、绥阳、凤冈、余庆、务川、习水等县、区（市）新建了科普橱窗。同时，还重点组织了对农村协会（研究会）情况开展普查和调研工作，为发展农村经济服务。为了认真贯彻落实中央一号文件精神，结合科协工作实际，组织市，县、区（市）科协对全市农村基层的协会（研究会）进行全面普查。通过普查，对现行农村基层协会（研究会）的建立、管理、运行、发展等方面有了新的认识，为今后如何帮助农村协会（研究会）的发展，进一步增加农民收入方面理清了工作思路。

三、积极参与党的基层组织建设和远程教育工作。认真做好农村基层组织“三级联创”挂帮工作和科技扶贫工作。2004年，遵义市科协多次深入挂帮点湄潭县核桃坝村开展工作，并多方协调帮助解决修路工程款2万元。在科技扶贫工作中，派出业务能力强的工作人员到仁怀市后山乡开展扶贫工作，并帮助他们解决扶贫资金3.5万元。2004年，市科协与市农业局、市畜牧局、市农广校等联合制作了农村党员干部现代远程教育课件《移栽器在稻茬油菜免耕栽培的应用》、《优良牧草的栽培、管理与应用》、《无公害茶叶生产技术》等3个课件。并且从有限的业务经费中拨付2000元扶持远教挂帮村——红花岗区深溪镇清江村用于农村党员干部现代远程教育硬件配套工作。

（王玲馨）

【加强科普阵地建设和科普设施建设】 遵义市科技馆竣工后，市科协把科技馆开馆筹建作为一项重要的工作来抓。2004年，组织编制了《遵义市科技馆展教品方案》。同时，为了丰富科技馆展教品，经过各方面的努力和空军装备部大力支持，从昆明调拨一架退役歼—6战斗机给市科技馆，作为开展科普教育的展品。并在中国科协和省科协的支持下，市政府匹配资金20万元，配备了科普大篷车，增添了科普设施。

（王玲馨）

【开展“科技工作者之家”及学会学术交流活动】 2004来，遵义市科协组织市植保学会、市护理学会、市药学会、市骨科学会等4个学会召开了年会，并且选举了新的学会负责人。全年有30多个市级学会在市科协的指导和帮助下顺利通过年审。

（王玲馨）

遵义市文学艺术界联合会

【概况】 2004年，遵义市文联坚持文艺“为人民服务，为社会主义服务”的方向和“百花齐放，百家争鸣”的方针，认真履行文联“联络、协调、服务”的职能，积极组织各种文艺创作和展演活动，始终把“出作品，出精品，出人才”作为市文联工作的主要任务，并以文联换届为契机，以文艺体制的改革和扩大对外文学艺术交流为动力，用新的工作思路和新的管理理念，为繁荣文学艺术事业，促进文艺人才成长，文化产业发展而努力工作。

一、以抓好市文联和市直各协会换届这个契

机，大力强化和充分发挥文联是党和政府与广大文艺工作者联系的桥梁和纽带作用。2004年2月25日全市召开了遵义市文联第二次代表大会，新的遵义市文联产生。通过文联换届工作的顺利进行，极大地增强了文联的凝聚力和战斗力，进而把文联自身的建设和服务功能提高到了一个新的水平。

二、坚持贯彻党的文艺方针和加强法律法规的学习，以改善和提高人民群众的文化艺术生活质量为出发点和落脚点，在文艺创作上狠下功夫，大力扶持和推出文艺新人，大胆探索文化产业的发展路子。由于思路明晰，措施有力，使各艺术门类佳作不断，新人不断涌出，为新世纪遵义文艺事业的振兴奠定了良好的基础。

三、推出新的措施和办法，以适应新形势的发展需要。市文联首先注重文联机关的内部管理，大力改进工作作风，建立健全了各项规章制度，并将部门和岗位责任细化分解到人，机关管理工作更加规范化和制度化。

（陈义忠）

【市文联第二次代表大会召开】 2月25日～27日，遵义市文学艺术界联合会第二次代表大会召开。出席代表大会代表共计131人，他们分别来自14个县、区（市）文联和市直11个文艺家协会。省文联副主席何光渝，遵义市四大班子的主要负责人及特邀嘉宾出席了大会开幕式。中共遵义市委书记傅传耀代表市委、市政府向大会作重要讲话。大会听取并审议了遵义市文联主席李发模所作的《坚持先进文化的前进方向，努力开创遵义文艺事业繁荣发展的新局面》的工作报告；讨论并通过了《遵义市文联章程（修改草案）》，选举产生了市文联二届委员会及主席团。李发模当选为主席，赵剑平、刘中国当选为副主席，陈义忠当选为秘书长。

（陈义忠）

【“四在农家”有奖征文评选揭晓】 3月21日，由市委宣传部和市文联联合举办的“四在农家”有奖征文经各文艺门类专家认真评选，其征文作品《他们这样创造新生活》、《四在农家顺民心》、《道标准》、《燃烧的红辣椒》等60件作品分别荣获一、二、三等奖和优秀奖，并将获奖征文作品编辑成《奔向小康之路》印刷出版。

（陈义忠）

【李发模《遵义之歌》诗集研讨会召开】 4月19日，由市委宣传部、市文联举办的李发模《遵义之歌》诗集研讨会在遵义县新舟镇的沙滩文化陈列馆召开。来自全国各地的著名诗人、作家、评论家阿成、李元洛、闻山、聂鑫森、野莽、刘恪、苑坪玉、周帆等30多人出席了研讨会。

（陈义忠）

【歌颂遵崇公路的《高路入云端》文集出版发行】 12月，市文联负责组织采编的“歌颂遵崇公路建设者风采”的《高路入云端》文集由中国文联出版社正式出版发行，该文集集诗歌、散文、电视专题解说、楹联、工地速写于一体，内容丰富，图文并茂，被市委确定为向纪念遵义会议召开70周年献礼之作。

（陈义忠）

【组织部分全国书法、美术家沿红军长征路线采风创作】 7月15日～25日，市文联举办了部分全国著名作家、书法家、美术家赴遵沿着红军长征线路进行采风创作，并为余庆、湄潭、仁怀、习水、赤水等地留下了3000余幅书画作品。

（陈义忠）

【举办纪念邓小平诞辰100周年暨庆祝中华人民共和国成立55周年遵义市美术、书法作品展览】 8月，遵义市委宣传部、市文联联合在凤凰山会展中心一楼大厅举办纪念邓小平诞辰100周年暨庆祝中华人民共和国成立55周年遵义市美术、书法作品展览，参展作品是从全市14个县、区（市）的书法、美术家及爱好者应征的近300幅作品精选出来的。

（陈义忠）

【《遵义颂》歌曲集出版发行】 为纪念遵义会议召开70周年，由市文联、市音乐家协会收集选编的《遵义颂》歌曲集在北京正式出版发行。该书共收集选编了近年来遵义市词曲作家创作的歌曲80首。

（陈义忠）

遵义市残疾人联合会

【概况】 2004年,遵义市残疾人工作以遵义市残联第二次代表大会为动力,以全国助残日"情系我的兄弟姐妹,帮扶贫困残疾人"主题为契机,以扎实推进"五个一"康复工程为突破口,使残疾人各方面工作卓有成效。

一、康复工作。为推进"视觉第一中国行动"二期项目在全市顺利实施,市卫生局、残联重新确定遵义医学院附属医院和遵义医院为全市白内障复明手术定点医院。2004年,全市完成白内障复明手术1470例,超额完成2例,患者年龄最小的2个月,最大的88岁,脱盲率达100%,脱残率达71%;低视力配用助视器85名,超任务9名;低视力儿童康复训练34名,超任务19名;聋儿康复语言训练和聋儿家长培训各94名,分别超任务2名;"听力助残"助听器供应46台,完成了任务;假肢装配112名,超任务2名;用品用具供应2727件,超任务431件;矫形器装配71件,超任务16名;肢残成人康复训练100人,超任务13名;脑瘫儿童康复训练22人,超任务10人,智残儿童康复训练57人,超任务9人;麻风畸残矫治手术58例,超任务36例;麻风畸残配备防护辅助用具供应517件,超任务226件;麻风畸残训练94名,超任务17名;在仁怀市、湄潭县、务川县开展精神病防治康复试点,覆盖人口达145万,患者监护率达92%,显好率达62%,社会参与率达52%,使1564人解除了关锁。

二、劳动就业工作。2004年,分散按比例就业新增安排残疾人100人,占年度任务的100%;集中就业新安排残疾人255人,占年度任务的170%;个体就业新增残疾人391人,占年度任务的113%;举办盲人保健按摩培训22名,超额完成省残联下达的培训任务,其中20名输送到广东省东莞市就业,2名回县就业。举办城镇残疾人职业技术培训497人,占年度任务的118.3%;举办农村残疾人实用技术培训2634人,占年度任务的151.4%。

三、特殊教育工作。配合教育部门认真做好特教学校的招生和残疾儿童少年入学率的巩固工作;争取《长江新里程计划》"中西部盲童入学项目"经费11.52万元、"扶残助学项目"经费13.2万元、"春雨行动"助学项目经费7.8万元、"国家专项彩票公益金助学项目"经费13万元和划拨寄宿制"三类"贫困残疾儿童学生生活补助金1.4万元,共帮助686名贫困残疾儿童少年重返校园。

四、宣传文体工作。3月3日和5月15日分别组织开展了第5次"爱耳日"和第十一届"碘防治缺乏病日"宣传活动,共发放宣传资料10余万份,受教育群众达8.2万人次。5日16日认真组织开展了主题为"情系我的兄弟姐妹,帮扶贫困残疾人"的第十四次"全国助残日"活动。全市"助残日"活动期间,广播、电视播放"助残"新闻达242条,报纸刊载"助残"新闻达120条,播发和刊载人物专访29个。组织筛查上报残疾人运动员36名、特奥运动员400余名。

五、扶贫解困工作。2004年,争取省级财政残疾人扶贫专项资金12万元,用于遵义县、桐梓县、习水县、余庆县残疾人扶贫解困项目;争取国家危房改造项目经费30万元,为正安县60户贫困残疾人改造新建住房。争取省残联康复扶贫贷款计划2920万元,推荐4个项目送农业银行评贷。市残联投入1万元,帮扶遵义县山盆镇20户贫困残疾人发展养殖业。市残联、市财政局、市开发办、遵义农行联合制定下发了《遵义市农村残疾人扶贫开发实施计划(2001~2010年)》。

六、组联、维权工作。9月,组织县、区(市)残联分管理事长赴京学习考察社区残疾人工作;为推进社区语言交流无障碍,3月在赤水市举办《中国手语》培训班一期,协调8个窗口行业部门派人参加,学员65人,经省残联组织考试全部合格。接待残疾人来信来访145人次,做到事事有交待,件件有回音;推荐红花岗区司法局中华路司法所等17个基层法律服务中心获贵州省首批"残疾人维权示范岗"称号;圆满处理了绥阳县、正安县取缔残专车营运后,残专车业主上访反映的问题,促进了地方政治稳定和社会安定。

(王安华)

【遵义市残疾人第二次代表大会召开】 4月21日,遵义市残疾人第二次代表大会召开。大会审议通过了理事长黄运华代表市残联第一届执行理事会所作《求真务实、奋力拼搏,带领残疾人共同奔小康》的工作报告,明确了今后5年全市残疾人工作的目标任务；选举产生了遵义市残疾人联合会第二届主席团委员。市残联第二届主席团第一次会议，选举了市残联第二届主席团主席、副主席，聘请了名誉主席；选举产生了市残联第二届执行理事会领导班子；推选出残疾人各专门协会主席、副主席。名单如下：

①市残联第二届主席团

名誉主席：陈平安、吴承志、罗文鼎

主　　席：张　黔

副 主 席：刘先明、黄运华、曾庆共（肢残）

②市残联第二届执行理事会

理 事 长：黄运华

副理事长：景应禄、杨飞勇

理　　事：周长坤、杨文建

③遵义市盲人协会

主　　席：韦明香（盲）

副 主 席：何应礼（盲）

④遵义市聋人协会

主　　席：娄 军（聋哑）

副 主 席：徐铁桥（聋哑）

⑤遵义市肢残人协会

主　　席：周自均（肢残）

副 主 席：陈章敏（肢残）

⑥遵义市智力残疾人及亲友协会

主　　席：赵 石

副 主 席：陶晓琴

⑦遵义市精神残疾人及亲友协会

主　　席：申永齐

副 主 席：陶万强

（王安华）

【爱心奉献“五个一”，康复贫困残疾人】 2004年，全市继续开展“五个一”康复工程捐赠活动，即资助100名肢体残疾人安装假肢；100名贫困重度肢体残疾人赠送轮椅车；100名贫困聋儿进行语言训练；100名麻风畸残患者配备用品用具；1000名贫困残疾人扶贫解困。全市共收捐赠款130.7万元，安装假肢171人，赠送轮椅车305辆，配备麻风畸残患者用品用具282件，扶贫解困2133人。扶贫解困工作将过去的“输血型”向“造血型”转变，确保帮扶的贫困残疾人年人均纯收入100元以上。中国残联理事长汤小泉来遵调研残疾人扶贫工作时称赞道：遵义市“五个一”康复工程为西部经济欠发达地区残疾人事业的发展探索出了一条新路子。

（王安华）

【中国残疾人艺术团“我的梦——祝福遵义”大型公益巡演来遵首次演出】 8月8日，中国残疾人艺术团“我的梦——祝福遵义”大型公益巡演在红花岗剧院举行。演出结束后，中共遵义市委书记傅传耀、市政府市长卢守祥等四大班子领导与演员合影留念，并高度评价残疾人艺术家们的智慧和才华。8月9日，艺术团全体成员怀着崇敬的心情，参观了遵义会议会址，倾听老红军王道金讲述红军长征在遵义的动人故事。并在红楼前举行了继承革命传统发扬长征精神的宣誓活动。当中国残疾人艺术团离别名城遵义时，中共遵义市委副书记陈平安、市政府副市长何萍向艺术团赠送了“共同的梦、共同的祝福”为题的黔北山水画，表达了遵义老区人民的崇高敬意。

（王安华）

【特奥教练员培训班在赤水市举办】 3月15日，遵义市特奥教练员培训班在赤水市举办。全市14个县、区（市）残联系统干部57人参加了培训。开班仪式上，市残联党组书记、理事长黄运华作了开班动员讲话，省残联教就部部长张国礼代表省残联亲临指导并讲话。红花岗区启智学校老师周捷讲解了特殊奥林匹克运动的基本知识，并简单举办了小型特奥运动会的实践活动。

（王安华）

【中国残联理事长汤小泉来遵调研】 4月8日，中国残联理事长汤小泉一行3人来遵调研残疾人就业工作。市政府副市长申楚组织市直有关部门负责人向中国残联调研组汇报了遵义市扶贫就业工作。

（王安华）

【桐梓县接受“中国残联/联合国儿童基金会2001～2005年残疾儿童社区康复合作项目”中期评估检查】 8月14日，由中国残联/联合国儿童基金会组成的“中国残联/联合国儿童基金会2001～2005年残疾儿童社区康复合作项目中期评估检查组”对桐梓县实施社区康复合作项目工作进行了中期检查评估。联合国儿童基金会官员贝勒斯女士、中国残联社区服务中心主任赵悌尊女士一行检查了社区康复合作项目的档案建设情况和设备使用及资金使用情况，对县残联的档案管理给予了高度评价。

（王安华）

【遵义市17个基层法律服务中心获贵州省首批“残疾人维权示范岗”称号】 遵义市17个基层法律服务中心被省司法厅、省残联授予贵州省首批“残疾人维权示范岗”称号，名单如下：红花岗区中华路司法所、汇川区泗渡镇司法所、遵义县三合镇司法所、遵义县枫香镇司法所、桐梓县新站镇司法所、正安县瑞溪镇司法所、道真自治县三桥镇司法所、仁怀市中枢镇司法所、仁怀市茅台镇司法所、赤水市市中司法所、习水县习酒镇司法所、湄潭县湄江镇司法所、凤冈县永安镇司法所、余庆县龙溪镇司法所、余庆县构皮滩镇司法所、务川自治县中心法律服务所、赤水市官渡镇法律服务所。

（王安华）

遵义市归侨侨眷联合会

【概况】 2004年，全市各级侨联紧密团结广大归侨侨眷，广泛联系海外侨胞，做到维护侨益，凝聚侨心，集中侨智，发挥侨力。围绕发展第一要务，为经济建设多作贡献；强化侨联群众工作，为改革发展稳定大局服务；积极建言献策，努力提高参政议政水平；贯彻落实全国归侨侨眷权益保护法，加大依法维护侨益工作的力度；扩大海外联谊，增进与海外侨胞的联系。积极开展爱国主义、集体主义、社会主义和公民道德等思想教育活动，紧密联系实际，与时俱进、开拓创新、团结一致、奋力进取，各项工作取得新的成绩。

一、知“侨法”、懂“侨法”、贯彻“侨法”。新修改的《中华人民共和国归侨侨眷权益保护法》和《实施办法》于2004年7月1日颁布施行。为了更好地宣传贯彻修订后的《中华人民共和国归侨侨眷权益保护法》及其《实施办法》，市侨联根据《关于转发全国人大华侨委员会等五部门〈关于开展“侨法宣传月”活动的通知〉》要求，8月在全市范围内广泛开展了知“侨法”、懂“侨法”、贯彻“侨法”的“侨法宣传月”活动。一是与市外事侨务办、市政协社联委、市人大教科文卫民工委联合下文要求各县、区（市）认真开展“侨法宣传月”活动并作出了具体要求和部署。二是召开各种会议学习宣传《中华人民共和国归侨侨眷权益保护法》和《实施办法》。市侨联与外事侨务办于8月24日召开了“遵义市宣传贯彻《中华人民共和国归侨侨眷权益保护法》及其《实施办法》座谈会”。遵义市部分归侨侨眷和16个涉侨部门共40人参加了座谈会并发放资料50册；9月23日，利用中秋座谈会宣传学习《保护法》及其《实施办法》并发放资料100余册。三是向有关部门赠阅《保护法》及其《实施办法》100册。四是于8月27日和12·4法制宣传日上街宣传《保护法》及其《实施办法》并发放资料400余册，咨询300余人次。此次宣传活动共发放资料3000余册、咨询1000余人次。通过学习宣传“两法”促进了全社会对侨法的认识，增强了侨务干部的法律意识，提高归侨侨眷运用法律维护自身合法权益的能力和素质。

二、积极开展“献爱心、送温暖”活动。2004年，全市各级侨联积极开展“献爱心、送温暖”活动。在元旦、春节期间各级侨联干部冒严寒深入基层，走访慰问下岗特困和生病住院的归侨侨眷123户，发放慰问金1.8万元，把党和政府的温暖、侨联组织的关心送到困难归侨侨眷家中。

三、认真做好外引内联工作。一是做好来遵华侨华人及港澳同胞的接待工作，为他们提供优质服务，做到以情感人，以情留人，拓展联络的领域。市侨联还通过与海外华侨、华人、基金会联络交流的机会，向他们大力宣传遵义，介绍招商项目，请他们来遵义参观、访问、兴办企事业。2004年，接待来遵义参观、访问、捐资助学的华侨、华人、基金会人员、侨务工作者共计103人。接待美国燃灯基金会代表张温洳、阙美云女士一行9人，美国毅宁基金会代表一行10人，香港吴星可慈善基金会吴碧先生一行9人，广东省佛山市南海九江原侨联主席黄樱仪女士一行6人，美国科技教育协会吴章铨先生，中国侨联林兆枢主席一行36人，全国政协常委、政协港澳台侨委员会副主任、中国侨联顾问何添发、省侨联主席廖中才一行5人，美籍华人刘明修先生、重庆市江北区侨联主席蒋达蕾、副主席闪定山及侨属企业代表一行26人。大家在友好的气氛中交流工作经验，引资方法和成效，总结侨联工作新方法并向客人赠送介绍遵义的有关资料和招商引资项目，充分宣传遵义，提高遵义知名度。二是通过圣诞、春节发电子邮件、寄送贺卡等方式，加强与海外侨胞的联络。2004年寄至国外、境外贺卡252封，省内、省外贺卡300封以示慰问、加强联系。三是利用《侨务简报》、《侨讯》与省内、省外侨务部门交流信息、加强联系。

（熊远芳）

【引资助学，播种爱心】 2004年，市侨联继续与美国燃灯助学基金会联系，以求真务实的态度，热情主动的服务，于2004年3月引进资金101.05万元。引进资金93万元资助修建乡镇村级小学34所，每所学校资金2～3万元不等（习水县18所，正安县10所，桐梓县4所，赤水市2所）。在3月28日～4月5日考察学校时，基金会人员当场资助桐梓县秀惹小学3000元购买课桌椅，资助赤水市冠裳小学3000元、正安县土坪镇豪宁小学1500元引水引电。资助习水县土城镇同心村人饮工程3万元。扶助优秀贫困学生107人（遵义一中22名、遵义三中15名、遵义十一中12名、红花岗区新蒲中学18名、遵义医学院40名），共计资金7.53万元。这批学生，将受到资助至毕业。

（熊远芳）

【爱国侨胞情牵教育】 5月21日，市侨联继续与美国科技教育协会联系，引进资金1.3万元为原捐建的7所爱华图书馆添置图书。其中，绥阳县郑场镇爱华图书馆4000元、遵义县虾子镇爱华图书馆4000元、红花岗区巷口镇爱华图书馆1000元、绥阳县蒲场镇爱华图书馆1000元、遵义县沙湾镇爱华图书馆1000元、遵义县龙坪镇爱华图书馆1000元、遵义县三合镇爱华图书馆1000元。加强与美国毅宁基金会的联系，于2004年10月3日为遵义医学院20位贫困大学生争取助学金2.73万元，帮助他们完成大学学业。

（熊远芳）

【牵线搭桥，救困助学】 4月16日、6月17日、12月10日，市侨联积极联系香港吴星可慈善基金会先后3次来遵义开展扶贫助学活动，共捐款65.90万元。其中资助贫困学生130名、资金15.57万元（两城区30名、遵义县61名、赤水市33名、务川县6名）；贫困家庭121户、资金16.93万元（遵义县98户、赤水市23户）；捐建学校两所、资金33.40万元（红花岗区新蒲镇中桥学校20万元，道真县河口乡车村小学13.40万元）。受助学生及家庭非常感谢，纷纷给吴先生写感谢信。遵义市受助学生陈成给市侨联写了一封感谢信，其家长陈鸿飞还专门给市侨联送来“牵线搭桥，救困助学”的锦旗表示感谢。

（熊远芳）

【刘素珍、翁诗田受到全国归侨侨眷代表大会表彰】 7月20日～24日，第七次全国归侨侨眷代表大会在北京召开。在此次代表大会上，市侨联专职副主席刘素珍荣获全国侨联工作先进个人荣誉称号；市侨联兼职副主席、侨宇建设工程公司总经理翁诗田荣获全国归侨侨眷先进个人荣誉称号，受到大会表彰。

（熊远芳）

遵义市社会科学界联合会

【概况】 2004年，遵义市社科联团结全市社会科学工作者，紧紧围绕富民兴遵和全面建设小康社会的理论与实践，结合全市改革开放和“三个文明”建设的实际，在理论宣传、理论研究、学术交流、社科评奖、自身建设等方面，做了大量的工作，发挥了“桥梁纽带、组织协调、咨询服务、参谋助手”的作用，为全市哲学社会科学事业的繁荣发展作出了积极的贡献。

一、深入学习、宣传、贯彻党的十六大、十六届三中、四中会精神和中央3号文件精神。2004年，市社科联深入各县、区（市）、镇（乡）、街道、厂矿、学校宣讲十六大、十六届三中、四中全会精神和“三个代表”重要思想；宣讲两个《条例》、中央一号文件和新《宪法》；宣传以人为本的执政新理念和全面、协调、可持续的科学发展观。中央3号文件下发后，市社科联积极配合市委办组织召开了由社科界专家学者、社科各学会协会代表和有关部门负责人参加的学习贯彻中央3号文件座谈会,大家联系实际,共同商讨遵义哲学社会科学发展大计。会后市社科联在《遵义日报》上开辟专栏,组织有关专家学者参与研讨,为全市哲学社会科学的繁荣发展营造了良好的舆论氛围。

二、围绕中心,服务大局,认真开展理论研究。2004年,市社科联加大对遵义会议精神,邓小平理论和"三个代表"重要思想,"四在农家"与小康建设,立党为公、执政为民等方面的研究力度,形成了一批有一定理论深度又有一定应用价值的科研成果。市社科联主席李学东撰写的《大力弘扬遵义会议的五种精神》、《论"以人为本"的执政新理念》、《试论"三个代表"的精神实质》、《试论邓小平的"三农"问题思想》、《纪检领导体制改革意义重大》等文章分别在《理论与当代》、《遵义》、《遵义日报》上发表。为推动干部群众的理论学习,组织专家学者撰写"理论前沿"系列文章8篇;为《理论与当代》第一期编撰学习十六届三中全会辅导资料6万字。为宣传中央1号文件,两个条例和宪法修正案,撰写了《九亿农民的福音》、《从严治党的重大举措》、《树立宪法观念与宪政意识》等文章。并完成省、市委宣传部安排的调研报告《遵义市在职干部理论学习和理论教育的现状调查及对策建议》,得到有关领导肯定。

三、结合新形势新任务认真组织开展学术研讨活动。2004年市社科联组织开展各类学术研讨活动,4月,组织社科界专家学者参加了"四在农家"创建工作会,并进行了实地考察;5月,与市文明办联合组织召开了"四在农家"与小康建设研讨会,从理性的高度论证了"四在农家"是切合遵义市实际的小康之路,并撰写了《遵义农民的小康之路——对"四在农家"活动的理性思考》在遵义日报上发表;6月,为隆重纪念建党83周年,与市委组织部、市委宣传部、市直机关工委联合召开以树立科学发展观、政绩观为主题的党建理论研讨会,研讨会共收到论文57篇,经评审小组的认真评审,共评出一等奖2名,二等奖6名,三等奖11名;8月,为纪念邓小平诞辰100周年,与市委办、市委宣传部联合召开纪念邓小平诞辰100周年座谈会,深切缅怀一代伟人为中华民族的解放事业,为中国的改革开放和现代化建设事业作出的不朽功勋;12月中旬,组织召开了遵义市第二次哲学社会科学优秀成果颁奖大会暨纪念遵义会议70周年学术研讨会,参会的有社科界专家学者,各学会、协会代表及获奖作者60多人。

(李光英)

【加强学会管理,树立服务意识】 2004年,市社科联加大了对学会、协会的管理力度,依照《社团管理条例》,按照市场经济发展的要求,加强对所属30多个学会、协会的管理工作,并配合市民政部门对任届期满的学会及时指导进行换届,使社团工作逐步走向法制化、规范化、制度化的轨道。其中,指导协调市纪检监察学会成功召开了"建立与社会主义市场经济体制相适应的教育、制度、监督并重的惩治和预防腐败体系"理论与实践研讨会;市税务学会税务工作研讨会;市律师协会的《遵义律师》与遵义律师发展座谈会;并协助市工商管理学会做好学会的筹备、成立和起步工作。

(李光英)

【努力办好《遵义社科通讯》】 全年编写《遵义社科通讯》12期,近8万字,主要反映当前国内外形势和最新学术动态,为各级领导和广大社科工作者提供有价值、有深度、有新意的理论信息,并及时通报学会活动,深受省内外同行和市委领导好评。截至2004年底,《遵义社科通讯》已与省内外40多个社科联及学术单位建立了资料交换关系。在市委机关刊物《遵义》"社科在线"专栏上,每期都转载《遵义社科信息》。2004年,市社科联还为该刊撰写卷前评论3篇,发表理论文章10篇。

(李光英)

【组织遵义市第二次哲学社会科学优秀成果评选表彰活动】 2004年,市社科联承办了遵义市第二次哲学社会科学优秀社科成果评选表彰活动。这项活动共历时9个月。3月初,通过媒体和内部文件发布评奖公告及评奖办法;10月组织专家组进行评审;11月下旬评审结束;12月初,评奖结果在遵义日报上进行公示;12月中旬召开了颁奖大会。这次评选活动充分发扬民主,重视成果质量,按照学术水平高、社会影响大、实际效果好的标准,经有关专家的认真评审,共评出获奖成果101项。此项活动由于发动广泛、组织有力,切实起到了表彰优秀、理论引导、推介成果、培养人才的积极作用。

(李光英)

附：

遵义市第二届哲学社会科学优秀成果获奖名单(共101项)

经专家委员会评审,遵义市第二届哲学社会科学优秀成果已经评出,共101项,其中特等奖2项,一等奖10项,二等奖20项,三等奖30项,优秀奖39项。

特等奖(2项)

作　者	成果名称
李学东	一化带三化做强又做大
龙先绪	吕亭诗钞笺注

一等奖(10项)

作　者	成果名称
黄天舜	中国白酒的高端价位能否被打破
秦在权	新世纪遵义城市化发展研究
李冠炜	关于供应学派的若干断想
李连昌	黎恂《千家诗》版本简析
市方志办	遵义地区志·人物志
潘泽远	中学作文素质训练实验教程
史　晶	遵义信息化制约因素及发展战略研究
何剑刚	推进遵义工业化进程的调查与思考
韦生彬	试论宗教与我国社会主义相适应的必然趋势
凌　一	“三个代表”重要思想是党的十六大的灵魂

二等奖(20项)

作　者	成果名称
陈凌华	以示范带建设为载体全面提高农村基层组织的执政能力
赵惠娟	凤冈实施“四位一体”农业生态工程情况的调查
郑启彦	变分力为合力,变事后惩处为超前防范
詹　济	国家安全环境是影响我国经济发展的重要因素
李光英	为公民道德建设营造良好社会氛围
邱学宗	论邓小平对市场经济思想的运用与发展
汪德贵	关于“就业保障”的认识
吴德坤	论文化事业、文化产业与文化的关系
夏筱波	对开征社会保障税可行性的研究
黎　宇	西部大开发与实现共同富裕
罗永忠	论校本课程开发的教育理念
禹明先	酒与地理地质
汪孝杰	地方党报的受众需要及适应策略
张明新	《贞观政要》的主要领导思想
市政研室	全市农业产业化“五突破”的回眸与展望
市政协	《黎星使宴集合编补遗》
市政协	海龙囤烟云录
周远德	遵义地区志·水利志
胡贵勇	课堂教学与班级管理技能训练
军分区	遵义地区志·军事志

三等奖(30项)

作　者	成果名称
杨大章	从人类社会发展的基本规律看建国后农地制度的变革
王国桢	大学生法治观教育问题思考
龙　艺	人类胚胎干细胞研究的伦理问题
胡　军	关于高校图书馆开展学术研究的思考
李学普	谈谈发展民营经济问题
赵伯鸿	黔北文学的过去、现在与未来
李维祥	大力培育主导产业推进农业产业化进程
王玉桂	在茅台建立生态博物馆的建议与思考
李丛山	抓新闻精品抢报纸市场
张保珠	遵义开发区发展非公有制经济及开展党建工作的做法
黄明仲	诗乡称谓溯源
市政研室	农业产业化发展中的“七化”问题
喻光愚	民事判决定性处理与定量处理的分离与合并
黄世谋	论并购重组企业的文化整合与建设
邵　进	关于国企改革若干问题的探讨
胡云燕	贵州酒业五十年
邹家文	关于国有企业党风廉政建设的思考
张青萍 舒万刚	遵义市新阶段扶贫工作的现状与对策
陶　刚	遵义市投资软环境的调查与思考
张黔生	学习《中国共产党简史》体会
李元本	矛盾斗争性特点问题探析

陈南燕　英语婉语的掩饰功能与隐喻性
袁维学　加强乡镇企业文化建设重在“品质提升”
市政协　遵义民国军政人物
刘一鸣　辛亥革命老人刘莘园遗稿
梁中凯　助理教学法实验与研究
市方志办　遵义市年鉴(2003 年卷)
教育局　遵义地区志·教育志
市委办　遵义地区志·党派群团志
区方志办　播雅

优秀奖(39 项)

作　者　成果名称
申建强　关于校长职业化的思考
晏　鸣　我国税收调节社会总供求平衡关系的政策选择
汤文红　税法滞后于会计改革的弊端分析及对策研究
陈　乔　拉动农村消费的财政对策研究
江少学　贫困地区残疾人事业发展的思考
余小茅　人文关怀:教育研究的另一种思考
司马玉琴　依存与突围
马　松　鲁迅对中国京剧的态度与《社戏》
夏一军　改革用人机制激发办报活力
曾宪宏　提高基层乡镇干部素质
钟国榜　试论语文教学中学生创新能力的培养
彭　林　建立健全全面预防道路交通事故的工作机制
刘华勇　市场经济条件下政府职能的转换问题
王　静　西部大开发应积极发展高新技术产业
罗祥辉　略论科举取士对封建社会的利弊
张亚兰　发挥媒体功能准确宣传贵州
董仕荣　深化市情认识调整工作重心全力打造加快县域工业经济平台
龚永煜　遵义城镇化进程回顾与展望
吴　疆　我市农产品加工面临的若干问题及对策建议
王中勤　创新土地使用权流转制度完善城镇化推进机制
罗兴龙　对城市开展司法救助情况的调查分析
袁　伟　技术进步是企业发展的核心和动力
杨　静　齐心协力奋力拼搏扎扎实实创一流
罗桂昭　关于创建保险服务品牌的思考
闫世英　乌江大桥变迁
卢祖文　西部大开发争写遵义狂想曲
王裕强　拓宽思维渠道强化自我发展
崔　政　厂市联合建基地工农互利齐发展
张焕君　依拓社区教育资源搞好学校德育工作
王朝兴　中医名词术语汉译英探索
姚　惠　《养身益寿》
徐文仲　《国酒之乡》
黄学桥
李洪勋　《遵义地区志　税务志》
戴国屏
李祖良
余德平　《遵义地区志　审判志》
罗兴龙
市方志办　《遵义地区志　名胜志》
红花岗区方志办　《母教录》点校本
检察院　《遵义地区志　检察志》
民政局　《遵义地区志　民政志》
财政局　《遵义地区志　财政志》

(遵义市社会科学界联合会)

民主党派·工商联

中国国民党革命委员会遵义市委员会

【概况】 2004年,民革遵义市委积极履行参政党地方组织职能,切实加强自身建设,把发展作为参政议政的第一要务,为推动遵义经济社会的发展作出了应有的贡献。

一、加强自身建设,提高党员整体素质。民革遵义市委紧紧抓住思想建设这个关键,认真组织学习民革中央主席何鲁丽关于《认真学习中共十六届四中全会精神,全面加强民革自身建设》等重要讲话,学习宪法、政协章程和《创新观念,促进多党合作事业的发展》等理论文章,使党员加深了对邓小平理论、"三个代表"重要思想的认识和理解,政治素质和思想水平得到了提高,坚定了自觉接受中国共产党领导的多党合作和政治协商制度的信心,为履行参政党地方组织职能奠定了坚实的思想基础。认真组织党员订阅《团结报》,订阅发行工作得到民革中央和省委的表扬。加强民革遵义市委领导班子建设,组织主委会成员和市委委员定期参加理论学习。完成领导班子届中调整工作,补选1位民革市委副主委。加强对党员的理论培训,推荐30名党员到中央社会主义学院、省社会主义学院、中共遵义市委党校学习。全面贯彻实施《贵州省民主党派组织发展工作实施意见》,坚持巩固与发展相结合的原则,发展新党员35名。同时加强后备干部的建设,向有关部门推荐县级后备干部。

二、夯实基础,强化支部建设。民革市委把支部建设作为工作重点,着力落实支部建设的五项基本任务。各支部认真总结经验,不断改进工作,接受了民革省委对基层组织工作情况的调研。民革遵义市委每月10日下午召开支委联席会,部署当月支部活动的主要内容,用理论学习的方式培训支部委员。各支部结合实际,完善各项规章制度,切实有效地按章管理。有三分之二的支部对支委作了届中调整。各支部开展了支边扶贫、学习考察、支教助学、参政议政、调研、出专刊、召开已故党员追思会、三下乡文艺演出等形式多样的活动。6月,在铜仁市召开的贵州省民革市级组织工作研讨会上,第十支部代表民革市委组团参加,他们的工作情况介绍得到会议的肯定,参加交流的文章被《贵州民革》登载。年底,第八支部、第一支部和第二支部荣获民革贵州省先进支部,受到民革省委表彰。

三、参政议政、尽职尽责。民革市委健全完善参政议政工作机制,改进工作思路和方法,进一步做好参政议政、民主监督工作。按照"党委出题,党派调研,政府采纳,部门落实"的要求,组织民革党员多次到基层调研,完成了《如何从收入和支出两个方面建立和完善公共财政管理体制》和《促进农民增收问题研究——如何放活农村生产要素》两个课题调研工作。同时完成《加强地方党委执政能力的调研材料》,已交中共遵义市委参考。还配合中共遵义市委统战部、组织部完成了非中共干部工作情况调研中的民革部分,提出了改进意见和建议。在广泛推荐后备干部的基础上,民革市委认真考核选拔,专文向中共遵义市委及统战部推荐能担任实职的民革党员。除50多位民革党员担任全国、省、市、红花岗区各级人大代表和政协委员外,6月,汇川区政协成立时,有7位民革党员安排为委员,其中两人为常委;有一位民革党员为遵义县政协委员。这些民革党员积极参加人大、政协的会议和活动,充分发挥自己的作用。在市政协二届二次全会上,民革遵义市委提出党派提案12件,大会发言两件。担任政协委员的民革党员在各级政协提出个人提案48件。民革市委领导干部在中共遵义市委召开的征求意见会、情况通报会或书面征求意见时积极建言献策,反映社情民意30余条。担任"五员"的民革党员,积极参与和配合有关单位的工作安排,发挥民主监督的作用。

四、促进祖国和平统一工作。民革遵义市委组织党员认真学习江泽民同志关于对台工作的八项主张和胡锦涛总书记关于对台工作的四点意见,坚持“一国两制,和平统一”的方针,坚决反对陈水扁之流分裂祖国的各种图谋。鼓励、支持民革党员中的台侨属加强与海外亲人的联谊。祖国统一工作委员会完成了台侨属走访工作,召开了台侨属中秋国庆茶话会。在怀念亲人的同时,表达了渴望祖国早日统一,坚决反对“台独”的心情。结合台湾地区领导人选举工作,按照民革省委部署,开展了向在台亲友“写一封信,打一个电话”的活动,向他们介绍家乡的可喜变化和表达思念之情。有条件的民革党员,广泛利用各种关系,促进海峡两岸的经济文化交流。同时加强了与市台办和侨办的联系,相互促进,搞好工作。

五、社会服务工作成效显著。广大民革党员立足本职,服务社会,促进地方经济发展做出贡献。第四支部支部委员陈琴荣获全国模范教师称号。民革市委委员、民革中山医院院长陈云英荣获全国“三八”红旗手称号,年底当选贵州省女企业家协会副会长。民革市委委员、中山中学董事长刘永松被评为民革贵州省社会服务工作先进个人。由第二支部党员王小玲创办并担任校长的遵义市重美职业技术培训学校被共青团中央命名为首批全国青年创业培训基地。第三支部党员李永强荣获首届“全国双优民营企业家”和贵州省“优秀青年企业家”称号。

(刘俊芬)

【开展智力支边和科技扶贫】 民革遵义市委按照“定点、多项、长期、实效”的原则,开展智力支边和科技扶贫工作。组织农业技术人员在习水县程寨乡引进种植“两优培九”水稻良种50余亩,每亩增值320元。引进种植的“白香蕉”葡萄和草莓,每亩可获1800余元。还引进优质饲养草聚合草和串叶松香草,逐步推广种植。为减少农药残留毒性,引进“多频杀虫灯”安装使用。举办培训班培训农业技术人员200多人。5月,组织内科、外科、儿科医疗专家和近2000元的药品,到程寨乡开展义诊活动,并与当地卫生院医师进行学术交流。2004年底,在全市民革党员中开展捐书、捐衣服活动,支援湄潭县求是中学和程寨乡受火灾的7户农民。7月,绥阳县宽阔镇遭受水灾,第五支部委员、同济医院院长盛天锡组织10名医卫人员和2000余元的药品,与第二、第九支部联合到该地开展义诊活动,并带去500多件衣物捐赠。民革中山医院为贫困地区培训医卫人员20余名,免费体检、义诊、开展健康咨询1万余人次,为下岗职工、贫困人员减免医药费10多万元。继续鼓励和支持有条件的民革党员开展捐资助学等活动。陈云英资助贫困学生30余人;胡明资助9名贫困生已考入大学,每年仅学费资助就需6万元;刘永松资助贫困生60余人,并捐款15万元修建凤冈“永松希望小学”;杨明德资助贫困生20余人;郑诅华资助贫困生30余人;李永强捐资助学及公益事业款共10万余元;高阳资助10名贫困生,各类公益事业捐款20余万元;龙辉各类捐赠计3万余元;周怀玉资助3名特困生生活费300元;冷健、龚俊清捐助特困生1000元;贾启海捐助5名贫困生2000元;石顺福为务川农民捐资3000元。民革市委负责支边工作的人员还多方联系,开拓贫困地区对外交流的窗口和渠道,促进引进项目和资金。

(刘俊芬)

【民革遵义市委荣获“民革贵州省宣传工作先进单位”称号】 5月,民革遵义市委荣获“民革贵州省宣传工作先进单位”称号。这是全省唯一一家市级民革组织受到民革贵州省委表彰的单位。近年来,民革遵义市委由于在宣传报道、自办刊物、民革党史研究及《团结报》订阅发行等方面成绩显著,受到民革中央、省委的赞誉。

(刘俊芬)

【组织开展《民革章程》知识竞答活动】 11月1日,《民革章程》知识竞答在京颁奖。民革遵义市委荣获《民革章程》知识竞赛组织奖。同时,民革遵义市第八支部党员李钢荣获个人二等奖。自民革贵州省委下达关于进一步开展《民革章程》学习活动的通知后,民革市委高度重视,认真贯彻执行通知精神,制定了该项活动的实施方案,在全市民革党员中组织开展《民革章程》知识竞答活动。全市300多名民革党员积极参加此次活动。

(刘俊芬)

【开展教育帮扶活动】 3月16日,民革遵义市委组织十支部、十一支部、医学院支部的民革党员来到遵义市公安局强制戒毒所看望戒毒人员，并和他们促膝谈心，开展教育帮扶活动。在戒毒所，民革党员们带着“毒品的危害”、“如何向毒品挑战”、“如何爱惜生命”等资料，对戒毒病员进行帮教，鼓励他们戒除毒瘾，早日回归社会。戒毒病员表演了戒毒文艺节目，充分表达了他们痛改前非、重新做人的信心和决心。

（刘俊芬）

【开展“三下乡”科技宣传活动】 3月20日，民革市委以促进“三农”发展为目标，以为民办实事为出发点，组织农业技术人员和民革中山医院到海龙镇新龙村开展“三下乡”科技宣传活动。在乡场上，民革党员们向赶场的农民宣传农业科学技术，发放了《杂交水稻栽培技术》、《杂交玉米栽培技术》、《稻瘟病防治技术》和各种蔬菜、草莓等20余种植物的栽培技术资料1200份，并开展了农业技术咨询服务活动。民革中山医院的医务人员还免费为农民群众诊病、量血压、讲授各种卫生知识和防病治病技术，并发放各种卫生技术资料1000份。

（刘俊芬）

【民革遵义市第十支部荣获全国先进支部称号】 11月22日，民革遵义市第十支部在民革中央在北京召开的民革全国先进支部经验交流暨表彰会上荣获民革全国先进支部称号，受到民革中央表彰。该支部从成立之日起，就制定了支部生活新形式、开拓工作新局面、奉献参政议政新成果的工作思路，使第十支部很快在遵义民革众多的支部中脱颖而出。在参政议政、民主监督工作中，支部党员积极撰写提案。在市政协全会上提交的《合理使用遵义市现有人才》、《对进一步处理好政府、烟草公司、烟农之间的关系，保护农民合法权益的建议》、《加强我市招商引资服务意识的几点建议》等提案，受到有关部门的重视和采纳。在扶贫帮困、救助贫困失学儿童等社会公益事业中，第十支部民革党员积极为贫困山区的学校和特困学生捐款捐物，受到社会的赞誉。

（刘俊芬）

中国民主同盟遵义市委员会

【概况】 2004年，民盟遵义市委不断加强自身建设，认真履行参政议政、民主监督职责，努力做好社会服务，为遵义市政治、经济、文化发展做出了应有的贡献。

一、加强理论学习和思想政治工作。2004年，民盟遵义市委组织全市盟员认真学习和深刻领会中共十六大、十六届三中、四中全会精神，学习实践“三个代表”重要思想，学习新《盟章》及新时期统一战线理论，及时转发了《民盟中央关于学习宪法和政协章程的通知》、《民盟中央关于学习贯彻十届全国人大二次会议和全国政协十届二次会议精神的通知》、《民盟中央关于学习贯彻中共中央十六届四中全会精神的通知》。盟市委领导参加了中共遵义市委组织部、统战部及省社会主义学院举办的各类专题研讨班。组织盟员积极参加中央统战部举办的“邓小平与统一战线理论”征文活动。按时编发《遵义盟讯》6期，编发《民盟工作情况通报》12期。

二、认真履行参政议政、民主监督职能。民盟遵义市委及盟内各级领导干部积极参加中共遵义市委、市政府、市政协及市委统战部组织召开的民主协商会、座谈会、情况通报会。并就政府工作报告、重要人事安排，以及《关于遵义市全面建设小康社会总体规划纲要》、《关于进一步抢抓历史机遇 实现西部大开发十年重点目标的决定》、《关于加强地方党委执政能力建设的实施意见》等中共遵义市委、市政府重要文件的出台，提出意见和建议，充分发挥盟内人大代表、政协委员和全体盟员的作用。全年共在三级“两会”上，提交建议、提案及大会发言共49件，其中包括省级个人建议案和提案6件，市级集体提案8件，大会发言1件，市级个人建议案2件，市级个人提案28件，区级个人提案6件。

三、围绕党和政府的中心工作，深入开展调查研究。2004年，由中共遵义市委出题，民盟遵义市委完成了《如何有效盘活城镇体育文化资源，丰富城镇居民业余文化生活》、《关于市发〔2003〕3号文件对知识分子补贴的评价机制和考核办法》两个课题调研;配合和参与盟省委完成了《关于贵州省各地州市高等院校发展的对策与研究》、《建立农民工就业服务与保障体系 切实维护农民工的合法利益》、《促进我省职业技术教育发展 加快实施人才强省战略》、《关于民盟基层组织工作的调研》等课题的调研,并向盟省委提交了相关的调研报告;自选题目完成了对《关于推进遵义市农业标准化生产的思考》、《对遵义市市属高校基本办学条件现状的调查》的调研。全年共收到各基层支部及个人调研报告 13 篇,其中机关支部的调研报告《关于进一步改进市长与委员座谈会的建议》和《关于缓解丁字口、北京路口与中华路交通拥堵状况的建议》,上升为民盟遵义市委的集体提案提交市政协,得到了市委、市政府的解决和答复。

四、加强组织建设,夯实基础,增强活力。2004 年,民盟遵义市委坚持集体领导和民主作风,按时召开全委会 2 次、主委会 12 次。民盟遵义市委机关干部牢固树立为基层服务、为广大盟员服务的意识,较好完成了全委会、主委会议定的各项工作任务。在贵州省地方盟务研讨会暨机关建设培训会上,民盟遵义市委作了《切实加强机关建设,努力搞好盟务工作》和《踏踏实实做好智力支边工作,在实际工作中加强盟的自身建设》的发言,受到大会的好评。为进一步搞好基层盟务工作,民盟遵义市委于年初下发了《民盟遵义市委关于基层支部量化考核实施细则》、《民盟遵义市委关于调研工作的意见》,落实民盟遵义市委领导及机关干部联系基层制度,加强了对基层工作的指导和帮助。年底,根据量化考核结果,十一中支部、机关支部被民盟市委评为“先进支部”,一中支部被评为“组织工作先进集体”,小教支部被评为“支教工作先进集体”;民盟遵义市委还评出 14 名优秀基层盟干部和 28 名优秀盟员。全年共发展新盟员 30 人。截至 12 月底,全市共有盟员 532 人,其中副高以上职称 226 人,中级职称 259 人,平均年龄 53.9 岁。

五、发挥特色和优势,努力作好智力支边等社会服务工作。2004 年,民盟遵义市委组织遵义市中心两城区优质示范课教师,前后 3 次分别到务川自治县、余庆县、汇川区泗渡镇“国防大学观坝希望小学”,开展新课程改革培训活动,培训科目有小学语文、数学、体育、音乐、科学,初中语文、数学、英语和高中英语等,培训教师 2000 多人次。民盟十一中支部组织盟员,在金鼎镇莲池中学开展上示范课、优质课活动,帮助务川自治县焦坝中学培训教师。组织遵义医学院专家,到务川自治县开展送医下乡活动。主要讲授有关医疗、计划生育和老年健康等知识,开展示范查房、会诊病人、为群众义诊,共有 170 人次听讲,300 多群众接受义诊。聘请农技专家到务川自治县大坪镇前进村传授蔬菜种植技术,安排该村两位农民到河溪坝等蔬菜基地参观学习,向该村农民赠送种子、营养钵、遮阳网等。帮助务川自治县大坪镇卫生院改善设备条件,使该院仅有的一台坏的旧 X 光机得到修复并投入使用。组织盟员自愿捐款,帮助务川自治县大坪小学 30 名贫困儿童完成小学学业,并将 3000 元捐款送到大坪小学。组织文化小学全校师生,捐赠 4100 件衣服、190 个书包、1900 册(件)图书和 5100 件学习用具,送到务川自治县大坪小学。将大连市盟员刘保国先生资助的 5000 元人民币,转送到务川石朝小学“民盟助学班”。

(牟崇兴)

【民盟遵义市委获省“优秀支教队”称号】民盟遵义市委充分发挥盟员的智力优势,积极开展对山区的支教工作。1997 年以来,民盟遵义市委组织的支教活动近 50 次,下乡支边盟员近 400 多人次,受培训的中小学教师、农技人员、医务及计生人员达上万人次。民盟遵义市委还力所能及地引资捐资助学,先后举办务川石朝“民盟助学班”、大坪小学“民盟助学班”、香港理工大学希望小学“民盟助学班”等,使许多失学儿童重返校园。2004 年,中共贵州省委组织部、贵州省教育厅、贵州省人事厅、贵州省扶贫开发办公室决定对全省 9 个优秀支教队和 20 名优秀支教个人进行表彰。民盟遵义市委荣获“优秀支教队”称号,盟员潘用敏荣获“优秀支教队员”称号。

(牟崇兴)

【盟市委举办“三个代表与民主党派”专题讲座】 3 月 26 日,民盟遵义市委在文化小学多功能厅举办《三个代表与民主党派》专题讲座,邀请省社会主义学院副院长王守君主讲。全市盟员和遵义市政协、中共遵义市委统战部、红花岗区政协、中共红花岗区委统战部以及民盟各基层组织所在单位中共党委(总支、支部)的领导参加听讲。讲座主要从“三个代表”重要思想的科学内涵和精神实质、"三个代表"重要思想的历史地位和重要意义、"三个代表"重要思想与民主党派工作的关系三个方面来进行论述。通过听讲,使广大盟员对"三个代表"重要思想有了更深刻的认识,对民盟今后的工作,特别是在思想建设、组织建设和理论创新等方面具有现实的指导意义。

(牟崇兴)

【民盟遵义市委举办"庆祝第20个教师节"文艺演出】 9月11日,民盟遵义市委举办"庆祝第20个教师节"文艺演出。演出节目主要以歌、舞、诗歌朗诵和小品等形式,颂扬人民教师在教育战线上的辛勤工作和各种成就,充分展示民盟遵义市委多年来为全市教育事业所作的努力。民盟医学院总支的舞蹈《中国魂》、师范学校支部的表演唱《珊瑚颂》、四中支部的歌舞《长大后,我就成了你》、一中支部的独唱《祝福祖国》、小教支部的歌、舞、诗朗诵《荷塘月色》等节目,赢得了观众的好评。

(牟崇兴)

【民盟医学院总支、四中支部获盟省委表彰】 历年来,民盟医学院总支、四中支部在所在单位中共党组织的支持和帮助下,在做好本职工作的同时,努力搞好盟务工作。2004年,因其在组织发展、提案调研、社会服务等方面取得了优异成绩,民盟医学院总支、四中支部分别又被民盟贵州省委评为"先进盟支部"。

(牟崇兴)

中国民主建国会遵义市委员会

【概况】 2004年,民建遵义市委紧紧围绕建设适应新世纪要求的参政党这个目标,切实加强自身建设,努力提高参政能力,为全市深化改革、扩大开放、促进发展作出了应有的贡献。

一、深入学习中共十六大和十六届三中、四中全会精神,加强思想建设。民建遵义市委为适应新时期多党合作要求,努力加强自身思想建设,以学习"三个代表"重要思想,中共十六大和十六届三中、四中全会精神,宪法修正案和政协章程修正案为重点,广泛开展了形式多样的学习活动。1月14日,召开了二届四次全委扩大会议,对民建市委2003年工作进行了认真的总结,并通过了2004年工作要点;对2003年度先进支部、优秀会员、参政议政成果和支边扶贫先进个人进行了表彰。2004年,选派7名会员骨干到省社会主义学院读书班学习,安排2名副县级后备干部参加省社院后备干部培训班的学习,民建市委会负责人参加了由中共遵义市委组织部、统战部组织的深圳党校读书班学习及考察。民建市委撰写的《发挥优势互补为山区办实事》一文在民建省委2004年宣传工作评比中荣获优秀稿件。

二、搞好调查研究,积极参政议政。民建遵义市委积极参与中共遵义市委、市政府大政方针和重大人事安排的协商会、座谈会、通报会以及各种考察调研活动。对中共遵义市委《关于全面建设小康社会规划纲要》、《关于进一步抢抓历史机遇实现西部大开发十年重点突破目标的决定》等征求意见稿,组织有关会员进行认真讨论和调研,提出中肯的意见和建议。在各级人大、政协全会上,民建会员中的人大代表、政协委员提出提案、建议共30件,内容涉及公路交通建设、旅游发展、国有资产监督、"三农"问题、非公有制经济发展、公用文化事业、环保等方面。民建遵义市委在市政协二届二次全会上作的《解决"三农"问题必须找准农业产业化经营的着力点》的大会发言,荣获民建省委2004年度优秀提案。按照"党委出题、党派调研、政府采纳、部门落实"的要求,民建遵义市委圆满完成了《我市农产品标准质量体系和检测体系建设现状及对策建议》和《如何有效保障征地拆迁中农民、居民的合法权益》的调研任务。

三、坚持巩固发展,努力做好组织建设工作。2004年,发展新会员28人。截至12月底,全市共有民建会员327人,其中:中高级职称109人,平均年龄45.68岁;经济界195人,占会员总数的59.6%。由于组织发展工作成绩突出,荣获民建省委2004年组织发展工作先进单位。全年向民建省委推荐后备干部44名,并从中推荐6名省民建后备干部人选;向中共遵义市委统战部推荐6名副县级后备干部。7月中旬,对民建遵义市委领导班子进行了届中调整。

四、加强支边扶贫,搞好社会服务工作。在继续抓好凤冈县琊川镇、土溪镇蔬菜帮扶项目的同时，先后组织会员中的蔬菜专家前往湄潭、道真、正安、桐梓、习水等地举办发展蔬菜产业讲座5期，培训乡土人才500人次，向农民亲临传授了甘兰、番茄、白菜、黄瓜等多个优良品种的栽培和管理。全年为131名失学儿童捐资助学14000元。为解决凤冈县土溪镇农民饮水难的问题，引资10万元，补足该镇人畜饮水工程项目缺口。还为凤冈县永安镇修建小水利引资2万元。

（韩晓庆）

【通过试验地生产，更新农民生产观念】 民建遵义市委组织综合三支部和财贸支部，充分利用农业生产技术人员较为集中的优势，发动会员集资18万元，在红花岗区深溪镇云龙村租用60亩生产地进行了振兴2号优质番茄试验栽培，以试验地为载体向农民讲解先进的农业生产技术。通过大批雇用当地农民工进行现场操作，使他们在劳动过程中学到了先进的农业生产工艺和技术，达到了对农民进行实地操作培训的目的。许多农民工在试验完工后表示，将按照学到的技术自行种植振兴2号番茄，并要求民建增加更多优质品种的试验培训。

（韩晓庆）

【黄佩球第二所希望小学建成】 民建遵义市委通过实地考察，了解到凤冈县天桥乡前丰小学200多名师生长期以来在采光不好、破破烂烂的教室里工作、学习和生活。为改善该校的办学条件和生活环境，民建遵义市委经多方协调，在民建省委的帮助下，得到了香港爱国商人、民建会员，现已91岁高龄的黄佩球老先生17.5万元捐款（其中15万元用于建校，2.5万元用于奖学金），修建天桥乡黄佩球前丰希望小学。该校于12月正式建成投入使用。这是黄老先生在凤冈县捐建的第二所希望小学。

（韩晓庆）

【湄潭县黄家坝订单农业初见成效】 在民建遵义市委的支持和帮助下，湄潭县黄家坝已建蔬菜基地总面积2500亩，其中订单蔬菜基地300亩，主要分布在大寨、合同两个村。在引进订单蔬菜品种中严格按照“新、特、名、优”等特点进行规划种植。6月，完成订单蔬菜振兴2号优良番茄81亩，蜜本南瓜50余亩，优质豆类200多亩。仅半年时间，从广西玉林振兴种业公司引进的81亩振兴2号优质番茄取得了明显效益，总产量已达40万公斤，产值达28万元。订单蔬菜基地的产品供不应求，大部分运销广东、广西。

（韩晓庆）

【加强民建领导班子建设】 2004年，民建遵义市委为调整充实市委会领导班子，按照组织程序，通过广泛征求意见，民主测评，经中共遵义市委组织部、统战部考核，顺利进行了领导班子届中调整。同意徐小康辞去民建遵义市委第二届委员会驻会副主委职务，任民建遵义市委机关调研员；选举通过陈俊瑛为民建遵义市委第二届委员会驻会副主委委员；增选刘中国为民建遵义市委第二届委员会委员；原副主委刘厚杰因健康原因于4月退休。

（韩晓庆）

中国农工民主党遵义市委员会

【概况】 2004年，农工党遵义市委员会紧紧围绕遵义市“三化一强”中心，服务于大局，大力加强自身建设，积极履行参政党职能，团结、带领遵义市广大农工党员积极进取，圆满完成全年各项工作任务。

一、加强学习，狠抓思想政治建设。农工党遵义市委把学习贯彻“三个代表”重要思想，以及中共十六大和十六届三中、四中全会精神贯穿工作始终。利用市委扩大会、主委会、专题报告会、各支部（小组）组织生活会等，多形式、多层次地开展学习。3月16日，举办“深入学习中共十六届三中全会精神报告会”，使广大党员进一步理解和认识三中全会精神。向广大党员传达《中国共产党党内监督条例（试行）》和《中国共产党纪律处分条例》和中共十六届四中全会作出的《关于加强党的执政能力建设的决定》，并要求各支部农工党员认真学习，充分领会。6月3日，专职副主委黄泗亭出席农工党中央全国理论建设工作会，并向农工党遵义市委二届十四次主委（扩大）会议传达会议精神，初步确定了“以理论建设为重点的思想政治建设”工作思路。全年先后4次组织骨干党员共计9人次赴贵阳及省外参加学习培训。还增编《农工党遵义工作(特刊)》,刊发农工党贵州省委副主委、贵州省博物馆研究员唐文元《中国农工民主党党史简介》一文,以加强广大党员对农工党史的了解。市委会机关则始终完善“二、五学习制度”,加强机关思想作风建设,工作更加制度化、规范化和程序化。

二、与时俱进,做好组织建设工作。6月,经农工党遵义市委推荐,副主委雷毅由政协汇川区一届委员会选举担任副主席职务。10月19日~22日,农工党中央全国组织工作会议在昆明召开,会议要求要将后备干部队伍建设提到新的高度。11月23日,召开二届八次全体委员会议,传达了农工党全国组织工作会议精神,选举增补李建国为遵义市委会副主任委员。会议还审议通过了《农工党遵义市委关于进一步加强理论建设的决定》、《农工党遵义市委关于进一步加强参政议政工作的决定》。全年共发展党员14名,平均年龄38.4岁,其中医卫界10人,占发展数的65%,其它界别占35%;教育界2人(担任正县级职务1人),政府部门1人,国有企业1人。截至2004年底,农工党遵义市级组织已有干部49人,初步形成了一支由行政副科级、科级、副县级、县级、副厅级等各个级层组成的干部队伍。2004年,农工党遵义市委新确定的后备干部队伍,年龄在38~48岁之间,均是事业单位、行政部门及司法机关中的现任中级职称(或科级)以上干部。

三、调查研究,参政议政,认真履行参政党职能。2月7日~11日,农工党遵义市委共向政协遵义市二届二次全会递交党派提案10件,委员提案11件,大会发言2件,为历年来提交提案数量最多、涉及范围最广、质量也较高。9月14日,遵义市政府督察室、遵义市政协提案委还专门就这些提案,邀请公安、劳动、文化、体育、卫生、环保、城管、教育等所涉单位的相关领导,与农工党遵义市委领导及部分提案撰写人举行座谈会,通报提案办理、落实情况。3月9日,农工党遵义市委与遵义市卫生局举行2004年度对口联系会,通报全市卫生工作,沟通相关信息,进一步营建坦诚、务实的对口联系工作氛围,多渠道开展参政议政、民主监督工作。6月9日,中共遵义市委召集各民主党派负责人征求对《遵义市全面建设小康社会总体规划纲要》(草案)的意见,副主委黄泗亭代表农工党遵义市委对草案提出了8条意见建议。在遵义市政协二届八次常委会议上,就市民甚为关注的北郊、南郊水厂资产处置问题,副主委黄泗亭又向市长卢守祥坦诚地提出了相关意见和建议。为贯彻落实中共遵义市委“党委出题,党派调研,政府采纳,部门落实”的民主党派参政议政精神,农工党遵义市委经过大量细致的调查研究工作,完成了《我市农村公共卫生的现状、问题及对策建议》和《我市旅游业发展现状、问题及对策建议》两个课题,并向中共遵义市委提交了正式报告。

四、智力支边,服务社会。9月2日~4日,由副主委何云绮带队的农工党医疗专家组赴道真自治县三桥镇,开展以义诊、讲学、捐资助学为主要内容的智力支边暨“国际科学与和平周”活动,农工党党员、遵义市亿帆卫生消毒制品有限公司总经理孙一凡代表该公司为此次活动捐赠人民币2000元,用于购买义诊处方用药及支付农村病员的检查费用。10月28日,农工党遵义市委又抽调5名医卫专家前往桐梓,协助农工党贵州省委在崇遵高速公路建设工地开展“国际科学与和平周”活动。9月,副主委黄泗亭出席农工党智力支边社会服务西南片区会议,与会议代表广泛交流了智力支边工作情况。

(李雪阳)

【举办学习中共十六届三中全会精神报告会】 3月16日,为使农工党遵义市级组织思想建设与时俱进,不断提高参大政、议大事能力,农工党遵义市委举办“深入学习中共十六届三中全会精神报告会”,邀请中共遵义市委讲师团团长李学东作题为《十六届三中全会精神实质——以人为本的执政理念》专题报告,9个支部(小组)共71名党员到会。报告会回顾了中国共产党三代领导集体执政理念的传承更替,特别是十六届三中全会所确立的科学发展观及以人为本的执政理念。

(李雪阳)

【“四个一”活动成绩斐然】 自2003年初开展“四个一”活动以来,经过短短一年时间,农工党遵义市级组织参政议政水平得到进一步提升,特别是遵义市政协二届二次会议期间,在大会提案总数由二届一次的270件锐减至213件的情况下,农工党遵义市委仍向大会递交党派提案达10余件，并作大会发言2件，委员提案11件。内容涉及：1.站在遵义市经济、社会发展的宏观层面，以中共十六届三中全会精神为指导，深入剖析“三农”问题，提出政策性建议。2. 以加速推进遵义市“三化一强”及“三个文明”建设为出发点，就经济、社会、文化发展中党政部门比较重视的重大问题，提出具有可操作性的建议。3. 根据胡锦涛同志“群众利益无小事”的指示，积极反映社情民意，对人民群众关注的焦点、热点、难点问题提出切实可行的建议。这些提案除一两件外，均是从“四个一”活动中产生。

（李雪阳）

【开展调研，充分发挥参政议政职能】 根据中共遵义市委实施“党委出题，党派调研，政府采纳，部门落实”的要求，农工党遵义市委于年初向中共市委政研室认领了《我市农村公共卫生的现状、问题及对策建议》和《我市旅游业发展现状、问题及对策建议》两个调研课题。4月中旬，组成由遵义市政协副主席、农工党市委主委杨渝浩带队的4人调研组，深入到赤水市10个乡镇、15个村（组），对新型农村合作医疗制度试点工作情况进行为期9天的专题调研，掌握到大量的第一手材料。9月底10月初，专职副主委黄泗亭又再次带队到赤水了解情况，与卫生行政主管部门交换意见，并赴四川成都，参观学习了该市沿江乡新型农村合作医疗试点工作及乡镇卫生院建设情况。另外，还组织调研组，对市域7县、市、区，以及云南、四川、重庆3省（市）8个地、州、市的旅游业进行了考察。在调查研究的基础上形成调研报告，及时向中共遵义市委提交正式报告，充分发挥了参政议政的职能。

（李雪阳）

九三学社遵义市委员会

【概况】 2004年，九三学社遵义市委员会以建设适应新世纪要求的参政党为目标，努力加强自身建设，认真履行参政议政职能，积极开展智力支边和社会服务工作，团结带领广大社员，为推进遵义市”三化一强”和全面建设小康社会努力工作。

一、加强自身建设，提高整体素质。九三学社遵义市委通过召开主委会、委员扩大会和组织报告会、专题座谈会、参加支社定期组织生活以及开展社员思想态势调研等形式，组织社员进行政治理论学习、了解社员思想动态、加强思想建设。全年重点学习了中共十六届三中、四中全会文件和《中国共产党党内监督条例（试行）》、《中国共产党纪律处分条例》、修改后的《中华人民共和国宪法》、《政协章程》等重要法律法规和规章制度。开展了纪念《中共中央关于坚持和完善中国共产党领导的多党合作和政治协商制度的意见》颁布15周年的活动，以《面对新形势 再创新业绩》为题在《遵义日报》上撰文介绍了九三学社遵义市委成立20周年来的工作业绩和相关情况。邀请贵州省社会主义学院副院长王守君为社员作了题为“多党合作理论”的讲座，邀请遵义市台办主任董贵华为社员作“台湾形势”报告。在社员中积极开展社员思想态势调研，组织社员参加了社省委组织的纪念邓小平同志诞辰100周年座谈会和市委统战部组织的“邓小平与统一战线”征文活动。开展了一年一度的“先进社务工作者”评选活动，对评选出来的51名“先进社务工作者”进行了表彰。全年共出版《遵义社讯》8期，纪念邓小平同志诞辰100周年专辑1期。在组织建设方面，筹建并成立了遵义师院支社，九三学社遵义市委支社组织增加到9个。全年共发展新社员23人，平均年龄36.9岁，其中具有高级职称11人，中级职称10人。为加强后备干部队伍建设，九三学社遵义市委向社省委和中共遵义市委统战部推荐后备干部14人。2004年，社员中被选派到贵州省社会主义学院学习的有2人，参加由中共遵义市委组织部、统战部在深圳举办的党外干部培训班学习的有4人，参加遵义市委党校参加中青班学习的有1人。在机关建设方面，九三学社遵义市委通过抓学习、抓协调、抓服务、抓内部规章制度建设和加强机关效能建设，树立了良好的机关工作形象，荣获遵义市市直机关2004年度目标管理效能建设考核优秀奖。

二、围绕中心，服务大局，积极参政议政。九三学社遵义市委紧紧围绕中共遵义市委、市政府的工作重点积极参政议政。全年社市委领导先后18次参加中共遵义市委、市政府、市政协及市委统战部召开的民主协商会、情况通报会、座谈会、工作汇报会等,并积极建言献策。在遵义市政协二届三次全会上,社市委以党派名义作了《关于充分开发我市人才资源有效服务"三化"建设的建议》的大会发言,以党派名义提交了《遵义应着力打造"红色旅游"产业》、《关于强化遵义大学筹备工作的建议》等4件党派提案。此外,还有委员提案12件,其内容涉及经济建设和社会发展的诸多方面。社的各级人大代表、政协委员和参加行风评议的社员均围绕中共遵义市委、市政府的中心工作,积极发挥参政议政和民主监督的作用。

三、发挥优势,积极开展智力支边和社会服务工作。2004年,九三学社遵义市委继续加强智力支边和社会服务工作,组织医卫界的专家们赴绥阳县郑场镇、太白镇、务川县茅天镇、遵义县鸭溪镇、湄潭县新南乡、凤冈县、仁怀市、道真县等地,对乡村医生进行培训、开展义诊活动。共培训镇、村卫生技术人员173余人次,义诊1610余人次,赠送了价值2000余元的药品给山区前来就诊的贫困农民。组织社内果蔬专家赴正安县安场镇给农民送去价值近1000元的礼品西瓜种子并传授相关种植技术;继续对正安县50余名贫困学生进行学费资助,共捐资5000元人民币;赴湄潭县实地调研并就该县种植、养殖、教育、医卫等如何发展提出了积极的意见和建议,就湄潭求是中学建设、组织农业、畜牧、医卫方面技术力量参与该县科技活动周活动、开展健康保健讲座等事宜初步达成帮扶意见。

(黄光祥)

【《无公害农产品生产病虫防治对策研究》课题通过验收】 4月13日,九三学社遵义市委承担完成的"无公害农产品生产病虫防治对策研究"课题,经遵义市科技局批准,在九三学社遵义市委召开验收鉴定会。通过听取研究组课题汇报,专家提问及鉴定验收小组的充分讨论,课题获得与会专家一致好评,认为课题研究系统、全面、方法正确、数字翔实、内容丰富、针对性强,在遵义尚属首次,具有前瞻性,鉴定结论达到省内先进水平和遵义市领先水平。经鉴定组的一致通过,该课题顺利完成验收鉴定工作。专家们还针对课题研究中的不足,提出了合理的整改意见和建议。

(黄光祥)

【开展有关组织建设问题的调研】 4月13日,九三学社遵义市委召开二届十七次主委会对组织建设中有关问题进行讨论。参加讨论的社市委领导班子成员、各支社社员达成如下共识:在新的历史条件下,社市委要不断探索新形势对党派工作的要求,切实加强领导班子建设,增强和改进基层组织队伍建设中的各个方面,按新的人才标准,做好组织发展工作;广泛吸纳符合入社条件的非公有企业的知识分子;并结合地情合理控制组织发展速度、比例,注意发展高素质、高学历、高职称的优秀人才;认真把握组织发展中的质与量的平衡统一;在进行组织发展的同时搞好后备干部队伍建设工作;开展灵活多样的组织生活形式,增强学社凝聚力。只有如此才能为推动遵义市经济与社会的发展,做好民主监督和参政议政工作。

(黄光祥)

【社市委举办多党合作理论讲座】 8月25日,九三学社遵义市委邀请贵州省社会主义学院副院长王守君为社员们作"多党合作理论"的专题讲座。社市委领导与100余名社员认真听取了讲座。王守君就我国多党合作形成的历史背景、发展历程和形成框架进行了详细的阐述,指出多党合作是中国革命长期奋斗的结果和历史的必然,是中国人民政治经验和智慧的结晶;坚持和完善中国共产党领导的多党合作和政治协商制度是党和政府统战工作的重要任务。社市委主委曹建林在听取讲座后,强调必须切实抓好九三学社自身的思想建设,搞好组织建设,要善于发现和培养优秀人才,要继承传统,发扬光大民主与科学的精神,抓住机遇,发挥自身优势,为遵义市三个文明的建设献计出力。

(黄光祥)

【九三学社遵义师院支社成立】 11月11日,九三学社遵义师院支社成立大会在遵义师院举行。会议由社市委副主委谌建中主持,九三学社遵义市委主委曹建林,遵义师院党委副书记、院长周帆,市委统战部的代表到会祝贺并讲话。会议宣读了社遵义市委对遵义师院支社通过民主推荐、无记名投票选举产生的支社领导班子的批复。中共遵义师院党委副书记、院长周帆在讲话中强调:九三学社遵义师院支社的成立,是师院政治生活中的一件大事,遵义师院支社的成立对师院的建设将产生积极的作用。九三学社遵义市委主委曹建林在讲话中向遵义师院支社的社员们提出希望：要求继承和发扬九三学社和中国共产党亲密合作的优良传统，坚定不移地接受中国共产党的领导，加强政治学习和思想建设，为遵义市教育事业的发展做出更大的贡献。

（黄光祥）

遵义市工商业联合会
遵义市商会

【概况】 2004年，遵义市工商业联合会、遵义市商会按照参政议政、维权服务、基层组织建设、思想政治工作“四个创新”的要求，认真履行职能，扎实开展工作。

一、不断提高非公经济人士和工商联干部“两支队伍”的思想政治素质和驾驭社会主义市场经济的能力。 2004年，遵义市工商联、遵义市商会完善学习制度，制定学习计划，深入学习贯彻落实“三个代表”重要思想和中共十六大、十六届三中、四中全会精神，学习贯彻中央、省、市有关会议精神。建立了非公代表人士中心学习组，坚持抓好非公代表人士的政治学习。5月中旬，组织5位企业负责人参加贵州省第一期非公有制企业家培训班学习。各县、区（市）工商联也结合实际情况认真开展驻会干部和非公代表人士的学习培训。

二、努力提高参政议政的水平和质量。 2004年，遵义市工商联、遵义市商会围绕党委政府的中心工作，促进非公经济健康快速发展和群众关心的热点、难点三个方面选择课题，深入基层调研，充分调动非公代表人士参政议政的积极性，参大政、议大事。在市政协会议期间，非公代表人士向大会提交了《加强民营企业信用建设，促进市场经济健康发展》、《关于龙头企业在产业化经营中值得重视的问题及对策》、《关于尽快制定出台〈遵义市房屋拆迁管理实施细则〉的建议》、《关于推进民营企业参与国企改组改造的建议》和《关于做好农民进城务工服务工作的建议》等5件团体提案。同时完成了《关于进一步加强和改进新时期工商联工作建议报告》、《从我市各级工商联的现状看如何开创新时期新阶段工商联工作新局面》、《完善教育多元化投入机制，推动公办教育和民办教育协调共同发展》3个调研报告和全省工商联组织工作会议会前情况摸底的调研工作。

三、强化服务维权，增强工商联影响力和凝聚力。 2004年，遵义市工商联领导多次深入贵州百花药业、遵义永泰公司调研，认真帮助协调解决百花药业GMP改造和永泰公司中山中学修建中的问题。充分发挥常年法律顾问的作用，开展了《合同法》专题讲座，向会员提供法律咨询服务，开展法律法规宣传，增强非公人士的法律意识。做好信息服务，出版会刊《遵义商会》3期，编发《遵义工商联工作》15期、《非公代表人士思想动态》3期，及时向新闻媒体报送信息，充分发挥《贵州商会网》的作用，为会员企业开展电子商务提供服务。指导、帮助各县做好已故原工商业者无工作配偶最低生活保障费的调查、申报工作，为老会员服务。红花岗区工商联重点解决了会员在生产经营中普遍存在和急需解决的问题，全方位、多层次为会员服务。赤水市工商联积极帮助省级农业产业化龙头企业新宇竹业公司实施技改，组建新宇竹业集团，建成西南地区最大的竹产品展销中心；帮助会员企业袁氏家电在仁怀、习水拓展业务。遵义县工商联举办新时期民营经济发展问题讲座，邀请民营经济专家授课。绥阳县工商联与绥阳第三建筑工程公司联合举办企业管理知识讲座，特邀省商会领导授课。习水、湄潭县工商联与国税局、地税局共同举办非公经济税法知识专题培训。凤冈县工商联针对县城管局收取户外广告费一事到市城管局和周边县城专题调研，积极协调，维护非公人士的合法权益。

四、抓会员发展和组织建设，夯实工商联工作基础。 2004年是遵义市工商联确定的基层组织建设年。市、县两级工商联将工作重心放到会员发展和对基层商会的组织领导、巩固提高以及狠抓行业组织建设上。2004年，发展会员1052个（企业会员188个、团体会员3个、个人会员861个），新建县级工商联组织1个，建立基层组织2个，建立同业（行业）组织7个。截至2004年末，全市会员总数为12042个，其中企业会员863个、团体会员26个、个人会员9921个、老会员1232人；县级工商联（商会）14个，镇、乡、街道办事处商会等基层组织179个，同业（行业）商会16个。

（梁　军）

【贵州省工商联九届三次执委(扩大)会暨基层商会和行业组织建设经验交流会在遵召开】 3月30日～31日,贵州省工商联九届三次执委(扩大)会暨基层商会和行业组织建设经验交流会在遵义召开。全国政协常委、省工商联会长、贵州神奇集团董事局主席张芝庭传达全国政协十届二次会议精神,全国人大代表、省工商联副会长宋新民传达全国人大十届二次会议精神。会议审议通过了张芝庭会长所作的题为《务实创新、团结拼搏——努力开创工商联工作新局面》的工作报告,明确了当前工商联工作的指导思想和工作思路,进行了基层商会和行业组织建设经验交流。与会人员参观了遵义高新技术产业园和遵义中山中学。

(梁　军)

【市工商联二届三次执委(扩大)会召开】 4月1日,遵义市工商联二届三次执委(扩大)会召开。会议审议通过了遵义市政协副主席、工商联会长李莲娜代表二届执委会所作的题为《努力开创工商联(商会)工作新局面》的工作报告,补选了市工商联二届执委、常委,对2003年度全市工商联系统13个先进单位、19个先进基层商会和35个先进企业会员进行了表彰。

(梁　军)

【引导非公人士参与社会公益事业,树立光彩形象】 4月,遵义市工商联、遵义市总工会在全市非公有制经济组织中开展了评选"优秀员工、优秀老总"活动,来自全市非公企业的20名优秀员工和20名优秀企业老总获表彰。6月中旬,与遵义市劳动和社会保障局、遵义市总工会、遵义市农办共同主办了"遵义市首届促进农村富余劳动力进城务工专场招聘会",积极引导会员企业开发就业岗位。家诚药业、华力环境工程公司、红河酒业、红美整形美容、润丰公司、明德公司、重美职业技术培训学校等会员企业进场招聘,提供就业岗位100多个。非公人士刘永松、杨发祥荣获"贵州省光彩事业优秀奖"称号。10月,金旭实业、百花药业、润丰房开、凤凰山饮料、天安房开等5家会员企业被评为"全省就业和社会保障先进民营企业"。

(梁　军)

【开展活动,突显商会统战性、经济性和民间性特色】 会务方面:5月15日～20日召开"仁、习、赤、桐"工商联工作联席会,全市各县、区(市)工商联负责人和非公代表人士共20人参会,与会人员考察了各地非公有制经济发展情况,交流工商联工作经验,商讨新时期如何创新商会工作。7月中旬,在湄潭县召开全市工商联系统非公经济发展研讨会,就市场经济形势下工商联如何进一步发挥职能作用进行讨论,并举办了民营经济专题讲座。9月下旬,在绥阳县召开二届九次会长(扩大)会暨非公代表人士中心学习组会议,研究会务工作,贯彻学习中共十六届四中全会精神。商务方面:5月21日～26日,组织各县、区(市)工商联负责人和非公经济代表人士27人赴四川、重庆考察学习,与川、渝工商联同仁就新形势下工商联工作怎样坚持统战性、突出经济性、发挥民间性进行探讨,参观民营企业,增进黔、川、渝毗邻工商联(商会)的交流与合作。9月,派代表随贵州省商会考察团赴新疆参加乌鲁木齐对外经贸洽谈会。11月,组织企业会员13人赴香港参加《中小企业国际市场推广日》活动。桐梓县工商联在"五一"黄金周期间协同四川蜀南展销有限公司在县城成功举办首届"六省三市名优特新产品展销会";赤水市工商联组织非公副会长赴云南水富县考察学习,寻找商机;红花岗区工商联组织200余名会员参加南部新城5·28招商引资活动,配合有关部门引进浙江义乌客商216名在沙河落户,打造"遵义义乌商贸城";湄潭县工商联协助非公企业成功举办了两次产品发布会;务川自治县工商联组织非公人士74人分赴海南、北京、桂林等地考察学习。

(梁　军)

【遵义市工商联供应商商会成立】 11月17日,遵义市工商联供应商商会成立。从事副食品、针纺百货、五金交电、建材、医药、化工产品生产和销售的企业和个体工商户在遵义市和红花岗区两级工商联的指导下,民主选举出了会长、副会长、秘书长、理事等人选。新当选会长马维模表示,供应商商会要坚决执行国家和省、市的相关政策和法律法规,搞好行业自律,代表和维护会员的合法权益,努力搞好服务协调工作,积极开展对外交流,为繁荣地方经济做出积极贡献。

(梁　军)

【汇川区工商业联合会(总商会)第一次会员代表大会召开】 11月18日,汇川区工商联(总商会)第一次会员代表大会召开,120名代表参加会议。大会选举产生了汇川区工商联(总商会)第一届执行委员会及其领导班子,听取了汇川区工商联(总商会)第一届执行委员会工作安排意见,讨论通过了大会有关决议。

(梁　军)

法　制

政法(综治、维稳)

【概况】 2004年,全市政法工作,以开展“公正执法树形象”活动为主线,以学习贯彻两个《条例》为契机,大力加强政法工作和队伍建设,有力地维护了全市社会政治稳定和治安稳定,为全市经济社会的协调全面发展和构建和谐社会提供了重要保障。

一、妥善处理各种群体性事件和突发事件,全力维护社会稳定。各级政法部门按照“谁主管、谁负责”和“属地管理”原则深化矛盾纠纷排查调处工作,积极排查化解各种矛盾纠纷,及时处置各种群体性事件和突发事件。1月~11月,全市共发生群体性事件183起,比去年同期下降21%,全市没有发生严重影响社会稳定的重大群体性事件。截至11月底,全市共排查各类纠纷22369件,调解22250件,成功率95.6%,有效防止群众械斗88件;防止纠纷激化引起自杀案163件480人;防止民间纠纷转为治安案件或群体性事件152起;防止民转刑案件184件996人。各级党政机关及维稳工作部门积极稳妥地处理了一大批涉及企业改制、城市改造、征地拆迁以及建设移民等方面的矛盾,有效缓解了不安定因素引发的社会震荡。

二、深入开展“安全文明”创建活动,积极构建“社会化大防控”体系。2004年,全市综治工作按照科学发展观的要求,追求人与社会的协调发展,以创建“平安遵义”和“最平安县、区(市)”为载体,深化基层创安活动,丰富“平安工程”创建内涵,积极走社会化发展道路。通过降低创建层面,夯实基层基础工作,依托社区建设,加强社区治安防控体系建设。加大综治成员单位帮扶力度,强化指导基层创安工作措施。积极推进“堡垒式”发展模式等新举措,使综治工作取得明显效果。在年终省综治委对各市(州、地)综治工作的检查考核中,遵义市获一等奖。

三、深入推进社会治安长效防控机制建设,打造治安防控体系。2004年,全市按照《遵义市社会治安综合治理委员会关于社会治安长效防控工作的意见》的要求,认真推进城市和农村社会治安长效防控机制建设,积极预防和控制违法犯罪的发生。一方面各县、区(市)公安机关中心城区、县城“110”接处警与巡警联动,加强社会面治安控制。各县、区(市)在中心城区和重要城镇组建专职治安联防队,与公安民警相互配合共同负责街面治安控制。截至2004年底,全市共组建专职治安联防队332支2771人,加强治安联防队的规范化、专业化、制度化建设,充分发挥其工作职责。强化机关、单位、厂矿、学校和楼院的值班巡逻和守护工作。结合社区建设,积极实施社区警务战略等措施,狠抓城镇治安防范网络体系建设,构建打、防、控一体化工作运行机制。另一方面,继续完善以村民聚居的自然村寨为单位的自防自治活动。居民相对分散的地方实行十户联防或互助联防,居民居住地分散的地方实行义务联防等,积极推进农村治安防范体系建设,提高农村整体治安防范能力。

四、以公正执法为核心,强化政法干警的教育整顿。2004年,遵义市政法委要求全市政法部门认真开展以“公正执法树形象”为主题的集中教育活动,下发了《关于深入推进“公正执法树形象”活动的通知》。公安机关结合“五条禁令”要求,加强内部管理,认真执行遵义市公安局“十四条禁令”和“警务督查扣分标准100条”,有效遏制了“枪、酒、车、赌”等顽症。认真开展岗位大练兵、学习任长霞先进事迹、执法为民教育活动,努力打造学习型、服务型、实战型、廉洁型公安队伍,收到了良好成效。检察机关开展了争创“干警无违法违纪院”活动和“强化法律监督,维护公平正义”教育活动,有效推进了检务效能建设。市中级法院围绕法官职业化建设目标,通过开展“公正司法树形象”活动,落实司法为民系列举措,实施人才强院规划,推进党风廉政建设机制,全面加强司法队伍和司法文明建设。司法行政机关组织开展公正执法树形象活动和律师队伍集中教育整顿活动取得了明显成效。

五、强化工作措施，加强个案监督，整体推进司法公正。执法监督工作是保护当事人合法权益，维护司法公正、社会公平正义的有效手段，也是依法治国的重要内容之一。为此，遵义市委政法委一方面积极受理群众来信来访，倾听群众呼声，从群众来信来访中找准切入点，积极开展个案监督。1～11月，接待群众来信来访500余人(次)，均视情作了相应处理。及时协调处理市直政法部门请示协调案件5件，督办、转办案件21件，促进了重大案件的及时查处。检察机关认真履行检察职能，针对各个诉讼环节存在的突出问题和人民群众反映强烈的问题强化刑事立案、侦查、审判、执行和民事审判、行政诉讼、控告申诉等措施，推行人民监督员制度试点工作和"一案三卡"等措施，切实增强了监督实效并取得了明显效果。人民法院通过组织开展执行工作"三项清理"活动，集中办结了一批老、难案件。通过创建"五个百分之百活动"(100%的案件结案、100%的案件合格、100%的刑事被告人没有被超期羁押、100%的案件没有超审限、100%的干警没有违法违纪)，制定执行《案件质量许查办法》，有力地促进了案件质量的提高。司法行政机关认真组织开展了全市法律服务市场的清理整顿工作，对2003年1月1日～2003年12月31日期间涉及委托代理或辩护的案件逐案进行了登记检查，重点解决了目前群众反映比较强烈、影响执业形象和违规执业的突出问题。

(陈 立)

【完善工作机制，组织开展涉法上访旧案集中清理及处理工作】 根据中央集中清理涉法上访电视电话会议和全省维稳工作会议精神，2月28日，全市维稳工作会议召开，对全市集中处理涉法上访问题工作进行安排部署。遵义市率先在全省制定出台《遵义市涉法上访问题处理制度(试行)》，建立处理涉法上访问题联席会议制度，完善长效工作机制。各级、各部门按照省、市的统一安排部署，也积极采取有效措施，认真开展了涉法上访的清理处理工作。通过各级各部门的共同努力，一大批涉法上访案件均得到处理。

(陈 立)

【开展社会治安综合治理"宣传月"活动】 5月，全市开展了第14个社会治安综合治理"宣传月"活动。在整个"宣传月"活动中，全市参与宣传活动的干部职工有10万人次。印发各类宣传资料100万余份，张贴、悬挂标语1万余条(幅)，新闻媒体播发工作新闻1000余条。全市出动宣传车3000余台次，文艺演出134场(次)，开展法律咨询10万余人次，图片展出专刊127期，上法制课400余课时，受教育群众达150万余人次。

(陈 立)

【组织开展农村反邪教警示教育活动】 2004年初，根据全省统一安排部署，在全市范围内集中开展了以"崇尚科学，关爱家庭，珍惜生命，反对邪教"为主题的农村反邪教警示教育活动。通过深入细致的工作，广大农民进一步认识到了邪教"伪科学"的真面目和"反人类、反社会"的本质，提高了自觉抵制邪教的能力。

(陈 立)

法 院

【概况】 2004年，全市法院紧紧围绕"公正与效率"工作主题，切实践行司法为民要求，为全市社会经济全面协调发展提供司法保障。全市法院受理各类案件30002件，审结29039件，结案率为96.8%。其中，遵义市中级法院受理各类案件3565件，审(执)结3538件，结案率为99.2%。

一、全力推进审判和执行工作。一是严厉打击严重刑事犯罪，全力维护社会稳定。全市法院紧紧围绕构建和谐稳定的社会环境这一目标，继续坚持"严打"方针不动摇，严厉判处了一批严重刑事犯罪分子。全市法院共受理各类一审刑事案件3039件4458人，同比下降13%和12%，审结2993件4400人。其中，审结危害国家安全、故意杀人、抢劫、抢夺、盗窃、强奸、爆炸、投放危险物质、绑架勒索、邪教组织犯罪和黑社会性质组织犯罪等严重刑事犯罪一审案件2043件3067人；审结破坏市场经济秩序犯罪一审案件32件53人；审结贪污、贿赂等国家工作人员职务犯罪案件151件179人，给予刑事处罚157人。其中，省部级干部1人，县处级干部4人。依法对37名被告人宣告无罪。全年判决发生法律效力2394件3560人。生效判决中,判处5年以上有期徒刑、无期徒刑、死刑806人,占判决生效人数的22.6%。二是充分发挥民事审判的调节化解功能,坚持中立、公正的现代司法理念,平等保护各类民事主体的合法权益。全年共审理各类民事一审案件15855件,审结15619件,同比下降16.4%和16.1%。案件涉诉标的金额22.94亿元。三是依法受理行政案件,支持、监督行政机关依法行政。全市法院受理行政一审案件313件,同比下降31%。其中,涉及行政裁决121件,行政处罚76件,行政许可23件,其他93件。受理国家赔偿案件20件,决定赔偿6件,赔偿金额12.09余万元。四是千方百计提高执行案件执结率,保护债权人的合法权益。全市法院继续采取交叉执行、提级执行、指定执行、以物抵债、拍卖变现知识产权等方式加大执行力度。全市法院共受理执行案件6164件,执结5510件,执结金额3亿元,执行中止率为10.2%。

二、落实司法为民举措。一是落实司法救助措施。实行诉讼费减、免、缓和为刑事被告人指定辩护人。全市法院共为1091件案件当事人减、免、缓诉讼费175.4万元。其中,中级法院减、免、缓诉讼费18.1万元;指定121名律师为刑事被告人辩护,保障了被告人的诉讼权利。继续实施执行案件先执行后收费的办法。二是加强诉讼提示和法律释明工作。制发了《诉讼须知》、《诉讼风险告知书》,向当事人告知诉讼程序,提示诉讼请求不当、丧失诉讼时效、举证超过时限、拒不执行生效裁判等可能导致的法律后果,帮助当事人避免诉讼风险。建立"院长接待日"制度。每周星期二由院长或副院长轮流接待,解决群众"告状难、申诉难"问题。三是提高司法效率。一般案件一日立案,重大疑难案件,三日内答复当事人。扩大适用简易程序审理案件范围,提高审判效率,适用民事简易程序速裁速判案件14329件,占审结民事案件的84.7%。全年审结的所有案件均在法定审限内结案,首次杜绝了超审限和超期羁押。

三、推进法官职业化建设。一是继续完善党风廉政建设工作机制。遵义市法院制定了《党风廉政建设责任保证金制度》、《取消受处分法官法官资格的规定》和《关于严禁领导干部私自向下属部门和审判人员就案件审判打招呼的规定》。通过这些制度保证公正高效司法。严肃查处各种滥用审判权、执行权的违法违纪行为,全市法院有6人因违法违纪被查处。二是开展了"公正司法树形象"活动。重点检查了《法官法》规定的"十三种不得有"行为和遵义市中级法院文明司法建设"十要十不准"执行情况。三是继续推进实施人才强院规划。全市法院新录用69名工作人员,中级法院引进2名法学硕士。至2004年底,全市法院本科以上学历达43%,中级法院达87.7%,中级法院法官中有硕士8人,在职攻读硕士学位7人。

（张宗刚）

【贵州省原副省长刘长贵受贿被判刑】 4月30日,遵义市中级法院对贵州省人民政府原副省长刘长贵受贿、巨额财产来源不明案公开宣判。判决认定,刘长贵在担任贵阳市代理市长、市长和贵州省人民政府副省长期间,为他人谋取利益或许诺为他人谋取利益,收受贿赂折合人民币134.2112万元。同时,刘长贵的财产明显超过其合法收入,有价值169.9589万元的财产不能说明合法来源。其行为已构成受贿罪和巨额财产来源不明罪。鉴于刘长贵有检举他人犯罪的重大立功表现,依法应当从轻处罚。遂以受贿罪判处刘长贵有期徒刑10年,并处没收个人财产人民币30万元;犯巨额财产来源不明罪,判处其有期徒刑一年零六个月。决定执行有期徒刑11年,并处没收个人财产人民币30万元。对被告人刘长贵受贿的赃款110万元人民币和3万美元以及巨额财产来源不明部分折合人民币169.9589万元予以追缴。宣判后,刘长贵未提出上诉。

（张宗刚）

【2003·8·16灭门惨案凶犯伏法】 2003年8月16日晚,罪犯袁建科、袁成付密谋到牌友董发珍家实施抢劫。二犯携作案工具进入董家,见只有董之子女二人在家,遂将二人捆绑并用胶布封口控制。后董及保姆回家,亦被二犯控制,二犯持刀杀伤董威逼其交出银行存款密码、手饰、现金、手机等财物。二犯抢得财物后,担心罪行暴露,商定杀人灭口。遂采取割颈、勒脖等手段,将董家三母子及保姆残忍杀害后出逃。该案在遵引起社会强烈反响。公安机关迅速破案,遵义市中级法院以故意杀人罪判处二犯死刑。二犯不服,提起上诉,省高级

法院驳回了二犯上诉并核准对二犯执行死刑。4月7日,二犯被执行死刑。

（张宗刚）

【易阳受贿案终审宣判】 贵州省委原书记刘方仁(因受贿被判刑)儿媳、贵阳阳达实业公司董事长易阳,与其公公刘方仁互相勾结,利用刘方仁的职权和地位,在为北京世纪兴业投资公司收购中天公司国有股权中谋取利益,收受世纪公司贿赂人民币500万元。遵义市中级法院一审以易阳犯受贿罪,判处其有期徒刑15年,剥夺政治权利5年。易阳不服一审判决,提起上诉,贵州省高级法院于12月3日裁定驳回上诉,维持原判。

（张宗刚）

【最高法院领导来遵调研】 8月16日,最高法院副院长黄松有到遵义市红花岗区人民法院,调研法官员额定编改革工作。调研期间,黄松有听取了红花岗区法院关于改革工作的汇报。2003年,红花岗区法院被确定为全国17个法官员额定编改革试点法院,也是黄松有副院长的工作联系点。3月23日~26日,最高人民法院审判委员会委员、原副院长刘家琛来遵调研人民法院纪检监察工作,听取了遵义市中级法院纪检监察工作情况汇报。

（张宗刚）

【全市刑事审判研讨会在湄潭县召开】 10月19日~20日,全市法院刑事审判研讨会在湄潭县召开。省高级法院刑事审判庭负责人、全市分管刑事犯罪审判工作的副院长、刑事审判和审判监督庭庭长参加了会议。会议研讨了刑事审判中关于自首认定、涉枪涉暴案件、毒品犯罪案件以及未成年犯罪适用法律问题。通过研讨,大家就上述案件罪与非罪的界限、法律适用标准、尺度等形成了共识。

（张宗刚）

【贵州省法院系统第二届“天平杯”篮球赛在遵举行】 9月21日~27日,由省高级法院主办、遵义市中级法院承办的“贵州省法院系统第二届‘天平杯’篮球赛”在遵义举行。省法院和全省9个中院共17支男女代表队参加了比赛。比赛历时7天,遵义法院男女代表队双双夺冠。

（张宗刚）

【开展公正司法树形象活动】 5月~11月,全市法院开展了为期半年的“公正司法树形象”活动。活动重点检查《法官法》规定的“十三种不得有”行为和中级法院文明司法建设“十要十不准”执行情况。开展学习先进人物典型事迹,弘扬司法正气,维护司法权威。

（张宗刚）

【喻光愚获省“五一”劳动奖章】 市中级法院民事审判第二庭庭长喻光愚被省总工会授予“贵州省五·一劳动奖章”。这是全省法院系统首次有人获此殊荣。

（张宗刚）

【中级法院首次采用注射方式执行死刑】 2月20日上午10时,遵义市中级法院启用注射执行死刑车,对抢劫犯张志强采用注射方式执行死刑。宣判结束后,指挥长下达了执行命令,执行手立即按下注射泵按纽。从注入药液到罪犯停止呼吸仅50秒钟,80秒钟后罪犯心脏停止跳动。这是遵义法制史上第一例采用注射方式执行死刑。

（张宗刚）

【汇川区人民法院挂牌成立】 6月18日,汇川区人民法院正式挂牌成立。省、市法院领导出席了挂牌仪式,省高级法院副院长温杰代表省高级法院致词。

（张宗刚）

【改革裁判文书样式】 自2004年1月1日起,遵义市中级法院在全省率先对通行了几十年的裁判文书样式进行改革。增加裁判文书封面封底,封面以黄色作底色,套印国徽、法院名称及文书类别,并在封二套印“常怀律己之心,常思贪欲之害,常弃非份之想”、“衡之于左右,无私轻重,故可以为平。绳之于内外,无私曲直,故可以为正”的警句。封三印制民事、刑事、行政诉讼法规定的当事人的诉讼权利,封底左上角套印天平徽章。

（张宗刚）

【瑞士法律专家代表团来遵访问】 9月30日,以瑞士联邦制研究所所长托马斯·弗雷那为团长的瑞士联邦法律专家代表团一行8人来遵考察。

此次来访是对6月10日～24日遵义市中级法院院长李祖良参加司法部组织的中国法律专家代表团访问瑞士的回访。访遵期间，代表团一行在遵义市中级法院旁听了开庭审理案件，并与遵义市中级法院、遵义市司法局负责人就诉讼案件的管辖、中国法律对当事人上诉权等诉讼权利的规定、调解制度、生效判决内容的实现途径、中瑞两国法律规定的异同以及两国的审判、监禁措施等问题进行了座谈。这是遵义司法史上外国代表团首次到遵考察司法情况。

（张宗刚）

检　察

【概况】 2004年，全市检察机关紧扣“强化法律监督，维护公平正义”主题，依法履行检察职责，在严厉打击各类刑事犯罪、查办和预防职务犯罪、强化诉讼监督、加强检察队伍建设等方面取得了新的进展，为建设和谐稳定的社会环境、创造公正高效的法治环境、维护社会公平正义作出了新的贡献。

一、充分发挥刑事检察职能作用，全力维护社会稳定。2004年，全市检察机关把维护社会稳定作为首要任务，保持对严重刑事犯罪打击的高压态势，批准逮捕各类刑事犯罪嫌疑人3655人，提起公诉3823人。一是严厉打击严重刑事犯罪活动。重点打击放火、爆炸、投毒、故意伤害、强奸等严重危害公共安全和侵犯公民人身权利的犯罪，共依法批捕此类犯罪嫌疑人878人，起诉972人。重点打击盗窃、抢劫、抢夺等侵财性犯罪，共依法批捕此类犯罪嫌疑人2129人，起诉2100人。重点打击生产销售伪劣商品、破坏金融管理秩序、危害税收征管等破坏社会主义市场经济秩序犯罪，共依法批捕此类犯罪嫌疑人49人，起诉57人。重点打击聚众斗殴、寻衅滋事等妨害社会管理秩序的犯罪，共依法批捕此类犯罪嫌疑人497人，起诉481人。加大对毒品犯罪的打击力度，共依法批捕此类犯罪嫌疑人172人，起诉162人。二是狠抓案件质量。坚持以案件质量为生命线，严把事实关、证据关和法律关，普遍建立并实行“错案责任追究制”以及“案件质量考评体系”，切实提高审查批捕、审查起诉案件质量。对提起公诉的3567名被告人作出有罪判决3562名，有罪判决率为99.86%，案件质量明显提高。三是提高办案效率。一方面，通过提前介入重特大疑难案件等方式加快批捕、起诉速度，共提前介入重特大疑难案件453件（次）；所有审查批捕、审查起诉案件均在法定时限内审结，审结率达100%，彻底杜绝了超期羁押现象。另一方面对被告人认罪和可能判处三年以下有期徒刑的案件积极推行简易办案程序，建议法院依法适用简易程序审理公诉案件822件，大大节约了诉讼成本，提高了办案效率。

二、查办职务犯罪。全市检察机关共受理职务犯罪线索423件，依法初查国家工作人员涉嫌职务犯罪案件408件，立案侦查195件225人，侦查终结194件225人，移送起诉193件223人，保持了积极查办贪污贿赂、渎职侵权等职务犯罪案件的良好态势，为推动反腐败斗争、深入开展促进全市党风廉政建设发挥了应有的作用。

三、履行诉讼监督职能。全市检察机关重点从五个方面认真开展诉讼监督工作。一是侦查监督。共受理立案监督案件188件，要求公安机关说明不立案理由151件，通知公安机关立案59件72人。纠正漏捕20人、漏诉9人。对不符合法定逮捕条件的296人、不符合法定起诉条件的140人，分别作出不批准逮捕、不起诉决定。对侦查活动中的违法现象提出书面纠正意见69件（次），提出检察建议81件（次）。二是刑事审判监督。依法对审判机关确有错误的判决、裁定提出抗诉23件。三是刑罚执行监督。依法纠正不按法律规定交付执行以及违法减刑、暂予监外执行56件。清理超期羁押75人，监督相关部门全部作了纠正。四是民事行政诉讼监督。全市检察机关从保护公民、法人的合法权益，维护司法公正的角度出发，受理民事、行政申诉408件，立案146件，遵义市检察院提出抗诉10件，提请抗诉26件，发出再审检察建议12件。同时，加大对民事行政诉讼领域职务犯罪的打击力度，立案侦查此类职务犯罪3件3人。五是控告申诉监督。全市检察机关受理不服人民检察院不批准逮捕决定、不起诉决定、不立案决定和不服人民法院判决裁定等刑事申诉案件43件，依法立案复查24件，改变原决定5件；依法立案审查刑事赔偿案件13件，决定赔偿2件；办理督办案件21件。

全市检察机关还进一步加强了内部的监督制约。一是开展不起诉案件复查专项活动。共对2003年以来的不起诉案件138件190人进行了清理复查，改变原决定3件。二是集中处理涉法上访问题。对清理出的2003年以来不服检察机关处理决定的涉法上访55件进行了复查处理，上级院和党委督办的17件重点涉法上访案件在检察环节已办结。

四、完善法律监督机制。全市检察机关稳步推进检察改革，进一步完善主诉检察官办案责任制；逐步落实保障律师在检察环节依法履行职责的工作机制；实行了重大刑事案件介入侦查、引导取证制度，以及被告人认罪案件简化审理等举措。并按照高检院的统一部署，遵义市检察院和8个县级检察院开展了人民监督员制度试点工作，共选任人民监督员48名，重点对检察机关自行侦查案件中不服拟逮捕、不起诉、撤案处理的“三类”案件进行监督。遵义市检察院已对一起受贿案中嫌疑人不服拟逮捕意见的，启动了人民监督员监督程序，人民监督员审查案卷后作出了同意检察机关逮捕意见的监督意见。

五、狠抓队伍建设。全市检察机关认真贯彻中央关于加强党风廉政建设和从严治检的方针，检察队伍建设扎实推进。一是加强党风廉政建设，严格队伍管理。认真贯彻落实党风廉政建设责任制，层层签订责任状，狠抓落实。在全市检察机关开展了争创“干警无违法违纪院”活动，以此为载体，强化检察队伍管理。对干警的问题，发现一起、查处一起，决不姑息护短。全年无一名检察干警因违法违纪而受到党政纪处分，基本上扭转了近几年来干警频繁出问题的被动局面。二是推行“一案三卡”监督办法，确保公正执法，文明办案。为防止干警在办案中以案谋私、违法办案，切实加强办案监督，全面推行《遵义市检察机关办案工作“一案三卡”监督办法》(办案告知卡、廉洁自律卡、回访监督卡)，由纪检监察部门派员到发案单位对办案情况进行回访检查，对办案人员执法活动进行跟踪监督。三是强基固本，加强基层院建设。遵义市检察院认真贯彻落实高检院加强基层院建设的安排部署，采取积极措施帮助基层院解决存在的实际问题和困难，认真抓好基层院的“两房建设”和“信息化建设”。全市14个基层院技侦用房国债资金已基本争取到位，部分基层院技侦楼已投入使用。针对全市检察机关空编缺员突出的情况，积极配合组织人事部门新招录检察干警41名，并对新干警进行了系统的岗前培训。圆满完成了汇川区人民检察院的筹建工作。与组织部门配合，采取组织措施对个别存在问题的基层检察院领导班子进行了调整和充实。

(谢佳清)

【贵州省原副省长刘长贵涉嫌受贿、巨额财产来源不明被起诉】 4月30日，经最高人民检察院指定管辖，遵义市检察院审查起诉并提起公诉了贵州省人民政府原副省长刘长贵涉嫌受贿、巨额财产来源不明犯罪一案，经遵义市中级法院公开开庭审理，一审对被告人刘长贵以受贿罪判处有期徒刑10年，并处没收个人财产人民币30万元；以巨额财产来源不明罪判处有期徒刑1年零6个月，决定执行有期徒刑11年，并处没收个人财产人民币30万元。一审判决后，刘长贵未提出上诉。

(谢佳清)

【市检察院与贵航集团天义公司、5707厂建立预防职务犯罪工作联系协调制度】 5月14日，遵义市检察院与贵州航天集团天义公司、5707厂就职务犯罪预防工作相关的组织领导、工作开展、线索移送、案件查办、情况反馈等达成共识，形成了检企联手开展预防职务犯罪工作的联系协调制度。

(谢佳清)

【市检察院与北京市检察院二分院缔结为友好检察院】 为加强东西部地区检察机关的交流与协作，共同推进检察工作，经充分酝酿和协商，遵义市检察院与北京市检察院第二分院于5月19日结为“友好检察院”。

(谢佳清)

【汇川区人民检察院成立】 根据国务院《关于同意贵州省设立遵义市汇川区的批复》以及高检院《同意设立遵义市汇川区人民检察院的批复》，6月18日，遵义市汇川区人民检察院正式挂牌设立。

(谢佳清)

【建立预防职务犯罪警示教育基地】 11月25日，遵义市预防职务犯罪工作领导小组按照中央关于“坚持标本兼治，综合治理，惩防并举，注重预防，抓紧建立健全与社会主义市场经济体制相适应的教育、制度、监督并重的惩治和预防腐败体系”精神，进一步规范预防职务犯罪工作，经遵义市检察院和贵州省遵义监狱共同努力，在贵州省遵义监狱建立了“遵义市预防职务犯罪警示教育基地”。

（谢佳清）

公 安

【概况】 2004 年，全市公安机关以维护稳定为中心，以队伍建设为根本，以加强情报信息、破案追逃、治安管理、安全防范、科技强警和队伍正规化建设为重点，全面推进各项工作，确保了全市社会政治稳定和治安大局整体平稳，荣获了全省业务目标、队伍综合评价体系、追逃和综合得分 4 个第一，实现了全省目标管理和追逃工作评比“五连冠”。

一、全力维护社会政治稳定。一是在收集预警性、内幕性、超前性情报信息上下功夫，牢牢掌握工作主动权。二是积极预防和妥善处置群体性事件，建立健全不安定因素的排查调处工作机制，扎实开展集中处理涉法上访问题工作，积极配合有关部门妥善处置群体性事件 200 余起。三是开展了打击法轮功等邪教组织专项斗争。四是完成警卫任务 75 次，完成重大会议和活动警卫任务 53 次，交办任务 353 次。

二、严厉打击各类刑事犯罪活动。一是以开展侦破命案专项行动为主线，狠抓大案要案的侦破工作。全年破获刑事案件 7494 起。其中侦破杀人、伤害致死、爆炸、放火等“八类案件”1604 起，破案率达 78%。摧毁犯罪团伙 225 个 878 人，涉案 1291 起。抓获作案人员 5199 人。其中刑拘 3695 人、逮捕 3506 人、劳教 846 人、少管 2 人。二是坚持禁毒方针，努力遏制毒品违法犯罪。破获毒品案件 514 起，缴获海洛因 5628 克，逮捕 181 人，劳教 627 人。三是严厉打击经济犯罪，努力维护经济秩序。破获经济案件 76 起，挽回损失 1130 万余元。四是开展监所攻势，深挖犯罪扩大战果。获取案件线索 1151 条，经查证破获刑事案件 60 起，抓获犯罪嫌疑人 55 名。

三、加强治安管理和防范工作。一是加强危爆物品管理，严防发生各种涉爆涉枪涉毒案件和事故。查处违反爆炸物品管理案件 563 起，打击处理 525 人。二是大力开展道路交通安全整治。以实施 5 月 1 日生效的《道路交通安全法》为契机，严厉整治农用车、货车载客，努力遏制重特大道路交通安全事故的发生。全年共发生交通事故 480 起，造成 154 人死亡、293 人受伤、经济损失 377.07 万元，较上年全面下降。三是强化消防监督管理。全市发生火灾事故 73 起，造成 7 人死亡、7 人受伤、经济损失 75.19 万元。四是依法查处治安案件，严厉打击黄赌毒丑恶现象。查处治安案件 14854 起，处罚违法人员 20667 人。其中查处卖淫嫖娼案件 846 起、赌博案件 738 起、毒品违法案件 1341 起，强戒吸毒人员 1549 人，对二次复吸毒品的 627 人予以劳教。五是继续完善巡逻机制，加强城市动态治安控制。在组织民警对中心城区和中心城镇实行 24 小时不间断的弹性巡逻守护的同时，以派出所为依托，以加强社区建设为载体，依靠基层组织和社会力量，组织专群结合的巡逻队伍，加强背街背巷和楼群院落的巡逻防范，扩大防范覆盖面，减少了违法犯罪的发生，确保全市刑事发案稳中有降。

四、积极推进公安队伍正规化建设。一是加强思想政治工作，开展公正执法树形象和向任长霞、郑培民学习等活动，确保全市公安队伍在政治上忠于党、忠于祖国、忠于人民、忠于法律。二是强化党风廉政建设。认真学习贯彻“两个条例”，抓好“两个违规”的清理，严格执行“五条禁令”，继续深化“一联一”和警风警纪监督员制度，坚决查处违法违纪案件，认真落实党风廉政建设责任连带追究制。全市共查处民警违纪案件 32 件 53 人；查处重大责任事故 11 起，追究了 29 人的领导责任、管理责任或直接责任。三是扎实开展大练兵活动。加强对民警政治理论、法律知识、纪律作风、服务意识、基本技能、执法质量、基本体能、基本战术、警务指挥等全方位练兵，民警综合素质明显增强，实战水平明显提高。四是加强养成教育。制定下发了《遵义市公安机关民警礼仪教育规范》，举办专题讲座，从基本礼仪抓起，规范民警的言行举止。五是全面落实“三个必训”制度，举办各种培训 9 期，参训民警 1228 人。六是加大公安工作宣传力度。建立新闻发言人制度、治安动态播报制度，在遵义电视台开办了“遵义警视”栏目，在遵义万维网上建立并开通遵义公安网，增加公安工作透明度。七是进一步落实便民利民服务措施。在2003年出台《遵义市公安机关便民利民及服务投资环境66项措施》(试行)之后，再次出台了《遵义市公安机关服务非公有制经济创造良好投资发展环境二十条规定》(试行)，积极开展千名民警“六进”活动，得到了广大人民群众和非公有制经济业主的拥护。

(市公安局)

【重点治乱见成效】 各地公安机关因地制宜、因时制宜，及时组织开展针对性强、力度大、见效快的专项整治行动，扭转了一些地方治安混乱的局面。2003年11月20日~2004年2月20日，红花岗区公安分局对遵义火车站片区的社会治安秩序开展了为期3个月的集中整治，共破刑事案件178件，收缴海洛因72.3克，追回赃物、赃款共计价值10万余元，抓获犯罪嫌疑人70名。遵义县公安局对南白镇治安秩序开展专项整治，成功破获“7·17”杀人案、甘小波等人系列抢夺、盗窃案等一批案件。遵义市公安局针对入秋以来中心城区两抢犯罪上升的情况，及时组织开展为期两个月的“秋风行动”，成功侦破一批杀人、抢劫、强奸、绑架、盗窃、贩毒等大要恶性案件。红花岗区公安分局连续侦破获“9·23”、“9·29”抢劫杀人案、“10·13”故意伤害致人死亡案等7起命案。汇川区公安分局破获“9·23”绑架案，抓获犯罪嫌疑人3人，追回赃款32万余元。

(市公安局)

【严厉打击“两抢一盗”犯罪】 全市公安机关开展了“打击贵遵线上车匪路霸”、“春季打盗抢压案件保春耕促稳定”、“打夜盗”、“打击抢夺犯罪”、“打击盗窃破坏电力设施”、“秋风行动”等一系列专项斗争和专项行动，共侦破“两抢一盗”案件4716起。遵义县公安局摧毁杨中勤、周建华盗车团伙，破案30起，追回各种被盗车辆23辆；道真县公安局破获县城3间学校86名学生被持刀蒙面抢劫案；红花岗公安分局抓获刘源源、杜修军等13名犯罪嫌疑人，破获抢夺案100余起；赤水市公安局侦破金库保险柜被盗10万元巨款案；仁怀市公安局破获茅台集团公司价值100多万元陈酿酒被盗案等。

(市公安局)

【公安人事制度改革顺利推进】 10月，遵义市正式启动遵义市公安局机关和两城区公安分局机构改革工作，完成局机关各部门和两城区分局65个领导班子、265名中层干部的考察工作，严格按《党政领导干部选拔任用条例》和有关干部任免规定选拔任用领导干部，并大力推进中层领导干部竞争上岗和民警双向选择。同时，进一步明确干部管理权限，理顺派出所管理体制。全市11个县、区(市)公安局、分局已落实股级干部由本级公安机关直接任免，副科级以上干部由本级公安机关党委提名呈报组织部门任免的规定。全市公安派出所已全部实现由县级公安机关直接管理，派出所党组织关系由县级公安机关党委统一管理。

(市公安局)

【掀起大练兵活动高潮】 4月，遵义市公安局机关率先开展了以队列训练等为主要内容的练兵活动。5月27日，全市公安机关迅速组织开展队列、体能、警务技能等训练。举办民警礼仪、心理健康、枪械和法律知识等专题讲座，举行大练兵体能测试、实弹射击和基本知识考试，组织局机关和两城区分局民警开展体能、射击对抗赛。9月16日，遵义市公安局举行全市公安机关大练兵汇报演练，通过阅警式、分列式和警务实战技能演练，接受了党政领导、社会各界和人民群众的检阅。此次大练兵得到了遵义市四大班子领导、省公安厅领导、市直有关单位负责人、社会各界和广大人民群众的充分肯定和高度赞誉。

(市公安局)

【遵义市第一次公安会议召开】 遵义市第一次公安会议于7月15日~16日在遵义召开。会议回顾了1997年撤地设市以来全市公安工作情况，总结了六条基本经验。在分析当前形势的基础上，明确了今后五年全市公安工作总的指导思想和奋斗目标，对当前和今后一段时期全市公安工作进行了全面部署。遵义市委书记傅传耀在会上作了重要讲话。这次会议以遵义市委、市政府名义召开，这是撤地设市以来的第一次。会议解决了以下实际问题：1. 增加了公安编制；2. 适当提高了各级公安机关民警职级待遇；3. 进一步理顺了关系；4. 公安经费保障机制的建立取得重大突破；5. 从优待警措施进一步落实；6. 解决了监管经费；7. 局基建经费缺口基本得到解决。

（市公安局）

司法行政

【概况】 2004年，遵义市司法局围绕“文化建局、文化强局、文化兴局，建立学习型司法行政机关，开创司法行政工作新局面”的总体工作目标，积极创办劳教特色工作，深入开展普法、依法治理工作，全面拓展和规范法律服务工作，不断完善人民调解工作机制，大胆尝试人民调解与诉讼制度的衔接，继续探索开展“两劳”刑释解教人员安置帮教工作的新思路和新方法，进一步创新队伍建设长效机制，为创造全市和谐稳定的社会环境和公正高效的法治环境做出了积极贡献。

一、创办劳教特色试点工作，提高教育挽救质量，维护劳教场所安全稳定。2004年，遵义戒毒劳教所教育挽救质量明显提高，创办劳教特色试点工作收到明显成效。取得的一些成功经验已在省内推广，并在全国劳教工作会议上进行了交流发言。一是创新劳教管理模式，提高执法水平。推行执法委员会、“要素式”执法、听证、公示等制度，进一步增强执法透明度，逐步实现执法规范化。推行“三四五”模式，探索管理模式的多样化，充分调动劳教人员改造积极性，有力地维护了场所的安全稳定。开通“遵义劳教网”，为社会了解、监督劳教工作提供了平台。二是推行“双轨制”教育模式，提高教育挽救质量。成立遵义劳动教养学校职业技术基地。争取劳动部门的支持，开展市场需求大、就业门路广的职业技能教育培训，200多名劳教人员已通过培训考试，获得《职业资格证书》和《特殊工种上岗证》，解教后有近30%的人找到了适当的工作。与有关部门共同构建“劳教—社会—家庭”三位一体的新型教育模式，有效地减少了重新违法犯罪。三是抓实基础工作，切实维护场所安全稳定。卫生工作达贵州省省级标准，劳教一大队“创建现代化文明劳教大队”已通过贵州省司法厅验收。

二、全面贯彻实施“四五”普法规划，深入开展依法治市工作。2004年，刊出法制专栏3562期，编印各种普法资料2500000余份（本）。举办法制讲座389场（次），有9000多名干部听了讲座。举办普法骨干培训班1250期，培训骨干63100多人。全市建立各类依法治理试范点165个。其中市级示范点21个，近300个“民主法治示范村”创建活动取得一定成效。截至2004年12月10日，“遵义司法网”刊登图片27幅，上传法制信息817条，点击人数为86784人次。2004年2月22日至24日，国家司法部、民政部专项检查了遵义市“民主法治示范村”创建活动，并给予了充分肯定。全市有30个村被授予市级“民主法治示范村”荣誉称号。遵义市司法局、遵义市综治办联合开展“四个一”建设（每个社区建设一个高质量的法制宣传栏，举办一次法制讲座，赠送一批法律书籍，建立一支社区法律服务志愿者队伍），积极创新了“法律进社区”形式。

三、法律服务工作进一步健康发展。2004年，全市律师共承担常年法律顾问142家，较上年增加2%；办理刑事、民事、经济、行政诉讼案件3880件，较上年增加3.2%；承担非诉讼法律事务262件。2004年，全市公证处共办理各类公证事项15539件。其中国内公证14785件（民事4841件，经济9944件），涉外公证554件，涉台公证200件。遵义市公证处积极拓展公证业务，为银行办理贷款公证6594件，占总件数的89.36%。2004年，全市基层法律服务所承担常年法律顾问295家；民事诉讼代理4095件；非诉讼代理3025件，协办公证224件，代写法律文书4200余件。一是根据司法部和省司法厅关于加强律师队伍建设暨律师队伍教育整顿的要求及《遵义市司法局2004年司法行政重点工作考评细则》的规定，遵义市司法局通过到法院查阅案卷、组织学习、自查自纠、督促检查、抽查及推行《法律服务监督卡》等形式对2004年全市法律服务市场进行了清理整顿。全市各级司法行政机关查阅了各级法院2003年1月1日~2003年12月31日以来涉及委托代理或辩护的案件卷宗16540件，通报批评违纪律师事务所5个，执业人员19人，进一步巩固了法律服务清理整顿成果。2004年4月30日，遵义市司法局召开全市律师队伍建设工作会议暨律师队伍集中教育整顿动员大会。8月19日，对全市157名执业律师进行了职业道德和相关法律法规测试，考试合格率达100%。中共遵义市委、遵义市政府高度重视律师队伍建设，遵义市委办公室、遵义市人民政府办公室联合转发了《关于进一步加强律师队伍建设的意见》。司法部检查了遵义市律师队伍教育整顿工作并予以充分肯定。二是制定《遵义市司法局关于律师办理重大、疑难、敏感案件报告和研究制度(试行)》、《遵义市司法局与遵义市律师协会联席会议制度》、《遵义市律师协会关于规范律师异动行为的管理制度》等制度对律师队伍进行科学管理。三是全市14个公证处以西安"宝马"彩票事件为戒,加强公证员业务学习,大力开展职业道德、执业纪律教育,采取有力措施将遵义市公证质量管理10项制度落到实处。同时对全市2003年1月~2004年5月办理的139件现场类公证卷宗进行了自查,合格率达100%。

四、不断完善人民调解工作机制,抓好维护社会稳定工作。2004年,全市各级人民调解组织排查纠纷22369件,调解22250件,调解成功率95.6%。防止群众械斗88件。防止纠纷激化引发自杀案163件480人。防止民间纠纷转为治安案件或群体性事件152起。防止民转刑案件184件996人。一是遵义市司法局在2003年制定人民调解工作10项制度的基础上,2004年制定了首席调解员和主调解员制度、人民调解协议点评制度、司法建议回函制度、人民调解"链接诉讼"制度、纠纷信息和重大事项事前通报制度、涉及人民调解协议案件专项通报制度等7项规章制度,进一步推进了人民调解规范化建设。二是积极探索人民调解工作机制创新。务川自治县司法局与县法院在全县推行人民调解"链接诉讼"制度,司法部简报转载了这一做法。仁怀市茅台镇为企业配备专职人民调解员。道真县政府拨付专项经费3万元,对全县的人民调解主任进行了培训。遵义市司法局组织开展了评选全市优秀人民调解协议书活动。三是加大刑释解教人员安置帮教工作。全市241个安置帮教接待站帮教刑释解教人员3362人,安置刑释解教人员2890人。其中原单位安置462人,落实田土1740人,从事个体经营469人,其他255人。解决了刑释解教人员的后顾之忧,有效地防止或减少了"两劳"人员重新犯罪。凤冈县对安置刑释解教人员达到职工总数40%的企业,3年内免征企业所得税。对于自主择业的刑释解教人员减免劳动就业培训费,对2005年以前从事个体经营的,给予3年免征营业税、城市维护建设税、教育附加税和个人所得税。道真自治县对各职能部门涉及安置工作的内容作出具体规定,要求财政部门把刑释解教人员安置帮教工作所需经费列入财政预算。工商行政管理部门、税务部门对刑释解教人员提供税、费减免的优惠政策。民政部门为生活困难的刑释解教人员提供社会救济。同时将生活困难的"两劳"释放人员及正在服刑人员家属纳入最低生活保障。

五、法律援助工作进一步加强。2004年,办理法律援助案件912件(刑事辩护593件,办结575件,结案率97%;民事、行政代理319件,办结269件,结案率84%)。全市14个县、区(市)法律援助经费全部列入财政预算,法律援助人员的办案补贴逐步得到落实。全市设立法律援助工作站313个,2004年新增设了农民工法律援助工作站、老年人法律援助工作站、遵义戒毒劳教所法律援助工作站等。遵义市司法局出台文件明确规定,法律援助案件可以申请减免司法鉴定费、公证费。红花岗区司法局推出法律援助便民利民9条措施。务川县司法局延伸法律援助职能,与60名法律援助对象结成对子,对法律援助工作赋予了新的内涵。

(赵运洪)

遵义裕农种业有限公司

遵义裕农种业有限责任公司是由原遵义种子联合开发总公司以现代企业制度为基础，通过全面改制更名成立的。是一个集育、繁、推一体化，产、加、销一条龙的科技型股份制民营企业。是“中国种业百强企业”之一，贵州省农业产业化龙头企业，武陵山区种子学会理事单位。

公司内设9个工作部门和11个分公司，共有员工98人(高、中级技术职称36人)。注册货币资金550万元，公司合计资产8000余万元。拥有种子贮备库5897.4平方米(其中低温贮备库1000平方米)，检验室835平方米，检验设备齐全。承建国家投资650万元的农作物引育种中心和种子加工中心项目已投入使用。

公司领导班子成员：董事长兼总经理陈启武（中）、(左起)副董事长欧国林、财务负责人王定华、监事会召集人旺国辉、(右起）办公室主任潘丽、副总经理周传、常务副总经理李恒

近年，公司依靠自身的科研实力，突破性地育成了“遵玉”系列杂交玉米品种，“遵油”系列双低杂交油菜品种和金优18等杂交水稻品种。同时，公司在贵州、四川、甘肃、新疆等地建成了稳定的制种基地5万多亩，并严格按照ISO9001质量体系要求进行生产，所生产的种子经国家种子质量监督检验部门抽检，均达到国家二级种子标准以上。

公司具有较为完善的营销网络和售后服务体系，常年经营杂交玉米、杂交水稻种子1000多万公斤。注册的“遵种”牌商标享誉省内外，“遵种”牌种子销往贵州、四川、重庆、湖南、湖北、广西、云南、山东、江苏、安徽、河南等省(市、区)，深受广大农民朋友的信赖和欢迎。

公司玉米首席育种专家周英伦在田间鉴定新品种

市委书记傅传耀在田间视察水稻新品种

在贵州省玉米新品种现场观摩会上观看裕农种业有限公司选育的“遵玉”系列新品种

国家玉米研究所所长、中国工程院院士戴景瑞教授(左)与贵州省农科院副院长、玉米育种专家陈泽辉博士考察“遵玉3号”玉米品种

红花岗区民政局

区委书记张明辉率区拥军慰问团慰问昆明陆军学院

区委书记张明辉率区拥军慰问团慰问昆明陆军学院全体官兵时留影

红花岗区党政慰问团慰问“遵义舰”全体官兵

2004年，红花岗区民政局以“三个代表”重要思想统揽工作全局，牢固树立和落实科学发展观，发扬求真务实、开拓创新精神，各项工作取得显著成绩。

一是救灾救济及时有效。全面完成320套农村茅草房、危房改建，敬老院建设和管理进一步加强；建立并启动了农村医疗救助制度，救灾救济款物落到实处，全年共发放款物价值160万元，救济8021人。二是城市低保实现应保尽保。进一步完善了低保工作制度，保障标准每人从每月130元提高到140元，全年共发放低保金1110.3万元。三是双拥工作深入扎实，优抚安置政策全面落实。积极配合区委、区政府慰问“遵义舰”、大坪医院、昆明陆军学院等共建单位、驻区部队和优抚对象，共送慰问金、慰问品价值50万元，对符合安置条件的211名复退伍军人全部安置到

遵义市红花岗区与重庆第三军医大学大坪医院召开双拥共建座谈会

区民政局局长代维陪同红花岗区区长王进江慰问贫困群众

区民政局局长代维慰问贫困老人

位；解决了13户困难优抚对象住房难问题，优抚对象自然增长机制经费和义务兵家属优待金等优抚资金全部落实到位，全年共发放107.3万元。四是社区建设全面推进。进一步夯实基础设施，拓展社区服务，狠抓社区文化建设，丰富了社区群众文化生活；示范街道和社区创建取得实效，全面完成社区整合，社区居委会由原来的85个整合为49个。五是基层政权建设进一步加强。全面完成“并村并组”工作，将原来的95个村合并为53个村，1128个村民组合并为895个组；全面推行村(居)务点题公开，进一步密切了党群、干群关系；第六届村(居)民委员会换届选举依法进行。六是依法管理社会行政事务。成立殡仪服务中心，提高服务质量，启动了遵义市中心城区殡葬一体化项目；婚姻登记实现微机出证，民间组织管理、区划地名、收养登记等工作进一步规范化、制度化。

区民政局局长代维陪同市民政局副局长黄明刚、救灾救济科科长廖华中深入农户家中调查茅草房、危房改造工作

改造后的茅草房、危房(全区两年共改造524户，其中2004年改造320户)

改造前的茅草房、危房

区民政局局长代维率工作人员深入农户家中检查验收茅房、危房改造工作

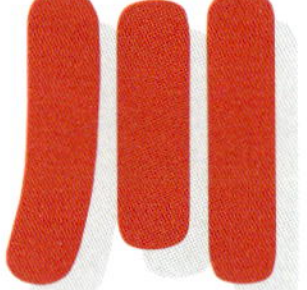

汇川区民

汇川区民政局领导班子成员

2004年6月18日，我省第88个县级行政区——汇川区人民政府正式挂牌成立，作为政府职能部门之一的汇川区民政局也正式投入运行。按照小政府、大服务的组建框架，汇川区民局现有编制8人，实有人员11人，其中局领导3人、副主任科员以上非领导职务4人。

成立伊始，全局职工紧密团结、互相协作，在局党组书记、局长傅蓉同志的带领下，紧紧围绕“维护民利、解决民生、落实民权”的新时期民政工作基本方针，牢固树立“以民为本、为民解困”的民政宗旨观，克服了人少事多，民政工作基础设施薄弱、发展不平衡等诸多困难，在区委、区政府的正确领导下，在上级民政部门的指导帮助下，以民政重点工作为突破口，在不到一年的时间里完成了全区的殡葬改革工作、社会救助体系建设、第六届村(居)换届选举工作、勘界工作等重点工作，同时在农村敬老院建设、社区建设、村(居)务公开、优抚安置、农村专业经济技术协会的培养等方面也取得了显著成绩。认真贯彻落实全国第五次“拥军优属、拥政爱民”工作会议精神，以构建和谐社会，创建平安汇川，促进经济发展，推动军事战斗力准备为重点，广泛深入开展“双拥”活动，为增强全区经济实力和提高部队战斗力作出了应有的贡献。

2004年，汇川区民政局荣获全市民政工作综合目标考核优胜二等奖和两个单项第一名。

汇川区四大班子领导与驻军部队通报有关情况

2004年，新入伍的战士在观看文艺演出

政 局

汇川区区委书记罗建强深入农村访贫问苦

汇川区区长洪涛深入农村访贫问苦

汇川区航天社区星光老年之家

汇川区区委、区政府、区双拥工作领导小组办公室联合举办“2005年‘双拥’迎春文艺晚会”

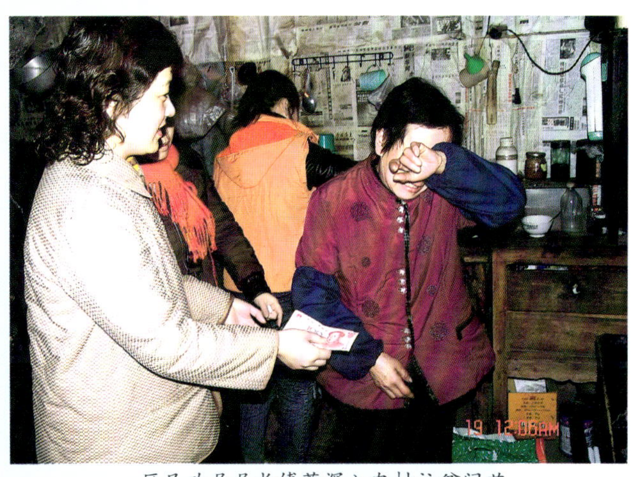

区民政局局长傅蓉深入农村访贫问苦

盐津风景区

仁怀市位于贵州省西北部，辖19个乡镇（办事处），171个村居（社区），总人口59万，总面积1788平方公里，是红军长征“四渡赤水”战斗过的地方，驰名中外的国酒茅台的故乡，贵州省首批建设的20个经济强县之一。近年来，仁怀先后荣获全国文化城市、省治安模范市、省级科技工作先进市、省级卫生城市和省“双拥”模范市等荣誉称号。2004年7月被正式认定为“中国酒都”。2004年，仁怀市以“三个代表”为指导，认真贯彻十六大和十六届三中、四中全会精神，以强市升位为目标，按照“培植特色产业、发展特色经济、建设特色城市”的总体构想，坚持“农民增收、企业增效、财政增长、基础增强”的工作主线，工业化、城镇化、农副业产业化建设迈出新的步伐，一年实现“十五”预期目标。全市综合经济实力名列贵州经济十强县第6位，中国西部百强县（市）第58位。

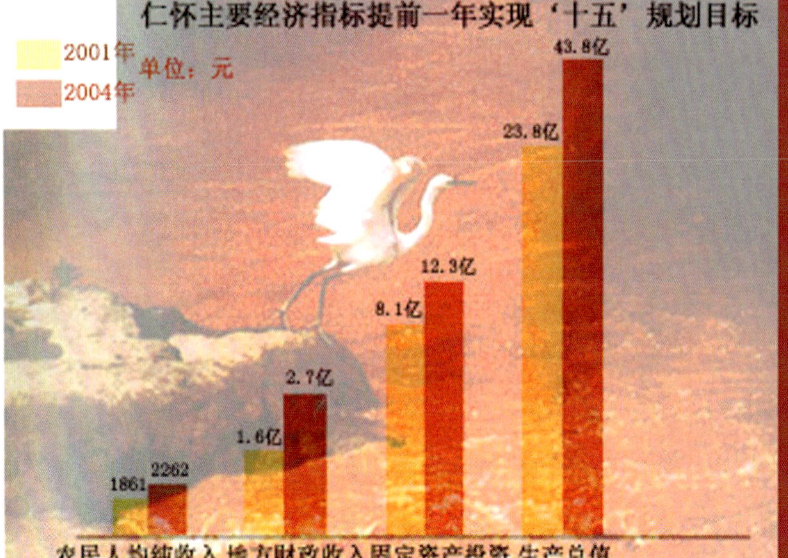

人工种草养畜草场

中國酒都仁懷

"酒都"

屡获殊荣的民族节目　采月亮

新建于酒都新区的仁怀一中

茅台酒股份有限公司厂区一角

国酒大道

会展中心

红军四渡赤水纪念塔

团结奋进的领导班子

仁怀市人民检察院

位于"中国酒都"的贵州省仁怀市人民检察院，是一个既秉承革命老区光荣传统，又弘扬与时俱进时代精神的检察先进集体。几年来，克服地区经济滞后、人员警力紧缺、办公办案条件艰苦等诸多困难，团结奋进，锐意进取，勇于争先，以一流的工作业绩，一流的法律服务，跨入了全国检察机关的先进行列。2005年2月，被最高人民检察院授予全国先进检察院的光荣称号。

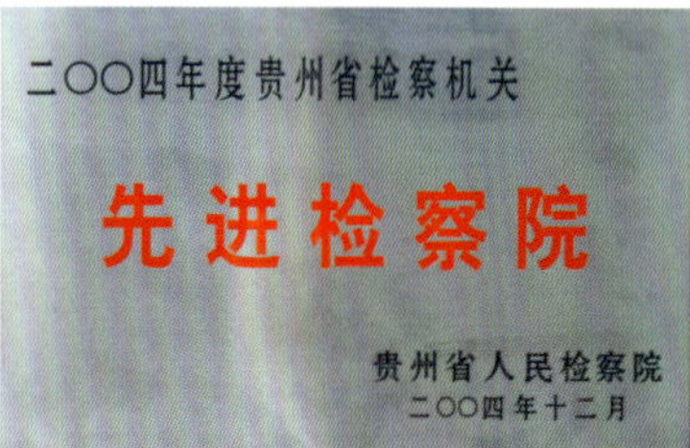

开展"为民送法"活动

仁怀市公安局

原仁怀市委书记何冀视察戒毒所

仁怀市公安局以科技强警为基石，以高科技为支撑，以执法质量考评贯穿公安刑事司法和行政执法工作的始终，做到严格执法，公正文明办案。通过民警的不懈努力，仁怀市公安局涌现出不少先进集体和个人。近几年荣获全国先进个人1人、先进集体1个。全省先进个人5人、先进集体3个，地区先进个人13人、先进集体7个，县级先进个人8人、先进集体5个，1人荣获二等功，38人荣立三等功。2001年～2003年，连续三年被评为全省法制工作优秀公安局。

市公安局、交警大队开展道路交通安全宣传活动

仁怀市政法委书记黎毅为先进集体颁奖

仁怀市建设局

2004年，仁怀市建设局紧紧围绕“建设特色城市”的工作目标，求真务实、开拓创新，规划建设工作取得显著成效。

一是科学编制规划，提升城市品位。2004年，投入经费200万元，完成了茅坝、坛厂、五马等10个乡镇的详规编制设计；完成了中枢旧城区观景花园、兴盛花园、老交通局组团、水电局组团、解放广场组团、炮台巷组团等规划设计；完成了酒都新区金庆花园、馨天地等8个居住小区规划设计；投入180万元委托深圳规划设计院编制的茅台镇建设风貌规划通过省建设厅评审，现已开始组织实施。

二是加快城镇基础设施建设，完善城市承载功能。2004年，投入资金1.654亿元，完成了田湾街、教育路、兴茅路等道路改造工程，国酒大道人行道板和30米大道人行道工程，国酒大道新区两侧路网11公里、市政文化广场、工人文化宫、公安消防多功能训练塔；公安局看守所、茅台南坳新区二期路网工程；东环线第K_1+360—790和K_2+020—K_3+100正在建设。向省开发银行贷款2.5亿元，启动了茅台旧城改造，市城镇化率达28.1%。

年度工作分别获仁怀市委、市政府、遵义市规划局、遵义市建设局目标考核一等奖。

仁怀市酒都馨天地

仁怀市会展中心

仁怀市解放广场

仁怀市街心花园

仁怀市国酒大道

仁怀市林业局

2004年，全市林业系统坚决贯彻落实温家宝总理"四个不准"、"五个严禁"、"四个严格控制"和"四个坚决制止"的要求，认真抓好林业工作，各方面工作取得了新的突破。

局长　雷鸿鸣

全年实施退耕还林工程造林27932.99亩，为计划数的111.37%，实施退耕还林工程补植补造50681.1亩，完成育苗623.5亩，完成全市工程造林种苗检验797万株。完成退耕还林工程钱粮兑现，补助粮食2123.33多万斤，现金补助140万元，涉及退耕农户21023户。发放林权证11786户，确权面积30000亩，收取林权证工本费58930元。编制了林业"十一·五"规划；聘用专职护林员257人，季节性护林员173人，对全市860610亩森林资源进行管护。完成公益林人促封山育林建设任务20000亩；对成活较差的21681.6亩进行了补植补造；加大林业法律法规的宣传力度，全年共举办培训班3期240人次，以会代训6次300余人次，书写标语1000多条，发放宣传资料1000多本20000余份，举办法律咨询6次，办专刊墙报20期，出动宣传车10次。强化林业行政执法，全年共发生林业行政案件156起，受理156起，查办156起，结案156起；发放农民自用材采伐证330份，批准采伐蓄积282.5立方米，占采伐限额1300立方米的21.73%；强化两个木材检查站建设管理，制止"公路三乱"，共查验木材运输车辆198台次，检验木材732.87立方米。2004年，林业公安开展了"天保二号行动"，开展了打击破坏野生动物资源的"候鸟行动"，牵头开展市局安排的"坑木购销"专项整治，对500亩以上集中连片的森林实行了挂片"包保"责任和防火目标管理。签订责任状近10万份，制定村级野外用火管理制度及村规民约近200份。

天保封山育林

投入防治经费36.5万元，建立健全计算机联检网络，做到检疫对象不漏，检测方法先进，防治办法科学，对全市的森林病虫害真正起到了监测、防治的作用。

退耕经果林——梨园

退耕还竹工程

退耕经果林——板栗

天保造林——柏木

仁怀市水利局

仁怀市水利局下设办公室、水政科、防汛办、建设科、管理科、设计室、质检站、水保办、农电科、执法队等十个科室，现有在册职工61人。近年来，仁怀水利人在市委、市政府的领导下，进一步解放思想、与时俱进、开拓创新、求真务实，在中国酒都这片神奇的热土上描绘出一幅幅美丽的蓝图。至2004年底，全市共建成各类蓄水工程940处，引水工程441处，提水工程35处，治理水土流失面积283.2平方公里。全市灌溉面积达15.96万亩，并解决农村18.63万人的饮用水困难。

2004年更是仁怀水利跨越腾飞的一年，创造出了一个个水利辉煌。一是总库容3480万立方米的盐津桥水库竣工验收，并下闸蓄水；二是水电站建设项目挂牌出让成功，并破土动工。三是赤水河流域水土保持生态环境建设茅台项目区正式启动，首期完成沿河小流域和向阳小流域共30平方公里综合治理任务。四是全年共完成5项水利建设资金1468.62万元，治理病险库2座，维修加固小山塘19口，完成渠道防渗改造80公里，新建小水池508个，小水窖1300口，解决农村20000人的饮用水困难。

集雨池

茅坝沟水库

领导班子成员

龙堡经果林

青菜河水库倒洪管

仁怀市中枢街道办事处

仁怀市中枢街道办事处(原中枢镇)是仁怀市人民政府所在地，是酒都仁怀政治、经济、文化中心，辖13个行政村和6个社区，总人口97289人。地域面积167平方公里，耕地面积25669亩。

2004年，是中枢街道办事处稳定粮食生产，加快农业结构调整步伐，促进农民增收的一年；是加快城镇建设，推进城市化进程，促进第三产业发展的一年；是巩固工业基础，推进管理创新，狠抓技术革新，壮大经济总量的一年。中枢街道办事处以邓小平理论和“三个代表”重要思想为指导，以农民增收、企业增效、财政增长、基础增强为工作主线，培植特色企业，壮大特色产业，发展特色经济，推进农业产业化进程，加快建设小康社会步伐，在基础设施和生态环境建设、城市发展、社区建设、社会治安、经济发展等方面取得了新突破。经济优势不断增强，人民生活水平不断提高，经济和社会各项事业全面发展。年内完成农业总产值11060万元，农民人均纯收入达2352元，同比增长6.1%；各类企业达3085家，收入总额突破20亿元；地方政府财政收入达2222万元，工业增加值为36125万元。

中枢城区一角

“四在农家”创建亮点频闪

种植业蓬勃发展

养殖业成为农民新的经济增长点

落实政策帮扶计生对象

仁怀市五马镇河边煤矿

矿长 刘宗利

矿领导班子成员

2004年，五马镇河边煤矿坚持“安全第一、生产第二”的方针，正确处理好安全、生产、效益、发展的关系，全矿各项工作取得显著成效。全年共发生人员轻伤6起6人，轻微伤5起5人，现已全部治好。

全年共生产原煤4.8万吨，缴纳税费135万元，为年计划力争数120万元的112.5%，全年利润实现了年计划的确保数。

全矿生产状况基本良好，全年掘进煤量约12000吨。

内部管理工作得到加强，建立、健全了以安全生产责任制为主要内容的各种规章、制度，使井下和地面两大系统的工作做到了有章可循，为全面实现全矿管理规范化、行动军事化打下了坚实基础。建立健全了矿长负责制下的民主管理机制。在全矿员工中形成了“以矿为家，矿兴我荣”的良好风气。

工业广场

原煤分装

主井口

遵义县公安局

局长　石晓洪

2004年，全县公安系统在县委、县政府和市公安局的正确领导下，锐意进取，开拓创新，坚持以人为本，加强队伍建设，紧紧围绕目标管理、执法水平、综合考核评价体系三项工作载体，切实加强后勤、科技、通讯保障，突出维护稳定、严打整治、治安管理、监所管理和安全保卫五项工作，公安工作取得了可喜成绩。

全年共立刑事案件1511件，立八类案件221起。破刑事案件1744件，百名民警年破案数为306件，月均25.5件。侦破杀人积案11起，抓获犯罪嫌疑人12人。抓获各类网上逃犯255名，抓获往年逃犯及协外抓获逃犯90名。破获毒品案件66件，缴获海络因169.2克，强戒81人，劳教26人，逮捕31人。共立经济犯罪案件14起，涉案金额471万元，破案44起，最大限度挽回了经济损失。共受理治安案件2986起，查处2881起，查处率为96.5%，处罚违法人员3231人。查处违反物品管理案件109起，查处违法犯罪人员5人。开展区域专项整治8次，破案800余起，打击处罚犯罪嫌疑人240人。建立处置群体性事件统一指挥系统和处置系统，妥善处置群体性事件28起。努力构建情报信息网络，收集上报各类情报信息327条，编发简报信息200条，被上级公安机关采用38篇。

严格训练

计算机培训

公捕公教大会

文艺汇演

遵义县人民法院

遵义县人民法院有在职干警133人，其中大学本科以上学历90人。内设13个科室、庭、队，13个人民法庭。辖区人口118万，面积4703平方公里。近年平均审结各类案件6000余件，曾被省、市法院评为优秀基层人民法院。院党组一班人正带领全院干警，为实现“公正与效率”这一永恒主题，全面实施司法公正制度。一是坚持打防并举，着重打击，有力地维护社会稳定；二是大力加强民商事审判工作，依法调整民事关系，切实维护公民、法人和其他组织的合法权益；三是全面推进行政审判工作，促使行政机关依法行政；四是加大案件执行力度，着重解决执行难的问题，维护法律的权威性；五是进一步深化审、执改革，完善案件质量评查制度，提高工作效率，促进司法公正；六是完善基础设施建设和队伍的思想作风建设，进一步推进法院现代化、法官职业化进程。

党组一班人

新建的鸭溪人民法庭

新建的虾子人民法庭

新建中的遵义县人民法院审判大楼

遵义县畜牧局

县畜牧局领导班子

2004年，县畜牧局紧紧抓住“建设生态畜牧大省”这一契机，立足县情，创新机制，提出“建设生态畜牧强县、努力把畜牧渔业发展成为农村经济主导产业和县域经济重点支柱”的目标。按照“全面动员，重点培育，市场引导，规模发展，科学养殖，节本增效”的总体要求，因地制宜发展畜牧水产业。采取创建养殖示范基地、建设畜牧养殖小区、发展规模养殖大户、培育中介组织等一系列有效措施，加快畜牧业规模化、专业化和产业化建设步伐。建立适应市场经济发展的现代化养殖模式，提高畜产品质量，增强畜产品的市场竞争力。全年出栏肉猪1003126头、肉牛50509头、肉羊134712只、家禽2931154羽，比上年，分别增长34.32%、33.95%、22.31%、21.2%。肉类总产量96536吨，分别增长16.98%、7.25%。畜牧渔业产值实现11.55亿元，占农业总产值的比重达到38.9%，农民人均畜牧渔业收入达到643元，比上年增收53元。

优质肉牛育肥　三元杂交猪育肥

树窗口形象 展红盾风采

——遵义县工商局

党组书记、局长 骆书波

遵义县工商局以“严格执法树权威，优质服务创形象”为目标，狠抓思想作风和制度建设，大力推进服务型工商建设，积极探索商品质量监管关口前移和社会信用体系建设，整顿和规范市场经济秩序，全面实行绩效管理，突出效能监察，扎实开展队伍教育整顿，为各项工作任务的完成提供了重要保证。

2004年，按照法定条件和登记程序，核准登记企业157户，核准登记个体工商户2465户，目前，全县共有企业986户，个体工商户12260户。大力实施“食品药品放心工程”和“红盾打假护农”行动，以食品、药品、种子、化肥、网吧等行业为重点，打击各类违法违章行为。把查处侵权案件，保护消费者利益作为广泛联系群众的重要工作，建立了以县局为中心的12315投诉举报网络，受理消费者投诉案件114件，挽回经济损失5.25万元，有效地遏制了市场违法违章行为的发生，整顿和规范市场秩序工作取得明显成效。2004年荣获全市工商行政管理系统全面工作目标考核第一名。

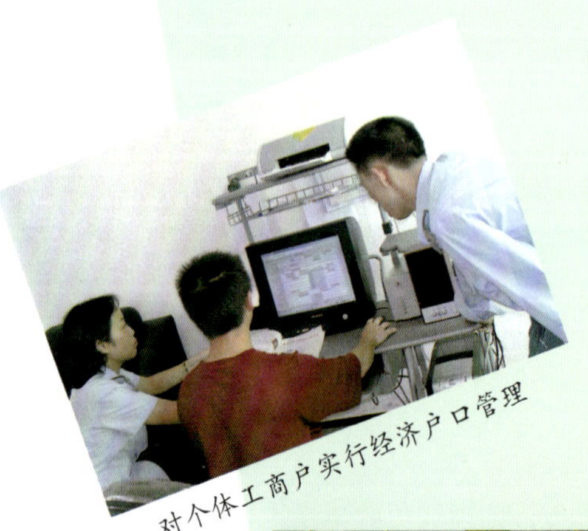
对个体工商户实行经济户口管理

工商人员查获侵权白酒现场

开展食品安全检查

高唱《红盾之歌》

“3·15”大型文艺晚会结束时领导与演员合影

遵义县
广播电视局

局（台）党组书记、局（台）长　游建林

遵义县广播电视局与遵义县广播电视台实行“局台合一”管理体制，主要担负着全县广播电视管理、宣传、建设等工作。

2004年，共采拍、制作并播出遵义县新闻2112条，制作《见证百年小平》等专题片24部，公益宣传片16部，先后对“遵义县党风法规知识竞赛”、“七一晚会”等9场大型活动进行现场录播。并于9月派记者奔赴重庆市，制作了6期系列报道《朝天门市场在遵义》。10月～12月，抽骨干力量到湖南、四川、云南及省内拍摄大型文献片《从转折走向辉煌》，为纪念遵义会议、苟坝会议70周年献上了一份厚礼。全年共上送播出广播电视节目1136条，其中中央台播出5条，省台播出79条，市台播出专题、专栏24部。全年共有《从转折走向辉煌》、《伟大转折》、《一个党员和一个支部》等16件作品获贵州新闻奖、贵州广播电视奖及遵义广播电视奖。

全年投资145万元新建光缆干线130公里，新增中小学远程教育接收点10个，完成镇(乡)到84个行政村、128间中小学和14个“四在农村”远程教育点规划设计和72个“村村通”工程的选点规划和安装建设工作。2004年，全台事业收入和经营收入从2003年的380.66万元增加到660万元。

局（台）领导班子成员

赴重庆市拍摄《朝天门市场在遵义》

发展中的遵义县教育

中央电视教育台采访局长左康旭

2004年，遵义县教育局以办人民满意的教育为宗旨，紧紧围绕“1136工程”目标，始终坚持“创新学生适应的教育，提供家长满意的服务，构建教师成长的平台，拓展学校发展的空间”为办学理念，取得了可喜的成绩。

全县有各级各类校点571个，在校生219719人，教职工11272人。小学、初中入学率分别为99.41%、115.32%，辍学率0.18%、2.22%，15周岁和17周岁完成率分别为98.63%、89.10%。高考升入专科以上学校4826人，比2003年增加891人，升学率74.05%。农村中小学现代远程教育共建成信息站32个，收视点436个，播放点86个。2004年12月24日，教育部部长周济视察了遵义县中小学“远教”和“两基”工作，并给予充分肯定。2004年，县教育局获市农村党员干部现代远程教育先进单位、市教育局目标考核一等奖、县年终目标考核三等奖。“全国小学语文教学发展与创新”第二届高级研修班在该县成功举办。

团结奋进的局领导班子

遵义县第三中学创建于1983年，是一所大型完全中学，是贵州省德育先进学校，省级文明校园，省级“绿色学校”，遵义县招生先进单位。在校学生4600多人。教职工177人，其中高级教师20人，一级教师63人，省、市、县级骨干教师13人。2004年高考升学958人，其中3人进入全县前10名。

遵义县第二中学是一所大型完全中学，有学生4000余人，2004年高考升学925人。教职工172人，其中高级教师23人，一级教师49人。以培养学生成为“会做人、会求知、会合作、会健康、会创新的一代新人”为办学理念，是贵州省现代教育技术学校，省禁毒示范学校，市级“绿色学校”，社会治安先进单位。

遵义县职教中心：服务“三农”的一面旗帜

遵义县职业教育中心是一所省级重点高级职业中心。现有教职工85人，在校学生2795人。开设有幼师、计算机运用技术、电子电工运用技术等14个专业。中心坚持为“三农”服务，走产教结合之路，是省扶贫办和市阳光工程办批准的农村劳动力转移培训基地，被《中国前沿》誉为“服务‘三农’的一面旗帜”。

迎春晚会

公司经理李家俊检查收购工作

烤烟规范化移栽现场

遵义县烟草专卖局(公司)

遵义县烟草专卖局(公司)成立于1983年，辖11个职能部门、11个烟草中心站、5个卷烟配送中心和5个专卖管理所，建有一条年生产能力为30万担的打叶复烤生产线，在岗员工599人，国有资产总值35454万元。2004年，企业紧紧围绕改革与发展的大局，狠抓基础、稳中求进，创新工作思路，取得了骄人业绩，全年收购烟叶23万担，其中，上等烟占43%，上中等烟占92.5%，等级合格率80%。

全年共销售卷烟36936箱，销售金额25085万元，没收假冒卷烟9051.5条，查获烟叶、烟梗近40吨。

建立完善了ISO9001～2000质量管理体系，提升规范化管理水平，全年为省内外10多家烟厂加工烟叶25万担，扭转了自投产以来连年亏损的局面。2004年，烤烟工作被遵义市人民政府评为第二名，并荣获遵义县委、县政府综合考评第二名。

省、市、县公司领导检查大棚育苗

现代化、工厂化、集约化育苗基地

发展中的桐梓县燎原镇

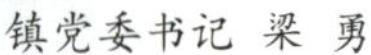
镇党委书记 梁 勇

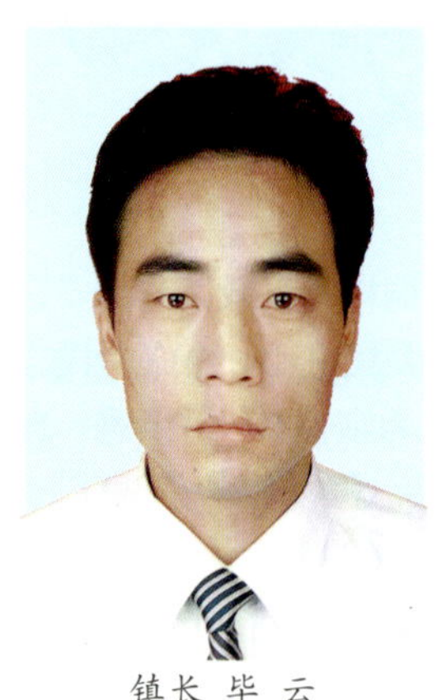
镇长 毕 云

桐梓县燎原镇离县城4公里，交通优势和区位优势较为明显，全镇面积83.2平方公里，辖7个行政村、69个村民组、4652户、20602人；全镇村村通公路和程控电话，有11万kvA和3.5万kvA变电站两座，基础设施功能较为突出。桐梓河横贯全境，梯级电站开发成效显著，总装机容量为11600kw；矿产资源丰富，煤炭探明储量2亿多吨，可开采9000万吨以上，规划设计能力为90万吨／年的吉源煤矿正在建设之中；硫铁矿储量700万吨以上，具有较大的开发价值，石灰石资源更为丰富。

境内全县规划的蟠龙冶炼工业小区已初具规模，有以金兰集团伟明电解铝厂、桐梓爱东电化有限公司、虹山铁合金有限公司和麟飞铁合金有限公司等一批规模工业企业和乡镇企业。

全镇按照“工业强镇，农业稳镇，产业结构调整富民，全面建设小康社会”的总体思路，围绕畜牧、烤烟、工业经济发展三项产业重点，加大结构调整力度，有力地促进了经济社会健康发展。2004年，全镇粮油总产量9457吨，工业增加值9102万元，财政收入500余万元，农民人均纯收入2163元；精神文明建设协调发展，党风廉政建设逐步加强；全镇社会稳定，政治安定。

金兰（集团）伟明铝业

虹山冶炼厂厂区

爱东电石化有限公司

烤烟长势良好

依托资源优势打造中国方竹之乡

——桐梓县林业局

2004年，桐梓县完成退耕还林2.7万亩、配套荒山造林6万亩、方竹新造3.6万亩，呈现出造林造竹成活率和保存率普遍提高、森林资源管护明显加强、森林火灾受害率下降等新亮点，特别是“中国方竹笋之乡”的成功申报，为桐梓竹产业建设奠定了坚实基础。

局长 刘先学

桐梓县林业局积极响应县委、县政府号召，充分利用“中国方竹笋之乡”品牌，强化基地建设，扩大产业规模，加强产品开发利用，将资源优势转化为经济优势。同时积极做好森林资源管理、森林防火、病虫害防治检疫、林区治安管理等工作，坚持以人为本，树立全面、协调、可持续的科学发展观，促进了桐梓林业快速健康发展。

局领导班子成员

道真自治县宏福茶业发展有限公司

道真自治县宏福茶业发展有限公司是道真人自己创办的绿色企业，现有富硒富锶茶基地1000亩，并规划在三年内建成有机生态茶园5000亩。

2003年1月，仡佬山牌仡佬玉翠茶经农业部茶叶质量监督检验测试中心检测，获“无公害放心茶”证书，允许使用无公害茶标志MA。

2003年4月，仡佬玉翠茶荣获“上海国际茶文化节中国精品名茶博览会绿茶类金奖”。

2003年6月，“仡佬银芽茶荣获全国第五届中茶杯名优茶评比特等奖”。(该项奖为全国茶叶行业评比最高奖，贵州省获此奖励的仅此一家)

2003年10月，仡佬玉翠茶被中国名牌与市场战略促进委员会评选为“中国市场知名品牌产品”。

2003年12月，国家工商总局商标局公告，本公司申请的“仡佬山”牌商标为国家注册商标。

2004年3月，仡佬玉翠茶、仡佬银芽茶被中国中轻产品质量保障中心认定为“国家合格评定质量达标放心食品”。

宏福茶业公司获全国茶叶行业评比最高奖

有机生态茶园基地建设

李华均教授深入茶园指导工作

董事长：杨志福
电　话：13087879698
地　址：贵州省道真自治县民族路13号
邮　编：563500

绥阳县人民法院

2004年，绥阳县法院坚持“公正与效率”主题，以审判工作为主线，以队伍建设为根本保证，坚持“司法为民”，全面落实便民、利民措施，方便群众诉讼；坚持思想上抓学习、审判中抓质量、工作中抓作风、前进中抓改革的工作思路，强化目标管理，努力提升队伍形象；加强基层基础设施建设，努力打造学习型、亲民型、廉洁型、服务型的“四型法院”。为全县经济社会发展和社会稳定作出了应有的贡献。

2004年，县法院按照全市法院“五个一工程”(各类案件结案率100%，各类案件合格率100%，100%无超审限，100%无超期羁押，100%干警无违法违纪)的要求，紧扣“公正与效率”主题，狠抓案件质量和结案率，严格执行县法院《案件流程管理办法》，确保100%结案，全年受理各类案件969件，审结951件，结案率为98.1%，比去年上升0.6个百分点，其中刑事案件收案121件，审结121件，结案率100%。比去年上升0.3个百分点。民事案件收案652件，审结641件，结案率98.2%，比去年上升1.4个百分点，执行案件收案178件，执结171件，结案率96.1%。比去年同期下降1.8个百分点。接待群众来访1317人次，处理群众来信311件次。

绥阳县法院审判大楼

认真开展“司法公正树形象”活动，严格按照《两个条例》和《法官法》的规定，严格规范干警行为，努力建设廉洁型法院。全年无一人违法违纪，在全市法院15支代表队参加的党纪条规知识抢答赛中，县法院获得二等奖，干警的纪律作风和队伍的整体形象有很大改观。

绥阳县教育局

遵义市2004年度教育工作目标考核

二等奖

遵义市教育局

二00五年二月

县人大副主任黄忠民（右二）、县教育局局长杜世忠（中）、副局长李明祥（右一）出席县校园文化建设现场会

绥阳县第三届少儿艺术节

2004年，绥阳县有小学248所，初级中学29所，完中3所，职业高中1所，幼儿园1所。有小学在校生58394人，初中在校生27534人，高中在校生4348人，中小学教职工4740人。县境内另有厂矿学校和民办学校6所，有中小学生2179人。初等教育适龄儿童入学率为99.6%，“三残”儿童少年入学率为75.9%，初中阶段入学率为105.7%，15周岁人口完成率达97%，17周岁人口完成率达84.1%，青壮年非文盲率为99.79%。全县教育系统紧紧围绕“狠抓管理责任制，狠抓控辍保学，切实加强基础设施建设、教师队伍建设、软件资料建设，坚持依法管理和对困难学生的助资”这一工作思路，扎实工作，成效明显。2004年6月，经省人民政府“两基”巩固复查和“普实”达标验收合格。

绥阳县民政局

省民政厅厅长郭猛在市、县民政局领导陪同下视察敬老院，图为郭猛厅长与蒲场镇敬老院“五保”老人亲切交谈

市民政局副局长黄明刚一行在社区福利中心施工现场调研

2004年，绥阳县民政工作坚持以民为本、为民解困的宗旨，加强基层民主政治建设，强化行政管理和自身建设，全面推进民政事业稳步协调发展，重点工作有了新突破。

一是城乡低保工作进一步规范，做到了应保尽保。全年发放低保金134万元，解决城镇低保对象14178户次25962人次；农村低保对象20425户次25485人次。二是优抚安置工作取得新的成绩，采取城镇退役士兵竞岗安置和实行一次性补偿自谋职业的办法，在全市率先完成了城镇士兵安置任务。三是社区建设得到加强。通过县城东街、西街社区的示范带动，县城6个社区已组建医疗服务站、2个家电维修服务部、1个幼儿园，解决了350个下岗职工和失业人员就业问题。四是社会行政事务管理和民间组织管理服务工作力度加大，婚姻登记、区划地名管理工作进一步规范。五是民政干部队伍综合素质进一步提高，民政系统党风廉政建设工作力度加大，财务、台账、统计、民政信息化建设稳步推进。

2004年度，荣获全市民政工作目标管理考核优胜二等奖，全县人口与计划生育“三结合”帮扶先进单位。

县人大副主任董清学、县政协副主席张绍春与政府办、民政、财政、人事劳动、社保等部门负责人走访特困群众

2004年11月，风华镇光明村在第六届村委会换届选举中实行“海选”

市民政局救灾科副科长吕忠本(中)与县民政局、宽阔镇党委、县政府负责人在山体滑坡现场了解灾情

绥阳县农业办公室

省、市领导视察土地综合治理现场。左起：省农办副主任龚晓宽、绥阳县农办主任吴学东、省农办主任周培荣、绥阳县县委书记袁竞、市农办主任赵命容、绥阳县人民政府副县长李衍文

县委书记袁竞、省农办主任周培荣参观市级龙头企业——惠乐养殖公司

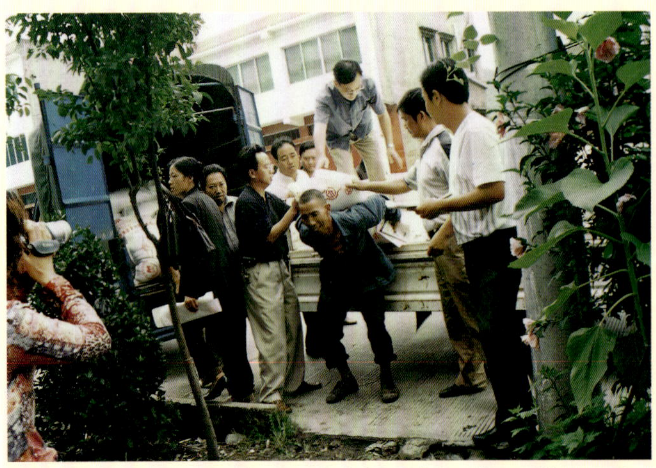

县农办开展“爱民连心”活动，在蒲场镇蒲场村发放帮扶物资

2004年，绥阳县农业办公室在县委、县政府的领导下，重点抓了以下几方面的工作。全年种植烤烟7.72万亩，辣椒15.88万亩，蔬菜8万亩，建畜牧水产专业村15个，订单种植14.36万亩、养殖11.2万头，授牌3家县级龙头企业，县内有各种专业协会50多个。全年实施农业综合开发土地治理项目10个，投入资金479万元，完成中低产田(土)改造0.57万亩，建优质农产品基地1.85万亩，新修机耕道1.65公里，购置农机具40台(套)。投资63万元，完成2002年度水毁修复衬砌渠道26.28公里。全年共实施项目26个，投入财政资金419.54万元，主要完成了贫困村公路新、改建47公里，综合服务室1栋，人畜饮水项目3处，渠道建设1.3公里，坡改梯6000亩。约12100户54400人不同程度受益。全年完成普及培训950期，10.2万人次；“绿色证书”培训60期，950人；干部培训12期，600人；农村劳动力非农技能培训150期，7500人。

2004年，荣获市农业农村工作综合考核先进单位第一名，市农业产业化经营工作先进单位第一名，市农业综合开发先进单位第一名，市坡改梯建设先进单位第二名，县综合目标考核一等奖。

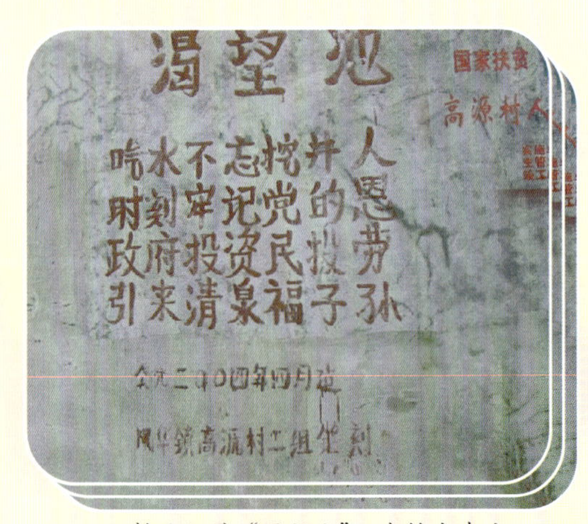

村民讴歌“渴望池”，喜饮自来水

绥阳北部可持续发展强镇——青杠塘

九道门

五峰顶全貌

青杠塘镇位于绥阳北部，座落于金钟山北麓，清溪河南畔，303省道中心地段，距县城62公里。全镇辖6个行政村、22个自然村、242个村民组、5830户，25959人。总面积230平方公里。耕地面积22305亩。森林覆盖率47%。

青杠塘镇确定的可持续发展思路是：夯实一个基础（粮油）；确保两个支柱（烟、畜）；突出三个重点（基层组织、计划生育、安全稳定）；推进四项建设（基础设施、生态环境、后续旅游、和谐乡镇）。明确划分可持续发展区位：坪坝、庙湾两村争取石漠化改造工程，发展农业经济；野茶、上湾两村，依托清溪河电站、铅锌矿采洗及三面环正安边界优势，发展工业、集贸；后槽、回龙两村，依托的清溪河电站建成后形成的“翡翠峡谷”，九道门“水上张家界”，五峰顶“妙仙铁索桥”，金钟山“古峨嵋佛寺”等奇丽迷人的“重庆后花园”山水风光发展后续旅游业。

2002年以来，镇党政领导班子围绕经济建设这个中心，以农民增收、财政增长为出发点，从强烟兴畜上下功夫，推进青杠塘镇整体发展。烤烟生产从重点村、组、户着手，加强技术指导，以质取胜，2004年烟叶产值480万元，创税110万元，财政增长25万元。畜牧业发展以改良品种为突破口，实施科技兴畜战略，2004年产值1041万元，创税23万元，增加税收7万元。2004年地方财政收入226万元，滚存结余23万元。招商引资成绩显著：清溪河电站将于2005年10月18日开工，总投资约3.5亿元；大垭槽、徐家沟两个铅锌矿厂约投资600万元，均探矿成功，即将开采洗炼；风景区旅游开发已由北大蔡运龙教授完成专家考察论证，进入招商引资阶段。在保护生态环境、改善基础设施、加强基层组织建设、规范计划生育、维护社会稳定、建立和谐青杠塘等都取得了显著成效。

九道门外景——黑龙溪一线天

五峰顶——妙仙铁索桥

九道门门户——破山

前进的中的太白镇

太白镇位于绥阳县北部，距离县城82公里，平均海拔1100米。全镇总面积174平方公里，全镇共辖6个行政村、15个自然村、163个村民组，总人口21594人。粮食生产以玉米和水稻为主，经济作物主要是烤烟、辣椒、花生等，特色产品有方竹笋和天麻。镇党委、政府团结带领广大干部群众排难攻艰，奋力拼搏，发挥镇域优势，各项工作取得明显成效。

以烤烟为主的农业生产进一步加强。以建立“优质烟基地”为目标，合理规划、优化技术、面对市场、调整结构，烤烟生产已步入良性化发展轨道，年种植面积1000余亩，常年产量200多万斤，为加快镇域经济的发展作出了积极的作用。以乡村公路为重点的基础设施建设进一步加强。抓住S303公路的建设和革命老区通村公路建设机遇，科学规划，合理布局，积极发动群众投工投劳，实施公路新建、改建工程11个，共260公里，初步形成了“组组通”的交通网络。以新街为重点的小城镇建设进一步加快。通过几届党委、政府的努力，现新街建设已初具规模，各种设施逐步完善。2005年上半年，旧街改造已基本结束，太白镇街道面貌焕然一新，为建设功能完善的农产品集散地创造了有利条件。以方竹林为主的绿色食品基地建设进一步加快。方竹笋味道鲜美，维生素含量高，是理想的绿色食品。全镇共有方竹笋基地2万亩，经过规划、改造，并实行合理采伐，效益明显增强，现年产量可达70吨。以牛羊为主的畜牧养殖业进一步壮大。全镇利用高山半高山荒地，开辟了天然草场，草场没有污染，牛羊肉质好，养殖规模逐步增大，每年可外销牛羊6000余头。

万亩优质烟基地

太白集镇新貌

畜牧业基地（一）

畜牧业基地（二）

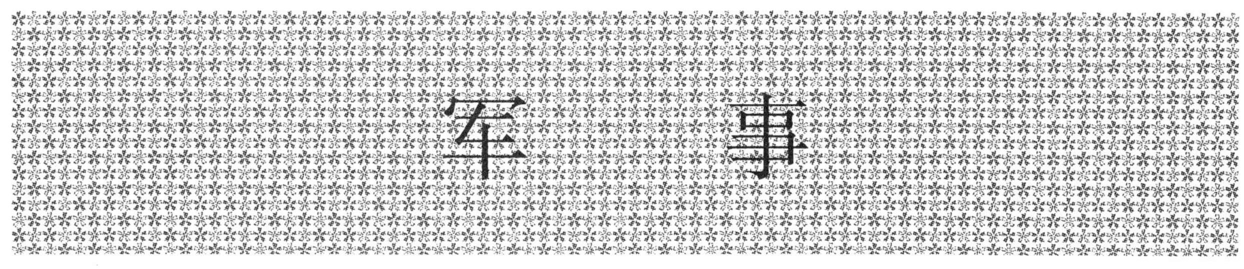

遵义军分区

【概况】 2004年，遵义军分区积极投身中国特色军事变革，以做好防备连锁反应条件下的军事斗争准备任务为牵引，以建设信息化军队、打赢信息化战争为目标，按照“抓人才、促建设，抓管理、促稳定，抓战备、谋打赢，抓网建、谋发展”的总体工作思路，大力加强信息化建设，努力提高战备训练质量，圆满完成了各项工作任务。

一、思想政治建设得到加强。加强思想政治教育，深入开展“学习实践‘三个代表’重要思想、积极投身中国特色军事变革”等一系列教育活动，进一步坚定官兵的理想信念和投身军事变革的决心。军分区认真学习贯彻中共十六届四中全会和军委扩大会议精神，进一步统一广大官兵的思想认识。深入学习贯彻《党委工作条例》，各级党委抓大事、议大事能力明显增强。军分区领导深入基层对人武部领导班子建设进行重点帮扶，从整体上提高领导班子创造力、凝聚力和战斗力。开展纪检监察工作，严格落实党风廉政建设责任制，党风廉政建设得到进一步加强。

二、战备训练水平有新的提高。2004年，军分区组织修订完善了《反恐维稳》、《抢险救灾》、《防汛抗洪》、《处置突发事件》等32类战备方案及保障计划，形成了较为完善的战备预案数据库。军分区和各人武部首长机关完成科技快速动员网上室内战术作业、中心城区防空作战室内战术演练，进一步提高了首长机关组织指挥能力和民兵预备役人员遂行作战、处突的能力。同时组织全区官兵、职工参加国家计算机等级过级考试培训，90%的干部达到国家一级以上标准。围绕信息化建设开展观摩研究活动，改造军分区作战指挥中心、人武部信息机房、会议室和值班室，引进研发较为系统全面的“三网、九系统”，信息化建设取得突破性进展。

三、基层全面建设有新的进步。按照“资源共享、优势互补”的思路，军分区依托遵义市农村党员干部现代远程教育网资源，搭建国防动员信息网。召开了湄潭县国防动员信息网试点工作会，探索出一条军地互动、资源共享、组网便捷、经费投入少的国防动员信息化建设的新路子。在此基础上，开通了县级人武部与乡、镇（街道）武装部的基层国防动员网，使全市288个乡、镇（街道）人武部与县级人武部实现了对接，为县、乡两级国防动员工作提供了会议、办公、教学、训练、考核保障平台，实现国防动员信息采集、数据传输、收集处理网络化，为开展信息化条件下国防动员工作奠定了基础。

四、后勤保障能力有新的提升。军分区筹集资金200余万元，对旧办公楼进行了改造，营区安装了远程监控系统，新建经济适用住房3000平方米，为23名干部、职工解决了住房。建立后勤系统办公自动化网络，实现了信息资源共享。进一步完善资金集中支付“网上银行”和POS系统，较好解决了资金管理“散”、“乱”，开支“暗”，运行“慢”，基层“忙”的问题。联合开发了车辆GPS信息自动化管理系统，实现了车辆运用审批快捷化、信息处理自动化、动态监控实时化。开发了军事斗争后勤准备综合数据库系统，为部队战时后勤数字化动员提供持续保障能力奠定了良好的基础。与遵义市社保部门签订医保代扣协议，为28名正式职工减少了缴费程序，被成都军区评为“军人保险先进单位”。严格落实防病治病制度，有效防止了疾病、传染病、食物中毒的发生。定期为干部、战士、职工注射免疫，确保了官兵身体健康和疾病预防能力。

（何　金　江　滔）

【完成信息化建设观摩研讨活动】 6月7日～8日，贵州省军区在遵义军分区组织开展信息化建设观摩研讨活动。整个活动以江泽民主席推进中国特色军事变革战略思想为指导，以军委、总部、军区信息化建设、一体化训练指示精神为依据，以研练使命性课题、探索智能化管理为载体，坚持“职能统揽、信息主导、建管并重、训用结合”的思想，按照理论研讨、经验交流、课题演示的步骤实施。

（何　金）

【汇川区人民武装部成立】　12月31日，遵义市汇川区人民武装部正式挂牌成立。成立大会上，中共遵义市委常委、市委组织部部长周素平，遵义军分区政治委员张文益，中共汇川区委书记、汇川区人民武装部党委第一书记罗建强等分别就汇川区人民武装部如何开好头起好步，怎样落实好党管武装原则等问题作了讲话。省军区参谋长王武强从抓好思想政治建设、抓好军事斗争准备、抓好人武部正规化建设、积极解决新问题四个方面作了指示。遵义市四大班子、遵义军分区、汇川区四大班子及军分区机关领导，13个县、区（市）人武部、驻遵部队代表，汇川区民兵共200人参加了成立大会。

（何　金　江　滔）

【开展网上参谋业务培训】　2004年，军分区认真贯彻落实省军区信息化建设观摩研讨活动的指示精神，成功举办贵州省军区信息化建设（遵义）观摩研讨活动。1月～3月，组织了5期参谋业务培训，完成了军分区机关、人武部91名参谋人员的综合业务培训。采取集中培训与网上培训的方式，开展了参谋业务技能、网络管理、网上办公、网页制作、征兵管理系统、“三网、九系统”应用软件、计算机操作使用和维护管理等专业技能培训。4月，聘请遵义师范学院计算机教员为全区官兵、职工进行国家计算机等级过级考试培训，有132名干部参加国家计算机等级考试，过一级的有81名、过二级的有37名，过三级的有3名，过级率达87.7%。4月～5月，集中组织机关及部分人武部进行了以网上科技动员演练、智能化管理为主要课题的信息化建设观摩研讨演示课题训练，选送1名参谋参加在职攻读通信专业研究生学习，8名参谋到南京陆军指挥学院等军队院校学习深造。

（何　金　李　勇）

【捐款修建希望小学】　2004年，遵义驻军部队捐资20万元修建的务川县红丝乡太坝村“八·一”希望小学、国防大学捐资20万元在遵义县板桥镇观坝村修建的国防大学观坝希望小学、引资20万元修建的汇川区董公寺建国希望小学先后竣工并投入使用，解决了驻地近1000名贫困学生就学难问题。同时，驻遵部队官兵还积极开展“1帮1”助学帮困活动，积极捐款扶助希望小学50名困难学生就学，为学校捐赠了3000多册各类图书及体育用品。

（何　金　韦小科）

【抢险救灾】　2004年，全区共动用兵力2998人次，参加抗洪抢险3次，山体滑坡抢险2次，抢救遇险群众124名，抢运物资11吨，疏通道路1200米，清运淤泥11万方。组织民兵应急分队扑灭森林火灾25起。为国家和人民群众挽回经济损失上百万元。

（方先勇）

【红花岗区完成征兵心理检测试点任务】　2004年，红花岗区作为全国46个心理检测试点单位之一，积极开展试点工作，组织骨干赴西安第四军医大学参加培训，科学设置检测环境，按规定设置心理检测室和心理访谈室，调配13台计算机统一安装了心理检测系统，严格按照总部下发的《2004全国心理检测试点手册》进行检测，11月6日～15日，共有481名适龄青年接受了心理检测。

（江　滔）

武警遵义市支队

【概况】　2004年，武警遵义市支队党委坚持以提高党委（支部）领导能力和干部队伍素质为着力点，坚持以依法从严治警和密切内部关系为切入点，以实现“两个确保”为落脚点，不断提升部队建设标准和速度，狠抓三项经常性工作落实，全面实施“六个紧紧扭住”，圆满完成了以执勤、“处突”为中心的各项任务。

一、思想政治建设扎实有效。一是指导基层中队把教育活动同“岗位成才”、“岗位建功”结合起来讨论，澄清官兵思想上存在的“对中国特色军事变革信心不足，军事变革与武警部队关系不大”等模糊认识。结合支队驻守历史名城的实际，扎实开展了“树名城意识，做忠诚卫士”系列教育。针对官兵素质能力与工作高标准的要求尚有一定差距、成才愿望强烈的实际，扎实开展学习成才教育。认真总结剖析先进典型和出现的事故案件，制作《红旗谱》、《警戒线》图文展板下发各中队，用正反典型教育引导官兵。二是严格落实经常性思想工作制度，充分发挥“三互”、“双四一”、“三当”和“育人工程”等载体作用，重视做好一人一事的思想工作。新兵下队、战士考学、发展党员、配备骨干、重大节日等重要时段，支队党委成员和各级干部骨干都主动去做工作，与官兵谈心交心。三是充分利用老区的红色资源和地方特色文化，加强基层文化建设。充分发挥官兵特长，有计划地组织开展练字习文、板报墙报、读书演讲、影视评论、歌咏比赛、学习成才等活动。在新兵中开展了“迈好军旅第一步”系列文化活动，举办新闻文体骨干培训1期、城区部队篮球联赛3次、文艺调演1次、大型文艺演出活动1次，选送23名基层战士参加了总队体育裁判员培训。四是积极参与创建遵义市“文明卫生城市”、“文明社区”等活动。先后出动兵力2260余人次，参加扑火救灾行动42起，挽回经济损失1840余万元，义务植树130多亩，为保护母亲河、希望工程、“遵义红军纪念墙”、支援受灾群众等活动捐款2.4万元，照顾孤寡老人12人，资助贫困学生20余人。1名干部、3名战士勇救受伤群众、勇擒抢劫凶犯，受到人民群众的高度赞扬。

二、执勤、训练任务圆满完成。重视春节、“五一”“十一”等重大节日的战备工作，4次选派96名营职以上干部到基层与官兵过节，确保了节日长假期间的安全稳定。全年支队部门以上领导组织查勤1400余人次，所到哨位5012次，行程3万余公里。6月，支队召开执勤工作会议，贯彻落实总部执勤工作网上集训精神，研究制定18条切实可行的措施，派出3个工作组对所有执勤目标进行了检查鉴定，排除执勤隐患19处。实施“明亮工程”，协调目标单位在目标区域内加灯800余盏，粉刷监墙6万余平方米。扎实开展“三共”、“三个一遍”活动，队监(所)关系进一步融洽，两警合力进一步增强。抓训练，在提高执行中心任务能力上下功夫。全年出动兵力1123人次，执行警卫、巡逻、押解、追捕、押运等勤务83起。

三、党委、支部建设稳步提高。坚持用“三个代表”重要思想武装党委(支部)“一班人”，严格按计划抓好理论学习。落实了“六个一”要求，进行了“六查六看”活动。特邀遵义会议纪念馆馆长、遵义讲师团团长作理论讲座。加强党风廉政建设，修订完善了《党委会议事规则》、《首长办公会议事规则》、《干部教育管理规定》、《车辆管理规定》、《经费物资管理规定》等规章制度。

四、基层建设更加牢固。始终把工作重心放在基层，制定完善了蹲点帮扶指导计划和蹲点帮扶责任追究制，严格落实领导包点、部门包线、股(室)包队的定点帮扶制度。依据《纲要》规范基层的评比和表彰，坚持“分层次竞争，按比例升降”的原则，坚持“用好的作风选作风好的人”，以“赛马”为主，“相马”为辅，素质考核与日常工作相结合，创造公平竞争的平台。广泛开展“送真情，暖兵心”系列活动。元旦、春节给每名干部家属发放500元慰问金，拿出2万元补助7名特困干部家庭，尽力协调解决大龄干部婚恋、家属就业、工作调动以及子女入学等问题，落实24名随军未就业家属养老保险，安排143名干部(基层干部83名)探亲休假，休假率比去年提高34%。

五、部队管理依法从严。按照总队从严治警的会议精神，支队强化“五个重点问题”治理，严格按条令条例教育管理部队，在“以人为本，依法从严治警、密切内部关系”上求深化。一是规范秩序抓养成，模范带头作表率。落实“条令学习月”和每月的条令学习日制度，确立了机关作表率、直属队当样板、干部当模范的指导思想，从正规部队的“四个秩序”入手，从严从细狠抓条令的落实。开展3次作风纪律教育整顿，重点治理了少数单位和官兵存在的礼节礼貌不规范、外出不按规定着装、警容不严整、内务不够统一等问题，促进官兵教养一致。二是抓住重点不放松，逐项治理除隐患。严格落实《士官管理规定》，对不假外出、赊帐欠款和乱拉乱扯等问题进行了认真治理。建立《零星人员管理制度》，制作零星人员管理跟踪卡，全程、全时掌握零星人员的情况。严格执行《枪弹安全管理规定》，层层落实责任制，加强支队军械仓库管理，对基层兵器室进行改建，举办“武器保养与擦拭现场会”。严格落实“禁酒令”，干部做到工作不喝酒、应酬不贪杯，战士不喝酒，有效地防止了酗酒滋事等问题的发生。三是下大力抓安全。针对“2

·26”严重违纪问题，深入开展专题教育整改，认真分析原因教训，召开公开处理赵玉桥大会，制作“2·26”严重违纪问题警示录光碟下发基层，进一步警醒了官兵。严格落实《军队预防犯罪工作条例》，把法纪教育经常化，抓住重大节假日、执行重大任务、季节变换等时机，深入开展安全大检查，推行战士外出每人每月一次且必须“两证一条”齐全的管理办法，并在城区加大了纠察力度。

六、后勤保障规范有力。一是严格实施规范化管理，提高综合保障能力。坚持把落实“五个实施细则”作为提高后勤保障的有效手段。加大经费管理，规定经费开支审批权限，坚持每月举行司务长集体办公，每季度通报一次经费开支情况。成立支队物资采购领导小组、招投标领导小组，强化监督制约。严格执行审计制度，对28名基层主官、司务长进行离任审计，基层主官、司务长离任审计率达100%。二是加强战备建设，提高应急、处突保障能力。修订完善《后勤“处突”保障预案》、《物资储备“处突”预案》，加强“两室一库”建设。三是发展农副业生产，改善官兵生活。因地制宜，大力发展以养猪、种菜为主的农副业生产。

（胡新鸿）

【抢险救灾】 2月10日，道真县中队驻地300多亩森林着火，20多户民居安全受严重威胁。中队出动兵力18人，经过2个多小时的奋力扑救，与群众一起将大火扑灭，确保了国家和人民生命财产安全。2月14日，凤冈县3个镇(乡)3000多亩森林发生火灾，凤冈县中队1天3次出动兵力33人次，辗转80多公里，连续奋战16个小时，协助干部群众扑火救灾1000多亩，挽回经济损失100多万元。2月14日、15日、16日，余庆县白泥镇和小腮镇所辖的3处林场相继发生重大火灾，余庆县中队3次出警45人次，奋战17个多小时，扑火救灾面积达1000多亩，保住了一万多亩的国有林，挽回经济损失200余万元，受到当地党委、政府和人民群众的高度赞扬。3月6日晚，遵义市府后山发生森林大火，直接威胁到遵义城区风景绿化带的安全，支队机关及驻市区部队官兵火速投入战斗，一夜连续3次扑救，扑灭了大火。7月22日，遵义市董酒厂发生火灾，支队出动60人，经过近一个小时的奋力扑救，终将大火扑灭。9月5日~6日凌晨，绥阳县宽阔镇境内连续18小时普降暴雨，降雨量达226毫米，镇政府所在地被淹，集镇上321户群众不同程度受灾，数百名群众被洪水围困。绥阳县中队迅速出动12名官兵参与抢险。历时58个小时，共营救、转移被洪水围困群众600多人，抢救出各种物资价值达100多万元，清除淤泥和垃圾60多吨，打捞出被淹亡群众尸体2具，受到了遵义市委、市政府和绥阳县委、县政府领导及当地人民群众的高度赞扬，树立了武警部队的良好形象。2004年10月30日，总队给绥阳县中队荣记集体二等功。

（胡新鸿）

武警遵义市消防支队

【概况】 2004年，遵义消防支队全面加强和改进消防工作，大力推进消防队伍正规化建设，提高队伍的整体素质和战斗力，坚决遏制重特大火灾事故，圆满完成了以防火灭火、抢险救援为中心的各项工作任务，为维护社会稳定创造了良好的消防安全环境。

一、继续深化消防工作社会化进程。消防支队全面建立以“政府领导，行业管理，单位负责，消防监督，群众参与”的社会消防工作管理机制。2月27日，遵义市人民政府召开了全市消防工作会议并与有关单位签订责任书。全面贯彻实施《机关、团体、企业、事业单位消防安全管理规定》，及时调整了消防安全重点单位，在年终进行了达标验收。全力加强城镇公共消防基础设施建设和消防规划，两城区的消火栓总数达到419具。消防站、消防供水、消防通道、消防装备等纳入城市总体规划中。利用开放消防站，启动“学生消防安全教育月”，筹建消防远程教育网，设立消防宣传公益广告牌，建立“消防安全一条街”。利用重大节日和“119”消防宣传周，开展消防宣传等活动。强化监督职能，开展消防安全专项检查，全年共检查单位1411家，查处隐患2207处。加强建筑防火审核、验收工作，按照《行政许可法》的规定，规范执法，严格审核，全年共审核建筑工程项目148个，验收工程项目92个。加强农村消防工作，确保每个村寨都有消防池、灭火器材和义务消防队，个别条件好的村寨铺设消火栓。按照“正常的经费来源、必要的器材装备、灵活的用工制度、统一的正规管理”的要求，大力发展政府自办、政企合办、企企联办由公安消防管理的消防队。积极探索建立志愿消防队、合同制消防队、义务消防队等多种形式的消防队伍。发展依托民兵、保安、联防等地方组织，将消防与治安联防等工作有机结合起来。

二、部队战斗力稳步提高。消防支队本着“仗怎么打兵就怎么练”、“有什么装备就练什么技能”、“在什么岗位就练什么业务”和“缺什么、补什么”的原则，采取多种形式强化岗位练兵，确保人员、时间、内容、效果四落实。全市消防部队共接警出动400次，扑救火灾268次。2004年，抢险救援73次，社会救助33次，出动官兵4627人次，出动车辆594台次，抢救人员29人，抢救财产价值48.5万元。特别是“3·26”抢救遇险民工和“7·22”董酒厂火灾扑救经中央及省市新闻媒体报道后，在社会上引起了强烈反响。支队还大力加强网络信息化建设，以金盾网为依托，建立和完善了全市消防部队局域网，开通了与总队的视频会议系统，完成了全市消防部队“警信通”业务。

三、开创政治思想工作的新局面。支队紧紧围绕“打得赢”、“不变质”两大历史主题，切实开展执法为民教育整顿活动。通过认真贯彻落实《军队基层建设纲要》，全面提高部队正规化建设水平。积极开展“争创先进中队、争当优秀士兵”活动，先后有10个单位进入了总队和支队的先进行列，先进率达到45%。全年有4名官兵荣立二等功，39名官兵荣立三等功，28名官兵受到各级嘉奖，支队被遵义市政府记集体二等功一次。

积极开展宣传报道工作。全年有2条新闻在中央电视台11次滚动播出，4条新闻在省电视台播出，34条新闻2个专题在市电视台播出，各级报刊、杂志用稿70余篇，在遵义日报办专刊1期。积极开展拥政爱民和警民共建活动。支队全年共计捐款8万余元，参加公益活动700多人次。出资20000元，提供水泥30吨，在务川县修建一所希望小学。

四、部队后勤保障能力继续增强。支队按照“统一领导、按级负责、分工管理、财务归口”和“三权不变”的原则，对所属单位的各项经费实行集中管理、统一核算，促进了财务的规范化管理。制订了《后勤事务管理规定》、《接待管理制度》、《后勤财务管理规定》、《固定资产管理规定》等制度，明确了差旅费、接待、医疗等经费的报销范围，有效控制了行政消耗性支出。加强特勤装备和个人防护装备建设，提高抢险救援能力。加快营房和基层生活设施建设。支队争取资金24万元，解决基层官兵“吃到热饭、喝到热水、洗上热水澡”的“三热”问题。为强化后勤物资管理，防止资产流失，支队设置固定资产总核算管理员，制定相应的固定资产管理制度，保证了经费的合理使用。

（王　禹）

【遵义县乌江镇“消防安全示范街”揭牌】 11月5日，遵义县乌江镇“消防安全示范街”揭牌仪式在乌江镇举行。

（王　禹）

【新闻节目《旱地水兵》获奖】 由遵义市消防支队与遵义市电视台联合制作的新闻节目《旱地水兵》，被中国广播电视学会电视军事节目委员会收入《第十二届全军优秀电视军事节目获奖作品》。《旱地水兵》反映的是2004年国庆长假期间，遵义县消防中队的4名官兵常驻遵义县泮水镇，为遭受严重旱情的当地群众送水的感人事迹。该节目还荣获全军第12届优秀电视节目新闻长消息二等奖。

（王　禹）

【副省长王正福到务川县消防大队视察】 12月15日上午，贵州省副省长王正福到务川县消防大队检查指导工作。在听取县消防大队的简要汇报后，查看了大队的档案资料和消防装备，对县消防大队的工作予以了充分肯定。

（王　禹）

【遵义市消防支队获集体二等功】 2004年，遵义市人民政府作出决定，为在2004年7月22日遵义董酒厂火灾扑救中做出重大贡献的遵义市公安消防支队记集体二等功一次。为遵义市公安消防支队政委杨洪春等7名同志分别荣记二等功和三等功。

（王　禹）

中国人民解放军贵州陆军预备役步兵师一团

【概况】 2004年,步兵师一团以军事斗争准备为龙头,大力加强思想政治建设,强化军事训练,加速推进信息化建设,从严依法治军,认真做好保障工作,不断提高部队"两个能力",圆满完成了年度各项任务。2004年,被师部评为"军事训练先进单位"、"安全稳定工作先进单位"、"军事信息工作先进单位"、"计划生育工作先进单位",被省委、省政府表彰为"国防教育先进集体"。

一、强化思想政治建设,进一步打牢官兵思想政治基础。一团始终把学习贯彻"三个代表"重要思想、提高官兵政治理论水平、把握正确政治方向、树立崇高理想信念作为全年政治工作的主要内容。首先强化了理论学习。制定理论学习计划,坚持每季度有方案、有汇报,每月有实施计划表,每周有学习时间安排。通过理论学习,进一步掌握了马克思主义的基本观点和方法论,并自觉运用于指导实践、推进工作。其次狠抓思想教育。主要抓《关于加强军队高中级干部教育管理的若干规定》专项教育;积极投身中国特色军事变革主题教育,认清台海形势,积极做好军事斗争准备专题教育;对党忠诚、从严治军专题教育;开展"以人为本"和"科学发展观"教育以及分队训练中的政治教育和文体活动。

二、发挥党委班子核心作用,提升党委工作能力。一团始终不一地加强自身建设,发挥党委成员核心领导作用和集体智慧,工作观念有新的转变,能力有新的提高,组织有新的加强,制度有新的创新。因此实现了"四个转变",即:从"大而化之、作风漂浮"向深入具体上转变;从管小事杂事向管方向管原则上转变;从传统经验型决策向民主科学决策上转变;从领导单向带动抓工作向上下互动抓工作上转变。党委班子成员还带头学习政治理论和高科技知识,积极探索中国特色军事变革的特点和规律,不断提高打赢能力。

三、确立人才观念,注重人才培养,提高干部队伍素质。一团按照师部关于人才培养的实施意见,确定了团队人才素质培养目标:把团队班子建设成为"科技型、民主型、学习型、务实型"的领导班子,把军官队伍建设成"谋略型、指挥型、守纪型、创新型"军事人才队伍,把士兵和职工队伍建设成为"练武型、守纪型、智能型、服务型"骨干队伍,着力在培养新型军事人才上花力气下功夫。团队筹资20余万元用于人才队伍建设,积极依托地方高校培养人才。选派1名军官脱产攻读贵州大学计算机工程硕士学位。组织机关干部学历"升级",投入1万多元经费为8名干部解决了自考学费,10名军官完成本科学历。聘请遵义师院举办了4期计算机操作专业培训班。组织30名军官参加全国计算机等级考试,其中16名通过了国家等级考试。全团多数现役军官会用网络处理电文,多数军官会制作多媒体课件和网上指挥作业。军官队伍的综合素质明显提高,全年有10名军官得到提拔任用。

四、做好军事斗争准备,突出信息化建设。一团组织干部参加了成都军区推进新军事变革网上教学理论辅导以及省军区和师开展的办公自动化系统运用和计算机网络知识培训,积极选派军事骨干参加师组织的首长机关"联合99"战役战术作战指挥模拟训练,进行了以条令学习、参谋"六会"、计算机"扫盲"等为主要内容的集训和以攻防战术理论、外军知识、多媒体制作等为主要内容的补差训练,进一步提高了军官和部队"两个能力"。按照《大纲》的规定,完成了团首长机关的训练内容,参训率达到了80%;完成了7个连队的训练,参训率为91%;经考核验收,所训课目合格率达到了90%以上。筹集和投入资金40多万元,购买了服务器、计算机、打印机等设备,构建了指挥模拟训练系统、视讯会议系统、桌面视频系统、车辆GPS定位系统、远程监控系统、军事信息网和办公自动化网,建立了兵员数据库、军官管理数据库、财务管理数据库、装备管理数据库,并利用指挥自动化系统完成了快速动员和高寒山地区进攻战斗战术作业课题,提高了机关的指挥自动化能力。先后组织人员对团攻防战术、预备役部队建设等课题进行探讨研究,全年向省军区和师军事工作信息投稿54篇,其中2篇被省军区、21篇被师《军事工作信息》采用和转发。同时根据任务和形势需要,对预定作战、维护社会稳定、指挥所编组、兵员动员集结、抢险救灾、侦察情报保障、通信保障、政治工作、后勤保障、装备器材保障等方案和预案进行了修订和完善。

五、加强后勤、装备管理，提高综合保障能力。一团根据年度工作任务，认真做好战备训练保障工作，切实抓好后勤训练、财务、军需、运输、油料、卫生工作。团队制定了预防“非典”、“禽流感”的各种预案，修订完善15份装备战备方案。落实装备管理责任制和职工管理责任制、改签装备管理责任书，修订《职工规范化管理实施细则》等管理制度，加大了对职工的管理力度。

六、发挥部队优势，在支持和参与地方“三个文明”建设上下功夫。一团把支援地方建设作为实践“三个代表”、增强服务意识的具体行动，作为展示预备役部队风采的有效途径。组织官兵参加遵义市10万亩绿化造林植树活动，栽种香樟树、桂树等树木300余株。组织100多人完成了红花岗区南关镇森林扑火任务和遵义市汇川区成立庆典“焰火晚会”警卫值勤任务。为遵义市5所中学、鸭溪电厂、忠庄客运站、城管、汇川区联防队员等军训达6000余人。组织有关单位过军事日达20余次。举办汇川区少年军校，使50多名青少年接受部队正规的教育训练。投入3余万元帮扶贫困难群众，为2所小学修建校舍和添置课桌，为红军烈士纪念墙踊跃捐款。

（李利亚　王泽勇）

国防教育

【概况】　2004年，全市国防教育工作按照“坚持抓普及、突出抓重点、扎实打基础、不断谋发展”的工作思路，扎实工作，较好地完成了各项工作任务，步入全省国防教育先进行列。

一、加强队伍和基地建设，加大宣传覆盖面，增强工作实效。一是1月~4月，遵义市国防教育办先后对遵义、凤冈、湄潭、余庆、绥阳、仁怀、桐梓、正安、红花岗等县、区（市）进行了检查，使基层办公机构人员编制、办公设施、工作制度、专项经费得到落实，推进了全市国防教育正规化发展。二是针对多数县、区（市）国教办新任领导刚刚从事国防教育，业务不熟的客观实际，5月下旬，组织了部分县、区（市）国防教育办公室主任到山东、辽宁和北京进行了为期两周的考察学习，使他们开阔了视野，学到了外地开展国防教育好的经验和做法，增强了在新形势下做好国防教育工作的使命感和责任感。三是按照省政府和省国防教育委员会《关于拟命名一批全民国防教育基地的实施方案》的要求，在全市认真组织了申报和审查工作，向省国防教育委员会申报了遵义会议纪念馆等17个单位作为国防教育基地。四是为扩大宣传教育范围，遵义市国防教育办公室编辑印发了5期约7万余字的《遵义市国防教育通讯》，受到了各方面的好评，有力地推动了国防教育在全市的深入普及和发展。

二、加强国防教育目标管理考核，促进各项工作全面发展。遵义市国教办在深入调研的基础上，针对个别县、区（市）对国防教育工作不够重视，部分基层办公机构人员编制不落实、工作责任不明确、办公经费不到位、工作开展不顺畅的问题，积极向全市国教委有关领导进行了专题汇报，得到了领导的重视和关心。经遵义市国教委主任会议审议通过，遵义市委办、政府办、军分区政治部联合行文下发了《遵义市国防教育委员会成员单位工作职责》，明确将《国防教育法》纳入全市普法内容和把国防教育纳入党政机关目标考核，从而推动了全市国防教育工作的开展。

三、开展“爱中华、奔小康、强国防”为主题的全民国防教育系列活动。在纪念“九一八”事变73周年暨第4个全民国防教育日期间，遵义市国防教育办紧密结合“爱中华、奔小康、强国防”的宣传主题，在全市开展了形式多样的宣传教育活动。一是发动社会各界人士参加全国“爱中华、奔小康、强国防”国防教育征文活动，组织了100多篇文稿分别投送《国防大视野》、《国防知识报》、《西南民兵》、《国防》等报刊。二是在全市开展了集中性的国防教育宣传活动。县、区（市）两级分别采用形势报告会、签名活动、防空警报警示、书法图片展、文艺演出、发表电视讲话、座谈会、宣传咨询、过“军事日”、军训等形式进行宣传教育，全市约有40万人接受了国防教育。

（吴　军）

【全市国防教育工作会议召开】　2月19日，遵义市国防教育工作会议召开。会议对2000年以来全市的国防教育工作进行了总结，对凤冈县、绥阳县、正安县、红花岗区、仁怀市国防教育办公室进行了表彰奖励，对2004年全市的国防教育工作进行了安排。

（吴　军）

【申报省全民国防教育基地】 7月6日，经遵义市国防教育委员会主任（扩大）会议审定，将遵义会议纪念馆（遵义会议会址，红军总政治部旧址，遵义会议期间毛泽东、张闻天、王稼祥住处，李德、博古住处，红军长征遵义警备司令部，苏维埃银行，遵义会议陈列馆等7处），遵义红军烈士陵园、红军长征娄山关战役遗址、余庆县大乌江红军长征纪念园、余庆县红军烈士陵园、仁怀市鲁班镇红军烈士陵园、遵义市国防教育培训基地、遵义市青少年宫申报为"省全民国防教育基地"。并同时向省增报四渡赤水教育基地（各红军渡口、赤水红军烈士陵园等一批遗址和纪念地）为"省全民国防教育基地"。会议审议了全市推荐评选省国防教育先进单位、先进个人名单。会议决定将《国防教育法》列入"四五"普法内容，并纳入全市党政机关党建工作目标考核内容。

（吴　军）

【开展全民国防教育日系列活动】 9月18日，为纪念第4个"全民国防教育日"，遵义市组织开展了各种形式的宣传教育活动：市国教办与市委宣传部、军分区政治部、两城区政府、市直机关工委、市人防办等单位在老城纪念广场联合举行了宣传纪念活动；市领导以及老红军、老同志代表和市直机关、两城区、中央省属在遵单位的干部、学校师生、驻遵军官兵、社会各界群众近万人参加了"勿忘国耻，强我国防"签名活动；市国教办和市人防办联合组织了国防教育、人民防空知识图片展览和"勿忘国耻，强我国防"书法、美术作品展览；市国教办进行了国防教育宣传咨询，散发各种国防教育宣传资料数千份；请国内著名军事战略研究专家、贵州省委党校副校长韩卫东教授作《全球战略变革与共产党人人格力量》的国防教育报告会。

（吴　军）

人民防空　交通战备

【概况】 2004年，全市人民防空（交通战备）工作紧紧围绕遵义市经济建设与城市发展布局，统筹规划、重点突破、狠抓落实，人防工程建设稳步增长，指挥通信建设重点推进，人防宣传教育扎实深入，行政执法水平不断提高，机关"准军事化"建设取得较大发展，圆满地完成了全年工作目标任务。

一、加大行政执法力度，促进人防工程建设。 2004年，遵义市人防办坚持"以建为主、以收促建、滚动发展"的原则，加大了对中心城区房开公司以及建设单位的宣传力度，严格行政审批制度，使全市"结建"工作走上了法制化、规范化轨道。年内经审查同意报建防空地下室项目25个，建筑面积70000平方米，超过年计划的100%；已开工建设防空地下室7个，面积25000平方米；办理易地建设项目44个；验收竣工防空地下室5个，建筑面积7810平方米；查处未办理"结建"手续以及少报建筑面积工程项目62个，追缴易地建设费近300余万元。在加大行政执法力度的同时，全市人防工程建设取得了明显的成效。一是完成了市应急通信指挥中心主体工程；二是《遵义市人防工程建设与城市建设相结合规划》通过了专家论证和市政府审查；三是洗马滩后洞管理房主体工程已基本完工；四是完成了"官井隧道"和"中华路街心花园"平战结合转换设计工作。

二、认真搞好指挥通信工作，拓宽人防知识教育。 一是遵义市人防指挥通信作战室建设经5个多月的紧张施工，到2004年12月底，已完成室内装修和主控室微机选型配套工作，正进入各种资料录入阶段。二是在9月18日举行了"勿忘国耻，强我国防"为主题的爱国主义教育活动，活动现场举办了"国防、人防"图片展览和万人签名活动。三是加强全市防空音响警报器的维护管理，先后于4月、9月组织人员对中心城区防空音响警报器进行了检查，完好率达100%。四是为进一步搞好全市中学人民防空知识教育，遵义市人防办投入2万多元资金，印制了新的人防知识教材免费发放到学生手中。2004年，全市共有13所初级中学共5000余名学生接受人民防空知识教育。

三、深化、完善交通战备正规化建设，抓好战备林管护。 一是进一步深化、完善全市交通战备正规化建设工作，组织人员重新制作《遵义市交通战备工作图》和《遵义市交通战备保障图》，修改、完善《遵义市战时交通通信保障计划》和《遵义市应急交通战备保障计划》。二是针对全市主要公路干线改造基本完成的现状，组织人员对全市国、省道进行实地勘察，并将收集到的资料、数据分类输入微机，实现了对全市交战资料的动态管理。三是根据全市交通通信现状以及战时全市所承担的任务，重新确定了全市三级交通通信重点保障目标并协助省交通战备办公室完成了国道210线的战备勘察任务。四是遵义市人防办出资2500元，并向省国防林材办公室申请7000元专项经费，为松林镇台鼓山战备林护林点安装了一台风力发电机，解决了护林人员的照明问题。

（罗雅文）

【市人防审批、收费项目进入遵义市政务服务中心】 从7月1日起，遵义市人防办公室原有的防空地下室建设项目报建审批，防空地下室易地建设审批，人防工程及设备设施拆除或改建审批，人防工程进出道路、孔口、出入口、口部专用通道使用审批，人民防空通信警报设施拆除或迁移审批等5项审批事项及其防空地下室易地建设费，拆除或改建人民防空工程及设备、设施的补偿费等2项收费项目，全部移交遵义市政务服务中心大厅统一办理。

（罗雅文）

【市中心城区人防工程建设与城市建设相结合规划通过审查和论证】 由遵义市人民防空办公室与遵义市建筑规划设计院经过一年多辛勤劳动共同编制完成的《遵义市中心城区人民防空工程建设与城市建设相结合规划》，于2004年3月25日在遵义市规划局举行了论证会。《规划》经与会领导和专家的认真审查、论证后获得通过。《规划》的审查通过，从整体上增强了遵义市在和平时期发展经济、抵御自然灾害，战时防空抗毁、保障人民生命财产安全以及保存战争潜力的能力。

（罗雅文）

【湄潭县举办人防法律法规暨国防、人防知识图片宣传展览】 12月14日，由湄潭县人防办、国教办共同主办的人民防空法律法规暨国防、人防知识图片宣传展览在湄潭县举行，共有3万余人（次）参观了国防、人防图片展览。

（罗雅文）

【全省交通战备工作正规化建设会在遵召开】 4月15日～16日，全省交通战备工作正规化建设会在遵召开。会议期间，遵义、贵阳两市交通战备办公室就各自开展正规化建设的情况作了专题汇报；与会人员还参观了遵义、贵阳两市的交通战备工作正规化建设成果展。

（罗雅文）

【市交通战备办公室荣获“全国交战工作正规化建设先进单位”称号】 9月6日，经国家交通战备办公室全面检查考核，遵义市交通战备办公室被授予“全国交通战备工作正规化建设”先进单位。

（罗雅文）

【全省人民防空（交通战备）工作交流研讨联谊会在赤水市召开】 10月11日～14日，由遵义市人防主办的贵州省人民防空（交通战备）工作交流研讨联谊会在赤水市召开。会议的主要任务是加强交流，增强友谊，促进发展，探索做好新时期人民防空（交通战备）工作的新经验、新办法。

（罗雅文）

经济管理与监督

发展和改革委员会

【概况】 2004年,遵义市发展和改革委员会按照遵义市委、市政府全力推进"三化一强"的总体部署,立足确保完成2004年国民经济和社会发展计划目标,进一步深化经济体制改革,树立全面、协调、可持续的发展观,解放思想、转变职能、求真务实、勤奋工作,较好地完成了全年工作任务。

一、抓规划、谋发展,组织开展"十一五"规划编制工作。"十一五"时期是全面建设小康社会起好步、开好局的关键时期,编制好"十一五"规划,谋求未来五年发展,意义重大。按照全国、全省的统一部署,遵义市发改委组织开展专题调研,5月形成全市"十一五"规划工作方案,报经市政府批转,正式启动全市"十一五"规划编制工作。遵义市政府成立以主要领导为组长、各有关部门负责人为成员的规划编制工作领导小组,下设"十一五"规划办公室。遵义市发改委抽调一批素质高、业务精的人员参加编制工作,实行两级两类规划体系(市级规划和县级规划、总体规划和专项规划)同时推进;在抓好市级总体规划纲要编制的同时,开展了20个重点专项规划的编制工作及重大问题调研。

二、做好经济运行预测监测调控工作,确保年度计划目标的完成。按照2004年遵义市经济工作会确定的国内生产总值增长10.5%、社会固定资产投资增长20%、社会消费品零售总额增长13%、地方财政收入增长12%等调控目标,在调研测算和分析论证的基础上,编制下达了2004年国民经济和社会发展计划。在年度计划执行中,在确保GDP增长10.5%预期目标的同时,按照力争实现增长12%的要求对各县、区(市)经济运行进行分季调度,加强对经济运行情况的预测监测,及时分析掌握经济运行特点,有针对性地提出分季度经济运行分析报告,为遵义市委、市政府准确调度经济工作提供了决策依据。2004年,全市生产总值完成362.37亿元,比上年增长12.8%,超计划2.8个百分点。其中:第一产业增加值95.98亿元,增长7.1%;第二产业增加值151.55亿元,增长17.5%;第三产业增加值114.84亿元,增长11.9%。

三、扩大固定资产投资,加强重点建设项目调度管理。2004年,全市全社会固定资产投资计划完成156亿元,增长20%。为确保这一计划目标的完成,一方面千方百计扩大投资来源,主要采取三项措施:一是加大项目申报力度,积极做好国家扩大内需投资项目和经常性投资项目的争取工作;二是努力协调信贷项目投资,主动对接国家开发银行对城市基础设施项目的信贷支持;三是强力推进招商引资工作,积极鼓励社会民间投资。另一方面,加大在建重点建设项目投资调度。协调督促以遵崇高速公路、县际公路为重点的交通项目建设投资;以构皮滩电站、鸭溪火电厂为重点的能源项目投资;以遵义灌区、退耕还林为重点的农业基础项目投资;以垃圾无害化、污水截流处理工程为重点的城市基础项目投资;以"十人工业技改"、赤水20万吨竹浆林纸一体化为重点的产业化建设;以及中小学改造、疾病控制中心、传染病区等社会事业项目投资,使之尽可能形成实物工程量,尽早建成发挥投资效益。2004年,全市完成全社会固定资产投资161亿元,比上年增长23%,增幅与上年基本持平。

四、抓好以工代赈项目实施,改善农村生产生活条件。以工代赈是国家新时期扶贫开发的重要组成部分。2004年共争取到中央和省以工代赈项目投资7880万元,重点投向县乡公路、人畜饮水、农田水利及易地扶贫搬迁等农村基础设施建设。市发改委在协调有关部门做好各类以工代赈项目实施的同时,集中精力抓好列入省市"十件实事"的易地扶贫搬迁工程,确保了全市易地扶贫搬迁

5000 人/1200 户计划的完成。

五、关注难点、热点问题，为经济社会发展建言献策。按照温家宝总理对发展改革部门提出的“懂经济、谙国情、谋大事、善学习和当好党委、政府参谋”的工作要求，市发改委围绕“三化一强”和全面建设小康社会等加强调查研究，撰写了“关于推进投资体制改革的意见”、“国家宏观经济政策调整变化对遵义经济社会发展的影响及评价”等 10 余篇调研文章。同时积极参与遵义市委“小康建设”、遵义市政府“黔渝经济合作”、城市能源发展等调研工作，为遵义市委、市政府指导经济社会发展提供决策参考。

（屠松宝）

【争取国家、省项目投资成效显著】 通过抓项目前期准备和申报，加大赴省进京对接争取力度。2004 年全市新增国债及国债到位投资项目 63 个（打捆），项目总投资 536210.8 万元，新增国债投资计划 84989.5 万元，国债到位投资 54109.7 万元，省级财力投资 2490 万元。其中：①农林水、生态建设项目 4 类，新增国债投资 6959 万元，全部到位；②交通项目 9 个（新增 2 个、续建 7 个），新增国债投资 6750 万元，国债到位投资 8132 万元；③城镇基础设施建设项目 5 个，新增国债投资 19000 万元，全部到位；④公检法基础设施建设项目 13 个，新增国债投资 1532.8 万元，到位投资 1260 万元；⑤社会事业项目 16 个（打捆），新增国债投资 27325.7 万元，到位投资 13972.7 万元；⑥产业化建设项目 3 个（新增 1 个），新增国债投资 18700 万元，到位投资 867 万元；⑦市场建设项目 2 个，新增国债投资 450 万元，到位投资 200 万元；⑧以工代赈（易地扶贫）新增国债投资 4272 万元，到位投资 3720 万元。

（屠松宝）

【开展拟建重点建设项目前期工作】 为保持全市固定资产投资的持续增长，拉动经济发展，遵义市发改委积极组织和协调配合开展桐梓火电厂、贵遵高等级公路复线、遵义市中心城区绕城公路、国家开发银行贷款城市基础设施等一批拟建重点项目建设前期工作，使之尽早开工建设。

（屠松宝）

【开展固定资产投资项目清理工作】 按照国家、贵州省清理固定资产投资项目的精神，遵义市发改委组织有关部门开展全市固定资产投资项目清理工作。清理市、县属投资项目 604 个，项目总投资 225.4592 亿元，累计完成投资 34.19 亿元。经严格审查，符合国家清理规定的项目 516 个，不符合规定的项目 88 个。对不符合规定的项目，按有关规定进行了处理。

（屠松宝）

【市“十件实事”完成较好】 2004 年，遵义市委、市政府确定的遵义市中心城区污水截流工程、中心城区饮用水源建设保护和农村人畜饮水工程、14 个县、区（市）疾病控制中心和 13 个传染病院及遵义市级紧急救援中心建设、100 所中小学 15 万平方米校舍建设、实施 1500 公里通村公路建设、12 个县城电网改造和 6 个县城供水管网改造工程、农村远程教育村村通工程、实施 5000 农村人口易地扶贫搬迁、9 个县级文化馆图书馆建设项目、解决城镇就业和再就业 3.35 万人等 10 件实事总体进展顺利，除 13 个传染病院（区）、遵义市紧急救援中心、湄潭图书馆等项目由于受国家土地审批政策和地方配套资金等因素影响未完成建设任务外，其余工程项目均较好地完成了计划任务。

（屠松宝）

【遵义市发展计划委员会改组为遵义市发展和改革委员会】 根据黔委厅字[2004]19 号、市办发[2004]6 号文件精神，遵义市政府办公室下达“遵义市发展和改革委员会机构改革方案”，将原遵义市发展计划委员会改组为遵义市发展和改革委员会，为综合研究拟定遵义市经济和社会发展政策、规划，进行总量平衡、指导总体经济体制改革的遵义市政府工作部门。划入职能：经济体制改革调研和盐业管理职责。划出职能：招商引资和对外经济协作、制定农产品进出口计划职责。保留遵义市实施西部大开发战略工作领导小组办公室（简称“市西开办”）设在遵义市发展改革委，其职责由市发展改革委相关科室承担。增设发展改革科和交通能源科。

（屠松宝）

信息服务

【概况】 2004年,遵义市政府信息中心以加快信息化建设进程、构建“数字遵义”为着眼点,组织和实施了遵义市到各县、区(市)电子政务网建设,在全省率先开通了电子政务网上视频会议系统。在遵义市政务服务中心的筹建中,仅用了一个半月的时间,完成了市政务服务中心计算机网络从综合布线、网络集成到管理软件的选择采购、工作流程的配置等工作,保证了市政务服务中心工作的顺利开展。

一、电子政务网横向接入起步,完成门户网站的信息更新。10月~11月,完成遵义市政务中心的部分窗口和原单位联网,将一些承诺件转为即办件,提高了为民办事效率,为下一步电子政务网的横向接入打下了基础。

遵义市人民政府门户网站由遵义电信公司制作接入互联网,过去无专门部门和专业人员管理。11月,遵义市政府办公室明确交遵义市政府信息中心负责。信息中心根据省对各级政府政务公开的要求,将网站的栏目作了调整和重新设置,并将政府办公区两台触摸屏的软件全部改写,将全年政务公开信息作了更新。

二、作好遵义市政府门户网站改版前期工作和服务工作。为尽快发挥政府门户网站贴近群众,为市民、企业、外来投资者、旅游者服务,提高政府机关效能建设,进一步搞好政务公开,将政府门户网站由电信“主机托管”方式改建成独立网站。2004年,遵义市政府信息中心自市政府办公室与省政府办公厅进行光纤连通以来,负责该线路的高速畅通,至今运行良好。负责遵义市级有些部办委局和部分县、区(市)在信息化建设中的技术咨询,做到热情周到,保证技术先进,具有针对性、实用性和安全性,同时又节省投资,避免重复建设。

三、搞好信息服务工作,提高信息刊物质量。为了发挥信息化工作在国民经济发展中的倍增器作用,遵义市政府信息中心高度重视各种信息的选用和信息刊物的编辑发行工作。坚持从大量的信息中,精心选择、收集、编辑出具有前瞻性、高品位的宏观决策和微观导向服务的信息,及时提供给有关领导和综合部门。2004年共编发《专题信息》22期,《信息》12期,与交通银行遵义分行合办《遵义经济信息》12期。以上信息共发行近3000多份。其中的部分信息被省信息中心和遵义市政府办采用和转发。

(*杨群声*)

【遵义市电子政务网建设方案荣获国家“特别奖”】 全市电子政务网建设方案,经与国内著名IT厂商、遵义市广电网络公司、遵义市高等院校专家、技术人员交流、研讨、对比、分析、综合和优化,于2004年初定稿。该方案针对全市信息化基础实施的现状,结合广电网络建设的最新发展,充分考虑了目前的需求和以后的平滑升级。8月,在中科院和中国科协主办的“第三届中国电子政务技术与应用大会”上,遵义市电子政务网建设方案荣获“政府网络解决方案特别奖”。该项奖共收到全国各地政府报送的案例80多个,其中只评了6名特别奖,遵义市电子政务网排名第二。

(*杨群声*)

【遵义市电子政务网络率先在全省开通】 1月12日,全市电子政务网建设全面启动。遵义市政府信息中心完成了各县电子政务建设参考方案。2月~3月份,对各县、区(市)网络建设方案进行审定。3月~4月份,各县、区(市)进行设备招投标,遵义市政府信息中心技术人员分别到各县参加评标。4月25日,在正安县召开的全市办公室系统会议上,遵义市政府会议室、汇川区、正安县3处顺利接通,视频、音频效果良好。5月,各县进入设备安装、调试阶段。除和各县点对点接通外,还要与全市的15个会议点联调。经信息中心、各县办公室、遵义市广电网络公司和各集成商的共同努力,视频会议系统于5月31日在全省率先开通。

(*杨群声*)

【圆满完成政务服务中心网络建设任务】 5月,遵义市政府决定建立政务服务中心,并定于7月1日挂牌对市民服务。为了园满地完成工作任务,信息中心将建网络的某些工序并行进行,如在作网络拓扑方案时,就开始进行综合布线;在综合布线的时候,又进行网络方案的确认和网络设备选型等,大大缩短了工期。在软件的选择上,对软件的架构、功能等都作了要求,但还是不像硬件那样有具体的技术指标。加上时间太紧，专门在机房搭建了测试环境，让各软件厂商将参加招投标的软件安装上去。对各软件的功能进行测试、比较，再进行招投标。最终选中的遵义市政务服务中心管理软件一直运行良好。

（杨群声）

物价管理

【概况】 2004年，全市物价工作按照全省物价工作的总体部署，全面贯彻落实中央经济工作会议、全国计划（物价）会议的精神，牢固树立科学发展观，紧紧围绕经济社会发展大局，进一步加强市场价格的宏观管理，为促进全市的经济发展和社会稳定作出了贡献。

一、充分发挥价格配置资源的基础性作用，积极推进经济结构调整。

1. 疏导电价矛盾，优化产业结构。城乡居民用电价格是目前电价中矛盾比较突出的问题。遵义市物价局为解决电价矛盾，一是深入正安、余庆等地开展调研，向省局反馈情况；二是为全面执行《贵州省物价局关于调整居民生活用电价格及有关问题的通知》精神，向遵义市政府作了专题汇报，落实具体措施，使城乡居民生活用电同网同价（0.45元/度）得到顺利执行。

2. 运用价格政策，为发展经济服务。一是根据《国务院办公厅关于推进水价改革促进节约用水保护水资源的通知》精神，完善了水利工程供水和城市供水价格，推行农业用水终端水价制度，督促推进居民生活用水一户一表工作。为加大污水处理费征收力度，审批了道真、正安、绥阳、桐梓县城污水处理费的征收标准。同时，按照管理权限，对遵义市供排水成本、经营成本进行审核，并根据遵义市供排水公司水厂资产转让相关测算，对水厂资产转让及经营情况向遵义市政府提出建议并及时向省局汇报。2004年全市举行供水价格决策听证会9次，听证会总数达424人。二是贯彻实施危险废物处置收费制度，促进危险废物处置产业化，推进环保事业发展，推行了生活垃圾处理收费制度。遵义市中心城区医疗垃圾处理费，正安、绥阳、道真县城生活垃圾处理费已经开征。三是加强经济适用住房和物业收费的管理，审批经济适用住房20.8万平方米；审批天利、瑞港、遵义宾馆等物业管理公司等22家，物业管理、停车收费项目112个，同时协调解决在物业管理费收取中出现的问题；与遵义市监察局、减负办、建设局、国土局、房管局、审计局联合下发《关于贯彻执行<贵州省房地产开发经营企业交费登记卡试行办法>制度的通知》，在全市实施房地产开发经营企业交费登记卡制度，规范遵义市房地产开发经营企业的收费行为，维护房地产开发经营企业的合法权益。

3. 加强粮食、农贸市场价格监测与市场监管，稳定全市物价。2004年，中央提高了粮食收购价格，带动粮食及农副产品价格的上升。为维护消费者的利益，遵义市物价局经过调研下发了《关于进一步加强粮食、农贸市场价格及市场监管的紧急通知》，及时控制因粮食价格上涨带动的相关副食品上涨的非正常因素，确保广大群众特别是广大农民的合法权益，维护正常的市场价格秩序。

4、急农民之所急，做好农资价格工作。一是春耕期间，化肥价格出现上涨，市局立即召开会议专题研究、实地调研，及时将情况向遵义市政府和省局反馈，按照遵义市政府要求，会同遵义市农业、技监、工商、供销等部门对化肥价格上涨过快实行临时干预措施，使全市化肥价格保持平稳。二是从4月底起，对各县、区（市）种子价格进行调研，向省局报送"两杂"种子价格表和同期价格分析，确保种子市场价格的基本稳定。三是转发《贵州省物价局、商务厅关于2004年蚕茧收购价格及加强市场管理的通知》，保障本市蚕茧价格政策执行到位。

二、加强价格信息监测分析和调查研究，为党委、政府和上级部门的决策提供依据。按照国家发改委和省局的要求，遵义市物价局加强对粮食、主要农副产品、钢材、水泥、石油、煤炭等重要生产生活资料价格走势的信息监测工作，注重分析预测的科学性、准确性。按时上报农副产品零售价格监测报表38期（次），上报品种660个。为遵义市政府提供粮食、农资、煤炭、建材等价格上涨调研分析材料16份（次），专题汇报8次。在"禽流感"疫情期间，坚持每日对肉类以及相关商品的市场价格监测和上报。完成了《遵义市粮食等农产品市场价格变化情况及原因分析的报告》、《当前国内成品油市场供求状况的分析及我市应对措施的建议》、

《遵义市殡葬管理及服务收费调查报告》、《遵义市义务教育阶段学校"一费制"收费办法的执行情况及建议》等调研报告、理论探讨文章11篇，为政府决策提供了有价值的信息。

三、加强收费管理和年审换证工作，规范收费行为。在价格审批权限内，审批价格113项，审验行政事业性收费项目483项，收费总额52543.72万元，占全市财政收入的11.38%、预算外收入的83.41%。发放收费许可证2141个，年审率达100%（其中遵义市直审核行政事业性收费20193.4万元，发放收费许可证131个）。年审经营服务性收费单位52个，收费总额58000万元，换发许可证72个。通过年审，全市取消行政事业性收费项目68项，标准147个；降低19个收费项目，标准33个；合并收费项目及标准8个，为群众、企业、农民减轻负担约1900万元。同时将行政事业性收费项目19项58个标准转为经营性服务收费，为财政减轻负担约150多万元。

四、加强对涉农收费公示后的管理，全面推行行政事业和企业收费（物价）员制度。2004年，重点加强了对涉农收费公示后的管理，以巩固涉农收费公示成果。一是完善县、乡、村的责任制，做到统一思想，责任到人；二是根据公示项目已调整变动的，统一印制更改内容，层层落实到各村做好变更工作，保证公示牌内容的准确；三是建立涉农收费公示回访制度，保证涉农乱收费问题情况反映渠道的畅通，使涉农价格和收费公示牌在农村看得清、读得懂、留得住，从根本上杜绝了农村乱收费问题。同时，全市行政事业性收费公示制度已经全面推开，所有收费单位都按照物价部门审核的收费依据、项目、标准进行了公示。从全市价格举报中心收集汇总的情况反映，行政事业性单位的乱收费行为明显减少，达到了推行公示制度的目的，结合《贵州省物价员和收费员管理办法》，完善了收费（价格）员档案，全市已有收费员1488人，物价员385人。

五、规范市场经济秩序，大力宣传价格政策法规。2004年，全市共抽调450多人次组成130个专项检查组对中小学教育收费、节假日旅游市场价格、电价、农民建房、农业生产资料价格、粮油价格、燃油价格以及医疗药品等价格进行专项检查。查处一般价格违法案件980件，重大价格违法案件25件，违纪金额1900万元，与去年同期相比下降13.8%，已退还消费者296.25万元，上缴财政251.03万元。保护了经营者、消费者的合法权益，规范了市场价格秩序，促进全市经济持续健康发展。在"3·15"、"4·26""5·1"、"12·4"、"庆祝全省价格监督检查机构成立20周年活动"等各种宣传活动期间，利用报刊、电台、电视台、手机（小灵通）短信、宣传车、黑板报、宣传磁带等多种形式进行价格法律、法规和《贵州省价格条例》宣传，现场受理市民咨询、价格投诉；在遵义市中心城区、各县主要街道显著位置悬挂《贵州省价格条例》宣传横幅，大力宣传价格法律法规。使价格法律、法规宣传进一步深入人心，增强了广大市民和消费者的价格法律意识。

（遵义市物价局）

【整顿和规范市场价格秩序取得成效】 一是开展了对中小学教育收费等专项检查。遵义市物价局会同遵义市监察、教育等部门联合组织380个检查组对收费情况进行检查，查处个别学校存在的多收书本费、校服费等自立项目收费行为，查出违法金额231.91万元，清退多收价款132.49万元，收缴63.85万元，罚款9.40万元。二是开展涉农价格和收费检查。从对化肥、种子、农用柴油、农用薄膜等检查情况看，全市农业生产资料价格虽然较上年同期有较大幅度上涨，但无互相串通、捏造、散布涨价信息，哄抬价格、操纵市场价格的违法行为。对遵义县烟草公司2001～2003年烤烟收购价格进行检查，查出超规定违法所得金额265万元，收缴50万元；查出桐梓县烟草公司价格违法金额24.92万元，收缴11.9万元。三是开展药品价格及医疗收费检查。检查医疗机构196家，查出违法所得金额332.25万元，现已处理37家，收缴45.75万元。四是开展节假日期间市场价格检查。遵义市物价局会同交通等部门开展客运票价检查和出租车票价检查，对乱涨价的客运车辆进行了查处，清退多收价款5.56万元，罚款4.62万元。在节假日，开展了以火车站、汽车站、集贸市场、宾馆、超市、旅游点为重点的市场价格检查，共检查农贸市场31个、大型超市12家、粮油市场8个、主要沿街门点11924户，拆除虚假标价牌377块，发出《自觉遵守价格秩序提醒函》1800多份，为黄金周创造了良好的价格环境。五是开展成品油价格检查。遵义市物价局先后4次组织开展了成品油价格检查，并向中石油公司、中石化公司及各加油站发放了《遵义市物价局关于严格执行价格法律法规的提醒函》。共处罚100余家成品油经营户，罚款2.53万元。六是开展电力专项检查。遵义市物价局对部分电力公司对集体和个体小水电站的上网电价不执行国家规定标准和一些乡镇供电所在执行对外作业收费中存在自立项目收取转户费、代维费等乱收费行为进行了查处。查出电力部门价格违法金额900余万元。七是加大对价格举报案件的查处力度。全年共接听消费者价格咨询电话2500余次，受理群众举报43件，省局交办16件，共退还消费者52.73万元。

（田瀚青）

【规范民用液化气价格】 2004年，为规范全市民用液化气价格行为，稳定市场价格秩序，促进公平竞争，保护消费者的合法权益，遵义市物价局多次召集液化石油气经营者座谈，宣传价格政策，印发《遵义市物价局关于2004年一季度瓶装液化石油气政府指导价的通知》和《关于贯彻<贵州省民用液化石油气价格管理办法>实施意见的通知》，督促各经营户守法经营。同时按照《贵州省定价目录》规定的管理权限，经过测算，制定了全市石油液化气综合费率和批零差率，保持了全市液化石油气市场价格的稳定，维护了经营者和消费者的合法权益。

（田瀚青）

【全市公办义务教育阶段全面推行“一费制”】 9月3日，根据贵州省有关文件精神，遵义市物价局会同财政、教育等部门召开了遵义市关于义务教育阶段推行“一费制”收费办法工作会议，制定“一费制”实施方案，在全市全面推行义务教育阶段学校“一费制”收费办法。从9月13日起，遵义市物价局深入14个县、区（市），对各地“一费制”执行情况进行督导检查，确保了本市“一费制”工作落实到位。

（田瀚青）

【煤炭价格调节基金征收管理工作全面启动】 2004年，遵义市物价局会同有关部门反复调研和讨论，制定了《关于贯彻实施<贵州省煤炭价格调节基金征集使用管理办法>的实施意见》，经遵义市政府同意并印发各县、区（市）执行。对提高政府调控煤炭市场价格的能力，促进全市煤炭工业和下游产业的可持续发展，合理配置煤炭资源，调节煤炭市场供应起到了积极的作用。全市除湄潭、凤冈、余庆、绥阳县外，都成立了煤炭价格调节基金管理办公室，加强了外运煤炭的管理。煤炭价调节基金征收管理工作已全面启动。

（王德佩）

【规范价格用语，强化明码标价】 2004，遵义市物价部门加强明码标价，倡导公平、公正、诚实守信经营的工作力度，在全市发放商品明码标价签146万张，规范标价内容，强化价格环境规范用语，对使用“平价商店”，无依据的“特价店”、“大甩卖”、“出血价”等误导性、欺诈性用语的经营行为进行了清理纠正。在对全市31个农贸市场、12家大型超市、8个粮油市场、11924户主要沿街门面的检查中，拆除虚假标价牌377块，发出《自觉遵守价格秩序提醒函》1800多份，对市场上不明码标价、虚假打折、虚假削价、虚假优惠价等价格违法行为进行查处。

（田瀚青）

【物价鉴证工作有序开展】 2004年，价格鉴证工作坚持“公平、科学、合理、公开”的工作原则，自觉接受社会监督，全市共受理价格鉴定6439件，鉴定金额为8383万元。其中涉案刑事案2744件，金额为5461万元，非刑事案件166件，金额为1846万元；受理道路交通事故车物鉴定3529件，金额为1076万元。全年物价部门无一起行政复议案件和违纪、违规行为。

（田瀚青）

【居民消费价格继续上扬】 2004年，全市物价总体运行情况偏高，居民消费品价格指数与上年同期相比增长了4.4%。从调查的八大类商品及服务项目价格变化来看，受粮食、油脂、肉禽及其制品、蛋等农产品价格大幅度上涨的影响，食品价格比上年上涨11.2%。其中粮食、油脂、肉禽及其制品、蛋、水产品、鲜菜、鲜果分别上涨20.6%、8.9%、26.1%、17.7%、20.2%、1.5%、1%。受2003年6月出台的《医疗服务项目收费》标准的滞后影响，医疗保健和个人用品价格上涨1.8%；受学杂托育费、有线电视收视费等价格上涨的影响，娱乐教育文化用品及服务价格上涨3.5%；受液化石油气、煤等价格上涨影响，居住价格上涨3.5%；家庭设备用品及维修价格和城市间交通分别上涨0.4%和23.1%；交通和通讯、通信服务、衣着价格分别下降1.1%、1.4%、2.4%。

（价格监测调控科）

审　计

【概况】 2004年，全市审计工作认真贯彻执行《审计法》及其《实施条例》，树立“争创一流”的工作目标，严格执行审计准则，紧紧围绕全市经济社会发展工作中心，以维护群众利益为重点，坚持科学发展观，加强审计监督，依法行政，依法审计，依法处理，较好地完成了各项审计工作任务和交办任务。全年共完成审计和审计调查项目411项，为省审计厅、遵义市政府调整下达计划数196项的209.7%，查出违纪违规资金65123万元，其中：违规金额18470万元，管理不规范金额46608万元，损失浪费金额45万元。经审计依法处理，应交财政1558万元，应减少财政拨款和补贴728万元，应归还原渠道资金5356万元，应调账处理金额5925万元，应自行纠正金额51068万元。已上交财政1494万元，已减少财政拨款和补贴728万元，已归还原渠道资金4952万元，已调账处理金额5493万元，已自行纠正金额45710万元。向司法机关、纪检监察机关移送案件4件，建议有关部门处理4件。

遵义市审计局完成审计项目30项，为省审计厅调整计划数21项的138.1%，为遵义市政府调整计划数27项的111.1%。查出违纪违规金额20483万元，其中：违规金额3577万元，管理不规范金额16906万元，损失浪费金额23万元。审计依法处理：应交财政446万元，应归还原渠道资金1436万元，应调账处理金额1508万元，应自行纠正金额16974万元。已上交财政438万元，已归还原渠道资金1427万元，已调账处理金额1503万元，已自行纠正金额16829万元。

一、审计项目计划早安排，审计目标责任早落实。2004年，按照全市审计（调查）项目计划的安排，把提高审计质量、加大对重大违法违纪问题和经济案件的查处、维护全市正常经济秩序和群众利益作为重点，加强对重点领域、重点部门和重点资金的审计监督。围绕遵义市委、市政府关于“城市化、工业化、农业产业化”发展的要求，把工业化建设资金的审计调查纳入审计项目计划，把关系人民群众生产生活的扶贫资金、环保资金、社会保障资金、救灾资金等列为审计重点，并跟踪反映地方经济发展中的热点难点问题。

全年审计项目计划包括：1. 遵义市和各县、区（市）上年度财政预算执行和其它财政收支审计；2. 财政决算审计；3. 乡（镇）财政状况审计调查；4. 粮食企业财务亏损挂帐清查审计；5. 环境保护资金审计；6. 社会保障资金审计；7. 民政救灾资金审计；8. 拖欠民工工资审计调查；9. 公路收费站财务收支审计；10. 工业化建设资金审计调查；11. 红花岗区、开发区税收入库审计调查；12. 外资运用项目审计；13. 固定资产投资审计；14. 血站血库财务收支审计；15. 技术监督局系统财务收支审计；16. 领导干部任期经济责任审计等。要求各县、区（市）审计局结合自身实际，围绕当地党政工作中心和社会关注的热点难点，自行安排其他审计项目。按照调整后的年度审计项目计划，遵义市审计局制定了目标责任书，分解落实审计任务，与各审计组签定了目标责任状，确保审计项目计划按时保质保量完成。

二、以群众利益为根本，认真组织专项资金审计。2004年，加强了对关系人民群众生产生活的民政救灾专项资金、环境保护资金、社会保障资金、扶贫资金的审计。从完成的73个审计项目情况看，存在的主要问题是擅自改变计划和资金投向、截留挪用专项资金、虚列支出、设置账外资产、应缴未缴专项资金、资金未纳入专户管理、未按时拨付资金等问题。共查出违纪违规金额3774万元。审计部门依法作出处理：应上交财政150万元，已上交财政145万元；应归还原渠道资金893万元，已归还原渠道资金650万元；应调账处理金额242万元，已调账处理金额225万元；应自行纠正金额2185万元，已自行纠正金额1699万元。

三、切实做好行政事业单位财务收支审计和实施其他项目审计。全市审计机关完成行政事业单位财务收支审计107项，查出违纪违规金额18505万元。查出的主要问题包括应缴未缴预算收入、隐瞒截留、挤占挪用、虚列支出、少计少缴税金、预算外收入未缴专户、未按规定计提基金、超标准超计划支出、设立账外资产等。对这些问题,审计部门分别依法作了处理。根据2004年审计项目计划安排,完成了拖欠民工工资情况、工业化建设资金使用情况、"两城区"税收混级混库情况、城市配套费、人防异地建设费的审计调查;完成了遵义市政府驻广州办事处下属的淡水公司财务收支审计和全市粮食企业财务亏损挂帐清查等。通过审计和审计调查,对存在的问题,分别提出了审计建议,并依法作出审计处理。

四、审计"人、法、技"建设进一步加强。全市审计机关认真抓好审计法制化、制度化和规范化建设,不断提高全市审计工作整体水平。一是强化审计质量。2004年初,遵义市审计局把提高审计质量列为重要议事日程,多次召开专题会议研究布置,建立健全质量控制体系。继续完善《遵义市审计机关质量检查办法》、《审计组长廉政责任制考核办法》,建立健全了审计项目"三级"复核制度、审计报告审定会议制度。同时,全市审计机关对上年度下达的审计决定落实情况和2004年完成的审计项目质量进行了检查,并将检查结果上报。二是完善审计目标考核办法。在广泛征求意见的基础上,修订完善了《2004年度审计工作目标考核办法》,把审计项目任务、审计基础工作、党风廉政建设工作、普法依法治理和综合治理工作、精神文明建设等工作纳入全年目标考核,量化评分,做到切合实际,客观公正。三是继续推进"三优"评选工作。修订和完善了"三优"考核评比办法,要求市、县(区、市)审计人员按照"优秀审计项目"、"优秀审计报告"、"优秀审计信息"评选标准和评比办法,注重每一个审计项目的各个环节,牢固树立"精品"意识,保证审计质量,提升审计成果,防范审计风险。四是加大审计培训力度。选派县、区(市)审计局长参加审计厅法规培训,选派业务骨干参加省审计厅相关业务培训,组织专业审计人员外出学习。市审计局全体职工分别参加遵义市委、市政府、市司法局组织的《行政许可法》学习培训和考试。还于3月11日、6月17日举办审计署5、6号令培训班,各县、区(市)审计局长、分管法制工作的副局长、法制科(股)长和市局全体职工参加了学习,邀请省审计厅总审计师进行专题辅导。五是2004年3月10~15日,遵义市审计局组织有关人员对深圳市审计局绩效审计进行学习考察,返回后提交了《深圳市绩效审计考察报告》,就党委政府重视、人大支持、审计资源配置、如何开展绩效审计等问题向遵义市委、市政府提出了建议,对推进全市绩效审计工作的开展起到了积极的促进作用。六是认真总结经验,不断深化审计工作。3月,遵义市审计局在遵义供电局召开内部审计工作会议。对加强各单位内部审计工作,强化事前、事中监督,将预防关口前移,防止违反财经纪律的现象进行总结和探讨。办理了全市内部审计人员上岗证107个,组织财务会计审计人员49人参加全国中级、高级审计师任职资格的报名考试。4月,在仁怀市组织召开了全市预算执行审计工作经验交流会议,对全市开展"同级审"8年来的经验进行了交流和总结,并就在加强真实性、合法性审计的基础上,促进绩效审计的开展进行了探讨,会议还编辑印发了《全市预算执行审计经验交流文集》一书,得到省厅领导、遵义市人大领导和与会同志的好评。七是积极推进电子政务建设。全市审计机关已将计算机配到各科(股),余庆、仁怀、红花岗区、赤水等县(市)已建成局域网,遵义市审计局拟订了电子政务建设方案,并纳入遵义市政府电子政务建设总体规划。

(*唐恩友*)

【实施外资运用审计】 为促进依法有效利用外资,继续对国际金融组织贷款和国外援助贷款的21个项目单位进行了审计。查出违纪违规金额566万元。审计加大了监督力度,揭示出虚列工作量、配套资金不落实、不到位等问题。通过审计督促项目执行单位严守法律和项目协议,规范财务管理和会计核算,促进了外资合规、合法、有效使用。

(*唐恩友*)

【开展领导干部经济责任审计】 2004年,根据遵义市纪委、组织、人事、监察、审计五部门联席会议明确的领导干部经济责任审计工作的重点,认真开展领导干部任期经济责任审计。遵义市审计局审计了1名遵义市直单位县(处)级领导干部和1名县长。按照省审计厅的要求,收集、整理了近年来全市开展领导干部经济责任审计查出的典型案例予以上报。各县、区(市)审计机关按照当地党委政府的安排,开展领导干部经济责任审计工作。全年完成乡(镇)科级领导干部经济责任审计51项,查出违规金额15831万元,均按照财经法规进行了审计处理,并向有关部门提交了审计结果报告,为组织人事部门选拔任用干部提供了参考依据。在开展领导干部经济责任审计工作中,由于红花岗区力度大,2004年12月受到中纪委、中组部、人事部、监察部和审计署的表彰。

(唐恩友)

【财政预算执行审计得到市人大的肯定】 2004年,全市审计部门继续采取"账户入手,下审一级"的方法,检查了地方财政收支及预算管理。重点检查和揭露财政分配及税收征管中存在的不真实、不合法、不规范以及损失浪费问题,提高预算资金的使用效率,促进各部门严格执行《预算法》,管好用好财政资金。结合"同级审",遵义市审计局对红花岗区、汇川区"两城区"税收混级混库和对工业化建设资金进行了审计调查。通过审计,全市审计机关共完成审计项目14项,审计查出的主要问题有:编制赤字预算、违规变更预算、应缴未缴预算收入、违规核销、隐瞒转移预算收入、虚减财政收入、虚列财政支出、截留挤占挪用预算资金、延压滞留预算资金等问题。查出违纪违规金额20658万元,其中:违规金额6544万元,管理不规范金额14114万元,应交财政799万元,应归还原渠道资金1609万元,应调账处理金额2489万元,应自行纠正金额17864万元。通过审计处理已上交财政789万元,已归还原渠道资金1609万元,已调账处理金额2301万元,已自行纠正金额16443万元。6月28日遵义市审计局受遵义市政府委托,向遵义市二届人大常委会十次会议作了市本级财政预算执行和其它财政收支的审计工作报告,得到遵义市人大常委会的充分肯定。

(唐恩友)

【编发审计信息,完成专题调研】 2004年,全市审计机关编发审计信息、审计要情180余篇,有40余篇信息分别被《中国审计报》、《理论与当代》、《贵州审计信息》和遵义市委、市政府信息、《遵义日报》采用。按时完成全省审计统计专题调研、遵义市委政研室"诚信体系建设"调研和遵义市委办《学习"三个代表"重要思想,推进"三化"建设——纪念遵义会议召开70周年》的专题调研报告。及时编报审计要情,其中关于扶贫资金的审计要情得到遵义市委主要领导的批示。

(唐恩友)

统　计

【概况】 2004年,全市统计系统牢固树立统计工作为党政决策服务、为全面实现小康社会服务的观念,提出统计"六延伸"管理办法,狠抓统计方法制度改革,统计服务质量进一步提高,为及时、准确地为遵义市委、市政府科学决策提供重要依据。

一、着眼基层夯实基础,统计"六个延伸"进一步加强。为规范镇(乡)统计工作,依法搜集、报送统计资料,确保基层统计数据来源真实可靠,遵义市统计局提出统计数据库建设、统计规范化管理、统计队伍建设、统计教育培训、统计目标化管理、统计法规宣传延伸到镇(乡)的统计"六个延伸"管理办法。全市241个镇(乡、街道办事处)均建立综合统计站,配备了专兼职统计人员,80%的镇(乡、街道办事处)综合统计站配有微机和电话。

二、结合实际努力探索,统计方法制度改革稳步推进。为适应全市经济发展的要求,遵义市统计局狠抓统计方法制度改革。重点抓了农村住户扩点工作,建立健全规模以下工业抽样、畜牧业抽样、商业网点调查的统计调查方法和制度。建立健全招商引资统计调查制度。积极探索"农村一套表"统计调查方法和制度。继续推行农业发展速度计算方法试算。积极推行新的工业发展速度计算方法。

三、统计服务质量稳步提升。2004年,遵义市统计局编撰了《领导干部手册》、《遵义统计年鉴》、《遵义经济要情》。发布了《2003年遵义市国民经济和社会发展统计公报》,为各级党政领导决策提供国民经济和社会发展的历史资料。为遵义市委、市政府的强县强镇工作、十一五规划、创建"中国优秀旅游城市"、非公有制经济发展、小康建设等提出了建议。及时为遵义市委、市政府提供统计信息和分析,撰写文章和短信息356篇,被国家级、省级、市级报刊、杂志采用53篇,被国家级、省级网站采用145篇。

四、依法治统力度加大,统计法制建设成效显

著。为提高统计数据质量，确保统计数据真实可靠，遵义市成立了由分管市长为组长的统计执法检查领导小组，各县、区（市）也相继成立了统计执法检查领导小组。通过执法检查，依法对有统计违法行为的28家单位进行了行政处罚。2004年，全市共立案28件，结案28件。其中：要求听证的1件；通过行政复议的2件，没有一件被撤销；通过行政诉讼的1件，一审二审均维持原处罚决定；依法提请人民法院强制执行的2件。

五、统计教育再创佳绩，办公自动化建设再上台阶。2004年统计人员持证上岗培训人数1040人，考试人数1033人，合格人数1029人，合格率为99.6%。统计专业技术资格考试报名164人，其中初级44人，中级120人；参加考试人数872人，其中初级23人，中级64人，出考率53%。中级合格11人，初级合格5人，合格率18.4%。随着统计工作的发展和改革，统计工作依靠计算机技术进行数据处理和信息传输显得更为重要。2004年新购置计算机2台，完成了办公自动化系统升级。

六、经济普查工作健康推进。全市经济普查工作扎实、高效、有序推进，组建普查机构，完善和细化普查方案；健全各项工作制度；落实责任、经费；做到宣传到位，家喻户晓；部门参与，全力配合；加强领导，督查到位；严格选调“两员”，加强“两员”培训；认真开展试点，确保“两员”素质。开展了基本单位的清理、核实和建库，个体经营户的普查登记基本结束。建立了以财务决算为单位的《遵义市基本单位普查名录库》，认真开展了法人单位普查指导员和普查员的选调及培训。

（冉隆祥）

城市调查

【概况】 2004年，遵义市城市社会经济调查队认真贯彻执行《统计法》，坚持实事求是的原则，以提高统计数据质量为核心，以为党政机关和社会提供优质服务为重点，狠抓统计基础工作，加强统计服务功能，求真务实，开拓创新，充分发挥调查统计“参谋、助手”的作用，顺利完成各项调查统计任务。

一、建立健全有关规章制度。2004年初，城市调查队在认真总结《岗位责任制》具体执行情况的基础上，结合贵州省城调队目标责任制的具体要求和遵义市统计局的工作安排，制定2004年度《专业岗位责任制》、《工作考核评比办法》、《劳动纪律考核制度》等规章制度，并定期对执行情况进行严格考核。规章制度的建立健全，加强了职工的工作责任感，提高了工作效率，为及时、全面、准确地完成各项调查统计任务提供强有力的保证。

二、搞好住户调查工作，为各级领导服务。2004年，城市调查队认真组织职工学习住户调查专业的方案制度和有关文件精神，认真执行访户制度，努力提高访户质量，严肃认真地贯彻执行《统计法》，力求从源头上搞准统计调查数据，为各级领导掌握情况、制定政策服务。随着全市经济社会的发展，人们的经济收入有了很大提高，生活状况极大改善，其思想观念也发生了变化，调查户对建队以来一直未变的调查补贴已不放在眼里，记账热情和配合程度都有一定幅度的下降，给住户调查工作带来一定困难。对此，城市调查队从实际出发，要求调查人员坚持入户调查制度，认真做好调查户的思想工作，增强调查户为国家提供数据资料的责任感和荣誉感。通过调查人员坚持不懈的努力，城市调查队的调查户队伍得到巩固，圆满地完成了全年的工作任务。

二、搞好物价调查工作，提高报表质量。2004年初，城市调查队组织专业调查人员认真学习物价调查专业的方案制度和上级有关文件精神，认真总结工作经验，努力学习报表知识，严格执行报表制度，坚持采价到点，按时搜集商店价格及集贸市场农产品成交价格，同时组织调查人员共同探讨新情况、新问题。通过这些措施，提高了工作质量，较好地完成全年物价调查统计工作，也为上级部门和当地党政领导及时、准确地提供了可靠的物价资料。

四、按照上级安排，搞好“自查”。2004年，根据贵州省城调队的工作安排和部署，本着对工作认真负责、实事求是的精神，遵义市城市调查队对物价调查专业和住户调查专业报表数据的准确性，规格品的代表性，原始资料的收集情况、统计台账、访户制度的执行情况，样本的代表性及轮换情况，编码的准确性及录入情况进行了自查、互查。通过自查，业务水平得到了提高，对自查中发现的问题进行讨论并及时纠正，收到了预期效果。根据遵义市政府的安排和部署，在两城区分别进行4000户、

12000人的"遵义市居民出行情况调查"工作。这次调查工作时间紧、任务重。在历时一个多月的问卷调查和审核、编码、录入过程中,调查人员认真负责、善始善终的工作作风得到市政府有关部门及同济大学专家的充分肯定。

（赵广新）

【工业品价格调查工作顺利完成】 为确保遵义市工业品价格统计调查工作的顺利进行,更好地满足国民经济核算和经济分析、决策和管理的需求,遵义市城调队3次到各县、区(市)进行调研,深入各抽中的企业宣传、讲解工业品价格调查的重要意义,对企业的价格数据和台账进行细致的核实和检查。通过调查人员的努力,克服了大量困难,顺利完成了工作任务。

（赵广新）

【33篇统计分析文章被新闻媒体采用】 2004年,遵义市城调队共撰写统计分析文章46篇,其中33篇被各级新闻媒体采用,采用率71.74% 。统计分析文章涉及遵义市经济社会的诸多领域,文章中有数据、有分析、有建议,受到了当地领导部门的重视。9月上旬,城调队对政府和社会各界关注的物价热点问题进行了专题调查,写出专题调查报告并在该队主办的《统计与分析》第23、24、26期连续刊载,受到市长的关注。为市政府决策提供了依据。

（赵广新）

企业调查

【概况】 2004年,全市企调工作把深入企业、深入群众、深入基层作为完成任务的基础,按照国家统计局企调总队和贵州省企调队的要求开展各项工作,顺利完成全年工作任务。

一、采取针对性措施,做好企业景气性调查。 企业景气调查是企调工作的一项主要内容,涉及全市各县、区(市)164家企业。为了提高调查质量,针对上年调查中存在的问题采取针对性措施,严格审核把关,大大降低了逻辑性、技术性差错。同时,对每季度的走势进行分析判断,为全市经济的宏观运行发挥了一定作用。

二、做到三个到位,确保规模以下抽样调查任务的完成。 规模以下工业抽样调查是企调工作的重心。由于调查涉及面宽,调查次数多,工作要求高,企调队在工作中始终做到三个到位:①布置工作任务到位,对样本企业、样本村(居)核对要准确。②国家统计局和贵州省企调队要求中心城市企调队亲自调查的任务要到位。③按照工作程序做好各个环节的工作要到位。工作中出现问题及时向贵州省企调队汇报,确保国家调查任务的完成。

三、从实际出发,做好现企跟踪调查和企业集团调查。 遵义市列入国家现企调查的企业11家,企业集团6家。针对2004年被调查单位中出现的新情况,一是认真核对企业财务指标;二是及时更换样本,将原来的样本单位遵义铁合金集团除去,新增遵义家诚药业集团。

四、明确责任,完成专项调查。 专项调查是国家统计局为宏观经济需要布置的临时性调查任务。2004年,在全市范围内进行了固定资产投资项目调查、三线企业调查和冬季用煤情况专项调查。由于工作责任明确,按时完成了以上3项调查任务。

（何剑刚）

【做好专题调研,服务地方政府】 为了做好为地方党委、政府的服务工作,遵义市企调队集中人力、物力、财力进行了两次专题调研。一是关于全市城镇化的调研,历时3个月,形成了调研报告《城镇化提速,机遇与挑战》,该报告受到遵义市委领导的好评,并批转各县、区(市)主要领导阅读,作为全市城镇化决策的依据。二是开展全市旅游业调研,结合遵义市实际,借鉴四川宜宾、达州发展旅游业的一些经验和做法,提出了加快发展本市旅游业的建议。

（何剑刚）

【重要信息上报取得成效】 2004年,遵义市企调队深入实际捕捉热点、难点,编写了大量重要信息。全市上报重要信息26篇,其中被省委、省政府、省总队采用14篇,采用率达54%。其中《烤烟生产应适时调整》一文经省队"企调信息"62期上报省委后,引起省委领导和省烟草公司领导的重视,并分别对该条信息作出批示。

（何剑刚）

【何剑刚获全国统计系统先进个人称号】 2004年,何剑刚在省人事厅、省统计局4年一次的统计系统先进集体、先进个人评选中,被评为全国统计系统先进个人,受到国家统计局的表彰。

(何剑刚)

质量技术监督

【概况】 2004年,遵义市质量技术监督工作按照国家质检总局"从源头抓质量,提高工作有效性;从基层抓落实,提高依法行政水平"的总体要求,坚持依法行政、廉洁执法,以整顿和规范市场经济秩序和加强食品安全工作为重点,以抓好党风廉政建设和行政效能建设为突破口,全面推动各项工作的顺利开展。

一、开展各类专项打假行动,解决行业性、普遍性的质量问题。市质监局以农资、食品、建材、絮棉制品、烟花爆竹、燃气充装、锅容管特、酒类等产品为重点,开展各类专项打假行动。2004年,全市质监系统出动执法人员7859人次,出动执法检查车辆1485台次,办理行政案件704件(结案率97%),其中万元以上案件24件,5万元以上案件2件,10万元以上案件1件。全年查获违法产品标的价值1290余万元,查获"地条钢"及劣质钢材259.71吨,黑心棉163床,废棉130公斤,烟花爆竹11件,假茅台酒160瓶,农膜375公斤,假化肥849吨,不合格电热毯702床,假冒洗发水147件,电视机11台,白酒350件,劣质显示器21台,电源开关121台,劣质食品672件,劣质奶粉608包,假农药5件,陈化粮3.65吨,劣质菜油3吨等。全年受理消费者投诉136起(办结率98%),为消费者直接挽回经济损失76万元。

在"3·15"活动期间,市质监局与遵义市电信公司取得联系,根据国家信息产业部《关于为国家质量技术监督局核配"12365"号码的函》的规定,于3月14日上午9时,开通了全市质监系统"12365"举报、投诉专线电话。并通过电视、电台、报纸和手机发送短信以及市质监局领导发表电视讲话等形式宣传介绍"12365"举报、投诉专线电话,并作出了全年365天受理投诉、举报的承诺。

二、认真抓好企业标准复审清理工作。2004年,市质监局完成全市200多家企业标准化档案、企业产品执行标准的登记(备案)以及对企业生产现状、产品质量状况的核查确认;完成270多家企业的513个产品标准的复审,并按新的微机管理要求换发了新证。与此同时,积极开展咨询服务,帮助企业咨询或查询标准化、质量方面的法律法规信息300多项/次。指导企业制(修)订标准30个,登记企业产品执行标准194个,发放登记证194个,备案企业标准68个,审核食品标签640个。

三、加强农业基础地位,大力推进农业标准化工作。为贯彻落实2004年省、市政府农村工作会议精神,市质监局发挥质监部门的整体优势,积极开展"遵义市农业标准化体系建设现状"调研,并引起遵义市委、市政府的高度重视,从而推进了全市食品安全监督检验工作;与有关部门密切协作,完成赤水"生态竹业"、绥阳"绿色生猪"两个农业标准化示范项目的调研,并指导示范项目体系的编制及标准起草工作;配合完成第三批全国农业标准化示范项目——余庆苦丁茶的验收。8月17日,国家标准化管理委员会副主任孙晓康在对绥阳农业标准化调研后,对绥阳县标准化工作给予了充分肯定。

四、积极实施生产许可证制度,严格审查程序。全市全年共有249家企业获得产品生产许可证。其中,白酒行业164家,食品28家,水泥50家,其它类13家,另有20家生产企业现场审查通过,等待发证。通过对生产许可证的换发,一批设备、工艺先进的水泥旋窑企业得以引进,使全市水泥的生产工艺有了质的飞跃,为遵义市政府加强对全市宏观经济的调控和提高全市水泥产业整体水平发挥了决定性的作用。

五、实施质量兴市,积极开展创名牌工作。为了深入贯彻落实《质量振兴实施意见》,稳步推进质量兴市工作,市质监局会同有关部门起草的《关于遵义市创名牌工作的实施意见》得到遵义市委、市政府的首肯,遵义市人民政府办公室批转了《关于遵义市名牌发展和产品创新战略意见的通知》。由此,一批"中国名牌产品"、"贵州名牌产品"在遵义出现。如贵州钢绳股份有限公司生产的"巨龙"牌钢丝绳和另外3个产品,分别被评为2004年度"中国名牌产品"和"贵州省名牌产品"。极大地增强了全市广大企业加强质量管理、争创名牌的信心和决心。为进一步提高遵义市眼镜行业的整体水平，使消费者能够用上合格放心的眼镜，借鉴外地经验，并结合本市实际，经多次调研，出台了遵义市眼镜质量“三包”规定，并于3月15日起在全市范围内执行。遵义市眼镜质量“三包”规定的制订和实施，得到各眼镜配制企业的大力支持，深受广大消费者欢迎。

六、建立和完善特种设备动态管理机制，加大对重点设备的监控。通过制定《遵义市在用特种设备定期检验管理办法》、《遵义市特种设备使用登记工作程序》、《遵义市特种设备安全监察及监督检验微机信息化管理办法》等制度，全市加强了对生产、储存危化物品企业的监控，按要求建立起重大危险源监控措施和重大危险源设备档案。市质监局全年召开安全例会3次，就特种设备安全中存在的主要问题进行分析研究，制定相应的解决办法。通过检查督促，全市大部分企业都按规定建立了事故应急预案。为确保全市特种设备安全经济运行，在《特种设备安全监察条例》颁布实施一周年之际，组织有关企业参加《条例》知识培训会。通过对《条例》的宣传贯彻，提高全市特种设备安全管理人员政策法规水平，建立起完善的特种设备安全管理网络，逐步实现特种设备的动态管理。全面启动压力管道普查，督促检验机构完成设备定检工作。3月，市质监局下发《关于在全市开展压力管道专项普查整治工作的通知》，成立普查整治工作领导小组，制定压力管道工作实施方案，并按方案认真实施。截止12月底，共完成特种设备定检1588台，占设备定检率的97.4%。其中，锅炉369台，压力容器449台，电梯369台，起重机械292台，厂内机动车辆89辆，游乐设施20台，压力管道检验1.10Km，气瓶检验7360只。

（田洪委）

【一批企业产品获全国、全省“名牌产品”称号】 贵州钢绳股份有限公司生产的“巨龙”牌钢丝绳，被评为2004年度“中国名牌产品”，遵义市政府兑现奖金20万元。这是全市首次获此殊荣的产品。贵州钢绳股份有限公司生产的“巨龙”回火胎圈钢丝、贵州省赤天化集团有限责任公司“赤”牌尿素、余庆县粮食购销有限责任公司“大凉山”牌大米被评为“贵州省名牌产品”。

（田洪委）

【遵义市开通“12365”质监举报投诉电话】 3月14日，“12365”举报投诉专线电话在全市开通。这项利民便民措施的实施、将使遵义市质监部门在服务地方经济、保护消费者合法权益，严厉打击制售假冒伪劣商品等违法行为方面，发挥更大的作用。

（田洪委）

【余庆县苦丁茶农业标准化综合示范项目通过验收】 余庆县苦丁茶是第三批全国农业标准化示范项目。经过三年努力，余庆县苦丁茶种植面积由300多亩发展到3.7万亩，农民户均增收3000元，社会、经济、生态效益十分显著。2004年4月16日，该项目通过由贵州省质量技术监督局、贵州省农业厅、遵义市质量技术监督局组成的联合验收组的验收。

（田洪委）

【召开贵州省辣椒系列制品质量安全标准宣贯会】 辣椒产业是遵义市食品工业发展的支柱产业之一。为指导本市辣椒制品生产企业严格按标准组织生产，提高产品质量，尽快达标，于8月12日举办了“贵州省辣椒系列制品质量安全标准”宣传贯彻会。会后，组织了一次全市辣椒系列制品质量安全标准大检查，使“贵州省辣椒系列制品质量安全标准”得到进一步执行。

（田洪委）

【“地条钢”回潮被查处】 针对劣质钢材专项打假的重点区域，采取“杀回马枪”的方式进行全面清查整治，严厉查处生产“地条钢”、用“地条钢”坯加工钢材、无证生产建筑用螺纹钢的违法行为。此次专项行动共出动执法人员285人（次），检查生产企业11家，查处生产企业4家，办理行政案件8件，查封没收“地条钢”及其制品32.25吨，生产用模具1.77吨，涉案货值金额8.5万元。

（田洪委）

【遵义市质监系统开展“廉政教育月”活动】 10月，是遵义市质监系统的廉政教育月。在教育月期间，主要检查各单位是否履行了对干部职工进行教育、监督的职责；职工个人是否有违反规定收受他人钱物的行为；是否如实填报《个人廉政情况汇报表》。对违纪违法事实主动向组织交待、积极改正错误的职工干部给予从轻处理;情节轻微的,免除党纪政纪处分;对有错误不交待,甚至顶风违规违纪的,给予从重处理。

(田洪委)

【市质监局召开会议专项研究食品安全工作】 10月27日,市质监局召开局长办公会专题研究食品安全工作。会议重点传达了国务院《关于进一步加强食品安全工作的通知》精神,明确当前要抓的重点工作:一是建立食品安全巡查制度,按照领导班子成员对食品安全实行分片责任制的要求,划定责任区;二是加快食品生产许可证的审理办理进度;三是按照国务院的规定,做好明年对食品生产环节监管职能的接管准备工作。

(田洪委)

【遵义市食品市场准入工作稳步推进】 截止2004年底,遵义市已有大米、乳制品等四大类63家食品生产企业获得65张食品生产许可证,从而拥有市场准入资格。其中,酱油、食醋5张,植物油14张,大米44张,乳制品2张。

(田洪委)

【2004年产品定检工作顺利完成】 根据《贵州省2004年定期监督检验产品目录》的要求,市质监局配合省质检所、省建材质检站、省矿产品质检站、省化工质检站、遵义市质量技术监督检测所等29家承检机构抽查了全市591家企业922批次产品,平均抽查合格率为76.7%。

(田洪委)

国土管理

【概况】 2004年,遵义市国土资源局认真贯彻落实党中央、国务院关于实行最严格的耕地保护制度的精神,扎实推进国土资源管理工作,取得了显著成效。

一、认真落实最严格的耕地保护制度。一是采取多种宣传方式加大对基本农田保护法律法规、依法调整情况、保护面积和范围的宣传,增强广大干部群众的法律意识。二是层层分解落实耕地保护目标责任,把责任落实到乡镇、村组。将基本农田保护作为巡查重点,及时制止违法占用、荒芜、闲置基本农田的行为,严肃查处占用基本农田的违法案件。2004年全市围绕基本农田保护和其他方面的巡查共7372次,发现违法行为2050件,及时制止1435件。三是组织开展基本农田保护大检查。市国土资源局组织3次业务培训,到各县督查5次。通过大检查,全面落实基本农田的"五个不准"。四是加大土地开发整理复垦补充耕地的力度。全年共踏勘土地开发整理项目30个,立项9个,验收27个,立项审查19个,验收审查27个。建立县级"基本农田后备资源库"和"基本农田调整补划台帐"。五是从严控制建设用地规模,严格按规划用地,严把征地和农用地转用审批关,坚持"六个一律不批"。

二、深化土地市场秩序治理整顿工作,加快国土资源市场建设步伐,强化国有资产管理。一是认真贯彻《国务院办公厅关于深入开展土地市场治理整顿严格土地管理的紧急通知》,深入开展土地市场治理整顿工作。按照省厅治理整顿工作方案要求和实施方案程序。共清理新上项目用地279宗,已按有关要求上报省治理整顿办。二是结合土地市场治理整顿,加大对国土资源违法案件的查处力度。全市共查处土地违法案件1378件,已结案1289件,拆除建筑物8400平方米,没收建筑物8.7万平方米,复耕土地12公顷,收罚没款1122.47万元。其中遵义市国土资源局直接查处国土资源违法案件47件,结案46件,没收建筑物2万平方米,复耕土地38.6亩,没收违法所得217.83万元,罚款538.512万元,并向省厅备案。对遵义县人民政府非法转让集体土地给红花岗区建忠庄高新技术园区、桐梓县政府和桐梓县长城水泥有限公司违法占用基本农田修建水泥厂等影响较大的案件,依法进行了查处。三是认真解决拖欠农民征地补偿费问题。市国土资源局印发了《关于做好征地补偿安置维护社会稳定的通知》。对全市征地补偿安置情况认真检查,对拖欠部分督促当地政府补偿,已于2004年底前兑现完毕。协助有关部门调查处理湄潭县鱼泉镇金桥小学拖欠征地费用典型案件。

三、加强建设用地管理,规范土地出让行为,确保土地市场有序、规范和健康运行。一是严格执行国土资源部《招标拍卖挂牌出让国有土地使用权规定》,对经营性土地一律实行招标拍卖挂牌出让。遵义市中心城区共审核上报遵义市政府批准处置国有土地共25宗,面积903808.11平方米,收取出让金25223.68万元。其中,行政划拨用地4宗,面积65760.65平方米;拍卖出让土地2宗,面积170357.69平方米,出让金2615.14万元;挂牌出让土地12宗,面积302095.07平方米,出让金16794.30万元;采取协议方式出让土地7宗,面积365594.7平方米,出让金5814.24万元。二是按照省政府、省国土资源厅规定的期限,按时完成了全市10个省级重点建设项目征用土地审核报批工作;同时督促各县、区(市)全面开展了公路改造、农电建设和义教工程用地补办用地手续准备工作;及时审核报批各类建设项目用地。经市国土资源局审核上报省政府审批的建设项目用地1374.63公顷。其中,耕地578.86公顷。三是认真清理和清缴遵义中心城区闲置建设用地和土地出让金。按照市政府的安排部署,对本市中心城区历年来的闲置建设用地和拖欠出让金情况进行了认真清理,截止12月20日,已追缴出让金2867.26万元,对9宗闲置建设用地向遵义市政府提出了处理意见。

四、认真抓好地质环境保护和地质灾害监测预防工作。一是认真贯彻落实国务院颁布的《地质灾害防治条例》,全市发放《条例》宣传资料2万余份,加强地质灾害防治知识的普及,进一步完善了全市地质灾害监测、预警预报和群测群防网络体系。二是编制完成了《2004年遵义市汛期地质灾害防灾方案》和《遵义市突发性地质灾害应急预案》,并报经遵义市人民政府审定,印发各县、区(市)人民政府及遵义市直部门执行。三是指导各县、区(市)人民政府建立地质灾害防治工作领导小组,并将地质灾害防治经费纳入同级财政预算。制定发布了《突发性地质灾害应急预案》和《2004年度地质灾害防治方案》(防灾预案);建立了国土资源、经委、财政、交通、水利、建设、乡企等部门的地质灾害防治工作部门责任制,坚持谁主管谁负责。四是开展地质灾害巡查工作。汛前对赤水市、凤冈县8个乡镇11个地质灾害重要隐患点开展了巡查。汛期会同遵崇高速公路遵义指挥部、构皮滩电站建设公司等重要工程项目主管部门开展遵崇公路沿线、构皮滩电站等地质灾害隐患巡查和地质灾害防治检查,督促建设单位及时对桐梓县娄山关镇白果树、汇川区高桥镇苹果山滑坡等重要隐患点进行及时治理。五是认真搞好调研和防灾指导工作。及时商请、组织二勘院、化工地质队专家,对红花岗区岩口危岩体崩塌、赤水市万家组山体滑坡等9处重要地质灾害点,进行现场调查,查明地质灾害的规模、成因及危害,编制出应急调查报告,提出了防灾减灾的措施,及时为政府实施防治工作提供了科学依据。对正安县王家坪山体滑坡、湄潭县兰江塌陷等4处重要地质灾害的防治工作进行指导、督促。2004年,全市发生地质灾害灾情43起,死亡1人,重伤1人,直接经济损失900余万元。与去年同期相比,灾情减少23%,死亡、重伤和直接经济损失分别下降94%、95%和64%。

(刘兴旺)

【完成全市土地登记规范化清理】 5月27日,全市完成土地登记规范化、统计分析、上报省厅工作;指导各县、区(市)开展集体土地所有权登记发证工作,对凤冈县、湄潭县集体土地所有权登记发证工作进行检查验收;完成5份土地估价报告、16宗土地估价结果的审查、备案登记工作。

(刘兴旺)

【进一步抓好土地储备工作】 2004年,遵义市土地储备中心得到财政部门的理解和支持,返回土地收购成本800万元。与规划部门协作,及时提供处置储备土地的规划指标和手续。市国土资源局与金融部门合作,取得土地收购储备的必须资金;其中向建行争取到2000万元抵押贷款,解决了收购长征十一厂90.1亩土地资金不足的问题;与遵义县政府及其职能部门密切配合,推动重点项目拆迁安置工作。全年共处置储备土地3宗,面积256.60亩,成交价8589万元。其中,原机械化仓库用地17.37亩,由元盛房开公司竞买取得,成交价2600万元;喇叭河沿西北侧84.96亩,由元盛房开公司竞买取得,成交价2818万元;遵义大道东侧龙坑镇大土村境内154.27亩,由遵义市公共交通有限责任公司竞买取得,成交价3810万元。

(刘兴旺)

【深化国土资源法制宣传,积极推进依法行政】 2004年,结合全市实际,市国土资源局制定下发了《遵义市国土资源系统2004年度宣传工作意见》,3月21日组织全市《行政许可法》培训和宣传活动;4 月 22 日地球日,组织局机关干部职工前往绥阳县参加宣传咨询活动,使地球日宣传活动有声有色;6 月 5 日环境日和“12·4”法制宣传日,组织红花岗区国土资源局、开发区国土资源分局和市局机关干部职工上街参加宣传咨询活动,接待群众咨询 300 多人次,发放宣传资料 5000 多份。遵义、务川等县还举办大型文艺演出,收到较好效果。

(刘兴旺)

【认真抓好测绘管理工作】 2004 年,市局对《贵州省测绘管理条例》修补草案进行深入调研,并提出了具体修改意见。遵义市境内有测绘资质单位 58 家,其中乙级 6 家,丙级 12 家,丁级 40 家。协助省厅完成了 6 家乙级单位的档案管理及质量体系的考核认证工作;受省厅委托,承担 52 家丙丁级测绘资质单位承担初审和档案管理及质量体系的考核论证工作。对桐梓、余庆、仁怀等县(市)在建设工程施工中损毁测量标志的行为进行了处理。重点查处无证测绘和超越资质测绘。在地图市场专项检查治理中,会同遵义市工商、新闻出版、贸易合作、外事和保密、电信等新闻媒体联合开展工作,检查市内各大书店、广告制作公司和一些展览场所等 20 多家单位,对悬挂的中国地图存在的问题进行了纠正。

(刘兴旺)

【加强党风廉政建设】 2 月,为贯彻落实中纪委三次全会精神,市局制定了《遵义市国土资源局党风廉政建设责任制》和《中共遵义市国土资源局党组 2004 年党风廉政建设和反腐败工作意见》。召开了全市国土资源系统纪检监察工作会议,安排部署党风廉政建设和反腐败工作任务,把党风廉政建设和反腐败工作纳入对各县、区(市)国土资源局的年度目标考核内容,签订目标责任书,与各项业务工作同布置、同落实、同检查、同考核。

(刘兴旺)

【贯彻落实“行政为民十项措施”和“五条禁令”】 1 月,国土资源部“行政为民十项措施”和“五条禁令”出台,市国土资源局组织干部职工开展了形式多样的学习教育活动。并于 6 月 18 日,组织了闭卷考试。

(刘兴旺)

【仁怀市加大国土资源巡查力度】 仁怀市国土资源局严格执行国土资源巡查责任制,实行包保制,将巡查责任落实到人,定区域、定人员、定责任,每月对全市进行一次全面巡查。各国土资源所每 10 天一次巡查,村每 5 天一次巡查,有巡查登记,有巡查台帐,每月都将巡查情况向市人民政府作书面报告,进一步健全了市、乡(镇)、村、组四级国土资源动态监察网络。在加大巡查的同时,强化处罚力度。全年共清查土地违法案件 288 件,立案查处 219 件,已兑现 197 件(其中:没收作价 154 件,拆除 43 件),收缴罚没款 120 余万元,立案率达 100%,结案率达 90% 以上。查封关闭非煤矿山 16 间,炸封反弹的无证煤窑 21 间,炸封和砌封废弃老洞 128 个,报公安机关刑拘 2 人,查处非法转让采矿权煤矿企业 6 间,越界开采 2 间,没收违法所得 3.6 万元,收取罚没款 0.18 万元。立案查处非法转让采矿权的煤炭企业 8 家。有力地打击了国土资源违法行为,维护了国土资源法律法规的严肃性和权威性。

(刘兴旺)

工商行政管理

【概况】 2004 年,遵义市工商行政管理局以“两抓两促”为主线,积极探索监管执法新机制,全面推进商品质量监管关口前移,狠抓队伍作风教育整顿,促进“服务型”工商和“诚信”工商的打造进程,狠抓整顿和规范市场经济秩序,促进遵义市经济健康快速发展,努力建立公平竞争有序的市场环境,全市工商系统各项工作全面推进,荣获省局和遵义市政府绩效考评一等奖。

一、教育整顿工作扎实,队伍整体素质不断提高。以加强和改进党的作风、提高执政能力建设为主线,以“深入整顿规范市场秩序,扎实开展队伍教育整顿”为契机,坚决贯彻执行国家工商总局提出的“六项禁令”,采取多种措施深化队伍教育整顿。一是通过建章立制、拟方案、定内容,扎实开展学习提高、清理查纠、检查验收三个阶段工作,达到了全系统认识统一、层层落实。二是在全市范围开展“万家企业、个体工商户问卷调查”活动,发出问卷 40396 张,收回 33506 张,对存在的问题,查原因,论危害,订措施,落实整改。三是完成《行政许可法》全员培训工作,全系统共举办培训16期,培训1620余人次,促进了干部队伍素质提高。四是强化基层班子建设,配齐各县级局纪检组长,同时层层建立领导责任制,制定并完善了领导干部重大事项报告制度、述职述廉制度、民主评议制度、谈活诫勉制度和经济责任审计制度等,实现了干部队伍建设和制度建设的统一。五是采取内部制约与外部监督、党风廉政工作与岗位目标考核相结合,层层签订党风廉政建设责任书,狠抓党风廉政建设。聘请"工商义务监督员"128名,参与"行风热线"广播电视节目制作6期,全年查办违纪案件5件,对10名违纪干部进行诫免谈话、通报批评等组织处理。

二、以"关口"前移为突破口,深化整顿规范市场经济秩序,全力建立公平竞争有序的市场环境。一是不断创新监管方式,实行行政管理、行业自律、协会引导、群众参与、新闻监督等"五位一体"的监管模式,实施食品、药品等重点商品准入制度,逐步实现对商品进入、交易、退市全过程的有效监管。二是进一步规范行政执法行为。制定了《遵义市工商行政管理机关行政处罚程序实施办法》(试行),实行行政处罚案件办、审、决"三权分立",全年核审案件5268件,行政复议案件25件,行政诉讼案件7件。三是实施"食品药品放心工程",层层召开流通领域食品安全专项整治工作会议,层层签订食品安全责任书。全市召开食品安全专项整治工作会议123次,计16000多人参加,查处无照经营444户,捣毁制假窝点58个,查处制售假冒食品案件200件。全年无重大食品中毒恶性事件发生。四是严厉打击传销和非法传销的嚣张气焰,全年端掉传销窝点65个,查办案件24件,就地疏散被骗群众818人次,与公安机关联合查办传销头目6人,移交案件3件。五是严厉查处各类不正当竞争行为,立案调查了烟草公司、保险公司等不正当竞争案件11件。六是开展汽车、建材、文化、商标、广告、合同等市场专项整治50余次,查获拆解报废车128台,立案查处31件,收缴各类非法出版物6453本、非法盗版光碟11737盘,查处侵犯注册商标案件56件,收缴侵权商标标识5万多套(个),并成功监拍了近3万吨陈化粮的销售处理。全年查处各类违法违章案件20807件,案值4600余万元。

三、以企业信用信息管理资源为平台,加快推进"诚信工商"进程。一是召开"诚信·维权"、"3·15"新闻发布会和开展"诚信遵义"万人签名活动,着力提高全社会的诚实信用意识和维权意识,取得了良好的社会效果。二是与遵义日报社主办"诚信遵义"论坛,评选50家诚信企业,有力地推动了社会信用体系建设。三是建立遵义市信用信息平台,设置企业基本信息,实行绿、蓝、黄、黑四类分类监管办法,推动了企业诚信建设的进程。

四、打造"服务型工商",促进地方经济建设取得新成效。一是结合实际制定了《遵义市工商局关于促进农民增加收入若干政策意见的通知》,大力支持农村非公有制经济的发展,全系统普遍建立村级消费者投诉网络,全力维护农民消费者合法权益。二是开辟"绿色通道"。全年安置下岗职工从事个体私营经济5222人,引导各类经济组织安置下岗职工和应届大学毕业生2906人,共为6956户个体工商户(符合优惠政策规定的)减免行政性规费150余万元,为维护社会稳定做出了贡献。三是积极推行企业注册登记"一审一核"制,启动了由工商所直接办理个体工商业经营者申请注册登记。2004年度,全市共有内资企业6299户,私营企业5166户,个体工商户85717户。四是加强注册商标知识产权保护工作,全市已有注册商标2800多个,帮助茅台酒(集团)公司建立了130多个注册商标数据库,实行一个注册商标一个档案的管理模式。五是积极做好扶贫帮困工作。全年投入帮扶资金10余万元,帮扶特困户162人。

(黄文娅)

【党风廉政建设效果明显】 2004年,遵义市工商局新一届领导班子认真汲取教训,采取多种措施加强党风廉政建设,取得明显效果。一是开好各级党组班子的党内民主生活会,层层签订党风廉政建设责任书,把党风廉政工作与岗位目标考核一起布置,一起落实。二是把"六项禁令"作为工商行政管理工作管根本、管长远、管发展的指导方针。将"六项禁令"执行情况纳入年度绩效考评,促使禁令成为每个干部依法行政的行为准则。三是把廉政建设制度和公示制度、诫免谈话制度紧密结合起来,强化政务公开。四是健全各县级局纪检监察机构,配齐了纪检组长、监察室主任。五是通过预防职务犯罪专题讲座、正反典型教育,不断增强干部职工的拒腐防变能力。六是通过"万家企业个体工商户问卷调查活动”、聘请“工商义务监督员”和参与“行风热线”广播电视节目制作，从执法相对人眼里看工商行政管理人员行为，主动接受群众监督。

（黄文娅）

【“五清理”、“八查纠”工作扎实有效】 2004年，在队伍教育整顿第二阶段的“五清理”、“八查纠”中，遵义市工商局对2003年1月1日～2004年6月30日期间存在的五种情况进行了清理。一是清理执法案件共13257件，对有问题的450件作了纠正；二是清理行政性收费，发现问题2起，已移交有关部门；三是清理消费者申诉投诉案件2902件，纠正了存在的问题；四是清理对工商执法人员举报110人，已全部办结完毕；五是清理不具备执法资格的242人，已全部作了调整。

（黄文娅）

【“12315”消费投诉延伸到村寨】 2004年，遵义市工商局努力改变监管方式，把消费者投诉向村寨延伸，建立村级消费者投诉网络，为有效维护农民消费者的合法权益作出了积极有益的探索。全市工商系统普遍设立了村级消费者投诉站，如凤冈县建立26个村级投诉站，聘请培训了40余名维权联络员，开展“维权乡村行”活动，维护了农民的合法权益。

（黄文娅）

【成功接待和举办各项会议】 2004年7月～9月，遵义市工商局成功接待了国家工商总局副局长刘凡、纪检组长石见元；接待国务院研究室宏观经济研究司副司长侯万军等有关领导；接待国家工商总局在贵阳举办的广告监管培训班客人7批、华北和西南片区教育整顿座谈会代表30余人。10月11～12日，贵州省工商系统案件“五评”暨法制工作经验交流会在遵义市湄潭县工商局成功召开，参会人员100余人，是近几年来贵州省工商局召开的较大规模的法制工作会议。10月，由遵义市工商局局长任昌武提议，联系了井冈山市、延安市、韶山市工商局来遵义，成功召开“工商行政管理红色地区联谊会”，旨在重走长征路，发扬和继承革命传统，开创革命老区工商事业进步发展。

（黄文娅）

招商引资

【概况】 2004年，遵义市招商局（市对外经济协作办公室）坚持实施开放带动战略，积极开拓进取，与时俱进，招商引资工作成绩显著。

一、招商引资到位资金。全年招商引资到位资金39.6亿元人民币，为年初任务数的132.1%，比上年增加13亿元，同比增长48.6%。其中，国（境）外引进项目6个，到位资金1036万美元，占到位资金总额的2.2%；省外引进项目288个，到位资金266860.4万元人民币，占到位资金总额的67.3%；省内协作项目106个，到位资金120968.5万元人民币，占到位资金总额的30.5%。

二、整治投资环境。针对全市投资软环境存在的问题，在加大投资硬环境建设的同时，结合实际，采取一系列有效措施，狠抓投资软环境的综合整治。一是政府职能进一步转变，政务公开、电子政务等工作不断深化，服务质量不断提高。二是治理和查处损害经济发展环境行为，基本杜绝“四难”现象和“吃、拿、卡、要”现象。三是召开外来企业家恳谈会，通过面对面的交流，了解情况，解决问题，实实在在地为企业家们服务。通过一年的集中整治和专项整治，投资环境有较大改善，实现遵义市委、市政府年初下达的“保三争二”的工作目标，在全省投资环境考评中取得第二名的好成绩。

三、实施开放带动战略。坚持请进来，走出去，主动出击，重点突破，积极参加不同层次的区域协作，大力推进遵义市与东部沿海发达省区、对口帮扶城市之间的经济合作以及重庆经济协作区兄弟市的区域经济协作。参加了厦门第八届中国贸易投资洽谈会、银川贸易投资洽谈会；在长江三角洲和珠江三角洲等地进行项目推介、开展恳谈招商活动；与重庆、广西的南宁、崇左、河池等地开展经济交流。

四、项目库建设。加强招商引资项目前期工作。创造条件，运用现代科技手段抓好招商引资信息网及项目库建设。在积极争取政府支持的前提下，会同各部门对各地、各部门提供的项目进行论证，提高了招商项目的质量和竞争力。

（杜家奇　徐　徽）

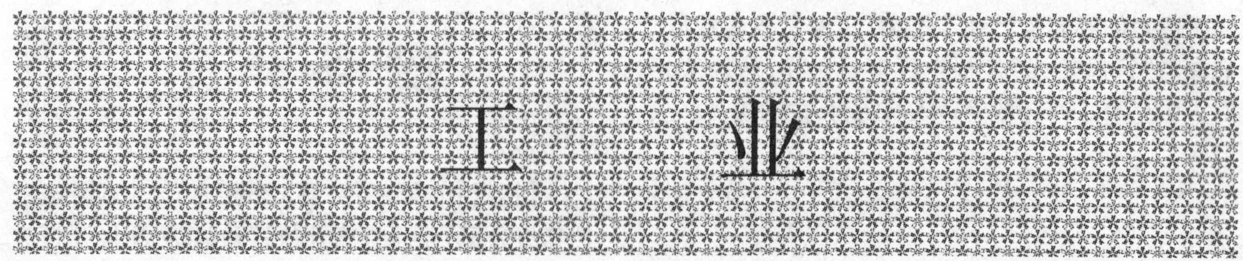

工业

经济贸易

【概况】 2004年,遵义市经贸委认真贯彻落实《中共遵义市委关于加速工业化进程的决定》(“工业三十六条”),着力打造能源、原材料、化工、机电、医药、食品工业基地(“六大基地”)。积极推进企业技术进步和技术创新,加快工业园区建设和重点项目技术改造,优化经济布局和产业结构。深化和规范国有企业改革、改制,营造非公有制经济发展的良好环境。加大电力、铁路运输、油料、资金等方面的协调服务,保持了工业经济的健康运行,完成了全年各项经济指标和工作任务。

一、工业经济持续快速增长,经济效益继续看好。2004年,全市规模以上工业完成增加值83.35亿元,同比增长20.2%,连续7年保持两位数快速增长,比2003年高7.2个百分点。在全市规模以上工业增加值中,轻工业完成48.51亿元,同比增长26.1%;重工业完成34.84亿元,同比增长12.1%。其中,中央企业完成19.72亿元,同比增长24.7%;省属企业完成30.13亿元,同比增长24.4%;市县企业完成31.45亿元,同比增长18%。在市县企业中,国有及国有控股企业完成7.59亿元,同比增长4.5%,非国有企业完成23.49亿元,同比增长23.34%。三次产业结构百分比为26.4:41.8:31.8,二产比例比上年增加3.8个百分点。规模以上工业企业经济效益明显好转,实现产品销售收入189.96亿元,同比增长31.95%;实现税金28.18亿元,同比增长37.77%;实现利润总额22.56亿元,同比增长53.50%。

二、狠抓技术改造与技术创新,大力实施和推进名牌战略。2004年,全市全社会技术改造投资完成23亿元,同比增长16.3%,为年计划的127.8%。市8大重点技改项目进展顺利,贵州茅台酒股份有限公司新增1万吨茅台酒技改项目土建主体已完工;遵义钛业有限责任公司新增3000吨/年海绵钛技改项目如期建成;遵义碱厂75吨/小时循环流化床锅炉热电节能技改工程进入锅炉及附属设备安装阶段;遵义联合电化公司24万吨/年电石一期12万吨/年电石项目工程已部分投产;遵义铝业拓冠碳素有限公司8万吨/年预焙阳极技改项目主体工程基本完工;贵州凯撒野木瓜食品有限公司年产1万吨野木瓜饮料生产线技改项目发酵池已投入使用;贵州钢绳股份有限公司年产7000吨高性能钢丝绳技术改造项目设备安装完成;赤水新宇竹业有限公司竹家具系列产品异地技改项目完成设备安装和调试。2004年,市政府出台了《关于遵义市实施名牌发展和产品创新战略的意见》,促进了企业名牌战略的实施。全市共获得国家级名牌产品1项,省级名牌产品3项,国家级重点新产品4项。分别是:贵州钢绳股份公司生产的“巨龙”牌钢丝绳,被国家质量技术监督检验检疫总局授予“中国名牌产品”称号;贵州航天乌江机电设备有限责任公司开发的铝工业大型自动化装卸机组、贵州凯星液力机械有限责任公司开发的BY801大功率液力变速器、贵州航天新力铸锻有限责任公司开发的石油开采用高可靠脉动缓冲装置、遵义大康绿色产品有限责任公司开发的植物纤维可降解包装衬垫等4个产品荣获“国家重点新产品”称号;贵州省赤天化集团有限责任公司生产的“赤牌”尿素、贵州钢绳股份有限公司生产的“巨龙”牌回火胎圈钢丝、余庆县粮食购销有限责任公司生产的“大凉山”牌大米等3个产品荣获“省级名牌产品”称号。

三、规范国有企业改制,促进企业改革与稳定。2004年,市经贸委牵头调研并拟定的《关于深化和规范国有企业改制工作的意见》经市政府批准执行,对国有企业改革中出现的新情况和新问题,对国企改革职工一次性安置标准、职工养老保险、医疗保险、职工住房存量补贴、改制企业股东与员工身份分离及土地资产处置等问题作了明确的政策规定，规范有效地促进了国有企业改革改制工作。全年完成市县属国有企业改革41户，占年初计划29户的141.3%。为实现竞争性领域国有企业100%改制、职工100%转变身份奠定了基础。2004年，长征电器集团公司下属企业长征十厂、十一厂、十五厂完成了职工安置工作；长征二厂、四厂、六厂、十二厂、永佳厂、变压器厂等改制企业的留守人员和财务工作得到妥善安置和处理；长征十五厂实施了整体改制重组，实现了国有资产的全部退出，组建了民营股份合作制企业；长征三厂进行了股份制改造，组建了新的有限责任公司。

四、引导和推动非公有制经济发展，继续深化国有企业改革。2004年，组织开展非公有制经济发展基本情况调研，建立了工作联席会议制度；牵头组织两城区、市直有关部门到浙江温州考察学习，拟定了《关于进一步加快非公有制经济发展的若干意见》上报市政府；配合省经贸委邀请广东省经贸委组织90家民营企业来遵义市开展经贸交流洽谈；加大了资金扶持，全年安排给非公有制企业的资金，占全年争取的省各项资金总额的85%，占市担保公司担保贷款总额的75%。按照机构改革对工作职责、内设机构、人员编制的规定，市经贸委深入调研，提出了全市国有资产监督管理意见报市政府同意后组织实施。具体涉及企业的领导班子建设、党建、纪检监察、国有资本金的基础管理和权属界定及登记管理、清产核资、企业工资总额审定、经营者年薪和主要负责人工资标准审核等。

五、整顿和规范市场经济秩序，清理整顿固定资产投资项目。2004年，全市共出动药品执法检查4849人次，食品执法检查64582人次，文化执法检查1560人次，打击传销执法检查74人次，查办医疗违法案件6件，办理涉假案件704件，查办传销案件74件，端掉传销窝点65个，清理农资市场1803个(次)，对483项行政性收费项目进行了审验，取消涉及乡镇企业收费10项。全市市场经济秩序进一步好转，整规工作受到国务院整规办充分肯定。认真贯彻执行国家宏观调控政策，对1999年9月1日以来批准立项，投资500万以上的已建、在建、拟建以及2004年开工建设的50万元以上项目进行全面清理。共清理固定资产投资项目107个，总投资55.57亿元。其中，在建项目71个，总投资25.31亿元(2004年开工项目27个，总投资5.77亿元)。拟建项目36个，总投资30.26亿元。并向市政府提出了相应处理建议。

六、开展经贸干部和企业经营管理者培训。为提高经贸干部和企业经营管理者素质，2004年3月20日，与贵州航天职业技术学院联合举办经贸干部及企业经营管理者本科班，有42人参加学习；9月21日，在市委党校组织承办了“国家银河培训工程”第六期中小企业工商管理培训班，组织培训了165名经贸干部及企业管理者。

（金世康）

【“六大基地”建设框架初步形成】　2004年，能源、原材料、化工、机电、医药、食品6大工业基地建设框架初步形成。能源基地中，构皮滩水电站(5×600MW)、鱼塘电站(70MW)、沙坝电站(80MW)等成功截流；鸭溪火电厂(4×300MW)首台机组投入营运。原材料基地中，遵义钛业有限公司新增3000吨海绵钛项目已建成投产，形成6000吨/年生产能力；遵义拓冠炭素有限公司一期8万吨/年已基本建成；贵州钢绳集团有限公司优质合金钢丝生产线技术改造项目开始建设；务川县铝土矿勘查工作全面展开。机电基地中，贵州海尔电器有限公司100万台无氟冰箱生产线技改项目进入扫尾阶段；贵州遵义银河长征科技有限公司银河长征科技园建设项目顺利推进；航天科技园初具规模，资源集聚效益开始显现。化工基地中，遵义碱厂新增6万吨烧碱、5万吨PVC项目启动；遵义联合电化有限公司12万吨电石项目已完工并投产。医药基地中，有10户制药企业通过国家GMP认证，制药工业规模和效益开始显现。食品基地中，贵州茅台酒厂(集团)股份有限公司新增1万吨一期4000吨工程开工建设；贵州凯撒野木瓜食品有限公司1万吨/年项目发酵池投入使用。

（金世康）

【“六大标志性工程”实现新突破】　2004年，工业化“六大标志性工程”取得新进展：习水二郎火电厂(2×600MW)项目进入施工准备；桐梓火电厂(4×600MW)项目、遵义碱厂氯碱基地绥阳直供电源(6×135MW)项目、桐梓煤化工项目前期工作有效推进；赤水市20万吨竹纸浆一体化项目完成“三通一平”；遵义县80万吨/年氧化铝项目完成法人组建工作。

（金世康）

【两公司成功上市】 2004年,航天工业集团的航天电器公司和贵州钢绳股份有限责任公司成功上市。至此,全市已有5户国有及国有控股企业成为上市公司,标志着遵义市工业的行业竞争力有了新的提高。

(金世康)

【8户制药企业GMP改造通过国家认证】 2004年,建立制药企业GMP认证奖励制度,安排技改专项资金进行支持。百花药业等8户企业通过GMP认证,全市获得国家GMP认证的制药企业已达10户。

(金世康)

【贵州银河长征科技园动工兴建】 3月28日,贵州银河长征科技园在遵义市高新技术产业园区内动工,科技园占地500亩,计划总投资5亿元,首期工程3亿元。计划用3年时间建成基础实施完善、配套合理、技术先进的现代化高科技园区。

(金世康)

【鸭溪火电厂首台机组发电】 12月22日,"西电东送电源点建设项目"鸭溪火电厂(4×300MW)的首台机组点火试运行。

(金世康)

【与省开发银行合作开展中小企业小额贷款业务试点】 6月,根据遵义市政府与国家开发银行贵州省分行签定的合作协议,遵义市在省内首家开展开发银行中小企业小额贷款工作试点。贷款业务的操作平台和信用孵化器专管机构设在市经贸委。6月30日,贵州百花药业等3户企业成为首批支持对象,共获省开发行2500万元贷款。

(金世康)

【下岗失业人员小额贷款担保居全省前列】 2004年,继续执行《遵义市下岗失业人员小额贷款担保实施办法》,市担保公司全年共审查下岗失业人员小额贷款申请2207人(份),承诺担保1856人,金额3591万元,为年目标任务的239%,承诺担保的笔数、人数和金额居全省前列。

(金世康)

【及时处理信访问题】 2004年,市经贸委全年调查处理因国企改革矛盾和问题引发的群众来信、领导批件30件,接待来访444人次,直接牵头处理突发性群体事件3起,做到来信来访100%接待和回复,突发事件主要领导100%到场,化解和缓和了矛盾,维护了社会稳定。

(金世康)

【机关精神文明建设结硕果】 2004年度,市经贸委工作和机关建设获得的奖项是:贵州省2004年春运工作先进单位(集体);2004年度市直单位年度职能目标及工作效能建设考核一等奖;2004年度部门促进工业化工作考评一等奖;2004年度招商引资服务工作先进单位;遵义市2004年度就业再就业工作二等奖;2004年度计划生育"三结合"帮扶工作(市直部门)三等奖;2004年度安全生产(包月)目标考核达标单位。

(金世康)

城镇集体工业

【概况】 2004年,遵义市城镇集体工业联社认真贯彻《中小企业促进法》和《城镇集体所有制企业条例》,按照全市经济工作会议和工业经济工作会议的总体安排,认真履行联社"指导、协调、服务、监督、管理"的职能,较好地完成全年各项工作任务。联社办公室主任翟萍荣获"全国联社先进工作者"称号。

一、规模集体工业实现较快增长。按照全市工业经济工作会议的安排,遵义市城镇集体工业联社确立了"抓住机遇,积极推进企业改革,加大结构调整,整合资源优势,实现利税上升、亏损下降,确保完成全年工业增加值的考核目标,推进城镇集体工业持续健康发展"的总体思路,并在年初的城镇集体工业经济工作会上,制定和分解全年目标任务,对整体工作提出要求。2004年,完成规模集体工业产值50510万元,比预期目标增加了1510万元,超任务3.08%;实现工业增加值15221万元,比预期目标增加3921万元,超任务34.7%,全年上缴税金2696.2万元,同比增加1043.3万元,增长63%;实现销售收入47516万元,产销率达

93%，是近三年完成任务最好的一年。21户企业中有遵义铁合金实业公司、遵义市纸箱厂、乌江铁合金厂、天仪实业公司、七0五劳司、0六一集体经济管理处、钢绳厂附属实业公司等7户完成任务。经济效益有所好转的有遵义纸箱厂、镇隆工贸公司、钛厂劳服司、长乐轧钢厂、五星水泥厂、天仪实业公司、尚稽水泥厂、遵义县发强水泥厂、赤天化复合肥厂9家企业。

二、城镇集体工业企业改革改制步伐加快。遵义市城镇集体工业联社在总结2003年调研成果的基础上，结合遵义市城镇集体工业企业的实际，制定了《遵义市城镇集体工业发展与改革的指导意见》。24户规模集体企业中，湄潭华峰水泥厂通过两次改革，国有资产已全部退出，组建为股份公司；绥阳长效化肥厂、遵义县泗渡水泥厂均改为私营企业；原集体企业绥阳机砖厂重新整合资源，与6家企业联营，成功组建为年产值达500万元以上的绥阳兴达建材公司。

2004年，遵义市城镇集体工业联社多次与贵阳广信公司和遵义轻纺贸易公司代表座谈、协调、沟通，由贵阳广信公司兑现遵义轻纺贸易公司职工集资款、交职工社保、安置退休职工和兑现职工股金共计1138.6万元，使全公司162名职工基本得到妥善安置。遵义轻纺贸易公司已改制为股份公司。按照《遵义市住房分配货币化改革方案实施细则》规定，协助遵义地区恒达彩印厂296名职工办理了存量补贴。

三、"服务、协调、指导、监督、管理"职能加强。多次与有关部门协调电力、资金、税收、社保等问题，解决企业改革发展中存在的问题，维护了企业及职工的合法权益。

2004年，遵义市城镇集体工业联社多次深入县、区企业调研指导，撰写调研报告3篇，向市政府如实反应集体企业发展状况，并提出相关政策建议。同时，坚持按月加强调度，按季度加强分析考核。通过对经济动态的监测分析，及时与有关部门沟通，协调解决企业运行中的问题。如应习水县经贸局的要求，企业管理科派两人专程到习水玻纤厂解决在改制中遇到的问题。

（苏孟芳）

【食品工业基地建设进展迅速】　8月，遵义市人民政府明确食品工业基地协调服务办公室设在遵义市城镇集体工业联社。联社高度重视，迅速展开工作，采取了三项措施：一是明确职责和任务，召开办公室成员会议，加强各县、区（市）和部门协调配合，明确为食品工业企业搞好服务的三项职责和要求。二是深入调研，摸清底数。全市食品工业在建项目投资100万元以上的43个，总投资7.18亿元，已完成投资3.15亿元。三是搞好协调服务，推进项目实施。在联社和企业的共同努力下，康康公司2万吨/年玉米深加工项目、"国本米业"3万吨/年大米生产线已正式投产。金旭公司1.2万吨/年山野菜项目近期投入生产，"老村长"品牌以贴牌方式，开展了品牌扩展工程，现已扩展玉米花系列、油辣椒、泡椒5个产品，实现产值588万元，税利90万元。

（苏孟芳）

【采取有效形式实施对口帮扶】　一是抽调人员到遵义县平正仡佬族乡帮扶挂职1年。二是组织职工捐款、捐物5000多元，并联合对口帮扶4家单位，组织物资、资金20500元，对计生贫困户进行奖励扶持。

（苏孟芳）

供　电

【概况】　遵义供电局是隶属于贵州电网公司的大一型企业。下辖城区供电分局、桐梓分局，代管遵义市6个县级供电企业以及铜仁德江电力公司、毕节金沙电力公司，委托管理贵州电网公司的5家控股公司。2004年底，局本部在册职工1009人，大专以上员工438人，各类专业技术人员383人；代管县级供电企业在册职工总数为3019人，担负着贵州北部15个县、区（市）的供电任务，供电面积达3.6万多平方公里，覆盖人口约700万。

截至2004年底，拥有变电站125座，总变电量已达到3924MVA。其中：500KV变电站1座，200KV变电站4座，110KV变电站33座。总线路长度达3834.92公里。其中，220KV线路937.76公里，110KV线路1315.08公里。35KV线路1582.08公里。其中农网645.31公里。资产总额达25.19亿元。

遵照中国南方电网公司“对中央负责、为五省区服务”的宗旨，围绕“打造经营型、服务型、一体化、现代化的国内领先、国际著名企业”的战略目标，深入贯彻落实“六个更加注重”的工作方针，面对严重缺电的困难局面和繁重的工作任务，在全局职工的共同努力下，2004 年，共完成省内供电量 64.32 亿千瓦时，比上年增长 4.74%。完成省内售电量 61.84 亿千瓦时，比上年增长 4.81%，电费回收完成 100%，收回旧欠电费 1350 万元。线损率完成 3.85%，比上年降低 0.08 个百分点。售电平均单价完成 335.06 元/千．千瓦时，实现销售收入 22.28 亿元。

在安全生产方面，牢固树立“安全第一”的思想，深入贯彻落实南方电网公司“1 号令”，认真实施中国南方电网公司颁布的“十二号安全生产管理和技术标准”，以推进中国南方电网公司现代安全管理体系建设的试点任务为契机，在导入大量的科学管理方法，融合安全性评价、危险点控制、职业健康安全管理体系（OHSAS）等安全管理手段的基础上，引入 CAP 体系建设。2004 年底，实现连续安全生产 1820 天的历史最好记录。安全生产管理工作得到了上级领导的充分肯定，贵州电网公司授予供电局“2004 年度安全生产优秀企业”称号。

在营销服务方面，面对严峻的缺电形势，紧紧依靠政府科学合理安排企业避峰、错峰用电，维护了用电秩序。做到了“有保有限、确保重点”、“缺电不缺服务，限电不限真情、限电不限发展”，为遵义市经济发展做出了突出贡献。

在企业管理方面，在贵州省供电系统率先通过了 ISO9001 质量保证体系认证，确立“以人为本、科学管理；求真务实、追求卓越；推进科技进步、提高安全水平；向社会提供优质电能和规范化服务”的管理方针，形成“凡事有章可循，凡事有据可查，凡事有人监督，凡事有人负责”的管理理念。

在科技创新方面，一批科技创新项目陆续建成并投入使用，MIS 系统、电能量采集系统、电力 95598 客户系统、用电营业自动化管理系统等项目已成为安全生产、经营管理、优质服务的重要技术支撑。

（遵义供电局）

【获“创建学习型组织，争做知识型职工”示范单位荣誉称号】 2004 年，团队精神、协作精神、挑战自我、不断超越的精神在全体职工中逐步形成。比学习、比贡献、比业绩已成为遵义供电局一道亮丽的风景。年底，中华全国总工会等 9 部委授予遵义供电局“创建学习型组织，争做知识型职工”活动示范单位荣誉称号。

（遵义供电局）

【“两个文明”建设取得丰硕成果】 2004 年，遵义供电局党委被南方电网公司授予“先进基层党组织”称号，被贵州电网公司授予“红旗党组织”称号，遵义供电局荣获“贵州省五一劳动奖状”，被省企联等单位评为“贵州省最具影响力企业”，荣获贵州电网公司授予的“党风廉政建设”优秀单位称号，遵义供电局工会荣获贵州电网公司“2004 年优秀基层工会”称号。

（遵义供电局）

煤　　炭

【概况】 2004 年，全市煤炭工业工作紧紧围绕建设能源大市这一目标，以发展和安全两大主题为主要工作内容，积极进行行业结构调整，深化安全专项整治，开展煤炭生产许可证年检和生产经营秩序整顿，抓好煤炭企业产权制度改革，加快煤炭项目建设。全市煤炭资源开发利用及项目建设均保持良好的势头，整个行业发展健康有序，充分发挥了煤炭在全市“西电东送”战略实施和国民经济增长中的重要作用。全市有证煤矿 258 家，生产原煤 973 万吨，同比增长 20.56%。已批准的新建煤矿项目 76 个，总规模 948 万吨，计划总投资 99834 万元。其中，在建的 69 个项目计划总投资 86965 万元，实际完成 39485 万元。技改项目 35 个，计划总投资 8100 万元，实际完成 4500 万元。煤炭税费征收进展顺利，全年完成 15400 万元。全市乡镇煤矿共发生各类伤亡事故 74 起，死亡 115 人，百万吨死亡率为 11.82 人，死亡人数控制在省下达的控制指标以内，百万吨死亡率低于省下达控制指标 3.18 人。与 2003 年相比产量增长，死亡人数下降，百万吨死亡率下降，实现了“一增两降一达标”的目标。

（帅永跃）

【茅龙煤矿发生特大瓦斯爆炸】　7月14日，桐梓县茅石乡茅龙煤矿由于长时间停电导致停风，造成井下瓦斯积聚。通电后，在没按规定排放瓦斯和进行瓦斯检查的情况下，违章指挥工人下井作业，工人违章撤卸矿灯时产生电火花引起瓦斯爆炸，当班下井26人中，除7人幸免于难外，其余19人全部死亡，直接经济损失200余万元。事故发生后，市委书记傅传耀、市长卢守祥、副市长吴承斌立即率领市直有关部门负责人赶赴事故现场指挥抢险。为深刻吸取教训，杜绝类似事故发生，市政府于8月31日在桐梓县召开了有各涉煤县、区(市)分管领导、安全监督管理局和煤炭管理部门负责人参加的现场会。

(帅永跃)

【加强电煤基地建设】　2004年，鸭溪火电厂配套建设，遵义县在现有合法煤矿44个、年生产能力138万吨的基础上，扩建、新建煤矿33个，设计新增能力达261万吨。仁怀市规划在合法持证煤矿16个、年生产能力48万吨的基础上，扩建、新建煤矿25个，设计新增生产能力156万吨。遵义县、仁怀市现有年生产能力186万吨，在建设计能力417万吨、合计年生产能力603万吨。2004年，两县(市)有10个新建煤矿竣工。其中3个投入试运转，7个待试运转。习水二郎电厂配套建设，习水二郎煤矿矿区总体规划已通过省级预审，上报国家发改委待批。二郎矿区规划中、大型煤矿9个，年原煤生产总规模615万吨。桐梓火电厂配套建设，桐梓县煤矿矿区总体规划已于10月24日通过省级预审，上报国家发改委等待审批。桐梓县煤矿矿区初步规划中、大型煤矿13个，年原煤生产规模1140万吨。

(李　谨)

遵义卷烟厂

【概况】　2004年，遵义卷烟厂以调整产品结构为工作主线，实施精细加工和精细管理，加快企业改革发展步伐，努力提高企业经济效益，各项经济指标创历史最好水平。

一、技术改造。2002年以来，遵义卷烟厂累计投资近4亿元，新建主厂房35545平方米，与老厂房连接形成43556平方米的联合工房，购置5000KG/H制丝线、570KG/H二氧化碳干冰膨胀线和公用工程，完成设备连接、条烟输送、成品烟输送、咀棒输送、风力送丝、卷接机的集中工艺除尘，实现卷接包一体化生产。2004年初，顺利完成了设备搬迁、人员培训、上岗考核和车间的合并工作，很快进入正常工作状态，主要生产车间按工艺流程合并为7大车间，卷烟车间基本实现物流自动化，原15万箱生产线技改工程完成后，为企业实施"精细化加工、精细化管理"打下了坚实的硬件基础。已实现了加料、加香精度由≤2%提高到≤1%，精度提高了100%；掺配精度由≤1.5%提高到≤1，精度提高了50%，达到了精细化加工的要求，为生产优质产品提供了良好的技术保障。

二、生产经营。2004年生产销售达到40万箱，销售收入18亿元，创遵义卷烟厂历史记录。1.品牌发展。遵义卷烟厂长期以生产低档烟为主导。为了改变这种状况，遵照省公司关于做好"一支烟"的要求，切实转变思想观念，认真做好产品的研发及品牌的培育工作。从最基础的原料着手，一个环节一个环节地从管理上加以细化，一直到售后服务。从管理水平的提升，到ISO9001:2000质量管理体系认证，逐步铸就了品牌在社会上的影响力。三年前推出的"长征"新产品，在较短时间内被市场认可并形成了品牌。2.产品开发与结构调整。按照贵州中烟工业公司2004分解的生产经营目标，确定了调整产品结构的工作思路，把品牌目标定位在中价位的发展上，推出新时代"桫椤"、新时空"桫椤"，力求在此基础上有一、二类品的突破。将"桫椤"做"高"，把"长征"做"大"。通过产品定位推动结构的提升，全年一、二类品占总销售量的0.52%，比上年增长0.34%；三类品占总销售量的36.92%，增长22.57%；四类品占总销售量的52.14%，比上年下降7.8%；五类品的销售量下降10.83%。产品结构调整达到了预期的目标。3.销售市场。面对全国烟草工商分设、企业重组带来的激烈竞争，遵义卷烟厂营销人员克服困难，积极进取，结合本厂经营的实际情况扬长避短，强化现代流通，搞好售后服务，与全国18个省区100余个烟草分公司建立起新型的工商关系，圆满完成了2004年卷烟销售任务。销售形势呈现省外、省内同步增长，省外销售增长幅度大于省内的良好运行趋势，遵义卷烟厂名列全国卷烟省际间调拨量前10位。2004年，成功开发了广西等省市场，在稳定苏北市场的基础上开发苏南市场，四川市场在保持进步中加快了川东、川中的开发，辽宁市场开发和恢复了本溪、鞍山、葫芦岛、盘锦等市场。

三、基础管理。年初顺利完成生产线搬迁后，主要生产车间从建章建制着手，实行精细化加工、精细化管理，工作标准和工作责任进一步细化，以前较为粗放的管理模式得到彻底改变，生产现场和管理方式明显改观，职能部门细化了重点品牌从原料投放至售后服务的每一个环节，实行了严格的技术工艺管理标准，4月，通过认证ISO9001:2000质量管理体系，产品质量稳定提高。在全厂建立了扎实、有序和规范的质量管理秩序，完善企业内部基础管理。

四、企业文化。树立职工群体价值观，打造学习型组织，增强企业凝聚力。培育企业团队精神、敬业精神、职工主人翁意识，"厂兴我荣，厂衰我耻"的观念得到进一步深化。围绕新生产线的正式运行，开展了职工岗位学习培训，组织职工读《致加西亚的信》等优秀书籍，开展读后感征文比赛活动，引起了全厂职工爱岗敬业的共鸣。坚持"以人为本"的管理，为每一个员工提供施展才华的舞台，尊重每一个员工的民主权利，倾听职工建议和意见，尊重和鼓励员工钻研技术，提高个人素质，从人性的角度做到了关心人、尊重人、信任人，使员工感受到群体的温暖和组织的关怀，从而增强了凝聚力。

五、人事制度改革。继2003年民主推荐和公开竞聘行政中层干部后，2004年遵义卷烟厂对主持工作的副科级干部进行了考察，联合考察组听取了基层职工的意见，对拟提拔的干部进行了公开述职，分别由在场的中层干部现场打分，公示后组织任命。在全厂进行了政工类中层干部的公开竞聘。根据《遵义卷烟厂中层干部选拔任用实施办法》，进一步加强和改进车间、部门领导班子建设，使德才兼备、群众信任的中层干部走上领导岗位。

加强干部队伍建设，提高干部素质。集中全体中层干部学习余博士讲座，学习新的管理理念，使中层干部不断适应现代企业管理的要求。

（杨　强）

遵义发电总厂

【概况】 遵义发电总厂2002年11月归属中国华电集团公司管辖，属国有企业，装机容量250MW(2×125MW)，在册职工691人，离退休职工631人。2004年，遵义发电总厂共完成发电量19.686亿千瓦时，提前29天完成18亿千瓦时的发电任务。发电设备平均利用小时为7874小时。综合厂用电率完成8.83%。综合供电标准煤耗率为389.02克千瓦时。比中国华电集团公司下达的392克千瓦时低2.98克千瓦时，等效可用系数完成90.23%。全员劳动生产率511993元人。实现生产总产值28006万元，内部利润3374万元，上交国家税收2952万元。

贵州省国家税务局授予遵义发电总厂A级纳税信用企业称号，被全国工商总局命名为"全国守信用重合同"企业。该厂的《以成本优化为核心的经营管理》管理成果获得贵州省第六届企业管理现代化创新成果一等奖。

一、狠抓安全生产和设备治理，确保机组安全稳定运行。2004年，实现全年安全生产目标。未发生特大事故、重大事故、轻伤及以上人身伤害事故、恶性误操作事故，全年完成3个百日无事故记录，长周期安全天数达2814天。在抓安全管理的过程中，从制度、措施、培训、安全活动等多方面着手，狠抓安全生产责任制的落实，并在安全管理手段上进行创新，夯实了安生生产基础管理工作，强化了全员安全意识。为了确保机组的安全运行及设备的可靠性，继续加大设备治理力度，加强设备的消缺和巡检工作，使机组的安全状况"在控"和"可控"。由于系统负荷紧张供需矛盾突出，发电任务重，检修压力大，正确地处理好发电和检修工作的矛盾，首次在一年内进行了两台机组A修，提高了机组设备的健康水平。

二、实施以优化成本为核心的经营管理战略，增强企业竞争力。在经营管理上积极创新，建立了适应市场竞争的企业制度，通过以优化成本为主线，对企业生产经营管理的各个环节进行全过程、全方位控制，应用现代管理方法和理论，对原有的粗放型管理模式进行变革，形成高效集约化的经营管理体系，以实现效益最大化。通过实施以优化成本为核心的经营管理战略，增强了职工关心成本、节约挖潜的自觉性，实现了从计划经济的管理方式向市场经济管理方式的跨越，从封闭的粗放型管理向开放的集约型管理的跨越，真正实现了向管理创新要效益。

三、强化培训工作，提高职工的技术水平和综合素质。建立有效的教育培训体系，重点加强生产技术人员、管理人员的岗位技能培训。在培训方式上，建立了职工个人培训档案，根据每个人的具体水平，并针对自己提出的学习内容制定每月的培训计划，确定应知、应会的内容，进行针对性较强和对口帮教培训，使培训工作重在实效。

四、以人为本，加强企业文化建设和精神文明建设。注重企业文化的建设和精神文明建设，积极营造文明民主、宽松愉悦的氛围，把严格的企业管理和人性的情感关怀结合起来，增强职工的凝聚力，为做强、做大遵电而努力学习和工作。维护分场热控班班长杨洪波潜心学习、刻苦钻研，在自己平凡的工作岗位上作出了不平凡的业绩，获得2004年度省级劳动模范称号。

（杨　皓）

【做好两台机组的脱硫工作】　由于遵义发电总厂地处遵义市中心，为了减少污染，加大环保治理力度。已开始两台机组脱硫的前期工作，同时加强维护厂区、生活区排污设施，以达到环保要求。

（杨　皓）

【举行桐梓电厂办公室挂牌仪式】　电力体制改革后，厂领导班子将主要精力放在抓企业发展上，将桐梓电厂作为遵义发电总厂异地技改项目，得到贵州省、遵义市政府大力支持。11月28日，在桐梓县城举行桐梓电厂办公室挂牌仪式，具体负责人员进驻桐梓，开始桐梓电厂的前期工作。

（杨　皓）

遵义钛厂

【概况】　2004年，是遵义钛业快速发展的一年。国家高技术产业发展示范化西部专项5000吨海绵钛项目建成投产；国际先进水平直径2.4米沸腾氯化炉成功启动；海绵钛产量、钛锭产量、钛粉产量、工业总产值、产品销售量、销售收入、货款回笼率、全员劳动生产率、职工收入、海绵钛生产消耗精四氯化钛、精镁，钛粉生产消耗氢气，钛锭生产消耗海绵钛等“十三项”指标创历史最好水平；成功开发TC4钛合金锭实现批量生产；企业改制工作进展顺利，企业发展充满活力。

一、指标创优获佳绩。2004年，生产海绵钛3393吨、钛锭201吨、钛粉135吨，均刷新历史纪录。钛锭首次实现达产达标；厂、公司实现工业总产值2.95亿元（现行价），比2003年增加6589万元；全员劳动生产率151231元/人·年（按在岗职工1949人计算），比2003年增加33730元/人·年，在2002年突破10万元/人·年的基础上，迈上15万元/人·年的新高。主要消耗指标呈下降趋势。销售海绵钛、钛粉、氯化镁、精四氯化钛和钛锭共计6206吨，其中销售海绵钛3721吨，创历史最好水平。在中北钛业公司外委加工钛锭给企业增加244万元利润，这是钛业公司经营决策中一次成功的运作。实现销售收入2.51亿元，比上年增加4226万元。货款回笼3.89亿元，比上年增加2亿元，货款回笼率155%。出口创汇54.47万美元，比2003年增加14.44万美元。2004年，钛厂实现利润360万元，比上年减少275万元。钛业公司实现利润1050万元，比上年增加600万元，增长率133%。

2004年，遵义钛厂物资供应坚持“供货及时性、质量可靠性、价格合理性”原则，全年节约采购成本360万元。

二、技术创新增实力。2004年，遵义钛厂与中南大学合作对粗四氯化钛过滤方式进行相应改进，以膜管过滤取代滤布过滤，实现生产连续化，减少环境污染；胥力总经理代表遵义钛业有限责任公司与I.V扎别林总经理代表乌克兰国家钛研究设计院签订《遵义钛业有限责任公司与乌克兰钛院关于扩大钛镁生产的合作意向书》，标志着双方的合作向前迈出了实质性的一步；由钛业公司牵头组织编制的《钛冶炼工国家职业标准》通过专家审定，并由国家劳动和社会保障部颁布实施，该标准填补了国内空白；实施提高氯化尾气中四氯化钛回收率、氯化收尘渣尾气治理两项攻关成果经应用到实际生产中，获得良好的经济效益和环保效益；与返聘老专家实施改善海绵钛结构和高品质海绵钛开发取得阶段性成果;二厂"海绵钛综合效益小指标优化擂台赛"、动力厂维修工段低压电工的"低压电器设备安全运行竞赛"、一厂"氯气消耗小指标竞赛"、五厂"电解粗镁产量竞赛"、六厂"钛锭金属实收率竞赛"等20项经济技术创新活动取得较好成绩。2004年,国家在贵州建两个新材料基地,遵义钛厂成为"遵义国家新材料产业化钛业基地"。

三、人本管理上台阶。全年内、外培训职工1582人次。组织540人参加工人技术津贴等级考评。合理使用人力资源,对统计人员、财会人员、维修工集中统一管理,为厂、公司在现有人员基础上实现万吨级产能奠定了基础。12月28日,取得贵州省安检局认定的特种作业安全技术培训资质,可开展电工、焊工的安全技术培训。2004年首次对主要二级单位中层干部实行风险金抵押考核制度,执行效果较好,对观念、制度创新有着积极的推动作用。质量管理体系健全,组织3次质量体系内审和两次产品质量审核,中国船级社质量认证公司对质量体系的评价是:员工质量意识强、产品能持续稳定地满足顾客要求、体系运行符合性好,稳定性强。2004年,连续3次兑现职工存量补贴、增量补贴共1400万元;改善职工医疗条件,在2003年投资56.5万元建设新职工医院基础上,增资50万元扩建职工医院,使职工医院医疗环境、医疗设施进一步完善;改善职工就餐条件,投资56万元对职工食堂进行改造,使职工能在一个相对较为舒适的环境中就餐;2004年,职工人均收入较大幅度提高,在岗职工人均收入比上年增长33%。在册职工人均收入比上年增长31%。

四、抢抓机遇促发展。11月3日,总投资19006.26万元的国家高技术产业发展示范化西部专项5000吨海绵钛项目竣工投产。2004年年初以来,海绵钛市场供不应求,钛资源严重短缺。为抓住市场机遇,加快资金流动,积累发展资金,钛业公司决定在工程建设中采取灵活应对市场的建设策略,使5000吨工程提前发挥经济效益。6月1日,新还蒸系统按规定的时间送电烤炉,7月9日,生产出第一炉海绵钛产品。11月3日,新氯化系统启动,达到国际先进水平的直径2.4米沸腾氯化炉成功投产。11月28日,遵义钛业有限责任公司股改工作迈出实质性的一步。有限公司股权转让在遵义市红花岗区工商行政管理局完成变更登记,变更登记后6家股东持股比例为:遵义钛厂57.63%、中国华融资产管理公司24.46%、中国节能投资公司12.6%、西北有色金属研究院4%、东港市东方高新金属材料有限公司0.75%、武邑凯美特特种金属粉末有限公司0.56%。

(潘廷祥)

【外宾来访促商贸】 2月4,日本客商阪和(香港)有限公司广州事务所经理山崎晃一行来公司洽谈海绵钛供货事宜;3月24日,英国五金集团公司董事会主席科林·威廉斯一行到公司洽谈海绵钛供货事宜;4月13日,日本神户制钢技术部中根顺,日本蝶理株式会社夫哈堤一行到公司洽谈商贸事宜;6月2日,日本伊藤忠商社原田夫、MANAC公司池田晃士、水本浩司一行来公司参观;7月21日,德国贺氏冶金股份有限责任公司艾勒·包尔总裁一行来公司洽谈海绵钛、钛粉商贸事宜。8月1日,日本住友商事株式会社非铁金属制品本部副部长井户秋介、轻金属制品部课长代理早川隆浩一行来公司洽谈海绵钛市场情况及发展趋势;9月2日,韩国浦项制铁公司制钢原料购买室室长金斗哲、Marketing/科长金世权、制钢原室溶济原料科员徐卉磷一行到公司参观访问并洽谈海绵钛商贸合作。10月12日,挪威议长约根·科斯莫与其夫人安纳莉丝·科斯莫、挪威驻华大使赫图安一行考察访问钛厂。

(潘廷祥)

【省、市领导莅临企业考察】 3月8日,贵州省科技厅厅长于杰来厂调研;3月12日,贵州省国资委主任王黎明来厂了解企业改革的情况;4月17日,中国有色金属工业协会会长康义来厂视察;4月30日,遵义市人民政府副市长江才文来公司检查工作情况;6月3日,遵义市委书记傅传耀到公司现场办公;6月12日,中国有色金属工业协会副会长钮因健、科技部主任张洪国、董洪超教授一行来公司了解海绵钛在"十一五"期间的发展设想以及对锆、铪的生产意向;9月13日,贵州省人民政府副省长包克辛、中国铝业集团总经理肖亚庆来厂考察并洽谈合作事宜;11月4日,全国人大代表一行11人来厂视察。

(潘廷祥)

【企业获奖情况】 2004年,厂长胥力被贵州省经贸委、贵州省企业联合会、贵州省企业家协会联合授予“新世纪第二届优秀企业家”称号；朱卫平获贵州省“五一”劳动奖章；祝永红获“第三届贵州省有色系统十大技术创新能手”荣誉称号。2004年，遵义钛厂申报的《以事实价值环境和条件为主要依据的决策和管理》被评为贵州省第五届省级企业现代化创新成果一等奖；遵义市人民政府授予“技术进步先进企业”称号；贵州省再就业领导小组授予“贵州省再就业先进企业”荣誉称号；中国有色金属工业协会授予“2004年度有色行业先进统计单位”荣誉称号；贵州省城调队授予“2004年度贵州省工业品价格统计优秀企业”荣誉称号。

（潘廷祥）

贵州钢绳（集团）有限责任公司

【概况】 2004年，贵州钢绳（集团）有限责任公司职工人数为7426人（其中：离休28人，退休1725人）；专业技术人员1153人；总资产11.227亿元，净资产5.3亿元，负债率为52.92%，年生产钢、钢丝绳能力为17万吨。

一、生产经营情况。全年实现工业总产值8.57亿元，同比增长47.8%。全年生产钢丝、钢绳16.1万吨，同比增长8.3%，产销率为102%；出口钢丝、钢绳1.74万吨，创汇1185万美元，销售收入10.76亿元，实现利润总额2952万元。

二、大力推进企业体制创新。积极推进国有企业改革，以贵州钢绳（集团）有限责任公司为主要发起人设立的贵州钢绳股份有限公司，在省、市政府有关部门的支持和帮助下，在公司全体职工的艰辛努力下，经中国证券监督管理委员会审核，于2004年5月14日在上海证券交易所成功上市。

三、技术改造和新产品开发工作取得突破性进展。各生产单位加大技术改造项目的实施力度，有效促进产品结构的调整。围绕大盘重、连续化生产和提高劳动生产率，进行了拉丝机象鼻子收线、电镀大盘收线，拉丝模、热处理生产线及成、股、拉丝机的技术改造，有效保证了产品质量，提高了单机作业率。各生产厂继续围绕“产品结构优化以钢绳为主，各种结构优化的特殊结构、特殊用途钢绳等”的原则，大力推进技术创新和新产品开发工作，主要完成三角股钢绳、塑料管用钢绳、高延伸回火镀锌钢丝、高性能大桥用缠绕钢丝、粗规格镀青铜胎圈钢丝等产品，有效促进公司产品结构的调整，形成新的经济增长点。

四、营销工作保持了持续发展，国内、国际市场进一步巩固。公司为确保全年生产经营目标的实现，按照“做优内销，拓展外销，质效并进，提升规格”的要求，营销工作取得了良好成绩。一是推进产品结构调整，优化产品结构，根据市场需求和自身生产能力，及时调整钢丝、钢绳产品结构，销售量与同期相比增长17.91%，附加值高和特殊用途的产品销量同比增长11%，货款回笼同比增长43%。二是拓展国际市场，出口产品大幅增长，创汇1185万美元，同比增长114%。三是推行适应市场发展需要的现代营销理念，强化基础管理、制度建设和队伍建设，使企业在激烈的市场竞争中成功地走出了一条市场营销之路。

五、高度重视产品质量工作。公司长期坚持“以质量求生存”的方针，依靠技术进步和加强管理，不断提高产品实物质量，满足用户要求。经中国名牌战略推进委员会评审，公司“巨龙”牌钢绳被评为中国名牌，贵州钢绳（集团）有限责任公司被授予质量管理先进企业称号；同时，“巨龙牌”回火轮丝被评为贵州省名牌产品，这对提升企业品牌形象，增强市场占有率和竞争力具有重要意义。

（张　鸣）

中国航天科工集团〇六一基地

【概况】 2004年，中国航天科工集团〇六一基地（中国江南航天集团）广大干部职工紧紧围绕年初基地工作会议提出的“两个确保（确保完成某型号系统的设计定型任务、确保完成调整改造工程基本建设任务）、三个突破（军品研制生产要有新的突破、民品开发要有新的突破、体制创新要有新的突破）、四个提高（经济总量和经济效益要再提高、技术创新能力要再提高、企业管理水平要再提高、党建和思想政治工作水平要再提高）”的工作目标,经受考验,克服困难,较好地完成了全年各项工作目标。

一、经济指标创历史新高。2004年,基地工业总产值、销售收入和利润实现同步增长,并创历史新高。全年完成工业总产值26.36亿元,同比增长24.81%;完成产品销售收入16.8亿元,同比增长19.1%;实现利润6357万元,同比增长217.71%。

二、调整改造工程进展顺利。2004年,基地调整改造工程共完成投资4.32亿元。其中:工业部分完成投资2.52亿元;民用部分完成1.8亿元。全年完工厂房26个,面积13.9万平方米,占工业面积的83.2%。至2004年底,工程已累计完成投资9.46亿元。其中:工业部分完成投资7.66亿元,占工业部分的66.7%;民用部分已完成投资1.8亿元,占民用部分的65.6%。

三、支柱民品发展势头良好。2004年,基地的铝工业技术装备、超临界CO_2流体萃取装置、金属拉拔设备等机械成套装备等民品发展势头良好,作为基地的民品支柱产业开始显露头角。电冰箱、电冰箱配件、铝工业技术装备、电池、汽车车桥等民用产品产值均突破亿元,为基地经济总量的增加作出了重要贡献。

四、改革脱困工作取得了决定性的成果。中国江南航天集团原核心企业——中国江南航天工业集团公司于2004年2月破产终结,核销银行债务12亿元。至此,基地已经完成了13个政策性破产项目,共核销银行和金融机构债务超过18亿元。这标志着基地的改革脱困工作取得了决定性的成果。通过企业政策性破产,大大减轻基地和所属企业的历史负担,为基地今后的改革发展创造了有利条件。

(温龙嵩)

【各级领导到基地视察】 1月2日,中央政治局常委、国务院副总理黄菊到〇六一基地视察。3月23日,国家保密局副局长蔡红一行到061基地进行调研。3月31日,国务院驻航天科工集团第二届监事会主席谢钟毓一行9人,到基地开展了为期两周的监督检查和调研。4月1日~2日,总装备部电子信息部副部长李纪南少将一行6人,到基地有关单位调研。4月21日,国务院国有资产监督管理委员会党委调研组组长杜渊泉一行到〇六一基地调研。5月2日,中共中央政治局常委、中央纪律检查委员会书记吴官正视察〇六一基地。6月11日,贵州省人大副主任龚贤永一行到基地调研。7月9日,国防科工委副主任张广钦就基地国家安全工作落实情况进行检查,并视察了302所、3531厂和361工程贵阳建设工地。8月13日,总装备部陆装科订部部长韩延林少将一行到基地视察。8月27日,遵义市人民政府市长卢守祥等一行到基地视察。卢市长一行考察了3401厂、3532厂、3409厂、3247厂、3653厂、3533厂和遵义航天高科技工业园区。9月8日,空军装备部副部长岳留安一行莅临基地考察。10月13日~15日,中国航天科工集团公司副总经理方向明、资产运营部部长谢柏堂、财务部部长曾文华等一行到基地视察指导工作。11月3日,贵州省人大副主任王淑森带领在黔全国人大代表到基地视察。11月22日,贵州省政协副主席马文骏一行到基地视察。12月22日~24日,中国国防科技工业委员会副主任孙来燕一行到基地视察。

(温龙嵩)

【基地荣获多项表彰】 1月12日,基地梅岭化工厂魏俊华、林泉电机厂吴智明被中华人民共和国人事部、国防科工委、总装备部授予"中国载人航天工程突出贡献者奖章"。7月1日,基地党委荣获国务院国资委党委授予的"中央企业先进基层党组织"称号。10月8日,中国江南航天集团技术中心被国家发展和改革委员会、财政部、海关总署、税务总局联合授予"国家认定企业技术中心成就奖"。

(温龙嵩)

【贵州航天电器股份有限公司成功上市】 7月26日,贵州航天电器股份有限公司在深圳证券交易所中小企业版正式挂牌上市。中国航天科工集团公司总经理殷兴良、副总经理方向明,贵州省政府副秘书长吴跃,深圳证券交易所总经理张育军、副总经理周明,基地主任兼贵州航天电器股份有限公司董事长曹军和贵州航天电器股份有限公司总经理原维亮等出席了挂牌仪式。

(温龙嵩)

【部分单位通过保密资格审查认证】 2004年,基地共有11家单位通过国家二级保密资格认证,3 家单位通过国家三级保密资格认证。

（温龙嵩）

【基地设立博士后科研工作站】 2月26日,基地申请设立博士后科研工作站获国家人事部批准。

（温龙嵩）

【遵义航天中学高考成绩优异】 2004 年,基地所属遵义航天中学高考再创佳绩。527 名考生考入全国各类本科及大专院校,占考生总数的 90.1%。其中,195 人被各类重点院校录取,265 人被各类一般本科院校录取,67 人被大专院校录取,分别占考生总数的 33.33%、45.3%、11.45%。2004 年,贵州省高考成绩 600 分以上的考生共 375 名,遵义航天中学占 20 名,为总数的 5.33%。有 2 名考生考入清华大学和北京大学。

（温龙嵩）

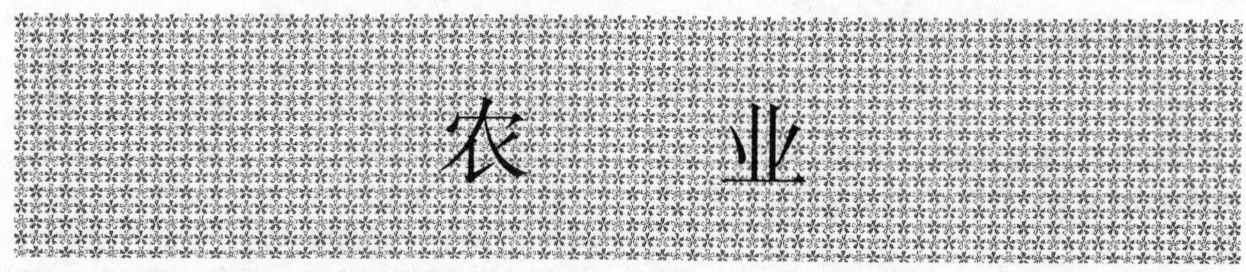

农业

农办

【概况】 2004年,市农业办公室和各级农业部门共同努力,较好地完成了全年的各项工作任务。在抓农业农村经济、扶贫开发、农业综合开发、农业产业化经营等工作方面取得了较好的成绩。

一、农业农村经济全面发展,农民收入较大幅度增长。全市粮食产量321.11万吨,比上年增长5.54%;油菜籽产量26.1万吨,比上年增长6%;烟叶收购160.7万担,占计划的101.1%;肉类总产量55.35万吨,比上年增长15.39%;乡镇企业增加值完成82.5亿元,比上年增长15%;全年农业产值149亿元,比上年增长5%;农业增加值96.6亿元,比上年增长5.1%;农民人均纯收入达到2120元,比上年增加201元,增长10.45%。

二、农业结构调整步伐加快,区域经济发展壮大。全市烤烟、优质稻、辣椒、红粱等产业基本形成。初步建成以务川、道真、正安、凤冈、湄潭等东部县为主的80万亩烤烟基地;以赤水、习水、仁怀等县(市)为主的竹产业生产加工区域发展壮大;以绥阳、遵义县为主的近70万亩优质辣椒种植区效益呈现;以仁怀、习水等县(市)为主的30万亩酒用红粱、小麦生产区规模逐渐形成。农业内部结构调整成效突出,全市在已形成的3个国家级、2个省级瘦肉型猪和1个国家级秸杆养牛示范县的基础上,全市畜牧产值达53.12亿元,畜牧业占全市农业总产值的比重已达到35.4%,比上年提高2.5个百分点。经济作物和优质农产品基地建设发展较好,全市优质稻、优质玉米、优质无公害蔬菜、优质专用红粱面积分别达到123.2万亩、7.2万亩、27.15万亩和23.5万亩。优质农产品种植面积比上年增加28万亩。全市推广三元杂交猪585.18万头,出栏三元杂交猪356.35万头,比上年增长6.84%;推广良种禽1263.85万羽,比上年增长10.27%。农村劳动力就业结构有新的变化,农村劳动力转移逐年递增,2004年全市农村劳动力转移人数达到110.5万人,比上年增加近10万人。

三、农业产业化经营有新的突破,主导产业基地建设和龙头企业有较快发展。2004年,全市农业产业化经营取得较好成效,主导产业完成情况较好。全年畜牧业出栏生猪547.09万头,比上年增长15.78%;大牲畜出栏31.2万头,比上年增长13.17%;羊出栏96.17万只,比上年增长16%;家禽出栏2561.23万羽,比上年增长3.39%,全市肉类总产量,奶产品产量、禽蛋产品和水产品产量分别达到55.35万吨、0.72万吨、3.75万吨和1.75万吨,分别比上年增长15.39%、2.93%、15.27%和2.94%。全年竹产业产值达8亿元,比上年增长33.3%;药业产值达3.7亿元,比上年增加1.2亿元,增长48%。农产品基地建设加快,全市累计发展畜牧业专业村1020个(2004年新增154个),各类养殖大户13.29万户(2004年新增3.95万户)。全市竹资源面积达到180.2万亩,比上年新增23.8万亩。订单农业发展速度加快,全市2004年共计完成订单农业面积88.1万亩,比上年增加近12万亩。其中完成辣椒种植订单面积25.1万亩,完成优质红粱订单面积26.5万亩,完成优质米订单12万亩,完成优质玉米订单面积7.2万亩,完成优质油菜订单面积8.7万亩,完成优质无公害蔬菜订单面积8.6万亩。龙头企业产值、销售收入和税收保持增长势头。2004年全市新增11家市级龙头企业,市级龙头企业(含国家级、省级)总数达到31家。据对31家重点龙头企业统计,完成总产值13.5亿元,完成销售收入12.52亿元,完成税收2470万元,较上年有大幅度增长。社会化服务体系建设有新的进展,全市已发展农业产业化经营各类中介组织148个,专业市场68个,从业人员达到1.3万人,拥有固定资产3500多万元,带动农民近30万人。加大对农业产业化经营的投入,全市投入农业产业化基地建设专项资金1000万元，扶持龙头企业资金达到450万元，有力地支持了龙头企业的发展，同时还采取以奖代补的办法补助奖励105个先进单位及大户资金165万元。

四、春耕“双抢”、秋种工作完成情况较好。全市全年完成杂交水稻种植255.5万亩，玉米种植196.1万亩，红苕种植139万亩，大豆种植51.8万亩，杂粮种植52.4万亩，烤烟种植79.6万亩，辣椒种植87.19万亩，蔬菜种植108.5万亩，大秋作物实现“四满”，确保了全年粮食的丰收。2004年秋种全市完成油菜种植228.2万亩，小麦130.3万亩，杂粮80.3万亩，蔬菜127.8万亩，分别占计划的99.2%、89.9%、100.4%和106.5%，完成饲草种植31.58万亩，占计划的112.8%。

五、扶贫工作取得新成绩，小康建设稳步推进。2004年共计完成5.2万“净越温”人口的“越温”任务，占省下达计划的110.64%。全年完成财政扶贫项目1039个、财政资金7493.74万元的项目申报任务，其中报省审批项目843个，资金5534.05万元。完成申请信贷扶贫项目8个，资金18910万元，已到位9000万元。争取大连援助项目29个，资金527.1万元，其中对口帮扶资金400万元。完成4个重点县及凤冈、余庆县小额信贷资金10080万元，比上年增加7934万元，已累计完成小额信贷回收8515万元，回收率54.8%。同时完成正安县小额扶贫贴息贷款试点改革工作，发放贴息贷款1250万元，成功探索了道真小额扶贫信贷改革的新模式，受到国办、省办的肯定。2004年共发放小额扶贫信贷3515.4万元，比上年增加3437.4万元，增长45倍，回收率达98%。完成2004年财政扶贫项目501个，总投资8091.11万元的项目实施、检查和验收工作；完成大连援助项目23个，资金595.8万元的项目实施。完成了扶贫与计生“三结合”工作，全年落实帮扶资金32.22万元，帮扶计生贫困户65户，占省下达计划任务的162.5%，通过帮扶的65户计生贫困户经济收入比上年平均增长176元。完成贫困地区干部培训工作，全年累计办培训班4121期次，培训贫困地区干部11060人次，普训农民47.5万人次，贫困地区“绿证”培训7698人次，分别占省下达计划的102.4%、103.2%和109.9%。贫困地区劳动力转移培训3953人，劳动力转移就业2716人。

2004年，全市小康建设呈现新的发展局面，全年完成2003年小康村的统计、验收和申报工作，共计验收合格达到小康标准村31个（以合并后的大村计），同时完成小康建设的考核评比。完成2004年的小康规划及建设，全年完成50个小康村（以合并后的大村计）的创建任务。

六、农业综合开发和坡改梯工作按期完成。完成了2003年度土地治理项目18个，完成总投资4474.85万元，共计改造中低产田土6.1万亩，建设优势农产品基地14.61万亩，修建提灌站6座，防渗、维修、改造渠道141.22公里，修建机耕道54.1公里，购置农机具544台（套），建沼气池3060口，培训项目区干部群众2.02万人次，据统计，受益地区新增粮食549.48万公斤，油菜籽131.3万公斤，受益农民新增纯收入总额1567.27万元。完成了多种经营加工项目3个，完成总投资2521万元，新建厂房及辅助设施10547平方米，购置生产设备82台（套），3个项目投产后可带动1.82万户农户增收。完成了2003年度10个农发县实施农发项目验收工作，全部项目通过市级验收。并且还通过省农发办对遵义市农发项目的省级抽查验收。全面启动了2004年度各农发项目的组织实施，同时，加大对到期农发有偿资金还款的追缴力度，确保全市1500多万元到期农发有偿财政资金的足额归还。全年共计投入“坡改梯”建设资金2186.6万元，全市共组织3.59万户农户、16.09万劳力，累计投工186.7万个，开挖土石方5542万立方米，完成以“坡改梯”为主的基本农田建设工程点240个，面积7.13万亩，占省下计划的103%，其中配套完成建设小水池433个、8592立方米，引水渠99条、58.1公里，田间便道533条、113.4公里，植树42.08万株，治理水土流失面积56平方公里。经省、市验收，工程质量较上年普遍提高，工程建设完成后，新增耕地面积5897.9亩，新增基本农田45468.8亩，增产粮食6820吨，受益地区农户人均增粮42公斤。

（赵命容　陈辅君　林　军）

【科教兴农有新进步】　2004年，共完成农业技术普及培训5048期，培训农民95.38万人次，为计划的125.5%；完成“绿色证书”培训495期，培训农民1.77万人，颁发“绿色证书”9265人，分别占计划的147.3%和102.9%。完成贫困地区干部培训313期，培训11425人，占计划的105.8%；完成农村劳动力转移就业培训51期,培训农民3953人,转移就业率达到68.7%,较好地完成了省、市下达的任务。由于农民技术培训工作抓得到位,农民科技意识逐步增强,全市农业适用技术普及率、推广率得到了较好的巩固和提高。2004年"两杂"良种推广,水稻旱育稀植、玉米育苗移栽和作物的规范化种植以及畜牧业的品种改良等技术在往年的基础上又有新的进步。

(赵命容　陈辅君　林　军)

【农村调研工作和农村信息工作进一步增强】 2004年,市农办深入农村开展调研,完成遵义市委2号文件的组稿编写工作,形成了《2004年农民增收因素分析》、《2004年农业产业化调研报告》、《遵义市农村改革方案》、《2005年农业农村工作意见(草案)》、《遵义市扶贫开发实施集团帮扶调查》、《新阶段扶贫开发工作调研报告》等调研材料14篇,其中较高质量的5篇被省刊使用,9篇被贵州农村要情采用。完成《遵义农村要情》19期约19万字的编发工作,编制《遵义农村动态》6期。农业农村经济运行情况分析材料4期,编制农业生产进度统计表12期。

(赵命容　陈辅君　林　军)

【开展农村劳动力转移培训工作】 2004年,全市农业和农村培训工作,一手抓农业适用技术培训,一手抓农村劳动力转移培训。开展农民技术普及、"绿色证书"、扶贫干部培训,为全市农业适用技术的推广普及和农村基层干部业务素质提高打下了基础。开展农村劳动力转移培训49期,培训3865人,输出转移2628人,转移就业率68%,其中"订单"培训有:旅游培训1期79人、足疗保健培训5期164人、美发美容培训1期26人、家政服务培训14期1360人、建筑业培训3期280人、烹饪培训9期340人、宾馆和酒店服务员培训11期767人、家电维修工培训7期281人。经过培训后转移就业的农村劳动力普遍受到用人单位的好评,月工资平均达到600~800元。为全市农村特别是贫困地区富余劳动力向非农产业和城镇转移创造了条件,开辟了有效途径,增加了农民收入。

(林　军)

农业管理

【概况】 2004年,遵义市农业局以服务"三农"为宗旨,努力促进农业增效、农民增收和农村社会稳定,圆满地完成了各项工作任务。

2004年,全市粮油获得全面丰收,粮食总产量达321.11万吨,较上年增长5.54%,为2000年以来的第二个高产年。其中,夏粮总产量为75.11万吨,比上年 增长2.17万吨,增幅为2.98%;秋粮总产量为245.89万吨,比上年增产14.88万吨,增幅为6.17%。油菜籽总产量为26.1万吨,比上年增长1.47万吨,增幅为5.99%,为历史最高水平。完成秋粮种植面积654.4万亩,其中,水稻种植面积262.08万亩,总产量126.2万吨,比上年增加8.5万吨,增幅为7.22%。完成玉米种植面积208.7万亩,总产量达74.5万吨,比上年增长3.45万吨,增幅为4.86%。完成了17334口国债沼气池项目建设任务。农民科技教育培训,农民负担监督管理、农经工作及土地承包管理,植物病虫防治,"沃土工程"、"种子工程"、"11215工程"、农业区划、茶叶、无公害蔬菜、农场管理等各项工作都取得新成绩。农民人均纯收入达2120元,农民人均纯收入中来自种植业的部分为645元,超过年初预计增收30元的目标。

(谢龙林)

【全市68名农业行政执法人员通过考试】 11月14日,在公开、平等、竞争、择优的原则下,遵义市人事局、市农业局、市畜牧局3家单位组织实施了遵义市农业行政综合执法人员的招考录用工作。全市农业局系统共有179人参加考试。结合考试成绩,在市编办核定的编制名额和省下达的招考计划范围内,按照1:1的比例实行等额考核的原则,以笔试成绩由高到低顺序确定考核对象,市农业局和各县、区(市)农业局最终录用农业行政综合执法人员68人。

(谢龙林)

【全市861名技工获得沼气《职业资格证书》】 沼气技术是一项专业性很强的工作,根据国家相关规定,实施国债沼气项目,必须获得国家劳动和社会保障部、农业部颁发的“沼气生产工”《职业资格证书》的技工才能修建沼气池。2003 年全市获此证书的仅有 341 人。2004 年 4 月和 8 月，遵义市农业局分别在赤水市和凤冈县举办两期技能鉴定培训班，使全市获此证书的人数达到 861 人，确保了每个项目县通过职业技能鉴定的沼气生产技工均达到 50 人以上，建池技工全部持证上岗，为沼气项目实施提供了有力保证。

（谢龙林）

【遵义市农村富余劳动力转移培训暨阳光工程项目正式启动】 农村富余劳动力转移培训暨阳光工程项目自 2004 年 6 月开展以来，各级政府坚持以政府推动、学校主办、部门监管、农民受益的原则，以市场需求为导向，以转移到非农领域就业为目标，各地各级各类培训机构严格按照公平、公正、公开，尊重农民自愿，确保培训质量的要求，对农村富余劳动力开展了多种形式的“订单”培训。至 2004 年 12 月底，全市共培训农村富余劳动力 14085 名，其中 12528 人已转移到内地和沿海经济发达地区就业。

（谢龙林）

农业科研

【概况】 2004 年，遵义市农科所按照市政府农业农村工作会议、市经济工作会议的要求，发挥科学技术是第一生产力在农民增产增收中的促进作用，认真抓了科研、开发和管理工作。

一、农业科研有新的突破。 2004 年，遵义市农科所共承担各级试验课题 70 项。其中，国家级试验课题 15 项，省级试验课题 30 项，市级试验课题 2 项，所内自选课题 19 项，承担企业委托课题 4 项。在各级试验课题中，水稻试验课题 28 项（国家级 5 项，省级 11 项，自选 10 项，其它 2 项），玉米试验课题 23 项（国家级 6 项，省级 5 项，市级 1 项，自选 9 项，其它 2 项），油菜试验课题 4 项（国家级 2 项，省级 2 项），小麦试验课题 3 项（国家级 2 项，省级 1 项），还有花生、辣椒、蔬菜方面的课题。在以上试验中，有 600 多个组合参试，40 多个组合表现出丰产性好，抗逆性强，品质优的特点，为今后这些组合进入各级区试或大面积生产试验以及品种审定奠定了基础。

遵义市农科所在完成各级试验任务的同时，还根据所的发展需要进行自选组合比较试验和新组合选育工作。2004 年，遵义市农科所自选组合比较试验中，水稻试验上有 77 个组合参试，其中比对照品种增产的有 5 组，比对照品种减产的有 1 组，最高比对照品种增产 9.2%，最低比对照品种增产 1.1%；玉米品比试验有 36 个组合参试，其中比对照遵玉 8 号增产的组合有 8 组，最高比对照品种增产 9.37%，最低比对照品种增产 0.85%。2004 年 4 月，遵义市农科所选育的 K 优 866（品种名称：益农 1 号）、遵糯 201（品种名称：遵糯 3 号）通过了省级审定。遵义市农科所选育的玉米新组合遵试 305 参加了四川省区试，遵 201 通过贵州省区试同时参加了全国预试，遵试 3138 参加了湖北恩思区试、武陵山区预试，遵糯 3 号参加了全国区试，水稻品种益农 1 号参加了全国区试并进入续试。这些品种（组合）表现显著，将为遵义市农科所加速种子产业化进程铺垫事业发展的通路。

二、科技开发有新的进展。 为了适应市场经济发展需要，遵义市农科所依托自身优势和国家级区试站的优势，加强与省内外科研院所和种子公司的交流与合作，加强网点建设，引进适应遵义市气候环境的优良品种，促进遵义市农作物品种的改良换代，促进遵义市农业的增产增收。在网点建设上，遵义市农科所除巩固原有网点外，还开辟了一些新网点，在省内涉及到贵阳、遵义、安顺、铜仁、黔南州等市区。为了方便各网点的推广工作，还建立了遵义、贵阳、安顺等地的配送中心，为遵义市乃至贵州省农业生产的发展服务。2004 年，遵义市农科所主要围绕“遵糯 1 号”、“益农 1 号”开发，抓好制种、网点建设、多点试验示范、推广优良品种，全面实施科技开发工作。在仁怀进行水稻益农 1 号制种 300 亩，实收种子 7.8 万公斤，最高单产 356 公斤，最低单产 226 公斤，平均亩产 260 公斤；益农 2 号试制 20 亩，实收种子 4000 公斤，平均亩产 200 公斤。玉米遵糯 1 号制种 210 亩，实收种子 1.85 万公斤。冬季在海南加制遵糯 1 号 150 亩，因遇严重干旱，实收种子 1.25 万公斤。2004 年，遵义市农科所推广自育优良农作物品种益农 1 号 7.5 万公斤，益农 2 号 0.45 万公斤，遵糯 1 号 3.1 万公斤，遵糯 3 号 2000 多公斤。引进推广其他“三杂”

(水稻、玉米、油菜)良种55个,共38万多公斤。

三、后勤保障成效显著。一是解决了职工的增量补贴,为职工争取增量补贴60.6457万元,其中,离退休职工兑现37.9058万元,人均4623元,在职职工兑现22.7399万元,人均1819元。二是建成了583平方米的适用挂藏室、考种室和种子仓,购置了相关的仪器、设备,满足了开发急需的仓储需要,完成了区试站第二期工程建设工作。三是购置了科研和办公用电脑14台,有些电脑还直接与有关部门的电脑联网,提高了办事效率,勾通了信息,加强了部门的联系,为科研、开发的发展创造了有利条件。

(谭　凯)

【水稻特高产技术体系研究得到专家肯定】 2004年,由遵义市农科所主持的在遵义县南白镇青山村实施的“贵州省水稻特高产技术体系研究”项目中,参加试验的有富优1号、益农1号、黔优88等优良组合。经过省科技厅、贵州大学、省农科院、省农业厅有关专家对大面积示范工作的田间实测,富优1号亩产868公斤,遵义市农科所的益农1号亩产834.2公斤,黔优88号亩产822.9公斤,达到了课题设计亩产830~850公斤的指标。遵义市农科所选育的水稻新品种益农1号的优质、丰产性得到有关专家的肯定。

(谭　凯)

【组织第一次新品种现场观摩会】 8月8日,遵义市农科所益农种业有限责任公司组织了公司成立以来第一次新品种现场观摩会,参加会议的有省内、外种子公司,益农公司各县(市)代理商及部分销售点200多人。在观摩会上该公司介绍了遵义市农科所及益农种业有限责任公司概况、服务宗旨和经营业务,组织客户参观了遵义市农科所在遵义县鸭溪镇理智村实施的50亩益农1号生产示范,参观了遵义县三合镇益农1号高产栽培试验及所区的农作物组合区试,使广大客户和农民朋友身临现场感受到农业科学技术促进农民增产增收的巨大影响和作用。

(谭　凯)

【在所外实施名、特、优无公害蔬菜栽培技术研究项目】 2004年,遵义市农科所在所外实施了名、特、优无公害蔬菜栽培技术研究项目。在桐梓县九坝实施了390亩(其中,菜豆20亩,大白菜30亩,胡萝卜40亩,花椰菜150亩,辣椒150亩);在遵义县洪关乡实施了300亩(其中,甘兰220亩,莴笋40亩,西兰花20亩,花椰菜20亩)。研究项目带动了1000多户农民种植无公害蔬菜,农民得到了实惠,观念上有所更新,调动了调整种植结构的积极性。

(谭　凯)

农　　机

【概况】 2004年,遵义市农业机械事业局围绕建设农村小康社会,以服务“三农”和“兴机富民”的工作思路,在机械化田间作业上抓示范,在秸秆综合利用上抓巩固,在农机安全、农机服务组织建设上抓管理,发展农机促生产,服务“三农”助增收,有力地推动了各项工作的全面进步,为农业增效、农民增收做出了新的贡献。

2004年,全市农机拥有量迅速增长。年末,全市农机总动力已达167.5万千瓦,为年计划的102.4%,比上年增长4.92万千瓦;加工机械7万余台,比上年增长0.3万余台;机械脱粒机1600多台,比上年增长150台;排灌机械3.5万余台,比上年增长0.2万余台;全市农用车已达1.4万余台,大、中、小型拖拉机1.3万余台;有机户10万余户,成为农村致富奔小康的带头人。农业机械作业水平进一步提高,全市机耕面积达到60.62万亩,机械化脱粒量128.9万吨,机械化秸秆还田55.47万亩。全市培训各类农机人员21329人,为年计划的106.6%;年审驾驶员12424人,为年计划的117.73%;年检机车12183台,为年计划的123.06%。建立和完善农机基层社会化服务组织31个,农机综合示范区3个,创建农机安全平安乡镇51个。春耕、三秋、抗灾救灾期间,共组织干部和技术人员下乡2488人次,大、中型拖拉机10889台次,配套农机具2965台次,提灌机械6287台次,微耕机1964台次,脱粒机4832台次,收割机械34台(其中联合收割机11台)。组织机械专业队51个,抗旱专业队42个,检修各类农机具1.16万台次,为农业生产服务,确保了春耕、三秋生产的需要，为实现全市农业丰收、抗灾救灾发挥了积极的作用。

2004年，市农机局获省农机局综合目标管理一等奖，获省农机局农业机械化工作“突破创新奖”，省农机局安全监理目标考核一等奖，市委、市政府市直单位年度职能目标及工作效能建设考核一等奖，市委、市政府“计划生育‘三结合’帮扶工作三等奖”，市人民政府2004年安全生产（包保）目标考核先进单位。

（余明群）

【承办首批补贴农民购农机具发放仪式】 7月27日，由遵义市人民政府、贵州省农机局主办，遵义市农机局承办的遵义市首批补贴农民购农机具发放仪式在遵义市成功举办。享受政府补贴购买农机具的120名养殖大户代表参加了授机仪式。这次补贴农民购买的120套农机具，是遵义市实施秸秆机械化加工养畜示范项目的一项主要内容。此项目总投资近200万元，其中50%购机款由政府补贴。这是贯彻落实中央、省委1号文件和市委2号文件精神，农机化服务于“三农”的又一具体体现。

（余明群）

【开展《中华人民共和国农业机械化促进法》宣传培训】 10月19日，为祝贺《中华人民共和国农业机械化促进法》11月1日的颁布实施，市农机局举办了《中华人民共和国农业机械化促进法》培训班，14个县、区（市）农机局长、股（站）长近100人参加了培训。10月31日，市农机局组织两城区农机系统80多人，各类先进适用的农机具30多台（套）在遵义市红花岗剧院门前开展大规模的宣传活动，发放《中华人民共和国农业机械化促进法》手册6000余册。

（余明群）

【农机社会化服务组织成效明显】 2004年，市农机局完成省农机局下达给遵义市30个农机社会化服务组织的建设任务，农机具拥有量808台，服务内容包括田间作业、加工、运输和抗灾救灾等，其中以机耕、机灌等田间作业为主的占83%，以加工为主的占10%，以运输为主的占7%，全年完成田间作业量3.99万亩，创产值114.92万元，取得了较好的社会效益和经济效益。

（余明群）

【战斗在农机安全工作第一线】 “五一”黄金周期间，市农机局针对农机安全形势的严峻局面，决定全市农机部门“五一”不休息，战斗在安全生产第一线，全市农机系统382名干部职工深入14个县、区（市），乡镇、乡村道路进行安全大检查，重点打击农用车、拖拉机违法载客，“黑车非驾”，客货混装，病车、报废车上路，检查车辆4582台次，纠正违法行为452台次，保证了广大农民群众节日的生命安全。

（余明群）

【创建“农机平安乡镇”，促进农机安全生产】 2004年，为充分发挥基层农机管理人员的作用，确保人民群众的安全，全市共创建“农机平安乡镇”51个。在具体工作中，全市农机部门抓源头，排隐患，重点打击农用车、拖拉机违法载客，病车、报废车上路行驶。部分县已初步形成县、乡、公安农机部门专职监督管理和乡镇政府直接管理综合治理的安全体系网络。“农机平安乡镇”不但要直接抓农机安全工作，而且对乡村道路的危险点进行改造。通过创建“农机平安乡镇”，促进了全市农机安全形势的好转。

（余明群）

畜牧渔业

【概况】 2004年，全市畜牧渔业发展强劲，养殖效益普遍提高，农民增收显著，畜牧渔业地位得到较大提升。全市肉类总产量55.35万吨，同比增长21%。水产品产量1.75万吨，同比增长9.3%。禽蛋产量3.75万吨，同比增长25%。奶类产量0.73万吨，同比增长28%。生猪存栏550.35万头（其中：能繁母猪存栏43.31万头），同比增长9.38%（其中：能繁母猪存栏增长6.39%）；出栏547.09万头（其中出栏优质瘦肉型猪356.35万头，占出栏猪的65.14%），同比增长17.3%。大牲畜存栏152.22万头，其中牛存栏148.68万头（其中：能繁母牛存栏59.52万头，占存栏牛的比重为

40.1%),同比增长2.8%;出栏31.2万头,同比增长76.8%。羊存栏134.79万只,同比增长4.9%;出栏96.17万只,同比增长13.1%。家禽存栏1908.36万羽,同比增长9.43%,出栏1763.5万羽,同比增长12.4%,

畜牧渔业产值53.12亿元(现行价),同比增长13.96%。2004年全市生猪出栏率达到了105.55%,比2003年的生猪出栏率提高8.96个百分点,实现了生猪出栏率超过100%的历史性大关。这是遵义市传统养猪业走向集约化养猪业的一个重要标志。

(何 键)

【生态畜牧养殖小区发展迅速】 2004年,全市14个县、区(市)各类养殖小区已发展到481个,涉及农户2.01万户。其中生猪养殖小区371个,涉及农户1.47万户,在生猪养殖小区,存栏生猪23.61万头,出栏生猪27.26万头,生猪出栏率115.43%;肉牛养殖小区35个,涉及农户0.16万户,在肉牛养殖小区,存栏牛0.62万头,出栏牛0.29万头;肉羊养殖小区30个,涉及农户0.13万户,在肉羊养殖小区,存栏羊2.53万只,出栏羊1.36万只;家禽养殖小区28个,涉及农户0.23万户,在家禽养殖小区,存栏家禽16.98万羽,出栏37.51万羽;其它(特种)养殖小区17个,涉及农户256户。

2004年,各地积极推行适度规模养殖,鼓励有条件的镇村建设养殖小区,结合沼气能源工程、人工种草工程、稻田生态渔业工程等方式发展“畜、沼、粮、草、渔”良性循环的生态畜牧渔业,逐步推广适度规模养殖模式,采取自动料槽、自动饮水器等节料、节水设施,促进了传统畜牧渔业生产方式的逐步转变。全市生态畜牧渔业生产方式正在逐步形成,这将促进遵义市养殖业规模化程度不断提高,促进广大农户由附带养殖向规模养殖转变,由分散粗放养殖向区域化集约化养殖转变,由传统养殖向现代化工厂化养殖转变,由自发养殖向组织化养殖转变,由自食为主向商品化转变。

(何 键)

【无公害肉猪产地认证得到通过】 2004年,遵义市加快了无公害肉猪产地认证的申报工作。已有湄潭县和凤冈县通过了省级无公害肉猪产地认定,这也是全省目前仅通过的无公害畜产品产地认定的两个县。无公害肉猪产地的认证,为全市建设生态畜牧业强市奠定了基础。

(何 键)

【遵义市畜牧业位居全省之首】 2004年年底,省政府组成目标考核办,对全省各地州市畜牧业发展的相关指标(肉类总产量、畜牧总产值、水产品产量、禽蛋产量、生猪存出栏数、大牲畜存出栏数、家禽存出栏数、财政配套的项目资金总金额)进行了综合检查和评估。经综合评比,遵义市畜牧业位居全省之首,各项发展指标超过全省总量的三分之一。

(何 键)

林 业 绿 化

【概况】 2004年是全面贯彻落实中共中央、国务院《关于加强林业发展的决定》的第一年。全市林业园林系统以《决定》精神为指针,牢固树立科学的发展观,始终把发展作为林业园林系统各项工作的第一要务,与时俱进,开拓创新,推进了全市林业生态建设的跨越式发展。

2004年,全市共完成造林114.59万亩,占计划的163.47%;完成天保工程封山育林20万亩,占计划的100%;完成义务植树528.4万株,占计划的105.68%;完成育苗8766亩,占计划的119.15%;完成10万亩风景林建设一期工程5297亩;启动了植物园一期工程。全市共有1712万亩森林资源得到有效保护,森林火灾受害率0.21‰,远低于省下达0.5‰的控制指标;森林病虫害成灾率2.25‰,远低于省下达的5.6‰的控制指标。

2004年,遵义市及余庆县分别被全国绿委授予“全国绿化模范城市”和“全国绿化模范县”光荣称号。

(夏正贤)

【中心城区十万亩风景林建设完成一期工程】 遵义市中心城区10万亩风景林建设第一期工程共设计6023亩,栽植香樟、银杏、杜英、女贞、楠木、香桂、木荷等10多个品种的大苗。设计充分体现了风景林的景观特点，注重了季相、色彩等变化。遵义市林业园林绿化局作为项目法人单位，通过公开招标，有9家绿化企业中标，并于2月28日正式开工建设。通过建设方、施工方、监理方以及市、区、镇几级党、政和相关部门的共同努力，仅两个月时间就完成了栽植环节的工程量，圆满完成了一期施工任务。经2004年6月初次验收，一期工程实际完成风景林建设5297亩，完成投资2000万元，已初步显现景观效果。

（夏正贤）

【遵义植物园建设工程开工】 遵义植物园于2001年规划，规划建设规模114.06公顷，总投资14804.6万元，规划总体布局为17个风景园区。按分类学布置的有树木园、松柏园；按生态要求布置的有水景园、岩石（植物）园，温室、荫生植物区；按植物类搜集的有杜鹃谷、竹园等。工程建设规划分三期实施，一期建设项目有引种驯化区、主大门区、杜鹃谷（园）、竹园、秋色园；二期建设项目有部分树木园、管理区、荫生植物园、岩石园、药用植物园、混合花景区、水源保护区；三期建设项目有部分树木园、水景区、温室、兰圃、松柏园、春花园、珍稀濒危植物区。

一期建设工程已于11月15日破土动工，建设规划为13.3公顷，计划投资1200万元，设计一期工程共引进栽植观赏性较好竹种41种、树种30种。主要建设内容为植物园次大门区、竹园、秋色园两个专业园。

（吴　芸）

水　利

【概况】 2004年，全市完成水利建设投资22.3亿元。新增、恢复、改善灌溉面积14万亩，占计划的105%。解决农村人畜饮水困难16.06万人/12.04万头，占计划的115%。新增节水灌溉面积4万亩，占计划的100%。治理水土流失面积181.8平方公里，占计划的113%。新增地方电力（小水电）装机3.59万千瓦，占计划的100%。被省水利厅、省人事厅授予“全省农田水利基本建设先进单位”。

一、防汛抗旱工作。防汛抗旱主要以“安全第一、常备不懈、以防为主、全力抢险”十六字工作方针为主线。市局采取早布置、早安排、早落实的工作措施。汛前，对14个县、区（市）水利工程病险水库进行全面检查，对有险情的水库提出了具体处理意见，并制定了应急方案，全面落实了以行政首长负责制为核心的各项责任。2004年，遵义市遭遇严重的旱涝灾害，市委、市政府高度重视，动员各地机关干部、群众、武警部队共9.46万人参加抢险。省、市水利部门投入防汛经费421万元，地方各级投入救灾资金401.54万元，紧急转移群众1.2万人，挽回经济损失2970.07万元。由于措施得力，抢救及时，使实际损失降低到最低限度。汛期过后，随之而来的旱情威胁大部分县（市），对此，市水利局启动了抗旱预案，共投入抗旱经费243.9万元，检修抗旱机具1284台套。9个县级抗旱排涝服务队深入田间地头，解决了23.1万人和29.99万头牲畜饮水困难，挽回粮食损失6.4354万吨、经济作物损失2051万元。

二、重点水利工程建设。一是完成遵义灌区一期工程主要段“水泊渡”水库主体工程和引水隧洞、溢洪道建设项目。目前库区移民工作已结束，共动迁移民566户、2704人，拆除房屋17.3万平方米，附属设施2.8万平方米，累计完成投资2.3亿元。二是完成湄、凤、余灌区一期续建配套工程；海龙水库二期供水工程已基本扫尾，累计完成投资4900万元。三是完成仁怀盐津河水库建设；桐梓天门河水库大坝面板和溢洪道设施相继完工，全面实现大坝安全度汛。四是加大病险水库治理力度，对全市较为严重的14座病险水库实施除险加固，完成投资1139.57万元。

三、大力推进水利改革、增强水利可持续发展。深入开展水利工程管理体制改革调研工作，对全市710个管理单位和1092个小㈡型以上水利工程以及全市水利管理系统在岗人员进行认真摸底调查，明确了万里水库作为省级改革试点单位。在微型水利工程产权制度改革的基础上，积极探索小型水利工程产权制度改革之路，出台了相应的办法，为全市水利改革打下了坚实的基础。

（杨定策）

【有效开展冬修农田水利基本建设】 一是在农村“两工”逐步取消的情况下，通过组织引导和宣传发动,采取“一事一议”等民主方式,充分调动广大群众的积极性,大力开展农田水利基本建设。二是针对干旱地区特点,狠抓水源工程的恢复利用,组织农民对小水库、小山塘、小拦河坝等蓄水工程进行清淤、整修、加固;在高山、半高山及较干旱水资源缺乏地区,补助适当物资,鼓励农村采取“自建、自管、自有、自用”的原则修建小型蓄水池。三是抓好农村饮水“解困”、“渴望”工程,切实解决农村人畜饮水困难。突出渠系配套建设,加快水库渠系改造,狠抓水土流失治理等。2004 年,共计完成水利建设项目 12762 处,新增蓄水能力 60.25 万立方米,完成土石方 3196.69 立方米,完成建设资金 16032 万元,累计投劳 5271 万个工日。

(杨正森)

【水能资源开发有章可循】 3 月 2 日,《遵义市水能资源开发管理暂行办法》经市政府第 23 次常务会议通过并发布施行。《暂行办法》依法重申了水能资源属国家所有,提出了水能资源开发使用权实行公开、公正、公平竞争有偿使用的原则,对水行政主管部门的水能资源开发规划、项目审批、工程质量监督和小水电的行业管理等任务作了明确规定。

(王君涛)

【强化水资源管理】 根据遵义市自备水源情况,市水利局主持清理和关闭了中心城区自备生活供水工程。参与市人大组织的环保世纪行(主题:水是生命之源)和对水利“三法一条例”(水洪法、防洪法、水土保持法、河道管理条例)执行情况的检查,并对水法规的执行情况进行了检查。加强了水资源费的征收工作,采取主动上门服务、加强与取水户沟通、及时跟踪缴纳情况等措施,保证了规费的及时到位,全年共征收水资源费 135 万元。完成了 4 个单位水资源论证审批工作。

(杨正森)

【水能资源公开出让规范化】 7 月 22 日,桐梓河圆满贯水电站水能资源开发使用权成功有偿出让。9 月 13 日,习水河赤水境内河段杨家湾等 6 级水电站水能资源开发权(2.52 万千瓦)出让。这些举措标志着遵义市实行水能资源市场化配置,探索水资源管理制度创新的改革取得突破,全市中小水电建设逐渐进入规范有序、健康快速的发展轨道。

(王君涛)

水文　水资源

【概况】 2004 年,遵义市水文水资源局收集整编了 17 个水位观测站年、15 个流量测验站年、98 个降水站年、10 个水面蒸发站年、7 个水温站年、5 个泥沙站年水文资料及 11 个站点常规水质化验资料,完成情况良好。其中旺草、鲤鱼塘 2 个水文站,金顶、八担粮、花园、田沟、鸭溪、巷口等 6 个雨量站资料被省水文水资源局评为甲等资料。全年 17 个水文站和 8 个报汛雨量站共向省内外发报 12640 份,完成了 96 个指令性和 40 个有偿水样、水质监测任务,通过了水利部和长江水利委员会的质控考核。

(王治芳)

【水资源公报】 2004 年,全市平均降水量为 1169.3 毫米,折合水量 359.70 亿立方米,比 2003 年增加了 6.8%,与多年平均比较增加了 8.6%。时间分布上主要集中在 5 月 ~ 10 月,空间上以东部偏多,各站降水量介于 1000 ~ 1400 毫米之间,高值区位于务川县境内洪渡河江滨水文站 1470.2 毫米,低值区位于仁怀市境内赤水河中段茅台水文站 833.1 毫米。从年降水量距平图上分析,2004 年降水比历年有所偏多。全年全市发生了 7 月 9 日、9 月 5 日两次较有影响的降水过程。

2004 年,全市地表水资源量为 167.9 亿立方米,比 2003 年减少了 2.9%,比多年平均减少了 2.6%。地下水资源量为 53.013 亿立方米,占地表水的 31.6%。

(王治芳)

【水质状况公报】 赤水河、芙蓉江、洪渡河、松坎河遵义市境段,水质全年平均为Ⅱ类。乌江一级支流湘江入乌江汇口处水质全年平均为Ⅲ类。占总评价河段的 86.3%。红花岗区湘江、洛江汇合口及以下段至湘江干流一半处为劣Ⅴ类,主要有阴离子表面活性剂挥发酚、溶解氧、高锰酸盐指数、氨氮、总锰、总磷、化学耗量、五日生化需氧量超标造成。通过监测，乌江、北郊、南郊水库水质全年平均为Ⅱ类，水质指标达到使用功能规定的水质标准。

（王治芳）

【**修订防洪预案**】　随着遵义市中心城区湘江河治理一、二、三期工程的完成和海龙水库蓄水调洪作用的发挥，遵义市中心城区的防洪能力得到了提高，1999 年编制的防洪预案已经不能真实反映现有的防洪设施和防洪能力。为了能更有效地防御和减轻洪水灾害，做到有准备、有计划、有组织地防御洪水，对 1999 年所作的遵义市中心城区防洪预案重新修编。修编后的防洪预案是在已建成的防洪工程设施条件下，针对中心城区可能发生的各类洪水灾害及受灾范围而预先制定防御洪水的方案、对策和措施，能给各级防汛部门实施指挥决策和防洪高度、抢险救灾提供适时可靠的洪水信息、指导性意见和实施方案，尽量使洪涝灾害损失减少到最低限度，确保国家财产和广大人民群众的安全。

（王治芳）

【**加强技术改造**】　2004 年，遵义市水文水资源局争取上级支持和全方位筹集经费，先后对二郎坝、长坝、观音阁、五家院子测流缆道进行了维修，对松坎、江滨、二郎坝水文站人工观测水尺、道路、站房进行维修，及时消除事故隐患，提高了测洪能力，保障了安全生产。完成赤水站自记水位井建设。对乌江渡水文站实施全面改造，规划改造面积 2351.57 平方米，拆除旧站房 248 平方米，依法办理用地相关手续，测流缆道进行了技术升级，新建水位自记测井，改造后的水文站环境优美，功能齐全，为遵义市第一个花园式水文站。新购防汛指挥车一辆。

（王治芳）

乡镇企业

【**概况**】　2004 年，全市乡镇企业工作坚持乡镇企业“大发展，大提高”的方针，加大加快全市乡镇企业结构调整、体制创新和科技进步步伐，认真扎实推进各方面的工作，保持乡镇企业持续健康发展。

一、围绕农业产业化和六大工业基地建设，发展区域特色经济，进一步推进乡镇企业、煤炭行业结构调整。2004 年，全市乡镇企业重点培植以制药、畜产品加工、竹业和特色食品加工为主的新兴农业产业化龙头企业，促进煤炭、冶金、建材等传统产业的进一步优化升级。积极争取上级部门的支持帮助和对外招商引资，根据自身优势上新项目，其中，金旭公司的老村长山野菜扩建项目已投入资金 9260 多万元，投产后年产值将达 1.26 亿元；从山东引进的贵州凯撒食品公司总投资 3000 万元，现已完成 2000 多万元；赤水市新宇公司异地技改项目首期工程完工，使该公司成为西部地区最大的竹加工基地。此外，天阳公司、家诚公司、环宇药业、余庆狮达、正安长富食品、赤水胶合板公司、绥阳空心面发展有限公司、遵义县辣椒食品厂等企业也正在加快发展，企业规模逐年壮大。煤炭行业围绕“西电东送”战略的实施，加快电煤基地建设步伐，全年批准立项建设煤矿 76 个，已累计实现固定资产投入近 4 亿元，技改扩建煤矿项目 35 处（对），总投资 8100 万元。全市煤矿投入在安全装备、系统完善、条件改善和教育培训上的资金已达 4600 万元。全市乡镇煤矿的安全装备水平明显提高，单井规模逐渐扩大，布局日趋合理。全市冶金行业不断提升技术、装备水平，运行态势良好，规模日趋壮大。如坪桥园区的玉隆铝业公司 10 万吨电解铝项目一期工程，总投资 8800 万元，现已建成投产，年创产值 8957 万元，税收 200 万元；遵义亿方电解金属锰厂，总投资 1200 万元，已建成投产，年创产值 6500 万元，税收 900 万元；遵义县福鑫钢铁有限公司项目，完成投资 6000 多万元。全市白酒行业积极实行外联带动、联合发展，产量、规模、效益有了大幅度提高。如仁怀云峰酒业公司 2000 吨技改工程，投入资金近 3000 万元，投产后可年创产值 1 亿多元；怀庄酒业技改工程投入资金 2000 多万元，现已投产，年创产值 2000 多万元。2004 年，全市乡镇企业在建项目共 442 个，项目总投资 32.72 亿元，实际完成投资 15.81 亿元，其中新建项目 316 个，占 71.5%；投资在 300 万元以上项目 130 个，占 29.41%；项目单个平均投资规模达 1009.7 万元。

二、与小集镇建设相结合，加大乡镇工业园区建设，充分发挥园区集聚效应，引导乡镇企业集中连片发展。2004年，全市乡镇企业工业小区建设得到进一步加强，14个经县级以上人民政府批准建设的工业聚集区都在积极开展基础设施建设和对外招商入园工作。入园企业也加紧工程建设，陆续投入生产。红花岗坪桥工业园区17家入驻企业全部投入生产，年创产值4.75亿元，税收1400多万元，解决1500多人就业。红花岗区忠庄高新技术产业园区已有18家入驻企业，其中，9家药业企业中5家已完成GMP改造并投入生产，到年底，该园区已创产值1.2亿元，税收238万元，解决从业人员800多人。汇川区2004年投入资金6200多万元，用于支持外高桥食品工业园区和董公寺药业园区、高坪金塘工业示范带的基础设施建设。在建工业示范带已有入驻企业5家，从业人数1700多人，年产值1亿元。此外，各县（市）结合自身实际，立足发挥优势，也启动了一批园区建设。全市乡镇企业工业园区的建设已初现规模。

三、以煤矿安全生产工作为重点，认真做好乡镇企业安全工作。2004年，遵义市乡镇企业局制定出台了《遵义市煤矿瓦斯管理规定》、《遵义市煤矿瓦斯监测监控系统管理办法》、《遵义市煤矿水害防治工作若干规定》、《遵义市矿山重大事故隐患排查治理责任追究规定》、《关于煤矿停产整顿及复产验收的规定》等制度，严格按照《煤矿安全规程》和《煤矿安全生产基本条件规定》的要求对企业进行督查，积极实施"科技兴安"战略。全市有29家煤矿推行了金属支护，绝大部分煤矿更换了主要通风机，并配置了备用风机，所有煤矿配备了探水设备，238家煤矿安装了瓦斯监测监控系统，7家煤矿安装了瓦斯抽放系统。2004年，全市乡镇企业共发生各类事故76起，死亡117人，其中煤矿事故74起，死亡115人。

四、加大对规模企业调控力度，积极开展教育培训，努力推进乡镇企业整体水平的提高。2004年，继续加大对规模以上企业的调控力度，全市规模以上企业共完成总产值47.51亿元，完成销售产值43.36亿元，完成增加值11.54亿元，上交税金1.74亿元，各项指标均高于全省乡镇企业平均水平，提升了全市乡镇企业的运行质量。积极开展乡镇企业专业技术职务评审和企业职工教育培训工作，2004年共组织建筑、会计、经济、工业、给排水、医药类人员760多人进行职称评审资格考试，有300多人取得各类专业技术职称。通过各种方式对企业管理人员、业务骨干、特殊工种作业人员进行中长期培养和短期培训，共举办各类教育培训270多期，培训11215人次。

2004年，全市乡镇企业实现营业收入371.06亿元，完成总产值338.52亿元，完成增加值84.97亿元，同比增长18.7%。其中，工业增加值完成41.29亿元，同比增长37.45%；完成规模工业产值52.76亿元，同比增长48.8%；实交税金7.46亿元，同比增长33.9%；实现利润总额29.01亿元，同比增长23.9%；完成出口产品交货值16470万元；完成制药产值4.43亿元。主要产品产量：原煤971.28万吨，食用植物油5.01万吨，白酒15.58万吨，乳制品86吨，化肥（折纯）10.38万吨，水泥338.09万吨，粮食加工260.80万吨，配混合饲料22.52万吨，焦炭4.15万吨，铁矿石23.57万吨，生铝钒土219.79万吨，锰矿石41.66万吨，硅石36.26万吨，铁合金13.45万吨，石灰142.31万吨，生铁25.89万吨，茶叶加工3310.7吨，辣椒制品2.48万吨。

2004年，全市乡镇企业共有118204户，从业人员508363人，拥有固定资产（原值）114.35亿元。年营业收入100万元以上企业970个，其中500万元以上规模企业160个，1000万元以上企业111个，5000万元以上企业24个，亿元企业7个。营业收入上亿元企业分别是：红花岗区坪桥工业有限公司4.75亿元，桐梓县伟明电解铝厂3.18亿元，仁怀市金士力酒业有限公司1.13亿元，仁怀市云峰酒业公司1.1亿元，汇川区巨星实业有限公司1.67亿元，遵义县老干妈食品有限公司1.42亿元。

2004年，全市乡镇企业增加值占全市GDP的23.45%，乡镇企业上交税金占全市财政总收入的15.5%，乡镇企业从业人员占全市农村劳动力的34.1%，农民人均纯收入中来自乡镇企业工资性部分平均达569元，占全市农民人均纯收入的26.8%。

（赵 杰）

【开展教育培训与职称评定工作】 2004年，全市乡镇企业系统采取多层次、多形式、多渠道的培训方式，采取"送出去"与"请进来"相结合的办法开展各种形式的培训工作。全年有乡镇企业行管人员，统计、会计、厂长经理及特种岗位人员，专业技术人员、操作技术人员、建筑人员、煤矿安全人员、申报专业技术职称评定人员等9049人参加培训。12月25日，有794人参加了省人事厅、省乡镇企业局组织的申报乡镇企业专业技术职称考试。考试专业有：医药专业、建筑专业、给排水专业、会计专业、经济专业。共评出具备专业技术资格的人员328人，其中：工程类264人、会计类39人、经济类25人。

（方筑宪）

【全市乡镇企业实行动态管理】 按照《贵州省重点乡镇企业管理办法（试行）》的要求，贵州省重点乡镇企业将实行动态管理，一年一审，对不具备条件的企业实行淘汰制。2004年，经审核有9户企业不合格被淘汰，它们是：遵义市大山食品有限公司、遵义市宏生贸易有限公司、贵州的确神药业有限公司、贵州黄盛记绿色食品有限公司、贵州遵义市伊味知天然食品有限公司、赤水新宇竹业有限公司、余庆县振兴冶金化工厂、正安县福庆绿色食品加工厂、贵州升义祥仓储购物有限公司。递补的9户重点乡镇企业是：贵州万盛药业有限公司、贵州长富食品有限公司、贵州省遵义县辣椒食品厂、凤冈县新兴肉联厂、赤水市胶合板有限责任公司、桐梓县彩阳电热毯厂、湄潭县通恒大酒店有限责任公司、余庆县黔龙药业有限责任公司、正安县顶箐方竹笋公司。19家重点企业所处地区从以前的9个县、区（市）增加到11个县、区（市），2004年，各级乡镇企业主管部门加大对19家重点乡镇企业的服务和扶持力度，全年共计投入扶持资金99万元，有力地促进了这些企业的发展。2004年，重点乡镇企业达到19家，其中：制药企业3家，农产品加工企业6家，传统行业企业4家，第三产业企业3家，种养企业2家，出口创汇企业1家。

（陈　杰）

【乡镇企业项目建设取得较大成绩】 2004年，乡镇企业项目建设取得较好成绩，全市乡企建设项目共计442个，比上年同期增加65个，实际完成投资158115.1万元，比上年增长12.65%；新增固定资产129672.6万元，比上年增加5%。其中新建项目316个，技改项目65个，扩建项目61个。从行业看，全市乡企煤炭开采业的建设最突出，项目个数为84个，比上年增长68%；实际完成投资24385万元，比上年增长112%。

（田　旭）

气　象

【概况】 2004年，遵义市总的气候特点：年平均气温正常到偏高，年降水量正常到偏多，年日照时数偏少。冬季气温偏高，降水普遍偏丰；春季平均气温较常年偏高，温度变化幅度大，倒春寒中等偏重，冰雹大风出现较少，但局部区域灾情重；夏季平均气温偏低，降水除遵义城区偏多外，其余县（市）总体正常到偏少；秋季平均气温正常略偏低，降水偏多，绵雨轻。

全年平均气温：2004年，全年平均气温除赤水、习水分别为13.3℃和17.9℃外，其余各地为14.9～16.4℃，与多年平均值比较，全市各地正常略偏高，但月际起伏较大，其中2月、3月、4月偏高突出，6月、7月、10月偏低明显。年极端最高气温为38.5℃，8月11日出现在赤水；年极端最低气温为－2.4℃，2月13日出现在习水。

全市总降水量：2004年，全市各地总降水量为921.4～1490.2毫米，以凤冈1490.2毫米为最多，仁怀921.4毫米为最少，其余各地在930.0～1371.1毫米之间，与多年平均值比较，除仁怀略偏少外，其余各地正常到略偏多，其中正安、道真、凤冈偏多2成。从各月情况来看，冬季到初春、3月、7月、9月、11月以偏多为主，6月、8月、10月偏少2成左右。

全市日照时数：2004年，全市各地总日照时数为825.7～1077.5小时，与多年平均值比较，务川、道真、遵义县、习水略偏少外，其余各地偏少1～2成。全年总日照时数以赤水1077.5小时为最多，湄潭825.7小时为最少。从全市各月来看，2月和4月偏多4成～1倍多，其余各月偏少1～6成。

2004年主要气候事件：

倒春寒：3月中旬后期到下旬前期，全市大部分地方出现7天左右的倒春寒天气，但由于最低气温在5℃以上，对农作物影响不大。

冰雹：全市共出现16个降雹日，影响范围和程度较大，其特点是来临早，次数多，结束晚，冬春夏秋四季都有发生。4月20日，赤水市宝元乡遭受狂风、冰雹、暴雨袭击，持续时间长达20多分钟，全乡各地均出现不同程度的灾害，经济损失数十万元；4月22日，遵义市两城区和遵义县出现了大风冰雹灾害性天气，遵义县冰雹持续时间10~20分钟，冰雹直径6厘米，多为2~3厘米，冰雹密度为每平方米50~100粒，损失惨重；4月29日，遵义县有5个乡镇再次出现大风冰雹天气，持续时间2~5分钟，直接经济损失近600万元；5月9日，赤水、正安遭受冰雹袭击，其中正安受灾严重；5月10日，红花岗区新蒲镇出现降雹，冰雹最大直径5厘米，一般直径1厘米，每平方米约400~800粒。雹灾后损失惨重，农作物受灾面积441.4公顷，绝收面积91.9公顷，经济损失数十万元；7月11日，余庆县部分乡镇出现大风冰雹，造成直接经济损失105.5万元；7月13日，道真、正安、绥阳的部分乡镇出现冰雹大风，造成直接经济损失数百万元；11月8日，遵义县、余庆县、仁怀市出现深秋少有的冰雹天气，部分乡镇受灾严重。

雷电：2月29日，绥阳县的坪乐乡供电所2台变压器被雷击坏；4月20日，湄潭县8个供电所先后遭雷击，击坏变压器、计量箱、电表、电流互感器等设备，损失较重；4月21日，正安县境内发生大面积雷电灾害，造成该县电力公司中心机房遭受雷击，直接经济损失20多万元，还造成县内大面积停电，电话等设备受雷击，造成直接经济损失40余万元；5月17日，汇川区上海路高桥地段一台变压器被雷击坏；6月13日，湄潭县西河乡发生雷击事故，造成1死、1重伤、3轻伤；7月30日，赤水市大部分地方遭受雷击，雷暴持续近5个小时，造成城区内部分供电线路中断，数百人家的家用电器受到不同程度的损坏，直接经济损失在百万以上。

暴雨洪涝：4月~10月，全市共出现45站次暴雨天气过程，其中有大暴雨4站次，大暴雨日雨量以凤冈县9月6日降水165毫米为最大，以道真、务川两县全年出现6次暴雨过程为最多，仁怀未出现暴雨天气。2004年暴雨次数属比较偏多年份。暴雨天气主要集中在5月上旬末和下旬末，7月上、中旬和9月上旬，暴雨灾害主要有以下几次：5月10日，道真、正安、务川、凤冈4县出现暴雨天气，由于降水时间短，强度大，使得道真、正安、务川等发生不同程度的灾害，造成局部地区山体滑坡，农作物受损，经济损失上百万元。6月23日，务川县、遵义市两城区、绥阳县、湄潭县出现暴雨，凤冈县出现大暴雨；本次暴雨天气使凤冈县和湄潭县、正安县部分乡镇受到严重洪涝灾害。8月15日，绥阳县降水持续9个多小时，全县普降暴雨，造成县城部分地方遭水淹。9月5日~6日，全市8个县市出现暴雨，其中3个县出现大暴雨。本次暴雨天气造成全市大范围的严重洪涝灾害：务川县大部分乡镇雨量在100毫米以上，茅天8小时降雨量为215毫米，造成供电中断，中小学停课，农作物受损严重，部分农户房屋受损；绥阳县境内9个乡镇降了大暴雨，局部地区发生了山洪和滑坡等地质灾害，约400人被洪水围困，汛情严重；湄潭县暴雨造成直接经济损失280万元，农作物经济损失220万元；正安县暴雨造成民房倒塌，交通中断，直接经济损失80余万元。

气候条件对农业生产的影响：

夏收作物：在小季作物生长期间不利的气候条件主要是秋季中后期部分地方出现轻度旱情，冬末有一定的冻害，春季冰雹较少，但局部区域灾情重。自2003年秋播以来，总体上气温偏高，降水量和日照时数正常，时间分布基本调匀。油菜大田期和小麦播种以后，大部分地区的土壤墒情保持较好的水平，没有出现明显持续的土壤干旱和土壤湿害。由于气温基本正常、稳定，特别是暖冬不明显，土壤墒情稳定偏好，油菜小麦等夏收作物生长正常，长势较好。但小麦在冬前分蘖期（11月下旬~1月上旬）旬平均气温在6℃以上，而同期的各旬日照时数偏少3~9成，甚至无日照，致使小麦分蘖欠佳；2月中旬以后气温突增10℃以上之后，除3月下旬气温略低，日照时数特少外，其余各旬正常到偏高，降水正常，日照偏多，油菜、小麦等夏收作物生长状况普遍偏好，大部分地区较快进入油菜抽苔开花，小麦拔节抽穗，发育期比常年提前10天左右。特别是进入4月以后，旬平均气温16~21℃左右，降水量略少，土壤墒情适宜，日照时数特多，对油菜荚果、麦穗的生长和籽粒的成熟十分有利。总的来看，2003年秋季至2004年5月本季作物生长期内平均气温偏高，积温偏多，总降水量和日照时数基本正常，没有出现较重的冻害，冰雹出现较少，仅局部灾情较重。因此在整个夏收作物生长期的农业气象条件利多弊少，明显优于上一年度。

秋收作物：2004年秋收作物生长期的气象条件偏好，主要不利天气是5月下旬降水不丰和6月上旬大部地区降水特少,6 月 ~7 月的阴雨天气较多,对水稻、玉米生长不利,并导致病虫害较严重。3 月 ~4 月全市气温偏高,日照时数偏多,降水大部地区正常到偏多。由于气温高,日照充足,旱情不重,有利于玉米、水稻的顺利育苗,有利于玉米、烤烟幼苗的快速生长和适时早栽。5 月各地气温正常,降水量大部地区正常到偏多,日照时数普遍略偏少,有利于大部地区烤烟、水稻的适时移栽和成活,但下旬降水偏少,导致少数未能打田栽秧的田块改种。入夏以后在 6 月 ~7 月,除 6 月上旬大部地区降水特少外,全市大部分地方降水正常,日照和气温基本正常,无严重的夏旱出现,有利于玉米开花授粉,晚栽水稻的分蘖,烤烟的旺长,特别是 7 月上旬晴雨相间,气温略低,对农作物生长发育相当有利。但 6 月上、中旬和 7 月上、中旬大部地区气温偏低和特低,多阴雨,空气湿度大,日照严重不足,对水稻的分蘖和玉米的拔节、吐丝及烤烟生长不利。同时加重了病虫害的滋生和发展,部分地方出现较重的水稻稻温病、稻飞虱,玉米蝗虫,烤烟出现花叶病、气候斑病等病虫害。8 月上旬气温适宜,日照充足,有利于玉米成熟,水稻抽穗开花,烤烟叶片的生长、采收。

综上所述:全市 2004 年无大范围的洪涝灾害发生,伏旱偏轻,无秋风危害,气候条件对农业生产利大于弊,属风调雨顺之年。2004 年气候条件对工业以及其它行业的影响不重。

(侯智华　周　华)

【遵义市颁布防雷减灾管理办法】 1 月 1 日,遵义市人民政府正式颁布《遵义市防雷减灾管理实施办法》。该办法赋予气象主管机构的管理职能和义务,规定应安装防雷设施的场所,规定了从事防雷工程专业设计、施工、检测的单位和个人,必须具备相应的资质和资格。在资质许可的范围内从事防雷工程设计、施工、检测;新建(构)筑物的防雷工程图纸必须经气象主管机构审查,审查意见作为建设行政主管部门办理土建工程相关手续的条件之一。未经气象主管机构验收合格的防雷工程,建设行政主管部门不得出具建设工程验收合格证,房管部门不得办理房屋产权证。气象主管机构组织对有自检资质单位的防雷装置抽检三分之一。对违反本实施办法的按照有关规定进行处罚。

(左经纯　侯智华)

【遵义气象专家入选事故应急抢险组】 2004 年,由遵义市公安局、钛厂、油库、气象局等单位专家组成的"遵义市危险化学品事故应急抢险专家组"正式成立。其中,气象部门负责及时提供事故区域的有关气象情况,并负责风向观测,一旦气候变化或风向变化及时报告事故现场领导小组,旨在及时处置危险化学品事故,有效防止事故灾害扩大,最大限度地保障人民群众的生命和财产安全。

(张宗华)

【遵义县松林镇有了第一台农经电子显示屏】 2004 年,遵义县松林镇政府办公大厅有了一台由市气象局筹资为其购买的大型农经网电子显示屏。通过点击它,可以轻松了解省内外各大市场行情、供求信息、招商引资、农业技术、普法知识、气象预报以及当日上市农产品无公害检测报告等,彻底改变了该镇长期以来靠"口传、耳听、眼看"获得信息的落后状况。

(何盈利)

【贵遵高速公路安装第一台两要素站】 为了更好地对高等级公路进行小气候监测,有效减少大雾、暴雨、雨雪等气象灾害给公路交通带来的危害,避免交通事故的频繁发生,遵义县气象局于 12 月 19 日在贵遵高速公路上安装了第一台两要素自动站。

(何盈利)

【人工防雹效益显著】 4 月 22 日下午 16 时 30 分左右,新投入运行的遵义新一代天气雷达准确探测到在离遵义 40 公里左右的息烽至乌江一带有冰雹云回波,并以每小时 30 公里的速度向两城区移动,而且此次回波强度大、移速快。市人影办立即发出天气预警。17 时 45 分,各炮点全部准备就绪,并开始申请空域实施作业。截止 23 日凌晨 1 时 50 分,共有 7 个县、区(市)15 个炮点作业 19 炮次,用弹量 650 发,整个人工防雹社会效益显著,有效地避免了灾害的发生。

(市人影办)

财　税

财　政

【概况】 2004年,遵义市财政部门积极推进财政改革,努力抓好增收节支,稳步推进财源建设,切实加强财政管理。完成财政总收入480039万元,同比增收91303万元,增长23.49%。其中地方财政收入180328万元,同比增收23656万元,增长17.26%。上划增消两税245854万元,同比增收62716万元,增长34.25%,上划所得税9030万元,同比增收969万元,增长12.02%。全市共执行财政支出492400万元,同比增加105708万元,增长27.34%。

一、财源建设。共筹集财源建设资金15.56亿元,同比增加4.45亿元,增长40.09%。一是支持工业化建设资金17961万元,其中遵义市财政安排1666万元,办理企业政策性退税16295万元。二是支持农业产业化资金45794万元,其中遵义市财政安排5519万元、争取中央和省专项补助以及基本建设和国债专项资金40275万元。三是支持城镇化建设资金91803万元,其中市财政安排9571万元、争取中央专项国债资金21173万元、国家开发银行贷款50000万元、土地及国有资产置换资金6559万元、调度财政资金4500万元。对推进全市工业化进程、农村产业结构调整和农业产业化步伐,促进农民增收和农村经济发展,培植以第三产业为主的后续财源发挥了积极作用。

二、财政改革。一是努力深化部门预算改革。综合预算理念逐步深入人心,预算内外资金全部纳入综合预算盘子进行统筹安排,预算更加公开透明,约束力进一步增强,财政资金使用效率进一步提高。二是继续完善国库集中收付制度改革。顺利启动市级政府非税收入收缴改革,实行"单位开票,银行代收,财政统管"。三是政府采购制度在专家库建设、管理机构采管分离和扩大采购范围上取得新进展。随着财政改革的全面实施,各项改革之间互为补充和相互制衡,促进了全市收支两条线管理改革进一步深化,推进了党风廉政建设从体制、机制和制度上有所创新。

三、财政监督管理。一是加大对涉农涉困财政专项资金的检查力度,共组织检查组209个,检查人员867人次,检查单位1220户,查出违规违纪违法资金2761万元,其中应缴财政711万元,已缴692万元,入库率97.3%;处理单位11个、人员7人,罚款19万元。二是切实做好财政内审工作,规范财政资金审批、拨付程序,提高了财政资金使用的规范性、安全性和有效性。三是认真做好会计信息质量检查,努力提高会计信息质量。

四、大力调整财政支出结构。一是坚持以人为本,增发地方性补贴。积极调度资金22811万元,帮助各县、区(市)兑现了省出台的增发"三费一补"地方性补贴政策;筹集资金2000万元,为市直部门干部职工增发了公务通讯移动话费和岗位津贴。红花岗、汇川区和仁怀市也比照市直部门标准兑现了两项补贴,其他县、区(市)则根据财力状况不同程度进行了兑现。此外,市财政还通过完善财政管理体制,集中财力安排资金1650万元,对部分财政困难县发放地方性补贴给予了财力补助。二是加快实施通村公路工程,大力推进"四在农家"建设。共投入通村公路资金2890万元,"四在农家"创建经费400万元,极大地改善了全市农村基础设施条件。三是加大社会保障资金投入,确保社会稳定。共投入社会保障资金24090万元,其中遵义市级安排3977万元、中央和省补助20113万元。此外,遵义市级还安排配套和争取上级财政资金443万元,启动了农村计生社会保障工作。安排医疗卫生专项配套资金725万元,争取中央和省财政医疗卫生基本建设资金、国债资金和专项资金2574万元,用于全市医疗卫生基础设施建设。四是加大教育投入力度,市级财政安排教育专项资金4912万元、争取上级教育专项资金和基本建设资金、国债资金9887万元，用于全市教育“两基”、“义教”、“危改”等投资项目。

五、精神文明建设。一是2004年4月在仁怀市成功举办了第十届财政系统革命歌曲卡拉OK演唱比赛和首届财政法规知识竞赛，展示了财政干部良好的精神风貌。二是从规范制度和机制入手，狠抓党风廉政建设，切实做好领导干部廉洁自律工作。三是组织干部职工观看警示教育片《绝路》、《王怀忠的两面人生》和勤政廉政片《张思德》、《郑培民》，开展了学习人民好公仆任长霞、汪洋湖、李守发等活动，从正反两个方面加强对干部职工的思想政治教育，进一步筑牢拒腐防变的思想道德防线。

（何学洪）

【顺利启动市级政府非税收入收缴改革】 10月8日，正式启动了市级政府非税收入收缴改革，将市直145家行政事业单位、410项非税收入全部纳入改革范围，进入计算机网络系统进行集中收缴，实行“单位开票，银行代收，财政统管”。在近三个月的运行中共收缴资金9840万元，进一步规范了行政事业单位收费行为和票据管理，规范了资金收缴程序，有效地遏制了财政性资金在途滞留现象。

（何学洪）

【大力扶持“三农”，促进农村经济发展】 进一步深化农村税费改革试点工作，认真落实中央和省“三减免两补贴”政策，积极兑现各项涉农减免优惠政策和补贴。其中减征农业税一个百分点和免征除烟叶外的农业特产税3378万元，极贫乡镇农业税减免和灾欠减免3194万元，对种粮农民直接补贴1534万元，发放杂交水稻良种补贴753万元，全市农民增收减负合计受益8859万元。加大“三农”投入，切实减轻农民负担。市财政共筹集扶持“三农”资金14842万元，主要用于农业产业化、农田水利基本建设、农村计划生育、医疗卫生、救灾救济和社会优抚补助、农村道路交通建设、农村远程教育、农村义务教育等方面。

（何学洪）

【国库集中收付改革取得成效】 2004年，以国库单一账户体系为基础，资金缴拨以国库集中收付为主要形式的国库制度改革不断深入。市财政局制定出台了《遵义市市级财政国库支付中心工作人员行为规范》、《遵义市市级国库支付中心考勤管理制度》、《遵义市市级财政国库支付中心科室职责》和《遵义市市级国库支付中心内部管理制度》，从工作纪律、办事程序、工作职责等方面进一步规范国库集中收付工作，并对印鉴管理、凭证审核管理、账目核对管理、会计档案管理等内部牵制制度作出了详细规定，推动财政国库集中收付制度改革的不断完善。全年共办理国库集中支付业务25601笔，金额62018万元，其中直接支付10241笔，金额34034万元，占支付总额的54.9%。

（何学洪）

【政府债务管理工作得到加强】 2004年，应偿遵义市政府债务16988万元，实际落实16420万元，落实率96.66%；已偿还16394万元，偿还率96.5%，其中清偿拖欠民工工资3270万元。市财政还组织资金4165万元，偿还了国家开发银行资金到期贷款利息。

（何学洪）

【完善市县财政管理体制，促进区域经济协调发展】 根据《国务院批转财政部关于完善省以下财政管理体制有关问题的意见》（国发[2002]26号）文件要求和市委的安排部署，提出了进一步完善市、县财政管理体制的建议意见，在确保经济发展较快地区良好发展势头不受影响的基础上，对部分重点企业增消两税增量和人均财力较高的县、区（市）收入增量进行了适当集中。集中收入主要用于对困难县的财力补助，在一定程度上增强了市级调控能力，缩小了横向区域间人均财力差异，调动了各级当家理财的积极性。

（何学洪）

遵义市2004年各县、区(市)财政收支表

单位:万元

县、区(市)	地方财政收入			地方财政支出		
	2004年	2003年	增长%	2004年	2003年	增长%
市本级	34685	29379	18.06	57386	52610	9.08
红花岗区	25028	21559	16.09	42830	36629	16.93
汇川区	12617	8292	52.16	20088	11841	69.65
遵义县	21500	20003	7.48	53990	51007	5.85
桐梓县	6890	6151	12.01	27310	21919	24.60
绥阳县	6300	6181	1.93	26753	21464	24.64
湄潭县	6008	5763	4.25	24338	19627	24.00
凤冈县	4180	3981	5.00	19917	16374	21.64
余庆县	6882	6086	13.08	18478	15249	21.18
仁怀市	26835	21701	23.66	43316	35631	21.57
赤水市	8341	7378	13.05	22200	19091	16.29
习水县	7537	6822	10.48	33600	27273	23.20
正安县	5022	4952	1.41	26888	22193	21.16
道真县	4050	4017	0.82	19061	17159	11.08
务川县	4453	4407	1.04	22193	18625	19.16
全市合计	180328	156672	15.10	458348	386692	18.53

遵义市2004年地方财政收支基本情况表

单位:万元

财政收入						财政支出					
预算科目	决算数	预算数	上年数	占预算的%	占上年的%	预算科目	决算数	预算数	上年数	占预算的%	占上年的%
增值税	24077	22805	17991	105.58	133.83	基本建设支出	6360	6360	7017	100.00	90.64
营业税	49323	49939	43212	98.77	114.14	企业挖潜改造资金	2377	2492	1945	95.39	122.21
企业所得税	6020	6200	5374	97.10	112.02	地质勘探费	1	1	90	100.00	1.11
个人所得税	7896	7257	5986	108.81	131.91	科技三项费	1113	1113	721	100.00	154.37
资源税	1029	992	479	103.73	214.82	农业支出	28116	28117	22099	100.00	127.23
固定资产投资方向调节税	4		-70		-5.7	1 林业支出	10354	10354	10015	100.00	103.38
城市维护建设税	20381	21055	17635	96.80	115.57	水利和气象支出	8195	8275	6171	99.03	132.80

财政收入						财政支出					
房产税	6526	6724	5967	97.06	109.37	工业交通等部门事业费	5667	5667	3647	100.00	155.39
印花税	903	1128	908	80.05	99.45	流通部门事业费	1231	1231	1190100.00	103.45	
城镇土地使用税	2610	2341	1762	111.49	148.13	文体广播事业费	20967	20967	15957	100.00	131.40
土地增值税	1275	1139	174	111.94	732.76	教育支出	117519	117519	99016	100.00	118.69
车船使用和牌照税	387	361	338	107.20	114.50	科学支出	906	906	899	100.00	100.78
农业税	9890	10861	12071	91.06	81.93	医疗卫生支出	21070	21073	19811	99.99	106.36
农业特产税	15113	14551	13987	103.86	108.05	其他部门的事业费	7772	7792	7720	99.74	100.67
耕地占用税	1177	1364	1159	86.29	101.55	抚恤和社会福利救济	16756	16762	13635	99.96	122.89
契税	3171	2626	2001	120.75	158.47	行政事业单位离退休支出	7356	7356	6114	100.00	120.31
国有资产经营收益	2746	2748	2570	99.93	106.85	社会保障补助支出	17766	18511	14984	95.98	118.57
行政性收费收入	7251	6989	6695	103.75	108.30	行政管理费	76368	76386	64061	99.98	119.21
罚没收入	8536	7474	8497	114.21	100.46	外交外事支出	675	675	688	100.00	98.11
专项收入	9503	9760	7655	97.37	124.14	公检法司支出	26376	26380	22774	99.98	115.82
其他收入	2510	2168	2281	115.77	110.04	城市维护费	16285	16285	12099	100.00	134.60
						政策性补贴支出	1624	1624	1628	100.00	99.75
						支援不发达地区支出	15116	15618	13642	96.79	110.80
						海域开发建设和场地使用费支出		8	12		
						债务乎息支出	436	436	81	100.00	538.27
						专项支出	8428	8428	7104	100.00	118.64
						其他　支出	39514	39514	33572	100.00	117.70
本年合计	180328	178482	156672	101.03	115.10	本年合计	458348	459850	386692	99.67	118.53

（何学洪）

国　税

【概况】 2004年,遵义市国家税务局围绕"强基固本抓关键,创新务实促发展"的工作思路,各项国税工作任务全面完成。税收收入32.3亿元,比上年增收8.8亿元,增长38.73%。税收收入占全市GDP比重达8.91%,为国家和地方经济建设提供了有力的财力支撑。

一、强化依法治税,优化治税环境。1. 建立重点税源监控体系,对全市年纳税100万元以上、占全市"两税"收入94.69%的127户企业建立重点税源档案。2. 提高清欠效率,深入调查全市274户一般纳税人欠税企业,全年清理欠税超过2亿元,并采取措施避免新欠税发生。3. 开展税收专项整治工作,重点开展医药、购销货物、运输发票、汽车市场、房地产等行业的税收专项检查,加大对偷逃税款、骗取出口退税案件的查处力度。全年检查纳税人458户,查补税收4062.68万元,罚款206.57万元,滞纳金102.86万元。4. 加强税政管理,全年取消一般纳税人资格102户。加强企业所得税管理,强化出口退税管理,增强外贸企业出口竞争力,全年办理退(免)税2194万元。推行增值税"一窗一人一机"管理模式。全年办理西部大开发税收优惠2300万元,下岗再就业税收优惠54万元,"老、少、边、穷"地区新办企业所得税优惠1421万元,免征农业生产资料增值税3270万元,全年办理增值税减免6000万元,所得税减免6818万元。5. 广泛开展税收宣传。通过对再就业税收优惠政策、涉农税收优惠政策、起征点调整政策的宣传,社会各界对税收的认识逐步深化,纳税人税收遵从度明显提高,治税环境进一步优化。

二、征管质量建设跃上新台阶。1. 流程再造,业务重组。在全省率先推行税收管理员制度,重视"以查促管"、"以征促管"和"以管促管",使"疏于管理,淡化责任"的现象逐步得到遏制。2. 推行全程办税,提高服务效率。全面推行多元化纳税申报软件和"一窗式"管理、"一站式"服务,征管效率和服务效率明显提高。3. 制定管理措施,促进税收增长。制定加油站和煤炭税收等管理办法,加强税源管理。遵义县率先在全省对加油站试行"腰轮流量计"管理,对油库的进油实行有效控管。4. 加强发票管理,坚持以票控税。推行剪贴式发票,规范普通发票代开,强化对农副产品收购发票和废旧物资销售发票、煤炭产品专用发票的清理检查,偷税行为受到制约。5. 全面接管车辆购置税业务的移交工作,全市车购税工作趋于规范。

三、税收信息化建设步入新阶段。1. 网络运行更为安全,利用效率明显提高。修改和完善计算机安全和保密制度,加强病毒防范工作,及时更换计算机硬件设备,改善网络环境,提高工作效率,建立内部网站,推行政务公开,提供信息交流。2. 金税工程控管能力增强。完成增值税防伪税控系统5次升级,实现"一户式"查询,按时接收、清分、比对各县、区(市)局上传的增值税专用发票采集信息和纳税人基本信息并上传省局,提高了"四小票"数据上传的准确率。

四、基层建设工作展现新风貌。2004年,遵义市国税局获"全省普法依法治理示范单位"荣誉称号;余庆国税稽查局和市局计征科荣获省级"青年文明号"称号;市局办税服务厅通过"全国青年文明号"验收,并获省级"文明示范窗口"和遵义市"青年文明号十年贡献奖"荣誉称号。机关行政管理进一步规范,推行"制度化、规范化、文明化、人性化"管理,整合、汇编机关工作制度和规则。全市国税系统制定和完善了行政管理责任制,在遵义县、赤水市、仁怀市、习水县、桐梓县等县(市)建立了绩效考核机制,机关行政效率进一步提高。

五、党风廉政、执政能力建设取得新进展。一是全市国税系统党风廉政建设工作治标治本并行,堵漏建制同步,实现了县、区(市)局领导班子不出问题,基层分局领导班子少出问题,全市国税系统不出大问题的廉政工作目标。领导班子成员充分发挥模范带头作用,按照"依法执政、科学执政、民主执政"的要求来规范领导行为和指导工作。二是认真贯彻落实《干部选拔任用条例》,完成全市国税系统副科级领导干部的竞聘工作,干部结构得到进一步优化。三是积极推进规范性文件会签制度和重大税务案件备查备案制度建设。全年涉税规范性文件备查备案2件,重大税务案件备查备案20件,税收规范性文件的合法性和重大税务案件处理的规范性得到保证。四是修改完善执法责任制和责任追究制,加强对权力运行的监控考核,加大执法过错追究力度,规范了行政执法行为。五是全面贯彻实施《行政许可法》,对全市国税系统行政许可文件进行认真清理。修改文明办税八公开内容,制作行政许可法宣传软件,要求各地将税务行政许可项目、法律依据、实施机关等内容在办税大厅的触摸屏上进行公开,置于社会各界监督之下。

(戴国屏)

【综合版征管软件上线运行】 中国税收征管信息系统统一软件,是覆盖全国各级国税机关的税收征收管理的应用系统。以国家总局、省局、地州市局、县(区)局四级网络为背景,以省域网集中数据处理为重点,涵盖了税收征管的操作、管理和辅助决策业务。数据集中在省局,任何一笔数据的人为修改,都要层层上报省局审批,从而实现了税收业务处理阳光操作和规范运行。遵义市国税系统于9月1日~15日完成公共代码设置;11月1日~25日,分6期进行全员培训;截至10月31日,完成全市7万余户纳税人征管数据清理和70万份静态数据采集表格的印制工作;12月21日~25日完成动态数据的录入。

(戴国屏)

【市国税局运动会上获佳绩】 2004年,为纪念全国分税制实施10周年。贵州省国家税务局于4月19日~24日,在遵义举行了全省国税系统职工综合运动会,市国税局以总分55分获得了此次运动会的团体总分第一。

(戴国屏)

【83户企业获"A级纳税人"称号】 通过省国税局、地税局纳税信用等级评定委员会评定,遵义卷烟厂、遵义铝业股份有限公司等83户企业荣获"A级纳税人"称号。据此,市国税局对A级纳税人开通"绿色通道",及时兑现优惠政策以资鼓励,对B、C级实行分级管理,对D级纳税人严格控制、管理和检查。

(戴国屏)

【落实再就业税收优惠政策受到高度评价】 全市国税系统各征收单位均在办税服务厅设置"再就业绿色通道",推行"一站式"服务,实行首问责任制,使下岗失业人员在一个窗口就能办理所有的涉税事宜。并通过12366税收咨询热线及时回答纳税人的各种咨询。2004年,为3112户个体经营者免去登记证工本费共计58132.16元;为吸纳下岗失业人员达规定比例的企业减免所得税54万元,使32名下岗失业人员在这些企业实现了再就业;认真执行起征点调整政策,为下岗再就业人员减免增值税250万元。此举受到中央调查组的高度评价。

(戴国屏)

地 税

【概况】 2004年,遵义市地税系统围绕省局年初的总体工作部署,进一步加大组织收入力度,加强税收法治建设和税收执法监督,强化税收征管,狠抓管理基础建设、税收信息化建设,严格落实税收优惠政策等,各项工作进展顺利,地方税收工作实现新的历史性突破。全年全市地税系统累计收入124021万元,为任务的105%,同比增长18.00%,为全市地方财政收入的69%,财政总收入的26%。其中税收收入116153万元,教育费附加收入7868万元。在税收收入中,上千万元的税种有营业税54641万元、城市维护建设税20381万元、个人所得税19741万元、企业所得税7096万元、房产税6526万元、城镇土地使用税3729万元、资源税1470万元、土地增值税1275万元。

一、进一步整顿和规范税收秩序。全市地税系统全面加强与遵义市财政、市劳动保障、市经贸等部门的协调配合,以保证各项税收优惠政策及时、有效地落实到位。为落实好下岗职工再就业优惠政策,全系统采取明确报批程序、由专人负责审核资料、设立"绿色通道"等一系列措施,累计有4390名下岗职工享受到再就业优惠政策,获税收及教育费附加减免共计761.8万元。在西部大开发税收优惠政策落实方面,全年共审核上报审批企业47家,享受税收优惠480.3万元,另有24家享受税收减免共535.9万元。

二、治税环境进一步改善。一是建立和完善更广泛的协税护税网络。二是采取集中宣传与平时宣传相结合的办法,对税收进行广泛、深入的宣传,使纳税人意识有了较大程度提高。在全国税收宣传月中,全系统有3个活动项目受省局表彰,其中

1个活动项目受总局表彰。三是初步构筑起与现代税收相适应的法治体系,并进一步完善运行机制,从制度和机制上规范和制约具体行政行为,使征收一线依法行政有了较大改观。

三、进一步拓宽行业税收管理新渠道。继续完善建筑安装行业、交通运输行业、个人所得税附征率"三个统一"管理,使全市建安行业营业税收入比例上升到整个营业税收入的2/5,交通运输营业税收入同比增长40.60%,车船使用税增长18.00%,个人所得税增长31.40%,申报纳税人数有较大幅度增加。2004年上半年,各县、区(市)局的计算机局域网建设完毕,11个单位的MIS系统和OA系统也在年底上线,全市地税系统纳入MIS系统管理的管户为45775家,通过MIS系统组织收入78000万元,占年度收入任务的63%。

【深入开展"红旗分局"、"红旗单位"创建活动】 12月中旬,市地税局组织对"红旗分局"、"红旗单位"进行验收。验收合格的"红旗分局"有红花岗区局万里税务分局、汇川区局高桥税务分局、遵义县局龙坑税务分局、仁怀市局中枢税务分局、习水县局习酒税务分局、赤水市局直属征收分局、桐梓县局直属征收分局、绥阳县局洋川税务分局、正安县局土坪税务分局、道真县局玉溪税务分局、湄潭县局直属征收分局、余庆县局龙溪税务分局;合格的"红旗单位"有:汇川区局办公室、红花岗区局办公室、汇川区局人教股、红花岗区局人教股、汇川区局征管股、红花岗区局征管股、汇川区局计划财务股、红花岗区局计划财务股、汇川区局政策法规股、红花岗区局政策法规股、汇川区局监察室、正安县局监察室、汇川区局稽查局、红花岗区局稽查局。

(刘秉泰)

遵义市地税系统2004年各县、区(市)收入实绩表

(单位:万元)

县、区(市)、直属分局	收入	占年度计划
余庆县	3700	116.78 %
汇川区	11211	115.60%
仁怀市	19558	105.97%
桐梓县	3866	109.52%
绥阳县	2662	109.51 %
红花岗区	19437	108.71 %
遵义县	14683	107.63 %
市局直属分局	26756	106.34%
习水县	5928	105.86%
湄潭县	2815	104.65%
务川县	1685	101.51%
正安县	2561	100.04%
凤冈县	1830	98.39%
赤水市	5655	96.17%
道真县	1671	88.41%

(刘秉泰)

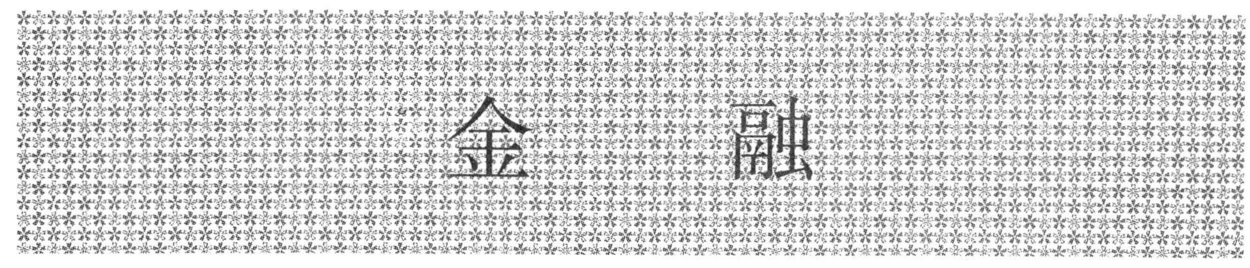

金　融

【综述】　2004年,遵义市金融机构认真贯彻稳健的货币政策,各项金融宏观调控措施得到较好的落实。银行业金融机构存款、贷款快速增长,现金投放适度增加,中小金融机构抗风险能力进一步加强,信贷资产质量进一步提高,经营效益进一步好转,金融运行总体平稳。

金融机构各项存款快速增长。截止2004年12月31日,全市金融机构各项存款余额354.57亿元,比上年多增12.36亿元,增幅提高1个百分点。储蓄存款继续稳定增长,增幅有所回落。全市城乡居民储蓄存款余额196.51亿元,比上年增加4.59亿元,增幅下降0.53个百分点。储蓄存款增多的主要原因:一是全市经济发展迅速,居民的收入明显增加。二是受投资渠道及利率的影响。由于股票市场低糜、其他融资手段贫乏及传统思想的影响,近几年,储蓄成为全市居民富余资金的主要投资方式,再加上10月末存款利率上调,居民利息意识增强。三是对未来支出仍然保持较高预期。企业存款增长快速。全市各金融机构企业存款余额118.07亿元,比上年多增9.85亿元,增幅提高7.58个百分点。企业存款增势较快的原因:一是企业生产经营正常,效益好转,货款回笼及时。二是银行贷款产生部分派生存款。三是部分企业在资本市场筹集发展资金。四是基础设施建设及企业技术改造资金到位及时。农业存款、机关团体存款也保持快速增长势头。机关团体存款余额16.89亿元,增加4.06亿元,增长31.63%,比上年多增2.29亿元;农业存款7.2亿元,增加2.14亿元,增长42.33%,比上年多增加1.92亿元。

贷款适度增长,保持了对经济增长的合理支持力度。2004年,全市金融机构一方面继续执行稳健的货币政策和国家宏观调控政策,加强了对信贷资金的管理,严格控制贷款投向,从严把握贷款的审批环节;一方面结合遵义经济发展实际,在信贷投放上采取区别对待、有保有压、不搞"一刀切"、不踩"急刹车",在调控中积极调整信贷结构,加大对农业、"三有一不"中小企业、基础设施建设及能源的信贷投入,保持了贷款的合理增长。年末,全市各金融机构各项贷款余额220.6亿元,比上年多增加8.02亿元,增幅提高3.11个百分点。对农业的信贷投入增势较猛。全市农业贷款余额30.13亿元,比上年多增加5.39亿元,增幅高于去年22.18个百分点,较好地促进了农村经济的发展。在支持农村经济发展中,农村信用社仍然扮演了主力军角色,全市农村信用社农业贷款余额28.62亿元,占全市农业贷款余额的94.98%,比年初增加8.26亿元,增长39.82%。企业流动资金需求得到较好支持:一是短期工业贷款有所增加。2004年,短期工业贷款余额34.92亿元,比年初增加了3.74亿元,增长11.12%。二是中期流动资金贷款继续增加,年末余额11.69亿元,比上年多增加0.53亿元,中长期贷款增长迅速。全市中长期贷款余额88.56亿元,比上年多增加15.38亿元,增幅提高21.84个百分点,其增加额占各项贷款增加额的79.22%。主要是各金融机构集中资金围绕全市重点企业、重点项目加大了对教育、交通、电力、水利及公共设施、房地产等行业的信贷支持力度。个人消费贷款继续增加,但增势减弱。年末,全市个人消费贷款余额为30.63亿元,占全市各项贷款余额的13.88%,比年初增加了7.45亿元,增长32.16%,占新增贷款余额的25.54%。

票据融资余额有所减少。2004年,票据融资余额为4.82亿元,比年初减少了0.93亿元,减少了16.25%。全市金融机构办理银行承兑汇票余额15.71亿元,比上年同期增加了6.58亿元,全年办理贴现业务年累计发生额16.89亿元,比上年同期增加了8.36亿元。

现金投放适度增加,保持了经济发展需求。2004年,全市银行机构现金收支同步增长,全市累计现金收入973.26亿元,比上年增加211.83亿元,增长27.82%;累计现金支出981.96亿元,比上年增加212.73亿元,增长27.65%;收支扎差净投放现金8.7亿元，比上年多投放0.9亿元，增长11.58%。现金净投放增加的原因：一是城乡居民收入稳步增加。二是居民消费继续保持增长态势，市场销售稳中趋好。三是经济发展对现金的正常需求。

银行机构经营状况总体逐步好转。2004年，全市银行机构不断深化体制改革和内部管理，坚持以效益为中心，强化资金运用，提高抗风险能力，经营活动向好的方向发展。一是中小金融机构实收资本增加较多，抗风险能力得到提高。自2003年起，全市农村信用社开始改革试点工作，通过增资扩股，股本金得到大幅提高，新增股本金1.71亿元，增长1.7倍，实收资本金总额达到2.71亿元。二是银行机构经营效益好转。2004年，全市银行机构盈亏扎差后实现盈余0.79亿元，一举扭转多年亏损局面。三是资产质量继续提高，全市银行机构不良贷款余额36.12亿元，不良贷款率20%，比上年下降8.03个百分点。

（林永福）

中国人民银行遵义市中心支行

【概况】 2004年，人行遵义中心支行按照人总行、成都分行工作会议部署，认真执行稳健的货币政策，积极贯彻落实宏观调控措施，把促进结构调整摆在重要位置，突出窗口指导作用，强化内部管理和风险控制，进一步改进和加强金融服务，大力推进干部职工队伍建设，努力提高人民银行工作水平，各项工作取得较好成绩。

一、认真贯彻稳健的货币政策。加强政策引导和机制疏导，深入分析国家宏观调控政策取向，结合辖区内实际情况，提出信贷适度增长和调整结构的保证措施。组织召开“金融支持地方经济发展座谈会”和“经济金融形势分析会”，引导金融机构配合地方政府经济发展目标以及产业结构和经济结构战略性调整，优化信贷结构。信贷投放上区别对待、有保有压、不搞“一刀切”、不踩“急刹车”，督促各金融机构对不符合国家产业政策、盲目投资和低水平重复建设的行业和项目坚决进行控制。加大对农业、中小企业和民营企业的信贷投入，鼓励各金融机构做好国债项目配套贷款工作，积极支持环境保护、天然林保护、水土保持、生态建设、生态农业和退耕还林的信贷投入。加大对重点骨干项目建设的信贷支持，继续支持与“西电东送”的相关水电站、火电厂建设，有力地支持了全市经济发展。

二、积极推进国家助学贷款和下岗失业人员小额担保贷款工作。截止12月末，全市国家助学贷款余额2249万元，比年初增加835万元，增长59.05%，发放贷款笔数2811笔，解决了2811名学生的助学贷款。针对下岗失业人员小额担保贷款工作中的新情况新问题，深入开展调查研究，及时向上级行和地方政府汇报情况，为做好下岗失业人员小额担保贷款工作作出了努力。全市下岗失业人员小额担保贷款余额2035万元（其中：微利贷款项目1317.5万元，非微利项目717.5万元），解决1018名下岗失业人员创业资金短缺的问题。

三、加强辖区经济金融形势分析、监测和反馈，努力推进金融稳定工作。积极适应职能转变需要，调整工作重心，密切关注辖区内经济金融运行情况。一是加大调查分析力度，按月、按季进行综合性经济金融运行情况分析，预测辖区内经济金融运行趋势，切实防范辖区内金融风险，维护金融稳定。二是及时反馈经济金融运行的热点、难点和重点问题，信息调研工作取得成效。通过信息调研渠道，及时向上级行反馈下岗职工小额信贷工作中存在的问题。三是加强对金融稳定相关法律法规的学习，积极探索和推进金融稳定工作。

四、外汇管理不断加强。国际收支统计质量明显提高，国际收支申报单签收制度得到加强，金融机构大额和可疑外汇资金交易报告管理办法得到较好落实，规范了银行外汇资金交易报告行为，建立了外汇指定银行结售汇业务及其外币兑换业务经营资格的业务档案。改进服务方式，简化进出口核销手续，不断加强资金流入和结汇管理，有效控制了短期资本的流入流出。全年累计进口付汇核销额1631万美元，出口收汇核销3225万美元。

五、金融服务质量和水平不断提高。制定了内部风险防范考核办法实施细则，加强会计核算和资金风险防范工作，成功进行了会计核算“四集中”系统与会计集中核算系统的账务切换，圆满完成了中央银行会计集中核算上线运行任务。成立反洗钱工作领导小组，加强反洗钱工作的领导和管理，切实防范利用银行支付结算进行洗钱等违法犯罪活动。账户管理得到加强，支付密码的使用得以顺利推广。固定资产管理更加规范，大额物资采购管理办法落到实处。严格预算收支管理，确保国库资金安全。加强国债管理，监督了商业银行凭证式国债的发行。认真组织发行基金调拨，保障全市现金供应。全年共调入基金总量118.6亿元，调出基金总量100.4亿元。全市现金投放60.6亿元，同比增加7.59个百分点，现金回笼54亿元，同比增加11.98个百分点，净投放6.59亿元。完成销毁损伤人民币106,300捆，金额为32.28亿元，顺利完成全年损伤券销毁任务。大力开展《人民币管理条例》执行情况的检查及反假人民币的管理、打击、惩处工作。加大现金管理力度，累计完成支取现金审批245笔。加强金融统计制度学习，严把统计数据质量关。积极探索信贷征信管理的有效途径，努力做好信贷登记咨询系统管理和贷款证管理工作。加强计算机安全管理，完成了内联网二期扩容和中支到支行线路扩容工作。办公自动化系统正式运行，办公效率显著提高。做好银行卡联网通用工作的组织领导，切实提高银行卡使用成功率。加强对各县支行机构及人员的审计监督、切实推进内审工作“三个转变”。认真做好守卫、押运工作，完成了仁怀、赤水、余庆支库的封闭式改造工作。调整充实综合治理领导小组成员。加大法律法规的学习和宣传，积极做好法律服务工作。

六、切实加强内部管理和风险控制。一是以规范业务操作和加强风险防范为重点，切实加强内部管理和风险控制。切实加强要害岗位和人员的监督管理，针对存在问题，及时采取强有力的措施，进行了全面有效的整改。二是分片区召开“加强内部管理、搞好金融服务”工作座谈会，提高支行干部职工加强内部管理、防范风险的自觉性。三是针对人民银行职能转变以后，职工思想上存在的一些问题，深入开展“三个三”活动。在思想上转变观念，树立“三种精神”，即勤勤恳恳的敬业精神、默默无闻的奉献精神、高效协作的团队精神；工作上把握好“三个要点”，即强化一个务实点，消除一个隐患点，找出一个创新点；管理上做到“三个到位”，即督促到位、责任到位，考核到位。把工作的重心放在履行好央行职责，加强内控制度建设，搞好风险防范上。牢固树立责任意识、管理意识、风险意识。针对各支行在内审和会计检查中的41个风险点，加强了执行规章制度和防范案件的检查、指导，对违规操作及存在问题进行督促整改。

（林永福）

【首家农村信用合作联社统一法人社挂牌】　5月31日，本市首家统一法人社——遵义县农村信用合作联社挂牌。遵义县农村信用社改革试点工作，在人民银行、银监分局和地方各级党委、政府的重视与支持下，在相关部门的周密部署和精心组织下，改革试点工作顺利开展，并取得阶段性成果。

（林永福）

【中央银行存贷款基准利率调整】　11月29日，人民银行对存、贷款利率进行上调。人民银行对存、贷款利率的调高表明，我国仍然执行的是稳键的货币政策。调查显示，存贷款利率上调幅度不大，对整个经济的发展不会带来大的影响。本市各金融机构均将存款利率调整到央行基准利率。

（林永福）

【农村信用社改革试点资金支持工作稳步推进】　全市农村信用社“统一法人”改革取得阶段性成效，全市13家农村信用联社均通过银监部门的审核，获得了人民银行的专项票据支持，支持额度1.45亿元。农村信用社各项业务发展呈现出良好的发展态势。2004年末，全市已有5家农联社完成以县为单位统一法人改革试点工作，全省确定组建农村合作银行的湄潭县联社基础条件及各项硬性指标已全部达标，其余几家“统一法人”改革也将在2005年初陆续挂牌开业。

（林永福）

中国工商银行遵义分行

【概况】　2004年，工行遵义分行各项工作以“加大清收力度、加快业务发展、强化基础管理、加强企业文化建设”为重点，经过全行干部员工的共同努力，各项工作在效益、质量、规模等方面取得了较快的发展，为全行工作的持续、协调、健康发展奠定了坚实的基础。

一、2004年各项指标顺利完成。（一）各项存款稳步增长。全年三项存款余额67.05亿元，比年初增加6.38亿元，增幅为11%（其中：对公存款余额30.19亿元，较年初增加2.43亿元，完成年计划134.9%；储蓄存款余额33.31亿元，比年初增加3.76亿元，完成计划104%；全行平均发展速度14.08%；同业存款余额3.55亿元，较年初增加1893万元，完成年计划378.6%0）。（二）贷款结构进一步优化。各项贷款余额44.72亿元，实际增加5.75亿元（其中：项目贷款余额12.05亿元，比年初增加0.67亿元，住房贷款余额8.34亿元，比年初增加2.43亿元；个人消费贷款余额2.02亿元，比年初增加0.63亿元）。（三）不良贷款大幅下降，资产质量和结构明显改观。不良贷款占比较年初下降30,559万元，不良贷款占比较年初下降9.55个百分点。全年累计清收压缩不良资产35,267万元（其中：核销呆账23,065万元，货币清收10,202万元，转化不良贷款2000万元。完成经营利润8120万元，同比增盈2894万元）。（四）中间业务收入再创历史新高。全年实现中间业务收入1488.6万元，完成任务的164.61%，中间业务收入占营业收入的6%。

二、各项工作稳步开展。（一）全面推进“争大”和住房及消费信贷营销工作，整合贷款营销机制，营销格局逐步形成。遵照国家宏观调控政策、信贷政策及行业指导意见，全力营销优质贷款，积极拓展和壮大优质市场。坚持好中选优原则，通过加大对电力、交通、原材料等“九大”板块贷款的进入力度，掌握了信贷投放的节奏和进度，不断改善资产结构，深化信贷结构调整。（二）实施多措并举的资产风险管理工作，清收、转化、处置不良资产成果显著，全年累计实现核销呆账、贷款货币清收32818万元，处置非信贷资产21,840万元。（三）完善存款工作机制，强化基础管理工作，确保全年计划完成。对公存款方面：继续实施“以攻为主、攻守兼备”的工作策略，做好旺季存款回笼工作，加强主要增存目标客户资金的监测和预报工作，成功地取得了贵州钢绳股份股金。储蓄存款方面，分季开展储蓄存款劳动竞赛和100天储蓄存款竞赛活动，对临柜人员实行以业务量为核心的模拟计件工资制和所主任竞标上岗年薪制，促进全行增存工作的积极性。（四）全面实施“三个突破”（结算、大个金、中间业务），新业务取得较快发展。贯彻落实省分行制定的“三个突破”工作方案，督促全行实施“三个突破”，构建了集储蓄存款、理财业务、个人消费及住房信贷、银行卡、个人电子银行等业务一体化的营销格局。（五）加大会计核算、业务整合力度，进一步强化基础管理，提高全行管理水平。积极推进会计核算一体化改革进程，完成了辖内12个支行账务上收、网点集并和会计结算体制改革工作，提升了会计基础管理水平。（六）加强银行企业文化建设，企业文化建设初步形成。把思想教育、基础管理、提高服务和业务培训、开展各种特色活动等，作为提高素质，逐步完善全行企业文化的内容，企业文化建设初步形成。（七）加强案件排查和“扫雷工程”，内控机制不断完善，员工防范意识明显增强。落实从严治行的方针，全面提升基层营业机构内部管理水平和风险防范水平，抓好党风廉政建设责任制和案件防范工作责任制的贯彻落实。

（吴　敏）

【总行党委书记、行长姜建清莅遵视察】 11月4日，工总行党委书记、行长姜建清莅临遵义分行视察工作。在遵期间，姜建清一行还参观了遵义会议会址、红军烈士陵园，并向红军烈士敬献了花篮。

（吴　敏）

【总行纪委书记陈克儒到遵视察】 6月25日，总行纪委书记陈克儒偕总行监察室负责人一行，莅临遵义分行调研。陈克儒书记就如何进一步加强案件防范，增强案防意识，保障业务正常开展等工作进行了指导。

（吴　敏）

【总行个人金融业务部到遵调研并召开座谈会】 3月11日，总行个人金融业务部储蓄处处长鲍荣才、副处长于惠滨在省工行相关部门领导陪同下莅临遵义分行对个人金融业务发展情况开展调研、检查。总、省行领导一行参观了遵义分行营业网点，对储蓄存款、柜面服务、网点装修等情况进行现场调研，与网点员工亲切交谈，召开了主题为“如何做好存款工作”的座谈会。在听取了来自省分行营业部云岩支行、瑞北支行枣山路分理处、遵义分行营业部、遵义县支行等13个基层单位代表发言后，总行鲍处长对今后如何发展个金业务提出了具有启发性的思考方向。

（吴　敏）

【牡丹卡业务实现跳跃式发展】 2004年，全年新增有效发卡17559张，增幅244%，新增量超过工行遵义分行银行卡部成立11年来有效发卡量的144%，增量占全省工行的50%以上，新增发卡量和发卡量增幅均居全省工行第一；良性透支总额增长1412万元，增幅291%，透支规模、不良透支占比控制均居全省工行第一。

（吴　敏）

【个人消费贷款实现零不良率】 2004年，遵义分行严格按照个人消费信贷"精品"业务的要求，在消费贷款规模不断增大的同时，多策并举，全年清收违约贷款908万元，变卖处置违约贷款汽车35辆，申请保险公司信用保险赔款兑现31万元，核销不良贷款33万元，彻底消除了全部不良贷款，实现了三类不良贷款为零。

（吴　敏）

【不良贷款大幅下降，资产质量和结构明显改观】 2004年，全行上下高度重视资产风险管理工作，全年累计清收压缩不良资产3.5亿余元（其中：核销呆账2.3亿元，货币清收10,202万元，转化不良贷款2000万元）。较年初不良贷款下降4.4亿元，占比下降9.94个百分点。

（吴　敏）

【遵义县支行荣获工总行"文明单位"称号】 遵义县支行在推进物质文明建设的同时，在全行员工中开展了创建学习型银行活动，大力抓好"号、手"争创、"文明家庭"、"模范职工之家"、"十字行风教育"等活动，教育员工爱岗敬业，忠诚于工行事业，大力推动全行精神文明建设和企业文化建设，促进业务健康有序地发展。2004年，荣获中国工商银行"文明单位"称号。

（吴　敏）

【万里支行荣获贵州省行务公开先进单位称号】 遵义分行万里支行始终坚持支部领导不缺位，党政重视不放松，坚持质量不"打折"的行务公开领导体制和工作机制，拓展了一条纵到底、横到边、多范围、广领域的行务公开渠道。12月20日，省工行领导到万里支行进行行务公开先进单位授牌仪式。

（吴　敏）

【遵义分行荣获省工行行庆20周年文艺汇演一、二等奖】 为庆祝建行20周年，培育具有贵州分行特色的企业文化。2月15日，省工行20年行庆"世纪风·工行情"专题文艺汇演在花溪文化宫举行，遵义分行参赛的音乐快板《说工行》荣获一等奖，舞蹈《从大山走来》荣获二等奖。

（吴　敏）

中国农业银行遵义分行

【概况】 2004年，农行遵义分行通过全行干部员工的共同努力，较好地完成了五大业务经营指标任务。

一、各项存款再创历史新高，继续保持同业领先地位。 12月末，各项存款余额为765230万元，比年初增加154865万元，同比多增54640万元，完成年计划的129.05%。储蓄存款首次突破40亿元，余额达406499万元，比年初增加72584万元，完成年计划的120.97%。其存量和增量市场份额仍保持同业第一。

二、贷款投放重点突出，信贷结构优化明显。 12月末，各项贷款余额为506951万元，比年初增加32000万元，累计发放贷款246997万元，同比多放27006万元，累计收回213312万元，同比多收39758万元。投向优良客户占比达85%，较年初上升10个百分点，贷款总量再次突破50亿元。优良客户占比达62%。

三、不良贷款实现"双降"，小额扶贫贷款清收效果显著。 12月末，不良贷款余额为141854万元，较年初下降6378万元，控制在计划内，占比为27.98%，较年初下降3.23个百分点；累计清收不良贷款18156万元，完成年计划143%。其中：清收小额扶贫不良贷款5285万元，完成年计划107.86%。

四、中间业务发展迅速，经营效益大幅增长。12月末，实现中间业务收入2027万元，完成年计划的168.92%。其中：累计发行银行卡156203张，完成年计划156.2%；消费额40583万元，完成年计划162.33%；实现卡手续费收入1134万元，完成年计划的236.25%；实现保费收入8218万元，完成年计划的136.97%；实现保费手续费收入348万元，完成年计划102.35%。16个支行12月末实际经营利润达7244万元，较上年增加3471万元，完成年计划的144.88%，消化贷款应收利息历史包袱4155万元，账面利润3089万元。

五、科技实力不断增强，扁平化改革效果凸现。完成了市分行与各支行、直管网点的网络提速工作，市分行到各支行骨干网由128K提速到2M，到市区网点通讯由38K实专线提速到64KDDN，实现了城区网点办公自动化，市区新安装了15台查询缴费终端。城区23个营业网点纳入二级分行直管，直管营业网点综合竞争能力进一步增强。本着“公平、公开、公正”的原则通过举行考试、答辩、试用、考核后，先后从各基层支行、直管网点选调10名工作人员到二级分行机关工作，还从各县支行选调21名临柜人员充实到市区机构，经营层次进一步提升，经营效益进一步提高，直管网点储蓄存款增量较上年同期翻一番。

六、内部制度改革进一步深化，“四大工程”初显成效。支行行级干部全面推行年薪制，制定了二级分行机关员工绩效工资试行方案和直管机构主任绩效工资试行方案，进一步完善临柜人员计件工资方案，全面启动由市分行直接委派营业网点坐班主任，并对其进行统一任免、调遣、考核的管理体制，基础管理得到进一步强化。圆满完成了省分行下达撤并11个低效网点、分流55名人员的任务。

按照上级行的部署正式启动并大力实施基础管理、贷后管理、科技创新和人才培养“四大工程”，内控水平有新的提高，为遵义分行的改革与发展奠定了坚实基础。

七、整肃行风行纪活动成效显著。从3月5日起，用4个多月时间，在分行系统内开展了整肃行风行纪活动。通过查找单位和个人存在的问题与不足。制定整改措施，狠抓整改落实，有效地解决了全行在思想作风、经营作风以及工作作风等方面的问题和不足。同时通过“三法”的学习，增强了全行员工的法制观念，提高了法律素质，规范了经营管理行为，使各项工作步入法治化轨道，为遵义分行的各项改革和业务发展提供了法律平台和法制保障。

（肖　凡）

【总行副行长杨琨到遵视察】 3月20日，总行副行长杨琨一行在省、市分行领导的陪同下到遵义分行视察。对遵义农行25年来在业务经营各个方面所取得的辉煌成绩予以充分肯定。

（肖　凡）

【荣获全省农行信息宣传工作第一名】 全年共编发简报23期，信息11期(50条)，网上《遵义分行新闻》154条。被省分行简报采用二期，省分行网站、《基层动态》采用34条，被省人民银行《同业交流》采用5条，被总行网采用37条，被《中国城乡金融报》采用7条，遵义分行获全省农行信息宣传工作第一名。

（肖　凡）

【省分行爱我农行“三演团”到遵义分行慰问演出】 9月21日，爱我农行“三演团”到遵义慰问演出，给遵义分行、湄潭支行、凤冈支行以及城区支行、市区直管网点员工奉献了美好的精神食粮。遵义分行400多名员工观看了这台精彩的演出。

（肖　凡）

【推行坐班主任量化管理】 遵义分行以抓坐班主任履行职责作为强化一线管理的突破口，制定了《中国农业银行遵义分行坐班主任管理量化考核办法》，对全市117个营业网点的坐班主任实行量化管理和考核。一是将网点年度内控管理综合评价的结果和坐班主任履行职责考核情况，作为对坐班主任实行综合考评的考核依据。二是对坐班主任实行百分制考核，凡是达到基础分值的，全额计发考核工资；凡是发生案件、考核得分达不到基础分值、所在网点未执行财会规章制度、发生重大差错事故并造成不良影响、会计基础工作和管理水平明显下降或达不到三级标准的按比例扣发考核工资，低于一定的分值，免去其坐班主任职务。三是年终按坐班主任量化考核标准对全辖网点坐班主任进行年度考评，对前10名优秀坐班主任进行表彰奖励。

（肖　凡）

【赤水支行营业部成功堵截存折"调包"诈骗案】 10月9日上午11点20分,赤水农行储户袁志强到支行营业部存款5600元,当班柜员袁敏在储户袁志强办理业务短暂的交谈中得知储户是在支行营业部开户存款,但存折是农行另一个储蓄所开户的存折,强烈的责任感使袁敏迅速意识到这是一起存折"调包"诈骗案,她一边冻结了帐户,一边通知保卫部门向公安部门迅速报案,使储户避免了数千元损失。

(肖　凡)

【举办网上银行业务培训】 4月2日~5日,遵义分行举办了为期4天的网上银行业务培训,对机关前台业务部门的客户经理和基层营业网点的100多名业务骨干进行了网上培训,使参训人员较好地掌握了网上银行业务的操作和办理规程。

(肖　凡)

【首例双保险消费贷款平安着陆】 5月20日,太平洋人寿保险公司遵义中心支公司,为借款人张XX偿还了28708.26元贷款。这是自农行遵义分行与太平洋人寿保险公司遵义中心支公司合作以来人保公司为借款人偿还的第一笔贷款。

2003年,农行遵义分行与太平洋人寿保险公司遵义中心支公司共同推出了"喜洋洋借贷者定期寿险"险种,即客户向农行申请消费贷款时,必须参加"喜洋洋借贷者定期寿险",即在合同约定的保险责任有效期内,若被保险人因疾病或遭受意外伤害事故所致身故或全残,保险人于事故发生后的第一个贷款归还日,及时按保险金额给付保险金予受益人,为农行消费贷款风险安上了双保险锁。

(肖　凡)

【2000万元播撒"希望工程"】 6月26日,农行务川支行与务川自治县人民政府举行"银教"全面合作暨2000万元"两基"贷款协议签字仪式。此次务川农行提供的2000万元贷款及时弥补了"两基"攻坚的资金缺口,推动了该县教育事业的全面发展。

(肖　凡)

【桐梓支行发放小额担保贷款300万元】 2004年,桐梓支行认真践行"三个代表"重要思想,积极开展小额担保贷款业务,全年向150名下岗失业人员发放总金额为300万元的小额担保贷款。收到"政府得民心、农行得效益、群众得实惠"的良好效果。

(肖　凡)

【道真农行与信用社签定小额扶贫贷款协议】 道真支行全面推进"公司+农户"的信贷扶贫模式。为帮助农民增收,及时解决贫困地区农民资金短缺的实际困难,与该县信用社签定1500万元小额扶贫贷款协议,支持地方春耕生产。

(肖　凡)

【湘山支行精神文明创建结硕果】 湘山支行自1997年成立以来,连续3年被总行授予"青年文明号"、"新世纪之春"优质文明服务先进单位和"信贷管理先进单位"称号;先后被省总工会授予"模范职工之家"光荣称号,省级"女职工双文明示范岗"先进单位、"先进女职工集体"和"党风廉政建设先进单位"、"先进基层党组织",省分行"十强支行";被评为"全国农行系统文明建设先进单位"。

(肖　凡)

中国银行遵义分行

【概况】 2004年,中国银行遵义分行以业务发展和股份制改革为工作重心,紧紧围绕"发展、改革、质量、效益"八个字做文章,努力推进经营模式和增长方式的两个战略转变,坚持走集约型发展道路,以发展存贷款和中间业务为主导,以降低不良资产为重心,以稳定为前提,以发展为目标,以改革和创新为动力,以强化规范内部管理为保障,扭转了连续多年亏损的局面,经营管理水平逐步提升,各项改革创新稳步推进,各项业务"快速、持续、协调、健康"发展,主要业务指标取得历史性突破,信贷资产质量进一步提高,经营效益进一步好转。

截止2004年12月31日,存款工作实现了"跨越式倍增发展"的经营目标,本外币各项存款余额133968万元,较年初增加43039万元,增长

47.33%。其中:人民币企业存款、储蓄存款余额为126205万元,较年初增加45600万元,增长56.57%,完成省行计划的108.57%,人均存款余额455.61万元,较年初增加164.62万元,增长56.57%。从2002年4月到2004年底,人民币存款新增量比前22年存款总量翻了一番,用两年的时间基本实现了分行党委制定的五年规划中的第一阶段目标。授信业务实现稳健发展和结构调整,本外币授信资产余额为77524万元,较年初增加25506万元,增长49.03%。零售业务多项指标超额完成省行任务,国际结算业务量完成2870万美元,完成省行计划的114.82%。加大处置不良资产的力度,不良率大幅下降,不良资产比率为1.47%,较年初下降14.91个百分点。本外币收息率为101.63%,较年初上升19.26个百分点,达到历史最高水平。

一、构建全行联动的营销体系。2004年,遵义分行围绕服务做文章,着力拓宽吸存领域,将市场营销作为加快业务发展的先导工作,继续按照"大公司、大零售"战略,完善以分行公司、零售部门为全行营销工作主体,横向各部室联合,纵向各支行、分理处联动的营销体系,树立起"大营销"观念,建立营销信息交流反馈制度,建立项目储备库,加强内部协调协作机制,对外整体营销,对内各司其职,实现资源共享,降低营销成本,形成了有效合力,进一步体现了"以市场为导向、以客户为中心"的营销服务理念。

二、加强股份制改革宣传。依据总行《重组上市宣传提纲》,通过2004年工作会议暨二届二次职代会、行务会、座谈会等多种方式深入开展股份制改革的宣传教育和维稳工作,将中总行关于股改的精神和进程向全系统员工进行宣传,并向地方政府各职能部门、各相关企事业单位、广大客户和市民通告中国银行股份制公司挂牌成立之事宜。把全行员工的意志和力量凝聚到股份制改革的共同目标和任务上来。

三、大幅提高资产质量。2004,遵义分行加大清产核资工作力度,消化历史包袱,做好各类划转、核呆、核损、剥离可疑类贷款工作。2004年底,已核销、核损呆账本息10831万元,并提前超额完成了省行下达的全年不良资产现金清收和以物抵债处置计划,完成现金清收1572.66万元,以物抵债资产处置共完成1244.8万元,闲置固定资产的处置也按计划在稳步推进,资产质量大幅提高。

四、认真开展股改的资产评估。按照中总行资产评估的要求,遵义分行完成了各类房产的确权办证工作,14处自有房产和3处以物抵债房产的房屋所有权证全部办理完毕,国有土地使用证的办证率达到95%以上,完成了对分行全部资产、负债项目的清理工作。并根据要求,组织资料,核实账务,完成了80余张资产评估表的填制审核和报送工作,为评估公司正确评价遵义分行资产价值提供了详实的基础资料,使股改的资产评估工作得以顺利完成。

(于　涛)

【扭转亏损局面,创利571万元】 2004年,遵义分行通过增收节支,开源节流,经营效益有了一定程度的改善和提高,扭转了连续8年亏损的被动局面,实现账面利润1304.03万元,同比增盈1787.09万元,人均增盈6.57万元,实现经营利润571万元。

(于　涛)

【会计报表转换工作获得表扬】 2004年,遵义分行组织完成了3批共60余张IFRS会计报表的填制和报送工作,为总行根据国际会计准则转换、编制会计报表和信息披露提供了准确资料,IFRS会计报表转换工作获得了省中行通报表扬。

(于　涛)

【档案管理工作通过达标验收】 2004年,遵义分行的文书档案、会计档案、人事档案、授信档案、信息科技档案基本实现分部门集中管理的要求,建立了专用的档案室,制定了相应的档案管理办法,遵义分行系统全辖档案管理工作正逐步向科学化、规范化、电子化迈进。10月,经省中行验收,档案管理工作达到一级水平。

(于　涛)

中国建设银行遵义市分行

【概况】 2004年,遵义市分行把"确定发展思路，找准特色定位，适应市场需求，实现“108182目标”作为全行工作的指导思想，实现了“纵向居前列、横向居榜首”的位次目标。2004年，账面利润超亿元，达10831万元，较上年增加8484万元，增幅为361%，盈利能力位居当地金融系统首位。中间业务收入突破千万元大关，达1132万元，占账面利润收入的10%。全口径存款余额达686322万元，新增101668万元，增幅为17%。贷款余额339604万元，新增30445万元，在当地同业中新增占比为40%。不良贷款余额9101.43万元，不良率为2.68%。

一、数据大集中(DCC)系统切换上线，运行平稳。DCC项目从3月17日启动，到11月15日切换上线，经历了数据清理补录、集中培训、模拟演练、系统切换上线、系统平稳运行等5个阶段。在整个DCC上线过程中，认识到位、组织到位、指导到位、责任到位、准备到位，使DCC项目得以圆满上线和稳健运行。

二、实施有进有退的信贷战略，稳步加大地方信贷投入。2004年，电力、教育、化工、军工、电器、医药等六大行业新增贷款达22900万元，占全年新增贷款的60%。对已经呈现过热趋势的钢铁、水泥、电解铝、电石等国家宏观政策调控的行业坚决不再新增投入，存量部分根据企业实际情况制定了逐步退出的政策。对房地产开发贷款实施有条件的退出，选择实力强、信誉高、资质好、有发展前景的房地产项目，作为业务发展对象，大力支持普通住宅、经济实用住房的建设。制定《信贷客户准入、退出实施细则》、《存量到期贷款退出、压缩、保留指导方案》，从制度上引导信贷资源从效益和质量差、贡献度低的客户逐步退出，全年共退出客户53户，金额13820万元。

三、严控信贷风险，不断提升信贷资产质量。按照“风险和资本占用最小化、吸存最大化”的原则，加大了对客户信贷结构的调整。大力改革不良贷款的绩效考核办法，变“大锅饭为自助餐”，从支行领导到普通员工按照职责大小，采取层层扣发绩效工资，直接与个人利益挂钩的办法，控制不良贷款上升，加强信贷资源优化配置，改善资产总体结构，提升资产抗风险能力。

四、加强安全保卫工作，实现“平安年”目标。遵义市分行与各县、(市)支行行长签订了“三防一保”、安全生产、消防安全、枪支管理责任书。制定《2004年安全保卫工作安排意见》、《处置突发事件组织预案》、《金库营业网点安全达标开展集中整治的工作方案》安全保卫制度。坚持“安全就是效益，花小钱保大钱”的方针，新购置防弹专用运钞车6台，新安装数字监控3套，更换模拟监控3套，增加、改造多个网点的设备，确保各项业务有效运行，实现了“平安年”目标。

(谢翔雁)

【加强经济资本管理，推行委派会计主管制度】　2004年，通过资格审查、笔试、面试、考察、公示，12名委派会计主管在激烈的竞争中脱颖而出。委派会计主管制度的推行，加强了经济资本的管理。在对各支行2003年经济资本全面测算的基础上，对不合理的资本占用及时处理，拍卖车辆10辆，处置闲置房屋资产2处，获得资产处置收入215.35万元。

(谢翔雁)

【“辉煌五十年”成就展在遵举行】　10月，贵州省分行“辉煌五十年”成就展巡展在遵义市分行隆重举行。遵义电视台对巡展进行了追踪报道，并在《晚间新闻报道》中播出，展示了建行“献身建设、服务社会”的良好形象。在遵义市政府季度经济形势运行分析会上，市政府充分肯定了遵义建行50年来支持地方经济建设作出的积极贡献。

(谢翔雁)

【遵义市分行获省行先进集体】　2004年，在全省建行年度考评中，遵义市分行获得先进集体称号，市分行领导班子5名成员全部被评为优秀管理人员。

(谢翔雁)

【中间业务有了突破性发展】　2004年，中间业务发展迅速，收入突破千万元大关，达1132万元。全年代销基金8只，代销金额达4235万元，在全省建行系统名列前茅；代理商业保险2300万元，占全省代理金额的50%以上；网上银行顺利与贵州茅台酒厂电子商务订购系统进行链接，成功办理第一笔茅台酒厂商务平台网上支付结算业务，实现茅台酒厂网银支付结算的历史性突破。

(谢翔雁)

中国交通银行遵义分行

【概况】 2004年,交行遵义分行坚持“深化改革、加快发展、规范管理、提高资产质量”的工作思路,各项业务继续在良性轨道运行,各项主要业务指标完成良好。全行共有从业人员203人,16个支行,1个营业部,12个业务处(室),12个自助银行(服务区)。截止2004年12月31日,各项存款余额21.73亿元,较年初新增3.43亿元。其中储蓄存款9.48亿元,比年初新增1.53亿元,外币储蓄2万美元。各项贷款余额12.54亿元,比年初新增2.1亿元。其中个人贷款增加1.09亿元,余额达3.89亿元,累计利息回收率达128.38%。不良资产余额2829万元,占比2.26%。全年累计发放太平洋卡20万张,新增2.7万张,卡存款2.4亿,卡均存款1173元,比年初增加317元。全年利润1764万元,人均利润达到6.1万元。

一、打造特色,积极发展私金业务。2004年,遵义分行私金业务以方便群众、铸就品牌、打造特色、提高占比、扩大盈利为指导方针,以使私金业务成为主营业务、重要业务、优势业务,实现跨越式发展为目标,制定详细具体工作措施和细化各阶段目标,开展各类营销宣传,推介太平洋卡“三通”功能。开展特色服务,抓业务源头,抓优质服务。2004年提前一个季度完成总行下达的全年储蓄存款任务,对私存款余额比年初新增1.53亿元,占负债资产的44.61%,摆脱长期以来增长速度慢于同业、低于计划的被动局面。年终获交总行业务发展优胜奖,新增存款名列87家分支行中第24位。

二、满足多元需求,推动地方经济建设。2004年,分行资产业务一季度发展缓慢,为克服困难,积极拓展负债业务,促使资产业务基础夯实;积极求得上级行支持,提高存贷比例;创新资产业务产品,为银企双赢找准切入点;大力开展票据承兑、贴现、融资担保等业务,为地方企业提供多元化融资需求;大力发展个人消费贷款业务。通过以上措施,有力地支持了纪念遵义会议70周年布展、教育系统、烟草行业、卫生系统、电力通讯、遵义十大重点企业、上市企业等对私客户的发展,全年累计发放贷款2.5亿元,推动了地方经济发展。

三、采取有效措施,提升中间业务水平。2004年,遵义交行为加快中间业务发展采取了两项措施,一是加强组织协调、完善内部激励机制。成立了中间业务管理办公室,制定了中间业务发展计划、管理办法、考核办法。二是业务上紧密依托公营私金两大业务,协调发展,强力推进。通过努力,分行的代理保险业务、国债买卖、基金代销、卡中间业务、代理收付、结算业务和公司中间业务取得较大发展。通过大力开展网上银行业务,开通企业网上银行43家,实现网上转账近9亿元,转账笔数1451笔。个人网银成功登录近万人次,累计实现各类转账业务近319,80万元,网上自助缴费21余万元,共3205笔,网上基金买卖近30万元,初步实现了渠道产品的拓展目标。全年实现中间业务收入340万元,比上年同期增加53万元,实现中间业务收入跃上300万元的台阶。

四、创新工作思路,确保资产质量良好。2004年,遵义交行仍把提高信贷资产质量放在重中之重的位置。一是认真落实总行不良资产集中处置的要求,按规定程序对因历史原因形成的不良贷款进行审查、分类、打包上报、责任追究、资料和资产移交,处理了061厂、长征集团公司等破产企业不良贷款1.1亿元。二是继续采取各种有效措施,加大现金资产的依法清收力度,强化资产重组,加大抵债资产处置变现的力度,不断创新清收路子,进一步落实一户一策的清收措施,成功采取现金清收方式,收回10年以上的不良贷款本金979万元,处置抵债资产收回现金30万元,收取抵债资产租金29万元,收回以物抵债214万元,任务完成额达总行清收任务的14倍。三是加大个人贷款和卡透支管理。加强授信管理,加大个贷、透支卡的催收清收力度。年末,个人贷款与正常贷款比例为99.52%,分行不良贷款绝对额2829万元,占比2.26%,资产质量呈现分行历史最好水平。

(陶鸣明)

【对外开办外汇业务】 2004年下半年,遵义分行启动了办理外汇业务的筹备工作。抽调力量成立筹备组,赴上级行学习,配置硬件设施,进行系统测试,拟定相关管理制度,对内部操作管理人员进行辅导,报批开办手续。于12月21日正式对外开办外汇业务。

(陶鸣明)

【总行领导到交行遵义分行指导工作】 11月11日，交总行副行长乔伟一行到遵义分行指导工作，听取遵义分行行长罗蜀章的工作汇报，并对遵义分行工作、领导班子给予较高的评价，对遵义分行今后的经营发展提出了更高的要求。12月21日，总行监事会主席崔雷平到遵义分行指导工作。崔主席一行听取了遵义分行工作汇报后，对全行中层以上干部讲述了交通银行目前改革发展的形势，对遵义分行取得较好的工作成绩给予充分肯定，同时对基层行在经营发展中的人才战略、业务营销、风险控制提出了较高的要求。

（陶鸣明）

【遵义分行划归交行贵州省分行管辖】 2004年，交通银行总行对全国分支机构按照总行——省分行——省辖行条线进行机构调整。按照总行机构调整方案，原属交行成都分行管辖的遵义交行调整为交行贵阳分行管辖。10月13日在总行机构交接工作组的主持下，交行成都分行、贵阳分行、遵义分行在贵阳分行举行了交接仪式和相关工作的条线交接。

（陶鸣明）

【成立汽车按揭贷款中心】 2004年，遵义分行海尔大道支行迁至长沙路汽车交易市场，并以汽车交易市场为依托，成立了交行遵义分行汽车按揭贷款中心。该中心除拓展所有传统、中间业务外，开办了最具特色的一站式服务、直客式贷款业务。法人和个人消费者需要购车直接到中心取得银行信用，然后到汽车市场选购汽车，同时可在中心一次性办理保险、公证、签订贷款合同、划款、结算等购车手续。为广大客户在时间、手续上提供了便利。

（陶鸣明）

【“95559”客户服务中心成立】 2004年，交行遵义分行“95559”客户服务中心正式成立。该中心由新版交行电话系统和人工坐席系统组成，为客户提供查询、转账、缴费、传真、挂失、人工服务等。其中可对交行太平洋卡余额、明细、基金持有份额查询，可办理卡卡转账、卡内转账与储蓄账户之间的转账、银证转账，可办理电费、固定电话、联通电话、移动手机、地税等的查缴。该中心功能齐全、方便客户，尤其是人工座席为客户提供了一个交流勾通的平台。

（陶鸣明）

【开展“爱行爱岗、自信自强”主题教育活动】 为激励全行员工士气，增强全员支持改革、参与改革的积极性和自觉性，总行党委决定在全行开展为期5个月的“爱行爱岗、自信自强”主题教育活动。遵义交行根据自身实际，开展了学习宣讲、演讲征文、教育总结等活动，并结合实际开展了“三热爱”（爱集体、爱客户、爱学习）的活动。通过活动的开展，增强了员工凝聚力、向心力，调动了员工干事创业的拼搏热情。

（陶鸣明）

遵义市商业银行

【概况】 2004年，遵义市商业银行紧紧围绕“保持商行持续、快速的发展势头，正确处理好规范与发展的关系，促进商行全面协调健康发展”的工作思路，稳健经营求质量，改革创新谋发展，努力为广大客户和地方经济提供优质服务。在改革创新、强化管理、业务发展等方面，取得了长足的进步。该行现已形成立足遵义市两城区，逐步向遵义市各县（市）辐射的业务增长格局，各项经营指标创历史新高。截止2004年12月31日，全行资产总额达33.59亿元，比上年增加6.42亿元，增长24%；负债总额32.32亿元，较上年增加6.32亿元，增长24%；各项存款30.73亿元（不含同业存款），较上年增加5.07亿元，增长20%；各项贷款18.27亿元，较上年增加2.98亿元，增长20%；实现净利润2000万元。

2004年，遵义市商业银行继续坚持“服务立行”的宗旨，继续高举“市民银行”的旗帜，提出“诚信理财，贴心服务”的口号。充分发挥信贷杠杆作用，促进金融资源向经济效益较好的领域流动：一是投入资金支持遵义市汇川大道、汇川区工业园区、汇川体育馆、桃溪大道等项目建设，全年文教卫生及公共事业地方基础设施贷款余额4.6亿元；二是加大对中小企业及非公有制企业的支持力度，解决其融资难的问题，全年个人消费贷款及民营企业贷款达10亿元;三是加大对冶金、军工、电力、烟草等行业的拓展力度;四是为国家开发银行对遵义市的信贷投入核拨资金进行代理,平均沉淀1亿元,并积极配合国家开发银行贯彻实施支持“三农”、扩大就业、扶持“中小”的信贷政策,对首批中小企业贷款进行了可行性论证,并初审通过了3家企业贷款共计2800万元;五是积极响应国家政策,支持配合政府做好就业、再就业工作,为下岗职工提供小额担保贷款,助其再就业,减轻社会负担。

7月,中国银监会对全国112家城市商业银行进行综合指标考核,遵义市商业银行排名第32位,被评为一类行;行属金银支行被评为2004年度贵州省银行业精品网点。遵义市商业银行还先后荣获遵义市人民政府颁发的“2004年度交通工作目标考核先进单位”称号,遵义市工商局、遵义日报社颁发的“2004年度遵义市诚信企业50佳”称号。

(吴　雪)

【适应发展需要,实施总行职能部门调整】 遵义市商业银行为进一步发挥经营机制优势,对原有的职能部门进行了新的设置和撤并。一是成立了以客户为中心、以市场为导向的客户管理部;二是成立了以全面风险控制和管理为主要职责的风险管理部;三是成立了以加强资金营运,提高资金使用效益为目的的资金营运部;四是撤销中间业务部和信贷管理部。这一改革举措,为市商业银行的进一步发展奠定了基础。

(吴　雪)

【两家支行相继挂牌】 2004年,遵义市商业银行作出了向县域城镇经济发展较好的县(市)设置机构的战略部署。8月13日,仁怀市支行正式获准开业,迈出了该行向遵义市辖各县(市)延伸机构的第一步。在短短的5个月内,存款规模已达2.4亿元,取得了骄人的成绩,成为市商业银行探索机构延伸的成功范例。11月15日,遵义县支行也正式挂牌营业。至此,遵义市商业银行形成了立足遵义市两城区,逐步向遵义市各县(市)辐射的业务增长新格局。

(吴　雪)

【坚持科技兴行,实现网络管理】 2004年,遵义市商业银行计算机系统的改造升级工作开始启动。完成了大额支付系统和支付密码系统的前期准备工作,该系统搭建成功后将与全国上万个金融机构网点连接起来,进行资金汇划与清算,从而实现该行历史性突破;对现有网络系统进行适应性改造,从而大大降低了网点网络故障,提高了办理业务的速度和质量;完成了新建中心机房的前期准备工作,编写了“后台操作程序”,全面测试了备份机房的运行状态;对信贷咨询系统,同业拆借交易系统进行了升级。

(吴　雪)

【坚持人才兴行,激发企业活力】 2004年,遵义市商业银行采取四项措施,实施以人为本,加强人力资源开发的发展战略,激发企业活力。一是建立健全人才引进、退出、培训机制,优化员工队伍结构;二是拓宽人才引入渠道,积极进行人才储备。既注重从大专院校挑选优秀“苗子”,又注重从社会上直接物色有学历,有阅历,有金融工作经验的成熟型人才;三是对员工进行职业生涯设计,建立系统的人才管理考核评估机制,完善考核与激励措施,吸引人才,稳定员工队伍;四是加强支行班子建设,坚持轮换岗制度、建设一支能打硬仗的基层管理队伍。

(吴　雪)

中国人寿保险股份有限公司遵义分公司

【概况】 2004年,中国人寿保险股份有限公司遵义分公司围绕省公司“靠中介上规模、靠期交增实力、靠意外险提效益”的经营策略和“发展有后劲、服务有创新、公司有效益、经营有费用、员工有实惠”的最终经营目标,调整结构,改进服务,努力提高经营管理水平和经营效益,切实增强综合实力和市场竞争力,各项工作取得了良好的经营业绩,市场份额占58.62%,继续保持了遵义寿险市场第一的位置。

一、用正确的发展思路培育新的业务增长点。 分公司坚持“以城区市场为主、农村市场为辅,个人寿险、短险和中介业务三个轮子一起转”的发展思路，加大城区市场的竞争力度，深入挖掘保源，使公司在主城区市场的竞争优势得以巩固和保持。尤其是将中介业务发展列为一把手工程以来，与建行、工行、农行、邮政建立起良好的协作关系，将协调重心下移至前台柜面，业务发展比去年同期有了较大幅度的增长。

二、强化期交、意外险业务拓展，优化业务结构。对风险型和期交业务、意外险及中介业务实行重点考核。一是在每季度中下旬以产品说明会、客户联谊会的形式，强化主导产品的销售力度；二是认真落实《基本法》和各项代理人管理制度，强化活动量管理与考核，促进其自我经营、自我管理和自我发展；三是加强培训，增强团队整体素质和实战技能，并大力推行以客户需求为导向的组合销售工具，加大对业务员销售活动的管理与支持。在短险业务上，一是大力做好前期公关协调工作，巩固春秋两季学平险市场，尤其是2004年在严峻的竞争形势下实现了“阵地不丢、保费不少”的目标；二是积极拓展大企业、大客户业务；三是努力拓宽销售渠道，拓展建安险、煤意险、公意险及农村劳动力险业务，使之成为意外险业务新的支撑点。四是通过企划抓好卡式业务销售，利用代理人队伍独有的优势，加大卡式业务销售。

三、不断探索绩效考核办法，调动全员工作积极性。分公司坚持实行收入待遇与业务进度、工作实绩、服务效率相挂钩的机关考核、收入分配制度。对各经营单位责任人，重点考核风险型和期交业务、意外险及上规模的中介业务、赔付率等指标，将考核兑奖与可用费用挂钩。在制订考核办法、实施企划推动时，严格成本核算，把合规经营、业务质量作为业务发展的大前提加以制度化、规范化，决不做倒贴费用的亏损业务；严禁弄虚作假、违规业务发生，理赔上实行展管分离。这些措施为提高业务质量、提升经营效益提供了保证。

四、强化业务集中统一管理，规范管理流程和实务操作。一是加强业务中心、客户服务中心、财务中心和信息技术中心的建设，确保各中心规范、有效运转。根据公司实际，将团险部短险理赔审核权限和城区3家公司的理赔权限上收客户服务中心，集中统一管理。二是成立专门领导小组，开展老业务转换和数据清理工作，在规定时间内完成了四个阶段的数据清理工作。三是顺利完成短险上机工作。四是严格核保、核赔质量与权限管理，强化保单回执管理、纠正协议承保业务、严禁复印件办理赔案，切实把好承保关和理赔关。五是积极推广“核保手册”等6个手册，将管理流程和实务操作进行规范。六是抓好《会计内部控制》的执行与落实，强化基层公司财务预算管理和资金集中管理，严格实行收支两条线，对各经营单位费用实行预拨、跟踪与预警制，夯实财务管理基础。七是加强业务重要空白单证及有价单证、印章、保费发票和档案管理。

五、注重售后服务，切实提升服务品质。一是建立完善相关的客户服务制度和办法，强化基层前台客户服务，提高客户服务满意度。二是加强“95519”客户服务专线建设，不断完善功能，加大对新单、代理赔回访力度，提升查询、咨询服务质量。三是认真落实客户回访制度，做到分红产品100%回访、传统产品30%回访，同时按照要求，开展集中性的客户回访活动。四是制定限时服务制、开展送赔款上门等服务，保全上合力搞好续收保单的售后跟进服务工作，并认真对待和处理客户投诉，减少和避免保险纠纷。五是通过诚信建设活动的开展，加强对代理人销售活动、产品宣传、承保理赔和售后服务行为的督查，树立国寿公司诚信经营形象，积极开展“文明窗口创建活动”，提升员工服务品质。

六、认真开展内部效能监察和整顿规范工作。根据总省公司《效能监察暂行办法》和《2004年效能监察实施方案》的规定，按照2004年省公司纪检监察会议要求对全市15个经营单位分项进行了为期1月的效能监察。严厉打击非法设立营业机构和非法商业保险业务、大力整治欺诈误导、狠抓假报表假数据假赔案问题、大力完善内控机制和法人治理结构，积极推进保险业信用体系建设。对效能监察、审计结果和整顿规范保险市场所存有的问题，加大后续追踪解决的力度，严格督促有关单位和部门切实予以落实，本着实事求是的态度进行了解决和查处。开展了遵纪守法教育学习活动，重点学习《保险法》、《两个条例》、“四大纪律、八项要求”、总公司《党员领导干部述职述廉暂行规定》和加强内部管理的“十二条禁令”，增强了广大员工特别是各级领导干部的廉洁意识和法制意识，增强了工作责任感和使命感。

（张小东）

【湄潭支公司兑现1957年简易人身险保单】 2004年1月7日，湄潭支公司按条款约定兑现一张47年之久的保险单。兑现保险金122元，并赠送持有人高龄祝寿金500元。1957年6月，陈佐荣老人在中国人民保险公司遵义专区支公司投保简易人身保险一份，月交保险费人民币0.5元，满期保险金额122元，保险期限从1957年6月1日至1997年6月1日共20年，实际交费累计5.97元。

（张小东）

【遵义县邮政局荣获“代理保险优质服务示范点”称号】 遵义县邮政局自开展保险代理业务以来，密切与中国人寿保险遵义支公司配合，县邮政局储汇科及团溪、金塘两个支局2004年被中国人寿保险股份有限公司和国家邮政总局授以2003年“全国邮政代理保险业务优质服务示范点”称号。

（张小东）

【开展“3·15诚信·维权”活动】 分公司本部和各县支公司以“诚信·维权”为主题，通过悬挂宣传横幅、召开动员大会、举行服务承诺签名、开展咨询服务活动、发放宣传资料等形式，开展了多形式的宣传活动，就诚信·维权、提高服务质量，维护客户合法权益提出要求。

（张小东）

【总公司健康险部到遵义分公司调研指导工作】 4月29日，中国人寿保险股份有限公司健康险部总助理一行到中国人寿遵义分公司调研指导工作，对遵义分公司的业务发展、内部管理、队伍建设等项工作提出了要求和希望。

（张小东）

【多名青年员工获省级荣誉称号】 2004年，开发区公司张锐、遵义支公司黄伦勇两位青年员工，面对市场，敢于竞争，不畏困难，积极进取，踏实做好每一件平凡事，服务质量优良，客户满意度高，业绩突出，经省公司审定并报省保险行业协会最终评审入选贵州省保险业第二届“保险之星”。中国人寿保险桐梓支公司综合部主任申静，在展业、业务内勤、财务等多个岗位上，对待工作一丝不苟，兢兢业业；在开展文明窗口优质服务活动中身体立行，为全体员工做出了表率。入选第三届“中国人寿保险股份有限公司贵州省分公司十大杰出青年”。

（张小东）

中国人民财产保险股份有限公司遵义分公司

【概况】 2004年，是分公司加快股份制改革，进一步转换经营机制，调整险种结构，加快业务发展，完全按照全新运作模式经营的关键一年。基本工作思路是：解放思想，更新观念，强化管控，调整结构，奋力拼搏，增强效益，努力完成省公司下达的各项工作任务。公司坚持一手抓业务发展，一手抓险种结构调整和精细化管理，各项工作稳步推进，业务持续快速发展，盈利水平逐步提高。

截止2004年12月31日，实现保费15008万元，同比增收600.5万元，增长4.2%；各类赔款7956万元，同比减少赔款1343万元，下降14.4%，简单赔付率53%；已发生损失净额9321万元，综合赔付率72.3%；国内口径营业费用支出2243万元，同比多支出265万元，增长13.4%；已发生成本率85.3%；实现税后净利润1310万元，完成全年计划1180万元的111.02%。为社会和城乡人民提供保险补偿资金7430万元，全系统实现账面承保利润1040万元，人均利润5万元，全年为国家和地方创税1278.1万元。

一、强化、完善“双核”工作。 实现有效控制和防范风险的关键环节在于核保和核赔。对此，公司进一步强化和完善了“双核”工作：一是确定正确的经营指导思想，即实现公司价值和股东利益最大化，树立“以市场为导向，以客户为中心”的经营理念，并做到依法合规经营；二是提高“双核”工作的质量和效率，切实为基层公司服务；三是对各种制度、业务操作规程、单证管理等进行全面清理、修订；四是明确职责范围和经济损失应承担的责任；五是加大督查督办力度，实行经济处罚与责任追究。

二、采取有效措施，加大消贷逾期清收工作力

度。分公司调整充实了清收工作领导小组，成立了清收办工作小组。根据前期清收工作存在的问题，对清收工作作了进一步分工，界定了责任和时间，抽调专人专车积极督促配合各家银行进行逾期清收工作，加大了清收力度。在省公司多次督导和分公司清收办共同努力下，清收工作取得明显成效，逾期台数、逾期金额大幅下降。

三、双管齐下，切实抓好防灾防损工作。一是分公司及所属支公司均成立了防灾防损工作领导小组，建立了应急查勘分队，制定了《防灾防损、防洪防汛预案》，建立了重点客户单位防灾防损档案。成立了联动指挥中心；二是对部分公司重点、重要客户单位进行防灾防损工作检查，对检查中发现的事故隐患，均向客户单位提出了书面整改意见通知书，并落实专人负责整改督促跟进工作，将责任落实到人。以上措施的推行，为防灾减损工作奠定了良好基础。

四、加强营销队伍建设，拓展营销渠道。一是个人代理营销制试点工作不断深入，持证展业人员队伍不断扩大，开发区支公司已对个人代理人实行了营销团队管理，加强了营销管理人员的培训，营销干部素质有所提高；二是中介业务取得突破，拓展了兼业代理销售渠道。分公司已与工行、农行、建行、商行、邮政、保险专业代理公司建立了保险代理协作关系，有兼业代理机构65家，代理业务收入大幅度增长。银保产品、金锁家财、意外产品上柜工作正在进行。

五、加大工作力度，创建优秀服务平台。为更好地服务于广大保户，分公司在以下几方面加大了工作力度：一是调整充实以“一把手”为主要责任人的领导小组，负责指导、协调工作；二是组织开展预验收和适时抽查工作，及时提出整改意见；三是进一步完善相关制度，规范实务流程。通过检查，相关人员的责任意识和规范意识明显增强，“标准化、统一性、集中性”的原则得到进一步贯彻和落实。

六、明确工作重点，切实抓好落实。2004年，分公司相继召开了全市保险工作会议和全市经理会议，对全年各项工作及时进行了安排部署。强调要确保一个目标，把握两个重点，做到三个坚持，落实好十二项工作。为使各项工作落实到位，分公司总经理室成员多次率工作组深入基层公司进行工作检查、督导，帮助基层公司分析业务发展中的困难，解决重点、突出问题；走访大客户和当地党政及职能部门领导，与他们交换思想，交流工作意见，争取得到他们的理解和支持。

（张长毅）

【实施经营绩效考核与薪酬制度改革工作】 2004年，分公司实行全面预算管理，建立绩效考核机制，完善了业绩考核办法，及时分解落实各项考核指标，为业务经营提供了政策导向。认真做好薪酬制度改革动员和解释工作，业绩管理培训和业绩合同签订工作基本完成，新旧薪酬制度获得平稳过度。

（张长毅）

【采取四项措施加强党风廉政建设】 为确保党风廉政建设和反腐败工作顺利推进，分公司党委主要抓了以下四个方面的工作：一是认真贯彻落实了省公司纪检监察工作会议精神，层层签订《党风廉政建设和反腐败工作承诺书》；二是认真落实授权经营，严格执行“六条禁令”，加大了执行的检查力度；三是加大了案件的查处力度，重点查处违反“六条禁令”行为和职务犯罪行为，加强对分支机构办案的督查和协查，加强对转办信件的跟踪督办；四是以中心学习组为依托，加强领导干部和员工的学习教育，开展预防职务犯罪警示教育和依法合规经营等法律法规培训工作。

（张长毅）

中国太平洋财产保险股份有限公司遵义中心支公司

【概况】 2004年，遵义中心支公司以“诚信天下，稳健一生”为经营理念，继续用“树立一个思想，强化三个意识，实现四个确保”的工作总体思路指导全司工作，全年完成保费收入4149万元，为年度计划的105%，同比增长13.65%；实现利润415万元，为年度计划的105%，同比下降了13个百分点；结案率85.38%，比年度计划提高了0.38个百分点。全年保费收入与去年同期相比增长了

13.65%。市场份额始终保持在20%左右，高出全省平均水平3个百分点。其中，非机车险的市场份额达到26%，高出全省平均水平6个百分点。全年全司共实现非机车险保费收入1088万元，同比增长87.9%，出现了前所未有的发展势头。

一、结构调整取得明显成效。在“两个跳出”（即跳出机车险的展业思路，发展非机车险业务，跳出营运车的展业思路发展非营运车业务）和“两个弥补”（用非车险业务弥补机车险业务，用非营运车业务弥补营运车业务）展业思路的指导下，业务结构达到最好水平。机车险业务占比为73%，同比下降了12个百分点；非机车险业务占比为27%，同比上升了12个百分点。非机车险业务呈现出“齐头并进，全面增长”的可喜局面。在机动车辆保险业务中，营运车整整下降了15个百分点，下降净额为455万元。非营运车辆保费收入与去年同期相比净增了228万元，使机车险的内部结构也更趋合理。

二、基础管理得以有效加强。公司各部门加强对各项基础管理工作的执行力度，使各项管理制度得以有效落实。车辆管理工作规范有序，基本杜绝了车辆管理混乱现象。并通过对车辆修理推行“事前申报，修时抽查，事后审核”等措施，较好地堵塞了车辆修理中的漏洞。加大了对单证管理和欠费管理工作的力度，严格奖惩，完善制度，常抓不懈，化解潜在风险，整个工作与去年相比上了一个台阶，获得了总、省公司联合检查组的好评。

三、诚信建设工作取得良好开端。按照加强诚信建设的要求，公司成立了诚信建设机构，以部门为单位，集中学习了《诚信建设大纲》，确保员工对保险行业承诺书的内容做到熟记并贯彻落实到日常工作中。11月27日，在省公司组织的保险法律和诚信知识竞赛中，获得一等奖。遵义市消费者协会于12月中旬授予公司“诚信企业”的光荣称号。2004年，由于公司各项指标完成较好，被省公司评为先进集体；在全省人意险竞赛中获金奖；在省公司组织的诚信知识竞赛中获得第一名；在省公司组织的“金鸡报晓”文艺汇演中，两个节目分获二、三等奖；被遵义市消费者协会评为“诚信单位”。

四、加强自律合作，做到有序竞争。9月，省行业协会召集人保、太保财险、平安财险、天安遵义营销部召开协调会，明确了今后参与各类竞标活动，要以服务取胜的宗旨，遏制银行代理业务随意抬高手续费的势头，真诚合作，共同维护好遵义财产保险市场秩序。

（黄　强）

【刘伟英获“太平洋之星”奖】　公司员工刘伟英以优质服务获得好评，被省行业协会授予“保险之星”荣誉称号。被太保集团公司授予“太平洋之星”销售精英奖（铜质奖）。

（黄　强）

交通　邮电

交通管理

【概况】 2004年,全市交通系统广大干部职工树立和落实科学发展观,克服交通基础设施建设、交通行业管理、安全生产等方面的困难,圆满完成了交通工作目标任务。

一、交通基础设施建设步伐加快。编制完成了《遵义市骨架公路网规划(2003～2020)》和《革命老区(遵义)农村公路三年建设目标计划》,为遵义市公路网建设提供了翔实的科学依据。全市完成交通建设投资28.23亿元,比上年增长10.71%。其中地方交通建设完成投资9.2亿元,比上年增长73.58%。开工续建3672公里,完成公路建设2405.3公里、建设桥梁6座。其中,湄潭至瓮安(遵义段)、南白至开阳(遵义段)、仁怀至金沙(遵义段)公路扫尾工作全部完工。S305省道余庆至石阡(遵义段)、施秉经余庆至湄潭(余庆段)、鸭溪电厂运煤公路(一期)建成通车。地方自筹资金改建公路229.9公里。建成通乡油路304.4公里、通村公路1781公里,实现61.4%的镇(乡)通油路、80.6%的村通公路。忠庄客运站、马家湾客运站(一期)、湄潭货运站建成并投入使用。完成渡口码头设施建设58个、改造渡船28艘。

二、交通运输能力持续增强。截至2004年底,全市公路通车里程达18165公里。其中等级公路5479公里,占全市通车里程的30.2%。高级、次高级路面2504公里,比上年新增390公里,占全市通车里程的13.8%。全市拥有机动车40637辆,其中营运客车7972辆、货车13240辆,分别比上年增加10%、7.4%、7.5%。拥有港口5个、码头16个,码头货物吞吐能力156万吨。拥有各类船舶2888艘、51878总吨,主机功率33411千瓦。

三、交通运输生产全面增长。道路运输完成客运量10990万人、旅客周转量249813万人/公里。货运量2286万吨、货物周转量153119万吨/公里,分别增长3.3%、4.5%、2%、8%。水路运输完成客运量126万人、旅客周转量1100万人/公里,货运量117万吨、货物周转量20025万吨/公里,分别增长77.5%、57.6%、21.9%、31%。

四、行业管理工作成效明显。一是认真开展《行政许可法》、《中华人民共和国道路运输条例》、《收费公路管理条例》等法律法规宣传活动。组织全市交通执法人员进行专项培训,修订公布新的开业审批程序,组织清理交通系统行政许可项目34项。《遵义市水上交通安全管理办法》发布施行。二是狠抓工程管理,落实质量管理责任制,对工程设计、施工、管理进行全程监督。全市各类交通工程项目一次验收合格率达到100%。三是贯彻“车头向下”精神,拓展农村客运市场。增加农村客运线路67条、客运班车298辆,逐步缓解了农民乘车难的问题。四是进一步整顿和规范运输秩序。全年共查处违法运输案件23272起,打击黑车黑价876车次,取缔无证营运车辆871车次。开展了红花岗至团泽、红花岗至巷口等营运专线综合整治活动。充分利用新建客运站资源,对两城区各车站的部分车辆停发进行了调整,缓解了中心城区营运车场的紧张局面和城市主干道的交通压力。五是路政管理进一步加强。依法清除违章堆放物574处、8692立方米,制止红线内建筑74处、2649平方米。办理路政案件457件,查处457件,结案率100%。继续开展超限超载运输车辆专项整治工作。查处超限超载车辆62000辆次,卸载2718辆,卸货3054吨、转运2143辆,恶性超限超载运输车辆比例控制在5%以内。全年发生水上交通事故5起,经济损失16.73万元。沉船4艘,死亡4人。“四项指标”均控制在省、市下达的目标以内。

五、交通规费征收超额完成。全市征收交通规费28536.07万元,比上年增长24.8%。其中养路费12990.42万元,增长21.5%;车购税8142万元,增长42.8%;拖拉机养路费141.12万元,增长

23.8%；客货附加费 3940 万元；运输管理费 2200 万元；路政规费 314.74 万元；水运客货附加费 80 万元；港务费 14.70 万元，增长 5%；船检费 17.80 万元；水运管理费 58 万元，增长 29%。地方管理的公路收费站（点）收取车辆通行费 2500 万元，比上年增长 19%。

六、精神文明建设进一步加强。全市交通系统开展了"创文明单位、树行业新风"等行风整顿活动。继续开展机关效能建设，大力推行政务公开，积极配合办好政务服务中心交通服务窗口。市交通局、市海事局被评为市级"文明单位"，市海事局被评为全省交通系统"文明单位"，遵义县地方海事处被评为省级"文明执法单位"，12 家单位被评为全市交通系统"文明单位"，涌现出一大批先进工作者。

（练　武）

【骨架公路网规划描绘遵义公路发展宏伟蓝图】　遵义市结合全国、全省路网规划调整情况，认真做好基础调查、信息收集、课题研究、项目论证等基础工作，修编了《遵义市骨架公路规划（2003～2020）》。调整后的骨架公路网为"四纵三横三联二环"，建设里程 3437 公里，总投资 476 亿元。到 2020 年该骨架公路网建成后，将实现县县通高速或高等级公路，形成遵义市中心城区到县（市）3 小时、县到县 6 小时的交通经济圈，基本能满足全市小康社会的交通要求。

（练　武）

【农村公路建设获交通部专项补助 4 亿元】　4 月，交通部将遵义列为重点扶持的革命老区之一。在保持正常计划基础上，安排专项补助资金 4 亿元，加快遵义农村公路建设，改善老区交通条件。为了管好用好交通部农村公路建设专项补助资金，遵义市制定了《革命老区（遵义）农村公路专项补助资金实施方案》。计划到 2006 年底，完成农村公路建设投资 16.9 亿元，建设农村公路 7428.5 公里（其中通乡油路或水泥路 2084.5 公里、通村公路 5344 公里），实现 100% 的乡镇通油路或水泥路，90% 以上的行政村通公路。（练　武）

【交通部副部长来遵考察农村公路建设】　4 月 23 日～25 日，交通部副部长冯正霖一行 5 人来遵考察调研遵义农村公路建设情况。考察组一行重点考察了遵义县、湄潭县、绥阳县的部分农村公路建设，对遵义农村公路建设在建管养、发动群众、建立养护机制方面的做法，给予了高度评价。

（练　武）

【全省海事工作会议在遵召开】　8 月 11 日～12 日，全省海事工作会议在遵义召开。会议传达了党的十六届三中全会和全国海事系统法制工作会议精神，总结全省兴义会议以来的工作情况，安排部署下一步工作任务。会议要求，要围绕安全这一永恒主题，用科学发展观改进管理模式和方法，坚持"船舶适航、船员适任、安全通畅、有效监管、优质服务"，严格依法行政，加强执法监督，不断提升监管能力和服务水平。

（练　武）

【革命老区遵义农村公路建设工作会议召开】　6 月 25 日，革命老区（遵义）农村公路建设 3 年目标实施工作会议在遵义召开。会议由副市长刘明主持。市委副书记、市长卢守祥，省公路局副局长章征宇出席会议并作了讲话。各县、区（市）长，分管县、区（市）长，交通局长，技术负责人，以及市农村公路专项补助资金实施领导小组成员共 80 余人参加会议。卢守祥市长与各县、区（市）政府签订了 3 年目标责任书，市交通局与各县、区（市）交通局签订了 2004 年度目标责任书。

（练　武）

【招商引资二度传捷报】　2004 年，遵义市加大交通基础设施建设招商引资力度，首次采用 BOT（建设——经营——移交）方式，先后完成了平新、遵马（高速）公路招商引资。平新公路起于习水县平原，止于桐梓县新站，全长 50 公里，总投资约 2.5 亿元，由上海义鸿信企业发展有限公司出资注册成立的"贵州习新公路发展有限公司"建设、经营、管理。遵马公路（遵义段）起于遵义市汇川区高坪镇，经红花岗区深溪镇、遵义县团溪镇，止于黔南州瓮安县鲤鱼塘，全长约 85 公里，设计为 4 车道高速公路，行车速度为 80 公里/小时，总投资 43 亿元，由安徽省通达高速公路开发公司建设、经营、管理。

（练　武）

【探索农村公路管养新机制】　遵义市交通局坚持科学发展观，大胆创新，积极探索农村公路管养新机制。在各县、区（市）成立乡村公路管理养护所，乡镇成立交通管理站，具体负责农村公路的管理。按照分级负责原则，县、镇、村按比例承担农村公路养护资金。实行养护工作市场化运作和养护绿化责任人公示制，推行招标养护和村民承包养护。2004 年，有 13 个县、区（市）制定了农村公路管养办法，12 个县、区（市）落实了管养经费，全市共筹集 1935.6 万元资金用于农村公路养护。遵义农村公路管养的做法，受到来遵考察的交通部、省交通厅领导的高度评价，并在全国中西部地区农村公路建设座谈会上进行推广。

（练　武）

【中心城区客运车辆停发调整】　为了缓解遵义市中心城区道路通车压力，净化城市交通环境，创造良好的城市居民生产、生活环境，遵义市人民政府决定从 6 月 27 日起，关闭苟家井客运站，启用忠庄客运站，将中心城区 1300 多辆客运车辆分流到遵义客运站、忠庄客运站、茅草铺客运站停发。这次客运车辆停发调整是遵义市迄今为止最大的一次调整。

（练　武）

【治理公路“三乱”】　2004 年，遵义市交通局会同市公安局、纠风办、公路管理局等相关单位，联合行动，集中检查与平时督查相结合、明查与暗访相结合、预防与治理相结合，加强对公路“三乱”的治理力度。全年组织了 4 次大检查，撤除煤炭验票站 1 个，规范公路检查站 2 个，纠正不规范行为 4 起，有效遏制了公路“三乱”现象，实现全年公路基本无“三乱”。

（练　武）

【《遵义市水上交通安全管理办法》发布施行】　为加强水上交通安全管理，维护水上交通秩序，预防水上交通事故，保障人民群众生命财产安全，《遵义市水上交通安全管理办法》于 11 月 30 日市人民政府第 36 次常务会议通过，并以市人民政府 39 号市长令发布施行。该办法自 2005 年 1 月 1 日起执行。

（练　武）

公路管理

【概况】　2004 年，遵义公路管理局紧紧围绕公路建设、养护和管理这个中心任务，强化公路全面养护和管理，进一步深化和推进公路养护运行机制改革，深入开展超限运输专项治理工作，实施“安保工程”，创建 G210 线文明样板路，依法治路、规范收费，全面提高收费还贷能力，经过广大干部职工的努力，全面完成了各项目标任务。

一、5000 公里公路改造目标任务及大中改工程任务全面完成。全省 5000 公里公路改造，遵义公路管理局承担的项目有 S208 线习水黑鹿岩至磨刀溪公路路面改造工程（马合公路）、龙灯大桥和 S305 线石矸经余庆至瓮安（遵义段）公路改造工程（余瓮公路）。10 月中旬，马合公路改造通过省局验收，质量评定为优良。余瓮公路于 2004 年 4 月 8 日开工，累计完成投资 1150 万元。龙灯大桥已全部完工，累计完成投资 603 万元。共实施大中修工程 84.33 公里。其中 210 国道的大中修工程于 10 月底全部完工并通过交通部验收组的验收。其余路段的大中修工程也于 9 月 30 日前完工。

二、210 国道文明样板路创建工作获得省交通厅及公路局好评。按照交通部 3 年建成 210 国道文明样板路的要求和“统一规范、分级管理、坚持标准、分步实施”的原则，2002 年 ~ 2004 年 10 月，遵义公路管理局按照文明样板路的创建标准，提出了从路面修补、路基沉陷、滑坡、缺口处治修复，完善公路标志标线及附属设施、清理非公路标志标牌、控制建筑红线、整治路容路貌、完善收费站建设、宜林路段实施公路绿化等 8 个方面进行创建，经过近 3 年的努力，完成了 G210 线文明样板路遵义境 217.5 公里的创建工作。经交通部检查验收，贵州在该线途经的六省（市、区）中排名第二，遵义公路管理局在该线途经的遵义、贵阳、都匀、凯里 4 个管理局中与都匀局并列第一，受到省交通厅及省公路局的褒奖，并获得省局创建 210 文明样板路先进单位称号。

三、“安保工程”顺利完成。遵义公路管理局结合交通部实施的“消除隐患，珍惜生命”为主题的公路安全保障工程，对青杠哨、凉风垭、吊丝岩、娄山关等现有国省干线公路及其设施中存在的影响行车安全的明显隐患进行整治。通过对安全缺陷增设防撞护栏、安全标志牌、划设反光标线,设置公路线形诱导标志、波型梁护栏、钢筋防撞墙及示警栏,提高了公路行车安全性,避免了大量恶性交通事故的发生。继210线安保工程实施之后,对G326线实施安全保障工程,完成投资121万余元。并结合省级督办的危险路段的治理,先后投资300万元,完成了G210线K2053处山体滑坡地段的综合整治、省级督办危险路段G210线吊丝岩(K2057+950~K2058+450)、凉风垭(K2069+500~K2167+800)、G326线K374+500~K376+950的整治工作。

四、公路养护管理及路况指标全面完成。坚持抓好以养好路面为主的公路小修保养和全面养护工作,强调公路小修保养只能加强,不许放松。在盐津河大桥和两河口大桥出现问题、车辆改道经桐两线或仁习线进入四川、公路受损极为严重的情况下,遵义公路管理局完善了《遵义公路管理局小修保养考核办法》,加强对路面、沟、肩、桥、涵、碑、桩、树及公路标志的日常性养护工作。做到坑凼修补不过夜,全面养护不放松,完成了全年养护任务。2004年,全局综合好路率为82.2%,超计划完成3.7%;养护质量综合值为74.66%,超计划完成1.35%;G210国道好路率均达到90%以上,遵南段210国道好路率达100%。

五、路政管理工作进一步加强,恶性超限运输得到有效遏制。路政部门在依法行政、维护路产路权、210国道文明样板路创建中做了大量工作。全年共下达责令停止(改正)的违法行为通知书及相关法律文书327份,清除不规范搭接741处,办理各类路政案件(事件)593起。查处违法违章占(利)用公路6453平方米/814处,依法拆除违法建筑435平方米/19处,规范管理路边店234个,规范公路搭接420处,创建路政达标单位两个。超限运输治理工作在巩固和保持去年治超成果的基础上,贯彻7部委联合治超工作会议精神,推行卸载放行,全面保护公路路网改造成果,全年共检测货运车辆120569辆,卸载3186辆,卸载9270吨,完成了年初省公路局下达的目标任务,被遵义市治超办授予治理公路"三乱"工作先进单位。

六、加强收费公路管理,全面完成通行费征收任务。认真贯彻执行《收费公路管理条例》和省公路局制定下发的收费公路管理办法,加强文明窗口建设。完成X350线务凤公路柏梓、新坪收费站和S208线马合公路官渡收费站点的设置和开征工作。按照"健全制度,加强管理,提高产值,树立形象"的工作方针,加大公路收费工作的管理力度。坚持"外树形象,内抓质量,争先创优,应征不漏",狠抓"大吨小标"和假军车、假月(年)票车的治理工作。全年共完成通行费征收6286万元,全面完成省局年初下达的收费目标任务。

七、科技推广运用取得突破,科技兴路得到进一步加强。积极推广新技术、新材料,大力实施科技养路和科技兴路,改变路面基层结构,加大危桥改造力度,抓G210线K2052+950—K2053+050边坡处治和稀浆封层、冷补沥青及改性沥青的生产及运用。在S208线的危桥加固过程中,除采用了常见的钢筋砼扩大基础、加厚墩台身、拱圈截面等加固方法外,还采用了粘贴碳纤维(拱圈、钢筋砼板)、侧墙加设钢板拉杆、锚喷拱圈等较为先进的施工方法,使桥梁养护与加固方面的经验和知识更加丰富。改性沥青、冷补沥青和稀浆封层等新工艺的推广运用,初步解决了春、冬季养护和修补、路面贫油、轻微网裂等养护难题。

(陈小波)

【S305线遵义段公路改造工程启动】 2月9日,管理局举行S305线公路(余庆至瓮安)遵义段改造项目开标会,对工程施工。监理进行邀请招标,遵义公路工程处和贵州通力达公路工程监理咨询有限公司遵义分公司分别中标承建和监理该项目工程。全长182公里的S305线改造工程,全线采用交通部部颁山岭重丘区三、四级公路技术标准设计,计算行车速度为30公里/小时,路基宽7.5米,路面宽6.5米,局部特殊地段标准适当降低,城镇过境路段为混凝土路面,桥涵设计荷载为汽车—20,挂车—100。该工程在遵义境内共29.5公里,总投资1500万元。

(陈小波)

【X350线龙灯大桥合龙】 3月25日,X350线凤务公路龙灯大桥胜利合龙。省公路局、遵义市、务川、凤冈两县党委、政府、人大、政协等部门领导及设计、施工、监理单位参加了合龙仪式。龙灯大桥为预应力砼桁式组合拱桥,大桥全长206米,桥宽9.5米,总投资600万元。该工程于2002年2

月动工，工程历时3年。

（陈小波）

【交通部科学研究院对国道210线事故多发路段进行调查】 为配合交通部在全国范围内实施的以“消除隐患、珍惜生命”为主题的“公路安全保障”工程，3月底，交通部科学研究院副总工程师熊才启一行在省公路局、省公路勘察设计院等有关部门的陪同下，对遵义境内国道210线217.5公里沿线坡陡弯急、傍沟临涧、事故频发的地段进行调查，为安保工程的实施收集第一手资料。调查组还深入到酒店垭、青杠哨、娄山关、凉风垭等事故多发和坡陡弯急地段实地察看。

（陈小波）

【为温暖行动捐款2万余元】 为组织好“百万职工五月送温暖活动”，遵义公路管理局工会提前将有关资料印发各基层段，并提出“认真动员，组织捐款”的要求，局属各单位积极响应，单位领导深入班组、工地，向职工进行“建立帮扶机制，献上一片爱心，添助一臂之力”的宣传，激发了职工踊跃捐款的热情。此外，还对桐梓风水乡捐款2万元。

（陈小波）

【X350线凤冈至务川公路开征车辆通行费】 6月20日，X350线凤务公路凤冈柏梓收费站和务川接官坪收费站开始征收车辆通行费。凤务公路全长74公里，是遵义公路管理局、凤冈县人民政府、务川自治县人民政府共同贷款改造建成。按省人民政府《关于X350线凤冈至务川段公路设站收取车辆通行费有关事宜的批复》精神，在凤冈柏梓和务川接官坪设站。收费标准按省物价局、交通厅《关于X350线凤冈至务川段公路车辆通行费收费标准的批复》执行。

（陈小波）

【省交通厅对G210线文明样板路创建工作进行检查验收】 9月3日，省交通厅厅长彭伯元在省公路局副局长章征宇，遵义公路管理局、市交通局负责人的陪同下，专程检查210国道文明样板路的创建工作，重点检查了娄山关路段安保工程的实施情况。

（陈小波）

【马合公路路面改造工程通过验收】 10月11日～14日，由省公路局副局长章征宇带队的验收组一行15人对遵义公路管理局承建的S208线马合公路黑鹿岩至磨刀溪58公里路面改造工程进行交工验收。马合公路路面改造工程除17.8公里为水泥混凝土路面外，其余路段均为沥青表处路面，路基宽度为7.5米，工资总投资4600万元。工程于2003年4月开工，2004年8月底竣工。经验收检查，该工程等级为优良。

（陈小波）

【交通部检查验收遵义文明样板路创建工作】 10月23日～24日，由河南省交通厅副厅长张全林任组长，山东省公路局、辽宁省公路局领导及《中国公路》杂志社参加的交通部210国道文明样板路检查验收小组，对遵义境内的217.5公里文明样板路创建工程情况进行全面检查。省公路局局长张群力就贵州创建210国道文明样板路建设作了汇报，遵义市委书记傅传耀参加了汇报会。

（陈小波）

高等级公路管理

【概况】 2004年，遵义高管处充分发扬“团结、务实、求实、创新”的精神，团结协作、开拓进取，根据《贵州省高等级公路管理局2004年度目标管理责任书》的内容要求，全面做好遵义处辖段内高等级公路征、管、养工作，取得了可喜的成绩。

一、通行费征收态势良好。根据目标管理责任书的要求，落实工效挂钩措施。根据《遵义高等级公路管理处考核实施细则》，由处定期对收费工作进行量化考核，严格按照考核结果兑现奖惩。并在实践中不断对其修改完善，形成了一套较为成熟、行之有效的管理制度。对内狠抓形象建设，严肃征费纪律，通过定期和不定期的内稽，及时杜绝各种违纪行为和纠正夜间打瞌睡、吃零食等不文明行为。全年共内稽68次，纠正违纪行为3起；对外严格维护征费秩序，对冲关逃票、买短跑长的驾驶员严加处罚，全年共查处违规车辆2万余辆，补收通行费90余万元。加大宣传力度，充分利用各种传媒宣传收费政策，法律法规，努力改善收费环境。

以开展“树行业新风”整顿活动为契机，征求社会各界的意见和建议，认真整改工作和服务中的不足，保持良好的征费“窗口”形象，采取各种措施，提高优质服务水平。

二、加强路况考核，实现道路畅、洁、绿、美。为加强对贵遵高等级公路的全面管理，实现高等级公路快捷、安全、畅通，保持和提高高等级公路的良好状态，高管处以实施“安保工程”为契机，充分调动管理人员的工作积极性，将工程养护工作分类管理和考核：1. 公路小修保养工程管理；2. 交通安全设施修复及维护管理；3. 沿线绿化养护工程管理；4. 对所管辖路段的路基、路面、桥涵、隧道及其附属设施进行经常性、及时性、周期性、预防性养护与维修；5. 水毁预防及抢险工程管理。通过考核，不断提高养护效果，以保持高等级公路路面的完好状态，保证行车安全、舒适、快捷。

2004年1～12月，在所辖段范围内完成小修及构造物维修工程，投资73万元，修补路面坑槽800余平方。沿线交通设施维修工程投资20万元，修复隔板、隔网4000余米。刷新256座标志标牌，新制作安装螺栓2万套、轮廓标2000余颗，增设钢筋砼护栏标线180平方。及时清除水毁坍方15000立方，整修边坡2000平方，定期对涵洞、碎落台、边沟、排水沟、截水沟、沉沙池、急流槽等进行清理，清运土石方、垃圾5000立方，全年共完成灾害预防与抢险工程投资150万元。完成公路及站点绿化工程投资26万元。对乌江征费站、南白征费站、马家湾征费站等进行全面维修，完成站点维修费37万元。完成大中修工程投资1015万元。在2004年全省高等级公路路况考核中获2个第一名，2个第二名的好成绩。

三、注重对职工队伍的教育培训。针对高速公路机电工程、养护工程、财务会计三方面专业性要求较强的情况，共送出8批64名职工参加不同层次的培训。有29名职工参加了非公派的业余学历培训。全处70.7%以上职工的学历层次在大专以上，有26名职工达到大学本科以上，占全处总人数的13.13%。7月1日、11月1日，组织部分中层干部，路政、征费稽查等执法人员分5批共50余人次参加了交通部、省政府、省交通厅组织的法律知识培训。并在全处范围内举行《行政许可法》、《国务院收费管理条例》等知识竞赛活动。通过培训大大增强了执法人员的法律意识以及依法办事的意识。

四、安全目标管理责任制落到实处。一是及时调整充实处安全生产领导小组，每季度组织一次安全生产大检查。针对安全生产重点部门（如养龙拌和站）、重点部位（如拌和站采石场）、重点岗位（如各站车辆驾驶员）、重点环节（如施工标志、预告牌是否规范摆放）加强安全管理，消除事故隐患。对预防重特大事故的情况以及应急预案的指定情况进行细致的检查。并将检查情况上报省局安委办。二是落实安全生产责任制。严格按照《2004年度安全生产责任书》要求，认真落实并建立健全各项台帐、记录和规章制度。3月，处与7个站签定了《2004年度遵义高管处安全生产责任书》，明确站长是安全生产的第一责任人，要求各单位定期进行自检，每季度由处进行检查考核，年末进行综合考核。三是做好小修保养及施工期间的安全生产和保畅工作。1～10月进行三次专项安全检查，及时将检查发现的安全隐患反馈给各施工单位，同时，要求管理站、拌和站在实施小修保养工程和大中修工程时确保规范施工、安全施工。2004年未发生大的安全生产责任事故。四是加强行车安全教育，杜绝重特大行车安全事故的发生。处定期组织各站机驾人员进行安全学习，加强行车安全教育，截至2004年底，全处未发生重特大行车安全事故。

（杜　娟）

【通行费征收突破5000万元大关】 2004年，上级下达本处通行费计划任务数4470万元，目标任务数4570万元。为确保通行费任务的完成，督促各收费站认真执行各项收费政策、法规，按照省局《征费人员手册》和《遵义高等级公路管理处十二分制考核办法》《遵义高等级公路管理处微机监控管理规定》的有关规定，严格规范管理。截至2004年11月30日，遵义南站、南白和新站共三个征费站完成了目标任务。截至12月底，全处共收取车辆通行费5051.76万元，提前26天完成了年度任务数，为局下达力争任务4670万元的108.17%，实现了突破5000万元大关的通行费征收目标。

（杜　娟）

【加强廉政建设，积极开展两项活动】 4～9

月，根据省交通厅党组的统一部署，全省交通系统开展了“拒绝腐败，从我做起”党风廉政教育和“树行业新风”行风整顿两项活动，以卢万里案件为反面典型的警示教育学习活动促进全系统改进行业作风，树立交通新形象。处党委向各基层党支部作出具体安排布置，要求全处所有中层干部、执法人员、共产党员每人写出一篇警示教育学习心得体会。全处职工共写出学习心得体会130余篇，对社会分两次发出调查问卷298份，收集意见和建议14条，实施整改措施9项。

（杜　鹃）

【健全团的基层组织，积极开展团的活动】 结合高管处人员年龄结构的变化，正常退团青年团员较多的实际情况，按组织程序对原有的8个基层团支部进行整合，重新组建为6个基层团支部，保证了基层团组织工作的正常开展。五四期间，处团委成功举办“爱岗敬业，树行业新风”和“平凡之中见真功”为主题的征文活动。获奖的6篇征文刊登在《遵义高速》上，处各个团支部开展了捐助、扶贫、文体等各种各样的活动共10余次。如南白征费站团支部开展了“爱心成就未来”特别捐资助学行动，为三合镇5名失学儿童捐资助学。

（杜　鹃）

【搭建文化宣传教育平台，形成良好的文化氛围】 8月，创办反映处精神文明建设和文化宣传的报纸《遵义高速》，面向处所属各单位及各相关友邻单位发行，并向厅、局机关报送。丰富了广大职工的文化生活，宣传了上级领导的指示决定、生产经营管理情况以及全处的精神文明建设等，从创刊至12月，全处职工投稿180余篇，已出刊5期共刊载文章128篇。

（杜　鹃）

【开展对超限运输车辆的专项整治】 1月～11月，共查处超限运输车辆2546辆，收取补偿费34.74万元，零星卸货30余吨。与此同时，各征费站为配合路政部门严把进站关，对“大吨小标”和严重超载车辆，该补足通行费的补足费，该卸载的就卸载。

（杜　鹃）

【提前介入遵崇高速公路的管理】 为便于对遵崇高速公路的顺利接管，7月，抽调10名路政队员组建临管中队，进驻正在建设中的崇遵高速公路，提前进行临时路政管理。7～10月底，对117公里的高速公路沿线红线控制范围内基本情况以及现有违章建筑的情况作了详实调查，调查结果全部整理归档。为防止新的侵占公路及用地现象发生，临管中队已转入以巡查和宣传为主的第二阶段。

（杜　鹃）

【规范高等级公路沿线路政管理】 严格按照审批程序执行。截至12月31日，遵义高管处管辖路段发生路产案件171起，结案171起，结案率为100%。收取路产索赔费148.16万元，收取公路污染费8.93万元。护送大型超限运输车辆10辆，收取超限运输车辆补偿费10.5万元。收取路产占用费1万元。查处违章建筑6起，拆除违建面积130平方。出动施救车辆290台次，抢救伤员42人，收取救援费33.95万元。查处肇事逃逸车4辆，为国家追回路产损失2.22万元。

（杜　鹃）

铁路运输

【概况】 2004年，遵义车务段货物发送突破1000万吨，运输收入突破6亿元，是创建段39年以来历史最高成绩。遵义车务段被贵阳铁路分局评为二星级“文明单位”，被成都铁路局评为“文明单位”，被分局、分局军代处评为“军交工作正规化建设二十周年先进单位”。段领导班子被分局党委授予二星级“好班子”荣誉称号。

一、国家重点物资运输圆满完成。 2004年9月，在集中45天抢运贵州积压重点物资、支持地方经济建设运输“大会战”工作中，遵义车务段全体干部职工克服困难、奋力拼搏，在确保安全稳定的基础上，积极开展“多拉满载、挖潜提效”活动。精心组织到达重车的对位卸车和卸空车的装车挂运，大力提高夜间卸车比重和车辆运用效率，使贵州省的积压重点物资能及时运往全国各地。运输“大会战”45天时间，全段共计装车2.4万辆，超计划16.8%；货物发送143.3万吨，超计划18.3%；运输收入6792.6万元,超计划19.8%;圆满完成了国家电煤、化肥、粮食等重点物资运输任务,为推动地方经济建设做出了贡献。

二、新老兵运输工作安全有序。2004年,在军交正规化建设工作中,遵义车务段进一步强化军事运输组织工作,完善军事运输应急预案,确保了新老兵运输工作安全有序。在运输工作上,铁路实行运力运能等政策倾斜,开设军人专用售票窗口,提供军人候车室,坚持做到军人购票、进站、上下车及行包托运"四优先"原则,实现了军交正规化建设工作协调稳定发展。

三、路地联手整治铁路治安秩序。2004年8月,遵义铁路地区各单位与遵义市地方各级人民政府部门首次联合携手,对川黔线遵义铁路地区的围车叫卖、路外伤亡和"五类"治安案件进行整治,对人民群众进行爱路护路、铁路安全常识宣传教育。通过为期3个多月的集中清理整治,基本取缔了川黔线围车叫买现象,路外伤亡和"五类"治安案件明显下降,为进一步规范铁路站车治安秩序,实现铁路运输大动脉安全畅通,保证广大人民群众生命财产安全,创建安全文明铁道线作出了积极贡献。

四、"小康站区"建设取得阶段性成效。遵义车务段管辖的车站绝大多数地处山区,交通不便、条件艰苦、信息闭塞,多数职工以站为家。针对这一实际情况,段党委充分发挥思想政治工作的服务保障作用,把思想政治工作与关心职工疾苦,解决职工实际困难有机结合。2004年,车务段多次投入大量人力、物力和财力加大职工生活线、文化线、文明线建设,积极改善40多个车站职工工作、学习和生活条件。先后投入了5万余元建设川黔线蒙渡站"小康站区"示范点,丰富职工业余文化生活,为稳定职工队伍、促进安全生产奠定了基础。

五、党支部"安全屏障"工程创建扎实推进。2004年4月,在创建党支部"安全屏障"工程中,按照贵阳铁路分局党委"启动车务,完善工务,带动其他"的总体工作思路,遵义车务段被确立为分局车务系统的试点单位。开展了生产一线"复合型"党支部书记队伍建设试点工作,段党委紧紧抓住这一有利契机,严格按照创建党支部"安全屏障"工程八项基本制度要求,通过进一步完善党支部设置、优化党支部书记队伍结构、配齐配强党支部书记、提高党支部书记参与安全管理的能力、完善细化党支部工作机制等措施,使全段生产一线"复合型"党支部书记达到了100%。支部书记的业务水平和安全管理能力得到了较大提高。生产一线党支部的战斗力、凝聚力和创造力明显增强,扎实推进了党支部"安全屏障"工程创建,为全段安全运输生产的可持续发展提供了坚实可靠的组织保证。

(李维良)

公路运输

【概况】 2004年,是遵运(集团)公司全面落实科学发展观,抢抓机遇,加快发展的一年。经过全体职工的共同努力,克服了中心城区车站车辆分流和贵遵线公车经营项目给企业带来的困难,企业持续实现盈利。全年全司营运车辆总数达1082辆。其中,营运货车97辆,营运客车985辆,营运客车比上年净增77辆,新度系数0.70。高级客车达255辆,比上年净增47辆。经营线路210条,比上年净增11条。全年完成道路客运量约为2628万人次,完成道路旅客周转量约为23.65亿人/公里。圆满完成了新兵运输、冬防春运、抢险运输等重点运输任务。取得了经济效益和社会效益的双丰收。

一、管理水平进一步提高。(集团)公司ISO9001:2000质量体系认证运行符合标准,并实现了全集团的覆盖。质量体系认证管理的全面推行,使企业安全生产、人事工资、运行调度、车辆维修、经营计划、财务预算、文书档案等管理制度进一步完善和落实,基本形成了一套切合企业实际的管理机制。

二、安全生产工作成绩显著。全司总行驶里程约7917万车公里。未发生10人以上群死群伤的特大安全事故,全年工业安全事故为零。百万车公里事故频率0.62次,死亡0.12人,受伤0.86人,经济损失3.2万元,全部控制在交通部部颁指标范围内。2004年,(集团)公司被省、市评为安全生产先进单位。

三、干部业绩考核制度逐步完善。业绩考核制度从月度考核、季度抽查、年度考核,到定性、定量综合评价的考核制度逐步完善。通过考核和末位淘汰制的实施,集团干部进一步树立起"效益至上,业绩至上"的经营理念,鞭策自己主动参与市场竞争，提高自身挤占市场份额的能力。全年有23个单位全面完成上缴指标，在经营成本持续上涨的情况下，保证了全集团的正常运转。

四、注重人才的培训和使用。全年共组织各类培训班23次，参加培训人员达2000多人次。其中，《道路交通安全法》专项教育培训400多人次、驾驶员现场救护培训674人次、外送安全培训11人次、财务人员专业培训70人次、房地产管理人员培训41人次、站务人员培训232人次。招聘大学生6人。组织30人参加经济专业技术考试，11人参加注册安全工程师考试。形成了用人所长、人尽其才的用人机制。

五、为职工办实事、办好事。解决了房改存量补贴和医疗保险。全面落实在岗职工最低工资政策，向78位70岁以上退休人员祝贺生日。对18位住院的离退休人员进行慰问，为63名军转干部按国家政策落实工资待遇。协助社保部门为8名解放初期参加工作的人员调整退休金。给143名困难职工发放春节补贴。向5户特困退休人员、24户特困职工进行春节慰问。发放各类慰问金35500元。

六、实行厂务公开，推行依法治企。召开一届三次职工代表大会，讨论确定工作目标和任务、生产经营计划、财务预算。经常召开（集团）公司生产经营调度会、各方面人员参加的座谈会和情况通报会，及时通报阶段性经营情况，布置、调度生产经营。利用简报、墙报、板报等多种形式公开企业重大事务。提请职工代表大会审议通过了《贵州省遵义改装厂退出重庆瑞驰汽车实业公司股权转让收回补偿金的决定》、《遵运（集团）公司董事会关于调整生产计划指导指标的决定》、《遵运（集团）公司关于给予邹建发开除处分的决定》。三星公司12辆大型宇通客车等大额采购和工程项目均严格按程序进行招投标。

（遵运集团办公室）

【申报国家一级企业通过初审】　遵运集团车辆数量、资产规模、人员素质、企业管理、企业资历等方面均已符合申报国家一级企业的条件，是贵州省最具规模的道路运输国有企业。3月29日，经省交通厅初审通过申报国家一级企业后，呈报交通部审批。

（遵运集团办公室）

【遵运集团成立两周年暨电脑洗车场开业庆典】　9月23日，贵州省遵义汽车运输（集团）有限责任公司成立两周年暨遵运集团电脑洗车场开业庆典隆重举行。

（遵运集团办公室）

【参加客运线路经营权招投标全部中标】　2004年，运管部门对客运线路经营权的行政审批进行改革，由过去的行政审批制改为质量信誉招投标的办法。（集团）公司统一部署，把参加投标工作作为企业苦练内功，提高管理水平，展示企业形象的契机和增强企业市场竞争力的训练场。集团公司30份标书全部中标。

（遵运集团办公室）

【遵运集团两城区职工住房存量补贴工作基本完成】　3月～6月，公司克服时间跨度长（从1998年12月31日～2004年10月31日）、人员变化大（死亡、调出、解除劳动关系等），资料严重缺失等困难。查阅档案3000多人次，录入个人信息4130条，房屋信息1856套，加班252个工作日，较好地完成了公司两城区住房存量补贴的办理。

（遵运集团办公室）

【全司职工参加医疗保险】　11月1日，根据市人民政府对遵义市城镇职工基本医疗保险的相关文件规定，全司职工参加了基本医疗保险和大病统筹。彻底解决了职工的医疗保险问题，解除了职工的后顾之忧。

（遵运集团办公室）

【遵运集团获省、市表彰】　遵运集团先后被评为贵州省消费者协会“第六届诚信单位”、“市级重合同守信用单位”、市消费者协会“遵义市诚信单位”、2004年度交通系统文明示范窗口、被贵州省公路运输管理局评为“2004年度春运工作先进单位”、2003～2004年度文明单位；荣获市“平安保险杯”安全知识竞赛组织奖、市政府安全生产工作先进集体荣誉奖、市交通局安全生产责任目标考核达标单位、市直机关迎“国庆”篮球邀请赛特别奖、市“迎国庆城区职工乒乓球锦标赛”组织奖。

（遵运集团办公室）

邮　政

【概况】 2004年，全市邮政坚持以发展为主题，以效益为中心，以调整结构为主线，以创新为动力，以实现良性循环为目标，全市邮政职工团结一心，顽强拼搏，经营水平进一步提高。

一、企业发展逐渐步入良性循环。2004年，全市邮政圆满完成年初既定的各项任务目标。邮政业务收入完成1.27亿元，用户满意度达到90分。收入质量观念明显增强，各级邮政部门增收和增效同步进行，在保证收入目标实现的同时，积极主动夯实收入基础，用增收来逐步解决历史遗留问题。企业的发展能力比上年有了较大提高。用户欠费基本得到有效控制，较去年末减少435万元。运行成本得到有效控制，成本费用总支出增幅低于收入增幅。盘活资产收效显著，确保了国有资产的保值增值。

二、创新发展思路，突出发展重点。一是邮储效果明显。通过优化网点提高网点自然吸储能力，拓展农村市场，采取代收代付业务等多种措施扩规模、调结构、增效益；二是抓函件收效显著。实施"一校一封、一乡（镇）一片、一企一卡"工程，全年共完成函件业务量687万件，遏制了函件业务的下滑趋势。针对电信运营商和超市等大客户，积极开发形式多样的邮送广告，拓宽了函件业务的发展空间；三是促代办实现双赢。代办保险业务通过完善经营管理体系，促进了业务长足发展。四是速递、报刊、包件、集邮、汇兑业务巩固发展。提高传递时限、注重经营策略、狠抓服务质量，发展好单证照业务等新型业务。调整报刊订阅结构，集邮业务重点抓个性化邮票和礼品册的开发，减缓了集邮专业的下滑幅度。

三、改革与管理工作配套推进。一是加大三项制度改革力度。将市局原来的11个职能部门精简为6个部门，编制按照"工作饱满，运转高效"的原则，管理人员职数按省局要求实行计划管理，严格控制。根据专业化管理要求和业务发展规模，因地制宜合理设置代理业务部和郊区邮政局等专业局；根据业务发展重点，领导班子成员分别分管1～2项重点业务，建立以企业经营为核心的领导集体。突出劳务用工管理，加强监督与控制，坚持用工准入和持证上岗制度。二是加大财务管理力度。组织开展了工程审计和专项审计、企业主要领导经济责任审计，防止资金跑、冒、滴、漏，杜绝高估冒算等现象发生。三是加强纪检监察工作。通过源头治理、警示教育、全面测评、强化监督、任前谈话、离任审计、加大办案力度等有效措施，增强党员干部拒腐防变的能力和自觉性。四是规范邮政市场秩序。依法履行行法管理职责，积极改善邮政执法条件，加强与业务视察、邮运检查联动，清查校园、店面、集市等重点部位，重点查处违法、违规销售邮资凭证，遏制侵犯邮政专营权行为，进一步规范了邮政市场秩序。以学习贯彻《贵州省邮政条例》为重点的法制建设和普法教育广泛进行。合同管理制度更趋完善，企业依法经营和抗击经营风险能力增强。五是强化安全生产管理。重点解决营业网点、农村偏远支局（所）资金安全隐患，积极查处储汇资金案件。

四、加强企业作风建设。市局十分重视干部作风建设。一是各单位各部门找准切入点，切实转变工作作风。二是确定全市邮政的重点工作，确保重点业务、重点县市的快速发展，以重点工作带动整体工作全面推进。三是狠抓工作落实。分解、细化各项工作目标，做到责任到领导，任务到部门，量化到岗位，细化到个人。确立了定期督办抓落实制度，保证了落实工作到位。四是深入基层调研指导。市局领导带头不定期对县局、支局进行调研，发现和推广好的经验做法，认真研究普遍存在的问题。对发展滞后经营单位进行会诊，对症下药。五是集思广益谋发展。召开由职工、中层干部、市局领导参加的多个层面会议，广泛听取意见，探讨工作思路。六是重视学习强素质。学习各种管理、业务知识，大力开展创建学习型企业活动，增强学习意识，有针对性地提高广大干部职工的素质。为进一步提高服务质量，开展了为期半年的违规经营和服务质量专项整治活动，严格兑现服务承诺，教育广大邮政职工树立"用户第一"的意识和"将心比心、用户称心"的理念，为圆满完成全年各项任务目标打下了坚实基础。

（杜昀锟）

【市区投递车辆配发邮政专用车通行证】 为切实保证邮件传递迅速、准确、安全、方便，2月，市交警大队为市局投递车辆特批并核发了"邮政专用车通行证”。持“专用通行证”的邮政车辆在执行投递任务时不受禁行路线和禁停路段的限制。

（杜昀锟）

【网络技术支撑能力增强】 2004年，市局加大网络建设及技术改造的投资力度，提高邮政生产的自动化水平，改善生产条件和窗口作业手段。转运分拣使用的中心局生产作业和邮运指挥调度两系统上线应用基本完成，网络的信息化水平、管理水平进一步提高，邮区中心局体制进一步完善，普通邮件分拣封发关系的调整取得了重大进展，转运分拣内部生产作业组织方式实现历史性的突破，网络运行效率和效益进一步提高。完成绿卡软件统一版本改造工程，注重绿卡系统网络平台的开发，以加强对各类代办业务的支撑力度。

（杜昀锟）

【综合服务平台建设进展顺利】 2004年，全市邮政综合服务平台体系结构实现全面改造和升级，营业前台可全部支撑代付、代收等业务。完成电路扩容改造2条，市局中心机房至邮政大楼和省中心建立了高速、稳定的网络传输通道，大大提高了业务和办公自动化办理速度。改造部分电子汇兑网点，汇兑业务竞争能力不断增强。顺利实现11185客服中心系统升级，11185业务查询、业务受理等逐步在全市开办，报刊发行系统实现了新老系统切换，运行情况良好。投资建成了全市邮政视频会议系统。

（杜昀锟）

电　信

【概况】 2004年，遵义市电信公司紧紧围绕年度工作目标，勇于创新，扎实工作，实现了“在改革中发展，在发展中改革”的要求，初步建立起“以市场为导向，以客户为中心，以效益为目标”的新型企业运营模式。各项业务持续健康发展，流程重组全面实施，管理创新全面推进，服务质量有所改善，三个文明建设取得丰硕成果。全市电信业务收入增幅达10.56%，实现扭亏为盈。电话放号累计完成年计划的123.2%，用户总数达69万户。累计完成建设投资计划近1.7亿元，实施建设项目200多个。完成小灵通网络优化扩容工程，全市已开通小灵通基站3700多个，覆盖遵义市两城区、各县（市）所在地及128个乡镇网点。新增本地网交换、接入网容量1.1万线，全市交换总容量达到72万门，电话实装率达到69%。

一、持续推进内部改革，基础管理工作不断加强。一是流程重组顺利推进。在流程重组全面实施过程中，认真落实KPI绩效指标，将企业的目标、竞争压力和价值导向层层传递，将指标分解下达到部门、岗位，落实到人，保证了各项生产经营目标的顺利实现。并通过省公司组织的BPR试点项目T1值评估验收。二是进一步加强成本费用管理，强化成本费用与业务收入的动态关联，提高可控成本费用的使用效益，保证全年可控成本费用的均衡开支，实现业务收入同成本费用的合理配置，提高资金使用效率。建立县、市一体化的财务核算体制，通过计算机联网实现市、县一本帐财务核算，明确了各县（市）分公司收入管理中心、成本责任中心及准利润中心的定位。三是深化5项机制创新工作。通过开展竞争上岗，拓宽人力资源开发的渠道，形成更为灵活的人才管理新机制。根据不同的生产经营目标和任务，适时调整绩效考核指标体系，绩效管理的导向作用得到明显增强。推行末位淘汰制，对4名六级以上中层管理人员、6名六级以上技术、业务人员分别给予免职、降级或降低绩效工资系数的处罚，打破了干部管理终身制。在全市电信范围内择优选拔了3名劳务工转为正式工，企业用人机制实现了新的突破。继续开展了学习型企业创建工作，出台考核办法，激励和引导员工参加中国电信网上大学学习。四是渠道建设工作进一步深入。2004年，市公司加强了对渠道的协调管理，对渠道建设中出现的客户遗漏、交叉和冲突等问题进行及时调整，完善了各渠道绩效考核体系，使大客的个性化营销、商客的专业化营销得到进一步规范和加强。公客渠道建设经过多次调整，形成目前以片区为单位的“1+N”社区模式。根据小灵通用户迅速增加的实际，新建了小灵通客户关系渠道，对小灵通用户进行专业的营销服务。各渠道在全年的市场营销中发挥了重要作用。

二、加强网络运行维护工作，确保网络畅通和安全。狠抓网络运行维护基础管理工作，全面推行综合化集中维护。顺利通过集团公司组织的综合化集中维护AA级达标验收。持续开展小灵通网络优化工作，做好网管话务分析，对小灵通网络、传输及宽带设备进行升级，不断增强网络支撑和服务能力。切实抓好网络安全工作，开展机房安全整治，市区机房全部实现无人值守。完善障碍应急抢修机制和各种应急预案，加大网络管理调度力度，进一步提高故障快速反应能力和修复能力。加强网络资源动态管理，提高资源利用率。结合学习型企业创建活动，抓好网络维护骨干队伍建设。全年各项通信质量指标完成情况较好。网络平均接通率达到97.89%，小灵通来话接通率早忙时达到50.15%，晚忙时达到48.22%，一、二干光纤可用率达到99.99%，一干光缆连续5年无全阻障碍。

三、打造优质服务品牌，努力提升整体服务水平。按照“心系用户，服务创优”主题活动安排，开展内部满意服务竞赛等系列服务创优活动，企业整体服务质量有所提高。利用10000号服务平台，全面推行服务工作跟踪回访制度，做到“三个统一”，量化服务回访，加大主动性营销力度。推出电信宽带“7×24小时”服务，初步塑造了宽带业务品牌形象。加强对重大服务问题的调查处理，对处理结果实行内部通报制度。建立健全服务质量体系，积极贯彻实施服务质量优质标准，分公司服务工作从被动服务向主动服务、大众化服务向差异化服务、营业受理型服务向主动服务和营销推广型服务转变。在全市行风评议活动中，获得第二名，各县（市）分公司均获得第一名，达到“优秀”等级，受到地方政府的高度赞扬。

四、精神文明建设稳步推进。遵义电信长期以来坚持物质文明、政治文明和精神文明协调发展，组织各级管理人员学习政策理论，提高其政治素质和理论修养。结合流程重组组织架构调整，全面启动员工满意度工程，努力提高员工对企业的忠诚度和满意度。8月，分公司正式启动社区经理沙龙活动，在企业管理层和一线员工之间建立起横向和纵向的沟通渠道。强化审计监督，发挥纪检监察职能，相关部门全程参与分公司基础设施及通信建设招投标和大宗物资采购订货，签订《经济廉政协议书》，加强通信建设和设备物资采购活动中的廉政工作，为促进企业经济活动的规范化发挥了积极作用。落实中层干部诫勉谈话制度，加强对中层干部的管理和监督。组织全体中层干部到忠庄监狱参观，接受教育，“警钟长鸣”。进一步强化法律意识，运用法律开展电话欠费清缴工作，积极探索企业依法经营、维护企业合法权益的有效途径。加强企业文化建设，积极开展各种劳动竞赛、技术创新和文体活动，代表贵州电信在全省通信行业“纪念遵义会议七十周年文艺调演”比赛中获一等奖，为贵州电信争得了荣誉。增强了企业凝聚力和职工对企业的认同感、归属感。

（廖藻萍）

【继续开展“青年文明号”创建活动】 2004年，分公司继续深入开展“青年文明号”创建活动。全市电信共有28个单位继续保持“青年文明号”称号，其中国家级“青年文明号”1个，省级“青年文明号”4个。市分公司和遵义县等11个县（市）分公司被遵义市委、市政府授予“2001～2003年度文明单位”称号，营业中心红花岗营业厅荣获省级“文明示范窗口”称号。

（廖藻萍）

【参加各级电信网络运行维护技术大比武取得好成绩】 9月，分公司在全省电信网络运行维护技术大比武“光缆带业务割接”比赛中获得第一名，代表贵州电信参加西南赛区比赛获得第三名。10月，代表贵州电信参加了全集团的总决赛。

（廖藻萍）

移动通信

【概况】 2004年，遵义市移动通信公司紧紧围绕“改革、建设、发展、服务”的工作主线，全面落实创建“规范年”和“学习年”目标要求和“双领先，九个必须”的工作思路，进一步推进“四精”工程的实施，企业规范管理与员工队伍建设得到整体推进，较好地完成了省公司下达的各项目标任务。

一、企业改革持续深化。公司从建章立制和提高人员素质着手，重点加强员工行为规范、企业资金归集与安全，增强企业工作效率与活力，完善企业监督体系，实施事前、事中、事后行为监控和工作差错责任追究制。通过规范文书处理与财务报账行为，加强资金票据管理，推行成本预算与分摊，实施代办管理人员轮岗和管理岗位公开竞聘制度，以考抓培、以考代培、以考促培，推进企业从规模生产型向效益服务型的尽快转变。全年共制定和修改规章制度12项，组织员工考试32期，轮岗26人次，逐步建立起了科学、规范、高效的工作机制。企业改革不断深入，员工队伍素质得到整体提升，可持续发展的能力得到明显增强。

二、网络支撑整体增强 。公司始终牢固树立“精品网络”意识，本着以城镇、公路、铁路沿线及主要旅游风景区为中心，加快城乡结合部、行政村及广大农村通信网络的建设。一是及时对新建高大建筑物、隧道、地下场所以及开发新区进行覆盖，保证网络覆盖广度和深度。二是抓好网络优化和结构调整工作，对季节性、临时性人居地点如旅游区、矿区及项目施工区按需进行容量调整，减少闲置通信资源。通过组建环网、多网接入，供电线低压改专变，招募专业队伍防雷整治，微波传输改光缆，以及网络覆盖调整，提高网络运行的稳定性和安全性。在服务机构、服务设施建设上，按照“城市服务进社区、进厂矿、进学校，消灭服务盲点，乡镇发挥集聚功能与辐射作用统一建1～2个服务点”的总体思路，以自办和代办相结合的方式，快速推进服务网点建设工作。

三、巩固市场提升服务 。一是继续加强集团客户服务工作，通过集团V网、集团彩铃、集团统一付费以及咨询业务的发展，为客户单位提供信息化解决方案。二是在客户市场服务上，实行差异化服务，不搞一刀切，适时推出针对性较强、服务对象明确的措施，提高了号码资源利用率。三是加强与国家行政管理机关、各通信运营商之间的联系，共同维护市场经营秩序。

（文　华）

【开展“话费误差、双倍返还”宣传活动】 2004年，3·15消费者权益日的主题是“诚信、维权”。“3·15”活动期间，公司除参与当地政府举办的一系列活动外，还积极响应集团公司提出的“话费误差、双倍返还”宣传策略，开展了一系列宣传活动。各县分公司也参加了各种形式的宣传活动。

（文　华）

【“5·17移动之夜”军乐演奏会在遵举行】 5月17日～18日，为纪念“遵义会议”召开70周年，由中共遵义市委、遵义市人民政府主办，贵州省移动通信公司遵义市分公司承办的“5·17移动之夜”现场演奏会在遵义市汇川体育馆隆重举行，具有“中国皇家乐队”美称的中国人民解放军军乐团进行了精彩演奏。

（文　华）

【澳门路营业厅暨全球通VIP俱乐部开业】 6月9日，澳门路营业厅暨全球通VIP俱乐部开业。澳门路营业厅作为遵义市移动通信公司规模最大的自办营业厅，在经营模式输出、经营成果及最新业务展示等方面都承担着重要的任务。全球通VIP俱乐部的推出，满足了大客户个性化、差异化的服务要求，进一步丰富了中国移动通信服务与业务“双领先”的战略目标。

（文　华）

【中国移动公司在香港、纽约成功上市】 7月1日，包括贵州移动在内的6省移动公司在香港、纽约成功上市。至此，“中国移动”已全面实现整体上市的战略目标。标志着包括遵义移动在内的“中国移动”企业整体实力迈上新台阶，服务社会、可持续协调发展能力进一步增强。

（文　华）

【移动与广电举行“E视通”宽带上网业务合作签字仪式】 8月6日，移动—广电“e视通”宽带业务合作签字仪式在遵举行。遵义市人民政府副市长何萍、贵州省移动通信公司副总经理范晓青出席签字仪式并分别讲话。双方对移动、广电、用户“三赢”的发展局面，为加快“数字遵义”的建设充满信心。

（文　华）

建设 环保

建设管理

【概况】 2004年,遵义市建设工作以加快全市"三化"建设为重点,切实做好建设管理,继续整顿和规范建筑市场,确保建设工程质量和安全。狠抓城镇已建设投资质量和效益,统筹城乡发展,加强城镇发展指导,突出城镇基础设施建设、重点城镇建设两个重点,不断完善和优化城镇功能,促进全市建设工作全面、快速、稳健发展。

一、小城镇建设快速发展,城镇化水平逐步提高。2004年,全市小城镇已建成、在建项目378个,累计完成投资18.5亿元。(其中:市政公共设施项目152个,完成投资2.78亿元;改、扩建市政道路长度141公里,完成投资2.2亿元;市场建设85万平方米,完成投资0.99亿元;公共绿地建设35万平方米,完成投资0.37亿元;其它建设项目完成投资12.17亿元)。为全市小城镇建设争取省厅补助资金967.8万元,其中16个规划编制项目获得省补助资金89万元,11个小城镇基础设施项目获得省"以奖代补"资金167万元,35个城建项目获得省补助资金711.8万元。截至2004年底,城市、城镇规划区内非农业人口(含流动人口)达220万人,全市城镇化水平达到30.4%。全市城区面积达到250平方公里,其中中心城区面积扩展到46平方公里,城镇建成区内道路总计1206公里,95%以上的镇有了一条较为标准的主干道,国道、省道线基本上解决了场路分离;排水管道总长达648公里;普遍实施了路灯"亮丽工程";自来水普及率达99%,人均日生活用水150升,人均公用绿地面积11平方米,建成区绿化覆盖率达30%;城镇通电、通车、电视覆盖率均达100%;城市、城镇住宅建设取得重大进展,城镇人均居住面积25平方米。

二、认真抓好全市建筑工程质量、安全生产的监督管理。为贯彻"安全第一、预防为主"和"百年大计、质量第一"的方针,遵义市建设局分别于2月、4月、8月、11月组织开展了全市质量安全生产大检查。并针对春节、"两会"、"五一"黄金周和六月"安全生产月"及"十·一"黄金周工作部署开展专项检查。对检查中发现存在安全隐患的工程项目,均书面下达了安全隐患整改通知书,并采取限期整改、停工整改、现场简易处罚以及黄牌警告和不良行为记录等措施予以整改,共下达隐患整改通知书278份,提出整改意见1000余条,下达停工整改通知书70份,现场简易处罚16起。每季度召开一次工程质量安全例会,研究和总结全市质量安全监管的工作现状和存在的问题,提出下一季度全市质量安全监管工作的思路和办法。全市在建工程都执行了新的验收标准(GB50300—2001),实现了从质量核验制向备案制的转变。2004年,全市办理工程质量监督手续项目894个,工程建筑面积约457.52万平方米,办理竣工验收备案手续361个,建筑面积182.96万平方米。为切实提高全市建筑施工安全生产水平,先后组织全市建筑安全生产专项检查13次,其中组织高处坠落及施工工棚安全检查各1次,节后安全专项检查2次,房屋拆除安全专项检查1次,文明施工专项检查3次,塔吊(龙门架)安全专项检查2次,汛期安全专项检查1次,对高边坡、深基坑安全专项检查2次。市建设局组织有关专家和工程技术人员经常深入各地在建设工地开展安全生产巡查、督查工作,同时强化了部门联动。全年共发生安全生产事故5起,死亡6人,死亡率同比下降25%。根据全市的实际情况,针对投诉多、发生频率较高的房屋渗漏、墙体和楼(屋)面裂缝等住宅工程质量突出问题,进行了专项治理,开展创建"无质量通病住宅工程"、"精品住宅工程"活动,不断促进全市住宅工程质量总体水平的提高。

三、整顿和规范建筑市场,确保建筑市场健康有序地发展。一是建筑业得到长足发展。全市建筑业市场企业总规模达到121家(含3家中央和省属企业),比去年增加7家,其中总承包企业89家,比去年增加1家,专业承包企业31家,比去年增加6家,劳务分包企业1家。二级建造师执业资格考核认定上报403人,经贵州省二级建造师执业资格考核领导小组初审认定337名。二是清理建设领域拖欠工程款和农民工工资工作成效突出。2004年,市建设局将清理建设领域拖欠工程款和农民工工资作为市场管理的主要内容来抓。全市建设领域内拖欠工程款46054.05万元(含拖欠农民工工资8859.57万元),其中政府工程拖欠工程款28572.83万元(含拖欠农民工工资6806万元)。遵义市人民政府成立了遵义市清理拖欠工程款和农民工工资联席会议制度领导小组,在市建设局设置清欠办公室,制定下发了《关于切实解决我市建设领域内拖欠工程款和农民工工资问题的通知》、《拖欠农民工工资和偿付情况报表》,采取派检查组对各县、区(市)清欠专项检查等切实有力的措施,积极开展清理拖欠工程款和农民工工资工作。截止12月31日,全市已偿付拖欠工程款和农民工工资24772.31万元,占应偿付总额的53.8%,其中偿付农民工工资8649.85万元,占应偿付农民工工资的97.6%;偿付工程款16122.46万元,占应偿付工程款的43.3%。在已偿付的拖欠工程款和农民工工资中,政府工程共偿付拖欠工程款和农民工工资总额22191.73万元,占应偿付总额的62.7%,其中偿付农民工工资6720.2万元,占政府工程应偿付农民工工资的98.7%,偿付工程款15471.53万元,占政府工程应偿付的54.1%。三是招投标管理更加有序。为规范全市有形建筑市场,严格建设工程项目招投标监管,市建设局坚持实行招投标工作的四公开制度,即:范围公开、办事程序公开、所需提供资料公开、办结时限公开。全市有形建筑市场共发包建设工程项目255个,总投资79969.7万元,限额以上全部使用国有资金以及国有资金占控股或者主导地位的房屋建筑和市政工程项目公开招标率达100%,其中实行公开招标203个,投资额55132.48万元;邀请招标41个;直接发包工程11个(均属限额以下)。市属国有投资和非国有投资的建设工程全部进入有形建筑市场依法进行招标,使全市的建设工程招标工作充分体现了公平、公正、公开的原则。四是对市场行为的监管力度加强。为了加强建筑市场管理和规范建筑市场行为,根据省、市的有关规定和要求,重点对市管和两城区的100余个在建工程进行了调查,共查处建设工程违法违规案件9起,符合立案条件的4起,适用简易程序的3起,督办案件2起。其中立案调查处理4起,均作出了处罚决定;3起已依法履行,另外1起当事人向省建设厅申请复议,正在复议之中。

(周传强　张宗升)

【提高依法行政管理和服务水平】　2004年,遵义市建设局制定《遵义市建设局行政执法责任制实施方案》,进一步完善了各项规章制度。按照遵义市行政审批制度改革领导小组办公室的要求,清理了涉及市建设局业务工作的行政许可事项,简化了办事程序。遵义市政务中心市建设局窗口共受理办件353件,办结283件(窗口办结63件),办结率达80.16%。其中:即办件受理26件,办结26件;承诺件受理304件,办结250件;报批件23件,办结7件;退回件48件。有22件正在办理之中(除4件由于申请人不交费领件处于超期状态外,均属时限规定以内)。

(周传强　张宗升)

【市政府重点工程完成情况】　2004年,遵义市组织完成了红军英烈墙建设;添阳小区经济适用住房一期工程,建成面积15.9万平方米,完成投资6000万元;湘江河污水截流一期工程,完成投资10450万元;湘江河环境治理,石龙桥至新华桥段投资450万元;杨柳街历史街区完成投资1304万元;九节滩入城口改造已完成1号、2号、3号还房的主体和外装饰,完成投资2741万元;遵湄路口改造,开挖土石方45000立方米,完成投资2500万元;九节滩、高桥沿河园林绿化休闲广场基本完工;高桥入城口改造,完成一期拆迁,沿河堤挡土墙基本完工,完成投资3500万元;植物园一期建设完善200亩土地征用,入园道路已开工建设,完成投资950万元;官井隧道掘进进度80米,完成投资566万元;公交车停发车场正在平场,完成投资500万元;龙坑污水处理厂第一标段已开始施工,完成投资724万元;南部固定废物处置场正在完善前期工作;桃溪片区建设完成投资5453万元;万里路片区改造完成投资26276万元;汇川大道完成投资9200万元;中华路街心停车场除拆迁赔付外,完成投资2789万元;广州路、珠海路、宁波路完成投资4000万元。中心城区市政重点工程全年累计完成投资77403万元。

（周传强　张宗升）

【建成一批综合性、专业性集贸市场】 全市初步建立起多元化投资体制。建成一批独具特色的综合性和专业性集贸市场,市场规模逐渐扩大,功能逐步完善。到2004年,全市小城镇共有商品交易市场326个,基本形成以虾子辣椒市场、白泥蔬菜市场、永兴禽蛋市场、湄江镇西南茶城为代表的一大批集贸市场。城乡经济得到繁荣,城镇社会公共事业不断完善,人民生活明显改善,全市城镇居民人均可支配收入和农民人均纯收入分别增长10.9%和10.5%。

（周传强　张宗升）

【施工图设计文件审查工作稳定推进】 遵义市建设局严格执行《建设工程质量管理条例》,结合本地实际,制定《遵义市建筑工程施工图设计文件审查办法实施细则》,积极开展施工图设计文件政策性和技术性审查。全年共审查项目198个,建筑面积1301894.51平方米,总投资100303万元,发现违反强制性条文共85条,违反一般性条文共186条。

（周传强　张宗升）

规划管理

【概况】 2004年,遵义市规划管理局严格执行《中华人民共和国城市规划法》、《贵州省〈中华人民共和国城市规划法〉实施办法》以及《遵义市城市规划管理办法》,较好地完成了各项工作任务。

一、规划管理体制改革进一步深化。 9月3日,遵义市调整充实了城市规划管理委员会、专家委员会,审议通过了《遵义市城市规划管理委员会章程》、《遵义市城市规划管理委员会督察员管理办法》、《遵义市城市规划管理委员会办公室管理办法》、《遵义市城市规划管理委员会专家委员会工作规则》、《遵义市城市规划管理技术规定》等规章制度。按照贵州省城规委的要求,遵义市城规委已分片区向各县、区(市)派驻了3名规划督察员。

二、规划编制力度加强。 在遵义市中心城区规划编制工作方面,《遵义市域城镇体系规划》已经有关专家评审通过,《遵义市历史文化名城保护规划》已由贵州省规划设计院负责编制,《遵义市中心城区交通规划》已委托上海同济大学教授组织编制。《遵义市教育规划》正在编制中。目前中心城区规划编制完成的有《杨柳街历史街区详细规划方案》、《新蒲片区远景规划》、《长征在黔牺牲英烈墙》等规划方案。县城总体规划修编工作方面,仁怀、赤水、习水、余庆、务川、湄潭等县(市)总体规划修编已完成,正安、凤冈、桐梓等县正在进行总规修编前期工作,遵义县乌江镇等29个建制镇完成总体规划修编工作。各县、区(市)近期建设规划均已编制完成。

中心城区及所辖各县详细规划编制方面,全市已完成18项详细规划的编制,包括《遵义市长征镇黔北风景一条街修建性详规》、《遵义市高新技术产业园区控制性规划》等。中心城区详规覆盖率已达70%,各县(市)县城详规覆盖率达50%左右。许多建制镇还开展了专业市场、居住小区、小康村的专业规划工作,使城镇建设规划工作进一步深入和细化。

在规划经费的投入和规划编制质量方面,中心城区规划经费列入财政预算为200万元,其中市区100万元、镇100万元。其它各县(市)规划经费已列入财政预算。由于经费投入的加大,同济大学、重庆大学、华中科技大学等国内知名院校也相继参与中心城区及各县(市)规划的编制工作,使全市规划编制质量较往年有大幅度提高。

三、规划管理稳步发展。 7月1日起,遵义市规划管理局正式进入遵义市政府政务服务中心,并设立规划对外办事窗口,规定所有规划报件必须经过政务服务中心规划窗口统一收件。补充完善了规划办事指南,对各项规划报建、审批内容及审批时限作了进一步明确。进一步推进政务公开,提高机关办事效率和工作效率,减少审批环节和审批时限。

11月15日~21日,市规划局举办了全市规划管理执法人员法律法规知识培训班,参培人员共41人,这次培训结合全市实际,具体讲解了《城市规划法》及相关规定,并就全市在贯彻执行规划法及相关规定等方面作了进一步的要求。

加强"一书两证"管理。中心城区全年共办理《建设项目选址意见书》(红线图)153件,选址面积13697亩;办理《建设用地规划许可证》114件,规划用地面积5862亩;办理《建设工程规划许可证》134件,建筑面积104.94万平方米;办理市政建设工程项目10件,主要包括官井隧道工程、苏州路道路工程、长征在黔牺牲英烈墙等工程;办理市政临时设施9件,建筑面积1075.6平方米;审批户外广告牌与灯箱广告29处。据不完全统计,各县、区(市)共办理《建设用地规划许可证》1200余件,办理《建设工程规划许可证》1400余件,"一书两证"发证率达95%以上。

四、违法建筑的查处工作力度加大。遵义市规划局认真配合遵义市拆违办做好查证认定工作,查证认定违法违章建筑190户。其中,组织拆除遵义兴黔公司多次重复修建的违法建筑310平方米,遵义世华公司楼顶超建的违法住宅近200平方米,螺丝山复兴寺违法建筑60平方米,江航公司在二楼平台搭建的违法建筑50平方米。同时,重点组织力量对凤凰山风景林区、白杨洞还房小区、遵义市第二看守所及府后山等风景林区进行跟踪监察,确保全市风景园林城市的顺利建设。截至12月20日,遵义市规划局下达停工通知109件,主动接受行政处罚的私房69户,处罚面积21387.07平方米,罚款金额318598.85元。公建56家,处罚面积344803.14平方米,罚款867308.35元。工程证副本换正本25家,面积248322.21平方米。受理行政复议案件1起,参加行政诉讼2起,接待群众来信来访300余件,共2000余人次,信访回复率达100%。

(廖　桢)

【中心城区市政公用设施配套费征收工作进展顺利】 2004年,按照遵义市人民政府《遵义市中心城区城市市政公用设施配套费征收使用管理办法》有关规定,配套费由遵义市规划管理局统一代收。市规划局按照市政府审批配套费征收实施细则,加强征收管理工作。3月8日~12月20日共收取配套费10324168.30元。

(廖　桢)

【中华路街心停车场工程建设进展顺利】 由遵义市规划局负责的中华路街心停车场工程建设,现已完成街心停车场建设一期工程拆迁安置、土石方开挖清运、地勘基础工作;一期主体工程已完成招投标,施工单位已进场,完成工程投入1600余万元;二期工程房屋拆迁工作已全面开展,现已搬迁103户。

(廖　桢)

城市管理

【概况】 2004年,遵义市城管系统围绕"双创"工作目标,按照《政府工作报告》对城市管理的具体要求,推动城市管理工作健康有序发展。

一、城镇管理工作进一步加强。在总体思路上以抓载体为突破口,树立"以人为本,环境优先"的城市管理理念,在遵义市中心城区开展"四创"、"五治"工作、"卫生与秩序"和"畅通工程"建设。在全市范围内开展"黄果树杯"竞赛、"美好家园"杯达标竞赛活动,推进城镇管理工作。一是围绕"四创"工作,重点整治市容环境卫生。全年共开展户外广告清理活动20余次,取缔违规广告(含固定、门头等)65幅,开展洗车场(点)清理活动5次,取缔非法洗车场点35处。与相关部门配合,深入开展"野广告"专项整治工作,共组织专项整治12次,收缴"野广告"2000余张,清除"野广告"25万余条。起草了《遵义市中心城区户外广告设置管理办法》。二是针对建筑工地施工运输车辆沿街撒漏、城区占道破路施工、违章占道停车、损坏河道排污设施等违法违章行为,组织开展占道经营、东联线大环境、犬类市场及花市搬迁等专项整治活动,积极开展风景林区周边环境的巡查巡检工作。三是改善背街、支路、小巷、楼院及城郊结合部的环境卫生状况。逐步完善城市生活垃圾收集系统,按照"先易后难"的原则,指导有条件的单位和物业小区推行生活垃圾袋装工作。四是将城市管理重心下移到中心城区、街(镇)、居民社区,辐射到遵义市直相关职能部门和驻遵企事业单位,完善市、区、街(镇)三级检查考核机制,建立市、区、街市容环卫体制。五是通过登报公示和自拆相结合,辅以强制拆除作保证,共拆除违法违章建筑66546.98平方米,加大对拆违工作的督促检查,组织人员对两城区上报拆违数据进行核查。

二、加大基础设施建设，完善城市功能。一是城市供水管网改造工作有序推进。截止2004年12月底，已改造完成供水管道（DN200－600）47.757千米，总投资6286.29万元（其中完成新建供水管道（DN300－600）34.368千米，工程投资4036.86万元，供水管道（DN400－600）改造9.3千米，投资1233.30万元）。完成金狮山、新东门、插旗山高位水池工程，工程投资180.73万元；完成老鸭山输水隧道扩宽与加固工程，工程投资237万元；新增供水管道（DN200－600）4.089千米，工程投资562.40万元。指导道真、湄潭、凤冈、正安、余庆、务川、绥阳、桐梓等8县完成县城供水管网改造工程。二是积极开展自备水源查处关闭工作。2004年，已关闭18家，关闭率85%。组织开展二次供水专项整治工作，对中心城区自建二次供水设施进行调查登记，逐步接管自建二次供水设施（已接管39家）。严格水质监督，坚持水质公示制度，分季度对14个县、区（市）的水质情况进行登记公示，定期进行分析、清洗和消毒，确保水质检测100%合格率。三是公交车停发车场建设。10月22日正式开工建设公交车停发车场，基本实现简易停车的建设目标，累计完成投资1000万元。四是完成遵义市医疗废物集中处置场建设前期工作，编制完成环境影响报告和可行性研究报告，在进行地质勘察和环境监测的基础上完成选址方案，并报相关部门组织论证、评估和审批。11月27日，贵州省发改委组织相关部门举行项目可研报告评审会，可研报告经审查后予以通过。五是启动中心城区150条小街小巷工程改造。在对小街小巷进行实地踏勘的基础上拟定实施方案，对道路的硬化、绿化、亮化、美化和配套设施方案进行设计。

三、深化市政公用行业改革，逐步建立行业新模式。一是积极推进城市公共客运交通市场化进程，市公共交通有限责任公司按照现代企业制度要求，开展国有股退出工作，2004年完成前期准备工作。二是进一步深化环卫体制。遵义市中心两城区环卫部门已撤销下属的环境卫生管理站，组建道路清扫保洁服务公司和垃圾清洁服务公司，基本实现了管理层与作业层分离。赤水市成立"环卫公司"，因事设岗，按岗定人，打破了原有的大锅饭体制；仁怀市形成职能部门管街道、环卫站管背街小巷、物业公司管社区的"两级政府、三级管理"的格局；遵义县实现管干分离，理顺管理体制，降低作业成本，提高了环境卫生管理质量；余庆、湄潭、凤冈、务川、道真、桐梓、习水等县城管部门结合本县实际，加快环卫体制改革，取得了一定成效。三是为提高市政公用行业管理水平，为适应市政公用行业市场化进程的需要，遵义市城管局先后编制完成《遵义市城市供水发展规划》、《遵义市中心城区燃气规划》、《遵义市中心城区公交客运发展规划》，《垃圾处置费征收方案》、《污水处理费征收方案》、《遵义市中心城区公交客运整治方案》、《遵义市中心城区燃气发展规划》、《遵义市中心城区管道液化气特许经营权招标方案》。指导各县、区（市）开展出租汽车经营权有偿出让工作，实现了镇级出租汽车规范管理工作目标。

（涂永平）

【市城市综合执法局正式挂牌】 3月9日，遵义市城市综合执法局正式挂牌。为增强其依法行政的能力，相继制定《遵义市城市管理行政执法办法（试行）》、《遵义市综合执法局实施行政处罚工作规程》、《遵义市城管局实施行政许可规程》、《遵义市城市综合执法过错责任追究办法》等规程及相关法律文书初稿，对提高城市管理执法队伍的素质起到积极作用。

（涂永平）

【污水截流一期工程顺利完成】 5月8日，遵义市中心城区污水截流一期工程顺利完工，累计完成投资10450万元。城市主要河流污水收集系统逐步完善。为进一步改善湘江河城区水体质量，启动了高桥河、干溪河的建设工作，该项工程的实施，有助于彻底解决污水处理厂运行不正常的问题。

（涂永平）

【垃圾无害化综合处理厂投入运行】 2004年，遵义市中心城区垃圾无害化综合处理厂主体工程建设已基本完成，累计完成建设投资1.3亿元。综合处理厂已于7月7日投入试运行，主要系统运转正常，产业化模式初步形成。

（涂永平）

【成功签定市供排水公司资产转让协议】 4月9日，遵义市供排水公司与法国威立雅公司签定资产转让特许经营协议。按照“成熟一块、改一块、活一块”的原则，实行主辅分离，利用非主业资产、闲置资产，通过多种形式分流安置富余人员，将原有二次供水业务分区管理，筹建独立的二次供水公司。

（涂永平）

房产管理

【概况】 2004年，遵义市房产管理局围绕“三化一强”建设目标，全市房管、房改工作进入快速、健康的发展轨道。

一、住房制度改革步伐加快。全市住房分配货币化改革稳步推进，住房制度改革步伐加快。全年出售公有住房585套，出售公房面积4.05万平方米，发放一次性住房补助8322万元，兑现存量补贴1852万元，增量补贴2142.2万元，办理房改房产权证6151个，准入证4.37万个，上市交易3879套。全市房改单位档案系统已基本建立。全市发放《房屋所有权证》2.58万个，确权面积572.76万平方米，发放《房屋他项权证》2.24万个，贷款金额33亿元，抵押面积270万平方米，为遵义市级财政协征契税2050万元。务川、余庆等7个县（市）和市局房地产交易权属登记管理工作均达省标。

二、经济适用住房和廉租住房建设初具规模。2004年，建设部与国家发改委等联合出台《经济适用住房管理办法》，推动了全市经济适用住房建设步伐，全市经济适用住房开工面积19.05万平方米，竣工面积13万平方米，完成投资1.5亿元。遵义市政府重点工程添阳小区10万平方米经济适用住房已分配到各单位，60%以上的职工已办理了购房手续。根据建设部《城镇最低收入家庭廉租住房管理办法》有关精神，让最低收入家庭充分享受国家政策的优惠，全市已建成2万平方米廉租住房，即将交付使用。

三、强化管理，整顿房地产市场秩序。一是加强预售登记管理，严格市场准入制度。2004年，遵义市房管局下发《关于清理我市房地产预售项目的通知》，重点查处预售项目及房地产开发经营等各种违法违规行为，发放商品房预售许可证176个，预售许可面积180.32万平方米。二是全面加强房地产开发项目管理，进一步规范开发经营行为和房地产市场秩序，加大对违规开发、虚假广告、面积“缩水”、中介机构混乱、房屋拆迁和物业管理等不规范行为的整顿和查处力度。加强房地产开发项目手册登记管理，督促开发企业完善相关建设手续，确保开发项目按规范设计要求建设，有效减少质量和承诺纠纷。三是继续推行住宅示范小区建设试点，以点带面，提高全市住宅建设水平。四是严格资质管理，建立房地产开发项目与开发经营行为挂钩的资质管理制度。五是以房地产交易展示会为载体，促进房地产交易有形市场建设。

四、房屋拆迁管理工作有序开展。为加强城市房屋拆迁管理，进一步规范拆迁行为，保护被拆迁人的合法权益，市房管局下发《遵义市房管局关于贯彻落实国务院办公厅关于控制城镇房屋拆迁规模严格拆迁管理的通知》，制定“进一步严格房屋拆迁补偿安置资金监管”等6项措施。根据省、市处理信访突出问题及群体性事件联席会议要求，成立了遵义市城镇房屋拆迁工作小组，建立健全房屋拆迁信访“登记督办”制度。全市共发放拆迁许可证67个、拆迁面积62.69万平方米，安置补偿资金2.9亿元，累计监管房屋拆迁资金达1.45亿元。

五、物管工作上一台阶。下发《关于开展2004年度物业管理企业资质年检的通知》，实行商品房开发项目市场准入前物业管理预安排制度，并积极开展物业管理示范小区的推荐评比工作，推荐“同盛华庭”等5个物业管理示范小区参加评比，推动物业管理工作的开展和规范，培训物业管理从业人员400人，持证上岗率达50%以上。住宅共用部位共用设施设备维修资金建立工作取得突破性进展，已建立维修资金964.84万元。

（胡　娥）

【加强城市危房鉴定工作】 2004年，全市各县、区（市）成立了危房鉴定机构，并正常开展鉴定和房屋安全管理工作。完成危房鉴定45宗，鉴定面积12.68万平方米。

（胡　娥）

【房地产市场供销两旺】 2004年，全市房地产开发面积294万平方米，开发投资完成23.55亿元，占全市固定资产投资的14.72%，房地产销售面积216.3万平方米，销售金额34.24亿元，竣工

面积235.5万平方米。（胡 娥）

【荣获全国房屋拆迁工作先进单位称号】 2004年，遵义市成立了遵义城镇房屋拆迁问题工作小组，全年共发放《房屋拆迁许可证》67个，拆迁面积达62.69万平方米，累计监管房屋拆迁补偿安置资金1.45亿元。在全国房屋拆迁工作评比中，遵义市房屋拆迁管理处被授予“全国房屋拆迁工作先进单位”的称号。

（胡 娥）

【荣获全国房改工作先进单位称号】 2004年，遵义市形成了以商品房、经济适用住房、廉租住房相结合的供应体系，在提高职工购房支付能力、解决职工住房困难的同时，带动了个人住房消费，这对加快全市经济发展发挥了积极作用。在全国房管工作评比中，遵义市房管局荣获“全国房改工作先进单位”称号。

（胡 娥）

【成功举办第五届房地产交易展示会】 10月14～20日，由遵义市房管局主办，遵义市房地产交易中心承办的以“好房、好家、好生活”为主题的遵义第五届房地产交易展示会成功举办。此次交易展示会共33个项目参展，面积达298.1万平方米，成交金额2.29亿元，成交商品房1272套。

（胡 娥）

环境保护

【概况】 2004年，遵义市环保部门紧紧抓住“三个围绕”（围绕六大工业基地做好项目前期服务和政策指导、业务管理工作；围绕工业化和农业产业化做好清洁生产推进和初步开展农村面源污染防治工作，逐步开展绿色食品、无公害食品、有机食品建设基地的前期工作；围绕人民群众生产生活质量提高，切实解决老百姓的污染投诉和污染纠纷）和“六个突破”（排污费征收管理上有新突破；重点流域区域污染治理上有突破；环保能力建设上有突破；建设项目审批规范服务上有突破；环境违法案件查处上有突破；排污许可证制度实施上有突破）的工作目标，着力抓好队伍建设，提高行政效能，全面深入贯彻执行环境保护法律法规，较好地实现了全年的工作任务。

一、工业“三废”排放有所下降。2004年，工业废水排放量为1798.21万吨，比上年增加7.5万吨。其中工业废水排放达标率53.27%，比上年下降5.59个百分点。工业废水中排放化学需氧量4081.62吨，比上年减少856.38吨；石油类56.01吨，比上年增加7.01吨；氨氮222.05吨，比上年减少425.95吨。工业废气排放量5503946万标立方米，其中二氧化硫排放量68066.03吨，比上年减少233.27吨；烟尘排放量16143.78吨，比上年减少11356.22吨；工业粉尘排放量11221.49吨，比上年减少了904.49吨。工业固体废物产生量266.56万吨，比上年减少55.84万吨；工业固体废物排放量2.34万吨，比上年增加了0.61万吨；工业固体废物综合利用量169.57万吨，比上年减少了61.6万吨，工业固体废物综合利用率63.59%，比上年降低了8.1个百分点。工业污染源排放的主要污染物二氧化硫、烟尘、粉尘、化学需氧量、工业固体废物均控制在贵州省下达的排放总量控制指标之内。全市城镇生活污水排放量为7151万吨，比上年增加了180万吨，COD排放量为36671.5万吨，比上年增加了819.5万吨；生活及其他二氧化硫排放量为125956吨，比上年减少了9069吨；生活及其他烟尘排放量为39366吨，比上年减少了821吨。

二、环境质量明显改善。遵义市中心城区二氧化硫（SO_2）年均值为0.115毫克/立方米，超过国家三级标准；二氧化氮（NO_2）年均值为0.020毫克/标立方米，优于国家二级标准；可吸入颗粒物（PM_{10}）年均值为0.113毫克/立方米，超过国家二级标准0.13倍；API平均指数83，空气质量优良256天，轻微污染99天，轻度污染9天，中度污染2天，优良率70.14%；降尘量平均值为11.17吨/平方千米/月，超过南方城市暂定标准0.44倍，同比下降20.6%。除7月外，其余月份降尘量均低于去年同期，降尘污染明显减轻；全市主要地表水水质与去年同期相比有所好转，其中乌江库区水质显著好转，丰水期总磷量自1997年以来首次未出现超标；中心城区北郊水库饮用水源地水质达标率100%，南郊水库水质达标率为94%。

三、环境监督管理力度进一步加大。全市共发生污染纠纷 725 件，调查处理 721 件，处理率为 99.5%。共实施处罚案件 121 起，处罚金额 64.1 万元。检测车辆 11438 辆，其中尾气达标排放的有 10980 辆，合格率为 96%。对不达标的车辆下达《限期治理通知书》，限期进行了治理达标。收到并办理人大代表建议、批评和意见 17 件，政协提案 25 件，办复率 100%，满意率为 100%。全年共审批建设项目 609 个，环保投资 2.3275 亿元；执行“三同时”项目 163 个，“三同时”执行率 100%；完成限期治理项目 14 个，实现治理资金投资 1009 万元；完成污染源排污申报与变更登记 361 家，发放排污许可证 2714 个，上报省级绿色学校 10 所，审批市级绿色学校 16 所；顺利完成全市地表水年度监测计划和中心城区大气、噪声常规监测任务，共完成监测报告 300 余份，出具监测数据 20 万个；完成 429 家重点企业的环境统计和 15 家排放危险废物企业的基本情况调查。

四、环保能力显著提高。一是加强办公装备建设。遵义市环保局及两城区分局共购置价值 13.38 万元的办公装备，建立了环保工作、数据资料的微机档案，通过政府招标采购价值 96.4 万元的监测仪器，大大增强了环境监测能力。二是强化环境监察监测能力建设。为遵义市监察支队及遵义市两城区监察大队、遵义市监测中心站配备执法装备、监测装备。全市各级环保行政、监察、监测人员全部通过了培训、考试，分别领取了“行政执法证”、“环境监察证”和“监测资格证”，环境监督能力得到提高。

五、按期完成政府交办的重点工作。遵义市环保部门完成遵义市政府临时交办的红花岗区所辖巷口镇、海龙镇污水处理工程技术设计和工程监督任务，切实保护中心城区饮用水源水质。完成对遵义市能源利用现状的调查和外地城市能源的考察，明确遵义市城市主导能源并为市能源发展方向提出建议。按计划进度完成中心城区保护地饮用水源界桩界碑制作安装工作。完成国家重点环保城市的大气和水环境容量编制上报任务和中心城区饮用水源保护规划编制。在贵州省环境保护年度目标考核工作中名列全省第二名，赤水市在全省县级市中位列第一。

（彭彦彬）

【环境保护纳入政府综合考核】　2004 年，遵义市政府正式将环境保护工作纳入各级政府及市直部门综合考核，提高了环境保护参与综合决策的能力，开创了全市环保工作新局面。

（彭彦彬）

【中挪环境能力建设合作项目准备工作全面完成】　10 月，挪威王国议长科斯莫先生率代表团访问了遵义，就贵州遵义—挪威合作项目进行了实地考察。双方确定了合作的主要内容，并确定在 2005 年 1 月正式签署合作文件。

（彭彦彬）

【完成市环境容量核算工作】　12 月，遵义市（国家重点环保城市）的大气和水环境容量编制报告工作，在北京通过国家环保总局组织的审查。此项工作的完成，对摸清全市环境容量，实施以总量控制为基础的排污许可证制度，对保护生态环境具有重要意义。

（彭彦彬）

【省饮用水源保护工作座谈会在遵召开】　6 月 3 日，贵州省饮用水源环境保护工作座谈会在遵召开。副省长肖永安参加会议并讲话，来自省环保局和贵州大学的专家分别就饮用水源保护等问题发言。

（彭彦彬）

【茅台酒厂获“贵州省环境友好企业”称号】　6 月 3 日，贵州省首批“环境友好企业”授牌仪式在遵隆重举行。贵州茅台酒厂有限责任公司被授予“贵州省环境友好企业”称号。

（彭彦彬）

【桃溪河畔喜获“国家绿色社区”荣誉称号】　2004 年，桃溪河畔生态住宅小区荣获“贵州省绿色社区”荣誉称号。之后，又获得国家环保总局授予的“国家级绿色社区”荣誉称号。这不仅为遵义市赢得了荣誉，成为名城房地产业界学习的对象，同时其珍爱自然、重视环境并积极改造环境的做法亦同样值得推崇和倡导。

（胡彦彬）

住房公积金管理

【概况】 2004年,遵义市住房公积金管理中心贯彻执行《住房公积金管理条例》、《住房公积金财务管理办法》、《住房公积金会计核算办法》等文件精神,建立完善《住房公积金管理信息系统》和职工个人住房公积金明细账,管理工作已步入正常轨道。

一、机构的组建已基本完成。2004年,遵义市住房公积金管理中心和14个管理部(除红花岗区外)已完成组建,并开始正常工作。由管理中心实行"统一决策、统一管理、统一制度、统一核算"的财务管理制度,使全市公积金业务管理工作得到了规范和强化。

二、全市住房公积金归集面和贷款额度大幅度上升。2004年,全市住房公积金归集余额5.84亿元,比上年接管时增加1.27亿元,增长27.97%;全市新建公积金人数3.1万人,缴存公积金人数18.8万人,归集率为64.38%。为适应房地产市场变化,管理中心通过简化贷款手续、缩短贷款时间、实行贷款首问负责制、特殊借款人上门服务等措施,全年发放住房公积金贷款2.85亿元,同比增加1.97亿元,增长222.66%,支持6000多户职工贷款购房。

三、住房公积金监管系统全面建立。市住房公积金管理中心建立了全市联网的住房公积金业务管理网络,实时传递业务数据,实现了全辖住房公积金业务数据共享,促进了住房公积金管理工作的网络化和科学化,建立了住房公积金管理信息系统和监管信息系统,按照《住房公积金管理条例》的规定建立了职工个人住房公积金明细账。市住房公积金管理中心安排市级增值收益100万元作为遵义市政府修建添阳小区廉租房补助资金,使更多的人享受到公积金的优惠政策。

(刘婷婷)

【改变工作方式,提高工作效率】 7月7日,遵义市住房公积金管理中心组织相关人员到遵义市天义厂,现场为98户职工办理了贷款审批手续,共计发放贷款400多万元。

(刘婷婷)

【荣获省建设厅目标考核一等奖】 2004年,遵义市住房公积金管理中心归集额、覆盖面、归集率以及管理使用全面完成贵州省建设厅下达的任务,在全省建设系统目标考核中,荣获全省目标考核一等奖。

(刘婷婷)

商　贸

商　务

【概况】 2004年,遵义市商务系统以推进内外贸易一体化为目标,以扩大出口、合理有效利用外资以及加强内贸行业管理为重点,认真履行职能,牢固树立和认真落实科学发展观,全市内外贸易等各项经济指标均好于上年,全部完成和超额完成全年目标任务。全市实际利用外资1036万美元;社会消费品零售总额88.43亿元;物资、商业系统销售总额达8.39亿元;商办工业产值4.5亿元;进出口总额达7145万美元,其中出口5471万美元,进口1674万美元;生猪定点屠宰48.6万头。

一、积极、有效、合理地引进和利用外资,推动经济全面、协调、可持续发展。为了提高遵义市利用外资的质量和水平,加强投资软环境建设,采取了以下措施:一是建立了新的"外资管理审批制度",在保证审批质量的同时,提高审批速度。全年审批的9个项目(变更4个)中,没有一个项目超过审批承诺时限。二是及时催缴已批项目的资金到位。按照国家法律法规规定,及时催缴、敦促资金到位,并随时跟踪项目进展情况,一旦企业资金进入,积极协调企业联系会计师事务所,上门为企业服务。三是做好年检、换证工作。按照商务部和省商务厅的工作部署和安排,圆满完成了外商投资企业联合年检和批准证书换发工作,全市上半年外商投资企业参检率为97%。四是牵头组织参加第八届中国厦门投资贸易洽谈会。为推介遵义,认真拟出参会工作方案,收集、筛选推荐项目22个,签约2个,签约总额1403万美元,协议引资895万美元。五是积极派员进驻市政府政务服务中心工作,并根据服务中心需要,制定了新的工作制度、工作流程。编写设立外商投资企业合同项目10个,加工贸易项目1个,年检项目1个,在网上共审批了外商投资企业加工贸易业务16单。六是为实现外资企业行业自律,达到"以商招商"的目的,拟成立外商投资企业协会,已完成前期准备和报批工作。七是积极参与遵义市供排水公司资产出让招投标工作,同时参与中标公司法国威立雅水务公司的多轮谈判。八是继续跟踪项目,确保协议项目资金落实到位。

二、切实做好外贸服务工作,积极协调、指导企业千方百计扩大出口。一是深入企业调查研究。2004年,陪同贵州省商务厅领导分别到湄潭、余庆、绥阳、遵义等县的10多家企业及市场进行调研,对一些发展潜力较大的企业重点扶持,到进出口企业调研20多次,召开进出口企业座谈会4次,及时帮助企业分析和研究进出口存在的问题。二是积极为进出口企业申办"中小企业国际市场开拓资金"。全年22家企业的77个项目获得支持资金315万元。三是继续推行"代办制"服务。全年为21家企业办理了进出口经营权登记,全市进出口企业由上年的59家增至80家。四是积极引导企业"走出去"。6月,组织部分县及企业参加在昆明举办的"进出口商品贸易洽谈会"。遵义市代表团与5家企业签订订货合同,成交额达50多万元。11月,参加在广西南宁召开的首次中国—东盟博览会。12月,组织企业到日本对机电、茶叶、矿产等市场进行考察,派员参加省贸促会组织的赴欧洲考察团考察。五是召集市国家税务局、市工商局、市外管局、市财政局等几家单位就出口退税机制改革对本市企业的影响进行座谈讨论,草拟《出口退税机制改革对我市的影响》上报市政府。六是及时召开遵义贸促支会年会,加强信息沟通与交流,着力为进出口企业协调和服务。七是根据贵州省商务厅的安排和要求,建立了办公局域网。

三、进一步整顿和规范市场秩序,加强市场监督和管理。1. 强化生猪屠宰管理,规范屠宰市场秩序。针对年初两城区屠宰执法不到位、私屠滥宰猖獗的现象,市商务局及时召集两城区经贸局负责人开会,对此项工作进行认真部署和安排,并代遵义市政府草拟《关于加强中心城区生猪屠宰工作管理的实施意见》,积极指导、协调中心城区屠宰管理工作。对全市13个定点屠宰场进行年检,对不规范的3个屠宰场提出整改意见。加大屠宰执法力度,上半年全市共查处案件425起,查处病害猪肉4492公斤,处罚款4.95万元。根据省中心城区屠宰工作会议的要求,草拟遵义市(2005~2015年)屠宰设置规划报省商务厅。贯彻全省屠宰工作会议的精神,对全市生猪屠宰行业的税费进行了解,与市财政局、市物价局联合下发《遵义市生猪定点屠宰管理服务费收取办法》,并召开市屠宰工作会予以落实。做好屠宰许可证的年检和换证工作。2. 进一步加大物资流通行业管理力度。一是加强民爆器材管理。在公安部门的大力支持下,与遵义县物资公司、遵义市化轻公司多次协商,顺利完成划入遵义市汇川区4个镇民爆器材经营管理的交接工作。多次到民爆管理站检查指导,对全市民爆凭照经营资质许可不合格的企业进行督促整改。二是加强报废汽车回收管理。2004年,废旧金属市场价格猛涨,非法拆解报废汽车有增无减。面对这些新的问题,一方面主动向省商务厅汇报,提出客运班车在经营权招标工作中,客运车辆达到报废标准的,必须强制报废的意见。另一方面为有效打击违法回收拆解报废汽车行为,市商务局主动配合、协调工商、公安部门,加大打击力度。全年共查处私拆报废汽车案件43起,比上年上升1.5倍。同时做好报废汽车补贴发放工作。根据国家及省有关规定,对100辆符合规定的报废汽车发放补贴资金40万元。3. 加强市场监督和管理。针对生活必需品物价涨幅较大等问题,建立了对中心城区每周价格采集制度,并按月向省商务厅报送肉、蛋、禽、蔬菜价格情况。"3·15"期间,组织部分企业参加工商等部门组织的"3·15"维权活动和由中国商业联合会在全国范围内举行的商业企业"3·15"诚信宣传活动,开展"百城万店无假货活动"。开展以整顿和规范酒类市场为主的食品安全检查。对遵义市5家拍卖企业逐一进行走访、登记,进一步完善经营活动月报告制度,促进拍卖企业依法、规范和健康有序的发展。

(柳　尧)

【探索建立公平贸易机制新路子】 自组建公平贸易机构以来,市商务局首先是加强对公平贸易相关法律法规的学习,参加中国纺织品出口商会举办的"欧盟反倾销实务培训研讨会"学习,同时参加贵州钢绳厂被诉反倾销到期复审工作。其次是建立"四体联动"(商务部、地方商务主管部门行业组织如进出口商会、行业协会和企业)机制,促进公平贸易机制形成。

(柳　尧)

【抓好设置遵义海关的工作】 年初,国家海关总署把设立遵义海关列入了2004年工作目标计划,遵义市商务局3次前往北京,向国家海关总署人事司汇报遵义设关的要求,得到大力支持。7、8月,遵义市商务局先后两次进京,向中编办了解、催促建立海关一事。7月,就贵阳海关对遵义海关建设地址变更及有关问题提出的异议,市局曾3次到贵阳海关协商,最终取得一致意见。

(柳　尧)

【认真抓好业务知识学习和培训】 2004年,业务知识学习和培训形式多样:一是组织人员参加省商务厅举办的"国际电子商务培训"、"企业办理减免税、加工贸易业务知识"和"进出口核销及管理知识"培训;组织100多家企业226人次参加省商务厅、省贸促会的有关外贸实务培训;利用中小企业国际市场开拓资金,组织60多家企业80余人次参加"如何寻找商机开拓国际市场"知识培训。二是召开全市商务工作会,采取以会代训形式,组织各县、区(市)经贸局、市直企业、各进出口企业、外资企业负责人,学习了解对外经贸知识;组织市直各企业55人参加在遵义市委党校举办的为期5天的"企业法律知识培训"学习;组织市商务局干部职工学习新修订的《中华人民共和国对外贸易法》及其《实施细则》、《中华人民共和国宪法》等法律法规。派员参加在市委党校举办的"遵义市政府政务中心动员培训大会",参加遵义市政府法制办举办的遵义市行政执法监督培训班学习培训。

(柳　尧)

【编制商业网点规划】 从3月起,根据《国家商务部、建设部关于做好地级城市商业网点规划工作的通知》要求,积极投入编制《遵义市中心城区商业网点规划》的各项准备工作。成立了工作领导小组并立即开展工作,参加商务部举办的地级城市商业网点规划业务培训，派员考察和学习贵阳市商业网点规划编制情况，并委托遵义市建筑规划设计院进行编制。

（柳　尧）

【开展国内外经济形势和遵义市市场建设情况调研】 按照商务部、省商务厅和市委、市政府的要求，完成了遵义市市场体系建设的构想，草拟了《遵义市市场体系建设的意见》、《遵义市农产品批发市场建设发展规划》、《遵义市物流发展的意见》以及“遵义市科教文体用品市场”的拟建、审定工作，审批“遵义市农资（批发）贸易市场”和“遵义市花鸟鱼虫交易市场”。完成商务部大型商业网点建设情况的调查，对5000平方米及以上的大型商业网点建设情况进行调查，将遵义市国贸广场、遵义百货大楼等情况上报商务部。为进一步扩大对外开放，分析遵义市对外开放存在的问题，草拟《遵义市扩大开放政策研究》、《遵义市对外贸易分析》和《加快内外贸一体化的若干思考》和《遵义市贸易人才结构现状及建议》等，提出遵义市对外开放政策建议。

（柳　尧）

供销合作

【概况】 2004年，遵义市供销社系统集中精力、突出重点，深入推进改革；发挥优势、强化服务，大力助农增收；盘活资产、强化合作，加快自身发展；努力实现效益增长，确保系统稳定，超额完成了各项工作目标。全年完成销售总额4.43亿元，同比增长9.4%。农资供应市场占有率保持在70%以上；完成社办工业产值4446.6万元，同比增长20%，完成社办工业增加值492.5万元，同比增长14%；实现利润215.2万元，占全省汇总利润总额的72%；15个考核单位全部无亏损，所有者权益为1474.4万元。

一、深化改革，促企业创新和发展。全系统继续推进以产权制度改革为核心，以三转（企业转变体制、职工转变身份、联社转变职能）为主要内容的改革改制工作。集中精力抓社直企业改制，加强对县、区（市）社的协调、指导，突出重点加大督查力度，深化改革，深入推进企业改制，实现企业体制、机制创新和有效发展。全系统企业在册职工100%转变身份，职工安置补偿金、社保、医保等问题妥善解决，新建企业步入良性发展轨道。遵义市茶果公司改制后，新组建了遵义市供销储运有限责任公司和遵义市海风农产有限责任公司两个股份制公司，新公司按新机制运转正常。市（地区）农资日杂公司改制工作基本结束，从2005年1月起按新体制运行。

二、围绕“三农”服务求发展。供销社始终坚持在农业产业化经营中、在政府最重视的问题中、在农民最需要的服务中找位置，积极参与和推动农业产业化经营，增强服务功能，围绕“三农”服务求发展。1. 全力搞好农资供应。继续深化农资企业改革，加强对农资供应工作的领导，充分发挥流通主渠道作用，克服各种困难全力以赴搞好农资供应，以实际行动助农增收。全年全系统销售化肥20万吨（其中尿素15万吨）。主动配合相关职能部门对农资市场进行专项整治，规范了农资市场经营秩序。2. 引资创办龙头企业。全系统结合农村经济发展需要，努力创办新的经济实体，联合农村能人创办龙头企业、专业合作社、协会，以基地、市场推动农业产业化经营。按照总社提出的“以转变职能开放办社改造联合社”的要求，发挥资源的有效配置作用，积极招商引资，创办龙头企业。遵义市茶果公司引资1800万元建设黔北农副产品交易市场，市场一期工程已完成。同时，公司被评为市级龙头企业，配套的黔北农产品检测检验中心已经国家发改委批准列项。凤冈县供销社采用引进设备、技术、人才的方式，对肉联厂进行规模性改造，已报批省级百强乡镇龙头企业。3. 强化网络促发展。充分利用现有经营网点，变资源优势为经营优势，提高服务质量和经济效益。完善发展已建市场，促使其上规模、上档次，以各类市场为载体，发展农村商品经济。由市（地区）农资日杂公司牵头建设的农资连锁经营网络，农资供应现市场占有率达70%以上；由赤水市供销社牵头建设的杂竹发展和竹料块连锁经营网络运作顺利，竹业示范基地现已投播2000多亩；由凤冈县供销社牵头建设的生猪加工、销售经营网络，已规划为全县畜牧业建设工程，既助农增收又促进自身发展。由红花岗区供销社牵头组建的再生资源经营网络正在筹建之中。4. 以村级服务站为基础，完善农村社会化服务体系。从恢复村级销售网点着手,围绕农民生活生产所需创办村级综合服务站,增设农资销售网点,已建村级综合服务站264个,在为农服务、助农增收中重塑供销社形象。四是办示范基地、示范市场、示范商场。积极创造条件,多渠道、多形式筹集资金,创建示范基地14个。五是创建专业合作社、专业协会等经济组织,引导农民调整产业结构进入市场,增强服务功能。在巩固、完善已建基地的基础上,规范和新建专业合作社17个。

(江君莲)

粮　食

【概况】 2004年,遵义市粮食局紧紧围绕年初制定的工作目标,努力工作,圆满完成了各项工作任务。

一、进一步深化粮食流通体制改革。积极组织全市粮食战线广大干部职工认真学习贯彻《国务院关于进一步深化粮食流通体制改革的意见》精神,深入调查研究,积极进行资产处置,多方筹措资金,妥善安置分流下岗人员。进一步完善企业运行机制,促进企业健康发展。

二、加强宏观调控,促进粮食市场繁荣、稳定。全市粮食行政管理部门紧紧围绕粮食供求平衡和粮价基本稳定,加强宏观调控,充分发挥国有粮食购销企业主渠道作用,积极组织粮食收购、销售,搞活粮食流通市场,促进粮食流通市场繁荣、稳定,粮食市场品种齐全、粮源充足、粮价稳定。

三、严格执行退耕还林粮食供应政策,认真做好退耕还林粮食供应工作。根据遵府办发〔2004〕151号文件对退耕农户的补助实行"包干到县、粮钱并举、实物为主、兑现到户"精神,粮食部门积极组织供应退耕还林粮食98042吨(混合粮),协助有关部门兑现资金,圆满完成现金补助和粮食供应任务,使退耕农户十分满意。

四、加强调度,圆满完成粮油工业总产值和增加值任务。为完成市政府下达的粮油工业总产值58000万元和粮油工业增加值5500万元任务,市粮食局多次召开全市粮油工业生产调度会议、片区协调会议。各级粮食行政管理部门和粮油工业企业密切配合,积极筹措资金,做好油菜籽收购。开足马力,加强粮油工业生产,全年完成粮油工业总产值61925万元。粮油工业增加值7555万元,超额完成市政府下达粮油工业总产值和粮油工业增加值任务。

五、努力增收节支,扭亏增盈工作成效显著。全市粮食购销企业以深化粮食流通体制改革为契机,转换企业经营机制,积极开展多种经营,扩大粮食购销业务。加强企业内部管理,努力增收节支,全年实现利润1639万元,超额完成贵州省粮食局549万元减亏任务。

(廖安静)

【最后一批陈化粮处理完毕】 贵州省安排遵义市处理的最后一批陈化粮数量为15036吨,其中:国有粮食购销企业商品周转陈化粮13969吨,县、区级储备陈化粮1067吨,并要求在2004年6月底前处理完毕。遵义市粮食局严格按照陈化粮处理的各项规定和中央、省有关文件精神,主动联系市财政、农发行等部门,认真制定销售处理方案报市政府审批,及时召集部门会议贯彻落实。遵循公平、公开、公正、诚信守约原则,通过有资质的拍卖公司主持拍卖,收到了较好的经济效果。最终成交销售金额比底价销售金额增加40%,绝对值增加700万。其中:稻谷最高成交价为每吨1230元,玉米最高成交价为每吨1105元,将陈化粮差价损失减少到了最低程度。安排专人负责此批陈化粮食的出库和跟踪检查工作,未发现转手倒卖、陈化粮流入口粮市场的现象。

(廖安静)

【完成社会粮食供需平衡调查任务】 2004年,遵义市粮食局按照国务院《关于进一步深化粮食流通体制改革的意见》和《粮食流通管理条例》要求,切实履行社会粮食流通统计职能,建立健全粮食供需抽查制度和中长期粮食供求总量平衡机制,为各级政府搞好粮食宏观调控,进行科学决策,及时准确详实提供社会主义市场经济条件下社会粮食供需平衡情况。根据国家粮食局、省粮食局安排,完成了全市14个县、自治县、区(市)880户城镇居民和乡村农户的社会粮食供需平衡调查工作任务。

(廖安静)

【遵义市省级储备粮库通过验收】　绥阳、凤冈、余庆省级储备粮库是省政府建库办统一规划、统一指挥、统一投资、统一设计、统一招投标、统一监理的建设项目。该项工程2001年5月开始陆续立项、动工，2002年年底先后竣工，2003年7月起陆续装粮作压仓试验。2004年12月14～16日，省建库办组织省发改委、省审计厅、省粮食局、省储备粮管理总公司和遵义市发改委、市粮食局、市建设局以及有关县政府、相关部门成立项目竣工验收委员会，严格按照工程项目竣工验收的有关规定和要求，对各库的相关项目认真对照检查，一致认为这3个粮库符合质量要求，同意验收。

（廖安静）

烟　草

【概况】　2004年，遵义市烟草专卖局（分公司）始终把发展作为工作的第一要务，坚持以人为本，牢固树立科学发展观，认真分析面临的宏观环境变化、行业内部改革、烟草发展周期、企业深层次矛盾等严峻挑战，提出反周期战略，制定“诚信经营，科技兴企，夯实基础，持续发展”的发展战略，确立促进遵义烟草在行业同类企业排名靠前升位的发展方向，较好地完成全年生产经营目标任务。

一、始终坚持“稳得住、提得高”的烤烟生产指导原则。加强生产宣传发动，大力营造良好的抓烟氛围。突出计划完成的重要性，全面推行漂浮育苗。深入推进科技示范基地建设，建立烤烟生产风险保障机制。强化工商联办基地建设管理，开展打叶复烤整合管理，大力推行科技兴烟，有力地推动烤烟生产经营任务的全面完成。全市烤烟种植面积75.7万亩，收购烟叶160万担。其中，上等烟率43.4%，上中等烟率92.32%，桔黄烟率62.43%，担均价501.23元。13.8万户烟农均烟叶产值4856.4元。实现农特税及附加1.45亿元（不含增值税）。烟叶销售126.1万担，加工复烤150万担。全年烟叶货款回笼累计14.7亿元。随着工商联办基地建设的不断加强，全市烟叶市场资源进一步实现优化配置。与16家国内重点卷烟厂家签订优质烟基地协议22份，年度烟叶基地协议供应量达140万担，烟叶基地化供应量达88%。

二、全力提升卷烟网建水平。以“三满意”为指导思想，以服务营销为网络灵魂，以客户关系为工作主线，以现代流通为运行模式，着力解决卷烟工作中服务与效益的突出问题。网建进程不断加快，业务流程再造取得阶段性成果。卷烟网点整合工作成效明显，网点配送中心从153个整合为36个。全年累计销售卷烟17.98万箱，完成确保计划的104.2%。实现毛利2.21亿元，比上年同期增加0.51亿元，省内烟毛利率18.9%。单箱销售收入7746元/箱，比上年同期增加1061元。

三、忠实履行专卖管理职能。全市共换发2003版批发许可证206个、零售许可证28315个，开具准运证6065份。全年共出动打私打假9227人次，处理各类案件1424起，查获违法收购烟叶408.77吨，查获假冒商标卷烟31713.03条、非渠道卷烟22058.7条。罚没款合计100.59万元。移交公安机关劳教处理11人，逮捕1人。

四、坚持稳健的理财方针。围绕“以会计核算为基础、资金管理为中心、预算管理为手段，提高经济效益为目的”的基本原则，继续加强和巩固全市两烟统一经营结算。大力实施企业资金结算管理和预算管理，高度重视和认真做好行业审计工作。接受国家局审计组的审计，进一步健全完善企业内控制度。企业经济效益持续增长，经济实力有所增强。

五、企业改革不断深入。根据国家局关于取消县烟草公司法人资格的批复要求，积极、稳妥地开展企业组织结构调整工作。顺利完成绥阳、正安、道真、湄潭、凤冈、务川、余庆、仁怀等10个县（市）烟草公司取消法人资格工作。全市烟草系统相继开展ISO9001：2000标准宣传贯彻等工作，企业管理水平明显提升。

六、精神文明创建活动成效不断。遵义市烟草专卖局（分公司）与遵义市政府文明办联手，全面启动遵义市烟草系统文明窗口创建活动。一是地方党政、广大烟农和零售户满意度提高，企业社会形象明显改善，公众评价度大幅上升。二是相继涌现出正安格林烟站员工集体抢救车祸遇险群众，绥阳县烟草专卖局（公司）干部勇救落水儿童，遵义市烟草专卖局市区局（经理部）员工集体捐资救助重病零售户等先进事迹。

（雷　译）

【市烟草专卖局(分公司)获2003年全省烟草系统安全工作先进单位】 2月24日~25日,贵州省烟草专卖局(公司)召开安全工作暨总结表彰会,兑现2003年安全工作责任书,表彰奖励安全工作先进单位和个人。遵义市烟草专卖局(分公司)荣获“全省烟草系统安全工作先进单位”。

(雷 译)

【全国优质烟叶科技示范基地建设项目遵义基地启动会召开】 2月28日,全国优质烟叶科技示范基地建设项目遵义基地启动会在遵召开。通报2003年遵义科技示范基地建设进展和建设安排情况,讨论通过《遵义优质烟科技示范基地建设实施方案》,对全面正式启动遵义优质烟科技示范基地建设项目相关工作进行安排部署和任务分解。

(雷 译)

【烟草系统大学生代表座谈会召开】 2月29日~3月1日,市烟草系统大学生代表座谈会在遵举行。市烟草专卖局(分公司)全体班子成员出席会议。市烟草系统1997年以来接收或聘用的95名大学生代表参加会议。会议宗旨是贯彻国家、省、市人才工作会议精神,引导大学生树立正确的人生观、世界观和价值观,鼓励大学生以求真务实的态度,在平凡岗位上做出不平凡的业绩。

(雷 译)

【市烟草专卖局(分公司)被评为全省烟草商业纪检监察先进集体】 3月20日~21日,全省烟草商业纪检监察工作暨表彰先进集体先进工作者会议召开。遵义市烟草专卖局(分公司)、遵义、务川、凤冈、桐梓等县局(公司)被贵州省烟草专卖局(公司)党组评为“全省烟草商业纪检监察先进集体”。

(雷 译)

【烤烟科技论文获国家局二等奖】 2004年,中国烟草学会、中国烟叶生产购销公司精选近年优秀烟叶科技学术论文139篇,汇编成《中国烟叶学术论文集》。遵义市烟草专卖局(分公司)撰写的《烤烟散叶堆积式烤房研究与应用报告》、《按市场需求、提高烟叶质量》、《遵义市烤烟集约化育苗工厂化生产、商品化供应的探讨》、《烤烟商业分级可行性研究报告》等4篇论文被收录。其中,《烤烟散叶堆积式烤房研究与应用报告》于4月19日~21日在广西北海举办的全国烟叶学术交流会上获优秀科技论文二等奖。

(雷 译)

【正安格林烟草站员工抢救交通事故遇险群众】 4月5日,正安县格林镇九道拐路段发生特大交通事故。格林烟草站员工焦远超等随即报警,格林烟草站负责人闻讯后组织员工火速奔赴现场开展保护现场、抢救伤员工作。格林烟草站集体抢救遇险群众的事迹经《贵州都市报》、《遵义晚报》等媒体报道后受到社会广泛赞誉。焦远超等受到正安县委、县人民政府通报表彰。

(雷 译)

【市烟草专卖局(分公司)机关启动ISO9001质量管理体系项目】 7月1日,遵义市烟草专卖局(分公司)召开机关ISO9001项目工作宣传贯彻培训会。中国质量协会质量保证中心重庆办事处有关专家对全体干部员工进行ISO9001知识培训。

(雷 译)

【市区局查获一特大假烟窝点】 7月7日,遵义市市区烟草专卖局捣毁一个特大地下卷烟制假工厂。当场查获自行拼装的制假电动卷烟机1台,假冒325牌成品卷烟750条,假冒金樱子成品卷烟760条,假冒宝牌成品卷烟150条,烟丝8000余斤,半成品宝牌130条,原材料6件,卷烟盘纸8盒及大批原辅材料。犯罪嫌疑人何某被当场抓获。

(雷 译)

【“优质烟叶生产科技示范基地建设”项目现场交流会在遵召开】 8月3日~4日,国家烟草专卖局“优质烟叶生产科技示范基地建设”项目现场交流会在遵召开。全国11家国家局第一、二批优质烟叶科技示范基地建设单位,11家烟草科研院所、19家卷烟工业企业及9个省烟草专卖局科技处的负责人和相关技术人员120多人参加会议。

(雷 译)

【国家烟草专卖局局长姜成康来遵考察】 8月6日,国家烟草专卖局局长姜成康来遵对遵义烟草工作进行考察和调研。姜成康一行深入烟田烤房,实地考察了绥阳县烤烟科技示范园区、遵义卷烟厂。并就烟叶生产可持续发展和卷烟工业企业改革等情况,与随行人员进行座谈,对今后一段时期遵义烟草工作提出了要求。

（雷　译）

【烤烟散叶堆积烘烤技术研究项目通过国家局鉴定】 9月12日~13日,遵义市烟草专卖局(分公司)《GZ-1型烤烟散叶堆积烤房研制及应用技术研究》项目顺利通过国家局专家组鉴定。鉴定组一致认为:该项目操作流程简便,劳动强度减轻,烟叶质量提高,能耗降低,具有显著的经济效益和社会效益。对规模化种植、专业化生产、集约化经营有较大的推广价值,系国内烤烟烘烤技术的一项重大突破,研究成果居国内领先水平。

（雷　译）

【工商联办优质烟生产基地建设研讨会召开】 12月26日,遵义工商联办优质烟生产基地建设研讨会在遵举行。全国31家工业企业、120多名代表参加会议。会议总结回顾了近20年来遵义优质烟生产基地建设的工商合作历程,广泛探讨和深入研究了烟叶可持续发展举措,进一步加强烟草工商合作,深入推进基地建设和烟叶可持续发展等问题。

（雷　译）

石油营销

【概况】 2004年,遵义市石油系统各单位以市场为导向,以促销为中心,以增效为目的,以开展"加油站规范管理百日竞赛"活动为契机,全面提升加油站规范化服务水平。经过全区石油系统干部职工的共同努力,成品油销售突破24.45万吨,实现利润3267万元,创下了遵义分公司创建以来的最佳经营业绩,奠定了遵义市在贵州石化销售板块中的重要位置。

一、主要经济指标完成情况。 完成成品油购进总量24.8万吨。其中汽油7.47万吨、柴油16.91万吨、润滑油0.34万吨。同比增加6.7万吨,增幅为38.81%。销售成品油24.45万吨,完成全年计划的104.76%。其中汽油7.28万吨、柴油16.79万吨、煤油0.08万吨、润滑油0.3万吨。同比增加6.05万吨,增幅为32.88%。实现商品销售收入8.66亿元,吨油综合毛利352元,吨油费用216元。实现利润(按全口径计算)3267万元,完成全年目标任务的181.50%,同比增加1467万元,增幅为81.5%。实现商品销售税金1463万元,同比增加553万元。

二、以市场为导向,以扩销为中心,做大、做强成品油市场。 9月,成品油资源一直持续紧缺,给公司经营工作带来巨大压力和困难,全系统各单位不同程度、不同范围都出现断档脱销,且持续时间为历史最长。面对严峻的经营形势,全系统各单位审时度势,适时调整经营策略,采取了一系列积极有效措施,确保政府部门、重点工程、重点用户、社会公共行业用油,使有限的资源发挥最有效的作用。通过努力,确保了全年销售任务的超额完成。

三、紧紧把握历史机遇,强势拓展市内外市场,不断增强和壮大行业发展后劲。 12月,国家取消成品油零售准入制度。遵义市作为黔北重镇,成为众多成品油经营商家争相看好的市场,竞争已日趋白热化。年初公司领导班子就把加快网建工作步伐,强势拓展区内外市场,增强壮大企业发展后劲,保持企业持续稳定发展,作为公司2004年网建工作的指导思想,明确立足市内巩固扩大,面向市外延伸扩张的战略目标。经过一年的辛勤工作,公司网建工作硕果累累,成效显著。

四、以"加油站规范化管理百日竞赛"活动为契机,切实抓好加油站专项治理整顿,全面提高企业核心竞争力。 为了应对入世后石化行业面对来自国际和国内的竞争,努力打造"中国石化"品牌,在销售系统掀起了一场规模高、声势大,为期100天的"加油站规范管理百日竞赛活动"。对全市105座加油站的标识、厕所、地面、配电房、营业室、围墙进行改造,以良好的加油环境,完备的服务设施,规范的服务水平,向广大顾客实行真情奉送,努力提高企业核心竞争力。

五、努力作好安全工作,确保企业安全经营。 认真贯彻落实集团公司安全工作电视电话会精神,将安全管理理念深入贯彻到广大干部职工中,形成系统上下抓安全,层层落实责任制的良好安全工作氛围,确保了全年零事故管理的目标。

（朱　鑫）

教育 科技

教 育

【概况】 2004年,全市有小学2450所,教学点677个;初中474所(含九年一贯制学校89所),完全中学65所,独立高中13所(其中省级示范高中6所);幼儿园318所,特教学校8所;中等专业学校6所,中等师范学校3所,职业中学24所;全日制普通高等学校3所,职业技术学院2所。各级各类学校在校生1504311人。普通中小学专任教师59417人。全市已基本形成涵盖基础教育、职业教育、成人教育、高等教育在内的较为完整的现代国民教育体系。

一、各级各类教育健康发展。"两基"攻坚与巩固提高整体推进,取得较好成绩。正安县如期实现"两基"达标,习水县提前一年实现"两基"达标,务川自治县"两基"工作提前启动。全市有13个县、区(市)先后实现"两基","普九"人口覆盖率达到94.4%,提高17.4个百分点,高于全省12个百分点。小学适龄儿童入学率达99.7%,初中阶段毛入学率为114.2%,学前一年、三年入园(班)率分别为79.6%、49%。赤水市、绥阳县"两基"通过省级复查,"普实"通过省级验收。全市扫盲32997人,超额完成2.5万人的扫盲任务,青壮年非文盲率达到98.2%,脱盲巩固率达95%以上。

高中阶段教育总量增加,质量提高。2004年,共完成高中招生33293人,比上年扩招13.5%,高中在校生达83429人,每万人中普通高中在校生数114人,高于全省平均水平。2004年,高考成绩除文科英语平均分、及格率低于全省外,其余学科均高于全省平均水平。全市高考录取率达到67.73%。中职招生8525人,开展农村劳动力转移等培训60余万人次,5所中职学校被评为省级重点。凤冈师范划转凤冈县政府管理转办高中教育。遵义中西医药高等专科学校的申报工作通过省级评审,待教育部审批。

二、教育基础设施建设步伐加快。教育基建工程顺利推进,教育教学条件改善。全市共实施"义教工程"、"危改工程"、"普九工程"等11大类148个建设项目,累计完成投资1.8亿元,新(扩)建校舍26.5万平方米。务川、习水两县"义教工程"被评为特优,全市"义教"工程顺利通过省级验收,获全省"优秀"奖。

三、教师素质明显提高。在职教师继续教育力度加大,培训各级各类教师3618人次。抓住遵义市人民政府与西南师范大学签订"市校合作"协议之机,加大"两支队伍"建设力度,共举办3期高完中校长高级研修班,培训高完中校长、教育局长205名;举办高中骨干教师培训班3期,培训高中学科骨干教师171名。全市小学、初中、高中专任教师学历合格率分别达92.69%、91.58%、78.76%。遵义市教育局出台了《关于进一步加强中小学师德师风建设的意见》,促进了师德师风建设。

四、教育系统自身建设加强。推进依法治教,积极组织教职工参加全省教师普法教育学习考试。市教育局全面贯彻落实党风廉政建设责任制和责任追究制。考风考纪进一步巩固,教育乱收费行为得以查处。遵义市教育局会同市政府采购中心为正安、习水"两基"达标验收配置仪器设备、图书资料。积极推行政务公开,开展机关效能建设。学校实行民主管理,全市乡镇中心完小以上各级各类学校均建立教代会制度,学校校务公开已形成制度化、规范化,教代会职权得到落实。由于工作突出,遵义市教育局机关连续4年在市直目标考核中荣获一等奖。

(刘 德)

【教育部长周济来遵考察"两基"及远程教育工作】 12月23日~24日,教育部部长周济一行深入遵义县三合镇中学、乌江镇养龙小学、乌江小学董家坪教学点考察遵义市“两基”攻坚工作及农村中小学现代远程教育工程实施情况。听取了市委书记傅传耀关于遵义教育工作的情况汇报,他表示国家教育部今后将对遵义革命老区实行项目安排倾斜,加大教育经费的投入。

在通过实地听课和考察的基础上,周济充分肯定了遵义市“两基”攻坚和“远程教育工程建设”取得的成绩。并要求各地教师一定要把远程教育这一优势资源充分利用好,把远程教育中的优质课作为参考,丰富教学内容。同时,要求各地党委、政府及相关部门一定要组织好、领导好、管理好、实施好、使用好农村中小学现代远程教育工程,让同在蓝天下的农村孩子享受到优质的教学资源。

（刘　德）

【遵义市与西南师范大学签订市校合作协议】 2月4日,遵义市人民政府市长卢守祥与西南师范大学校长宋乃庆在遵义宾馆正式签订“市校合作协议”。开展市校合作,是遵义市与西南师大充分酝酿的结果;是市校双方“真诚合作、互惠互利、优势互补、共谋发展”,利用学校资源优势,加快遵义市师资培训、人才培养和科学研究的一条有效途径;是吸纳高校参与地方经济建设和社会发展,加速遵义市“三化”进程的一项重大举措。在“市校合作协议”中,双方就招生、师资培训、科研成果转让和推广应用等达成了协议;双方还就教育、教学、教研相互合作等达成了协议。

（刘　德）

【遵义市农村中小学现代远程教育试点工程通过国家级验收】 2004年,遵义市完成了245个计算机教室、2322个卫星教学收视点和753个教学光盘播放点的安装。其中教学点和农村小学分别按模式一和模式二建设,覆盖率达100%。农村中学按模式三建成263所,覆盖率达72.4%。培训计算机教室和卫星教学收视点管理教师2812人。10月13日～17日,国家教育部、财政部、发改委组成联合验收组深入遵义市检查。经过检查,遵义市农村中小学现代远程教育工程试点工作项目顺利通过国家级验收。

（刘　德）

【隆重庆祝第20个教师节】 9月10日,是第20个教师节纪念日。为隆重庆祝第20个教师节,市教育局围绕“我们是光荣的人民教师”这一主题,相继举行了教师节座谈会、教师风采演讲赛、看望住院教师、召开庆祝(表彰)大会、编辑《发展中的遵义教育》画册、办橱窗展、到学校现场办公、为基层排忧解难等系列活动。市四大班子主要领导、分管领导相继参加各类活动。遵义日报、遵义晚报、遵义电视台、遵义广播电台滚动宣传报道教师节系列活动,达到了“隆重、热烈、实效、振奋”的目的。

（刘　德）

【习水县提前一年实现“两基”】 10月25～29日,省人民政府“两基”评估验收分团对习水县“两基”工作进行验收。验收分团采取重点抽查和面上巡查相结合的办法,通过听、看、查、访、议、测等方法,重点检查了同民等8个乡镇。巡查了良村等12个乡镇的普及程度、师资水平、办学条件、教育质量、执法要求、扫盲程度。检查组认为,习水县“两基”各项指标申报数与核实数相符,“两基”指标基本达到了贵州省“两基”评估验收标准,认定为基本合格。

习水县自2003年7月提前启动“两基”攻坚后,制定出台了“两基”攻坚一系列配套政策。全县多渠道筹措“两基”经费11000万元,新建扩建中、小学115所,新增校舍面积15.7万平方米,消除危房面积4.2万平方米,添置中小学教学仪器274套,装备图书458030册,24所乡镇初中建起了远程教育信息站。全县94个科局落实帮扶项目243个,解决帮扶资金45.1万元,帮扶1350名特困生入学(复学)。全县“两基”攻坚扎实推进。

（刘　德）

老年教育

【概况】 2004年,遵义市老年大学强化规范化办学,不断扩大办学规模,招收学员692人次。并继续开设必修课和选修课。必修课含时事政策、老年卫生保健和现代科学技术讲座。选修课包括书法、绘画、摄影,文学、音乐、京剧、乒乓球、民族舞蹈、民间工艺,新增设民乐、交谊舞、历史与地方志13个专业。继续开设音乐、绘画、摄影3个提高班。全学年上课1184课时,实践实习84课时。

2004年,遵义市老年大学开展了各种有益活动。3月下旬,市老年大学合唱艺术团赴杭州市参加比赛。4月20日,组织摄影班学员赴云南大理、丽江实践实习。5月14日~20日,市老年大学合唱艺术团先后到遵义县龙坪、尚嵇参加由市文化局组织的送文化下乡活动。5月下旬,组织学员到织金县老年大学参观学习。6月12日,市老年大学合唱艺术团参加红花岗区"长风杯爱我母亲河"独竹漂活动。9月27日,市老年大学合唱艺术团参加市直机关"迎国庆55周年歌咏比赛"。11月6日,市老年大学京剧班赴贵州大学进行艺术交流。

2004年,全市各县、区(市)继续落实《遵义市"十五"期间老年教育事业发展规划》,努力发展乡(镇)、村、社区老年学校。截至12月底,全市已建立各级老年大学(学校)112所,含市、县两级14所,乡(镇)、社区68所,村级30所,在校学员11000余人。2004年,新建老年学校32所。

(熊显荣)

【市老年大学合唱艺术团在杭州获奖】 3月27日~4月1日,市老年大学合唱艺术团赴杭州市参加"中华不老城"老年体育健身文化风采展示会。经过比赛,合唱节目获铜奖、健身球比赛获优胜奖、舞蹈节目《祝福祖国》获优秀奖,市老年大学获组织奖。

(熊显荣)

【市老年大学在全省规范化办学考核评估中领先】 11月23日~24日,贵州省老年教育工作检查团对市老年大学规范化办学进行了评估考核。市老年大学副校长廖乐岷向检查团汇报了规范化办学情况,省检查团仔细核查了办学资料,察看了学校硬件设施。检查团对市老年大学规范化办学作出了较高评价,认为遵义市老年大学在全省老年教育工作中处于领先地位。

(熊显荣)

科　技

【概况】 2004年,遵义市科技局认真贯彻落实《中共中央国务院关于促进农民增加收入若干政策的意见》,为推进"三化"进程、增加农民收入和全面建设小康社会提供科技支撑做了大量工作。

一、深化科技体制改革,营造科技创新与科技人才脱颖而出的良好氛围。市科技局制定了《遵义市2004年深化科技体制改革工作方案》、《遵义市2004年深化科技体制改革总体方案》,拟定了《市级科技计划项目课题制暂行管理办法》、《市级科技成果评价暂行管理办法》,和市人事局、市财政局、市编办联合制定了《遵义市生产力促进中心(市科技信息情报中心)体制改革方案》。全面实施市级科技服务机构和科研单位的改革,推行科技人员聘用制和专业技术职务评聘分离,改革科技项目管理体制和科技成果评价体系,加快建立"开放、流动、竞争、协作"的运行机制。

二、实施科技项目,促进高新技术产业发展和企业创新体系建设。2004年,共计实施省、市科技项目50项。其中,省级项目11项、市级项目39项。为推进实施全市名牌发展和产品创新战略,拟定了《遵义市实施名牌发展和产品创新战略的意见》并报经市政府批准实施。为推进建立国家级新材料产业化基地,完成了《关于推进遵义市国家级新材料产业化基地建设的框架构想》,启动了中长期及"十一五"科技发展规划的编制工作,实施了市级高新技术企业推进工程及中小企业创新示范工程"两个工程" 建设。

三、加快中药现代化科技产业,落实农业科技工作。2004年,省项目3项资金投入85万元,企业自筹资金27540万元支持企业进行GMP改造,有10家药业企业通过GMP认证,超计划完成市政府下达的GMP认证任务。调度的11家药业企业预计全年完成产值36750.4万元,销售收入21810.1万元,分别完成市政府下达任务的91.9%和72.7%。

争取省项目3项资金投入30万元和安排市级科技3项资金42万元支持中药材GAP规范化种植。已完成药材基地5万亩,新增中药材种植面积5.3万亩,分别完成市政府下达任务的100%和106%。企业办基地也取得新进展。贵州裕仁标准饮片开发有限公司、赤水市信天石斛产业发展有限公司、余庆黔龙中药材公司、凤冈绿野中药材公司等基地相继建成。

四、知识产权保护与执法。11月9日,遵义市知识产权办公会议第一次会议召开。会议决定加强市场监管,重点对两城区大中型超市经销的专利产品实行登记备案制,不定期进行执法检查。省知识产权局对此予以肯定并在全省推广。为了加大执法力度,制定下发了《遵义市保护知识产权专项行动方案》和《遵义市2004年至2005年专利产品市场专项整治行动方案》。2004年,共受理调解专利纠纷案件3起。

五、贯彻实施《科学技术普及法》,抓好科普工作。5月,围绕"以人为本——全面建设小康"主题,通过组织电视讲话、送科技下乡、科技一条街、专家讲座、放映科教电影等形式,开展各种科普活动48次,发放宣传资料40余种250万份,展出科普图片500余幅,接受群众咨询568万人次,播放科普影片20多部,举办培训650人次,为农民义诊500余人次。

六、发展民营科技企业,引导民营科技企业科技创新。认真贯彻《贵州省民营科技企业管理条例》,全年共认定登记民营科技企业10家,对20家民营科技企业进行了年审,对4家企业进行了更名。按照"扶大育小、发展速度与发展质量并重"的原则,加强指导和引导其以市场为导向、科技为支撑,向技术创新和科技成果转化。

(卢　芳)

【遵义市生产力促进中心组建】　4月,《遵义市生产力促进中心(市科技信息情报中心)体制改革方案》获市政府批准实施。将原市生产力促进中心与市科技情报研究所两单位合并,组建成立新的市生产力促进中心。　(卢　芳)

【国家科技部调研组到遵调研】　5月24日,由科技部党组成员、纪检组长吴忠泽为组长,部计划司、高新司、农社司、政策体改司、调研室等领导为成员的调研组一行9人到达遵义市,就地方科技工作的地位、作用、存在问题和困难以及今后的职能定位等问题召开了专题座谈会。调研组一行听取了红花岗区、余庆县、务川县、习水县科技局和市科技局的意见和建议;还赴桐梓县听取了县人大、县政府和县直10多个部门的情况汇报。

(卢　芳)

【遵义市十一中国际科技合作项目完成】　2004年底,日本协力队员菊田智子完成了在遵义市第十一中学为期两年的义务教学,于2005年1月9日离遵返回日本。至此,遵义市十一中学与日本海外协力事业团教学合作项目完成了项目合同规定的任务。

(卢　芳)

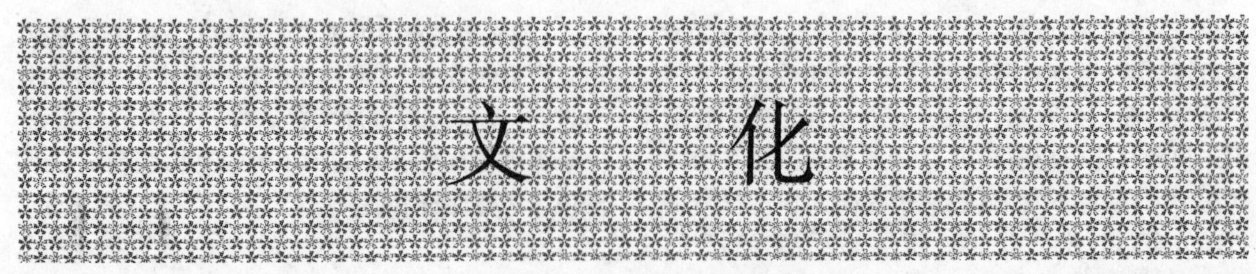

文 化

文化工作

【概况】 2004年,遵义市文化战线认真践行"三个代表"重要思想,牢牢把握先进文化的前进方向,全市文化工作取得了新的成绩。

一、专业文艺演出团体呈现出良好的发展势头。2004年,市杂技团在国际上连获世界级金奖,赴日本、德国、美国、巴西等14个国家和地区演出1106场次,观众达92万人次,搭建起遵义对外交流的桥梁。市文工团参加了纪念邓小平同志诞辰100周年大型文艺演出和市直机关《迎国庆·唱成就》歌咏比赛。市川剧团创作排练了全省"五个一工程"剧目《乌江守望者》。湄潭县文工团排练的花灯剧《湄河人家》参加了全市"四在农家"巡回演出。

二、活跃基层群众文化活动。市文化局举办了双拥春节联欢晚会、"五一"、"六一"联欢晚会,纪念邓小平诞辰100周年文艺演出、"国庆"文艺演出及"两会"期间的一系列文化活动。与市委宣传部、教育局、广电局、团市委联合组织了纪念遵义会议70周年高唱"长征组歌"活动。市群众艺术馆深入到部队、工矿、学校、街道、农村和社区演出30多场,各县、区(市)结合本地情况开展了丰富多彩的群众文艺活动,进一步繁荣了全市社会主义文化园地。

三、图书馆事业再上新台阶。按照文化部对地市级图书馆评估标准的要求,市图书馆结合自身实际,全面完成了对图书排列、书标更新、卡片整理等整改工作,顺利通过了文化部第三次评估检查,各项指标得到评估小组的肯定和好评。同时,市图书馆充分发挥信息主渠道作用,开展编制二次文献、定题服务、解答咨询、举办专业讲座等活动,为读者提供学习空间,为政府提供决策参考。

四、开发电影市场,电影发行放映稳步推进。市文化局对全市电影业现状及发展走向进行了新的探索。在全市推广凤冈经验,走"影企联姻、部门合作、与产业相结合"的路子,推进了电影事业稳步发展。同时,在巩固电影"2131"工程的基础上,全市开展了第五届农民电影节放映活动。

五、加大管理力度,促进文化市场健康发展。一是开展歌舞娱乐场所整顿工作。针对歌舞娱乐场所存在的"黄、赌、毒"及侍陪现象,在全市范围内对歌舞娱乐场所进行了为期2个月的专项检查治理,有力地震慑了违法犯罪活动和违规经营行为。二是对互联网上网服务营业场所开展专项治理,共检查网吧895次,取缔"黑网吧"27家,停业整顿95家,为青少年的健康成长创造了良好的文化环境。三是规范和整顿文化演艺市场,各地演出市场健康而活跃,演出团体增多且呈良性发展。

六、"扫黄""打非"成果显著,印刷管理稳步发展。调整充实了遵义市"扫黄""打非"工作领导小组,对"扫黄""打非"工作开展了阶段性集中整治行动。加大出版物市场清查力度,收缴政治性非法出版物和"法轮功"邪教组织宣传品。全市共收缴非法音像制品80500盘,非法书报刊物105000本,打击各类违规经营教材、教学辅导读物20万余册,涉案金额80万余元。

七、加强文物保护,文博事业取得了新进展。文物基础保护工作取得了新进展,完成了遵义会议会址、杨粲墓、海龙囤3处全国重点文保单位档案资料,积极筹备遵义会议陈列馆的陈列布展工作。整理了湄潭县浙大旧址等4处文物保护单位材料,已向国家文物局申报全国重点文物保护单位。文物保护设施建设和文物维修工程也得到稳步推进,完成了娄山关人行石拱桥、湄潭县文庙文昌阁保护修缮工程;对红军遵义警备司令部旧址、中华民国海军学校旧址进行了修复。

(田 恬)

【进行文化体制创新】 2004年,市文化局率先在遵义会议纪念馆启动人事制度改革。根据市政府对总体方案的批复意见,市杂技团、市图书馆、杨粲墓博物馆、贵州酒文化博物馆、市文工团、市文艺创作室都已制定了《岗位设置方案》、《竞争上岗方案》、《工资分配方案》,在对方案进行多次协商修改的基础上,经市事改办审核,市文化局已批复贵州酒文化博物馆、杨粲墓博物馆、市文工团、市文艺创作室4个科级单位的3个改革方案,现正在实施中。

(田　恬)

【积极筹备遵义会议70周年系列纪念活动】 为隆重纪念遵义会议召开70周年,纪念馆相关专家组成的资料征集小组,分别赴湖南、湖北、江西等20余处革命旧址收集资料图片,到国家博物馆、国家军事博物馆复印相关文物资料,完成了遵义会议陈列馆陈列布展工作。市文工团排演了大型专题纪念文艺晚会——《遵义颂》。

(田　恬)

【喜获两个国家级荣誉称号】 2004年,湄潭县被国家文化部、国家文物局授予"全国文物工作先进县"称号,该县也是贵州省唯一的"全国文物先进县"称号获得者。另外,桐梓县文化稽查大队荣获国家文化部授予的"全国文化市场行政执法先进集体"称号。

(田　恬)

【国家文化部来遵复查全国文化先进县及全国文化先进单位】 10月16日,国家文化部复评小组来遵对全国文化先进县——遵义县全国文化先进单位——遵义会议纪念馆进行复评。复评小组对本市建设全国文化先进县及先进单位的工作给予了充分肯定。

(田　恬)

遵义会议纪念馆

【概况】 2004年,遵义会议纪念馆基本完成新陈列馆的布展和人事制度改革两项工作。安装遵义会址主楼消防报警系统,红军总政治部旧址、苏维埃银行旧址、毛泽东旧居屋顶防漏施工,对遵义会址、总政治部旧址、毛泽东旧居进行全面维修勘测及维护其避雷设备,购置数千盆花草装饰各纪念点,整治草坪、花木约4600平方米。

参与省、市有关部门遵义会议精神研讨活动,出版发行《走进遵义会议纪念馆》、《陈云与遵义会议》,开设纪念邓小平诞生100周年图片展,征集红军遵义警备司令部旧址相关文物2件、古旧家具10余件、图书100余册、资料100余份、图片300余张,接待党和国家领导人10余批,港、澳、台胞、外宾20余批,游客24万余人,讲解10200余批。8月门票上调至35~40元/人,1月~11月收入613万余元。

(关黔新　陈登强)

【遵义会议陈列馆土建部分如期完成】 7月31日,作为遵义市十件大事、为遵义会议70周年献礼工程——遵义会议陈列馆土建部分完成,并随即进行布展安排。

(关黔新　陈登强)

【红军遵义警备司令部旧址异地建成】 红军遵义警备司令部旧址原在新华桥东侧现飞天花园处,是原黔军旅长周吉善的私人住宅。6月25日经市政府批准并投资在杨柳街异地修建,11月20日完工。12月14日移交遵义会议纪念馆。

(关黔新　陈登强)

【人事制度改革试点工作圆满完成】 根据遵义市委、市政府的部署,遵义会议纪念馆作为市2004年事业单位人事制度改革试点单位之一,相继制订出《遵义会议纪念馆人事制度改革总体方案》、《内设机构和岗位设置方案》、《人事制度改革聘用人员竞争上岗实施方案》、《在岗人员工资分配方案》等配套方案。根据方案,年内完成了中层干部竞聘、民主测评、上级部门考察、审查、任命,全员合同制聘用及在岗人员工资分配等工作。

(关黔新　陈登强)

【征编红军在黔牺牲烈士名录】 2004年,遵义会议纪念馆与市党史办、方志办、民政局4家单位合作完成红军在黔牺牲烈士名录1320名、佚名烈士2000余名的征集、整理、编撰工作。并将烈士名录镌刻在红军烈士陵园,该工程4月30日~9月28日竣工。

（关黔新　陈登强）

【遵义会议纪念馆英特网站建成】 6月,遵义会议纪念馆英特网开通,上网图文10万字,空间50兆。

（关黔新　陈登强）

附:党和国家及中央部、办、委、局领导人参观遵义会议纪念馆

姓　名	职　　务	时　间	题词、字
黄　菊	中央政治局常委、国务院副总理	2004年1月2日	签名
吴官正	中央政治局常委、中央纪委书记	2004年5月2日	签名
黄孟复	全国政协副主席、工商联合会主席	2004年3月23日	签名
郝建秀	全国政协副主席	2004年5月14日	签名
张思清	全国政协副主席	2004年11月15日	签名
刘振华	中央委员、山西省省长	2004年12月1日	
吴胜利	解放军副总参谋长	2004年12月3日	
牟新生	全国海关总署署长	2004年1月3日	
刘　坚	农业部副部长	2004年1月7日	
王瑞祥	中华全国总工会副主席	2004年1月9日	
蔡延松	全国绿化工作组组长、林业部副部长	2004年1月11日	
赵沁平	教育部副部长	2004年2月27日	签名
郭建模	中残联理事长	2004年3月7日	
陈训秋	全国政协副主席、湖北省委副书记	2004年3月23日	签名
汤小泉	中残联党组书记	2004年4月8日	
杨明仑	全国人大法工委	2004年4月6日	
郑万通	全国政协秘书长、率领香港知名人士代表团50人	2004年4月10日	签名
阳安江	北京市委副书记	2004年4月10日	
翟浩辉	水利部副部长	2004年4月15日	
王志宝	国家西部开发办公室副主任	2004年4月20日	
冯正霖	交通部副部长	2004年4月23日	
鹿心社	国土资源部副部长	2004年4月26日	
周巍峙	中国文联主席	2004年5月4日	
姚景源	国家统计局总经济师	2004年6月12日	
何添发	全国政协常委	2004年6月13日	
段应碧	全国政协经委副主任	2004年6月13日	
刘立清	全国政协经委副主任	2004年6月13日	
何予平	全国学联执行主席	2004年6月30日	
孔令一	中央文明办秘书局长	2004年7月2日	
杨冬权	中央档案馆副馆长	2004年7月6日	签名
罗康瑞	全国工商联副主席	2004年7月9日	

姓　名	职　务	时　间	题词、字
姜成康	全国烟草专卖局长	2004年8月6日	
周保志	水利部副部长	2004年8月8日	
李殿仁	国防大学中将	2004年8月22日	
王云翔	中国人民外交学会党组副书记	2004年8月28日	
袁贵仁	教育部副部长	2004年9月9日	
包　云	中国人民广播电台党委副书记	2004年9月23日	
杨　江	国家安全监察局监察专员	2004年10月16日	
尔肯江·吐拉洪	团中央书处处书记	2004年10月19日	
王忍之	原中宣部部长	2004年10月22日	
索立生	水利部副部长	2004年11月14日	
杨省世	交通部财务司副司长	2004年11月5日	
石广生	全国人大常委会委员、财经委副主任	2004年11月23日	
谭光禹	解放军总后勤部长、中将	2004年11月25日	
周　济	教育部部长	2004年12月24日	签名

港、澳、台胞、外宾参观遵义会议纪念馆

时　间	参观单位及人员	人数
2004年2月24日	日本朝日新闻社	5人
2004年3月10日	泰国公主诗琳通一行	45人
2004年3月21日	老挝工业和手工业部副部长那姆·维亚克一行(签名、留言)	10人
2004年3月31日	挪威驻华大使馆参赞魏莺歌	5人
2004年4月4日	加拿大	2人
2004年4月14日	德国(中央党校客人)	2人
2004年4月17日	澳门特区政府	2人
2004年4月17日	香港大明公司	6人
2004年4月26日	布隆迪乌普罗纳党副主席夏尔·恩地提耶一行	5人
2004年4月29日	澳大利亚	2人
2004年5月21日	澳大利亚、荷兰	4人
2004年5月25日	日本鲸交会	17人
2004年5月26日	乌干达	5人
2004年6月7日	香港大学“启蒙之光基金会”	31人
2004年8月5日	美国	5人
2004年8月13日	日本群牙县少数民族	8人
2004年8月17日	苏丹	7人
2004年8月21日	苏丹	18人
2004年9月6日	外国驻华武官考察团可尔准一行	45人

时　间	参观单位及人员	人数
2004年9月12日	马来西亚（旅行团）	41人
2004年10月15日	挪威代表团约根·科斯莫议长一行	10人
2004年11月9日	法国	2人
2004年12月11日	香港基金会	5人

附：社会团体、知名人士参观遵义会议纪念馆

时　间	参观单位及人员	人数
2004年1月13日	长春制片厂	70人
2004年3月8日	中国女足	150人
2004年3月9日	毛主席纪念堂	6人
2004年4月17日	国际广播电台	11人
2004年5月16日	中央军乐团	80人
2004年5月19日	西部地区协会	35人
2004年5月20日	刘华清之女一行	5人
2004年5月28日	国家自然基金会	22人
2004年6月8日	重庆党政代表团	100人
2004年7月1日	北大博士生服务考察团林钧等	15人
2004年7月1日	中央统战部	50人
2004年7月12日	中央电视台少儿频道剧组	6人
2004年9月8日	中宣部考察团	20人
2004年9月8日	文联作家采风团	6人
2004年9月14日	武汉“延安精神”研讨协会	28人
2004年10月1日	全国政协	25人
2004年10月3日	毛泽东儿媳韶华一行	4人
2004年10月16日	广东各县委书记	15人
2004年10月26日	全国政协	50人
2004年11月28日	全国工商联考察团	20人
2004年12月4日	中组部博士团	8人
2004年12月7日	王稼祥夫人朱仲丽一行	5人

遵义市图书馆

【概况】 2004年，遵义市图书馆根据全市文化工作总体要求，把满足人民群众的精神文化需求作为重要任务，以新的理念开创了图书馆工作的新局面。

2004年，共接待读者12万人次，举办讲座6次，开展读者活动15次，新办借书证410个，解答咨询4500多条，开展定题服务15项。全年分编图书4184册，1888种，订报刊710种，回溯图书1万册。建立了OPAC查询系统和图书馆网页，完善各类业务资料统计。顺利完成了文化部第三次评估检查工作。

青少年电子阅览室接待读者16966人次，解答咨询1200余条，开展定题服务7条，举办读者活动3次，为青少年上网构建了健康平台。充分发挥全国文化信息资源共享工程遵义市基层分中心网络资源优势，完成了卫星调试接收工作，将丰富的科技文化送到农村，先后到了新蒲镇文武村、深溪镇、虾子镇等10多个村镇，发放农科资料1620份，流通阅览图书200册，接待读者15500多人次。

为充分发挥古籍文献的作用，馆内编辑了《遵义市古旧地方文献提要目录》，已经完成第一阶段工作。

开展的图书馆服务宣传周和全国科普活动日活动取得良好效果。5月，馆内为市民设置了优秀图书推荐专架。并两次上街宣传，内容涉及图书馆员职业道德、名人格言、遵义会议评述、综合治理、生活百科常识、现场办理借书证、儿童图书阅览、图片展出等，共500多人次参加。把"全民读书"活动与"科普工作"紧密结合起来，针对未成年人心理健康问题，与老城小学共办"儿童心理健康"讲座，共有150名学生听讲；针对青年就业问题与共青团遵义市委共同举办了"就业形势及择业指导"讲座，遵义师院等大专院校150多名应届毕业生听讲。

充分发挥图书馆信息主渠道作用，让信息变知识、知识变智慧、智慧变效益。编制《城市工作信息》等二次文献4种6期，服务城市建设、农村经济，为政府提供有关民主与政治建设专题资料，为政府决策提供参考。

促进馆际协作协调，开展图书馆工作理论探讨。参加川、滇、桂、黔公共图书馆联席会议，交流论文5篇，发表论文3篇。为市教育系统中小学图书馆（室）举办业务培训班3次，开展业务培训178人次，其中市级班59人，县级班119人。先后到遵义县、习水县、正安县图书馆进行业务辅导，进一步提高了县级公共图书馆的业务管理水平。

重视馆员继续教育。市图书馆馆长张贵淮参加了市委组织部组织的专家组对东北三省的考察工作，吸取了其他省管理的新观念；3名参加中国图书馆学会举办的"图书馆服务创新"研讨班，获得了图书馆前沿科技发展动态信息，让图书馆业务管理上具有超前意识；2名工作人员参加深圳ILAS Ⅱ系统培训和省文化信息中心业务培训，为进一步提高馆员业务、文化素质夯实了基础。市图书馆新馆舍建设已列入市政府议事日程，8月17日，市委副书记、市长卢守祥到市图书馆进行了现场办公，召开了"市政府听证市图书馆、市博物馆馆舍建设专家座谈会"。

（陈庆苏）

【市图书馆新馆建设正式启动】 12月28日，相关负责人到市图书馆参加市图书馆新馆舍建设会议。副市长江才文对新馆舍的规模、设计、适用、工期等作了具体要求，并宣布市图书馆新馆舍建设从即日起正式启动。

（张贵淮）

【文化下乡活动取得新成效】 2004年，市图书馆充分发挥信息资源优势，以实际行动关注"三农"问题，开展了科技兴农的文化下乡活动。在对本市乡镇农业发展的调研基础上，组织了适合本地区的《辣椒塑料大棚栽培技术要点》、《辣椒病虫防治》、《蔬菜田微小害虫的发生和防治》、《九亿农民致富丛书》等农科专题资料，于4月～5月先后到了遵义县虾子镇、山岔镇、永新镇等十个乡镇开展送文化科技下乡活动，发放农科资料1520份，流通阅览图书200册，接待读者15000余人次。8月15日，与贵师大图情系的学生志愿者到红花岗区深溪镇，送文化下乡，组织科技咨询活动，发放农科资料100份，500多人参加活动。9月4日，在红花岗区首届农民科技文化体育活动周中，给农民放映科教片《蕃茄病虫害防治》，深受农民群众欢迎，取得了良好效果。

（陈庆苏）

遵义市杂技团

【概况】 2004年，遵义市杂技团在适应社会主义市场经济发展的同时，逐步建立依法运营的文化管理体制，增强文化产业的整体实力和国际竞争力，做到了全面、认真、有计划地开展全年的工作，如期完成了全年的工作指标，多次受到文化部通报表扬。

2004年，全团组织180余人的演出队伍到北京和上海，为中央领导、北京市人民及上海市人民演出全国舞台艺术精品工程十大精品剧目《依依山水情》。并派出300余人到山东、浙江、安徽、湖南、香港、澳门、台湾等地区及日本、美国等13个国家，演出1106场，接待外国观众918900人次。同时坚持上山下乡，在遵义市及正安、遵义县和贵阳、六盘水等城市进行有偿和公益性的演出达80余场，并照例参加文化部的春节晚会、中央团拜会、全国“两会”的演出。全体演职人员忘我拼搏、战斗不止，为适应新形势新任务，作出了积极的贡献！

2004年，市杂技团所访演的国家和地区已达35个，共出国境63次，出访人数为879人，出访天数为6444天，在外演出13685场，接待外国观众9034896人次。

（令狐宏）

【“秋千顶技”在意大利获国际奖】 1月12日，遵义市杂技团的“秋千顶技”杂技节目荣获第十二届金色马戏艺术节国际银奖。这是继1991年遵义市杂技团的“三人技巧”在意大利赛场上获银奖之后的第二次国际奖项。

（令狐宏）

【“三人女子造型”在匈牙利参赛】 1月26日~2月4日，市杂技团杂技节目《三人女子造型》组赴匈牙利参加第五届布达佩斯国际杂技节演出，荣获特别奖，受到我国驻匈牙利大使和参赞的亲切接见。

（令狐宏）

【“梅颂——转毯造型”获国际金奖】 2月2日~10日，市杂技团的“梅颂——转毯造型”赴法国参加巴黎第25届“明日未来”国际杂技艺术节比赛，荣获法兰西共和国金奖。

（令狐宏）

【“跳板蹬人”亮相东京】 4月1日~4日，应日本三协经纪公司邀请，市杂技团的“跳板蹬人”节目组一行10人，赴日本东京TBS电视台进行录像表演，在TBS电视台演播厅中接受了日本200多名专家名流的审视，引起了很大的震动和反响。

（令狐宏）

【“车技”、“流星”节目在英国演出成功】 3月26日~11月9日，市杂技团派出“依依山水情”中的“车技”、“流星”节目组一行15人，首次赴英格兰黑泽演出368场，接待观众294400人次，创汇24520英镑。并协助英国皇家马戏团参加全英杂技大赛夺得“全英最佳陆地奖”。

（令狐宏）

【“依依山水情”走进港澳】 7月12日~20日，遵义市杂技团创作和演出的全国舞台艺术精品工程十大精品剧目“依依山水情”，派出140人赴香港和澳门演出，7500名观众观看了表演，港澳各大媒体对此进行了专题报道。

（令狐宏）

【实现“宝岛演出梦”】 11月28日~12月8日，应台湾文化建设委员会、新竹市政府的邀请。市杂技团一行24人，共带12个杂技节目赴台湾新竹市演出4场，受到4000余观众的赞誉，给台湾同胞留下了深刻的印象，这是遵义市杂技团建团47年来首次在台湾演出。

（令狐宏）

贵州酒文化博物馆

【概况】 2004年，贵州酒文化博物馆经常深入酒类企业调查研究，征集到部分酒类文物，掌握到酒文化的第一手资料，为下一步的陈列展览打下了基础。结合酒博馆的实际，组织安排“5.18”国际博物馆日的宣传工作，制作完成了一套酒文化临时展览。采取引进展览、联合办展等多种形式，引进安徽“海洋贝壳艺术展”，宣传展示海洋生物科普知识，仅两天时间，参观人数达5000多人次。认真接待、解答群众的文物咨询上百次，聘请有关专家担任酒博馆兼职研究员。在省级和各类报刊杂志上发表论文近10篇。其中3篇论文在遵义市第二届社科成果奖中获奖。为深化酒博馆干部人事制度改革，根据省人民政府《关于进一步推进事业单位人事改革的实施意见》和市人民政府《关于事业单位人事制度改革的实施意见》，制定了《贵州酒文化博物馆人事制度改革总体方案》（已获批准)及有关配套实施方案。在市文化局和人事局的指导和帮助下,对现行人事制度进行改革。单位按照按需设岗、以岗择人、按岗聘任的原则,实现了单位人员根据自己的专业或特长竞聘各个岗位。

(唐昌国)

【完成"十五"规划制定】 2004 年,根据国家、省、市文物局有关部署和要求,酒博馆结合实际情况及发展要求,制订了《贵州酒文化博物馆十五规划》,提出了今后 5 年酒博馆的总体发展目标。

(唐昌国)

【联合举办"走进道真密境"展览】 2004 年,为配合贵州省仡佬族学会"仡佬与夜郎文化研究"年会的召开,酒博馆与市民宗局、道真县民宗局联合举办了"走进道真密境"展览。共展览图片、拓片 200 余幅,展示了道真县仡佬风情及近年的研究成果。

(唐昌国)

【举办"航天及陆、海、空军事科普教育展"】 2004 年,酒博馆引进安徽省安庆市科普馆航天巡展部的"航天及陆、海、空军事科普教育展"。以实物模型、图片和影视等手段,展示了我国航天事业的不凡经历和辉煌成就。在两个星期的时间里,20000 多名学生参观展览,取得了较好的社会效益和经济效益。

(唐昌国)

报业　广播电视　史志

遵义日报社

【概况】　2004年,遵义日报社在中共遵义市委、市委宣传部的领导下,牢牢把握正确舆论导向、努力提高舆论导向的水平,在采编部门、业务部门、后勤服务部门和经营部门的通力协作下,各项事业取得长足发展。

一、围绕中心、服务大局的新闻宣传工作取得显著成效。2004年度,《遵义日报》围绕全市大事,以重点报道策划为重点,强化党报舆论导向的作用。全年推出了21项重点报道策划方案,实现了社领导提出的"每十天为周期推出一组重点报道"的目标,较好地发挥了党报作为主流媒体的舆论导向作用。如"精神文明花盛开"、"四在农家谱新篇"、"今日长征路——纪念遵义会议七十周年"等系列报道,突出了全市精神文明建设的特点、亮点,在推进全市精神文明建设上发挥了较好作用;"弘扬求真务实精神、大兴求真务实之风——县、区(市)党政一把手言谈录"、"黔北发展新貌——县、区(市)经济社会发展巡礼"等系列报道,充分展现了全市"三个文明"建设的亮点和成果;"岁末话增收""畜牧业——吹糠见米的好产业"、"赤水河流域三百里竹都建设扫描"等"三农"问题的报道,以农民增收为聚集点,以解剖个体典型为着墨点,用生动具体的事例回答了全市各级党委政府贯彻落实"中央一号"文件的情况;"重点工程巡礼"中的"经济路、生态路、文化路、景观路——遵崇高速公路建设全视角"、"西电东送战尤酣"、"六大工业基地掠影"、"八大技改项目走笔"、"900公里县乡公路建设剪影"、"中心城区市政重点工程全景图"等重点报道,系统、全景地展现了全市在西部大开发建设中的辉煌成就。地方新闻版开办以来,共刊发基层稿件6000多篇,大大丰富了宣传报道内容,使市委机关报的职能作用发挥得更为充分和完整。新开设的"民生热线"栏目,热线追踪采访了150多个群众关注的热门话题,产生了良好的社会效果,新推出的"视点"(深度报道)和"百卉图"贴近实际、贴近群众、贴近生活,在读者中产生了共鸣;《科教时空》、《社会法制》、《百姓生活》和周末星期刊、副刊等版强化了知识性、趣味性和可读性,受到社会各界好评。《遵义晚报》明确了市民生活报的定位,强化贴近生活、贴近实际、贴近百姓的新闻报道路子,突出可读性,展示新亮点。从2004年1月1日改版后,不定期推出5个本地新闻版,全年本地新闻达到1500余个版面,刊发本地新闻稿30000余条(幅)。推出的"看窗口、话文明"、"三农"报道、"走进城郊结合部"等系列报道,注重社会舆论监督,深受市民欢迎;记者深入到省重点工程构皮滩电站施工现场采访,全面地反映了电站热火朝天的工作情景;对遵崇高速公路建设沿线的采访报道,见证了这条具有"世界级难度"公路工程的艰辛,达到了较好的宣传效果;系列报道"寻找老劳模",以反映30~80年代劳模工作为主,反映新中国建立以来各个时代的建设变化,歌颂了劳动者光荣的历史使命;长达50余篇的纪念红军长征、遵义会议召开七十周年大型系列报道,多角度、全方位反映红军在黔北的伟大壮举,弘扬了长征精神,受到教育界的极大关注和社会好评;重点策划的"邓小平与遵义"、"纪念抗战胜利"、"八一军旗红"和为建国55周年推出的"鸟瞰遵义"、"绿色遵义"、"跃进遵义"以及《历史不能忘记》等特刊,充分体现了以史料为基础的地方性,把讴歌、教育与可读性有机地结合起来,达到较好的宣传效果,"百姓热线"的开通,更是成为人们关注的焦点。晚报文体中心着力版面调整,新开"通信"、"美食"专刊,扩容"汽车"版,细化"家庭"版,强化"体育"版,不断满足读者需求,加强了晚报的可读性。

二、加强基础设施建设,实现现代化办公的升级换代。报社对新大楼的网络硬件、软件进行配制应用,完成了报社内部新局域网的改造升级工作,并将网络深入运用到各部室，提升了现代化办公手段，有效地提高了出报工作效率，保证了报纸的正常运作。到年底，全社各部门使用电脑率达100%，全年通过局域网处理、传输文稿达800余万字，图片2万余张。报社新大楼已成为全省第一家现代化、智能化的报业大楼。收发稿件系统获全国报业技术进步三等奖；为保证两报采编部门及时收取应用新华社图文，9月，报社将新华社图文接收系统改造升级搬迁到新大楼，将接收的图文与收稿系统、发稿系统进行整合，使编辑在本机上即可完成收、发、编的工作流程，极大地提高了工作效率。由信息中心自主开发的报社收稿系统获得全国报业技术进步三等奖；"遵义新闻网"从形式到内容逐步完善。信息中心在人手少、工作量大、经费不足等困难面前，精心维护网站，网站开通不足3年，已经是黔北最大的新闻门户网站，成为遵义市对外宣传的重要窗口。通过"遵义新闻网"发布的遵义新闻，经过新浪网、新华网、央视国际网等国家级网站转载发布的有500余条，图片30多幅。"遵义新闻网"开通频道已达到14个，其注处总量超过100万字。

三、报业发展的辅助性工作全面提升。报纸发行稳步上升。在全国整顿报刊发行市场，党政机关大幅削减订报经费的大气候下，报社推出与县、区(市)委宣传部的互动联系活动，增强了沟通，稳定了党报发行市场。在晚报发行上，发行部认真做好市场调查，策划一系列促销活动，开辟第二发行渠道，采取赠送报童标志性背心、晚报上公交车、订晚报美发、回赠亲情卡等措施，扩大晚报的影响力，增加订报份额，提升晚报的发行量，基本实现了预期发行目标；群工工作纵深发展。群工部把接待群众来信来访"窗口"作为报社的形象工程来抓，从服务质量的提升入手，强化接待工作，做到换位思考、热情接待、公正处理。全年接待来访135件次，来信来电118件次，经过筛选进入正式处理渠道的246件，已处理完毕157件，正在处理的89件，基本做到事事有记录、件件有结果，受到来访者的好评。通联工作顺利开展，完成11个县、市(区)记者站办照工作，45名驻县记者、60名特约记者、96名通讯员纳入建档管理。内刊《遵义报业》实现按季出版，由于加强了通联、约稿、组稿工作，刊物质量不断提升，5件作品被省级以上刊物选用，《遵义报业》上3篇文章获全国新闻论文奖；财务工作再次创优。2004年，报社财务部彻底摆脱了手工记账，实现微机电算化管理。为跟上现代化建设的步伐，财务人员认真、刻苦学习业务，业务管理水平实现升级，财务资料的准确度得到提高。与此同时，财务部强化内部管理，严格把关、严格财经纪律，高质量圆满地完成结算任务，再次被遵义市财政局评为"财务工作先进单位"。

四、报业经济出现良好发展势头。广告中心广开财源、重点突破，经济创新高。广告中心在广告市场竞争日趋激烈的情况下，改变工作思路，重拳出击抓策划，群策群力谋发展，组建房开、商业金融、卫生药品、汽车、手机通讯等策划小组，有计划地实施近、中、长期策划，抓住商机，主动出击，广告策划20余起，仅汇川区挂牌，广告创收就达80万元，教师节"教育之光"活动策划，增加广告收入30多万元。全年广告实现创收1280万元，较上年增加280余万元，增长25%。印务中心节能降耗，经济实现新突破。印务中心转换用人机制，提高队伍整体素质，在保证报纸印刷正常运行的前提下，围绕提高经济效益这个中心，抓好内部管理，开展节能降耗活动，全年实现产值760万元。宾馆业务开展，试运行开了好头。宾馆的挂牌营业，标志着遵义日报社复合型经济的启动。试运行两月来，创收达48万元，显示出良好的发展势头。

（张定一）

【编辑记者业务论文实现量和质的突破】 2004年，报社干部职工的论文被国家级、省级、市级刊物采用20余篇，为上年的两倍多。全国重点期刊采用2篇，采用率比上年上升50%。12篇论文在全国地市报、中国报协党报分会评奖中获奖。其中一等奖2篇、二等奖3篇、三等奖4篇、优秀奖3篇。3篇论文分获市政府颁发的第二届优秀社科成果奖。其中二等奖1篇、三等奖1篇、优秀奖1篇。报社3位编辑记者的5部专著问世。

（张定一）

广播电视

【概况】 2004年，遵义市广播电视系统宣传工作、事业建设经济创收继续保持强劲上升势头，行业行政管理、队伍建设等各项工作成绩突出,在年度职能目标及效能建设考核中,被遵义市委、遵义市政府评为优秀单位。

一、宣传工作。全市广电系统认真践行“三个代表”重要思想,深入宣传贯彻落实党的十六大,十六届三中、四中全会精神,坚持“三贴近”原则,牢牢把握正确的舆论导向,自觉地服务、服从于市委、市政府工作大局。先后开设了《贯彻落实十六届四中全会精神》、《情为民系,关注三农》、《为党旗争辉》、《环保世纪行》、《飞越城市》以及获中纪委表彰的《行风热线》,获全国农业电视节目一等奖的《田野》等10多个主题宣传栏目。全年送中央台播出的新闻79条,比上年增长40%以上;送省台播出新闻243条。其中“抢救生命垂危的残疾产妇”、“胸怀赤子心、甘为孺子牛”、“娄山交警”、“拯救废墟中的生命”、“我最爱的西部小城·遵义篇”等精品节目经中央台、省台播出后,在社会上产生广泛影响,对提高遵义的知名度,树立名城遵义的良好形象起到了积极作用。

二、事业建设。在继完成上年三级联网干线工程建设以后,通过改造镇(乡)农村有线电视网络、新架光纤干线230公里,使10余万原农村有线电视用户并入市广电中心网络。新增农村用户4.2万余户,超计划50%。11月中旬,经中共中央组织部、省委组织部远程教育办公室考核验收,遵义市全系统光纤联网的所有远教站(点)全部获满分。11月,顺利完成市政府承诺的十件实事之一“824座村村通模改数工程”建设任务,经省广电局考核验收,被评为“优质工程”。在传统广电网络业务快速增长的同时,增值业务开始起步。市广电网络中心新增数字电视用户1800余户。与遵义移动公司合作共同开发宽带上网业务,即“遵义移动广电宽带e视通”开始登记。

三、经济创收。2004年,全市广电系统预算外收入达6000多万元,增长超过10%。其中,由于三级联网工程效应,除两城区以外的12个县(市)广电部门,增收1000万元,增长30%以上。

四、机制创新。市直广电系统完成体制改革任务后,市电台、市电视台、市广电网络中心先后推出机构、人事、分配三项制度改革,着力推进管理机制创新。根据业务发展需要重新设置机构。人员由身份管理改为岗位管理,分配由事业工资制改为岗位与效益挂钩;干部竞聘、员工竞岗;合理分配资源,优化人员结构,使一批事业心强、业务精、作风正的年轻干部脱颖而出,激发了广电系统的活力和员工的创造力,调动了全系统干部职工的积极性和主动性。

(王宇净)

遵义市电视台

【概况】 2004年,遵义市电视台围绕中心,服务大局,唱响主旋律,打好主动仗,以改革的精神、创新的思路、团结奋进、开拓创新,坚持“三贴近”,在宣传、事业、经营、技术和管理等各方面取得新成绩。

一、巩固三项制度改革成果,各项工作取得新突破。1. 三项制度(机构、人事、分配)改革初步解决了人员合理配置、收入合理分配的问题。通过深化内部人事制度改革,实行干部竞聘、员工竞岗,使一批事业心强、业务精、作风正的年轻干部脱颖而出,促进干部队伍的年轻化、知识化、专业化。同时在全台员工中试行双向选择、竞争上岗,积极推行岗位管理制度,建立以定编制、定岗位、定职责、定奖惩为基础的人事管理机制,形成岗位能上能下的用人环境,极大地调动广大职工的积极性和主动性。2. 实现频道资源整合,突出专业频道特色。加大对频道资源的整合力度,通过对现有频道、栏目进行整合,打造强势宣传平台,初步形成各具特色、互为补充的新闻综合频道、都市频道、公共频道、影视频道,并着力抓好频道节目调整,在质量上下功夫,在栏目上求突破,实现定位专业化、栏目个性化,使频道走进市场,让市场了解频道,增强了电视宣传的吸引力和感染力。新闻综合频道搭建起以《遵义新闻联播》为主体,《晚间新闻》、《聚焦黔北》、《午间时讯》、《新闻周刊》、《黔北潮》等节目为补充的新闻综合频道框架;都市频道搭建起以少儿栏目《成长快乐》、谈话栏目《走过》为主体,融文化教育、百姓话题等为一体的专业化频道框架;公共频道正逐步搭建起以农业电视杂志《田野》为主体,融农业化、城镇化等话题为一体的专业化频道框架;外宣部搭建以旅游栏目《走进自然》、休闲体育栏目《鱼乐无限》为主体,融引进交流、旅游体育、影视欣赏为主的专业化频道框架。遵义广播电视报围绕提高报纸质量、提高发行量为中心，加大工作力度，在内容上贴近市民生活，在编辑工作上进行了新的探索和实践，调动了报社职工的工作积极性和主动性，发行工作取得了新突破，上半年平均发行量达9850份，比去年同期增长51%。3. 以市场为导向，提升知名度。培育新的经济增长点。运用市场化运作模式，积极开拓文化市场、体育市场，承办纪念遵义会议69周年迎春晚会、全国女子足球联赛，“魅力遵义”首届旅游形象大使电视大赛。通过开展一系列活动，进一步扩大影响，提升知名度，取得了良好的社会效益和经济效益。

二、坚持“三贴近”，宣传工作取得新成绩。1. 把握宣传主题，强化喉舌作用。2004年，新闻中心把学习宣传贯彻十六大和十六届三中、四中全会精神作为报道主线，围绕市委、市政府的中心工作，按照“三贴近”的要求，增强策划意识，丰富栏目版块，抓好重点报道，进一步提高了节目的宣传和舆论引导水平。《遵义新闻联播》节目先后开设了《贯彻落实十六届四中全会精神》、《情为民系，关注三农》、《为党旗增辉》、《勤政表率、廉政楷模》、《奔向小康的遵义新路》、《专访清华博士后》、《透视国家助学贷款新政策》、《就业与再就业》、《开创未成年人思想道德建设新局面》、《园丁情怀》、《环保世纪行》、《新时期扶贫开发》等10多个主题宣传栏目版块。《晚间报道》栏目坚持从平民化的视角关注百姓生活，关注人生百态，改进新闻报道方式，采制了大量组合报道，切实增强报道的针对性、时效性和吸引力。采制的《学校为办喜宴 学生调课一天》、《遵义警方成功解救一轻生男子》等关注民生的新闻，播出后收到良好的社会效果。《聚焦黔北》栏目坚持正确舆论导向，充分发挥舆论监督作用。采制的《拯救废墟里的生命》、《“黄金姜“变成“为难草”》、《如此合格工程》在贵州卫视播出，引起强烈的反响。改版的《英语周刊》陆续推出了走进校园、学习园地、人物访谈等专栏，较好地完成了对多名外国官员、学者、体育教练运动员的采访任务。2. 加强新闻策划，打造荧屏亮点。2004年以来，新闻中心相继推出了一批主题策划节目，为突出宣传重点、丰富节目内容、提升栏目档次起到了积极作用。为宣传报道好遵崇高速公路和构皮滩电站两大重点工程建设情况和工程建设者不畏险阻的精神，新闻中心精心策划，组织摄制组，先后拍摄了反映遵崇高速公路建设的8集系列报道《高路入云端》和反映构皮滩电站建设的4集系列报道《众志成城锁乌江》。分别在本台和贵州卫视《贵州新闻联播》中播出。为纪念红军长征出发70周年，新闻中心与贵州台合作拍摄了5集系列报道《长征路上》，于10月10日（红军长征出发纪念日）同时在《贵州新闻联播》和《遵义新闻联播》中播出，收到了很好的宣传效果。3. 外宣工作成绩喜人。2004年以来，加大外宣力度，扩大遵义对外知名度。外宣节目在质量、数量、档次上超过了上年。新闻中心在贵州电视台《贵州新闻联播》、《24小时》、《今日视点》等节目播出新闻条（期）中，《聚焦黔北》选送的反映绥阳县蒲场镇拆迁无人上访的专题《拆迁拆出新天地》在《今日视点》中播出后，得到省委书记钱运禄的高度评价，专门到该镇调研，并奖励该镇50万元。外宣部拍摄的专题片《醉绿之城》在中央电视台《天地人》栏目中播出。外宣部还通过“名城掠影网”这个外宣平台，播出交流栏目52期。4. 克服市场不利因素，拓展思路保创收。面对广告市场变化及医疗药品广告清理整顿对广告创收带来的影响，广告经济中心努力挖掘广告市场，强化服务体系，提升服务品质，通过细分广告市场、深挖潜在客户、优化广告套播等措施，全方位开展广告创收经营活动。全年完成广告创收纯收入800万元，较好地完成了全年广告创收任务。

（赵　军）

【抢救残疾产妇追踪报道在央视《焦点访谈》播出】　11月24日晚，遵义医院抢救一位处于生命垂危的残疾产妇，新闻中心记者进行了及时的追踪报道。除在本台《遵义新闻联播》和《晚间报道》连续播出外，还在11月25日、26日两天的贵州卫视《贵州新闻联播》、《24小时》和中央电视台新闻频道《新闻社区》进行连续报道，同时争取到中央电视台《焦点访谈》栏目记者到遵采访报道。12月12日，该报道在《焦点访谈》栏目播出，赢得较好的社会反响。

（赵　军）

【采制新闻在央视播出创历史新高】　由新闻中心采制和与中央电视台合拍的69条新闻消息先后在中央电视台《新闻联播》、《中国新闻》、《新闻社区》、《西部新闻》、《第一时间》、《金土地》等新闻节目中播出。反映遵义"四在农家"创建活动的新闻在《新闻联播》"经典中国"专栏中播出。反映遵义市民政局局长张有顺先进事迹的新闻《胸怀赤字心,甘为孺子牛》在《新闻联播》中播出。遵义交警大年三十夜在娄山关上坚守岗位的新闻《娄山交警》在中央电视台《新闻联播》、《晚间新闻》、《西部新闻》等7个栏目播出。遵义军民齐心协力抢救遇险民工的新闻《拯救废墟里的生命》在《新闻联播》、《中国新闻》、《西部新闻》等8个栏目播出。遵义红色旅游的新闻《遵义:实现两个对接 做强红色旅游》在《新闻联播》中播出。其中《拯救废墟里的生命》在中央电视台2004年全国通联会上获地方好新闻一等奖、《电梯事故被证明是一场意外事故》获地方好新闻最佳现场奖。

(赵 军)

【节目评比硕果累累】 在3月揭晓的2003年度贵州广播电视奖节目评选中,本台选送的10件作品有8件获奖,选评作品获奖率位居全省各地州市电视台前茅。其中,系列报道《神秘赤水河探险采风》、长消息《遵义打破城市公交大巴垄断格局》获系列报道、消息类一等奖;《民工深洞遇险 消防紧急救援》、《王江和她的科技日记》、《半个世纪后的寻访》、《遵义汽车,川渝牌照》、《在这片土地上》分获消息、评论、专题类二等奖;《绥阳警方成功解救一名婴儿人质》获消息类三等奖。系列报道《我最喜爱的西部小城·遵义篇》荣获西部频道评选的最佳编导奖;"2004迎春晚会"荣获在沈阳举办的"城市电视台频道形象包装作品"一等奖。专题《仡乡踏歌行》荣获中国历史文化名城电视协作网年会外宣专题二等奖。

(赵 军)

遵义市人民广播电台

【概况】 2004年,遵义市人民广播电台按照市委宣传部2004年宣传思想工作要点,加强日常新闻采、编、播管理工作,对重大重点报道精心策划,有序组织,全面落实,出色地完成了"两会"的宣传报道任务。加大了对遵义市"三化一强"建设及"双创"工作的宣传报道力度。继续与全国52个城市电台开办《飞越城市》外宣节目,扩大遵义在全国的影响力和知名度。利用广播互动优势,打造名牌栏目,《行风热线》、《驾驶员之友》、《市民热线》、《法律援助》等一批节目,深受听众喜爱。其中《行风热线》得到国务院纠风办的充分肯定。全年共完成新闻消息类报道2000余篇,新闻专题类报道140余件,直播节目98次,提供法律咨询2000多人次,接听群众热线9560人次,特邀相关领导及嘉宾到电台直播室宣传党和国家的方针政策400多人次。广播出场直播取得较好成绩。王晓梅、陈剑桥的《冬夜,名城爱心在延伸》获贵州广播新闻一等奖;谢国祥、杜娟的《遵义中心城区公交客运亟待整治》,杨玉兰、杜娟的《母子同登国际领奖台》获贵州广播新闻二等奖。

由于2004年遵义市人民广播电台在思想政治、新闻宣传、广播技术、行政管理、财务、广告创收等各项工作中成绩突出,多次受到市委、市政府主要领导的高度评价和充分肯定,荣获2004年遵义市广播电视系统综合考评一等奖。

(徐屏西)

【行风热线搭建政府与群众沟通平台】 2004年1月,由遵义市人民广播电台、遵义市政府行风办、红花岗区政府纠风办在省内率先开办的舆论监督热线直播节目——《行风热线》,经过半年的试运行后正式开办。《行风热线》把政府关注的工作重点同人民群众关心的热点、难点紧密结合起来,发挥了行政监督、法律监督、群众监督和舆论监督的作用。节目开办以来,接到听众热线电话、信息参与400多件。其中解决、解答实际问题近400件。2004年10月,作为在全国开办《行风热线》节目较早的城市之一,遵义市被邀请参加了国务院纠风办在内蒙古自治区包头市召开的全国部分省(区、市)和市(地)行风热线工作座谈会,受到国务院纠风办的充分肯定并在会上作了经验交流。新华社贵州分社对遵义电台《行风热线》节目作了专题报道,并在国内《光明日报》等一些重要媒体进行转发。

(徐屏西)

【市民热线为群众排忧解难】 市人民广播电台的《市民热线》节目作为沟通市民与政府的桥梁,利用群众、媒体、政府三方现场通话的形式(节目主持人在接听群众反映问题的电话时，有选择地当场拨通相关职能部门的电话，使听众在节目中能与职能部门直接对话），使群众关注的热点、难点问题能及时得到答复。同时对有关部门在解决群众的困难、问题方面起到了监督作用。2004 年，《市民热线》节目就接到各类热线电话 2471 个，回复率达 87%。

（徐屏西）

【广告创收大幅度增长】 2004 年，遵义市人民广播电台广告创收达 55.5 万元，比上年净增 23.5 万元。2004 年 11 月 27 日，电台内部进行了 2005 年广告招标，标底 42 万元，有 3 人参加投标，广告部主任陈刚以 55.5 万元的标价接标。

（徐屏西）

【荣获中国 3·15 荣誉奖】 自 1997 年以来，遵义市人民广播电台通过《消费者服务台》、《市民热线》、《法律援助热线》等节目及新闻采访报道，大力宣传有关消费者权益保护的法律法规，解答群众咨询，为保护消费者合法权益发挥舆论监督作用。2004 年 12 月 26 日，经有关部门推荐，在纪念中国消费者协会成立二十周年表彰活动中，被中国消费者协会授予 3·15 荣誉奖章，是贵州省唯一获此殊荣的新闻媒体。

（徐屏西）

【完成人事制度改革前期工作】 4 月，作为全市人事制度改革的试点单位，市人民广播电台人事制度改革前期工作正式启动。市人民广播电台制定了《遵义市人民广播电台人事制度改革方案、实施方案》。方案主要内容有《岗位设置方案》、《人事制度改革竞争上岗实施方案》、《职工竞岗方案》、《未聘待岗人员安置办法》、《分配制度改革方案》等。12 月底，该《方案》经市广电局、市人事局、市编委等有关部门审定，电台人事制度改革前期工作基本完成。

（徐屏西）

【成功承办“全国第四届城市电台发展研讨暨协作会”】 9 月 19 日～25 日，全国第四届城市电台发展研讨暨协作会在遵义召开。会议由中国广播电视学会主办，中国广播杂志社和遵义市人民广播电台承办。全国 48 家电台的台长、总编及相关专家、学者参加了会议。会议就广播市场开发、跨媒体跨区域联会协作、城市电台频率定位、电台卖药负效应等问题作了研讨。中国人民大学新闻院著名教授、博士生导师陈力丹作了《我国新闻学研究的历史与现实》、《如何发现和选择新闻》、《职业精神和职业规范是立足之本》等一系列专题报告。中央人民广播电台机关党委副书记包云、中国广播杂志社社长覃继红、总编裴建萍、《中国之声》新闻部主任蔡万麟、北京电台副总编张勉之、南京电台台长陈晓平等一批全国知名专家学者，从不同角度论述了中国广播业与世界广播业未来发展的美好前景与所面临的挑战。这次研讨会被与会代表誉为“是全国历届广播会议最为成功的一次会议”。

（徐屏西）

【台长简介收入《中国新闻年鉴》】 《中国新闻年鉴》（2004 年卷）中的《新闻界人物》，收入了全国 105 位新闻界人物的简介。遵义市人民广播电台现任台长巴俊峰的简介收入其中。

（徐屏西）

遵义市人民广播电台 2004 年节目单

（周一至周五）

时间	节目	时间	节目
6:20～6:30	开始曲	10:05～11:00	市民热线
6:30～7:30	转播中央、省新闻	11:00～11:05	整点新闻
7:30～8:30	早安遵义	11:05～12:00	驾驶员之友
8:30～9:00	健康之声	12:00～12:05	整点新闻
9:00～9:30	天外来客	12:05～12:30	驾驶员之友
9:30～10:00	健康之声	12:30～13:00	商务节目
10:00～10:05	整点新闻	13:00～14:00	音乐不塞车

14:00~14:05 整点新闻
14:05~14:30 音乐不塞车
14:30~15:00 调频书场
15:00~16:00 时尚最拉风
16:00~16:05 整点新闻
16:05~17:00 开心 TAXI
17:00~17:05 整点新闻
17:05~17:30 梦想家园/运政之声
17:30~18:00 交通新干线
18:00~18:05 整点新闻
18:05~18:30 交通新干线
18:30~19:30 转播中央、省新闻
19:30~19:43 遵义新闻联播
19:43~20:00 音乐晚班车
20:00~21:00 空中医院
21:00~22:00 法律援助热线
22:00~22:30 商务节目
22:30~23:00 行走音乐
23:00~24:00 夜空不寂寞

双休日

6:20~6:30 开始曲
6:30~7:30 转播中央、省新闻
7:30~8:30 早安遵义
8:30~9:00 健康之声
9:00~9:30 天外来客
9:30~10:00 健康之声
10:00~11:00 飞越城市(六)
前车之鉴(日)
10:05~11:00 市民热线
11:00~11:05 整点新闻
11:05~12:00 行风热线(六)
阳光季节(日)
12:00~12:05 整点新闻
12:05~12:30 我爱我车
12:30~13:00 商务节目
13:00~14:00 音乐不塞车
14:00~14:05 整点新闻
14:05~14:30 音乐不塞车
14:30~15:00 调频书场
15:00~16:00 快乐巴士
16:00~16:05 整点新闻
16:05~17:00 遵广体育时空
17:00~17:05 整点新闻
17:05~17:30 梦想家园/运政之声
17:30~18:00 时尚最拉风
18:00~18:05 整点新闻
18:05~18:30 时尚最拉风
18:30~19:30 转播中央、省新闻
19:30~19:43 遵义新闻联播
19:43~20:00 音乐晚班车
20:00~21:00 空中医院
21:00~22:00 嘻哈二人行
22:00~22:30 商务节目
22:30~23:30 星媛乐园
23:30~24:00 异度空间

地方志与年鉴编纂

【概况】 2004年，全市地方志工作按照贵州省地、州(市)地方志办公室主任会议精神，紧紧围绕遵义市人民政府办公室“关于年内完成首届修志工作的通知”要求，继续抓紧完成首届地级专志的扫尾工作，全面启动本市第二轮修志工作，把树立精品意识、提高编纂质量贯穿于地方志工作的全过程，充分发挥了地方志和年鉴在社会主义物质文明、精神文明、政治文明建设中的积极作用。

一、采取有效措施，努力完成首届地级专志扫尾工作。根据市政府办公室“关于年内完成首届修志工作的通知”要求，市地方志办公室采取切实有效的措施，在保证质量的前提下，进一步加快首届地级专志的编纂、出版进度。截至12月底，《政权·政协志》、《对外贸易经济合作志》、《司法行政志》、《体育志》、《档案志》、《科学技术协会志》、《文化·文学艺术志》相继出版发行，《广播电视志》、《报业志》已进入三校阶段，《总目录提要》正在编纂中。至此，全市40部地级专志已完成38部，基本完成首届地级专志编纂任务。

二、加强督促、指导，全力推进第二轮修志工

作。继2003年12月全市地方志续修工作会议后，为了解各县、区(市)贯彻落实会议情况，遵义市方志办分别于3月、7月、12月深入各县、区(市)检查、调研、指导，采取开座谈会、听汇报、查阅资料等形式，对各县、区(市)第二轮修志工作的组织机构、队伍建设、责任制落实、续修计划、篇目设计、资料收集及编写进展情况进行检查，积极协助解决县级修志部门存在的一些困难和问题，并将了解到的情况写出书面报告向市委、市政府汇报。针对全市第二轮修志人员变化大、新手多、业务不熟的实际情况，遵义市方志办组织全市14个县、区(市)的60余名修志人员，分三批参加省志办举办的地方志业务培训学习，使参训人员得以系统地学习地方志基础知识。红花岗区、余庆、务川、正安县采取以会代训，桐梓、绥阳、道真、凤冈县通过印发资料、座谈讨论、通读前志等形式开展了业务培训，为提高编修人员的业务水平，确保第二轮修志任务的完成奠定了基础。

三、加强质量管理，努力向精品年鉴迈进。2004卷的《遵义市年鉴》编辑，始终把提高文字编校质量作为年鉴质量管理的难点和重点来解决，在编校质量上下功夫。为把差错率降到最低点，市志办制定了“志书、年鉴和其他出版物校对工作考核暂行办法”，使每个编校人员责任意识进一步强化，校对质量进一步提高。为进一步增强年鉴的时效性，提高年鉴的利用率，继续缩短发行周期，年鉴编辑人员加快改稿、审稿、校对等环节的节奏，使2004卷年鉴比2003卷年鉴提前2个月出版发行，是年鉴创刊6年来编辑出版发行周期最短的一年。

(汪启琴)

【《遵义市年鉴》获首届中国地方志年鉴奖框架设计优秀奖】　12月，由中国地方志指导小组办公室、中国地方志协会组织的“首届中国地方志年鉴奖评奖”活动，按照客观、公正、公平的原则，经各年鉴参评单位自评申报，中国地方志年鉴奖评奖委员会地市级年鉴评奖小组初评，中国地方志年鉴奖评审委员会审定，《遵义市年鉴》(2004)卷获得“首届中国地方志年鉴奖框架设计优秀奖”。

(汪启琴)

【《遵义市年鉴》被《中国年鉴全文数据库》收录】　11月，经《中国知识资源总库》编辑委员会审核同意，《遵义市年鉴》被《中国年鉴全文数据库》全文收录。该数据库是由新闻出版总署批准创办的我国第一部以全文数据库形式网络出版我国年鉴文献的连续电子出版物期刊，是我国年鉴知识信息生产、传播、应用管理的现代化网络出版平台。《遵义市年鉴》被收录后，将登载在互联网上或通过互联网发送到用户终端，供公众浏览、阅读、使用，对推介遵义、宣传遵义发挥了作用。

(汪启琴)

【6部志书获遵义市第二届哲学社会科学优秀成果奖】　11月，参加由遵义市委宣传部、遵义市社会科学界联合会组织的“遵义市第二届哲学社会科学优秀成果”评奖活动，地方志系统参评的12部志书有6部获奖。其中一等奖1部、二等奖2部、三等奖3部。

(汪启琴)

【整理、点校《黎氏家集续编》】　为抢救沙滩文化，年初，市志办将《黎氏家集续编》列入遵义市地方志史料丛书编辑、出版计划，向遵义市政府提交了专题报告。市委、市政府高度重视，安排了出版经费。市方志办组织人员深入沙滩调查、了解、收集、甄别沙滩人文手稿，并多次到贵州省图书馆、贵州师范大学图书馆及有关文化部门查找、摘抄沙滩人文手稿。经过艰辛努力，收集到黎朝帮等20余人、40万字未刊行的遗诗，经整理、点校，已进入出版程序。

(汪启琴)

党史研究

【概况】　2004年，遵义市党史研究室继续贯彻落实省、市党史工作会议精神，求真务实，努力工作，结合遵义党史工作实际，在党史资料征集研究、宣传和为党委、政府中心工作服务方面，开展了以下工作。

一、党史征研及调研工作。为完成党史工作5年规划，进一步加大了对地方党史正本编写的督促和指导。3月~5月，根据上级有关指示，同市民政局、遵义会议纪念馆、方志办一起，派人到湖南、江西、福建、湖北等地，对长征期间牺牲在贵州遵义的红军烈士英名进行搜集、整理，新征集1000多名烈士英名，并镌刻在红军烈士陵园。8月底~9月初到绥阳、正安、道真、务川和湄潭等县，了解县级党史工作机构、人员等落实情况和党史正本编写工作情况。编写并打印《中国共产党遵义市历史》民主革命时期第一章至第三章初稿，约5万字。现正进行校对、修改、补充和完善。第四章和第五章也写出部分内容。

根据省委党史研究室的要求，在各县、区（市）开展革命遗址和爱国主义教育基地调查，收集资料，统计汇总，写出综合报告及时上报省委党史研究室。查明全市已开发利用爱国主义教育基地50余个；尚未利用但具有开发价值的革命遗址60余个。该调查对全市下一步开发利用红色文化、发展红色旅游业将会起到重要的参考和基础作用。充分利用《遵义党史党建》内部刊物，学习、宣传和研究马列主义、毛泽东思想、邓小平理论和“三个代表”重要思想；学习、宣传和研究中共党史及遵义地方党史；学习、宣传和研究党建理论及遵义党建实践和经验，发挥了资政育人的作用。联系国内著名党史和理论专家石仲泉、林建公等为本刊物赐稿；同时采用兄弟省市党史界同仁的优秀稿件，带动、提高了刊物党史研究的理论水平和影响力；注重稿件的理论性和通俗性相结合，增强了刊物的活力和可读性。在纪念邓小平诞辰100周年和迎接遵义会议70周年活动期间，《遵义党史党建》刊发了一系列论文和纪念文章。

二、党史宣传教育工作。为充分发挥党史对广大党员、干部群众、青少年学生的教育作用。室领导担任了遵义市第四中学“长征文化”课题研究组的顾问，并应课题研究组的邀请到四中作学术辅导报告。7月底~8月初，应遵义市教育局、遵义市委宣传部之邀，为中央教科所全国大中学小学德育试验教材编写关于红军长征、遵义会议等课文提纲提供了大量素材，并参与课文内容的修改。该教材已由人民出版社出版。9月下旬，根据省委党史研究室安排，在学生、机关干部和企业职工中开展党史知识的抽样调查。积极支持、指导遵义二野军大五分校校史研究会活动。拟定关于召开遵义会议精神研讨会的方案，召开市党史系统纪念遵义会议70周年活动；参与由遵义县党史研究室电视专题片《从转折走向辉煌》的稿本审定和电视片的拍摄协调工作；积极配合省委党史研究室、省电视台拍摄专题系列片、电视政论片《红星闪耀在贵州》、《伟大的转折》；组织召开工作协调会、帮助联系有关工作，陪同深入一线拍摄，使拍摄工作能够顺利进行。该片已在贵州电视一台“发现贵州”栏目播出。

（张 炼）

【联合举办学习新《党章》和两个《条例》知识竞赛】 为纪念中国共产党成立83周年，遵义市党史研究室与市委组织部、市直机关工委联合组织全市党员干部学习开展新《党章》、《中国共产党党内监督条例（试行）》和《中国共产党纪律处分条例》知识竞赛活动。全市10余万人参加。并在《遵义日报》上公布获奖名单，向获奖者颁发了奖品和证书。

（张 炼）

【《“三个代表”在遵义》一书出版发行】 该书共有60余万字，图文并茂，较全面地反映了撤地设市以来，遵义广大党员干部和群众实践“三个代表”重要思想，推进工业化、城镇化和农业产业化建设，全面建设遵义小康社会的初步成果，该书被市委列为向遵义会议70周年献礼书籍。

（张 炼）

卫生　体育

卫生行政管理

【概况】 2004年，遵义市卫生工作围绕遵义市二届人大二次会议《政府工作报告》明确的卫生改革与发展任务，认真贯彻全国、全省“非典”防治工作会议、卫生工作会议精神，继续深化卫生体制改革，强化公共卫生管理，加强公共卫生基础设施建设，努力改善农村卫生服务条件，着力抓好新型农村合作医疗试点工作，广泛深入持久开展爱国卫生运动，大力加强健康教育，加大卫生执法监督力度，保障人民群众食品、药品、医疗安全，努力推进全市公共卫生事业向前发展，较好地完成了全年各项卫生工作任务。

一、疾病预防控制成绩显著。全市未发生甲类传染病。乙类传染病发病率较去年同期下降22%，伤寒发病总体下降87.68%，中心城区下降95%，脊灰服苗率达95%以上，其余计免指标均超过预定目标。2004年，荣获全省重点传染病地方病防治目标考核一等奖。

二、卫生监督进一步加强，综合执法初见成效。2004年，全市开展了食品卫生专项整治，抽查对象达2120户，查出问题奶粉938袋（听）。加大了校园食堂及周边环境食品卫生监督力度，确保了全市高考和中考的顺利进行。食品卫生监督量化分级管理逐步实施。中心城区生活饮用水监督监测加强，伤寒等肠道传染病得到有效控制。开展医疗市场专项整治和《传染病防治法》执法检查，查处案件总数1304件。加强采供血机构监督，全市未发生一起血液感染艾滋病事件。

三、爱国卫生工作有序开展。中心城区创建国家卫生城市通过省级验收，省级卫生县城复查在全省名列前茅。余庆等4县的灭鼠工作通过省级达标验收。农村改水投入资金11845.75万元，改水普及率达86.24%，比去年同期增长3个百分点，改厕投入2706.38万元，完成卫生厕所69824座。

四、继续贯彻实施《母婴保健法》。加强行业资格准入管理与人员技术培训，强化对产科质量及爱婴医院的指导，加强妇幼保健宣传和咨询。2004年，婴儿死亡率及孕产妇死亡率分别降到24.04‰和96.25/10万以下，新法接生达95%，住院分娩率提高至49.54%。第一轮降消项目1人获得全国先进个人，3人获得省级先进个人。获得省级先进集体1个。

五、卫生支农成绩显著。7个初保达标县准备工作进展顺利，74个中心卫生院规划设置基本完成，乡（镇）卫生院改革逐步推开。在省、市、县各级医疗机构的积极支持配合下，全市安排农村卫生人员免费进修613人、组织卫生下乡24次、进社区7次、义诊1640人次。赤水新型农村合作医疗试点工作运转良好，农民参合率达64.05%，位居全省第一。每月一次的乡村医师例会培训制度得到较好地巩固。举办各类短期培训32期，培训各类卫生人员1544名。

六、加强医院质量管理。对全市10家二级医院进行复评；严格医疗机构资格准入，审核和校验医院30余家；对全市10个采供血机构进行了全面检查和指导；实施医疗事故和人身伤害鉴定86例。

七、继续贯彻《中医药条例》。遵义县、余庆县、仁怀市争创全国农村中医先进县工作开展良好，遵义县已通过省级初评；完成了名医师承教育阶段性评估；遵义卫校和中医学校分别通过了国家级和省级重点中专的复评和验收，两校合并升格方案事宜通过省级专家评审并上报教育部；成功举办了2次全国性学术会议；遵义中医学校的“国家二级生药实验室”通过评审验收。

八、开展红十字会宣传月服务活动。发放资料32万份，接受咨询11万人次，初级卫生救护培训全面展开，培训驾驶员近4万余人次。遵义市红十字会获得中国红十字会百年庆典活动组织奖和贵州省红十字会系统先进集体光荣称号，1人获贵州省红十字会先进个人。

九、加强卫生院基础设施建设。14个疾控中心完成项目投资1575.9万元，市级传染病院、紧急救援中心和12个县级传染病区完成投资769.5万元，遵义医院的住院综合大楼建成并投入使用，完成投资9000万元。完成16个乡（镇）卫生院业务用房改造，争取国债用于赤水市、红花岗区和汇川区23个乡（镇）卫生院基础设施建设，投资651万元。

十、纠风工作进一步加强。严格查处医院外包科室、医疗投诉和乱收费案件；聘请行风监督员，举办演讲比赛，加强职业道德教育，促进行风好转；杜绝医药购销活动中的不正之风，全市县级以上医院招标采购药品8115.64万元，让利群众948.34万元；开展单病种收费试点，寻求新的降价机制，认真受理群众来信来访，信访处理率达100%，遵义医院、遵义市中心血站和社会各界共同抢救残疾人葡萄胎大出血患者获得成功，中央电视台《焦点访谈》栏目作了专题报道。

（黄　健）

【遵义市第三次获得“全国无偿献血先进城市”称号】　截至2004年12月，全市无偿献血人数达到10万人次，献血总量达2000多万毫升，完全满足了医疗临床用血 。市中心血站狠抓血液质量管理，不断加强质量体系化建设，在全省血站系统中首家通过ISO9000：2000质量认证，血站质量管理迈上新台阶，连续第三次被卫生部、中国红十字总会授予“全国无偿献血先进城市”称号。

（黄　健）

【公共卫生服务体系框架基本形成】　2004年，在各方共同努力下，突发公共卫生事件应急指挥系统逐步完善，乡级以上信息报告网络系统基本健全，疾控和监督体系组建完毕，疾控中心国债建设项目全部完成，市级救援中心、传染病院和县级传染病区完成阶段性目标。

（黄　健）

【加强卫生专业人才培养】　2004年，全市完成2445人医师资格技能考试、1740人综合笔试的组织工作，完成800余名执业医师和300余名执业护士注册、1000余名村医考试和5640名村医注册、1630人专业技术职称资格报考等工作，完成高知资格和政工师人员的推荐评审。

（黄　健）

【开展全市卫生工作大检查】　11月下旬，为推动全市卫生事业健康发展，市卫生局组建检查组，分别对14个县、区（市）卫生工作进行年终大检查，对工作做得好的县及时总结经验，予以表彰，对工作较差的县提出批评，限期整改。全市共评出综合奖6名，单项奖7项24名。

（黄　健）

卫生监督管理

【概况】　2004年，遵义市卫生监督所坚持“有法必依、执法必严、违法必究”的原则，严格执行各项卫生法律、法规，严格执法、依法行政。开展了以“食品放心工程”为重点、以整治非法医疗机构和传染病执法监督为中心、规范市场经济秩序为目的的卫生监督执法活动，重点打击制售假冒伪劣食品和非法行医的违法犯罪行为，依法保护生活饮用水和公共场所的卫生安全，及时处理突发公共卫生事件，全年现场监督1122户次，共完成现场卫生学审查195户，办理了195个卫生许可证，对不符合卫生要求的33户进行了行政处罚。完成了全年各项工作任务。

一、食品卫生监督。全年完成各类食品生产经营单位现场卫生审查1606户，办理卫生许可证1606户；现场卫生监督16633户次，监督覆盖率达98%；监督食品从业人员体检，发放健康合格证7300人，复检“五病”阳性人数234人，复检确诊“五病”患者18人，共抽检生活饮用水629份，合格率86.17%。其中生活饮用自备水检测321份，合格率76.01%；市政供水抽检121份，合格率100%；二次供水抽检187份，合格率94.65%。

二、职业卫生监督。开展《职业病防治法》的宣传工作，共发放宣传资料5万份；完成全市职业危害因素的抽检。共检查132家，其中采石44家，水泥厂23家，煤厂45家，家具制造19家，陶瓷厂1家；开展对遵义复烤厂、省电建二公司（鸭溪电站、大方电站、黔西电站）、遵义卷烟厂等单位有毒有害作业场所的职业卫生监测；对遵义复烤厂、长征电镀厂、遵义市汽车公司、遵义啤酒厂、遵义卷烟厂等1700余人进行职业病健康监护和健康体检。

三、放射卫生、传染病防治监督。全年共监督检查25家医疗机构，其中二甲医院1个、二乙医院1个、其它医疗机构23个。二甲、二乙医院均设有警示标志，在23个其它医疗机构中有11个单位设有警示标志，共检查放射人员82人，持证54人，持证人数占65.85%。市卫监所对市区主要医疗机构进行“非典”防治专项检查，开展对全市十三个县、区（市）的传染病执法检查工作，为了防止肠道传染病的流行，对市区医疗机构的肠道门诊进行督查，有效地预防和控制了传染病的发生和流行。

（赵崇孝　付　军）

【突发公共卫生事件的处理工作井然有序】 2004年，市卫监所处理管理区域内发生的食物中毒20多起，指导参与遵义、桐梓、湄潭、绥阳、两城区等县（区）发生的事故的调查处理。成功处理遵义锰矿发生的一氧化碳中毒事件、乌江澄新实业有限公司发生的黄磷急性职业中毒事件，成功挽救二名重症患者的生命。指导、协助桐梓县卫生监督所处理该县城区部分片区发生的生活饮用水污染事故，迅速查清污染源，避免了一场重大的水污染事故。对汇川区中腾公司、航大住宅小区、茅草铺客车站等10起生活饮用水污染举报事件进行及时查处，避免了多起因生活饮用水受污染而引起的传染病发生、流行事件。

（赵崇孝　付　军）

【开展食品卫生专项整治活动成绩显著】 2004年，遵义市卫监所在禽流感期间开展了食品专项检查活动，出动卫生监督人员186人次，未发现可疑禽类流通和销售，对不符食品卫生要求的51户经营单位进行行政处罚；对“问题奶粉”进行专项检查，出动卫生监督人员82人次，检查超市、经营店铺152户次，查出“问题奶粉”187袋，并予以销毁；开展了以学校食堂及周边环境食品卫生为重点的专项整治活动，全年共检查各级各类学校80所（次），对存在安全隐患的8所学校分别进行警告、限期改进、罚款等行政处罚；对食品添加剂、散装食品、保健食品、奶粉、调味品、酒类、饮料、糕点、糖果、豆制品等重点食品生产企业的卫生进行专项整治活动。抽检食品281份，合格率98%；抽检桶装饮用水214份，合格率74%；抽检餐具1049份，合格率63%。

（赵崇孝　付　军）

【医疗机构管理稳步推进】 11月，遵义市卫监所组织有关部门开展为期1个月的大规模医疗机构专项整顿治理活动，共出动卫生监督人员120人次，查处非法医疗机构47户，暂扣器械和药品价值近3万元。

（赵崇孝　付　军）

食品药品监督管理

【概况】 2004年3月1日，根据国家局职能划分，在遵义市药品监督管理局的基础上组建了遵义市食品药品监督管理局。按照国家食品药品监督管理局“以监督为中心，监、帮、促相结合”的工作方针，围绕全省食品药品监督管理工作会精神，全面加强药品研究、生产、流通、使用全过程监督管理，认真抓好食品安全工作，为让人民群众用上放心药、吃上安全食品，开展了以下工作。

一、加大监督执法力度，整顿和规范药品市场秩序。1. 开展药品监管法制宣传教育，营造依法治药氛围。据统计，在“3·15保护消费者活动权益日”活动中，全市食药监系统共出动宣传人员292人次，发放宣传资料10000余份，现场接受咨询5800余人次。开展了现场集中销毁假劣药品活动，共销毁货值216万余元的假劣药品。在禁毒宣传中，参与市禁毒办、市妇联组织的纪念“6·26不让毒品进我家”禁毒文艺演出，发放禁毒宣传资料300余份。7月17日开展的全民用药安全宣传活动，市局共组织92家药品经营、使用单位上街开展宣传活动，共出动宣传人员251人，发放宣传资料20000余份，现场接受群众咨询13000余人次。2. 专项治理整顿工作进展顺利。2004年，市食品药品监督系统共出动执法人员4849人次，车辆1001台次，检查药品生产、经营、使用单位5725家，清理市场251个次，依法查封或取缔非法药品经营户22户；查获假冒伪劣药品2682批次（其中：中药材、中药饮片175批次，中成药706批次，化学药

1801批次),价值8.5万元,查处金额14.4万元;不合格一次性医疗器械2657支(件),医疗器械97支(件),价值0.97万元,查处金额5.23万元;依法查处案件383件(其中:受理落实举报案件8件,监督检查查处案件375件),收缴罚没金额84.1万元。组织开展了藏药、中药材(中药饮片)、疫苗、特殊药品等专项检查。其中在4~6月开展的查处假冒藏药的专项检查中,全市共出动执法人员246人次,车辆103台次,检查药品经营企业204家,医疗机构64家,查获假冒藏药"藏雄丹"、"藏肾宝"、"雪山藏龙"等37盒,并依法进行了处理。3. 加强药品抽验检查力度,提高药品检验质量。按照省局下达的抽验任务,市局制定了全市药品抽验计划。2004年,全市共完成药品检验600批次,不合格率为8.8%。4. 积极开展农村药品"两网"建设工作。为进一步整顿和规范农村药品市场,特别是规范农村药品市场进药渠道,市局组织有关县(市)人员到铜仁印江县考察农村药品"两网"建设工作,并对如何抓好农村"两网"建设工作展开讨论,总结经验,寻找差距,借鉴好的经验。认真实施省局印发的"两网"建设指导意见和国家局工作要求。截止2004年底,全市有12个县、区(市),182个乡镇,649个村建立了监督网;并聘请了协管员和信息员。85.7%的县、79%的乡、33.9%的村建立了监督网。78%的县实现了药品连锁配送进县到乡,44.9%的行政村实现药品配送供应进村。

二、加强药品生产、经营企业监督管理和帮扶工作。为帮助全市药品生产企业顺利通过GMP认证,遵义市食品药品监督管理局领导多次带队到药品生产企业进行现场指导和帮扶,及时纠正存在的问题,指导企业及时整改。全市通过GMP认证的企业已达10家。7月1日按照省局统一安排,对未通过GMP认证的16家企业进行了停产前的专项检查,清点了库存药品数量,责令企业停产,并及时将有关情况上报省局。为帮助全市药品经营企业顺利通过GSP认证,遵义市食品药品监督管理局举办了GSP认证达标培训班,认真贯彻执行国家食品药品监督管理局《关于加快GSP认证步伐和推进监督实施GSP工作进程的通知》精神和省局《贵州省实施GSP工作计划》要求。截止2004年12月底,18家市级药品批发企业顺利通过GSP现场检查认证并取得证书,1家药品零售连锁企业通过了现场认证并取得证书。完成了全市415家县级以上药品零售企业申报GSP认证,其中411家通过了现场检查认证,10家进行整改,83家取得认证证书。按照零售药店设置暂行规定的要求,结合全市各县(市)的设置情况,2004年全市共办理处方药店320个。

三、开展特殊药品管理、医疗器械备案工作。2004年3月,遵义市食品药品监督管理局举办了特殊药品管理法律知识培训,全市县以上医疗机构及麻醉药品经营单位共86人参加了培训。完成35家医疗机构一类特殊药品、麻醉药品供应计划的审批工作。审批发放全市癌症病人镇痛用麻醉药品供应卡。市局还配合汇川区禁毒办对辖区内的诊所、药店、易制毒化学品行业、饮食行业共130家单位进行了专项检查,共查处非法经营、使用的麻醉药品、精神药品5种次、272片(支),并按有关规定进行了处理。1月~5月开展的特殊药品专项检查中,全市共出动检查人员911人次,检查医疗机构887家,查出违法经营使用麻醉药品、精神药品共272片(支)。9月~10月按国家局、省局紧急通知要求,对全市氯胺酮注射液的经营使用情况、企业库存数量、是否违规销售进行了认真的核查。共完成医疗器械经营备案85家,全年共接受申请资料24家,办理经营许可证23家(其中批发16家,零售7家),均按规定时限进行了现场审查并报省局审批。组织开展了一次性使用无菌医疗器械、英捷尔法勒亲水性聚丙烯酰凝胶等医疗器械专项检查工作。

四、积极组织开展食品安全工作。一是认真组织开展"食品安全宣传周"活动,。市食品安全协调委员会各成员单位现场共发放宣传资料5000余套,接受咨询约2000人次。二是按照省局部署,开展了一系列对劣质奶粉查处的协调及信息汇总工作,将"古源"、"山花"、"花溪"、"富牛"奶粉,"熊毅武"牌不合格方便面以及二氧化硫超标的黄花菜的查处工作情况上报省食安会。三是为保障高考的顺利进行,会同市卫生局、市疾控中心、市卫生监督所、市工商局、市质监局、市公安局、市城管局、市水利局、市教育局等部门联合对全市两城区学校食堂及周边摊点的饮食卫生开展了为期3天的专项整治行动。四是为保障遵义市中心两城区人民饮食安全,会同市卫生监督所、工商局、质监局、公安局等部门对米粉、米皮生产加工场所及市场进行了为期5天的专项检查。五是草拟了《遵义市食品安全协调委员会工作规则、工作制度、成员单位主要职责》、《2004年遵义市食品安全专项整治方案》、《遵义市食品安全责任追究制度(试行)》和《遵义市食品安全协调委员会2004年度工作目标考核办法》。六是安排部署了节假日的食品安全检查工作,汇总上报了食品安全工作信息,统计报表。

(杨晓华)

【认真开展业务培训,提高依法行政水平】 3月,遵义市局派人参加了贵州省食品药品监督管理局《行政许可法》培训学习。3月26~27日,组织全局职工和各县、区(市)局分管局长进行《行政许可法》培训学习。4月29日,全系统职工参加了贵州省公务员《行政许可法》统一考试。为进一步提高县、区(市)局的执法水平,还安排道真自治县、遵义县业务人员到遵义市局稽查局参加办案工作培训。受省局委托,遵义市局组织药师资格人员的培训及考试工作,共有1866人参加考试,1641人获药师资格证。组织全市系统财务人员进行为期2天的财务基础知识培训和纪检监察员进行工作交流等。通过各类培训和考试提高了全市食药监干部的执法水平。

(杨晓华)

【红花岗区局组建工作顺利完成】 为了组建红花岗区食品药品监督管理局,遵义市局党组会研究明确了组建原则,派出考察组对红花岗区食品药品监督管理局的领导班子成员进行了认真考察,并征求了当地党委、政府意见。2004年6月1日,经省局批准,红花岗区食品药品监督管理局正式成立。

(杨晓华)

【深化行业作风建设和效能建设】 2004年,为进一步纠正医药购销中的不正之风,整顿和规范药品市场秩序,遵义市食品药品监督管理局会同市纠风办、市卫生局、市物价局、市工商局、市社保局等部门开展了纠正医药购销中不正之风工作,制发了《遵义市2004年纠正医药购销中不正之风工作实施意见》。为贯彻落实《行政许可法》,推进阳光工程的实施,方便群众办事,市局作为成员单位,积极组织人员参与、配合,完成了市政府政务服务中心窗口的筹备工作,目前本局四项行政审批纳入政务中心办理。为进一步落实政务公开工作,调整和充实了政务公开领导小组及成员,编印《遵义市食品药品监督管理局政务公开手册》,以方便群众办事,接受社会各界的监督。协助省局党组开展了《贵州省食品药品监督管理局党风政风问卷调查》活动。活动期间,向各县、区(市)局和各药品生产、经营、使用单位发放问卷调查表共120份,回收率100%。收到意见和建议共23条,已及时向省局党组反馈。同时,市局还与市广播电台联合举办了一期"行风热线"现场直播节目。

(杨晓华)

【开展药品不良反应监测工作】 3月,为了做好全市药品不良反应监测工作,市局首先派员参加了省局的培训,举办了全市医疗单位药品不良反应监测培训班,同时进一步完善了全市药品生产、经营单位和医疗机构监测网络。全年共上报药品不良反应报告78例。

(杨晓华)

【市食品安全协调委员会成立】 5月9日,遵义市食品安全协调委员会正式成立,由市人民政府分管副市长任主任委员,市人民政府分管副秘书长、市食品药品监督管理局、市卫生局、市质监局、市工商局的一把手任副主任委员,成员由17个单位的人员组成。5月~8月中旬,全市13个县、区(市)成立了食品安全协调委员会并开展工作。

(杨晓华)

体　育

【概况】 2004年,遵义市体育工作贯彻落实全省体育工作会议精神,各方面工作开展顺利。

一、群众体育工作。6月10日,举行"全民健身宣传活动周"十周年"拔河比赛"暨首届社区体育大会,共有48个市直部门参加比赛。6月12日,举行2004年"长风杯"爱我母亲河独竹漂挑战赛,独竹漂已逐步发展为一项具有地方特色的体育活动。9月,开展了14个县、区(市)参加的"丰收杯"篮球比赛;另外还举办了"长征杯"足球比赛、老年人门球比赛、棋类比赛、中小学生迎春长跑比赛、中小学(中专、中师)生田径运动会等活动。指导安装完成第7批共5条全民健身路径工程,并对已建的前6批工程进行了检查。

二、竞技体育工作。在全省12个项目的冠军比赛中,遵义市代表团获团体总分第一,其中金牌45枚、银牌37枚、铜牌36枚。成功举办了“全国女子足球联赛”、“全国男篮甲A西部行巡回赛”、“全国青年女篮俱乐部联赛”、“中国男子篮球队-澳大利亚明星队的国际对抗赛”。

三、体育产业开发。通过成功举办女足联赛和中澳男篮对抗赛,体育产业开发的思路更加清晰,特别是在对大型赛事的冠名权、广告代理、门票制作和发售权的市场操作上总结了一套较为成功的做法。为贯彻落实遵义市委、市政府“建好场馆,多办赛事,不断丰富人民群众物质文明和精神文明的需要”和“体育产业、市场运作逐步走上以场养场、以馆养馆的路子”的指示积累了经验。对场馆价值的认识已超出体育产业本身,在场馆的保值增值上开拓思路,承接了“长春电影制片厂遵义迎春晚会”、“5·17遵义移动之夜大型军乐演奏会”等活动,取得较好的社会效益和经济效益。

四、顺利完成全国第五次体育场地普查。通过参与全国第五次场地普查,摸清了全市体育场地情况。全市现有体育场地3615个,其中标准场地2063个,非标准场地1552个。按系统分,体育系统152个;占4.2%;教育系统占91.3%;其他系统占4.5%。

(李　黔)

【邹市明勇夺奥运铜牌】 2004年,在第28届雅典奥运会男子拳击48公斤级比赛中,遵义籍中国拳击队运动员邹市明勇夺铜牌,实现了中国拳击项目在奥运史上零的突破。邹市明是遵义市第一个参加奥运会的运动员,也是遵义市第一个获得奥运会奖牌的运动员。

(李　黔)

【成功举办中澳男篮对抗赛】 5月22日,中国国家队——澳大利亚明星队男篮对抗赛在遵举行。此次比赛是中国队出征奥运会前的热身赛,也是遵义市历年来所举办的最高水平的体育赛事。

(李　黔)

【全国女足联赛在遵举行】 3月4~11日,“2004年全国女足联赛”在遵举行,上海SVA女足获得冠军。

(李　黔)

社会生活

人口和计划生育

【概况】 2004年,全市人口和计划生育工作始终坚持“以人为本,以人的全面发展”为中心,全面推进“村(居)民自治”,使全市的人口和计划生育工作呈现“三降一升”的良好态势,低生育水平得到稳定和巩固;基层基础工作取得建设性成果,宣传教育工作取得实质性成效,利益导向机制建设取得较大进展,流动人口管理服务进一步加强,后进转化工作取得明显进步;全市年末总人口739.68万人,出生率为13.67‰,自然增长率为7.6‰,符合政策生育率92.3%,二孩符合政策生育率87.28%,政策外多孩率1.45%;计划生育“村为主”、“村(居)民自治”工作整体推进。2004年,全市实现“村为主”的村已达总村数的97.83%,实现“村(居)民自治”的村已达总村数的62.95%,群众参与率83.19%,知晓率85.8%,满意率96.95%,计划生育协会整建合格率为83.38%。7个县、区(市)完成计生妇幼整合,20%的村(居)实现计卫整合,177个乡(镇)计生服务站达到省级优质服务站标准,已婚育龄妇女普查率80.4%,普治率91.54%,出生缺陷干预率74.23%;全市竣工完成30个乡(镇)、850个村(居)计生服务室。农村部分计划生育家庭奖励扶助制度全面推行。4月,遵义市作为全国农村部分计划生育家庭奖励扶助制度试点全面推行,共有6197人领到奖励扶助金。81.03%的农村独生子女办证户领到了一次性奖励和保健费。“少生快富”工程进展顺利。全市各级各部门共投入帮扶资金800多万元,帮扶计生户59769户。

(姚晓岚)

【全市举办多种计生培训班】 2月24日~30日,全市出生缺陷干预培训班在遵义医学院附院举行,共297人参训;4月27日~28日,全市计生系统纪检监察干部培训班在碧云宾馆举行,参训人员共40人;6月22日~27日,遵义市计生系统计算机管理及师资培训班在市委党校举行,共有74人参训。

(姚晓岚)

【全省计生药具工作等会相继在遵召开】 3月16日,全省计划生育药具工作会在遵召开,共128人参会;3月21日,全省计生协工作经验交流暨表彰会在赤水市召开,共220人参会;8月5日,全市婚育新风进万家活动暨计划生育村民自治工作现场会在凤冈县召开,共有90人参加会议。

(姚晓岚)

【市直计生系统开展“三下乡”活动】 3月20日,市计生局相关人员在龙井乡开展“三下乡”宣传活动,为群众义诊78人次,发放药物5000余元,避孕药具2000余套,解答计生政策咨询300余人,发放计生宣传品4000余套。

(姚晓岚)

【中国计生协“健康宣传万里行”抵遵】 10月23日,中国计生协主办的全国普及预防艾滋病知识公益活动——“健康宣传万里行”西南线共18人在遵义市纪念广场举行“关爱生命、你我同行”的宣传活动启动仪式。

(姚晓岚)

【部分县、区获国家级及省级奖】 2004年,经国家人口计生委评估验收,红花岗区获全国计划生育优质服务先进区;湄潭县人口计生局获全国人口计生系统作风建设先进单位称号;正安县获国家预防艾滋病知识竞赛组织奖;市计生协等17个计生协会获中国计生协和省计生协表彰;遵义市人口计生局等8个单位获全省人口计生系统作风建设先进单位称号。

（姚晓岚）

【汪利群等获国家、省级表彰】 汪利群获全国人口计生系统作风建设先进个人称号；严明生获国家预防艾滋病知识竞赛二等奖；熊金海等 29 名人获中国计生协和省计生协表彰；市人口计生局副局长胡洪获第二届贵州省人口工作奖，赤水市政协原主席、计生协会原会长熊金海获荣誉奖；从事人口计生工作 25 年以上的张光前等 89 人获人口和计划生育工作奉献奖；聂令芬等 14 位同志获全省人口计生系统作风建设先进个人称号。

（姚晓岚）

旅　　游

【概况】 2004 年，遵义市旅游人数达 210 万人次，旅游总收入 8.24 亿元，比去年同期分别增长 40%和 37.3%。其中，接待海外游客 1270 人次，创汇 19.05 万美元。

一、创建“中国优秀旅游城市”前期筹备工作正式启动。为创建“中国优秀旅游城市”，市旅游局组织人员先后到贵州省旅游局、贵阳市、都匀市等地考察学习，收集相关资料，制定《创优目标任务分解表》和《创优工作方案》及相关文件。

二、初步完成部分旅游规划编制及旅游产品开发建设。2004 年 10 月，完成《遵义市旅游发展总体规划》终期评审，《绥阳县旅游发展总体规划》和湄潭县《“中国西部茶海”整体规划报告书》、《“湄江山水画廊”旅游开发总体规划》、《百面水喀斯特自然生态博览园旅游开发整体规划》的中期评估和终审工作已相继结束；市旅游局指导完成了《遵义县旅游发展总体规划》和汇川区海龙囤景区、习水县《三岔河景区建设详细规划》的编制工作，参与由国家旅游局、省旅游局组织编制的《贵州省长征文化旅游发展总体规划》的编制工作。绥阳县、仁怀市盐津河、遵义县枫香 3 处温泉，习水县三岔河丹霞谷，金鼎山佛教文化旅游区，仁怀盐津河漂流等旅游产品相继投放市场，完善了红花岗区海龙温泉建设性详规，并帮助仁怀市、湄潭县开展了旅游发展调研、论证、形象策划定位。

三、抓好宣传促销，拓展客源市场。各地举办丰富多彩的节庆活动，各层次的旅游市场进一步启动。一是成功策划组织了“广东百架旅游包机‘轰炸’赤水河”大型旅游营销活动；二是在“五一”黄金周前，与《中国旅游报》贵州记者站、贵州风情旅行社联手运作“上海千人遵义行”旅游活动；三是组织仁怀、赤水两市参加杭州举办的中国国内旅交会；四是指导湄潭县举行“（贵州—西南茶城）揭牌仪式暨 2004 贵州名优茶评审会”，推出“游湄江山水画廊，品湄茶稀世珍品”旅游活动；五是指导仁怀市推出“品美酒、泡温泉、漂古洞、逛酒城、酒都仁怀逍遥游”旅游推介活动；六是指导绥阳县借双河溶洞评为国家地质公园之机大造声势，举办水晶温泉开业庆典暨双河洞国家地质公园保护与开发研讨会；七是红花岗区举办“爱我母亲河，赤水独竹漂”假日观光游览活动及农家乐暨乡村旅游节庆活动；八是认真组织安排，做好两岸四地摄影家合拍“贵州 24 小时”活动和“全国五大媒体记者革命老区行”等活动的协调服务工作，扩大遵义旅游的对外影响。与南昌、赣州、井冈山、瑞金、嘉兴等地旅游部门在遵召开“中国红色之旅万里行”新闻发布会，并在井冈山签署“中国红色之旅井冈山宣言”，与各革命老区旅游部门加强横向联系，为推进全市红色旅游发展创造条件。

四、整顿规范旅游市场秩序，切实加强安全管理。根据全国、全省旅游工作会议精神，加强工作领导，强化工作措施，加大整治力度。遵义市旅游局联合市工商、公安、卫生、物价、质监等部门于春节、“五一”、六月 3 次对市中心两城区旅行社无证经营、超范围经营，宾馆、饭店的卫生、安全等进行专项检查整治；配合公安部门开展“春雷行动”，清理、规范出境游市场；会同市安监、交通、交警等部门开展旅游安全消防大检查，及时消除安全隐患，全市全年无重特大旅游安全事故发生。

五、旅游开发项目编制和招商引资工作进展顺利。结合全市实际，组织编制重点旅游建设项目 32 个、红色旅游项目 40 余个、跨“十五”旅游重点建设项目规划 36 个，申报世界银行贷款项目 10 个，全市旅游开发项目库正逐渐健全。

市旅游局与各县、区（市）旅游局共同编制海龙囤、沙滩、金鼎山、大板水等 47 个旅游招商引资项目，部分景区（点）的引资开发进入实质性操作阶段。深圳客商投资 1500 余万元开发金鼎山，已进入第一期工程；桐梓县引进重庆客商投资2000万元开发小水月亮湖；赤水市引进张家界白龙集团和万众旅行社将部分重点景区委托经营；仁怀市引进贵州风情旅行社投资1000余万元开发盐津河山谷温泉和怀阳洞景区；遵义县引资1000余万元开发枫香温泉；汇川区引资2000余万元开发海龙温泉；绥阳县引资3000余万元开发水晶温泉等。

六、抓好旅游设施建设和人员培训。进一步完善景区公路、步道、厕所等设施建设；仁怀利永宾馆、红花岗名族宾馆、仁怀茅苑宾馆、桐梓娄山宾馆等先后进行改造，并通过星级评定，其中仁怀市茅苑宾馆通过了省星评委会三星级验收；遵义报业集团实施多元经营，新建的港澳大酒店于11月正式营业，中心城区两家四星级标准宾馆正在建设中。向贵州省旅游局申报习水县三岔河为AAA旅游景区，遵义公园、仁怀市盐津河、绥阳县龙桥为2A旅游景区，申报茅台酒厂、贵州海尔电器厂、乌江渡电厂为工业旅游示范点单位，汇川区董公寺、红花岗区新蒲为农业旅游示范点单位。针对全市旅游从业人员素质不高和人才匮乏状况组织200余人参加全国导游员资格考试，组织参加全国旅行社总经理资格考试，培训景区、宾馆从业人员2000余人次。

（蓝　波）

【“广东百架旅游包机‘轰炸’赤水河”大型旅游营销活动成功运作】　“广东百架旅游包机‘轰炸’赤水河”大型旅游营销活动新闻发布会于3月26日在广州国家展览中心举行。各相关部门领导专家及20多家新闻媒体记者出席了发布会。就赤水旅游资源情况，该营销活动策划筹备及赤水市旅游产品具体的市场分销计划等作了介绍。

（蓝　波）

【遵义市旅游发展总体规划通过终审】　10月，由遵义市政府投入60万元，委托贵阳市旅游规划中心编制的《遵义市旅游发展总体规划》顺利通过终审。此规划对于指导全市旅游资源的合理、科学开发和利用具有积极作用。

（蓝　波）

【全市农家乐暨乡村旅游研讨会召开】　7月2日～3日，市遵义农家乐暨乡村旅游研讨会在遵召开。各县、区（市）旅游局长、相关政府办公室主任、发展农家乐重点乡镇党委书记参加会议，参观了董公寺镇发展较好的农家乐。此次会议主要研究全市农家乐和乡村旅游的发展思路和战略，对提高农家乐发展及乡村旅游的认识起到推动作用。

（蓝　波）

部分单位介绍

务川自治县交通局

务川自治县地处黔东北边陲，是典型的内陆农业县和少数民族自治县，同时也是新阶段国家重点扶持县。东连铜仁地区德江、沿河县，西与正安、道真两县毗邻，南接凤冈县(326国道)，北抵重庆市的彭水、武隆县。务川交通由于受山区地形和历史条件的限制，公路从无到有，为务川的经济建设起到了有力的推动作用。到目前为止，全县各类通车总里程达1312.7公里，70%以上的村通了公路，并有5条公路与周边省、市、县贯通，形成了一个完整的公路交通网络。

2004年，务川自治县县委、县政府把“修路一条，造福一方”作为实现交通文明与生态文明协调发展，构建和谐交通的必然选择，明确提出了“依托遵义贵阳，面向重庆长江”的交通发展思路，制定了“二纵二横五出境”公路建设总体框架。在建设改造县、乡公路，普及村级公路的同时，着力打造务川的南北通道，以缩短南上遵义、贵阳，北通重庆、长江的时空距离，改变务川的区位条件。2003年4月，按部颁三级公路标准启动了务川至彭水(贵州段)全长67.316公里的路基工程，总投资6800万元。同年12月，按部颁四级公路标准义启动了道真至德江务川段全长77公里的县际油路改造工程，总投资4175万元。这两项重点工程到目前为止，务彭公路的路基工程已全面完成，油路路面工程已启动，务彭公路的珍珠、通达两座大桥已于2004年底正式启动建设，工程进展顺利，可望2006年10月全线贯通。道德公路的形象进度已完成80%以上。

2004年，市交通局下达务川自治县的通乡油路计划为2条48.38公里(岩子头至柏村8.18公里，务川至丝厂弯40.2公里)，计划投资1935.2万元。通乡油路项目在实施过程中，县交通局专门成立了农村公路建设办公室，下设通乡油路施工组对通乡油路工程实施专项管理；按照遵义市交通局质监站〔2004〕12号文件成立了务川自治县交通建设工程质量监督领导小组，对该项目施工质量实施同步监督；建立了“政府监督、建设单位负责、工程监理、企业自检”的“四级”质量保证体系，把“四级”质管落到了实处；与施工企业签定安全生产责任书和公路事故的发生，使施工进展顺利，2004年，已完成通乡油路工程形象进度的60%。

2004年，市交通局下达务川自治县的通村公路计划为12条，123公里，总投资492万元，并于2004年6月2日开工。在所动工修建的村公路中，新建43公里，老线改造87.70公里。通村公路建设严格按照县人民政府出台的《农村公路建设管理养护暂行管理办法》要求，与各项目乡镇签订了目标责任书，由各乡镇组织群众实施。到目前为止，全县的通村公路建设工程已全面完成，并通过市、县交通部门的验收。

(覃　泉　傅体仲)

务川自治县建设局

为了加快以县城为重点的城镇建设步伐，务川自治县委托资质较高的重庆大学城市规划与设计研究院于2003年完成了县城总规修编(2003~2020)控规及部分地段的修规，总规总面积6.4平方千米。同年成立县城开发建设指挥部，通过招商引资启动了新城区开发建设。

一、以道路等基础设置建设为重点，完成了新老城区开发、改造、建设各类投资6500多万元。依托东升大道(长2600米，宽26~41米)、务彭公路(穿新城区而过)的建设，基本完成了新老城区过渡带道路建设，新城区主体道路骨架基本形成，道路沿线片区改造全面启动，拆迁工作进展顺利。启动和实现了法院、检察院、疾控中心、图书馆综合楼向县城新区的搬迁工作，新建老城至新区商贸服务中心供水主管长2.3千米，老城区部分主干管网改造5.7千米，县城功能和基础设施的配套得以进一步加强，辐射效应与聚集功能、就业能力逐渐提高。

二、通过招商引资，切实加快房屋开发建设。在东升大道与老城的连接处，规划占地约60亩的居住区、商住区、文化娱乐区已开动建设，完成总建筑面积18.6万平方米，其中住宅建筑面积15.4万平方米，商业建筑面积3.3万平方米。共拆迁房屋138户，拆迁房屋面积约2.5万平方米。在居住区内设计了“城市心岸、城市花冠、城市春天、城市逸景、城市杰座、城市阳光、城市绿洲”七大居住组团，其中城市春天、城市阳光两组团已完工，建筑面积3.5万平方米，城市逸景组团1.6万平方米已开工建设，城市绿洲组团即将开工建设。同时，在新城区挂牌出让了16.1亩土地用于房屋开发建设，出让价22万元/亩。

三、已完成前期准备工作。即将启动的建设工程项目有：车站置换，占地1.4万平方米，计划投资约500万元；行政办公中心，占地2.5万平方米，建筑面积1.2万平方米，计划投资1000万元；老城豆腐店片区开发改造，土地面积35亩，拆迁207户，拆迁面积2.4万平方米。

为了加快县城建设步伐，县人民政府制定了招商原则及优惠政策，目前已引入的开放企业有重庆龙舟房地产开发有限公司、重庆永茂物业管理有限公司、四川蜀兴房地产开发有限公司等。

（务川县建设局）

道真自治县国税局

道真自治县国家税务局有干部职工103人，退休干部45人，提前离岗2人。其中，有中共党员57人，占全局人数的54.81%；大专以上学历39人，占在职干部人数的69.64%。负责全县1571户纳税人的税收征管。2004年，国税收入达到4440万元，比2003年增长64.86%，收入总量和质量实现了历史性突破。

一、依法治税进一步深化，征管改革稳步推进。一年来，道真自治县国家税务局严格执行国家税收政策，认真落实各项税收优惠政策，强化税收征管。加强纳税人户籍、税源监控管理和专用发票、普通发票的管理，积极开展纳税评估工作，实行分类管理，提高了税收管理透明度。进一步更新观念，全面推进“一窗式”、“一站式”全程办税报务。全面推行税务咨询服务、首问责任服务、限时服务、提醒服务、预约服务、文明礼貌准则和征期局领导值班制度等服务规范，建立了告知服务，为纳税人提供了多样化、个性化服务，使其执法水平和征管质量有了明显提高，纳税服务进一步优化，为纳税人营造了良好的税收征管环境，真正做到了在规范执法中服务，在优质服务中执法。

二、信息化建设稳步前进。道真自治县国家税务局已建成省、市、县三级计算机广阔网络，并且建立了道真国税网站，实现了征管网络化、办公自动化、服务信息化，基本上形成了以信息化和专业化为主要特征的新的税收征管机制，税收管理机制和征管机构规范运行，计算机网络的依托作用得到进一步发挥，综合征管软件正常运行。

三、队伍建设不断加强。按照“四好”班子建设要求，继续开展创建“先进领导班子”活动，着力提高领导能力、管理能力和执法能力，增强了班子的凝聚力和战斗力。强化思想政治工作，建立思想政治工作责任制，坚持按季度进行干部职工思想分析制度。在此基础上，狠抓干部职工的教育培训工作，提高了干部职工的综合素质。

四、规范制度建设。完善内部管理体制，加强目标管理考核。按照建设“四化”国税机关要求，结合工作实际，修订完善了党组及机关各岗位职责、政务公开等30多项规章制度，做到了以制度管人，以制度治局。进一步完善了岗位工作目标责任管理考核办法，增强了考核的可行性。2004年，道真自治县国家税务局在遵义市局组织的目标考核中被评为一等奖。社会治安综合治理工作实行“综治保证金”等制度，经市、县验收继续保持了综合治理“模范单位”的称号。

五、创建活动硕果累累。继续开展“文明单位”、“青年文明号”、“巾帼示范岗”、“五好文明家庭”等创建活动，树立先进典型，大力弘扬正气。道真自治县国家税务局继续保持了自1999年以来的省“文明单位”称号，县局稽查局继续保持了市“文明单位”称号，计划征收股荣获县妇联授予的“巾帼文明示范岗”称号，玉溪税务分局获市级“青年文明号”称号，1人荣获县委表彰的“优秀共产党员”称号，1人荣获“优秀党务工作者”称号，5个职工家庭荣获县国家税务局“五好文明家庭”称号。

六、党风廉政建设取得成效。认真执行“两个条例”，强化“两权”监督，积极开展“纪念日”活动，制定了《道真自治县国税局党风廉政建设责任制实施办法》，修订了《廉政责任保证金办法》，聘请新一界特邀监察员10员，进一步完善了社会监督体制，拓宽了监督渠道和网络，促进了党风廉政建设工作。2004年，道真自治县国税局被道真县委、县政府评为“全县贯彻落实党风廉政责任制先进单位”

（道真自治县国税局）

道真自治县电力公司

道真自治县电力公司成立于1987年，1998年组建道真自治县电力局，为行企合一的事业单位。公司经过10多年的不断发展，已拥有固定资产9000余万元；发电装机由公司成立初期的两个水电站（装机容量2400kw）发展到现在的5个水电站（洋渡电站、洋渡二级电站、瓮溪电站、丁家溪电站、凌霄电站），总装机容量12200kw，年发电量6000万Kwh；目前已投运110kv变电站2座（容量为40000kvA），35kv变电站5座（容量为20600kvA）；10KV开关站一座（一进五出）；110KV线路43千米，35kv输电线路112.48千米，10kv输电线路996.65千米，0.4kv低压线路3250千米；行政村电网覆盖率达100%。

公司下设二级机构：有行政办公室、财务科、生产技术营销科、安全调度科、保卫科等职能科室；有发电分公司、供电分公司、电力调度所、茂源电力服务有限责任公司等生产经营单位；有党办、工会、团总支等党群组织；有直属发电站5个（洋渡电站、洋渡二级电站、瓮溪电站、凌霄电站、丁家溪电站）、6个变电站和1个开关站（道真变电站、玉溪变电站、旧城变电站、洛龙变电站、大研变电站、隆兴开关站）；供电站6个（客户服务中心、上坝供电所、旧城供电所、忠信供电所、梅江供电所、大研供电所）。

道真自治县电力公司经过10多年的不断发展，已成为县级骨干企业。近几年来，公司以科技为导向，充分发挥科技是第一生产力的作用，注重信息化建设，建成了道真电力网站、道真电力内部局域网、供用电营业系统、财务电算化管理系统等科技进步项目。目前，将开通办公自动化系统、95598系统、调度自动化系统等。

在优质服务方面，开通了调度公告信息网页，建立了以“95598”为中心的服务承诺体系，强化报修快速放应，使“优质、方便、规范、快捷”的服务理念得以落到实处。

（道真电力公司）

道真自治县石油支公司

加强党的建设：公司党支部建立和完善《党支部工作规定》、《党支部工作考核细则》等党建工作长效机制，强化党支部的企业领导核心；以创建“五好”支部为重点，加强领导班子和干部队伍建设，开展了“党员创优争先活动”、“青年文明号”创建活动、“访千家”活动；组织员工开展了“什么人应该下岗、是好人还是能人”，“经营与奖励的关系”等一系列大讨论，全力把公司打造成为一支纪律严、能战斗、敢吃苦、打得赢的战斗团队，以良好的窗口形象赢得了社会的好评。

抓管理促效益：公司制定制度、职责、办法共29项，始终用先进、严格、务实的管理提升企业效益。通过开展“加油站规范管理百日竞赛活动”，使“竞争、开放、规范、诚信”的经营理念进一步升华，加油站规范化管理和员工规范化服务彰显活力，促进了市场占有率最大化，尤其在供油最困难时期，尽最大努力服务地方经济建设，确保鱼塘电站工程用油，实现了双赢。通过自我加压，2004年，完成销售90#柴油5901吨、90#汽油968吨、93#汽油770吨，与上年相比递增1439吨，增长率达到23.2%。

强化安全管理：公司将安全工作置于各项工作之首，形成一级抓一级，层层签订责任状的良好格局。单位领导对重点部位实行重点承包，并各重点部位进行认真检查，每逢季节变换和重大节日，安委会都要组织检查，千方百计消除安全隐患。公司在加大安全生产硬件设施投入和加强制度建设的同时,重视对员工的安全教育,加强员工安全技能培训,使员工从“要我安全”变成“我要安全”的思想意识发生了质的转变。“有安全才有石化的发展”已成为全公司上下的自觉行动,从而确保了全年无大小安全事故的发生,为公司创造了广阔的发展空间。

(道真自治县石油支公司)

余庆县地方税务局

余庆县地方税务局现有干部职工 46 人(含助征员 9 人)。其中,大专以上文化 39 人,有中共党员 18 人。该局成立至今,始终按照“内强素质、外树形象、带一流队伍、创一流业绩”的工作总体目标,强化干部队伍建设。坚持“公平、法治、文明、效率”的治税思想,严格执法、文明服务,努力规范税收秩序,严厉打击偷逃税行为,把组织收入与优化纳税服务有机结合起来,充分发挥税收服务和服从于经济的职能作用,税收收入连年增长。2004 年,市地税局下达税收计划 4140 万元,截止 7 月底,全县地税系统组织收入 2982 万元,完成年计划的 72.03%,同比增长 16.29%,增加 392 万元,年底可实现组织收入 4700 万元,为余庆县地方经济快速发展和构建和谐社会提供了强有力的财力保障。2004 年,在全县领导干部暨党风廉政建设工作会议上,该局各项工作目标考核荣获 2004 年度全县垂直上划部门唯一的“红旗单位”;党风廉政建设工作被中共余庆县委、余庆县纪委评为“党风廉政建设先进单位”;党支部工作被中共余庆县委评为 2004 年度“先进基层党支部”,工会工作被县总工会评为创新达标考核“一等奖”。税收宣传荣获 2004 年全市地税系统税收宣传月优秀项目“三等奖”。

(余庆县地方税务局)

凤冈县水务局

凤冈县第二期“渴望”及“解困”工程建设于 2003 年 3 月正式启动。工程建设涉及 14 个乡镇、81 个村、253 个工程点,解决农村人口 3.99 万人、牲畜 3.56 万头饮水困难,完成水池(窖)9771 立方米 325 个,铺设管道 578.32 千米,泵站扬水 148.6kw/43 台/31 站,完成土方 5.12 万立方米,石方 3.26 万立方米,砼及钢筋砼 0.93 万立方米,群众投劳 12.65 万个工日。完成资金 885.12 万元。其中:中央投资 762.12 万元,地方匹配 3.5 万元,群众集资 119.5 万元。

凤冈县实施第二期“渴望”及“解困”工程主要抓工程计划、工程建设、资金投入、技术质量几个方面的工作;切实搞好三落实:一是组织机构落实,成立了专门机构负责此项工作。二是实施措施落实,严格按“规划编号定点→申请→现场审查→办理手续→签协议书→施工→中间检查→验收→管理制度→交付使用→财务结帐→整理资料”程序管理。三是工程建设管理措施落实。制定了凤冈县第二期“渴望”及“解困”工程建设实施办法、财务管理办法、施工管理条例、建设检查验收办法、建设综合检查验收评分标准、泵站扬水运行管理办法。

(凤冈县水务局)

正安县交通局

正安县地处黔北边沿,山多坡陡。解放前,县境内没有一条公路,没有一辆汽车,进出货物全靠人力肩挑背驮。由于交通闭塞,正安县长期处于封闭状态。

解放后,党和政府十分重视交通建设。1955 年 7 月,组织全县民工开始修建绥阳——正安——道真的干线公路。经过两年的艰苦奋斗,于 1957 年 4 月修通了全长 84 公里的绥阳——正安干线公路。正绥公路的建成通车,使群众受到极大鼓舞。随着社会的进步和国民经济的不断发展,勤劳朴实的正安人民在历届县委、政府的领导下,年复一年,坚持贯彻自力更生,民办公助的方针,掀起了一个个修路的高潮。1984 年,修通了全县 11 个区(镇)公路,1988 年,81 个乡实现了乡乡通公路的目标。

改革开放后,正安县人民政府不断冲破旧思想的樊篱,积极探索交通建设的新路子。结合正安公路等级低,通行能力差,远不能适应现代社会、经济发展的需要的实际,将交通建设重点转变到“重改造，提高等级铺油路；抓联网，接通断头促发展”上来。工作重心从原有单一的新建公路转移到改造公路上等级铺黑色路面上来，大胆采取积极争取上级立项、银行贷款、收费还贷、地方自筹的办法，使正安公路建设取得了可喜的成就。到目前为止，已拥有各类公路23914公里。其中省道84公里、县道251.8公里、乡道400公里、村道1655.6公里。公路技术等级逐步提高，县境内S207省干线公路（绥阳——正安——道真）全长74公里已全部建成三级沥青路面；S303桐梓至正安（正安段）76公里已基本建成三级沥青路面。县道安场至新洲、湄谭至文家坟、县城至务川120.9公里正在改造为四级沥青路面。路网密度每百平方公里拥有70.2公里公路，每1万人拥有39公里公路，就密度而言，已超过了全省平均水平。

由于全县公路建设的不断发展，大大改变了区位落后面貌。不但南可通遵义、贵阳，北可去道真、重庆、四川，而且东接通了务川、凤冈、湄谭，西抵桐梓的断头路，初步建成了以县城为中心的辐射型公路网络，交通“瓶颈”制约的状况得到了缓解。

随着公路建设步伐加快，正安交通运输业得到了长足发展。现已由原有单一的人力运输、畜力运输，发展为客运、货运、汽车维修服务等多元化的运输体系。到目前为止，已拥有各类客货运车辆704辆，其中：客运车辆182辆，货运车辆542辆。客运企业6家，各类客运班线39条，每天客运班车发往遵义、贵阳、重庆、广东、浙江、南川和毗邻县及县境内各乡镇的班车250班次，年客运量达50万人次，客运周转量90000万人公里，货运量200万吨/公里，货运周转量70000万吨/公里。拥有省二级车站1个，四级车站2个。其中正安客车站配套设施较为完善，占地面积1.43万平方米。全县出租汽车客货运输从无到有，发展很快，车型已从普通型发展为较舒适、豪华的大、中、小型客车和桑塔纳轿车。货物运输实现了从计划运输向市场调节的根本转变，为正安全方位的经济社会发展和人民物质生活改善提供了重要的保证。

近几年来，党中央向贫困地区实行财政扶持和西部大开发政策，给正安交通事业发展带来了良好的机遇。为了加快交通基础设施建设，改善现有交通落后现状，县委、县政府已制定了《正安县“十一五”建设发展规划和远景目标》，即从“十一五”开始，大力建设和改造县境公路，以提高公路等级、增强通行能力为根本，以实现村村通公路为目标，形成以省道为主干、县道为骨架、乡村道为连网，县城区为环线的“二纵二横四联一环线”的县域公路运输网。届时，正安的交通建设将展现出更加美好的前景。

（正安县交通局）

县、区(市)概况

红花岗区

【概况】 2004年,全区行政区域面积为617平方千米,划出沿红、河溪两村。辖8个镇(长征镇与礼仪镇合并),8个街道办事处,村民委员会合并为53个,居民委员会整合为63个。

全年完成国内生产总值80.59亿元,增长14.1%,其中,第一产业43928万元,增长6.4%;第二产业266433万元,增长15.4%;第三产业495498万元,增长14.2%。辖区规模以上工业增加值达15.23亿元,增长19.1%,其中区级规模以上工业增加值达6.71亿元,增长4.4%;农林牧渔业总产值完成64197万元,增长6.7%;全社会固定资产投资完成175745万元,增长11.49%;全年社会消费品零售总额达28.95亿元,增长16.28%;财政总收入4.02亿元,其中地方财政收入完成2.5亿元,增长16.09%。城镇化率59.23%。

工业发展速度加快。继续推进产业结构优化升级,培育形成以新材料产业为核心的产业集聚地。“遵义国家新材料产业化坪桥基地”正式挂牌。遵义高新技术产业园入驻企业18家,其中7户投产,实现总产值1.26亿元。有序推进25个技改项目,累计完成技改资金达5.34亿元。大力扶持企业争取到省开发银行低息贷款、省经贸委技改贴息及中小企业专项资金达988万元,完成16户国有、集体企业改制任务,有效缓解企业资金压力,工业销售收入和利润分别增长32.46%和52.33%。

农村农业经济发展平稳。积极推进农业产业化经营,全年生产粮食8.97万吨,蔬菜12万吨,肉类总产量达2.14万吨,养殖大户和涉农加工企业分别增加到3540余户、50余户,实现总产值2.45亿元。建成“四在农家”示范点31个。浙江好来西集团、南天畜牧养殖公司等一批重点龙头企业发挥了很好的带动、示范作用,南关大牲畜市场建成并投入使用。进一步改善农村基础设施,新(改)建通村通组公路280千米、油路33.3千米,改造中低产田(土)9753亩,恢复灌溉面积7760亩,硬化联户路305千米,惠及2.8万农民。完成退耕还林和封山育林共计1.8万亩,顺利完成农业综合开发、扶贫开发、以工代赈等涉农项目年度任务。

三产总量进一步做大。建成浩鑫、恒兴、大森、沙河义乌商贸城、苟家井地下商场等市场项目并投入营运,新增市场面积10.52万平方米,商户1139户,餐饮业零售总额60923万元。全年共接待旅游游客19.37万人次,实现旅游收入7012万元,创历史最高水平。乡镇企业产权主体、投资主体呈现多元化的格局,乡镇企业户数增加到7846个,实现营业收入58.39亿元,增长29.37%,完成总产值39.28亿元,增长30.12%。大力开展市场经济秩序专项整治工作,查处违法案件116件,检查生产企业、经销户800多户,群众消费环境进一步好转。

城镇化建设与管理步伐加快。南部新城、东部片区、旧城改造等重点建设工程有序推进。南部:建成区法院办公楼、区检察院办公楼、桃溪小学、忠庄客运站等建设项目,新(改)建桃溪大道、银河南路、花岗路、三号路中段、状元路、南舟路6条道路,道路骨架网络基本成型。东部:实施启动遵义市东郊客运站、货运站、交通枢纽指挥中心、黔北风情一条街等一批工程建设项目,完成石佛东路主体工程。旧城改造:积极配合市政府实施万里路片区改造,兰家堡、白杨洞、蔺家坡还房小区建设有序推进。加强城市环境整治,拆除违法违章建筑7.3万平方米,完成湘江河特色景观整治、10万亩风景林建设一期工程,新增绿地面积5.4公顷,城市绿化覆盖率38.3%,人均公园绿地面积达14.65平方米。

社会各项事业全面进步。继续深化教育改革,投入资金1275万元,新(改)建13所学校校舍。

启动贫困学生助学工程，解决了2700多名贫困学生的入学困难。大力开展“我是五好小公民”、“弘扬长征精神，高唱长征组歌”、“中小学生社会实践”等各项文体活动，荣获“贵州省中小学课外文体活动工程示范区”称号。坚持“科技兴区”的发展思路，加大推进中药现代化、新材料产业化等重点技改项目的力度，成功创建了“全国科普示范城区”和“全国科技进步示范区”。积极开展“艾滋病综合防治示范区”活动，组建了红花岗区疾病预防控制中心和卫生监督所，疾病预防控制能力进一步增强。加快文化旅游事业发展，成功举办“湘江河独竹漂”、“首届农民科技文化体育活动周”、“健康杯龙舟赛”、“新年音乐会”等文体活动。实施农村2131电影放映工程，全年共放映800余场，观众人数达24万人次。建成图书室10间，文体活动场所51个，极大丰富了人民文化生活。全面启动续修地方志和红色旅游项目编制工作，完成全区革命文物普查。大力整治文化市场，查处违章经营单位120家，收缴非法音像制品1万多张(盒)，印刷品8000余册。扎实推进人口和计生工作，人口出生率控制在11.09‰以内，人口自然增长率为5.36%，符合政策生育率为95.41%，荣获“全国计划生育优质服务先进区”称号。建立健全社会保障体系，养老保险征缴率达到98%，突破历史最高水平，发放养老保险金4822万元、医疗保险金1307万元、失业保险金56.2万元。启动了分类施保和农村医疗救助制度，发放最低生活保障金1110万元，保障7337户、16470人的基本生活。进一步深化政务公开和行政审批制度改革，成立了“红花岗区人民政府服务中心”，入驻22个区直部门，为客商和群众提供“一站式”服务。全面开展国家经济普查工作，积极宣传“四五”普法，加强全区国防教育，完善了以信息化为标志的民兵预备役建设。大力加强社会治安综合治理。截至2004年底，已建立专、兼职联防巡逻队157支，计2064人。

人民生活与环境质量明显提高和改善。积极落实就业再就业政策，建成6个非农技能培训基地，转移新增农村富裕劳动力5000人。帮助1958名下岗失业人员和4450名城镇其他失业人员实现再就业，城镇登记失业率控制在3.5%以内。加大劳动争议仲裁和劳动监察力度，帮助4000多名农民工解决了工资拖欠问题。农村信用社存款突破7亿元。城镇居民人均可支配收入达到7970元，增长16.84%。农民人均纯收入达到2839元，增长9%。大力改造农村茅草房、危房320套，建成沼气池1700口，改灶、改厕、改圈1250套，新建渴望解困工程12个、水池水窖80个，解决了农民6200多人的饮水困难问题。农村电视普及率达到94%，电话普及率53.68%。建立经济适用型住房518套，新建商品房89万平方米，城镇居民人均居住面积达到13平方米，增长8.33%。初步建设形成了以桃溪河畔、翠堤丽苑、润丰阳光为主的一批生态小区，住宅环境进一步改善。

(史小波　万洪伟)

【忠庄客运站正式启动】　6月27日，红花岗区南部新城客运中心——忠庄客运站正式启动。该项目是按照国家一级客运站标准修建完成，总投资5000万元，占地面积34000平方米，每天有400余班次客车发往东莞、贵阳、金沙、赤水等30多个城市和地区。该站的投入运行，将促进红花岗区交通运输业的发展，为巩固中心城区交通枢纽地位起到积极作用。

(史小波　万洪伟)

【荣获全国教育信息化工作创新奖】　为推进中小学现代教育技术，红花岗区投入资金300万元，完成了85所学校的项目设备安装，建成遵义基础教育网络，顺利地通过省级验收合格并荣获“全国教育信息化工作创新奖”。该网络面向社会开放，具有教育资源共享、远程教育、教育信息宽带传输及教育管理等功能，对缩小城乡教育差别，实现教育的均衡化、平等化，提高红花岗区教育信息化程度和教育技术手段的现代化水平发挥了积极的作用。

(史小波　万洪伟)

【经济审计工作受中央五部委表彰】　11月24日，红花岗区经济审计工作受到中央审计、纪检、组织、监察、人事五部委表彰，被列为全国94个经济责任审计工作先进区之一。

(史小波　万洪伟)

【国家新材料产业化坪桥基地正式挂牌】　为改造提升传统产业，利用锰、铝、钛等特色资源，培育新材料高新技术产业，红花岗区结合区情编制了新材料产业化发展规划,积极挖掘、整理新材料项目并向上推介和申报。6月28日,经国家科技部同意正式挂牌"遵义国家新材料产业化坪桥基地",这对红花岗区优化产业结构,提高企业产品市场竞争力,培育强劲的后续支柱产业,构建了坚实的平台。

(史小波　万洪伟)

【招商引资首破10亿元】 2004年,红花岗区招商引资工作引进项目39个,到位资金10.84亿元,增长25.71%。主要做法是:一、积极拓宽招商引资领域,采取新闻发布会、项目推介会等形式,与周边城区和经济发达城市的重点项目进行对接。二、继续强化招商引资项目库建设,不断收集整理包括社会事业、农业、商贸流通、旅游等行业项目并积极推介,吸收区内外投资。三、不断改革行政许可制度,行政审批事项由293项减少到125项。四、实行招商引资重点项目领导联席会议制度和实行招商引资项目建设进度周报制度,加强招商项目调度和跟踪服务。五、大力开展会展招商,成功举办"新起点·新城南,南部新城文化艺术节暨招商贸易洽谈会"等大型招商引资活动,收到较好效果。六、积极开展机关效能建设,坚决纠正不正之风,改善投资环境。

(史小波　万洪伟)

【遵义义乌商贸城开业】 9月23日,政企携手精心打造的黔北物流中心——遵义义乌商贸城正式开业,至年底入驻商户4000余家。该城占地面积1.4平方千米,提供营业房56万平方米,经营家用电器、五金铝塑、针纺织业、鞋业、皮革箱包、小百货、小商品等数十个专业、上万个品种,日成交额达500万元,销售网络辐射周边30多个县、区(市),对提升红花岗区批发市场品位、经营档次,做大批发零售规模,推动区域经济快速、健康发展起到积极作用。

(史小波　万洪伟)

【地方志续修工作全面启动】 5月20日,红花岗区第二轮编修社会主义新方志工作动员大会召开。参加人员有镇、街、区属工作部门等88个单位部门主要负责人。此次会议的召开,标志着红花岗区率先在全市全面启动续修地方志工作。截至年底,各部门(单位)已陆续签定目标责任书、组建编写领导小组、配备编写人员,相应完成承担篇目结构修订及进入了人物、资料收集编写等实质性的工作环节,条件较好的镇、街开始对镇志、街道志谋篇布局。《红花岗区志》是全面记述红花岗区自党的十一届三中全会以来社会经济发展所取得的成就,总结改革与建设经验教训的大型文献。按照续修计划要求,各单位部门在2007年以前完成编写任务,进入总纂,于2008年正式出版发行。

(史小波　万洪伟)

2004年红花岗区各镇基本情况

乡镇名称	行政村和居民委员会(个)	农业总产值(万元)	财政收入(万元)	乡镇企业总产值(万元)	主要农产品产量(吨)			人均纯收入(元)
					粮食	油菜籽	蔬菜	
海龙镇	4村	5228	166	1402	6126	500	7412	2449
深溪镇	8村1居	12676	264	65703	19911	23907	13090	2841
长征镇	9村1居	5756	1388	32000	2562	0	21083	3573
南关镇	7村I居	3952	743	39341	3650	82	9459	3718
忠庄镇	4村9居	4935	726	22671	7854	300	16485	3238
巷口镇	4村	5490	159	7803	7751	622	10625	2213
金鼎山镇	8村I居	12274	166	1510	18932	1775	17490	2334
新蒲镇	8村1居	13886	653	7497	22610	1778	25290	2440
合计	52村14居	64197	4265	177927	89396	28964	120934	

注:舟水桥办含1个行政村

2004年红花岗区各街道办事处基本情况

办事处名称	居民委员会（个）	非公有制经济完成额（万元）				财税收入（万元）
		合计	工业	商品零售总额	其他营业收入	
北京路办	5	30323.60	899.9	18470	10953.70	761.98
延安路办	8	120226	427	92363	27436.00	960
中华路办	6	201395.81	4834.7	173485.8	23075.31	1465
中山路办	4	56768.16	5600.5	40338	10829.66	997.9
万里路办	7	21816	3560	11220	7036.00	851
舟水桥办	7	11953	8355	2820	778.00	409.7
南门关办	5	19597.6	6819.34	6565.07	6213.19	670.8
老城办	7	129102	1102	51841	76159.00	1549
合计	49	591182.17	31598.44	397102.87	162480.86	7665.38

汇川区

【概况】 全区区域总面积695平方千米，耕地面积18448公顷。辖6个镇、2个街道办事处、57个村民委员会、32个社区居委会。年末总人口315742人，其中非农业人口114765人，占总人口的36.35%。

2004年，全区国内生产总值完成43.6亿元，同比增长16.2%。其中，一、二、三产分别完成增加值2.8亿元、23.4亿元、17.4亿元，同比分别增长6%、17%、18.1%。财政总收入完成2.28亿元，同比增长37%。全社会固定资产投资完成16.14亿元，同比增长15.36%。城镇居民人均可支配收入7256元，农民人均纯收入2907元，同比分别增长10%、7.2%。社会消费品零售总额完成6.1亿元，同比增长17.5%。

突出工业主导地位，工业经济运行平稳。“工业强区”战略得以落实，全年完成规模工业总产值40.91亿元，同比增长27%。完成区属规模工业增加值2.54亿元，同比增长27.2%。进一步强化政府服务职能，加大财政资金投入力度，大力扶持重点项目建设，切实为061基地、海尔冰箱、遵义卷烟、长征电器、天义电工、茅台啤酒等骨干企业的生产经营服务，围绕大中型企业抓好配套产业发展。顺利实施了遵义烟厂技改、康康公司技改、联盛和瑞康GMP改造、海尔冰箱73万台扩产、金旭1.2万吨方竹笋生产基地建设、桦坤变压器公司异地搬迁等项目，工业经济竞争力明显增强，经济效益不断提高。工业项目建设进展顺利，外高桥工业示范区和董公寺工业示范区基础设施建设基本完成，共有金旭食品、桦坤变压器、海立水泵和联盛、瑞康药业等5家企业入驻，航天高科技园区初具规模。聚集了一批食品加工龙头企业，荣获“全国食品工业强区”称号。国有企业改革改制工作顺利推进，遵义火柴厂和金山机械厂破产清算工作裁定终结，双源化工公司改制工作基本完成，遵义玻璃厂和东方红砖厂改制前期工作有序推进。

加大固定资产投资力度，基础设施进一步改善。基本建设投资完成6.57亿元，同比增长25.5%；技术改造投资完成4.45亿元，同比增长9.59%；房地产投资完成5.11亿元，同比增长15.4%。汇川大道一期工程基本完成，二期工程正式启动。珠海路、广州路、宁波路建成通车。秦皇岛路完成路面铺设工程。大连路、深圳路、上海路、澳门路“亮化、绿化、美化”改造工程全面完工。重庆路改造工程基本完成。高桥出入口改造工程已完成滨江绿化园建设及东风农贸市场拆迁工作。崇遵高速公路（汇川段）建设工程进展顺利，通乡油路和通村公路完成年度建设任务，板桥汽车站建设前期工作有序开展。小城镇建设稳步推进，完成投资2138万元。拆除违法违章建筑10000余平方米。配合遵义市政府完成了植物园建设一期工程、九节滩出入口改造工程和湘江河治理年度目标任务。

巩固农业基础地位,“三农”工作取得新突破。坚持“多予、少取、放活”方针,区级财政全年累计投入资金623万元,加强“三农”工作。农业产业结构进一步优化,“城郊型、科技型、效益型”农业初见成效,全年实现农业总产值5.16亿元,同比增长6.7%。实现粮食总产量8.04万吨,保持了粮食单产5.7%的增长速度。收购级内烟叶3.29万担,实现产值1271万元,创税290余万元。新增畜牧养殖大户588户,建成畜牧养殖示范小区18个,全年生猪存出栏分别增长21.7%和17%,实现畜牧业总产值2.32亿元,同比增长19.7%。团泽镇鹌鹑养殖基地建设项目进展顺利。花卉、蔬菜、水果等特色产业进一步发展壮大。实现乡镇企业总产值2.37亿元,同比增长9.8%。新建和改造防渗渠道15公里,新增灌溉面积1587亩。全面完成了高桥镇十字村和董公寺镇田沟片区人饮工程,解决了6450人、6980头牲畜饮水困难。完成50公里通村公路建设任务。退耕还林配套荒山造林、天保林工程等任务全面完成,森林覆盖率达33.17%。石漠化治理工程项目编制工作全面启动。农村管理体制改革扎实推进,税费改革成果进一步巩固。

积极招商引资,非公有制经济快速增长。深化行政审批制度改革,按照“一站式”服务要求,组建了区政府政务服务中心,受理各类审批事项1117件,办结1068件,按期办结率100%。成立了外来投资者投诉中心,严肃查处损害投资者合法权益的行为,在省、市投资环境考评中受到好评。全年招商引资签约项目17个,协议引资21.2亿元,到位资金8.16亿元。初步形成了澳门路、香港路、宁波路餐饮、商贸、文化娱乐圈,非公有制经济总量进一步增加,对地方财政收入的贡献率进一步提高。

严格财税管理,财政金融工作水平进一步提高。实现地方一般预算收入1.26亿元,扣除市级调库收入314万元,实际完成1.23亿元,同比增长25.5%,增速居全市第一。其中,国税收入1881万元,地税收入9654万元,财政完成1082万元。完成地方财政支出2.01亿元。基础数据测算工作扎实,顺利完成财政划转工作。全面实施部门预算审核及编制工作,规范财政分配行为。深化财政体制改革,强化收支两条线管理和政府采购,积极推行区直机关公车改革,保证了机构正常运转和重点工程、社会公益事业投入,实现了财政收支平衡。国有资产监督管理工作进一步加强。积极推进农村信用社改革,汇川区农村信用合作联社筹建工作进展顺利。

坚持统筹发展,各项社会事业全面进步。教育事业稳步发展,“普实”和城区“普十二”工作有序推进,中小学危房改造工作取得阶段性成果,遵义五中申报省级示范性高中通过初次验收。医疗、食品市场监管和公共卫生体系建设进一步加强,疾病控制工作取得明显成效,传染病得到有效控制,尤其是伤寒发病率与上年同期相比下降91%。高度重视人口与计划生育工作,政策内生育率达97.09%,人口自增率为6.68‰,实现了“保类升位”目标。社会保障体系不断完善,养老、医疗、失业等社会保险覆盖面不断扩大。大力实施就业和再就业工程,城镇登记失业率控制在3.94%以内。社区建设扎实推进,顺利开展村(居)换届选举工作,全面推进村(居)民自治。殡葬改革取得显著成效。勘界工作基本完成。强化安全生产管理,健全安全生产工作制度,严格落实安全生产目标责任制,全年无重特大安全生产事故发生。积极落实环保目标责任制,切实加强环境整治工作,环境质量有所提高。深入开展国防教育,高度重视民兵预备役工作,配合上级完成了区人武部成立工作。切实整顿和规范市场经济秩序,稳步推进第一次经济普查工作。

(郑德勋)

【汇川区正式挂牌】 经国务院2003年12月26日批准,遵义市汇川区于2004年6月18日正式挂牌成立,成为贵州省第88个县级行政区。按照“小机构、大服务”和“精简、统一、效能”的原则,目前设区直机构26个,其中党群部门8个,政府部门16个和人大、政协机关各1个。

(郑德勋)

【率先在全省实行公务用车改革】 经过深入调研、认真分析和测算比较,按照有利于节约、有利于工作、有利于廉政、有利于稳定的原则,汇川区于2004年11月1日起在区直机关全面推行公务用车改革,成为全省第一家实行公车改革的单位。

(黄家付)

【荣获“全国食品工业强区”称号】 汇川区依

托区内优势资源和原有工业基础，大力扶持食品工业企业，不断提高农产品深加工水平和综合利用率，促进了产业升级和结构调整，有效带动了农民增收。2004 年 11 月，荣获由中国食品工业协会授予的“全国食品工业强区”称号。

（金武彦）

【财政收入增速居全市第一】 通过巩固稳定建筑安装、房地产开发等为主体的支柱财源，积极培植工业骨干财源，大力发展餐饮、集贸等“三产”财源，着力扶持农村后续财源，深化财政体制改革，努力强化税收征管，实现了财政收入的快速增长。全年完成财政收入 2.28 亿元，其中地方一般预算收入 1.26 亿元，同比增长 28.7%，增速居全市第一。

（王永群）

2004 年汇川区各镇基本情况

镇名称	面积（平方公里）	人口（人）	村（居）委会（个）	总产值（万元）					主要农产品产量（吨）			农民人均纯收入（元）
				合计	农业	林业	牧业	渔业	粮食	油菜	疏菜	
高桥镇	32.3	16822	11	3922	1539	52	2320	11	1030	2	12754	3294
董公寺镇	53.03	19083	10	4411	1959	19	2409	24	4976	232	8100	3286
高坪镇	182.8	59951	14	12416	5637	54	6662	63	21582	3)46	9764	2924
泗渡镇	115.2	34808	9	7437	4553	52	2790	42	14998	1680	lL900	2841
板桥镇	132.2	2638	8	6442	4555	80	1777	30	11208	1072	14562	2660
团泽镇	168.1	50173	11	14823	7464	55	7251	53	26152	6200	24127	2654
合计	683.63	206475	63	49451	25707	312	23209	223	79946	12332	81207	2907

2004 年汇川区各街道办事处基本情况

办事处名称	面积（平方公里）	人口（人）	行政村（居）委会（个）	非公有制经济完成额（万元）				财税收入（万元）	招商引资完成额（万元）
				合计	工业	商品零售总额	其他营业额		
洗马办	3	30801	6	5919	3063			250	500
上海办	8.4	78466	20	55976	6570	23930	25476	1004	3784

仁 怀 市

【概况】 仁怀市总面积 1788 平方千米，耕地面积 2.78 万公顷；辖 6 个乡（其中 1 个民族乡），12 个镇，1 个街道办事处，149 个村民委员会，22 个居民委员会，2004 年末总人口 59 万人。主要矿藏有煤炭、硫铁矿等，森林覆盖率 22.83%。

2004 年，仁怀市按照“培植特色产业、发展特色经济、建设特色城市”的总体构想，坚持“农民增收、企业增效、财政增长、基础增强”的工作主线，工业化、城镇化、农业产业化建设迈出新的步伐。全年实现国内生产总值 437507 万元，比上年增长 13.17%；农林牧渔业总产值 120999 万元，比上年增长 5.7%；工业总产值 564740 万元，比上年增长 18.0%；财政总收入 108600 万元，比上年增长 44.64%，其中地方财政收入 26800 万元，比上年增长 21.6%；财政总支出 43316 万元，比上年增长 21.6%，市级 50 万元以上固定资产投资完成 3.22 亿元，同比增长 23.8%；社会消费品零售总额 39490 万元；城镇居民人均可支配收入 6835 元，农民人均纯收入 2262 元。主要经济指标提前一年实现“十五”预期目标。

深入贯彻中央"1号"文件,农村经济快速发展。一是稳定粮食生产,维护粮食安全。全年粮食产量达到26.7万吨,同比增长5%。二是发挥资源优势,大力推进产业化经营。高粱、畜牧、烤烟三大产业产业化经营水平有新的提高。全年种植高粱12万亩、小麦10万亩,比上年分别增加2万亩和5万亩,收购2.4万吨,产值达到8700万元。继续实施畜牧品种改良工程,建立畜牧养殖专业村,培育养殖大户,扶持龙头企业,畜牧业呈现蓬勃发展态势,畜牧产值占农业生产总值的比重从2003年的39%提高到41%。

酒业经济特色凸显,工业竞争能力增强。继续做好第一、二期茅台酒2000吨扩改建服务工作。两期投资规模共16.46亿元。已完成征地、房屋拆迁等工作,第一期新增1000吨制酒房已投入使用。按照"扶优、扶强"和"整顿、规范、提高"的工作思路,扎实开展整顿白酒生产经营秩序工作,年内取缔违法经营企业100多家。先后组织地方知名企业参加成都春交会和沈阳秋交会,向新闻界和消费者隆重推介仁怀酒业,打造中国酒都,收到预期效果。全市白酒产量达到8万吨,占全省白酒产量的五成以上,实现利税占全省酒税的七成以上,实现销售产值42亿元。电煤基地建设取得新进展,全年煤炭产量达到125万吨,统收税费1700万元。

基础设施不断完善,城市建设步伐加快。白腊坎至茅台二级公路、茅台旅游支线机场前期工作已取得实质性进展。2004年,完成通乡油路改造78公里,新建村级公路112公里。截至2004年底,全市已建成公路通车里程1632.5公里,路网密度每平方公里0.9公里(含未列养公路),出境道路由3条增至9条,逐步形成四通八达的公路网。城市开发建设力度不断加大,市政公用事业改革有序推进。2004年,完成第三轮城市总体规划修编,城市详细规划覆盖率达30%,新建城区路网11公里,酒都新区行政办公中心、市政广场、工人文化宫、青少年活动中心等重点市政工程主体完工。解放广场旧城组团改造取得阶段性成果。小城镇建设投资521万元,改造和新建街道6.66公里。目前城区已建成房屋面积200万平方米,市区人均住房面积达25平方米;拥有城市道路总长35公里,主要街道宽达10~42米,人均拥有道路面积8平方米。城镇化水平达20%。

旅游资源有序开发,发展效益逐步显现。仁怀市境内有茅台省级风景名胜区,自然风光和人文景观极为丰富,是黔北重要旅游风景区之一。有盐津河风景区、怀阳溶洞等自然景观,有江泽民同志亲自题写塔名的"红军四渡赤水纪念塔"和世界吉尼斯之最的茅台酒瓶建筑、"美酒河"巨型摩崖石刻、大型石刻龙群及茅台国酒文化城等人文景观,构成仁怀独特的长征文化、国酒文化和旅游生态文化。现已开发出盐津河旅游度假区、茅台旅游区、吴公岩旅游区等3个大的旅游区,60多处旅游景点。2004年,全市各景区共接待游客25万人,创收5100万元。

(李建飞　张小波)

【仁怀市被认定为"中国酒都"】　自2001年起,仁怀市委、市政府明确提出打造"中国酒都",建设"三特城市"(培植特色产业、发展特色经济、建设特色城市)发展战略。2003年12月,仁怀以"中国酒都"冠名参加在人民大会堂举行的中国首届伊尹奖、企业管理成就奖及全国技术能手颁奖大会,引起了众多媒体和社会各界的广泛关注。2004年1月18日,仁怀正式向中国食文化研究会申报认定"中国酒都"。2004年5月15日~19日,"中国酒都文化高层论坛"在茅台集团召开,原全国政协副主席孙孚凌及来自全国各地的酒学专家、酒文化学者、食文化历史学家、经济学家等20余人出席论坛大会,并对仁怀市进行了实地考察。历经8个多月的资料认定、实地考察和会议研讨,仁怀市有180多项达到和超过《中国酒都认定标准ECO1000—JD》的200多项量化指标。中国食文化研究会认为,仁怀市在全国范围内酒生产规模、集散能力、酒文化积淀等方面,是具有无与伦比地位的城市,是中国酒文化最具有代表性、最具有权威性的地方。2004年7月18日,在北京钓鱼台国宾馆召开的新闻发布会上,原全国人大副委员长布赫、原全国政协副主席孙孚凌到会并向仁怀市颁发了"中国酒都"证书和标志牌,正式认定仁怀市为中国酒都。

(李建飞　张小波)

【有偿出让首宗水能资源开发权,圆满灌水电站开工建设】　2004年8月,贵州省久巨投资有限责任公司以648万元出让金成功竞买仁怀市境内桐梓河流域水能资源开发权,这是自《贵州省水能资源管理办法》发布以来,遵义市辖区内的首宗有偿出让水能资源开发权。贵州省久巨投资有限责任公司竞买的桐梓河流域水能资源,主要用于开发水电业,圆满灌水利开发工程于12月动工,计划动态投资2.33亿元,设计装机容量4万千瓦,计划建设一座坝高86米,库容1.23亿立方米,具有不完全调节功能的大(2)型水库。圆满灌水利工程建成后,其电力将并入遵义市电网,有利于缓解遵义市电网供电紧张状况,同时,大(2)型水库对下游后期即将开发的杨家园、兰子口电站将发挥调丰补枯、增大装机容量等积极作用,并带动当地第三产业的发展。

(李建飞 张小波)

【仁怀酒业发展再上新台阶】 2004年,茅台酒新增1万吨扩建工程顺利进行,将在原有基础上新增生产能力1000吨,实现销售产值36亿元,上缴税收14亿元。酒业对生产总值的贡献率达到55%。在白酒业快速发展的强力拉动下,以高粱、小麦为主的酒料产业规模进一步壮大。全市订单种植高粱15万亩、小麦10万亩,收购2.4万吨,产值达到8700万元。15万亩酿酒原料基地全面通过绿色食品和有机食品认证。

(李建飞 张小波)

2004年仁怀市各乡镇基本情况

乡(镇)名称	面积(平方公里)	人口(人)	行政村(居)委会(个)	农林牧渔总产值(现价:万元)	主要农产品产量(吨)		人均纯收入(元)
					粮食	油菜	
中枢街道办事处	167	83093	19	10544	20973	750	2560
茅台镇	87	46427	13	6196	11094	67	2518
坛厂镇	117	24311	9	6668	16704	1281	2164
长岗镇	116	21265	11	5926	11343	1561	2201
鲁班镇	120	37818	11	10361	21904	1425	2487
五马镇	124	31947	7	7575	18869	872	2382
茅坝镇	140	38890	13	10015	20183	1007	2140
后山乡	72	10546	4	2757	5226	277	1988
龙井乡	77	19476	7	4584	7907	408	2096
九仓镇	91	28625	8	5813	14308	797	2113
喜头镇	91	24880	7	4924	13360	813	2083
学孔乡	69	21898	7	3918	11044	632	2067
高大坪乡	88	38217	10	8046	17312	743	2167
大坝镇	87	38960	8	7738	18007	552	2278
火石岗乡	62	25110	6	4625	10694	268	2212
三合镇	86	21307	10	8319	17950	221	2361
沙滩乡	47	12894	5	2751	4799		2286
合马镇	59	21307	8	4304	11470	112	2254
二合镇	87	28567	9	5845	13777	32	2189

赤 水 市

【概况】 赤水市位于遵义市西北部，全市面积1801.2平方千米，辖9镇5乡3个街道办事处，100个村民委员会，22个居民社区。2004年年末总人口295739人，其中非农业人口71666人，总户数91595户。市内少数民族人口共5464人，其中苗族4844人，少数民族占全市总人口的1.8%。

2004年，全市国内生产总值完成166245万元，按可比价格计算，比上年增长14.7%，其中第一产业实现增加值51793万元，第二产业实现增加值81693万元，第三产业实现增加值32759万元。

农业基础设施进一步改善，农业生产稳定。粮食生产连续获得第十七个丰收年，粮食产量达到144911吨，同比增长2.04%，其中夏粮20458吨，秋粮124453吨。完成农业总产值80575万元，按可比价格计算，同比增长9.82%，其中林业产值10636万元，农业产值35902.2万元，畜牧业产值31995万元，渔业产值898万元。主要农业产品中，水稻85170吨，玉米13322吨，小麦3267吨，红苕24418吨，马铃薯15648吨。竹基地建设取得突破性发展，完成造竹12.3万亩，其中退耕造竹面积5.5万亩，引进撑绿竹种苗255万株。全市森林覆盖率达到64.7%，主要林产品中，小杂竹57494吨，水果5870吨，竹笋片1209吨，棕片246吨，茶叶191吨，板栗121吨。畜牧业稳步发展，全年肉类总产量25902吨，生猪出栏329529头，家禽出栏838432羽，年末生猪存栏321058头，家禽存栏803219羽。全市水域面积467公顷，稻田养殖面积1556公顷，全年水产品产量902吨。全市农民人均纯收入2312元，比上年增加207元，增长9.83%。农业生产条件进一步改善，农田基本建设得到加强，年末全市拥有农机总动力达51204.6千瓦，农用化肥施用量折纯2890吨，农村用电量16698417千瓦小时，完成农田水利工程610处，治理水土流失面积10平方公里，坡改梯3164亩，农田有效灌溉面积9804公顷。农业结构调整，竹产业的发展加快，乡镇企业总产值完成266350万元，完成增加值62118万元，实现营业收入287071万元，实现利润10465万元，上交国家税金42052万元。

工业经济稳定增长，运行质量提高。2004年，全市完成规模以上工业总产值139914万元，其中市属规模以上工业完成39619万元；工业增加值完成47469万元，其中市属完成11832万元；全年规模以上工业企业产品销售收入107101万元，实现利润总额16138万元。主要工业产品中，尿素(折纯)279649吨，比上年增长-1.09%，原煤118300吨，增长39.18%，发电量16692万千瓦小时，增长33.11%，自来水280.27万吨，增长2.12%，胶合板25890立方米，增长47.87%，竹地板207804平方米，增长11.51%，机制纸5806吨，增长26.41%，电石27610吨，增长72.50%，复合肥11296吨，增长23.62%，甲醛12715吨，增长9.84%，水泥32400吨，增长-13.14%。

实行积极财政政策，夯实财源基础。2004年，进一步减轻农民负担，加强征管，全年完成财政总收入12903万元，同比增长8.4%，其中地方财政收入完成8341万元，同比增长13.1%。全年财政一般预算支出完成22200万元，比上年增长16.3%。金融运行稳定，货币投放小于现金收入。截至2004年末，全市金融机构存款余额达220376万元，比上年末增长11.2%，其中居民储蓄存款余额124928万元，增长13.2%，各项贷款余额54846万元，同比减少2.13%。

消费品市场销售平稳增长。全年社会消费品零售总额完成32990万元，比上年增长11.6%，其中市级完成23855万元，市以下完成9135万元。非公有制经济在调整中发展，全市个体工商业户8571户，从业人员43586人，其中私营企业219户，从业人员4000人，全年完成产值(营业额)298700万元，上缴国家税收5974万元，占地方财政收入的71.6%。

基础设施建设加快。全年完成全社会固定资产投资122000万元，同比增长25.5%，其中基本建设投资额81257万元，更新改造投资13141万元。房地产开发投资过快得到减缓，全年完成9571万元，比上年下降19.7%，施工面积、竣工面积分别比上年下降33.9%和42.23%。完成城市电网改造、鸿锐电冶和新宇竹业公司、胶合板公司一期技改等重点项目。

交通邮电与基础设施建设加快，综合服务水平不断提高。完成赤水至长沙公路路基工程和180公里通村公路建设，复兴至大寨坝公路完成硬化，孔滩桥至宝源通乡油路已竣工投入使用,全市公路通车里程达654.36公里,其中省道45公里,县道192.16公里,乡道85.8公里。全年完成邮电业务收入217417万元,拥有固定电话用户26884户,比上年新增963户,小灵通用户新增5852户,达8138户,移动电话用户34190户,新增7673户,比上年增长29%。

城市基础设施建设不断完善。河滨中路绿化、太平东路、疾病控制中心、桫椤保护区自然展览馆、妇幼计生保健中心、航运指挥中心、港务大楼和官渡至沙坪渡110KV输电线路等工程相继竣工。启动了红军大道、河滨西路、污水处理厂、垃圾处理场、东正街改造等建设项目。

竹业、旅游业建设成效显著。黔北20万吨/年竹浆林纸一体化工程顺利推进,竹基地建设完成造竹12.3万亩,竹业综合收入达9.2亿元。旅游基础设施建设加快,旅游管理体制实现投资多元化。五柱峰、四洞沟胜得场至孔滩桥景区公路建设完成,十丈洞停车场、商业街及景区移民搬迁和竹海湖工程竣工。实现"三区一湖一河"景区委托经营。全年共接待游客35万人次,门票收入1011万元,旅游综合收入达15100万元,同比分别增长27.3%、55.5%和22%。

社会各项事业全面进步。创建"全国科普示范市",通过中国科协验收,"两基"和"普实"通过省政府复查,远程教育工程试点工作顺利实施。全市有各类各级学校196所,在校学生44668人。全年高中入学率28.3%,初中入学率107.7%,小学适龄儿童入学率99.1%。文化事业稳步发展,群众文化生活丰富多彩,全市有文化活动中心17个,市图书馆藏书达10万余册,全年共举办各类文艺演出14台。同时,成功运作宋祖英"好日子"大型音乐会,协助中央电视台《中国侏罗纪自然公园》核心拍摄和《桫椤姑娘》MTV外景拍摄,创办大型文艺季刊《赤水情》和内部报纸《赤水通讯》。"村村通"完成模拟改数字60座,全市广播覆盖率70%,电视覆盖率95%。市、乡、村三级联防医疗保健网基本形成,新型农村合作医疗试点和农村医疗救助工作有序推进,参加合作医疗的农民达64.7%,居全省八个试点县(市)之首。全市有卫生机构68个,拥有病床数705张,卫生机构人员790人,其中医生354人,卫生技术人员538人。创建"全省计生优质服务县"通过验收,低生育水平进一步巩固,计划生育率95.9%,人口自然增长率为3.4‰;再就业工作取得成效,全年新增就业2105人,城镇登记失业率为3.4%;城镇低保有序推进,做到应保尽保。

城乡人民生活水平不断改善。2004年,全市在岗职工劳动报酬总额为19760万元,在岗职工平均劳动报酬14000元,同比增长9.4%。全市2004年竣工住宅面积174681平方米,商品房销售面积107754平方米,销售额5687万元。城市烟控区覆盖率达100%,噪声达标覆盖率86.3%,生活垃圾处理率50%,城区绿化覆盖率34.5%。

(苏林富)

【全国科普示范市通过验收】 2004年4月,中国科协组织专家对赤水市创建全国科普示范市进行检查验收。检查验收团的专家通过听汇报、看录相与资料、参观科普成果展和深入企业、学校、乡村实地检查等形式的检查验收,一致认为赤水市创建全国科普示范市已取得成效,达到标准。11月,中国科协正式命名赤水市为"全国科普示范县(市、区)"。从2003年开展修建全国科普示范市活动至2004年末,赤水市拥有各类学会、科普协会、科普分会和农业专业技术协会191个,共有会员4462人,并拥有1444人的科普志愿者队伍和1643名科普宣传员。建立起4个青少年科普教育基地和4所科普教育示范学校,194个村级科普文化活动室。全市有16万人次参加科普培训,2133人获得绿色证书,1578人获农民技术员证书,85%以上农村劳动力掌握有一项以上实用致富技术。

(苏林富)

【农业富余劳动力转移培训初见成效】 赤水市在2003年被农业部定为农村富余劳动力转移培训示范县(市)后,各相关部门密切配合,从实际出发,围绕资源优势制定方案,在全市建起以农广校为主的12个培训基地,先后开办竹加工营销、旅游与酒店管理、建筑装饰、计算机应用、机电、保健按摩和家政服务等7个专业培训项目。至2004年11月底,共举办专业技能培训班82期,4017名农村富余劳动力参加培训,其中竹加工与营销1078人,旅游与酒店管理1283人,初步达到就地转移、有效对接和转得去、有效益、稳得住的培训目标。

(苏林富)

【首次村委会直选】 2004年11月，根据《村民委员会组织法》规定，赤水市第六届村民委员会换届首次进行直接选举。12月21日，全市村民委员会进行选举，有146926名选民参加选举，参选率达88.2%，经过秘密写选票和实行无记名投票，一次直选成功87个村，占全市100个村的87%。截止12月31日，剩下的13个村按第一次得票多少，差额进行缺额补选，全部补选成功，完成赤水市第一次直接选举。通过直选，全市100个村新产生的村民委员会共有主任、委员422人，其中，党员287人，占68%，49岁以下329人，占78%，中专高中以上文化的172人，占40.8%。新的村委会总体文化程度提高，村干职数与年龄降低。有4个村的选举由公证部门现场全程公证。

（苏林富）

【兑现农村部分计生家庭奖励】 2004年，按照计划生育法律法规，赤水市制定《农村计划生育家庭奖励扶助金筹措管理办法》，筹集专项资金50万元，决定对市内农村部分计生家庭进行奖励扶助。各级计生工作人员对辖区内符合奖励扶助的农村计生家庭进行调查核实，并张榜公示，确定该辖区内计生奖励扶助对象。9月，首次农村部分计生家庭奖励扶助兑现现场会在复兴镇举行，市政府及相关部门负责人参加会议。按照规定，当场向复兴镇部分农村计生家庭发放奖励扶助金和养老保障手册。此后，全市其它乡镇也相继召开部分计生家庭奖励扶助兑现大会。截至年底，全市共向338人兑现计生奖励扶助金253800元。

（苏林富）

【小水电开发新举措】 2004年，赤水市提出以习水河赤水段干流开发使用权转让为突破口，充分利用水力资源优势的措施。7月，广东、重庆、遵义等地投资商在经过实地考察后，参与习水河赤水段干流六座总装机容量2.52万千瓦的梯级电站开发使用权转让招投标。最后，遵义市中水水电开发有限公司中标，取得开发使用权，并于9月13日正式与赤水市水利局签订合同。该水电工程总投资1.65亿元，建设工期为5年。此次开发使用权的成功出让，拉动赤水小水电开发热潮。随后，元厚沙沱、石梅两电站（总装机2600千瓦）、长期电站（装机630千瓦）、宝源斑竹坝电站（装机500千瓦）等的开发使用权也相继出让成功。全年累计出让水能资源总装机2893千瓦，收入出让费238万元。

（苏林富）

【景区管理体制新突破】 2004年，北京百龙公司与湖南张家界万众国际旅行社有限公司在多次深入赤水景区考察评估后，于7月下旬与赤水市旅游管理部门签署委托经营四洞沟、十丈洞、燕子岩、香溪湖和赤水河赤水段水面等景区50年的合同，决定由百龙、万众两公司在赤水新建赤水百龙旅游发展有限公司具体负责操作。原景区所有投资于建设的5400万元由财政、审计部门审定后，由百龙旅游公司分期支付赤水旅游部门。原景区的债务2500万元，由百龙旅游公司承担偿还。百龙旅游公司在经营景区的前三年内要投入资金2.5亿元，用于景区配套建设、宣传与促销。景区委托经营的实现，使赤水旅游管理体制改革取得突破，并向投资多元化迈出坚实一步。

（苏林富）

【贵州省第一口油气井】 2004年11月，中石化南方公司江汉石油局钻井队在赤水市官渡镇官9井钻获贵州第一口油气井。官9井设计井深2672米，当钻至井深1774.2～1788米时出现井涌。通过对其油气层测试，该井可日产原油41立方米，日产天然气9.31万立方米。后通过专家鉴定，该井原油为轻质油，油气比为66～104m^3/m^3，计算采油指数112.3 m^3/dMpa，是目前云贵川第一口优质油井，改变了贵州无油的历史。

（苏林富）

【第一个农民工工会建立】 2004年9月21日，赤水市第一个村级农民工工会在文华办事处双龙村成立。遵义市总工会主席蒋永、赤水市委副书记宋霖出席成立大会并授牌。双龙村地处赤水市郊，全村有富余劳动力298人长期在广东、浙江一带务工。这次参加农民工工会的达100余人。工会建立后，凡在务工地遭到合法权益被侵犯的农民工，可以凭自己的工会证，到当地工会组织寻找帮助，通过工会出面与用工企业交涉，使自己的合法权益得到切实保护。

（苏林富）

2004年赤水市各乡镇办基本情况

乡镇名称	面积(平方公里)	人口(万人)	行政村社区(个)	总产值(万元)				主要农产品(吨)			人均收入(元)
				合计	种植业	养殖业	工业	粮食	油菜	蔬菜	
市中办	32	40289	7	10735.50	424.85	381.95	9929			4867.80	2698.81
文华办	17	13509	5	14180.19	1147.49	1429.70	11603	5696.80	34.17	4013.23	2387.49
金华办	14.5	12960	3	8301.99	478.74	723.50	7100	1951.38		2333.21	2656.57
天台镇	95	19947	9	9599.27	2667.61	3949.66	2982	14553.06	106.02	7420.92	2411.13
复兴镇	98	19457	8	13255.96	2212.40	3034.56	8009	10514.02	58.81	8048.24	2382.45
大同镇	105	19663	7	12726.25	2883.34	3863.91	5979	13422.66	81.50	11098.04	2347.21
旺隆镇	140	20821	11	11230.58	2689.40	2831.18	5710	11936.47	57.78	11880.00	2268.89
葫市镇	203	15643	9	8820.58	1989.48	1881.10	4950	8776.30	49.38	8757.00	2205.70
元厚镇	206	16336	10	5251.81	1698.11	1643.70	1910	7522.53	93.60	7325.88	2322.27
官渡镇	202	29082	10	9544.23	2948.66	3299.57	3296	15247.40	167.82	9168.39	2295.92
长期镇	104	27655	12	9219.93	2940.79	3508.14	2771	14941.93	179.99	9828.00	2179.05
长沙镇	106	19359	7	8765.72	2279.76	2343.96	4142	12223.51	114.08	3660.00	2364.60
丙安乡	134.2	6535	4	2731.96	740.17	649.34	3212	4864.66	79.13	3394.75	2075.99
两河口乡	132	6262	6	4601.51	1047.67	587.29	1097	3605.77		2901.47	2204.99
宝源乡	101	8387	6	8247.76	1418.69	1229.07	5600	7139.50	14.00	5044.03	2154.46
石堡乡	91	9016	4	2726.95	997.49	1212.46	517	5567.02	122.49	2276.16	2304.57
白云乡	49.3	10818	4	4169.35	1139.58	1331.77	1698	6948.06	18.00	1852.49	2058.58
合计	1830.0	2957.39	122	143101.59	29704.23	32892.36	80505	144911.06	1176.77	107469.71	

注:资料来源市统计局、农调队、乡企局、民政局。

遵　义　县

【概况】　遵义县地处贵州省北部,大娄山脉东支中段与乌江中段北岸之间,东邻湄潭、瓮安,南接息烽、开阳,西界仁怀、金沙,北毗红花岗、汇川、桐梓、绥阳。县城南白镇位于210国道和贵遵高等级公路上,南距贵阳市130公里,北距重庆市340公里。全县行政区域总面积4093平方千米,耕地面积12万公顷,森林覆盖率38.1%。辖29个镇,2个民族乡,260个村民委员会,32个居民委员会,居住着汉、苗、仡佬、彝、布依等10多个民族。年末总人口115万人,其中非农业人口11.95万人;少数民族人口1.42万人,人口较多的少数民族有苗族、仡佬族。近年来遵义县先后获得全国文化先进县、全国体育先进县、全国和全省民政工作先进县、全省"双拥"模范县和省级卫生城市等荣誉称号。是全省商品粮、油菜籽、生猪、烤烟生产基地县,"全国无公害农产品示范基地县"、"中国'双低'油菜生产大县"、"全国商品瘦肉型猪基地县"和"全国辣椒产业十强县"。

2004年,全年完成国内生产总值68.83亿元,比上年增长13.6%,其中一、二、三产业分别增长7.9%、19.9%和12.3%。

农业经济发展势头良好,农民收入实现较快增长。农业基础设施不断完善,粮食单产稳步提高,农业结构调整取得新进展,产业化经营实现新突破。粮食总产量56.43万吨,增长7.17%。油菜籽产量6.45万吨,增长1.86%。烟叶生产量1.14万吨,产值9167万元。辣椒产量3.9万吨,产值3.5亿元,荣获“全国辣椒产业十强县”称号。畜牧养殖规模逐步扩大,建成“密集型养殖小区”89个,生猪出栏100.1万头,肉类总产量9.65万吨,畜牧业产值占农业总产值的比重达36.2%。新增和恢复灌溉面积0.68万亩,治理水土流失面积13.14平方公里,完成退耕还林、配套荒山造林7万亩,生态环境进一步改善。农业机械化程度稳步提高,农业适用科技推广取得新突破,建立了村级农牧技术服务站。完成农林牧渔业总产值29.47亿元,增长8.3%,农民人均纯收入2624元,扣除物价上涨因素增长7.2%。农村改革逐步深化,全面完成“撤办并村”工作。

工业经济稳步增长,安全生产创佳绩。重点项目建设进展顺利,鸭溪电厂首台机组投入运行,80万吨氧化铝项目建设已完成法人组建,福鑫钢铁制品厂、遵义铝业拓冠炭素公司即将投产运营,黄鱼塘水电站主体工程全面动工,金山刚玉厂、伊路达帅美彩印公司等外来投资企业建成投产,龙坪、龙坑、铁厂工业小区建设初见成效。完成规模工业产值33.02亿元,完成规模工业增加值11.96亿元,增长38.6%,其中县级规模工业增加值4.57亿元,增长36.8%。成立安全生产监督管理局,及时配备驻矿监察员和镇(乡)专职交通安全协管员,强化安全生产监督管理,安全生产事故次数、死亡人数、直接经济损失分别下降14.12%、29.85%和22.78%。

固定资产投资增速较快,城乡基础设施建设进一步加强。完成全社会固定资产投资28.04亿元,增长28.7%。完成公路建设投资7047万元,新建、改造县乡村公路435.3公里,其中通油公路134.8公里,通村公路232公里,鸭溪电厂运煤公路一期工程按期完工,全县交通条件进一步改善。年旅客周转量44792万人公里,货物周转量为29877万吨公里。完成小城镇建设投资3.07亿元,新建城镇房屋49.08万平方米,新增城镇绿化面积6.1万平方米,城镇规划区人口39.37万人,城镇化水平32.93%。县城旧城改造和北部新区建设稳步推进,中山中学、万寿广场、县城农贸综合市场,鸭溪镇财溪路、黎明路,虾子镇富源住宅小区、吉利小区,龙坑镇还房工程、八里新村,尚嵇镇大坝新村成为城镇建设新亮点,市政基础设施更加完善,顺利通过省级卫生县城复评。成立城市综合执法局,城镇管理水平得到提高,南白镇在全省“黄果树”杯环境整治综合评比中获县城组第3名,虾子镇在全省36个重点小城镇建设综合考评中获第2名。

财政收支执行情况良好,金融业平稳运行。全年完成财政总收入4.32亿元,增长32.98%,其中地方财政收入2.15亿元,增长16.39%,执行财政支出5.39亿元,增长9.12%。财源建设力度加大,税收征管措施得力,税收秩序明显好转,财务管理进一步规范,财政调控能力不断增强,政府采购效果较好,国有资产管理水平和资金使用效益得到提高。成功进行了农村信用社县级法人试点改革。金融业运行平稳,金融机构各项存款余额32.49亿元,增长17.7%,贷款余额19.85亿元,增长9.9%。第三产业保持良好发展势头,完成社会消费品零售总额15.30亿元,增长13.8%。

社会事业全面进步,人民生活水平不断提高。进一步理顺教育管理体制,增加教育投入,强化“普实”工作,“两基”成果得到巩固。稳步调整校点布局,开展教育资源整合,中小学课程改革有序推进,农村中小学现代远程教育试点工程顺利实施,完成高中阶段扩招20%的任务,高考升学率74.05%,民办教育、职业技术教育、特殊教育事业发展较快。各类学校在校生219849人,学龄儿童入学率99.4%。落实计划生育“两户三保”制度和国家奖励扶助政策,积极推进“村(居)民自治”,全面开展优质服务工作,群众婚育观念明显转变,人口增长得到有效控制,符合政策生育率92.35%,人口出生率9.01‰,人口死亡率6.22‰,人口自然增长率2.79‰。人口与计划生育工作进入“控制人口数量、提高人口素质、改善人口结构”全面发展时期。落实农村卫生工作新举措,加强镇(乡)、村卫生服务一体化建设,突发公共卫生事件应急处理机制、疾病预防控制体系和医疗救治体系逐步完善。“中医先进县”创建工作通过省政府验收。有县直卫生医疗机构6个,卫生院31所,病床1020张,专业卫生人员1008人。实施农村现代远程教育工程基础设施建设,新建光缆干线673公里,邮电通讯、数字网络业务进一步拓展。全县邮电业务总量为12201万元,年底固定电话用户61464户,移动用户62500户。文化阵地建设步伐加快,群众文体活动有声有色，顺利通过文化部“全国文化先进县”复评验收。现有县级图书馆1个，下设分馆17个，藏书25万册；文化馆1个；广播电视台（站）36个，广播、电视覆盖率分别为94%、89%。第六届村（居）换届选举全面结束，直选面20%。就业和再就业工作进一步加强，全县新增就业岗位12176个，其中下岗失业人员再就业1793人，组织劳务输出3401人，发放《再就业优惠证》536个。养老、医疗和失业保险工作稳步推进，强化城镇农村最低生活保障制度的贯彻落实，推行农村医疗救助制度，全年发放低保金359.4万元、救灾救济款438.2万元、救济粮174吨。积极实施“母亲水窖”和渴望工程，解决1.3万农村人口饮水困难。认真开展异地扶贫搬迁工作，完成财政扶贫项目48个，帮助7970人越过温饱线。坚持可持续发展战略，矿产资源开采和土地市场秩序进一步规范，严格执行“三同时”和环保第一审批权制度，确保人与自然和谐发展。

各项改革稳步推进，依法行政工作得到加强。完成9家国有工业企业改制工作，粮食系统、供销系统改革基本结束，农村税费改革遗留问题得到妥善处理。事业单位人事制度改革打破了专业技术职务终身制，成功进行了环卫等市政公用事业管理体制改革。加快殡葬基础设施建设，镇（乡）规划和新建了公益性公墓。认真贯彻执行《国务院全面推进依法行政实施纲要》和《行政许可法》，行政审批制度改革稳步推进，认真开展行政许可事项清理，全面推行政务公开。强化审计、监察职能，机关效能建设成效明显。

（温志宇）

【鸭溪电厂首台机组提前并网发电】 鸭溪电厂（4×300MW）是国家“西电东送”、“黔电送粤”的重点工程之一，也是贵州省北部电网的主要电源，工程于2003年6月30日正式开工。首台机组于2004年12月底前顺利并网发电，比计划提前5个月，同时实现了优质、高效、安全的工程建设目标。

（温志宇）

【遵义县辣椒产业化建设形成良好格局】 一是生产重科技。1.5万椒农参加各种形式的培训，大大提高了椒农在种子选育、营养块直播育苗、规范化适时移栽、平衡配套施肥、病虫害综合防治等方面的技术水平。5个杂交辣椒种引进试种获成功。引进20个新品种进行试验。二是种植有基地。2004年全县辣椒种植面积30.5万亩，其中优质辣椒生产基地20万亩，产量3.9万吨，产值3.5亿元。三是加工有名企。引进了老干妈公司等知名企业来县建厂加工辣椒制品，年内加工量可达2万吨，产值2亿元。四是销售无淡季。依托虾子辣椒市场，充分发挥辣椒协会作用，辣椒贸易全年无淡季。2004年虾子辣椒市场交易量6万吨，交易额4.5亿元，平均价格9元/公斤。先后获“全国优质辣椒生产基地县”和“全国辣椒产业十强县”称号。

（温志宇）

【遵义县科技种植取得新突破】 一是农民参与科技培训人次多。全年遵义县共开展农技培训1969期，培训农技人员234人，层层培训农民19.1万人次，发放技术资料17.2万份。二是示范基地建设创佳绩。实施“贵州省农业新技术试验示范基地”项目，其中龙坪镇1000亩玉米高产示范区平均亩产510.9公斤，南白镇超级杂交稻“准两优527”百亩连片示范点平均亩产741.9公斤，团溪镇3000亩水稻高产示范区平均亩产609.2公斤。三是农作物病虫害综合防治效果好。水稻、玉米、油菜、小麦、蔬菜病虫害综合防治面积110.64万亩，农田鼠害综合治理面积41.1万亩，挽回损失3754.22万公斤。四是农业适用技术推广面积大。推广水稻旱育稀植22.64万亩，平均单产612.5公斤。实施玉米增产工程28.9万亩，平均单产396公斤。推广平衡配套施肥148.3万亩，油菜秸杆还田44.6万亩，微肥推广140.7万亩，种植绿肥22.8万亩。五是良种种植比例高。全县水稻种植45.53万亩，其中杂交水稻44万亩，占96.6%。玉米种植38.26万亩，其中杂交玉米面积36.56万亩，占95.6%。油菜种植面积47.67万亩，其中双低优质杂交油菜面积47万亩，占98.6%。

（温志宇）

【民办教育结硕果】 为促进民办教育事业健康发展，2003年，遵义县政府出台了《关于加快民办教育发展的实施意见》，把民办教育纳入县国民经济和社会发展的总体规划，最终形成公办教育与民办教育公平竞争、共同发展的良好格局。《意见》就民办学校办学资金、用地、教职员工聘任、学生管理等方面进行了规范。与此同时,制定相关优惠政策,鼓励社会力量办学,先后建成民办中小学校8所。投资8000多万元兴建的遵义中山中学,于2004年秋季招生开学。该校为民办全日制、全封闭、全寄宿的现代化完全中学。学校占地288亩,绿化面积占60%,校舍建筑面积9万平方米。办学规模层次为高、初中共60个教学班,学生容量3000人。

(温志宇)

【切实减轻农民用电负担】 组建遵义县农电发展有限公司,负责辖区内低压电网的规划、新建、改造、维护和农村专职电工的管理。二是明确低压电网改造维护费来源。对辖区内大工业以下的电量(315KVA)按0.08元/KWH的标准在现行电价中提取低压电网改造维护费,用于农村低压电网的改造。三是限期完成。要求在4年内完成全县农村低压电网的改造。四是严格执行同网同价政策。对低压电网尚未改造的地方,先行分期改造农户户表,改造后的农户享受同网同价政策。

(温志宇)

2004年遵义县各乡镇基本情况

乡镇名称	面积(平方公里)	人口(万人)	行政村居委会(个)	总产值(万元)				主要农产品(吨)			人均收入(元)
				合计	种植业	养殖业	工业	粮食	油菜	蔬菜	
南白	97.6	8.71	15	142103	5017	5469	131617	19580	2418	17809	3467
龙坑	89.8	3.91	12	35955	3985	3509	28461	13348	1932	10949	3148
苟江	78.5	2.52	8	14831	4206	3328	7297	13165	1381	11380	2599
三岔	119.2	3.67	7	14892	6709	3914	4269	20279	2125	19750	2369
三合	227.7	6.47	13	22712	6747	9885	6080	25344	3079	13728	2556
乌江	46.0	1.71	5	17178	2011	2997	12170	7242	465	6862	2940
龙坪	125.6	4.43	6	43306	8191	4907	30208	25021	3405	30738	2654
喇叭	94.2	2.80	7	9665	4413	3020	2232	16251	1140	13155	2220
团溪	180.0	5.30	12	30223	9761	6034	14428	29410	4139	32125	2873
西坪	131.3	4.03	10	17013	6262	3751	7000	24013	1210	1286	2288
铁厂	105.9	1.62	7	8100	2771	1851	3478	10572	1125	4688	2214
尚嵇	106.9	3.98	9	21110	5812	3226	12072	18642	2179	10248	2430
茅栗	139.2	2.95	6	10061	3632	2612	3817	11795	1679	7176	2037
新民	95.9	2.07	6	6257	3318	2357	582	11204	1836	7073	2283
虾子	216.1	6.28	14	44882	13351	7209	24322	33672	4410	38325	2862
三渡	102.9	2.11	7	12900	3493	2573	6834	11777	1564	12763	2387
新舟	165.3	7.10	13	40774	11864	8151	20759	39618	5133	46244	2674
永乐	220.8	4.31	13	17672	9210	5885	2577	30085	2948	23643	2238
鸭溪	121.4	6.33	16	28698	5978	6004	16716	20716	2953	12393	2801
乐山	105.8	2.56	8	8736	4027	3352	1357	11297	2146	11176	2462
石板	130.1	3.49	9	8149	4315	1722	2112	15490	1745	12590	2306
枫香	147.6	3.69	10	16133	6528	3886	5719	18940	1978	11407	2473

乡镇名称	面积（平方公里）	人口（万人）	行政村居委会（个）	总产值（万元）				主要农产品（吨）			人均收入（元）
				合计	种植业	养殖业	工业	粮食	油菜	蔬菜	
泮水	113.0	3.95	9	18030	5288	2733	10009	15134	2290	18180	2411
马蹄	116.7	3.56	10	11309	4855	3382	3072	14970	1791	10461	2055
山盆	236.4	5.71	14	11877	7107	2430	2340	27997	2524	13824	2106
沙湾	174.5	2.53	8	19583	5217	3085	11281	17465	1452	12849	2422
芝麻	89.7	1.78	6	3715	2864	730	301	9484	745	6444	1633
松林	152.8	2.64	17	8730	5267	3003	460	16353	1328	16857	2190
毛石	150.2	2.19	6	9711	6153	2865	693	18205	990	6858	2219
平正	146.4	1.93	6	5545	2773	1241	1531	11615	441	5402	1517
洪关	63.8	1.05	3	3076	1685	869	522	5512	617	4380	1658
合计	4092.6	115.38	292	558290	69872	114102	374316	564256	64501	466267	2624

桐　梓　县

【概况】 桐梓县全县总面积3202平方千米，耕地面积36430公顷，辖16个镇8个乡（其中1个民族乡），8个社区居委会，228个行政村，总人口65.6万人。境内煤炭、硫铁矿、钾矿、石灰石等矿产资源丰富，煤炭资源储量47.7亿吨。水能蕴藏量20.33万千瓦，开发潜力可观。境内方竹资源丰富，被国家林业局命名为“中国方竹笋之乡”。

2004年，桐梓县继续按照“强一攻二兴三，富民强县升位”的发展思路，围绕农业产业化、工业化、城镇化和建设经济强县“三化一强”目标，大力发展畜牧、烤烟、方竹、蚕桑、能源、冶炼、化工、建材等主导产业，突出项目建设，优化经济结构，全县经济社会呈现持续健康发展的良好势头。2004年，全县完成国内生产总值20.6亿元，增长11.8%。完成规模工业企业总产值5.7亿元，同比增长23.3%。全社会固定资产投资完成6.8亿元，同比增长15.5%。完成财政总收入14078万元，增长30.59%，其中地方财政收入完成8489万元，增长17%，财政总收入和地方财政收入再创历史新高。农民人均纯收入2077元，比上年净增199元。

（陈庆强）

【烤烟生产呈恢复性增长】 2004年，全县烤烟生产实现了1998年以来的最好水平，首次完成计划收购任务，共完成收购烟叶13.8万担，占计划的115.3%，同比增长19.8%；实现总产值5366.91万元，同比增长28.8%；级内烟叶担均价498元，同比增长21.5%；实现烤烟特产税1159.25万元，占计划的115.9%。

（刘　宁）

【公路建设如火如荼】 2004年，桐梓县紧紧抓住中央加大对遵义革命老区公路建设投入的机遇，开工建设公路272.5公里，全面掀起了公路建设高潮。一是建设省道303桐梓段28公里，总投资1240万元，已完成总工程量的80%。二是建设通乡油路100.5公里，总投资227万元。其中桐茅路12.5公里，完成总工程量的85%。松狮公路88公里，正在建设之中。三是建设通村公路144公里，总投资1728万元，已全部完工。公路建设改造项目的实施，加上原有的川黔铁路、210国道和即将竣工通车的崇遵高速公路，全县路网结构更加合理，交通条件大为改善，为经济社会发展创造了良好的条件。

（刘　宁）

【工业经济快速增长】 近年来，桐梓县明确了建设工业经济大县的发展定位，强化重点工业项目申报、招商和建设，切实抓好协调服务，工业经济发展效果明显，成为县域经济增长的重要拉动力量。2004年,完成规模工业企业总产值5.7亿元,同比增长23.2%,全年招商引资6.1亿元。桐梓火电厂项目已列入全省第三批电源点建设规划。《桐梓矿区总体规划》顺利通过国家发改委委托中国国际工程咨询公司组织的专家评估。煤电铝联营项目已在桐梓县北部矿区进行煤炭勘探。煤化工、年产20万吨聚氯乙稀和16万吨烧碱项目前期工作有序推进。建成湾塘电站、官塘电站。11对新建煤矿正在建设。

(陈庆强)

【全面改造河滨大道】 桐梓县河滨大道既是县城主干道,又是210国道县城过境路段,始建于1992年,全长3613米,宽40米,是桐梓县率先在全省大力实施城镇化战略的标志性工程。近几年来,河滨大道由于年久失修,路面及配套设施破损严重。为改善县城基础设施条件,确保210国道交通大动脉的畅通和安全,促进县域经济社会发展,桐梓县投资2000多万元,仅用120天时间对河滨大道路面、人行道和管网、景观绿化以及路灯工程进行了高标准改造,再次展现了"桐梓速度"、"桐梓精神"和"桐梓形象",有力推进了城建二次创业。

(陈庆强)

【荣获"中国方竹笋之乡"称号】 桐梓县方竹资源丰富,方竹属竹亚科寒竹属,性喜温凉湿润环境,多生长在海拔1300米以上的高山丛林之中。全县24个乡镇中有19个乡镇分布方竹,全县方竹林总面积30.1万亩,占该种方竹全国面积的60%以上,其中天然方竹林20万亩,新造方竹10.1万亩。全县天然方竹林连片面积1000亩以上的达16.8万亩,是目前国内已知连片面积最大、保存最完整的方竹林。方竹笋年产量1.2万吨,产值6000万元。桐梓县方竹笋味美鲜嫩,营养丰富,被已故著名林学家陈嵘教授誉为"竹笋之冠"。2004年,桐梓县被国家林业局命名为"中国方竹笋之乡"。

(范　军)

2004年桐梓县各乡镇基本情况

乡镇	面积(平方公里)	人口(万人)	行政村(居)委会(个)	农林牧渔业总产值(万元)				主要农业产品产量(吨)			农民人均纯收入(元)
				合计	种植业	养殖业	其它农业	粮食	油菜	疏菜	
娄山关镇	142.95	96189	17	10362	6264	3269	829	21289	1575	21420	2683
楚米镇	144.40	25586	8	6814	4122	1986	706	13976	1122	15000	2225
新站镇	150.09	28852	12	6451	4440	1692	319	11620	333	17891	2140
松坎镇	122.81	20401	8	4349	2506	1551	292	7946	260	9990	2121
水坝塘镇	166.76	25583	8	5654	2834	2305	515	14473	480	5320	1991
狮溪镇	180.42	39992	10	8635	3817	2781	2037	19742	955	1652	2188
官仓镇	138.27	36413	14	7549	4693	2259	597	22827	2108	5508	2113
高桥镇	111.68	31762	9	5446	2965	2165	316	11865	993	8000	2011
花秋镇	141.72	52108	23	9545	5123	3958	464	19909	1383	13500	2040
羊磴镇	187.22	24832	9	4155	1975	1853	327	12914	261	893	1888
燎原镇	83.20	21524	7	3959	2649	1069	241	9341	1142	6525	2137
九坝镇	149.91	31199	7	5864	3761	1664	439	2847	632	10350	2217
大河镇	103.56	12417	7	2534	1496	832	206	6607	350	1168	2101
夜郎镇	148.41	25674	10	4725	2538	1748	439	12485	770	1485	1976
木瓜镇	170.78	28808	13	4015	1957	1768	290	11592	468	1679	2074

乡镇	面积（平方公里）	人口（万人）	行政村（居）委会（个）	农林牧渔业总产值（万元）				主要农业产品产量（吨）			农民人均纯收入（元）
				合计	种植业	养殖业	其它农业	粮食	油菜	疏菜	
坡渡镇	114.15	24112	7	4878	2178	2363	337	10308	213	5180	1816
茅石乡	138.81	15233	8	3216	2177	811	228	7512	735	1500	2034
风水乡	71.15	24489	9	4017	2156	1638	223	11679	555	4287	1829
容光乡	70.57	20796	7	3520	2099	1237	184	10074	353	5296	1778
小水乡	132.78	13243	5	2966	1997	741	228	8878	438	4718	1980
天坪乡	127.33	27072	11	6309	4000	2042	267	15164	614	2162	2021
黄莲乡	191.17	8422	12	1565	786	347	432	4814	26	77	1032
芭蕉乡	105.00	12834	5	2974	1953	649	372	9280	503	2096	1877
马鬃乡	108.86	8592	10	2236	1716	394	126	5429	189	3990	1732
合计	3202	656138	236	121738	70202	41122	10414	282587	16458	142487	2077

习水县

【概况】 习水县地处遵义市西北部，全县总面积3127.7平方千米，其中耕地面积40709公顷。2004年年末总人口为673723人，其中：女性322777人，占47.90%；非农业人口64386人，占9.56%；少数民族11504人，占1.71%。全县国内生产总值完成18.22亿元，比上年增长14%，其中：第一产业完成6.44亿元，比上年增长7.2%；第二产业完成7.93亿元，比上年增长20.3%；第三产业完成3.85亿元，比上年增长14%。全县工农业总产值完成307052万元，比上年增长25.31%。引进招商项目47个，到位资金4亿元，比上年增长261.01%。社会消费品零售总额达3.12亿元，比上年增长18.3%。

农村经济发展势头好。2004年在中央1号文件精神和“多予、少取、放活”方针的指引下，农业基础地位进一步加强，农村经济稳步发展，农民收入持续增加。农业总产值完成95052万元，比上年增长7.6%。粮食总产量完成27.85万吨，比上年增长8.15%。兑现给种粮农民直接补贴179.39万元。生猪出栏44万头，比上年增长11.55%。大牲畜出栏2.9万头，比上年增长15.19%。肉类总产量完成4.3万吨，比上年增长11.92%。红粮总产量完成2248万斤，产值达2793万元。农民人均纯收入达1597元，比上年增长14.8%。乡镇企业总产值完成108900万元，比上年增长14.9%。乡镇企业营业收入完成112380万元，比上年增长16.32%，实现利润总额11620万元，实现税金3150万元。农村基础设施建设和生态环境建设进一步加强，“四在农家”活动向纵深发展，扶贫开发工作加快速度，广大农村生产生活条件不断改善。全年新增农田灌溉面积5.7万亩，完成坡改梯8500亩，新建沼气池1001口，新建人畜饮水工程45处，“三百里翠竹长廊”工程进展顺利，治理水土流失面积26平方公里。

工业经济效益质量高。2004年，进一步实施“工业强县”战略，重点抓住电力、煤炭、白酒、建材四大支柱产业的发展，工业化进程明显加快。原煤生产完成385万吨，比上年增长20.31%。发电量完成46.8亿度，比上年增长6.36%。白酒生产达37000吨，比上年增长10%。水泥生产因受市场等因素影响，完成14.9万吨，比上年下降5.27%。工业总产值完成21.2亿元，比上年增长36.2%。国有企业改革顺利推进，非国有经济发展加快。

财政金融保险增长快。2004年，围绕“三化”进程，积极推进财源建设和财税各项改革。全县财政总收入完成2.06亿元，比上年增长19.7%，其中地方财政一般预算收入完成7537万元，比上年增长10.5%。财政总支出完成3.37亿元，比上年增长23.1%。全年，各金融机构经济效益较好，城乡居民年末存款余额13961.8万元，比上年增长

4.83%,累计现金收入37216.5万元,支出43600.7万元,累计净投放资金6384.2万元。农村信用社改革改制工作有序推进。保险费收入2265万元,比上年增长3.85%。

流通体制和各级各类市场活跃。随着经济的发展,大大促进了城乡物资交流和对外贸易。2004年全县有规模较大的市场25个,比上年增加4个。农副产品收购任务全面完成,社会消费品零售总额达3.12亿元,比上年增长18.3%。

固定资产投资大。全年完成社会固定资产投资6.2亿元,比上年翻了一番。交通、能源建设和城镇基础设施建设是投资的重点。二郎电厂前期工作和煤炭开发等能源建设重点项目完成2.5亿元,县城污水处理和垃圾无害化处理工程、西区建设和旧城改造工程等城建重点项目完成1.5亿元。马合公路改造、茅习公路(习水段)大修改造工程和温水客车场改扩建工程等交通重点建设项目全面完成。

人民生活不断改善。随着改革的深化,开放的扩大和旅游业的启动,城乡人民真正得到实惠。2004年,城镇居民人均可支配收入5880元,比上年增长9.91%。农民人均增粮34公斤,增收202元。新增城镇就业和再就业3578人。新转移农村富余劳动力1.3万人,农民工外地打工收入增加,寄回现金1.5亿元。城镇居民人均居住面积达11.35平方米。城乡居民的物质文化生活水平有明显提高。

各项社会事业全面进步。教育事业:2004年,在财政还比较困难的情况下,投入资金1.1亿元,新建和改(扩)建中小学115所,新增校舍面积15.7万平方米,极大地改善了办学条件,使适龄儿童入学率大大提高,辍学率和文盲率大大降低。10月25日~29日,贵州省人民政府对习水县"两基"工作进行评估验收,认定基本达到评估验收标准,基本合格。2004年,全县各级各类学校在校生总数为154817人(含社会办学8826人),其中:高中5538人,初中48781人,小学84750人,学前班6158人,幼儿园2435人,成人教育7155人。学龄儿童入学率达98.76%。

医疗卫生:城乡卫生事业进一步发展,农村合作医疗已经启动。2004年末,全县共有卫生机构255个,其中县属6个。共有病床624张,其中县属330张。共有专业卫生人员683人,其中副高职称以上13人。

计划生育:全年共投入资金432万元,新、改、扩建乡镇服务站15个,村服务室53间,计划生育综合改革积极推进,管理水平不断提高,低生育状况得以保持。2004年,出生人口5887人,出生率为12.25‰,死亡人口3851人,死亡率为5.42‰,自然增长率为6.83‰,计划生育率达92.4%。

科学技术:科学知识普及较快,实用技术普遍推广,科技事业稳步发展。2004年末,全县有科技工作者7883人,其中:高级职称68人,中级职称1180人,初级职称6635人。获得证书的工人农民技师48人,技术员784人。全年取得重大科技成果3项,并在广大城乡推广应用。

文化、广播、电视:2004年全县有文艺团体3个,在城乡演出30场,图书馆1个,广播电视台1个,电视覆盖率84.49%,广播覆盖率75.61%。继续组织实施农村电影"2131"工程,共放电影3900场,观众达72万人。

体育事业:城乡体育设施不断改善,群众体育活动多种多样,学校体育生动活泼,全民健身运动形成高潮。全年举办大型体育比赛25次。

旅游产业:2004年完成了《习水旅游发展总体规划》的编制和评审、《习水国家级森林公园总体规划》编制,与中央电视台和黑龙江电视台、安徽电视台合作拍摄了《中国侏罗纪自然公园》、《赤水河畔话土城》、《生态旅游在习水》三部专题片。全年共接待游客2.5万人,旅游综合收入650万元。

(詹克勤)

【马合公路改造全面完成】 马合公路(习水马临至四川合江)是习水县西北入川、通江达海的大通道,是标准的三级路,全长91.2公里,在习水县境内26公里,纵贯著名风景区长嵌沟。马合公路1988年建成通车以来,由于车流量大和自然灾害原因,路面损坏严重,行车十分困难,已到非改造不可的时候。在上级政府和公路管理部门的支持下,投资4600万元,改造马合公路工程从2003年4月动工,到2004年8月全面完成。经省、市有关部门检查验收后,被评定为优质工程。为了保护景区环境,不在景区开山凿石,所用石料全部从离工地平均距离20公里的景区外运来,使景区保护完好。

(詹克勤)

【计划生育综合改革取得新经验】 2004年，全县对计划生育实施综合改革，主要内容：一是坚持依法行政，严格依法办事；二是坚持群众路线，争取群众的理解支持；三是坚持强基固本，扎实推进村民自治；四是坚持以人为本，全面开展优质服务；五是坚持宣传教育为主，营造新型生育文化；六是坚持政策推进，健全落实利益导向机制；七是坚持综合治理，加大流动人口管理力度。全年，共投入奖励扶助金51.3万元，清理兑现独生子女一次性奖励费、保健费43万元。群众真正得到了实惠，改变了婚育观念。

(詹克勤)

【畜牧大县初具规模】 习水县的“十五计划”中有一项要求，就是要在“十五”期间，建设成畜牧大县。2004年，根据中央农村工作会议精神，加强了结构优化、规模效益、科技含量、安全保障、总量增长、质量提高等各项工作，新发展养殖基地村59个、养殖大户13351户，新扶持发展养殖示范户4000多户，改造和新建栏圈2158间134000平方米。全县畜牧业总产值达39725万元（90不变价），比上年增长10.95%，占整个农业总产值的41.82%。

(詹克勤)

【习水电厂生产形势好】 习水电厂建于上个世纪末，规模为13.5×4兆瓦，是贵州省西电东送的重要能源基地之一。2003年6月24日，该厂遭受百年不遇的严重洪灾袭击，造成停产，损失惨重。2004年，习水电厂克服了上年洪灾带来的重重困难，一方面，拿出资金数百万元，赔偿因洪灾造成电厂运煤公路坍塌和堆灰场灰渣流失给当地村民造成的损失，以保持和发展良好的厂群关系，维护安定的生产环境；另一方面，调动厂内一切积极因素，加大生产能力，完成发电量44.5亿度，比上年增长2.69%，占全县发电总量的95.1%。

(詹克勤)

【扶贫工作再上新台阶】 2004年，全县共投入扶贫资金2172.91万元，其中以工贷赈资金1383.3万元，实施扶贫项目92项。完成易地扶贫搬迁集中安置和就地住房改造240户1201人。全县又有1.7万农村贫困人口越过温饱线（人均纯收入1368元，人均占有粮435公斤），脱贫人数比县委提出的指标多8000人，使全县贫困人口由上年的4.8万人降到3.1万人。

(詹克勤)

【旧城改造成绩突出】 2004年，投资近2亿元，完成了体育馆、药材公司、物资公司和洋台湾龙泉市场商贸旧城4个片区共4万平方米的旧城改造，已竣工投入使用；投资800万元，硬化主街道72000平方米，硬化主要背街巷道5000平方米；投资400万元，改造主街道两边的人行道，安砌地板砖31280平方米，安装路灯290盏。县城实施的“硬化工程”和“亮化工程”，进一步改善了人居环境。

(詹克勤)

2004年习水县各乡镇(区)基本情况

乡镇名称	面积(平方公里)	人口(万人)	行政村居委会(个)	总产值(万元)				主要农产品(吨)			人均收入(元)
				合计	种植业	养殖业	工业	粮食	油菜	蔬菜	
东皇镇	308.0	77013	21	30073	3585	3548	22940	18053	203	11190	1828
土城镇	307.1	44931	18	7336	3609	3077	650	19521	25	8638	1793
同民镇	100.0	19993	8	2823	1861	942	20	11155	62	3860	1699
醒民镇	69.0	16772	7	2540	1330	1190	20	6879	76	3824	1596
隆兴镇	87.8	26250	8	5340	2290	1550	1500	9545	48	9937	1575
习酒镇	72.0	35044	11	7128	2992	2336	1800	15154	205	8452	1778
回龙镇	106.7	34038	10	5691	2913	2178	600	13678	189	7600	165

乡镇名称	面积（平方公里）	人口（万人）	行政村居委会（个）	总产值(万元)				主要农产品(吨)			人均收入（元）
				合计	种植业	养殖业	工业	粮食	油菜	蔬菜	
桑木镇	1015	23324	11	3570	2178	1142	250	11217	253	6451	1663
永安镇	101.9	25694	9	4277	2499	1778		12300	221	6925	1496
良村镇	178.5	34826	7	8336	3387	2349	2600	17308	1250	8095	1663
温水镇	161.6	47772	15	8750	2860	3290	2600	13121	288	9656	1714
仙源镇	165.4	25286	12	5790	2288	2002	1500	13549	138	3060	1544
官店镇	137.8	29666	10	4696	2654	1962	80	11021	422	11423	1564
寨坝镇	164.3	28173	14	5071	2821	2120	130	14606	21	8522	1555
民化乡	50.8	17621	7	5291	1649	1442	2200	8224	367	4794	1574
二郎乡	63.6	24071	9	4160	1964	1496	700	9007	113	5869	1576
二里乡	82.6	21073	7	3630	2058	1542	30	10514	338	4875	1483
三岔乡	160.3	20635	7	3883	2019	1744	120	10248	217	5500	1520
大坡乡	165.8	31144	11	4219	2425	1794		13507	90	5900	1545
双龙乡	101.7	14279	5	2826	1511	1165	150	7058	59	3157	1452
桃林乡	121.6	26192	8	3591	1996	1595		10222	274	5315	1473
坭坝乡	77.6	17117	6	3086	1416	1520	150	7842	15	3356	1526
程寨乡	206.1	18838	9	3319	1781	1418	120	9099	234	3838	1471
马临工业区	36.0	13971	6	8993	1039	754	7200	5694	14	2964	1640
合计	3127.7	673723	236	144419	55125	43934	45360	278522	5122	153001	36893

湄潭县

【概况】 湄潭县位于贵州高原北部，地处大娄山南麓，乌江北岸，距历史名城遵义74公里，距省会贵阳225公里。全县总面积1844.9平方千米，耕地面积31016公顷，辖9个镇，6个乡，120个村委会，18个居民委员会。年末总人口474663人，非农业人口52411人，人口较多的少数民族有苗族。主要矿产有石灰石、沸石矿、硫铁矿、建筑用石材、煤炭等，森林覆盖率44.68%。

2004年，全县国内生产总值完成192412万元，同比增长10.2%，其中一、二、三产业分别完成79061万元、42965万元、70386万元，同比分别增长7.2%、10.8%和13.5%。

农业基础地位进一步巩固，农业产业化经营迈出新步伐，农民收入进一步增加。全县农业总产值完成96731万元，同比增长8.38%；粮食总产量24.53万吨，油菜籽总产量2.86万吨，同比分别增长5.4%、11.4%。农民人均纯收入达2415元，同比增长9.4%（剔除物价上涨因素，实际增长4.9%）。农业基础设施建设进一步加强，完成了项目总投资460万元的潘村水库渠系配套二期工程建设，改造了湄江水库东干渠26.45公里。投资40万元，新(改)建9所村级办公楼，投入6000吨水泥建设了36个“四在农家”示范点。

畜牧业发展势头强劲，规模化、专业化水平得以提高。2004年全县生猪存栏37.9万头、出栏37.5万头，实现产值27689万元，肉类总产量3.14万吨，同比分别增长20.16%、24.6%、18.8%和18%。茅贡米业稳步发展，市场进一步拓展，品牌优势得以发挥。茶叶产业渐入佳境，茶叶基地建设步伐加快，新建茶园6000亩，茶园总面积已达6.5

万亩，茶叶市场看好，经营活跃，茶农增收。全年茶叶总产量0.25万吨，实现产值6000余万元。收购烤烟12.35万担，烟农收入5621万元，比上年增长11%。辣椒产业已逐渐成为全县农民增收的主要产业之一，全县种植辣椒5.6万亩，产量3.36万吨，实现产值5000余万元。果蔬产业发展形势较好。以茅贡米业有限责任公司、兰馨茶业有限责任公司、银盘山食品有限责任公司、县植物油厂、天利达食品有限责任公司等为龙头的农产品加工企业带动了农业产业的发展。

贯彻中央1号文件精神，保护农民切身利益。开展了清理拖欠农民工工资工作，清理兑现拖欠农民工工资237万元。开展了土地清理检查工作，实行最严格的耕地保护政策。及时足额兑现了农民土地征用费。取消了农民进城务工及其子女入学的不合理收费。全面落实取消除烤烟以外农业特产税政策，农业税税率降低1个百分点，全县共减收农业税192万元、农业税附加38万元。对种植杂交水稻的农户予以直接补贴，共计补贴110万元。按降低一个百分点后的农业税实物量对农户直接补贴，全县共计补贴133万元。对购买农机具的农户或集体予以补贴，共补贴24.2万元。这些有益于农民利益的措施，减轻了农民负担，调动了农民生产积极性，促进了农民增收。

企业改革改制工作平稳推进，工业经济稳步发展。完成了湄窖酒业有限责任公司、茅贡米业有限责任公司整体出让，贡泉米业有限责任公司剥离重组及湄潭面粉厂解体的改制工作。工业经济发展较好，规模以上工业总产值完成29500万元，同比增长21.2%，其中非国有规模工业产值完成18321万元，同比增长20.5%。全社会技术改造投资完成6111万元。启动了湄潭绿色食品加工基地基础设施建设。

财政收入增长，金融运行平稳，消费需求增长较快。2004年全县财政总收入完成10996万元，同比增长24.02%，其中地方财政一般预算收入完成6008万元，同比增长4.25%，加上农业税降低1个百分点和取消农特税的因素，同口径相比增长8.87%。全县金融机构存款余额124163万元，同比增长19.30%，贷款余额64088万元，同比增长16.60%。农村信用社改革改制工作有序进行。全县消费品零售总额50221万元，同比增长12.54%。城镇居民可支配收入5925元，同比增长7%。城乡市场繁荣，人民生活水平稳步提高。

基础设施建设成效显著。2004年，全县进一步加强以道路交通、小城镇建设等为重点的基础设施建设。全年全社会固定资产投资完成28624万元，全县限额以上固定资产投资完成13063万元。

交通建设进一步发展。2004年投入资金5508万元，建设县、乡、村公路42条，407.5公里。全面完成了县际油路黄瓮公路油面铺筑；完成了通乡砼路搞车坳至新南、湄潭至天城、永兴至复兴公路建设；完成了通乡油路马山至复兴、永兴至天城、抄乐至干溪、干溪至解乐、解乐至黄莲坝72公里公路路基建设工程；完成了枫香湾至兰江、大庙场至铁瓦、大芦至凉桥等241.5公里的通村公路建设；第三批通乡油路高山至凉桥、洗马至小关、天城至进化、定心关至角口61公里公路已经组织实施；完成了农村客运发展规划。全县运输业税收首次突破300万元。全县道路交通框架已基本形成，县、乡、村公路等级逐步提高。

小城镇建设和县城管理进一步加强。全县城镇建设总投资近1亿元，城镇化率29%。完成了县城总规修编和近期建设规划。正在开展土地利用规划修编工作；完成了永兴等9个乡（镇）总规修编；完成了纪念广场、碧波湾小区、绿色食品加工基地、机关住宅小区、七星小区、丝栗小区等详细规划及部分村镇规划；开展了湄江风景名胜区总体规划编制工作；旧城改造进一步推进，实施了茶乡广场大厦、西南茶城二期工程、农资市场二期工程、江南新居、锦绣花园等项目；新区开发进展顺利，完成了县检察院办公楼、县信合大楼建设；完成了县劳动力市场和县法院、县交警大队等单位办公楼主体工程建设；完成了县城货运停车场、1.2万吨自来水厂扩建等项目；小城镇建设积极推进，启动项目38个，完成投资4000余万元。城市管理工作力度加大，完成了县城公共客运交通升级换代主体工作，完成了县城街道命名及路牌建设工作，在全省城市环境综合整治评比中湄潭县荣获贵州省“黄果树杯城市环境综合整治”县城组第一名，城市形象进一步提升。

（石云喜）

【投资环境进一步改善，招商引资工作取得实效】 2004年，湄潭县出台了《湄潭县绿色食品加工基地建设管理及引资优惠办法》，各部门依法行政水平、服务水平进一步提高。全年招商引资7000余万元。贵州腾元公司总投资8600万元装机1.26万千瓦的黄泥塘电站建设成功截流,正进入坝肩开挖阶段,全年完成投资额约3000万元。从哈尔滨引资300万元,新建了湄江酒业有限责任公司。投资1100万元的大川商贸有限责任公司入住湄潭。

(石云喜)

【"湄潭翠芽"获全国名优绿茶评比金奖】 2004年5月1日,中国茶叶流通协会、中国茶叶协会、中国国际茶文化研究会联合在浙江宁波主办的"中绿杯"全国名优绿茶评比中,贵州有7个茶叶产品获奖,其中湄潭的"湄潭翠芽"和都匀的"都匀毛尖"荣获金奖。5月20日,湄潭翠芽荣获"中绿杯"全国名优绿茶金奖新闻发布会在贵阳市冠洲宾馆召开。近年来,湄潭县委、县政府提出了"制定一个规划,扶强一个企业,创出一个品牌,建好一个市场,形成一大产业"的茶叶产业发展思路,从优质无公害茶园建设、专业市场建设、优质茶叶生产技术等方面把湄潭茶叶产业发展推上了一个新的台阶。

(石云喜)

【大力实施科教兴湄战略】 2004年,湄潭县出台了《湄潭县教育发展五年规划》、《湄潭县关于发展民办教育的暂行办法》,隆重庆祝了第二十个教师节并开展了首届"十佳园丁"评选活动。求是高级中学顺利通过市级办学评估并获优秀称号。全县投资717.9万元,完成了12所中小学14000多平方米的危房改造工程,学校办学条件得到进一步改善。

(石云喜)

【非公有制经济日趋活跃】 2004年,全县非公有制经济总量进一步增大,发展领域进一步拓展。个体工商户5160户,从业人员7244人,注册资金6228万元,实现产值18684万元。民营企业139户,注册资金11365万元,从业人员9647人,实现产值22730万元。全县非公有制经济全年累计实现税收1280万元。

(石云喜)

【人口与计划生育工作取得新成绩】 2004年,湄潭县推进村(居)民自治,全面启动"出生缺陷"干预工程,建立和规范了农村"两户"养老保障补助制度,县财政投入84万元建立了奖励扶助基金。全县计生率92.80%,二孩计生率84%,计划外多孩率为1.72%,人口自然增长率为4.65‰,各项主体指标均实现了目标值。计生工作荣获全省"优质服务先进县"称号及"全省突出进步奖"。完成了县计生指导站和妇幼保健站的整合工作,完成了乡(镇)计卫整合试点工作。

(石云喜)

2004年湄潭县各乡镇基本情况

乡镇名称	面积(平方公里)	人口(人)	行政村居委会(个)	总产值(万元)				主要农产品(吨)			人均收入(元)
				合计	种植业	养殖业	工业	粮食	油菜	蔬菜	
湄江镇	99.4	70431	16	58258	5324	4034	48900	21032	2712	12490	3390
永兴镇	165.8	54800	15	19398	6857	4266	8275	32014	3136	13620	2506
复兴镇	145.2	36611	12	7354	3622	2257	1475	16215	1860	5350	1963
马山镇	80.1	27530	9	7518	3556	2112	1850	15160	2143	5000	2201
鱼泉镇	106.7	18593	7	4418	2069	1341	1008	9339	1068	2600	2323
黄家坝镇	142.3	48130	14	27964	5778	3375	18811	27754	4155	10595	2514
高台镇	161.9	29405	8	6198	3851	2169	178	14150	2052	6953	1954
茅坪镇	68.8	11954	4	3385	1689	1226	470	6054	360	1040	2154

乡镇名称	面积（平方公里）	人口（人）	行政村居委会（个）	总产值（万元）				主要农产品（吨）			人均收入（元）
				合计	种植业	养殖业	工业	粮食	油菜	蔬菜	
兴隆镇	131.1	35017	9	10105	4761	3264	2080	25234	2665	6150	2353
西河乡	150.0	27285	9	6725	3619	1706	1400	12607	1480	3034	1908
洗马乡	94.9	24433	6	8399	4469	2370	1560	13149	1558	3552	2188
新南乡	131.7	25478	6	6938	3266	1802	1870	11782	1511	4811	2190
石莲乡	200.4	27712	6	7975	5372	1975	628	17036	1830	3070	2244
抄乐乡	96.0	19026	6	4380	2521	1164	695	11128	975	4800	2119
天城乡	70.6	18178	5	5514	2882	1772	860	11572	1138	3710	2111
合计	1844.9	474663	132	184529	59636	34833	90060	245326	28643	86775	2415

凤冈县

【概况】 凤冈县行政区域总面积1883平方千米，辖9镇5乡，71个村和12个社区。耕地面积26517公顷。其中田14525公顷，土11992公顷，森林覆盖率42%。人口出生率10.9%，计划生育率93%。年末总人口41.6万人，其中非农人口3.2万人，少数民族5.38万人，人口较多的少数民族有苗族、土家族、布依族、仡佬族。主要矿藏资源有煤、铀、铁、铜、锌和重晶石等。

国民经济快速健康发展。全年完成国内生产总值11.2亿元，同比增长10.4%，其中第一产业增加值5.4亿元，同比增长11.4%，第二产业增加值3.5亿元，同比增长5.1%，第三产业增加值2.3亿元，同比增长15.5%。完成全社会固定资产投资3.1亿元，同比增长8.7%，其中新增固定资产1.52亿元。实现社会消费品零售总额2.6亿元，同比增长18.3%。农民人均纯收入1886元，同比增加160元，增长9.3%。完成财政收入0.7亿元，同比增长14.3%，其中地方财政收入0.4亿元，同比增长5.2%。

农业农村工作成效明显，绿色产业取得新突破。粮食总产量17.6万吨，同比增长7.8%，其中水稻8.8万吨，同比增长12.2%，玉米4.4万吨，同比增长3%，油菜籽产量2.1万吨，同比增长17.6%。收购烟叶11.9万担，实现产值5200万元。建立生猪养殖示范小区78个，出栏生猪40.5万头，同比增长38.7%，实现畜牧业总产值4亿元。完成天保林、封山育林3.3万亩，退耕还林配套荒山造林2万亩。完成20万亩无公害农产品产地环境现状监测评估。进化—琊川5200亩优质米、何坝3000亩蔬菜基地获无公害认证。“凤冠”牌色拉油获“全国放心油”称号。畜牧业标准化生产示范县通过省级初审。

基础设施建设稳步推进，城乡发展环境日益改善。改造通村公路213公里。凤冈至石阡（凤冈段）县际油路工程全面开工，绥阳至土溪、洋溪口至王寨、进化至蜂岩通乡油路工程正式启动。县城龙凤大道实现硬化、亮化，新城区供水管网改造完工，商品房建设完成7.5万平方米。农业综合开发和扶贫开发项目完成水利设施建设资金1224万元，改造中低产田土8000亩，治理水土流失面积5平方公里，解决7100人饮水困难。新建沼气池2080口。有线电视网络全县联通，“村村通”广播建设完工43座。

招商引资成效显著，工商业经济稳定增长。全年引资项目34个，到位资金6950万元。工业完成增加值1.79亿元，同比增长9.8%。非公有制经济蓬勃发展，实现工商税收1296万元，同比增长11%。

金融运行整体良好，存贷双增势头强劲。年末金融机构各项存款余额6亿元，同比增长20.4%，其中城乡居民储蓄余额4.48亿元，同比增长23%。各项贷款余额3.71亿元（其中支农贷款1.66亿元），同比增长14.5%。

各项改革实施顺利，管理体制逐步健全。全年完成县农修厂、拖拉机站等6家企业改制。事业单位人事制度改革、财政体制改革有序推进。国库集中支付、政府采购运行有序,农村信用社改革完成一级法人机构组建。

统筹发展能力增强,社会事业全面进步。计生基层网络进一步健全,服务质量取得较大提高,流动人口管理加强,主体指标得到有效控制,奖励扶助政策落实到位,群众婚育观念明显转变。教育教学管理加强,课改全面实施,教学设施更加完善。凤冈中学与凤冈师范顺利实现整合,办学规模进一步扩大。医疗卫生事业稳步发展,预防禽流感取得阶段性胜利,预防控制重大疾病、处理突发卫生事件能力增强。统战、民族宗教、民政、综治、社会保障、安全生产等工作深入开展,人民生活水平得到提高。

(欧大兵)

【琊川镇获“全国亿万农民健身活动先进乡镇”称号】 凤冈县琊川镇在着力解决“三农”问题、促进农民增收致富的同时,把农民群众日益增长的精神文化需要作为一项重要工作来抓,先后组建了镇精神文明活动中心、秧歌队、狮子灯队、万佛山登山节等近30个群众性健身阵地和项目,并通过举办篮球赛、登山赛、太极拳赛等活动积极倡导全民健身,取得显著成效。10月19日,在农业部、国家体育总局等单位联合举办的“全国亿万农民健身活动”先进乡镇表彰会上,琊川镇被授予“全国亿万农民健身活动先进乡镇”称号。

(欧大兵)

【凤冈县获“中国富锌富硒有机茶之乡”称号】 凤冈县结合土壤富含锌、硒等微量元素的资源优势,按照国家行业标准及茶树品种优良化、茶园建设生态化、基地管理无害化、茶叶加工卫生化、茶叶产品标准化“五化”规程,通过“公司+基地+协会+茶农”(即公司通过自己的生产示范基地带动辐射周边茶农进行标准化生产。茶叶专业协会在指导茶农搞好茶叶生产管理的同时协助主管部门大力推广有机茶生产技术。政府积极营造绿色环境,完善绿色产业发展的组织、人才、资金和政策保障措施)的模式运作,完成了3万亩中低产茶园改造,初步建立了以永安田坝为中心、辐射新建、绥阳等4个乡镇的富锌富硒有机茶产业带,形成了产供销一体化的高效茶叶产业体系。2004年4月,经国家环保总局有机产品发展中心(OFDC)专家现场评审,永安田坝2847亩茶园和3家加工厂分别获得有机茶生产基地和加工企业认证。目前,凤冈县生产的“仙人岭”、“浪竹”、“凤尖”、“凤泉雪剑”等品牌的富锌富硒有机茶享誉省内外,销售供不应求。

(欧大兵)

【“远程教育”工程顺利通过验收】 2004年,凤冈县投入877.4万元建设农村党员干部现代远程教育工程,建成覆盖全县所有村(社区)的241个“远教”站点。在开展“远教”活动中,凤冈将生猪养殖和茶叶、烤烟生产先进技术、外出务工维权指南等制成课件,利用村例会、村民组群众会、农业生产技术培训会对基层干部和农民播放,在增强基层干部指导农业生产的能力的同时,积极引导农民转变传统观念、学习新知识、掌握新技术、提高农业生产水平和农产品附加值,有力地促进了农民增收致富,充分发挥了“远教”对地方经济社会发展的带动作用。10月14日~15日,凤冈“远教”工程以站点设备质量过硬、管理措施到位和实际效果明显等突出成绩顺利通过中央“远教”验收组验收。

(欧大兵)

【“五统一会”模式促进凤冈生猪产业发展】 “五统一会”即指通过实施贷款、购猪、购料、服务、销售“五统一”和建立养殖协会发展生猪产业。一是统一贷款。小区内专业户实行5户以上联户担保,农户自主选择农民代表成立贷款使用协调小组或通过生猪产业协会对贷款使用实行全程监督、专款专用,待生猪出栏销售后,首先归还信用社贷款,利润按一定比例留成用以扩大再生产。信用社对放贷资金进行跟踪管理,做到能贷能收。二是统一购猪。以小区为单位,由生猪产业协会或农民代表小组统一批量购买优质仔猪上栏,便于统一饲养指导和管理,节省购猪成本。三是统一购料。由县畜牧局(产业办)联系饲料厂家,实行饲料直销,并建立价格协调机制、小区服务协调机制和饲料抽检机制。玉米饲料由小区协会或农民代表小组统一联系,按小区生猪上栏总数一次或分次备足。四是统一服务。即按照统一标准对圈改、防疫等进行规范化管理和服务。五是统一销售。由小区协会或农民代表小组统一对外联系，将出栏生猪按优质优价批量销售给终端销售商。六是建立协会。按照“自我管理、自我服务、自我发展”的原则，组建县级生猪产业协会，并指导各养殖小区抓好协会建设，提高生猪养殖户组织化程度。推行“五统一会”模式，生猪产业取得了突破性发展。

（欧大兵）

【易自立勇闯“银河之星大擂台”20大关夺得桂冠】 2004年8月，凤冈县凤凰中学初一级学生易自立前往福建东南电视台参加“银河之星大擂台”少儿组擂台赛。经过4个月的艰苦努力，先后战胜60余名攻擂手，成功闯过20大关，获得东南明星杯奖牌和10万元奖金，并被福建东南台聘为特约歌唱演员。（欧大兵）

【深化农村基层组织体制改革效果明显】 凤冈县2002年完成“撤区并村”工作后，将被撤销的村设为片区支部（村级派出机构）并下设村民小组。随着农村工作的不断深入，基层组织日益暴露出人多报酬少、工作难以到位等问题。2003年，再次将原332个片区支部撤销，把原2455个村民小组合并为832个村民组，进一步理顺了基层组织管理体制，促进了农村经济社会的发展。一是办事程序简化。村级工作直接到组，减少了中间环节，形成了完善畅通的县、乡、村、组四级管理机制。二是运行成本降低。村民小组减少1623个、片区干部和组长精减2143人、全县组长报酬总额减少20%。三是干部报酬大幅提高，干部队伍结构得到优化。村、组干部年报酬分别由原600元、100元提高到6000元、1000元以上。报酬的提高充分调动了村、组干部工作积极性，拓宽了村、组干部选择空间，新任村、组干部平均年龄分别降低7.4岁、3.4岁，初中和高中以上文化程度分别提高92%、24%和46%、80%。四是“村民自治”有序推进。新任村民组长由村民民主选举产生，群众基础好，能按照村规民约和寨规民约独立管理好本级事务，促进了“村民自治”工作的开展。五是促进公益事业发展。合并后的村民组平均面积和人口分别增加到2.26平方公里和504人，有利于统一规划发展公益事业，2004年全县农村兴办公益事业件数同比增长47%。六是村级阵地建设得到加强。投资500万元为全县各村（社区）修建或改造了面积320平方米左右的集会议室、办公室、“远教”室、党员活动室、文化室、计生卫生室及职工食堂于一体的村委办公楼，改善了村干部办公及生活条件，使村级阵地建设进一步得到巩固和加强。

（欧大兵）

2004年凤冈县各乡镇（区）基本情况

乡镇名称	面积（平方公里）	人口（万人）	行政村、社区（个）	总产值（万元）			主要农产品（吨）			人均纯收入（元）
				合计	农业	工业	粮食	油菜	烤烟	
龙泉镇	102	5.07	9	12372	5814	6558	11051	1912	93	2150
进化镇	183	3.64	8	11308	9208	2100	18255	1890	971	2200
琊川镇	116	3.10	7	9959	7518	2441	16207	2084	392	1964
蜂岩镇	189	3.52	8	8784	7582	1202	14341	1439	744	1964
绥阳镇	150	3.58	7	7858	7428	430	15486	1945	408	1915
永安镇	117	2.62	4	8842	7242	1600	12897	1388	443	2100
土溪镇	205	3.80	8	9479	7964	1515	14651	1699	572	1006
永和镇	117	2.54	4	8360	6885	1475	13611	1575	815	2050
花坪镇	107	2.36	5	6538	5597	941	9755	1558	187	1860
何坝乡	119	2.60	6	8240	7232	1008	16038	1880	216	1964
天桥乡	152	2.40	3	7080	5811	1269	10692	1070	613	1786

乡镇名称	面积(平方公里)	人口(万人)	行政村、社区(个)	总产值(万元)			主要农产品(吨)			人均纯收入(元)
				合计	农业	工业	粮食	油菜	烤烟	
新建乡	113	2.24	5	5620	5554	66	8691	1048	459	1723
王寨乡	121	2.32	6	6205	5232	973	8464	1041	231	1737
石径乡	92	1.83	3	5215	4358	857	5982	874	187	1720
合计	1883	41.62	83	115860	93425	22435	176121	21403	6331	1886

余 庆 县

【概况】 余庆县总面积1623平方千米,耕地面积19162公倾,辖9个镇1个民族乡、61个村民委员会、8个居民委员会。2004年末总人口27.9万人(年末人口数比2003年减少,主要是对全县常住人口的清理核对,注销了大量重复登记的人口和迁出、死亡未注销的人口以及纠正了上年重复计算的人口。),其中少数民族2万人,非农业人口2.9万人,人口较多的少数民族有苗族、土家族。森林覆盖率50%。

国民经济持续快速发展。全年实现国内生产总值134990万元,增长14.2%,其中第一产业增加值60054万元,增长7.0%,第二产业增加值51038万元,增长25.3%,第三产业增加值23898万元,增长15.9%。人均国内生产总值4582万元,增长9.1%。产业结构优化为44.49:37.81:17.70。完成财政总收入8335万元,增长9.3%,其中地方财政收入6882万元,增长13.1%。固定资产投资完成139296万元,增长23.5%。全社会消费品零售总额26893万元,增长18.1%。金融机构各项存款余额88654万元,增长15.6%,各项贷款余额57510万元,增长57.3%。综合实力进一步增强,被评为遵义市经济建设强县。

农业产业结构调整进一步优化。全年实现农林牧渔业总产值96064万元,增长7.48%,其中农业总产值56300万元,增长4.30%。全年粮食总产量185901吨,增长4.54%。油菜籽产量19900吨,增长4.65%。茶叶产量370吨,增长10.12%。收购烟叶15.2万担,全等级担均价达496元。生猪出栏30.7万头,增长14.2%。大牲畜出栏1.52万头,增长23.5%。羊出栏5.5万只,增长18.0%。肉类总产量33843吨,增长13.3%。建蔬菜基地7.5万亩、优质烟基地7.2万亩、苦丁茶基地3.7万亩、中药材基地1.28万亩、红金桔基地0.86万亩。“公司+基地+农户”、“经纪人+农户”、“协会+基地+农户”等产业化组织形式正被广泛应用,畜牧业、苦丁茶、中药材等后续支柱产业的地位日趋彰显。余庆的小叶苦丁茶被列为原产地域保护产品,“雨贞”小叶苦丁茶荣获“蒙顶山杯”国际名茶金奖,余庆县荣获“中国小叶苦丁茶之乡”称号。“大凉山”牌香米获得第三届中国优质稻米博览交易会金奖。

招商引资成效显著,工业化进程稳步推进。全年招商引资项目13个,协议资金12710万元,到位资金5220万元。成功引进世纪阳光茶业有限公司、华闽电冶公司落户余庆。新建乡镇企业项目13个。完成食品系统改革改制,引进中水公司成功兼并方竹电厂。工业产品产销两旺,全年实现工业总产值81105万元,增长31.9%,其中国有及规模以上工业总产值13578万元,增长21.5%。实现工业增加值16447万元,增长17.3%。实现工业销售产值65695万元,工业企业产品产销率为81.0%。

城乡基础设施建设步伐加快。完成省道铜修线余庆段、施余公路余庆段拓宽硬化改造118.6公里,完成松烟至关兴公路硬化、敖溪至关兴公路底层浇注,实现了乡乡通油砼路。小城镇建设取得新突破。完成县城乌江北路延伸工程和功能配套建设,龙溪红军大道建设全面竣工验收,启动构皮滩环北路、敖溪移民通道和第二批14个村级办公楼建设。疾控中心大楼、传染病院、大乌江农贸市场等完工交付使用。电力调度大楼、余中综合教学大楼、县医院住院大楼、文图大楼及县城河东新区二期商住楼开发建设不断推进,200套商品住房和经济适用住房基本完工。城镇功能不断加强。敖溪车站、构皮滩农贸市场扩容工程完工投入使用,完成县城屠宰场搬迁,启动县城火化场建设,完成县城区客运机动三轮车禁运和出租汽车投放工作。全县营运车辆总数为1360辆,增长3.5%。全年旅客周转量4400万人公里,增长11.1%,货物周转量2750万吨公里,增长9.1%。十个乡镇全面开通电信"小灵通"业务,开通数字电视。全县电话用户达到61035户,增长41.6%,电话普及率为22部/百人。完成县城总规修编,全县新增城镇建成区面积1.2平方公里,城镇化率37.5%。新建、拓宽改造村级公路212公里。实施"渴望"、"解困"工程解决7600人、7000头牲畜的人畜饮水困难。完成易地扶贫搬迁90户342人。新增、改善、恢复灌溉面积9180亩。完成坡改梯工程4400亩,改造中低产田6700亩。修建防洪堤坝1256米。农业机械总动力12.9万千瓦,增长27.7%。规划建设11个"四在农家"活动高规格示范点298户,11条进寨公路全面实现硬化。

社会事业全面进步。全县在岗专业技术人员3736人,增长9.6%,科技对经济增长的贡献率39.8%。基础教育不断巩固提高,义务教育"一费制"稳步推行。全县有各类学校74所,在校生人数44842人,全县学龄儿童入学率为100%。职中通过省级重点职高评估,农村现代远程教育工程顺利通过国家验收。高考、中考再创佳绩,输送大专以上新生956人,招收普高新生2032人。城乡疾病防控网络进一步完善,医疗卫生事业健康发展。全县有各类卫生机构174个,有卫生技术人员469人,有乡村医生和卫生员218人。组建了疾控中心和卫生监督所。第二轮农村初保全面启动,稳步推进创建全国农村中医先进县工作。实现乡镇卫生院上划行业管理。灭鼠达标通过验收,"省级卫生县城"复查免检通过。卫生工作获全市综合考核第一名。人口、环境、资源协调发展,荣获"全国绿化模范县"荣誉称号,全国生态示范县规划方案通过专家评审。低生育水平进一步稳定,政策生育率96.74%,自然增长率5.03‰。余庆县首创的农村"两户"家庭奖励扶助制度在全国推广,"全国计划生育优质服务先进县"内涵得到提升,综合考评连续12年获全市第一。社会治安综合治理获全市第一,再次获全省社会治安综合治理模范县称号。精神文明建设对经济发展的促进作用日益明显,成功举办"4·18""中央电视台《乡村大世界》走进中国小叶苦丁茶之乡"大型演唱会。社会保障体系和社会救助制度进一步健全,新增就业岗位1425个,城镇登记失业率控制在3.9%。全面完成事业单位人事制度改革。余庆县志续修工作全面启动。殡葬改革、社区建设顺利推进。民兵预备役工作进一步加强。完成构皮滩电站移民搬迁安置1379人。11月16日,顺利实现大江截流。城镇居民人均可支配收入5971元,增长7.1%。农民人均纯收入2567元,增长5.3%。

(张权军)

【余庆跻身全国35个绿化模范县】 余庆实行土地承包、租赁、拍卖等方式,积极出台相关优惠政策,按照"谁栽树、谁受益"的原则,大力发展非公有制林业,使全县林业建设迈上了新台阶。全县境内宜林地基本绿化,森林覆盖率达50%。林地绿化率100%,水库河流两岸绿化率99%,村屯绿化率30.7%,县城绿地率34.9%,县城绿化覆盖率36.4%,人均占有公共绿化地9.1平方米,单位和住宅小区绿化40.3%。连续11年完成省、市下达的造林绿化任务,共计完成重点工程53.9万亩,其中造林25.1万亩,造林封山育林27.6万亩、低效林改造1.2万亩,并经国家、省、市林业部门检查合格。绿化通道初具规模,共绿化公路495公里,绿化率达100%。建立了全县范围内的古树名木调查档案,实行挂牌保护。全县人均公共绿地达6.5平方米,实现了"农田林网化、村庄密林化、院落花园化"。3月22日,被全国绿化委员会授予"全国绿化模范县"称号。4月15日,"全国绿化模范城市"、"全国绿化模范单位"、"全国绿化模范县"和"全国绿化奖章"表彰大会在北京举行,余庆县跻身全国35个绿化模范县。

(张权军)

【中央电视台《乡村大世界》走进余庆】 为宣传余庆县小叶苦丁茶特色产品,做大做强苦丁茶产业,4月18日,中央电视台《乡村大世界》"走进中国小叶苦丁茶之乡——余庆"大型演唱会在县体育场举行。与会的有余庆籍的海外人士、各级领导、外省客商和邻近县的群众。观众近2万人。演出中,中国特产之乡推荐暨宣传活动组委会副主任、全国政协委员、原中华全国供销合作总社副主任林乃基,中国特产之乡推荐暨宣传活动组委会秘书长崔国新,中国茶叶流通协会会长梅峰为余庆县颁发“中国小叶苦丁茶之乡”、“中国小叶苦丁茶示范基地”证书和证牌。

(张权军)

【余庆县职教中心被列为省级重点中等职业学校】 余庆县职教中心自1999年组建以来,坚持优化育人环境,以优美舒适的环境吸引人、留住人,努力提高师资队伍整体素质,面向社会、面向市场,以就业需求为导向,结合经济结构调整、技术进步和劳动力市场变化,科学设置专业,创建骨干示范性专业,积极与行业、企业和其它学校联合办学,采取“全封闭,准军事化”管理模式,不断扩大办学规模,提高办学质量,形成了独有的办学特色。2月28日,省级重点职业学校评估专家到校进行综合评估,对学校的各项工作给予了高度评价。3月1日,顺利通过省级重点中等职业学校评估,跨入了省级重点职业学校之列。

(董孝华)

【畜禽养殖成为余庆农民增收新亮点】 余庆县把发展畜禽养殖业作为农民增收致富的重要途径,实行政策倾斜、资金扶持、技术支持等措施鼓励和帮助农民大力发展畜禽养殖。县财政每年安排一定的资金用于产业化建设贷款贴息,畜牧部门加强服务工作,从品种改良、疫病防治、技术培训等方面加大力度。通过抓示范小区建设,余庆县畜禽养殖呈现可喜变化,生产发展势头迅猛,畜禽养殖产业已成为农民增收致富的新亮点。全县已建立生态养猪场14个,生态养殖示范小区54个,培育养猪大户7500户,养牛养羊大户232户,养禽大户3410户,形成了白泥、敖溪、龙家、松烟养猪示范带,花山、构皮滩、大乌江养牛养羊示范带,龙溪、白泥养禽示范带,小腮良种仔猪繁育等养殖基地遍布全县的格局。2004年全县实现畜牧总产值36471万元,同比增长11.92%,在农业总产值中的比例达到37.9%,农民户均实现养殖纯收入538元。

(张权军)

【实现乡乡通油砼路】 余庆县委、县政府抓住西部大开发机遇,从2000年开始,先后按照三级油路标准改造完成S204线85公里、施余公路89.5公里和铜修线29.1公里,硬化构皮滩至花山、松烟至关兴、敖溪至关兴等公路,同时配套建成余庆二级汽车站、龙溪和敖溪三级汽车站,还建成了总长为237.6公里的县乡公路和301公里通村公路。截至2004年底,全县通车里程已达2396.1公里,其中省道125公里,县道68.1公里,乡道251公里,村道1949公里,大小永久性桥梁58座2900延米,公路密度1.5公里/平方公里,有55%的行政村通了硬化路,“一纵三横六连线”的公路格局已基本形成,实现了乡乡通油砼路。

(李　明)

【构皮滩水电站成功截流】 构皮滩水电站自2003年11月正式开工建设以后,建设公司在库区各县的大力配合下,进一步加快建设进度,于2004年11月16日成功截流。这标志着构皮滩水电站建设取得了又一次突破性的进展,整个工程建设有望提前竣工发电。

(彭　华)

【连续三年实现群体“零上访”】 余庆县积极探索处理群体上访的有效方法和长效机制,围绕“关口前移抓源头,重心下移保稳定,立足‘三民’暖人心”的总体思路,把“亲民,知民意;爱民,解民忧;为民,平民怨”作为信访工作的立足点和落脚点。牢固树立以人为本、人权保障、人性化服务的三大理念,探索信访法制宣传经常化,信息预警程序化,内部协调规范化,沟通、制约、监督一体化的“四化”预防机制,推行动之以情、晓之以理、言之以法,热心相迎、专心听讲、耐心相劝、诚心相助的“三以”、“四心”信访接待方式,严格案件管辖、当事人、案件事实、法律依据“四明确”的信访办理要求,取得了得人心、暖人心、稳人心,以及包接待、包查办、包结案和保稳定的“三心”、“三包一保”信访处理质量和效果,树立了控防大理念,营造了控访大格局。因此,余庆县实现了连续三年群体“零上访”。

(冉启升)

【首次海选村官成功】 为进一步扩大基层民主,有利于实现人民行使管理国家、当家作主的权力,还权于民,余庆县在第六届村级换届选举中,全面推行一人一票直接投票选举村委会成员的选举方式。在深入调研、周密策划、严格程序的基础上,经过县、镇、村三级近五十天的共同努力和精心组织,12月17日,全县69个村居委会全部依法选举产生了村居委会成员。国家民政部观摩团在全程观摩后评价说:"余庆经验值得借鉴,余庆县的这次村官海选,领导重视,组织严密,部署紧凑,程序合法,为贵州乃至西部农村探索出了很好的经验。"

(冉启升)

2004年余庆县各乡镇基本情况

乡镇名称	面积(平方公里)	人口(万人)	行政村居委会(个)	总产值(万元)				主要农产品(吨)			农民人均收入(元)
				合计	种植业	养殖业	工业	粮食	油菜	蔬菜	
总计	1623	279152	69	177169	56300	36471	81105	185901	19900	99633	2567
白泥镇	217	52677	9	38822	9820	5687	22680	24045	2095	33838	2615
小腮镇	160	15665	6	6551	2373	2329	1650	9777	1248	3518	2535
龙溪镇	153	31436	8	29841	6797	4195	18488	20601	1965	7301	2602
大乌江镇	252	35276	9	26889	6141	4239	16000	25026	2732	9620	2498
构皮滩镇	213	34882	10	20165	7818	4680	7300	26180	2566	14938	2610
花山乡	108	14910	4	9226	5050	2620	1377	13592	1973	6274	2568
敖溪镇	111	21993	6	12089	4924	2939	4000	16283	1695	9651	2611
龙家镇	114	20426	5	8973	3926	2827	2010	14414	1974	3352	2589
松烟镇	137	30703	8	14922	5442	3660	5500	20605	2119	6390	2565
关兴镇	158	21184	4	9691	4009	3295	2100	15378	1533	4751	2511

绥 阳 县

【概况】 绥阳县全县总面积2566平方千米,其中耕地面积27493公顷(田14151公顷、土13342公顷),辖15个镇(乡)、113个村、2580个村民小组,8个社区居委会,总人口50.7万人,其中农业人口46.3万人,非农业人口4.4万人,少数民族人口3026人,占全县总人口的0.059%。

2004年,全县国内生产总值完成184651万元,按可比价格计算,比上年增长11.8%。其中,第一产业增加值完成89517万元,比上年增长5.8%,第二产业增加值完成60085万元,比上年增长19.6%,第三产业增加值完成35049万元,比上年增长14.7%。在生产总值中,各占比例为48.48%、32.54%和18.98%。

第一产业持续发展,基础地位得到巩固。全县农作物种植面积为93710公顷,比上年增长1.93%。其中粮食作物种植面积为52862公顷,比上年增长0.98%,油料作物种植面积为15758公顷,比上年增长5.84%,烤烟种植面积为5299公顷,比上年下降9.19%。粮食产量254212吨,比上年增长1.49%。其中夏粮产量62221吨,比上年增长2.02%,秋粮产量191991吨,比上年增长1.32%。在夏粮产量中,小麦5889吨,比上年下降40.32%;洋芋52719吨,比上年增长10.64%;杂粮3613吨,比上年增长3.91%。在秋粮产量中,水稻100084吨,比上年下降1.2%,玉米53486吨,比上年增长6.58%,薯类34314吨,比上年下降0.68%,大豆25.5吨,比上年下降0.55%;油菜籽产量31777吨,比上年增长7.81%,烤烟产量6450吨,比上年下降16.35%,辣椒产量17564吨,比上年增长11.81%。农业生产总值完成135408万元,按可比价格计算,比上年增长7.84%。其中,农业产值90927万元,比上年增长6.27%,林业产值3354万元,比上年下降17.32%;牧业产值38835万元,比上年增长13.16%,渔业产值840万元,比上年增长 28.72%。农民人均纯收入 2299 元,比上年增长 8.14%,净增 173 元。造林面积 6333 公顷,比上年下降 32.14%,封山育林面积 1876 公顷,幼林抚育作业面积 5333 公顷。完成农业综合开发和扶贫开发投资 757 万元,完成坡改梯农田建设任务 6000 亩,新建小水窖 430 个,新增灌溉面积 600 亩,解决农村人饮困难 8758 人,完成沼气池 2250 口,有 4200 个贫困人口越过温饱线。

第二产业巩固提升,发展基础得到增强。全年工业总产值 70143 万元(可比价),比上年增长 21.93%。其中,规模工业产值 18229 万元,比上年增长 51.77%,规模以下工业产值 51914 万元,比上年增长 14.06%。工业销售产值 69926 万元,比上年增长 32.27%。其中,规模工业销售产值 19165 万元,比上年增长 43.01%,规模以下工业销售产值 50811 万元,比上年增长 28.64%。其中,原煤 320000 吨,比上年下降 36.1%;水泥 51100 吨,比上年增长 33.42%;饮料酒 132000 吨,比上年增长 11%;面粉 12000 吨,比上年增长 20%;食用植物油 2263 吨,比上年下降 31.86%;铁合金 2066 吨,比上年下降 28.26%;发电 451 万度,比上年增长 127.7%;机制砖 1916 吨,比上年下降 5.87%;复合肥 5571 吨,比上年下降 44.56%。

第三产业发展快速,固定资产投资增长。全社会固定资产投资累计完成 26714 万元,比上年增长 48.19%。其中,基本建设投资完成 9894 万元,比上年增长 92.9%;更新改造投资完成 4018 万元,比上年增长 109.6%;房地产开发投资完成 2564 万元,比上年增长 125.11%;其他投资完成 10238 万元,比上年增长 2.76%。乡村公路改造力度加大,公路客货运转能力快速提升。年末客货运车辆达 1166 辆(不含农用车),比上年增长 15.1%。其中,载客车辆 291 辆,比上年增长 0.69%;载货汽车 875 辆,比上年增长 20.86%;货物运输 231 万吨,比上年增长 14.93%,货物周转量为 10687 万吨公里,比上年增长 16%。旅客运输 343 万人次,比上年增长 19.93%,旅客周转量为 9728 万人公里,比上年增长 28.45%。邮电营业收入 4080 万元,比上年增长 21.12%。其中,通讯业务收入 3495 万元,比上年增长 22.03%,邮政业务收入 585 万元,比上年增长 16.53%。年末固定电话用户 21414 户,比上年下降 1.15%,小灵通用户 7211 户,报刊发行 188 万份,比上年增长 6.82%。全县社会消费品零售总额为 48789 万元,比上年增长 14.97%。其中,县的零售额为 26154 万元,比上年增长 52.72%;县以下的零售额为 22635 万元,比上年下降 10.57%。

财税工作成绩显著,国家税收增长较快。全县财政一般预算总收入完成 9958 万元,比上年增长 11.4%。财政一般预算收入完成 6300 万元,比上年增长 1.93%。财政一般预算总支出完成 26753 万元,比上年增长 24.64%。国税收入完成 4831 万元,比上年增长 27.3%,增收 1036 万元。地税收入完成 2661 万元,比上年增长 19.82%,增收 440 万元。年末各项存款余额为 106562 万元,比上年增长 24.52%,净增 20795 万元。全年保险业务收入 2032 万元,比上年下降 4.51%。

教育卫生事业全面发展,基础设施得到完善。全县共有学校 282 所。其中,小学 248 所,中学 34 所。在校学生 90231 人,其中小学 58349 人,中学 31882 人。教师 4299 人,其中小学教师 2521 人,中学教师 1778 人。适龄儿童入学率为 99.6%。共有卫生机构 444 个,卫生人员 837 人,病床 305 张。

积极实施科教兴县,社会事业协调发展。“全国文化先进县”、“全省科技进步先进县”、“省级卫生县城”、教育“两基”和“普实”工作顺利通过复查验收。完成乡镇卫生院上划管理,完成县疾控中心和传染病区建设,完成博雅苑绥阳陈列馆建设,完成县文工队充实组建、网络和电视分离改革,完成“村村通”模改数工程 21 座,开通数字化电视和电视远程教育。出生人口 5081 人,出生率为 10.09‰,比上年下降 1.01 个千分点,人口死亡率为 5.89‰,比上年增长 0.28 个千分点,人口自然增长率为 4.4‰,比上年下降 1.09 个千分点。

存在问题:一是市场物价上涨,特别是能源、原材料、农业生产资料价格上涨幅度较多;二是农业生产基础还不稳定,农业投入不足;三是规模工业企业总量较小,亏损面大;四是财政收支矛盾突出,收支逆差大;五是城镇就业形势依然严峻,社会保险有待更加完善。

(郭　鸿)

【着力打造畜牧强县】　一是坚持向良种要效益,加快良繁体系建设。2004 年,各良种场、猪改点贷款 207 万元,养殖户自投 1000 万元,财政无偿投入资金20万元，完善了9个外二元母猪繁殖场和9个外三元猪繁殖场，引进杜洛克公猪29头，建成了20个杜洛克公猪输配点，使全县杜洛克公猪输配点达到了36个。人工输配猪3.308万头（次），其中输配外二元母猪2.6116万头（次）。推广杂交猪41.3万头，其中推广三元商品猪31.4万头，出栏三元商品猪30.8万头。全年增养外二元母猪6148头，能繁母猪存栏达3.19万头，其中纯种约克母猪1120头，外二元母猪10700头，内二元和本地黑母猪20080头，分别占总数的3.51%、33.54%和62.95%。二是优化管理结构，对外二元母猪进行动态管理。从农户购进外二元母猪之日起，建立每头母猪的详细档案，制定配种预案。三是发展特种养殖。推广良种禽84万羽、意蜂614群、良种兔3316只。已发展一个野猪养殖场，存栏母野猪80头，现已产仔38窝；一个野鸡养殖场，存栏野鸡3000余羽；一个珍珠鸡养殖场，存栏珍珠鸡2000余羽。四是推进科技示范村、镇建设，提升畜牧产品科技含量。全县在示范镇各村建成了兽医室和人工输配点，推广人工种草养畜、肉牛育肥、稻田生态渔业、冻配杂交改良等技术，加强养殖技术的培训，不断提高养殖户的养殖水平。五是抓大户发展，促进规模化生产。全县按标准建成畜牧水产专业村34个，其中养猪专业村13个，养牛专业村4个，养羊专业村8个，养禽专业村5个，养鱼专业村4个。发展养殖大户8264户，其中，养蜂大户2户，特种养殖4户。六是发展养殖小区，转变养殖方式。全县建成养殖小区33个（外二元母猪养殖小区20个，外三元商品猪养殖小区11个，禽养殖小区1个，牛羊养殖小区1个）。七是抓好龙头企业的扶持，做大做强畜牧产业。重点扶持惠乐公司10万头外三元生猪养殖基地建设，及时引导惠乐公司转产为种猪生产，然后开展自繁自养。2004年，农民来自畜牧业的人均纯收入增长62元，畜牧税费完成460万元，比去年同期翻一番。

（郭　鸿）

【“远程教育”工程顺利通过国家验收】 “远程教育”工程自2003年6月开始实施以来，各级各部门共投入资金500多万元，解决了光纤架设、终端站点设备配套资金问题。2004年，全县共建成各级各类站点307个，其中：建在乡镇党员活动室的光纤接收站15个，建在村党员活动室的光纤接收站8个，卫星接收站12个，建在农村中小学的“一站两点”272间，覆盖全县15个乡镇113个行政村，形成了一个天网地网互相补充、纵横交错的远程教育网络，为全县50万干部群众构建了一个学习党的方针政策和科学文化知识的平台。2004年10月17日，该工程顺利通过国家远教办验收。

（郭　鸿）

【城镇开发取得新突破】 2004年，全县完成“两路、两化、一桥、一场”等市政设施建设，法院大楼、老年公寓、商贸城、政府行政办公中心、青少年活动中心、河滨美食坊等一批重点工程有序推进。严格按政策拆迁面积4.4万平方米。创建省级文明县城前期准备工作有序开展，完成黄杨、青杠塘、温泉、宽阔集镇建设总规修编，对蒲场、旺草、温泉集镇规划建设实行垂直管理，温泉、青杠塘等集镇建设取得较大进展。

（郭　鸿）

【旅游发展态势好】 2004年，绥阳县成功申报双河溶洞国家地质公园，被列为市旅游“一点一线一环”发展重点县。绥阳县委托北京大学专家完成了《绥阳县旅游发展总体规划》和《双河溶洞国家地质公园控制性详规》，旅游业发展进一步夯实。水晶温泉等一批独具特色的旅游景点应运而生。

（郭　鸿）

【加强残疾人扶贫工作】 一是强化培训。以乡镇为单位集中对贫困残疾人进行技能培训，并结合各镇乡实际，请有关农技师专门授课，传授种植、养殖等方面的技能。还利用远程教育、农技师授课、畜牧养殖种植大户现场操作方式对全县800多名残疾人进行大棚蔬菜、果树栽培、养猪、养鱼等技术的培训。二是改变扶贫方式，将林苗、果苗、化肥、鸡苗、鸭苗、鹅苗等生产物资捐送给贫困残疾人，并规定对今后种养加工出售的钱，必须留一部分来继续扩大再生产。全县共计捐送猪崽105头、羊10只、鸡200只、鹅200只、化肥500包，受助贫困残疾人200人。三是继续搞好爱心彰显慈善事业，弘扬人道主义精神。全县有105个单位参与，1916名机关干部、教师和社会各界人士共捐款42245元，共有250名贫困残疾人受助。四是跟踪服务。由县残联统一组织相关技术人员定期对残疾人进行生产技术指导,主动上门服务。五是加大劳务输出扶贫力度。先后多次到重庆、广州等地联系,然后对残疾人进行劳动技能、法律等相关知识的培训,由接收厂方现场考察录用。全县共有100余名残疾人通过劳务输出方式外出务工。

(郭　鸿)

【加强农民工工资清欠工作】 一是摸底排查。由县城建、人事部门牵头,深入一线,对各建筑、餐饮、服务等行业及非公有制经济企业用工情况进行大检查,对拖欠工程款的单位及详细情况逐一登记,做到底数清,情况明。全县共清理出拖欠工程款1368.02万元,拖欠农民工工资91.92万元,涉及100余个项目。二是严格监控。按照"分级管理、分块负责"的原则成立清欠办公室,对各建筑公司和业主做好监控。同时,县人事部门成立了专门的监察大队,对外公布了举报电话,对用人单位依法用工、支付农民工工资情况进行监督,不定期深入用人单位检查工作情况,一旦发现问题,坚决查处。三是加大综合治理力度。通过联席会议、联合行动、信息交流等制度,由信访、城建、人事劳动、公安、司法等部门相互配合,形成合力,一旦遇到因拖欠农民工工资引发的上访事件,立即介入,特事快办,防止事态的扩大。四是做好清欠工作统计报告。采取专兼职相结合,内部和外部力量相配合,及时掌握农民工工资支付情况,并向政府和相关部门上报清欠统计数据,做到提前防范解决。五是进行资金保障。由县建设局对建筑领域按工程款的3%的比例收取工资保障金,并进行监管,以杜绝新的拖欠。

(郭　鸿)

【公共财政体制改革继续稳步推进】 一是继续巩固和深化财政国库管理制度改革。全县共集中国债、扶贫、天保等28个专项资金帐户,授权管理78家单位,共87个账户,资金运行更加安全、透明和快捷。二是严格执行2004年部门预算。为了切实保障国库集中支付制度改革的顺利进行,制定下发了《关于切实加强2004年部门预算管理意见》和《财政专项资金管理办法》,单位支出严格按照县人大批准的部门预算执行。三是积极加大政府采购工作力度。探索完善政府采购相关制度,扩大采购范围,增加采购项目,变化采购形式。采取竞价采购、询价采购、自行组织采购等形式,完成了对公安局、文广局、绥阳中学等18家单位电脑、网络传输、车辆、教学用品等项目的采购,采购金额达337.50万元,为国家节约财政资金近20万元。

(郭　鸿)

【国企清产核资和债权清理工作取得阶段性成果】 全县共完成经贸系统9家、粮食系统9家、林业系统1家、小水电4家等国有企业的清产核资工作,涉及企业总资产7971.94万元,负债9985.21万元,所有者权益2013.27万元。完成粮食系统11家、经贸系统9家等国有工商企业的债权清理工作,涉及债权876.61万元。扣除应还银行债务,实际县级国有资产有效债权为259.55万元。

(郭　鸿)

2004年绥阳县各乡镇基本情况

乡镇名称	面积(平方公里)	人口(万人)	行政村居委会(个)	总产值(万元)				主要农产品(吨)			人均收入(元)
				合计	种植业	养殖业	工业	粮食	油菜	蔬菜	
洋川镇	136	77641	14	28275	4087	2338	21850	21823	4158	55980	2282
郑场镇	152	43579	9	8900	3759	1471	3670	30112	4783	31933	2002
旺草镇	272	63507	15	7645	3654	2635	1356	28006	3361	35930	1800
蒲场镇	143	38442	9	8552	2774	1468	4310	17521	2637	34505	2045
风华镇	137	46785	9	23804	3056	2602	18146	26033	3896	23814	2052

乡镇名称	面积(平方公里)	人口(万人)	行政村居委会(个)	总产值(万元)				主要农产品(吨)			人均收入(元)
				合计	种植业	养殖业	工业	粮食	油菜	蔬菜	
茅垭镇	180.7	30665	7	4424	2084	1620	720	16596	2623	15073	1836
枧坝镇	220	23139	7	5129	1615	1237	2277	13798	1075	9511	1479
宽阔镇	198	25427	6	4298	1506	943	1849	11403	1126	13443	1710
黄杨镇	170	26466	9	3838	2168	1014	656	15186	1660	17482	1702
青杠塘镇	242	25478	6	3386	1699	1041	646	16946	1191	9866	1569
太白镇	170	21089	7	2583	1228	775	580	11059	620	6451	1244
温泉镇	168.5	30606	7	4751	2027	1956	768	17449	2108	15800	1717
大路槽乡	128	16155	5	2359	1028	600	731	9527	968	7396	1281
小关乡	147	17950	6	3132	1715	841	576	11039	870	8969	1760
坪乐乡	102	20612	5	1864	928	678	258	7296	654	4407	1588
合 计	2566.2	507541	121	113006	33364	21239	70143	253794	31730	290560	2299

正 安 县

【概况】 正安县位于遵义市东北，是贵州襟联重庆的前沿，县城北距重庆220千米，南距遵义140千米、距贵阳295千米，是渝南、黔北经济文化的重要交汇区域。正安县辖11镇8乡，村民委员会144个，村民小组1789个，社区6个，小区44个。行政区域面积2595平方千米，耕地面积30651公顷。年末总人口594833人，其中，少数民族52200人，非农业人口37624人。

县域经济平稳发展。2004年，全县完成国内生产总值15.04亿元，比上年增长12.2%，其中：一产7.7亿元，二产3.2亿元，三产4.14亿元。完成全社会固定资产投资5.41亿元，增长16.2%。实现社会消费品零售总额3.55亿元，增长14%。城镇居民可支配收入5360元，增长14.58%；农民人均纯收入1565元，增长7.7%。农业农村经济健康发展。全县粮食总产量29.5万吨，增长5.3%。油菜籽总产量2.32万吨，增长11%。收购烟叶17.12万担，占计划的95%。实现畜牧业总产值4.47亿元，畜牧税费统收615万元，农民人均畜牧业收入724元。以茶叶、方竹笋等为主的特色优势产业不断壮大，农民纯收入来自特色产业的比例逐步提高。扶贫攻坚取得明显成效。全年有1.1万人越过温饱线，贫困人口降至3.93万人。实施易地扶贫搬迁240户1004人。工业、乡镇企业运行质量显著提高。规模以上工业总产值首次实现超亿元大关，达1.17亿元（现价），增长30.44%。完成规模以上工业增加值3287.34万元，增长42.43%。完成乡镇企业增加值3.65亿元，增长15.77%。非公有制经济发展步伐加快。全县个体工商户5110户，实现税收2859万元。财政金融运行平稳。财政总收入2.7522亿元，增长21.1%。县级金库收入8182万元，增长11%，其中本级一般预算收入5022万元，增长1.4%。财政总支出2.74亿元，增长20.9%。当年消化滚存赤字122万元，基本实现收支平衡。金融机构年末存款余额10.1亿元、贷款余额5.41亿元，分别比年初增长23.2%和34.9%。

基础设施建设成效显著。全年完成基本建设投资3.5亿元，确保了以“十件实事”为重点的基础设施建设工程的顺利实施，进一步改善了人民的生活、生产和经济社会协调发展的条件。农业基础设施建设成绩突出。完成退耕还林工程造林8.2万亩，天保林公益林3.2万亩，坡改梯9500亩，农村沼气池1500口。城镇建设稳步推进。南门旧城改造完成主大街路面硬化,启用了商品集散中心。北门旧城改造一期工程基本结束,二期工程完成规划、评估工作,发布了招商公告。楼台迎宾大道建成通车,会议中心建设工程进展顺利。乡镇集镇建设取得了新的突破,涌现出格林、碧峰、班竹、市坪等一批建设成效突出乡镇。县城城郊绿化效果良好,完成绿化面积2134.5亩。交通设施不断完善。完成了303省道正安段71公里路基、240公里通村公路、207省道路面改造工程,启动了湄文县际油路改造和57公里通乡油路工程。教育、卫生、电力、通讯等基础设施建设成效显著。县一中建设进入拆迁评估和开工准备阶段,县二中扩建基本完成了征地工作。72所学校、33968平方米的危房改造工程基本结束。已验收37个新村办公楼,完成了县传染病区建设、县疾病控制中心主体工程、县中医院住院部大楼主体工程和附属设施建设工作。投入800多万元启动了良坎电站加闸工程,将增加装机容量2000千瓦。投入263万元对县城进行了一期电网改造。联通网络实现了乡乡通。移动公司开通了桑坝、晏溪、和平等地移动电话。县城数字电视及城网增容、乡镇有线电视升级改造工程全面完工,县乡光纤联网工程实施完毕,县级电子政务建设初见成效,与遵义市政府及各县、区(市)政府组网成功。

各项改革平稳推进。事业单位人事制度改革进展顺利。乡镇和县直涉改单位的事业人事改革工作已基本完成。撤消了县防疫站,组建了县疾控中心和卫生监督所。完善了乡镇卫生、林业、国土上划行政主管部门管理的体制。企业改革改制基本完成。农村信用社改革工作稳步推进,一级法人社正式挂牌成立。启动了中医药公司的改革改制工作,筹集改制经费188万元。县政府以140万元打包清偿了供销社、经贸等7家企业所欠长城公司、工商银行3826万元的债务。

民主法制建设进一步加强。认真贯彻执行《行政许可法》和《国务院全面推进依法行政实施纲要》,政府法制建设稳步推进,进一步深化行政审批制度改革,清理取消行政许可事项23项。积极推进政务公开,加快电子政务建设。执行县人大及其常委会的决议决定,支持县政协履行职责,接受县人大的法律监督、工作监督和县政协的民主监督,认真办理人大代表建议、批评、意见和政协委员提案。积极开展"四五"普法工作,高度重视维稳工作,完善了突发性公共事件应急处理机制、治安防控体系,切实加强社会治安综合治理,保持了社会安定、政治稳定的大好局面。第六届村(居)委换届选举工作全面结束。

社会事业全面发展。全面实施《公民道德建设实施纲要》,以创建"四在农家"为载体,积极开展送科技、文化、卫生三下乡活动,扎实推进"双创"工作,有力促进了"三个文明"建设协调发展。教育工作跃上新台阶。不断深化教育体制改革,积极推行素质教育,提高了教育教学质量,各项指标基本达到省颁标准,"两基"工作顺利通过贵州省政府验收。人口和计划生育工作稳步推进。巩固了"村为主",推进了村民自治,逐步推行了农村计划生育家庭奖励扶助制度,兑现奖励扶助金803人58.9万元。全县人口出生率为9.79‰,自然增长率为7.47‰,符合政策生育率为90.85%。"两低"目标得到进一步巩固。卫生事业健康发展。突发公共卫生应急机制初步建立,疾病防控能力不断提高,医疗条件进一步改善。县医院与第三军医大学重庆大坪医院建立了医疗技术合作关系。社会保障体系建设步伐加快。健全了"三条保障线"。发放基本养老金1169人740万元,城乡低保金5920户7908人370.3万元,失业保险金36人5.1万元,支付医疗统筹金405.9万元,确保了下岗职工基本生活费、企业职工养老金和城乡居民最低生活保障金按时足额发放。开发就业岗位891个,142名下岗失业人员实现再就业。加大了农村社会保障、救灾救济的投入,新建敬老院4间,实现了各乡镇均有福利院的目标,供养农村"五保"对象2480人,发放救灾救济资金243万元,基本实现了老有所养、应保尽保的目标。

经济、社会发展中的困难。一是农业基础脆弱,抗御自然灾害和市场风险的能力不强,农业结构调整步伐缓慢,农民收入增长不快。二是工业基础薄弱,总量小,在地区生产总值中的比重低。三是财政结构单一,后劲不足,财政收入和刚性支出的矛盾十分突出。四是农村用煤供需矛盾非常突出,严重影响了群众生产生活。五是融资困难,部分工程项目进度缓慢。六是交通基础设施落后,仍然是制约经济社会发展的"瓶颈",安全隐患比较严重。七是公益事业改革任务十分艰巨,发展环境有待进一步改善。

(邱 洪)

【实施事业单位人事制度改革】 正安县2003年12月中旬在县农业局、七中、中医院三个试点单位开展了事业单位人事制度改革。在总结改革试点成功经验的基础上,县委、县政府决定从2004年6月23日起,全面实施事业单位人事制度改革工作。改革的范围和对象是政府财政全额、差额预算和自收自支管理的事业单位中与之建立人事关系的专业技术人员、管理人员和工勤人员。改革的核心是建立和推行事业单位全员聘用合同制,变"单位人"为"社会人",改革工资分配制度。形成人员能进能出、职务能上能下、待遇能升能降,充满生机与活力的用人机制。整个改革工作分为四个阶段:1. 宣传发动阶段。2. 制定实施方案和报批阶段。3. 实施改革阶段。4. 总结验收阶段。截止12月31日,此项工作全面结束。

(陈启群)

【傅丽明等5人获市"勤政廉政模范"称号】 在纪念中国共产党成立83周年之际,遵义市委、市政府隆重表彰了72名勤政廉政典型。其中,正安县县委常委、统战部部长傅丽明、市坪乡党委书记李勰、碧峰乡党委书记罗信强、桴焉乡乡长彭红与、县委组织部副部长、老干局局长吴太明等5人被授予遵义市"勤政廉政模范"的光荣称号。

(陈启群)

【"两基"工作通过省、市政府验收】 9月19日~21日,正安"两基"顺利通过遵义市政府验收。复评验收团听取了相关部门的"两基"工作汇报,收看了"两基"专题片,参观了"两基"陈列室。随后,验收团分15个组深入庙塘、土坪、格林、谢坝等13个乡镇开展"两基"复评验收工作。经过认真评议,认为正安"两基"工作各项指标申报数与复核数基本相符,认定为基本合格。

11月2日~5日,贵州省政府"两基"评估验收团对正安"两基"工作进行评估验收。历时四天,验收团分四个巡视组和六个验收组深入碧峰、中观、安场、和溪、土坪等乡镇,通过听取汇报、查阅资料、核对数据、走访调查、查看办学条件。通过评议认为正安"两基"工作各项指标基本达到贵州省评估验收标准,"两基"工作顺利通过贵州人民政府验收。

(陈启群)

【《尹珍文化》编纂出版】 尹珍是贵州文化先驱,东汉名儒。尹珍文化,是正安历史文化品牌。正安县文化界发掘、整理、研究、编纂出版了历史文献专著《尹珍文化》。其内容设有"流风遗韵"、"尹珍研究"、"诗联集萃"、"辉煌业绩"等四个栏目。收录了自东晋常璩《华阳国志》、南朝范晔《后汉书·南蛮西南夷列传》起至清末民初和当代有关文化典籍、地方志乘及当代学术研究成果。全书20万字,于2004年10月由中国文史出版社出版。是一部反映贵州省地域文化特色,具有独特历史文化学术价值的文献专著。

(邱 洪)

【国税税收创历史最高纪录】 2004年,正安县国税局坚持聚财为国、执法为民、求真务实的工作作风,严格依法征税,强化管理。实施逐级监控、预测分析,切实把税源管理落实到户,大力清缴欠税,严格堵塞漏洞,努力实现应收尽收。截至年底,实现税收2843.9万元,占全年计划的153.31%,比上年同期上升51.3%,创下正安县国税历史以来的最高税收纪录,实现税收收入的历史性跨越。

(陈启群)

【发生"4·5"特大交通事故】 2004年4月5日12时30分,在正安县境内,一辆从中观——正安车牌号为贵C-34410的中巴车与一辆从班竹乡开往正安车牌号为贵C-32037的中巴车在途经格林镇小地名九道拐处时,两车追尾,先后翻下187.5米深的悬崖,当场造成司乘人员共28人死亡、4人受伤、两车报废的特大交通事故。直接经济损失165万元。事故发生后,中央、省、市、县有关领导赶到现场,投入组织抢救和善后处理工作。经调查取证,认定"4·5"特大交通事故是一起重大责任事故。经省、市、县人民政府认真研究并根据干部管理权限,分别由遵义市、正安县监察局对相关责任人进行了责任追究。

(陈启群)

【周信微楷书法集面世】 2004年,一部书法界难得一见的书法珍品——微楷书法作品集在正安面世。作品的创作者是正安著名的民间艺术家、年逾古稀的周信老先生。长期以来,周信先生将书法与养生、练功相结合,潜心于书法的研究创新。

他独辟蹊径,创作微型楷书。历时四年多的艰苦努力,他将50余万字的经典名著《古文观止》用微楷书写在十二个卷本上,这些楷字虽小到极至(实可谓“蝇头小楷”),却又清晰可见,周信微楷书法作品集的面世,使正安书法的创作跃上了一个新台阶。

另外周信先生的墨石雕和绘画艺术也具有相当高的造诣。他的墨石雕作品曾在贵州电视台《发现贵州》专栏节目和中央电视台播放。

(邱　洪)

2004年正安县各乡镇基本情况

乡镇名称	面积(平方公里)	人口(人)	行政村居委会(个)	总产值(万元)			主要农产品(吨)			人均收入(元)
				合计	种植业	养殖业	粮食	油菜	蔬菜	
凤仪镇	77	42764	11	2434	1498	936	12966	310	14444	1866
瑞溪镇	109	33360	9	3646	2236	1410	20115	1443	7688	1692
和溪镇	148	36723	10	3516	2157	1359	19009	1962	8619	1675
安场镇	148	66569	15	4803	2941	1862	30352	1030	15375	1782
碧丰乡	128	27906	6	3141	1925	1216	14831	922	6523	1251
土坪镇	216	49424	12	4896	2997	1899	22144	2500	10949	1659
乐俭乡	91	15507	5	1917	1179	738	7768	960	3494	1414
流渡镇	169	38881	8	3221	1977	1244	20346	2342	8852	1542
谢坝乡	93	14579	6	1726	1056	670	6993	883	3261	1429
市坪乡	111	20439	4	1897	1176	721	7760	895	4659	1389
格林镇	132	37411	10	3454	2119	1335	15799	811	8153	1528
俭坪乡	82	22197	6	2227	1368	859	10883	802	5125	1479
新州镇	170	33517	9	3345	1696	1649	15776	2559	7687	1600
杨兴乡	82	20062	5	2428	1490	938	11361	846	4667	1527
庙塘镇	197	23433	7	3455	2120	1335	13551	995	5358	1699
桴焉乡	154	18922	6	2294	1409	885	11108	492	4193	1620
小雅镇	166	34162	8	3377	2072	1305	18183	1779	7920	1554
斑竹乡	135	26575	6	2158	1326	832	13478	573	6289	1530
中观镇	187	32402	7	3741	2294	1447	18432	1035	7454	1503

道真仡佬族苗族自治县

【概况】 道真仡佬族苗族自治县地处贵州省最北部,东与重庆直辖市的彭水苗族土家族自治县和贵州省务川仡佬族苗族自治县相连,南与正安县接界,西、北分别与重庆直辖市的南川市、武隆县接壤。行政区域总面积2156平方千米,耕地总面积23476公顷。全县辖4乡(其中少数民族乡1个)10镇,92个村民委员会,5个社区,2450个村民组。2004年末全县总人口33.72万人,其中农业人口30.61万,占总人口的90.78%;少数民族人口占总人口的79.3%,其中仡佬族人口占总人口的45.5%;人口出生率11.2‰,人口死亡率5.84‰,自然增长率5.37‰。全县矿藏主要有煤、石灰岩、页岩、铝土、铁等。

国民经济持续快速增长。2004年,全县国内生产总值83965万元,同比增长9.4%。其中:一、二、三产增加值为45796万元、16439万元、21730万元,分别增长6.8%、14.1%、12.0%。完成固定资产投资27042万元,同比增长32.6%。完成地方财政收入4050万元,同比增长0.8%。全县农民人均纯收入1576元,同比增长7.9%。城镇居民可支配收入5140元,比上年增长8.0%。

农业和农村经济形势趋好。实现农林牧渔业总产值75606万元,同比增长12.7%,其中:种植业产值42341万元,同比增长1.6%;林业产值3588万元,同比增长32.4%,完成造林面积1533公顷,育苗17公顷,封山育林4167公顷;牧业产值28765万元,同比增长34.7%;渔业产值271万元,同比增长4.2%;服务业产值641万元,同比增长11.5%。全年肉产量达29405吨,同比增长6.7%。全县9205名贫困人口稳定越过温饱线。

财政金融工作运行平稳。完成地方财政收入4050万元,同比增长0.8%。年末,金融机构各项存款余额80516万元,比上年末增加13887万元,增长20.8%。其中,城乡居民储蓄存款余额61067万元,增加13073万元,增长27.2%。各项贷款余额41531万元,同比减少3.6%。

工业生产快速增长。完成工业企业产值37774万元,同比增长18.4%。实现工业增加值9836万元,同比增长14.7%,其中:规模工业企业完成产值8352万元,同比增长24.6%。实现增加值2175万元,同比增长24.8%。在规模工业中,重工业完成产值7880万元,同比增长23.6%;轻工业完成产值472万元,同比增长43.9%;非公有制工业企业完成产值3667万元,占规模工业企业产值的43.9%,同比增长51.7%。

各项社会事业蓬勃发展。全县共有各级各类学校177所,在校学生50846人,教职工3313人,其中专任教师2814人。普通高中招生1661人,在校学生3705人。职业中学招生480人,在校学生1299人。初中招生5132人,在校学生17204人。小学招生5017人,在校学生28638人。小学学龄儿童入学率为98.43%,"两基"攻坚成果进一步巩固。拥有各类专业技术人员4834人。卫生机构共75个,其中乡级以上卫生院2个。专业卫生技术人员433人,病床319张。村级卫生室179人,村卫生医务人员359人,接生员150人。全县城乡从业人员191134人,其中新增城乡就业人员1165人,有80%的下岗职工实现再就业,有6.2万劳动力实现劳务输出。全县参加基本养老保险人数2581人,同比增长11.73%。新建乡(镇)敬老院7个,发放救灾救济金179.5万元,直接接收社会捐赠11.5万元,全县有社会福利院10个,床位80张,收养17人。建立社区服务设施45处。

(冉建桥)

【招商引资成效明显】 2004年,道真县全年新引进项目19个,新引进资金3520万元。全年累计引进资金1.62亿元。镜鹏肉食品有限公司等13个项目已建成投产。全县非公有制企业实现产值1.1亿元,增长10%。社会消费品零售总额20183万元,增长15%。

(冉建桥)

【全县畜牧水产业发展态势良好】 道真县加大良种繁育体系建设和畜产品加工企业的引进力度,初步形成组织化生产、规模化加工、市场化运作的畜牧产业链条。贵州省畜禽良种场道真分场建设已投入资金685万元,计划引进200头原种母猪和10头原种公猪。道真惠乐公司投入资金400万元,建生猪饲养基地,饲养300头纯种大约克母猪,8头纯种长白公猪,年生产外二元母猪2400头。华山绿色产业有限公司、黔峰绿色产业有限公司、三力公司,共计拥有商品牛365头,能繁母牛250头、商品羊780只、基础母羊390只,为道真县草食性牲畜的发展起到很好的示范带动作用。另外引进成都蜀东肉类制品厂在道真县建成镜鹏肉食品有限公司,总投资1200万元,预计年屠宰生猪35万~40万头、屠宰牛10万头、屠宰羊5万只,为道真县畜牧业发展提供了良好市场空间。

(冉建桥)

【水能资源开发利用出现热潮】 2004年,道真县通过招商引资,加快了水能资源开发利用步伐。全县已建成投产的小水电装机1.41万千瓦,在建小水电装机8.07万千瓦,相当于建国50年来小水电装机总和的5.5倍,投产后的年发电量将递增约4.5亿千瓦时。

(冉建桥)

【高考成绩创历史新高】 2004年,道真县普通高等学校招生报考人数为1098人,其中文科考生328人,理科考生770人,共录取765人,其中"211"工程校及同批录取73人,是前三年录取的总和。省内外一般院校录取本科364人,录取专科328人,录取率69.7%,比上年增长7.6个百分点。中职报考高职,报考人数427人,占全市1043人的40.9%,录取390人,录取率91.33%,比全市录取率高8.1个百分点,名列全市第一。

(冉建桥)

2004年道真自治县各乡镇基本情况

乡镇名称	土地总面积(平方公里)	村、社区(个)	人口(人)	农业人口(人)	粮食产量(吨)	农民人均纯收入(元)	烤烟生产(吨)	农业总产值(万元)
玉溪镇	245.89	12	77261	55200	28388	2060	1125	15596
上坝乡	101.7	8	16726	16148	6176	1808	474	3808
三江镇	74.95	4	12273	11579	5424	1434	269	2546
隆兴镇	167.52	9	32001	31175	11421	1547	995	6106
棕坪乡	77.12	5	13432	13121	6563	1152	431	3098
旧城镇	158.54	7	26838	25853	13692	1651	734	7213
桃源乡	106.15	3	10669	10279	4794	1099	565	2285
忠信镇	155.66	7	22836	21901	10437	1776	1177	5638
洛龙镇	226.36	8	21943	20823	11248	1782	1703	5631
河口乡	138.16	7	21161	20508	10568	1201	490	4541
阳溪镇	185.39	4	12261	11897	5888	1455	589	3173
三桥镇	235.20	10	29258	28272	17228	1614	453	8014
大矸镇	192.58	6	25000	24148	11056	1620	534	4923
平模镇	90.78	7	15517	15168	7346	1198	177	3034
合计	2156	97	337176	306075	140229		9716	75606

务川仡佬族苗族自治县

【概况】 务川仡佬族苗族自治县位于黔北渝南交界处,素有"丹砂古县"、"中国野银杏之乡"的美誉。全县区域面积2777平方千米,耕地面积2.88万公顷。辖10个镇、5个乡、114个村、4个社区,总人口43.4699万人,其中非农业人口3.2万人。

2004年,务川自治县围绕"稳烟强畜重特色抓工业,修路护林搞城建兴水电"的发展思路,国民经济和社会发展取得显著成绩。全年实现国内生产总值(GDP)86919万元,比上年增长10%,人均GDP达到1950元。财政总收入8302万元,增长22%,其中地方财政收入4453万元,增长4.6%(扣除农业税降低1个百分点及石朝、红丝农业税免征因素影响)。全社会固定资产投资2.6亿元,增长29.4%。社会消费品零售总额2.55亿元,增长11.4%。农民人均纯收入1516元,比上年增加123元。

农民收入稳定增长,农村经济健康发展。2004年,全县科技兴农力度加大,推广"两杂"良种42.5万公斤,增长21%。粮食总产量达18.71万吨,同比增长7.06%。种植烤烟12.8万亩,收购级内烟叶22.1万担,总产值1.1亿元,担均价比上年增加

70元。新增畜牧养殖示范小区42个，新建生猪品种改良点15个，牛、羊冻配点29个，引进优质种畜3009头（只）。农业产业化经营有了一定的发展，农村劳务经济不断增长，通过邮政汇兑流入的劳务资金收入达1.2亿元。

全年投入财政扶贫资金777.33万元，投入大连援建项目资金74万元，兑付农业直补资金64万元。深入推进石朝乡集团帮扶，争取"集团帮扶"资金1109万元。规划一类村（撤并前）整村推进重点扶持村90个。实施易地移民扶贫搬迁141户，新增5200人越过温饱线。巩固退耕还林和荒山造林成果，兑现退耕还林钱粮补助资金180万元，粮食1.35万吨，新增荒山造林11万亩，超计划5万亩。突出冬季农田水利建设，狠抓坡改梯、小流域治理和人饮解困工程建设，新增、恢复、改善灌溉面积7700亩，新建小水窖200口，实施坡改梯项目1万亩。新建沼气池1500口，农村生活环境进一步得到改善。

工业发展稳步推进，洪渡河开发迈出实质性步伐。二产增加值1.85亿元，增长14.1%，工业技改投资6377万元，增长473.5%。铝土矿风险勘探稳步推进，"丝露花语"蚕丝被生产平衡运行，"仡乡婆"等系列特色风味食品投入市场。洪渡河水能资源开发迈出实质性步伐，沙坝电站成功实现截流，石垭子电站工程全面启动，并成功出让岩门河、差河等水能资源开发使用权。

财政收入平稳增长，金融服务水平不断提升。完成地方财政收入4453万元，增长4.6%。确保了干部职工工资的按时足额发放和机构正常运转，保障了基础教育、重点项目和公益性项目支出。深入推进国库集中收付制度，严格控制非生产性支出。实施政府集中采购38宗，合同资金1101.6万元，节约资金153.45万元，资金节约率达13.9%。及时对挤占挪用的财政扶贫资金进行清理、纠正，规范了财政扶贫资金的管理使用。农民负担较税费改革前减轻1037万元。深入推进农村信用社改革，完成统一法人挂牌基础工作。年末，金融各项存款余额6.29亿元，比年初增加1.09亿元，贷款余额3.14亿元，比年初增加5738万元。金融部门投入各类支农资金1.51亿元。

重点工程整体落实，基础设施建设加快推进。务（川）彭（水）公路（贵州段）先期开工的11个标段基本完成路基工程。珍珠大桥、通达大桥开工修建。首期开工的道（真）德（江）公路桃符至杜家沟四个标段已完成路基工程并进入级配碎石铺装，二期工程全面开工。启动县城至涪洋至丝厂湾、桃符至柏村通乡油路建设48公里。新建村级公路17条145公里。县城老城区过渡带建设突破性进展，累计完成投资860万元，过渡带道路骨架已基本成型。完成县城自来水管网改造并投入使用。完成新区行政服务中心规划设计。县城实行垃圾定时倾倒制度，卫生状况明显改善，城镇管理和服务水平进一步提高。卫生、文化、广播电视、通讯等基础设施有了新的改观。15个乡镇、114个村（居）全面开通远程教育，全县建立远程教育点242个。完成县疾病预防控制中心业务楼主体工程，启动县医院门诊大楼、传染病区建设。6个乡镇敬老院竣工验收。配套修建10个村级办公楼、村卫生室、村计生服务室。有线电视覆盖所有乡镇，实现市、县、乡三级联网。开工建设县城图书馆。新增16个移动电话通讯基站，25个电信小灵通基站。县政府电子政务视频系统与遵义市政府联通。

"两基"攻坚有序推进，计生工作起色较大。新建、维修、改扩建中小学34所共3.2万平方米校舍，完成红丝中学"二期义教"工程、务川中学综合大楼及校园改造、民族寄宿制中学等各项工程共计投资1150万元。完成206所农村中小学现代远程教育设备安装并投入使用。提前启动"两基"达标工作。石朝、蕉坝等5个乡镇通过县级"两基"自查评估，"两基"人口覆盖率达到100%。务川中学高考成绩名列全市县级中学第三名，获遵义市教育教学质量奖。狠抓计生优质服务，共投入487.5万元用于计生基础建设、设备配置和相关工作。落实计生扶助政策，兑现计生扶助资金82.9万元。加强宣传教育，狠抓流动人口管理。大力推进计卫资源整合，成功组建了县计划生育与妇幼保健中心。全县人口计生率93.05%，人口自然增长率8.3‰，顺利通过省、市年终考核，计生工作整体水平比上年明显上升。

经济社会协调发展，社会事业全面进步。积极举办各类文娱活动，丰富城乡群众文化生活，组织"广场之夏"等各类文艺演出30多场次。完成广播电视"村村通"156个点，电视人口覆盖率84%。新增县级文物保护单位13处，市级文物保护单位6处，完成大坪汉墓群发掘保护工作的省级专家论证。加强公共卫生体系建设，建立了县疾病预防控制中心和卫生监督所,完成儿童脊灰强化免疫口服疫苗7.2万人,儿童麻疹补充免疫12万人,实施贫困医疗救助800人。加强社会保障工作,养老保险人员累计达到3057人,新增300人;参加失业保险人员5447人,医疗保险人员8746人。发放城镇低保资金218.5万元,农村低保资金16万元。发放救灾救济资金58.6万元,粮食32.3万斤。加强社会治安综合治理,深入开展严打斗争,快速侦破了“7·03”等一批影响较大的刑事案件。坚决打击“法轮功”等非法邪教组织。组建安全生产监管机构,落实安全生产责任制,加大整治力度,有效维护了社会稳定。深入开展市场经济秩序整顿,严厉打击制假售假,查办各类经济违法案件1443件。认真落实党风廉政建设责任制,深入推进反腐败工作,监察机关共查处各类案件65件,审计机关完成审计项目22项。加大“四五”普法力度,深入贯彻《行政许可法》。严格基本农田保护,深入开展土地市场治理整顿。经济普查工作有序推进。环境保护、民兵武装、信访调处、民族宗教、机构编制、史志档案、残联扶助、国防教育、气象服务、妇女儿童和食品药品安全、科技、体育、台侨、老龄、物价、农调、供销、电力、技监等各项工作都取得了新的成绩。

(曾宪尧)

【第一所由部队捐建的希望小学竣工】 9月,一群小学生欢天喜地踏入他们向往已久的新学校——“八一希望小学”。八一希望小学位于红丝乡太坝村,由中国人民解放军驻遵部队捐资修建,是务川仡佬族苗族自治县历史上第一所由部队捐资修建的希望小学。该校于2月22日正式破土动工,8月底竣工。驻遵部队为修建该校共捐资20万元、水泥20吨。

(申江芹)

【开展“千干万民手拉手,落实文件促增收”活动】 5月1日~6月30日,由务川仡佬族苗族自治县县委、政府抽调的1000名干部组成的工作队,深入全县123个村(居)开展了以促进农民增收为核心,开展“九个一”活动为主要工作目标的“千干万民手拉手,落实文件促增收”的活动。经过广大干部群众的共同努力,基本实现“六个确保”。即确保完成23万担的烤烟收购任务,确保全面完成人口与计划生育目标任务,确保畜牧业得到良好发展,确保良法推广率达到100%,确保党建和“四在农家”示范带建设取得新进展,确保综治“创模”目标的实现。

(申江芹)

【重拳出击,整治“杀人”奶粉】 自4月27日起,务川县工商局对全县15个乡镇、33个农村集贸市场所经营的奶粉检查整治,共计出动执法检查人员120人,执法车辆20余台,共收缴阜阳市工商局、卫生局公布的12个品种的劣质奶粉56公斤。

(申江芹)

【兴建畜牧产业带,实施畜禽品改】 7月,本着专业化生产、区域化布局,整合草山资源、土地资源、牛羊畜群资源的工作思路,结合当地实际,务川县兴建一批新的畜牧产业带。先后在泥高、石朝等乡镇发展以商品牛羊为主体的草食牲畜产业带,在粮食丰富、交通方便的都濡、涪洋、镇南等镇乡建立“三元”杂交猪产业带,在水资源丰富的乡镇发展水产品养殖。同时大力实施畜禽品种改良工程,强化品种改良技术培训。牛、羊、猪品种改良主要采取冷冻精液人工授精与引进良种公牛(羊、猪)鲜精配种改良本地牛、羊、猪的生产性能的方法,禽改以推广良种家禽的方式改良,并提高良种饲养普及率。

(申江芹)

【首届务川——北京大学爱科学夏令营活动举办】 7月,由共青团务川自治县委与北京大学哲学系共同举办的首届务川—北京大学爱科学夏令营(主题教育行)体验教育实践活动取得成功。本次活动主要通过参观首都的名胜古迹、天安门广场及升旗仪式、国家博物馆、人民英雄纪念碑及瞻仰毛主席遗容等,对同学们进行国情爱国主义、集体主义和社会主义教育。通过14天的活动,使同学们树立和培育正确的理想信念,增强同学们的集体主义感和独立生活能力,为他们树立正确的世界观、人生观和价值观起到积极的推动作用。团县委获得本次活动的“参加第十二届全国中小学生爱科学主题教育行精神文明奖”。

(申江芹)

2004年务川自治县各乡镇基本情况

乡(镇)名称	国土面积（平方公里）	人口（万人）	行政村(居)委员(个)	农业总产值（万元）	畜牧业总产值（万元）	粮食总产量（吨）	人均纯收入（元）
都濡镇	273	68898	16	11079	3452	23452	1588.5
丰乐镇	207	34852	9	6938	2281	14921	1606.96
黄都镇	210	31103	9	5538	3584	14784	1569.02
涪洋镇	226	46141	9	8011	2325	20074	1455.7
镇南镇	147	27805	6	5161	1550	13310	1554.57
砚山镇	90	14964	5	2707	855	6576	1435.68
泥水镇	224	37711	10	6479	1889	16371	1425.98
茅天镇	203	26813	5	5275	1411	9939	1554.81
柏村镇	93	14990	6	3532	822	8662	1559.4
大坪镇	195	29560	7	5191	1284	12748	1490.2
泥高乡	239	30031	8	5886	1762	13086	1413.3
分水乡	170	21932	8	4306	1195	9721	1447.93
蕉坝乡	179	22102	7	4467	718	10699	1542.6
红丝乡	187	13945	4	2897	618	7884	1567.8
石朝乡	134	13852	5	2373	682	4896	1433.9
合计	2777	434699	114	80863（含农业服务业）	24428	187123	1516.34

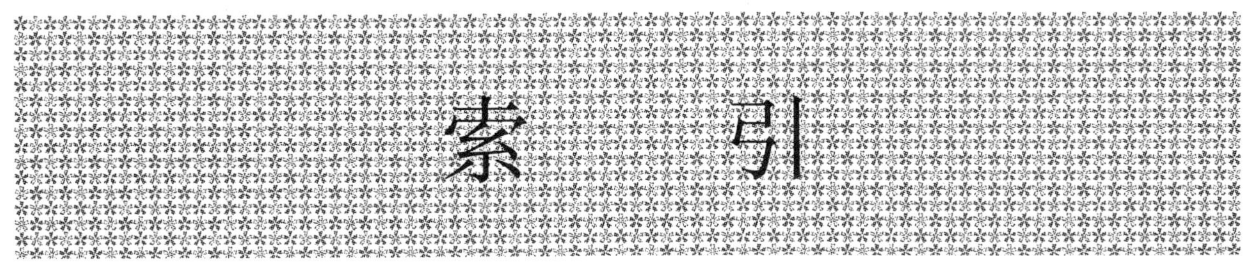

索　引

说　明

一、本索引按音序排列。索引项第一个字汉语拼音字母相同时，按第二个字的音序，依次类推。

二、索引项后的数字为页码，数字后的拼音字母(a,b)表示左右栏别。

三、索引项之下所列的次索引项，为相关条目。为方便检索，次索引项不再分别按音序排列。

四、类目、分目用黑体字，条目用宋体字。《特载》、《专文》、《规范性文件》的具体内容不作索引。

D

F

G

H

J

K

L

M

N

Q

R

S

T

W

X

局

局长　卢建煜

党组书记　龚良俊

正安县国土资源局是人民政府主管土地资源和矿产资源的行政职能部门，内设10个股室站所，下辖19个乡镇国土资源所，局机关现有干部职工36人。按照法律法规赋予的行政管理和行政执法职能，全系统广大干部职工同心同德，开拓进取，创造性地开展各项工作。自2001年11月以来，共组织实施国土开发整治面积达4500亩，完成乡镇国土资源所基础设施建设项目17个，在着力推进县城改造的基础上，自筹资金3600余万元实施了占地217亩的县城西部新区主干道建设工程和占地60亩的楼台迎宾大道建设工程，为提高国土资源利用水平，培育和规范土地市场，推进县域经济发展做出了积极的贡献。

秀美的山水，丰富的资源，悠久的历史，灿烂的文化，濡染出正安人聪明豁达的智慧，磨砺出正安人勤劳务实的品质。在实施西部大开发的热潮中，正安县国土资源局全体干部职工以强烈的责任感，夯基础、抓机遇、谋发展，开拓进取，奋发图强，为进一步开创国土资源工作崭新局面，把正安建设成为经济繁荣、社会进步、政治稳定、山河秀美的现代化“生态与特色经济强县”而努力奋斗。

领导班子成员

办公大楼

群策群力办好人民满意的教育

——正安县教育局

县人民政府县长在“两基”评估验收会上郑重承诺

分步实施　整体推进

强化“两基”专干培训，提高“两基”专干业务水平

舒适美丽的正安七中学生公寓

正安县教育在县委、县政府的领导下，经过全县广大教职员工近三年的团结攻坚，实现了“两基”达标。

1.教育经费：充分发挥了财政的主渠道作用，实现了教育经费的“三个增长”，中央税费改革转移支付资金，按50%足额用于教育。

2.办学条件：小学、初中校点布局基本合理，能满足儿童、少年就近入学的需要。现有小学生均面积2.82平方米，初中生均面积4.03平方米；小学专用教室达标率82.65%，初中专用教室达标率83.72%；教学仪器小学分类达标率91.8%，初中分类达标率86.05%；图书资料小学达标率96.53%，初中达标率86.05%，音体美器材均按有关规定配备，做到班班有教室，人人有课桌凳，校校有厕所、旗台、旗杆、行政用房、教辅用房、围墙、校门。

3.师资水平：全县小学专任教师学历合格率96.47%，初中专任教师合格率94.1%；2001年起补充的小学、初中教师学历合格率100%；中小学校长187人，均做到持证上岗，岗位合格率为100%。

4.教育质量：小学毕业年级学生毕业率98.36%，全科合格率为69%；初中毕业率为97.39%，毕业年级学生全科合格率67.67%。

5.普及程度：小学适龄儿童入学率98.77%，小学适龄女童入学率98.68%，“三残”少儿入学率76.6%，初中阶段入学率111.88%；小学辍学率0.85%，初中辍学率3.04%；15周岁人口小学教育完成率98.26%，17周岁人口初中教育完成率80.81%；15周岁人口文盲率0.04%。

6.扫盲和农教：全县农村非文盲率95.95%，城镇非文盲率98.01%。脱盲人员巩固率97.11%，农民文化技术学校建校率为100%。

扬帆奋进的正安六中

正安县第一中学

校领导班子成员

正安县第一中学创办于1938年。1957年，正安中学更名为“正安县第一初级中学”，1998年7月，正安一中成为完全高级中学。

学校现有校园面积15230平方米，有综合教学楼2幢，实验大楼1幢，有学生宿舍、学生食堂、运动场、篮球场等，教学设施完备；校园内绿树成荫、四季飘香，环境十分幽雅。

全校现有48个教学班，2700余名学生。教职工191人，其中中学特级教师1人，高级教师26人，中级教师64人。研究生学历15人，本科学历162人，学历合格率93%。教师在省级刊物上发表教育教学论文85篇，有6人被评为全国先进教师，有9人被评为省级先进教师。

学校拥有以校园宽带网络系统为主，辅以音像电子馆、中央教育电视台远程教学宽带网终端接收站、语音室、电教室、微机室、教师电子备课室、多媒体教室，和一流的物理、化学、生物实验室等现代化教学设备。

2004年，全校高考升学率达62.8%，其中上重点线60人，上本科线348人，向高等院校输送学生680人，位居遵义市县级普通高中综合评比第五名；2005年，全校又向重点院校输送学生61人，向一般本科院校输送学生458人，教育教学质量稳步上升。1997年，正安一中被评为全国群众体育先进集体；2004年11月，被评为“全国中小学思想道德建设活动先进单位”；同年12月，被评为“全国五四红旗团委”；多次被评为省、市、县先进学校，文明单位。

教学楼

实验楼

学生宿舍

山地学生宿舍

国家、省、市、县有关领导深入凤冈县基层调研指导工作

绿色凤冈 西部茶海

凤冈县人民政府

凤冈县位于贵州省东北部，距历史名城遵义115公里、省城贵阳254公里，326国道横穿县境。全县总面积1883平方公里，辖9镇5乡83个村(居、社区)，人口41.56万人。这里丘陵广布、平坝错落、林海葱葱、山青水秀，素有“黔北粮仓”、“黔中乐土”之称，盛产“粮、油、烟、茶”，“锌硒特色，有机品质”的有机茶享誉全国，是中国富锌富硒有机茶之乡。

绿色产业铺就富民新路

凤冈农业生产条件好，生态环境优越。全县森林覆盖率达42%，气候宜人，75%的耕地集中在中东部海拔700米左右地区，适宜优质农产品生产。1998年，县委、县政府确立的“建设生态家园，开发绿色产业”战略目标取得了初步成效，先后被授予“全国商品粮基地县”、“全国造林绿化百佳县”、“全省无公害生猪标准化生产示范县”，列入“国家第七批生态建设示范区”等。农村沼气能源建设进一步加强，到2004年底，全县建成沼气池达19334口，占全县农村家庭的24%，以沼气为纽带的“猪－沼－厕－果(蔬、粮、茶)”“四位一体”生态农业模式长足发展，

茶海绿波

太极洞

凤冈西山森林公园一角

古银杏林

绿色理念已在全县农业生产和社会经济发展中贯穿、深入。

西部茶海孕育发展生机

2004年，凤冈县2847亩有机茶基地和3家加工厂通过国家环保总局南京有机产品认证中心认证，凤冈富锌富硒绿茶进入贵州省十大名茶之列，贵州省首届茶文化节在凤冈成功举办，凤冈茶叶内在高品质受到全国茶业界的赞许和推崇。凤冈县委、县政府审时度势提出打造“中国西部茶海”，继续实施“绿色战略”，推进“四绿工程”(营造绿色环境，培育绿色基地，实施绿色加工，打造绿色品牌)，把西部茶海构建成生态之海、健康之海、文化之海、旅游之海。建设生态之海，进一步加强凤冈生态环境的保护与建设，全面推进生态家园建设计划的实施；建设健康之海，以“猪－沼－茶－林”建园模式，加大基地建设，增加生产规模，强化标准化生产，全力打造凤冈茶叶健康品牌；建设文化之海，收集整理民间传统艺术、历史茶文化、现代科技茶文化，民间茶歌、茶戏等，形成自成体系和内涵丰富的凤冈茶文化；建设旅游之海，保护与开发以生机盎然的富锌富硒茶园、碧波荡漾的九道拐十里长河、幽静的西山公园、距今4.3亿年的最早陆生植物“黔羽枝”古生物化石群、神秘的万佛峡谷、始建于南宋的玛瑙山古军事城堡与“万米长城”、奇特的太极洞以及源远流长的民间傩戏、花戏等集自然景观、人文景观、历史文化于一体的旅游资源，培育乡村旅游、生态旅游。

中国富锌富硒有机茶之乡——凤冈永安田坝茶园

凤冈3万亩优质水稻基地

大棚蔬菜

沼气池

已浇第一层油的通乡油路

已建好的通村油路

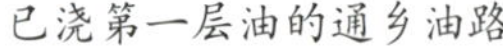

凤冈县交通局

(一)县际油路建设情况。凤冈至石阡公路改造工程，是2003年中央新增加西部地区国债公路项目。该项目全长81.4公里，其中凤冈境内76.689公里，有乌江河闪渡特大桥一座，全长272米，公路总投资5300万元，中央及省级补助4350万元。2004年10月10日开工建设，目前已完成总工程量的70%。

(二)通乡油路建设情况。2004年，凤冈县紧紧抓住中央对革命老区公路建设投资政策倾斜的机遇，及时制定三年公路建设规划，集中改造了5条通乡油路，其中，2004年12月25日开工建设的有3条：1.绥阳至土溪通乡油路路面工程全长28公里，总投资630万元，目前已完成总工程量的80%。2.洋溪口至王寨通乡油路路面工程全长50公里，总投资1200万元，目前已完成总工程量的70%。3.进化至蜂岩通乡油路工程全长18公里，总投资720万元，目前已完成总工程量的60%。

2005年5月开工建设的有2条：1.十里垭至田坝通乡油路工程全长34.2公里，总投资1324万元，目前已完成总工程量的20%。2.山岔坝至天桥通乡油路工程全长3公里，总投资120万元，目前已完成总工程量的20%。

新建通乡油路征地测量

(三)通村公路建设情况。2003年，凤冈县完成通村公路87公里；2004年完成182.5公里；2005年将要完成86.5公里，共计投资1518万元。

正在检测弯沉的通乡油路

已建好的通村油路

凤冈县人口与计划生育局

领导班子成员：局长罗兴友(中)、副局长张艳(左)、李玉亮(右)

2004年，全县紧紧围绕“政策外多孩控制、二女户节育、流动人口管理”三大“瓶颈”问题，主要采取以下措施和方法。

一是织牢基层网底，明确职能职责，扎实开展计划生育村(居)民自治工作，激发群众的“自觉”意识。二是广泛深入开展以计生为主要内容的婚育新风进万家知识抢答赛活动，营造浓厚的新型生育文化大环境。三是加大“三结合”帮扶力度，对做绝育手术的二女户实行1000元的奖励。四是形成了以县人口计生局为中心的流动人口信息交换网络，实施电传打假，加强流动人口管理与服务。五是组织实施岗位技能大比武活动，建立充满活力的用人机制。六是逐步扩大服务范围，为广大孕产妇住院分娩开通了方便、快捷的“绿色通道”。

2004年8月，全市“婚育新风进万家活动暨计划生育村民自治工作现场会”在凤冈县召开，人口和计划生育工作在年终考核中获一等奖。

2004年8月，举办计生知识抢答赛

向群众发放宣传品，进行政策咨询

奖扶对象喜领奖励扶助金

推进畜牧业持续健康发展

——凤冈县畜牧局

2000年以来，凤冈县委、县政府为了充分发挥地理及资源优势，围绕“建设生态家园，开展绿色产业”的战略思路，将畜牧业作为主导支柱产业发展。经过几年的努力，凤冈县畜牧业逐渐走上了产业化、规模化发展的道路，呈现出强劲的发展势头。至2004年底，全县生猪年末存栏35.2万头，出栏40.5万头；牛存栏8.96万头，出栏1.68万头；羊存栏10.8万头，出栏7.2万头；禽存栏124.77万羽，出栏157.3万羽；肉类总产量3.8万吨，水产品产量810吨，畜牧业总产值3.996亿元，占农业总产值的37%。使凤冈县成为全国优质肉猪生产基地县、全国无规定动物疫病区项目县、国家级秸秆氨化养牛示范县、贵州省无公害生猪产地、优质禽基地县、全国生猪标准化生产示范县。

局领导班子成员

标准化示范小区建设

凤冈县大石商品猪养殖示范小区

凤冈县电力总公司

团结奋进的领导班子

九道拐电力二期工程发电机组安装

安全用电知识宣传

电力知识宣传

凤冈县电力局、电力总公司于1996年1月成立。现拥有国有固定资产4860万元，另有省电网公司委托代管的110千伏国网输变电工程资产1600万元，农网建设与改造工程资产6100万元。是凤冈县内的国有骨干企业和纳税大户之一。

该公司现有干部职工313人，大专以上学历53人，中专学历45人，工程技术人员22人。公司设立机关职能部门8个、供电所6个和三产公司1个；有3个水力发电站，总装机容量5660千瓦；110千伏变电站1座，35千伏变电站5座，10千伏开关站2座，变电总容量67050千伏安；110千伏输电线路88公里，35千伏输电线路109公里，10千伏输电线路1250余公里。全县14个乡镇60个行政村通电率达100%，户通电率达98.5%。

2004年，发电量同比增长30.24%，供电量同比增长10.3%，发供电量均创历史最好成绩。实现税收150万元，同比增长19.1%。

完成了一二期农网改造工程建设，并顺利通过省市验收。大力开展全县农村电力户表改造，改造率从原来的29%提高到86.11%。公司以少收380多万元的电费，降低农村电价，切实减轻了农民负担。投资1050万元建设的九道拐水电站二期工程已全面展开。修建了官田、琊川10千伏开关站和琊川、永和供电所办公楼。

优质服务上台阶。牢固树立一切为客户服务和为社会负责的营销理念，实行"优质、方便、规范、快捷"的服务，2004年有4个供电所被省电网公司和遵义供电局评为"农村供电营业规范化服务达标窗口"、"三星级供电所"和"四星级供电所"。

党湾35千伏变电站一角

余庆县交通局

余庆县交通局坚持解放思想、实事求是、与时俱进的工作作风，通过近几年的努力，全县公路建设取得突破性进展。2003年改建通乡油路和通村公路126公里，完成投资769万元。2004年完成通乡油路和硬化路2条，实施通村油路1条44.6公里；通村公路15条212公里，完成投资2676万元；完成施余公路89.5公里三级油路改造，完成投资6000万元；完成省道305线，木叶岭至沙坝29.1公里三级油路改建工程，完成投资2100万元；完成中小型桥梁建设431延米/15座，农村公路建设投资415万元。2005年通村公路109公里，建设投资1308万元。完成乡镇客运站、点建设3个，完成建设总投资500万元。三年共计完成交通建设投资1.3768万元。

通村公路关兴村马达塘桥

松烟至关兴通乡硬化路

2005年1月，全市乡乡通油路现场会在余庆召开

务川自治县城镇管理局

城镇管理局领导班子成员

办公大楼

城镇管理执法宣传

务川自治县城管局于2002年成立以来，以“环境优美、文明整洁、秩序井然、经济繁荣、生活舒适”为城市管理目标，以环卫体制改革为突破口，以提高文明执法水平为出发点，以改善城镇环境卫生质量为工作重心，大力完善市政环卫设施，加强宣传教育力度，健全内部管理制度，工作实现了一年一个台阶。2004年，在城区实行垃圾定时定点倾倒制度，环境卫生状况有了根本好转；组建“务川自治县欣洁垃圾处理有限责任公司”，为环卫实行市场化运作创造了前置条件；实施第三期“光亮工程”建设，在香楠路、西大街、文明街、车站路、外环路等路段新增单臂路灯70盏、支架灯19盏；如期开展了三轮车取缔工作，规范了城区营运秩序。

清洁城市

余 庆 县 人

河滨广场一景

城区居民住宅楼

红渡梯田菜花香

新区大乌江镇一角

2004年，余庆县人民政府认真贯彻落实党的十六大、十六届三中、四中全会精神，以全面建设小康社会总揽全局，坚持科学发展观，求真务实，开拓进取，强力推进农业产业化、工业化、城镇化进程，改革开放和现代化建设取得新成就，三个文明建设全面发展。

——国民经济持续快速发展，综合实力进一步增强。全县实现国内生产总值139911万元，增长17.7%；完成财政总收入8916万元，增长11.3%，地方财政收入6882万元，增长13.1%；实现工业增加值19135万元，增长33.5%；实现三产总产值25096万元，增长19%；各金融机构存款余额86639万元，增长13%，贷款余额53305万元，增长45.8%；固定资产投资保持旺盛势头，全年完成38000万元，同比增长17.4%；全社会消费品零售总额达26893万元，增长18.1%；经济结构进一步优化，一、二、三产调整为43.3：39.1：17.6。综合实力进一步增强，被列为全市经济强县建设。

——农村发展条件持续改善，产业化进程迈出新步伐。完成渠道清淤补漏1384公里，新建小水窖433口；"湄凤余灌区"节水灌溉等一批重点水利工程完工，新增、改善、恢复灌溉面积9180亩；实施"渴望"、"解困"工程解决7600人、7000头人畜饮水困难，建沼气池1500口；新建、拓宽改造村级公路212公里；完成易地扶贫搬迁90户342人，全面完成二期农网改造任务。完成坡改梯工程4400亩，改造中低产田6700亩，修建防洪堤坝1256米。

粮食总产量达18.59万吨，增长4.54%；油菜籽产量1.99万吨，增长4.65%；收购烟叶15.2万担，全等级担均价达496元；出栏生猪29.3万头、大牲畜1.52万头，分别增长8.8%和9.9%。"雨贞"小叶苦丁茶荣获"蒙顶山杯"国际名茶金奖，"大凉山"牌香米获得第三届中国优质稻米博览交易会金奖。

——国企改革和招商引资力度加大，工业化加速推进。全年招商引资项目13个，协议资金12710万元，到位资金5220万元。成功引进世纪阳光茶业有限公司、华闽电冶公司落户余庆。新建乡镇企业项目13个。实现工业总产值81005万元，同比增长38.5%，其中国有及规模以上工业实现增加值3625万元，增长33.5%。

——基础设施建设加快，城镇化水平进一步提升。全面完成省道铜修线、施余公路余庆段拓宽硬化改造118.6公里，完成松烟至关兴公路硬化、敖溪至关兴公路底层浇注，实现了乡乡通油砼路。完成县城乌江

民 政 府

构皮滩电站大坝坝基

县长杨兴友向港澳客商介绍余庆县情

县委书记陈梓泽体察民情

北路延伸工程和功能配套建设，龙溪红军大道建设全面竣工验收；疾控中心大楼、传染病院、大乌江农贸市场等完工交付使用；敖溪车站、构皮滩农贸市场扩容工程完工投入使用，完成县城区客运机动三轮车禁运和出租汽车投放工作。10个乡镇全面开通电信“小灵通”业务和数字电视。全县新增城镇建成区面积1.2平方公里，城镇化率达37.5%。

——坚持科教兴余和可持续发展战略，社会事业全面进步。科技对经济增长的贡献率达39.8%；职中通过省级重点职高评估，农村现代远程教育工程顺利通过国家验收；组建疾控中心和卫生监督所；稳步推进创建全国农村中医先进县工作；“省级卫生县城”复查免检通过，卫生工作获全市综合考核第一名。人口、环境、资源协调发展，荣获“全国绿化模范县”荣誉称号，低生育水平进一步稳定，政策生育率96.74%，自然增长率5.02‰，首创的农村“两户”家庭奖励扶助制度在全国推广，“全国计划生育优质服务先进县”综合考评连续第12年获全市第一。社会治安综合治理获全市第一，再次获全省社会治安综合治理模范县。城镇居民人均可支配收入达5882元，农民人均纯收入达2472元，分别增长5.5%和5.8%。

白泥长坪100亩梨园基地

通乡村油路改造

老农学习法律宣传资料

大乌江新场村民发展养殖业

习水县建设局

习水县建设局是县人民政府主管规划、设计、质监、施管、房管、房改等工作的职能部门，在县委、县政府的领导下，在上级行业部门的指导下，抓住国家实施西部大开发的历史机遇，推动地方资源优势向经济优势转化，坚持新区开发和旧城改造并举，以温水镇、良村镇、土城镇等城镇建设为重点，辐射和带动其他乡镇建设的发展。

习水县府东路

习水县宣传文化活动中心

通过近5年的努力，按照高标准、高起点、高品位、具有地方特色和现代化气息、跨越式发展的建设要求，规划、投资上亿元的县城西区开发建设，现已完成县宣传文化活动中心，电厂生活区开发建设，40×3200米的道路硬化、绿化、路灯建设、配套完善水、电、通讯等基础设施，首批西迁28家县直属各工作部门正加快西迁建设步伐，招商引资1.5亿元全面启动旧城体育馆、食品公司、药材公司和文化馆片区、工商局片区、交通局片区、食品厂片区、文化路片区改造。长征文化和黔北古镇相结合的土城镇规划和温水、良村、同民、马临等乡镇（区）正在加快集镇建设，全县城镇化水平逐步提高，建设步伐明显加快。

习水县府西路

习水县西城区住宅小区

习水新华佳和商住楼

雕塑——拼搏

习水新华佳和商住楼

习水县马临工业经济区管委会

党工委书记　冯泽民

管委会主任　高　烨

马临工业经济区距县城8公里，国土总面积36平方公里，耕地面积8240亩，人口15788人。有丰富的无烟煤、硫铁矿、石灰石、页岩等矿藏资源。工业企业发达，共有17间乡镇煤矿，年产量可达75万吨；外资企业有年产量达45万吨的香港瑞安水泥有限公司和年产量达30万吨的六枝马临煤业有限公司。2004年，工农业总产值1.33亿元，财政收入776万元，人均纯收入1786元。

城镇建设力度加大，投资350万元的丰明大道建设已具雏形，水、电、绿化、路灯配套设施一应俱全；畜牧产业不断发展壮大，已建成五一、向阳、沔山3个外二元种猪繁育基地，共有优良种母猪201头，种猪8头，共有养殖大户111户；以“惠民小康”为载体的计生综合改革取得成效，计生水平不断提高；大力改善市容市貌和实施“创卫”工作，交通秩序、街道卫生明显转变；以“四在农家”为载体的精神文明建设扎实推进，有力地加强了农村基层组织建设，提高了农民的生活水平；占地10亩的停车场和占地15亩的农贸市场已批准立项，诚招客商投资开发。

团结奋进的领导班子

蓬勃发展的乡镇煤矿

习水发电厂

遵义市委书记傅传耀视察习水发电厂

厂领导直接参与现场检修工作

2004年，习水发电厂在省委、省政府和金元公司的正确领导以及地方各级政府的大力支持下，全厂职工团结一致，克服电煤供应紧张的重重困难，全年完成发电量45.56亿千瓦时。至2004年，习水发电厂总发电量为121.4亿千瓦时，已经成为贵州电力行业的生力军。

一年来，习水发电厂不断强化管理，苦练内功，深入实施企业内涵发展，完善制度建设，注重安全生产管理，严格执行“四项基本制度”。截止2004年12月31日，全厂连续安全生产543天，全年未发生安全生产重特大事故、火灾事故、交通事故；全年设备年利用小时达8437小时，达到国内领先水平。

召开安全经济活动分析暨绩效发布会

习水发电厂不断加强企业文化建设和党风廉政、精神文明建设，努力增强职工的向心力和战斗力，切实加强职工队伍培训，全面提高职工综合素质，使干部职工队伍廉洁稳定，企业凝聚力不断增强。

整洁明亮的集控室

习水电厂生活区一角

中国丹霞谷(习水三岔河)旅游度假区

北爱尔兰专家在景区考察

天然盆景

中国丹霞谷旅游度假区，位于习水县三岔河，距县城45公里，占地面积30多平方公里。地处贵州习水国家级自然保护区内，系国家森林公园。它是地球上高原峡谷青年期丹霞地貌的典型代表，为地球同纬度上面积最广、保存最完好的中亚热带常绿阔叶林带。深邃幽静的峡谷曲流，千奇百怪的峰林石柱，神奇灵秀的丹霞洞穴，形成神奇而美丽的“峡谷大观园”。景区人文景观得天独厚，博大精深，与自然景观浑然一体。

景区由贵州省习水福源旅游投资发展有限公司投资开发，建有宾馆和风情园农庄，集住宿、餐饮、会议、康体、娱乐为一体，内部设施完善，管理规范，服务周到，是商务洽谈、会议庆典、旅游休闲、避暑度假、亲友聚会的理想场所。

青龙瀑布

六枝工矿(集团)习水马临煤业有限责任公司

马临煤业公司办公楼

六枝工矿(集团)习水马临煤业有限责任公司隶属六枝工矿(集团)公司，是六枝工矿(集团)公司于2000年1月异地开发组建的全资子公司。现矿井设计生产能力30万吨/年，主要生产低硫、低灰、高发热量优质无烟煤。具备国家级煤矿安全评价资质，可进行煤矿安全各项评价及培训。公司位于习水县马临工业经济区，距四川合江码头88公里，距重庆赶水火车站102公里，有“茅习”公路从矿区穿过，交通十分方便。

地址：习水县马临工业经济区

电话：(0852)2534178

马临煤业公司四号井

全民行动 奋力拼搏

涪洋中学远景

省教育厅副厅长霍健康参加务川两基工作会议

丰乐完小教学楼

丰乐中学教学楼（危改工程）

务川教育始终坚持全面贯彻党的教育方针，以全面完成“两基”达标、全面提高教育质量为核心，按照改革、发展、提高、巩固的整体思路，全县上下各级党政苦抓，社会各界苦帮，教育战线苦干，基础教育事业有了长足发展。全县现有各级各类学校318所，其中公办小学232所(完全小学169所，初级小学19所，教学点50个)，民办小学65所，初级中学17所，完全中学2所，高级中

花园式的泥水中学

红丝中学远景

全力推进"两基"攻坚

——务川自治县教育局

省教育厅副厅长霍健康在丰乐中学检查工作

学和职业高中各1所。中小学在校学生82687人，其中小学在校生56962人，初中在校生22534人，高中生2758人，职业高中学生433人。全县现有教职工3431人，其中中小学专任教师2997人。

2004年，务川自治县全面推进"两基"攻坚以来，全县加大"两基"攻坚宣传力度，加强教育执法和帮扶工作，干部职工上门宣传对补偿教育对象实行包保责任制，解决补偿教育对象的食宿，合理安排教学。狠抓控辍保学，采取各种措施，积极开展补偿教育。采取分散教学，送教上门等形式，开展扫盲工作，巩固扫盲成果。多渠道筹措经费6288万元，切实保障"两基"工作整体推进。

务川自治县在全面完成第二期"义教工程"项目学校工程（2003、2004年连续荣获实施"义教工程"项目"特优"县）的基础上，全面实施中小学校舍建设工程，办学条件明显改善。2005年，县级投入"普九"资金793万元新建5所中学；投入336万元启动新建33所学校教学楼危改工程和附属配套工程；投入448万元启动97所村(组)小学校舍维修工程；总投资1697.49万元全面启动13所寄宿制中学建设工程；按照"普九"要求，全县还投入近500万元购置图书、仪器和课桌凳。

全县共实施远程教育试点项目204个，其中中学计算机网络教室15个，小学卫星收视点项目学校153所，小学远程教育光盘播放点36个。现代远程教育工程在教师继续教育、教育教学和农村实用技术培训中发挥了积极的作用。狠抓教研教改，完善教研网络，充分发挥骨干教师和学科带头人的作用；推行"试点培尖，期末联考，绩效优先，末尾淘汰"的教学质量激励机制，全面推行素质教育，全面提高教育教学质量。

绿草茵茵的黄都中学运动场

镇南中学教学楼

大坪中学教学楼

新建的泥高中学

贵州省务川中学

省厅领导在县委书记、县长陪同下视察务川中学

支部书记 校长 冯亚星

贵州省务川中学创建于1940年，名罗峰书院，同年改名为务川县初级中学。1944年增办高中，更名为务川中学。1958年更名为务川县第一中学。1982年被省人民政府评为省级重点中学，命名为贵州省务川中学。1999年被评为贵州省现代教育技术实验学校。

校园占地面积近100亩，绿树成荫，环境幽美。教学楼、民族楼、实验楼、学生公寓布局合理；实验室、语言室、微机室、多媒体教室设备先进，教室配备了“三机一幕”，实现了网络化教学；图书馆藏书丰富，资料齐全，为推动教学改革、提高教学质量，发挥了巨大的作用。

贵阳一中与务川中学友好联谊

现有教职工114人，专任教师108人，其中研究生1人，大学本科98人，学历达标率91%，中学高级教师30人，一级教师51人。教学班30个，在校学生1800多人。恢复高考以来，学校为全国各类高等院校输送了5000多名新生。

学校现任领导班子励精图治，抢抓机遇，求实奋进，狠抓内部管理，提高办学水平，明确提出了创建省级示范高中的目标。2004年11月，顺利通过了市级办学水平督导评估，荣获“优秀”等次。

计算机教室

实验室

务川自治县扶贫开发办公室

2004年，是全国贯彻落实省委九届三次全会精神，加大扶贫开发工作力度的一年。

全年争取立项的财政扶贫项目141个，资金912.32万元，争取立项大连援建项目4个，资金80万元；争取立项沙坝电站信贷扶贫项目1个，资金5000万元；收回再贷发放小额扶贫到户贷款1410万元。

2004年，实施上年度财政扶贫项目56个，资金777.33万元。现已完工54个，在建项目2个。验收结果：优良项目18个，合格项目36个，省直部门以物资到县项目2个。实施大连援建项目4个，资金74万元，验收结果为优良项目1个，合格项目3个。

从7月1日起，所有的财政扶贫资金在县国库集中收付中心报账，加强了资金管理，杜绝了挤占挪用现象。加大贷款清收力度。全年全县收回小额扶贫贷款1830万元，其中收回本金1653万元，收回利息177万元，收回绝对额全省第一。

通过加大扶贫工作力度，2004年全县贫困人口越温11050人，贫困人口从2003年的3.43万人降到2.905万人，农民人均纯收入从2003年的1393元增加到1473元，地方财政收入从2003年的4407万元增加到4500万元。

扶贫办主任 刘晓华

扶贫办领导班子成员

财政扶贫项目：新建学校

财政扶贫项目：新建水渠

财政扶贫项目：种草养畜

在西部经济发

建设中的工业大道

祝家煤矿位于遵义市两城区以北约70公里的枫香镇龙王村。这里高山伟岸、沟谷纵横、泉水叮咚、涧水长流。过去，这里是“鬼都打得死人”的荒凉之地；而今，这里机声隆隆，人声喧嚣。置身其中，仿佛正从蛮荒走向文明。这里是煤炭的家园。过去，小煤窑星罗棋布，祝家煤矿也是其中一间，但安全事故时有发生，大多濒临破产停业边缘。

国家取缔无证煤矿的政策结束了沿袭原始煤炭生产方式的历史。祝家煤矿法人代表王传信运筹帷幄，毫不犹豫地补偿了几个股东的建矿投资，独自获得祝家煤矿的采矿权。接着，又用同样的办法，获得了另一家停产矿井的采矿权，采矿范围从0.2平方公里扩大到0.4平方公里。

新井主井口

为了在“物竞天择”的商业竞争中占领市场，祝家煤矿抓住安全与效益这个关键，脚踏实地地进行煤矿基本建设。一是投资200余万元安装变压器4台，配备瓦斯监控系统和瓦斯抽放设备，使用金属摩擦支柱，实现壁式采煤，改人力运输为半机械化运输。二是引进管理人才和技术人才，加大管理力度和技术含量，

老井装煤场

建设中的矿工宿舍楼